Homepages im World Wide Web

Germanistische Arbeiten
zu Sprache und Kulturgeschichte

Herausgegeben von Priv.-Doz. Dr. Albert Busch
Prof. Dr. Dr. h.c. Ruth Schmidt-Wiegand
und Prof. Dr. Sigurd Wichter

Band 44

PETER LANG
Frankfurt am Main · Berlin · Bern · Bruxelles · New York · Oxford · Wien

Daniela Schütte

Homepages im World Wide Web

Eine interlinguale Untersuchung zur Textualität in einem globalen Medium

PETER LANG
Europäischer Verlag der Wissenschaften

Bibliografische Information Der Deutschen Bibliothek
Die Deutsche Bibliothek verzeichnet diese Publikation in der Deutschen Nationalbibliografie; detaillierte bibliografische Daten sind im Internet über <http://dnb.ddb.de> abrufbar.

Zugl.: Münster (Westfalen), Univ., Diss., 2002

D 6
ISSN 0723-3191
ISBN 3-631-51326-7

www.peterlang.de

Vorwort

Die vorliegende Arbeit wurde im Oktober 2002 von der Philosophischen Fakultät der Westfälischen Wilhelms-Universität Münster als Dissertation angenommen. Für die Drucklegung wurde das Manuskript geringfügig verändert.

Ich danke all denen, die mich durch die Promotionszeit begleitet und mein Dissertationsprojekt nach Kräften unterstützt haben.

Besonders herzlich danke ich dem Betreuer der Arbeit, Prof. Dr. Sigurd Wichter (Göttingen), für die intensive Förderung. Viele anregende und stets sehr motivierende Gespräche sowie die Zusammenarbeit am Seminar für Deutsche Philologie der Georg-August-Universität Göttingen waren für den Fortgang von unschätzbarem Wert.

Frau Prof. Dr. Edda Weigand (Münster) gilt mein Dank für die Zweitbegutachtung der Arbeit.

Bei Priv.-Doz. Dr. Albert Busch (Göttingen) bedanke ich mich herzlich für sein großes Interesse am Fortschritt des Projektes, für zahlreiche Diskussionen sowie wertvolle Hinweise und Anregungen. Ebenso waren viele interessante Gespräche mit Dr. Eilika Fobbe, Dr. Andrea Grote, Heiko Mergard und Dr. Oliver Stenschke überaus hilfreich, ihnen ebenfalls vielen Dank.

Ein großes Dankeschön für ihre unersetzliche Unterstützung beim Korrekturlesen geht an Dr. Eilika Fobbe, Christiane Gesmann, Susanne Hefti, Robert Holtmann, Claudius Schier und Manuel Schütte. Robert Holtmann danke ich außerdem sehr für sein jederzeit offenes Ohr, insbesondere für computertechnische Fragen.

Mein ganz besonderer Dank gilt meinen Eltern, Ursula und Reinhard Schütte, die mich unaufhörlich unterstützt und bestärkt haben. Ihnen und meinem Bruder Manuel herzlichen Dank für ihre ständige Begleitung und Anteilnahme, ihre vielen Ermunterungen und ihre Geduld.

Das Buch widme ich meinen Eltern.

Hamburg, im Februar 2004 — Daniela Schütte

Inhaltsverzeichnis

1 Einleitung

Bereits 1996 titelte das ZEITmagazin ZEIT Punkte: „Der Mensch im Netz. Kultur, Kommerz und Chaos in der digitalen Welt“. Und selbst Jahre später – man glaubt die erste Euphorie längst verflogen – sehen Zukunftsvisionen die fortgesetzte Verlagerung alltäglicher Lebensbereiche in digitale Netzwelten voraus: Prophezeit wird das Aussterben der Wahlurne, da eine Stimmabgabe doch auch vom Urlaubsort aus bequem über das Internet vorgenommen werden kann. Ebenso werde die Steuererklärung über das Netz erfolgen, Kfz-Kennzeichenvergabe und Paßverlängerung sowieso, zumal die Komplettierung der gläsernen Identität durch den E-Paß ohnehin nicht mehr aufzuhalten ist. *E-Learning* heißt ein weiteres E-Stichwort, denn ein echter Alleskönner wie das Internet übernimmt überdies die Funktion eines Lehrers, der aufgrund seines weltumspannenden Wissensbestandes keine Antwort schuldig bleibt. Gleichermaßen greift das Netz – ob als Butler oder guter Freund – in die Gestaltung von Freizeit und Privatleben ein, indem es für einen stets gefüllten Eisschrank sorgt, den persönlichen Vorlieben seiner Nutzer entsprechende Kino- und Konzertempfehlungen bereithält und – natürlich – an aktuelle Geburtstagstermine erinnert. Nur gut, daß bei alldem eine Senkung der Internet-Nutzungskosten zu erwarten steht.[1]

Inwieweit sich das Leben jetzt oder in Zukunft tatsächlich im Internet abspielt, sei dahingestellt (desgleichen, inwieweit dies überhaupt zu wünschen ist), unbestritten ist hingegen, daß viele Anliegen kommunikativ bewältigt werden müssen. Das Internet mit Diensten wie E-Mail, Chat oder World Wide Web ist ein Kommunikations- und Informationsmedium, getragen durch das Kommunikationsmittel Sprache. Auf welche Weise in diesem Medium Sprache benutzt wird und Kommunikation stattfindet, ist die übergeordnete Frage, der die vorliegende Arbeit nachgehen will.

Dies ist fraglos nur anhand von Ausschnitten aus dem in seiner Gesamtheit und in seinem Ausmaß unüberschaubaren Kommunikationsaufkommen im Internet zu leisten. Dabei sollen hier nicht die bislang bevorzugt untersuchten interaktionsbasierten Kommunikationsdienste E-Mail, Newsgroup und Chat im Mittelpunkt stehen, sondern der linguistisch eher vernachlässigte Informationsdienst World Wide Web. Denn neben dialogischer findet im Internet auch monologische Kommunikation statt, und deren wesentlicher Träger ist eben das sich großer Popularität erfreuende World Wide Web. Entsprechend wecken hier Fragen

---

1 Zu den hier skizzierten Zukunftsvisionen vgl.: Langenscheidt, Florian: 22 Visionen zur Zukunft des Internets. In: Tomorrow 5. 2002. S. 94f. Einige der Visionen sind nicht grundsätzlich neu, und mitunter gilt: „Alles ist technisch längst möglich. Es muss nur gemacht und zusammengeführt werden“ (S. 95).

der Textgestaltung das (text)linguistische Interesse, um so mehr, als dem World Wide Web mit dem Hypertextkonzept die Idee der Vernetzung von Dokumenten durch Hyperlinks zugrunde liegt.

Neue Medien bringen eigene situative Gegebenheiten mit sich, die kommunikativ bewältigt werden müssen. Es stellen sich spezifische Kommunikationsaufgaben, zu deren Lösung sich kommunikative Routinen ausbilden. Diese finden auf Textebene in Textsorten ihren Niederschlag. Dabei drängt sich angesichts der weltweiten Ausprägung des Trägermediums WWW vor allem die Frage nach der Realisierung von potentiell globalen, mindestens aber gemeinsamen Kommunikationsaufgaben in verschiedenen Einzelsprachen auf.

Derartigen Fragen der Gestaltung von Kommunikation in einem globalen hypertextbasierten Medium will die vorliegende Arbeit im interlingualen Vergleich nachgehen, am Beispiel von Kommunikaten aus dem Kommunikationsbereich Wirtschaft in deutscher und russischer Realisierung. Untersuchungsgegenstand ist ein spezifischer Bestandteil der Informationsangebote im WWW: die Homepage als eine für das Medium charakteristische Textsorte, die in ihrer konkreten Ausprägung als Unternehmenshomepage mit Blick auf deutsch-russische Gemeinsamkeiten und Unterschiede in der Vertextung erfaßt und beschrieben werden soll. Insofern ist der hier im Zentrum stehende interlinguale Textsortenvergleich als eine ausschnitthafte Bestandsaufnahme der sich manifestierenden kommunikativen bzw. textuellen Realitäten im World Wide Web zu verstehen.

Eine solche Momentaufnahme authentischen Sprachgebrauchs erfordert eine corpusbasierte Vorgehensweise. Die Materialgrundlage bildet ein Corpus ausgewählter deutscher und russischer Unternehmensauftritte im WWW, deren Homepages einer textlinguistischen Analyse unterzogen werden. Die Informationsangebote wurden während eines eingegrenzten Zeitraums erhoben; dieser mußte mehrere Monate umfassen, da Erhebung und Archivierung von Online-Hypertextvorkommen eigenen, noch zu erläuternden Gesetzmäßigkeiten unterliegen. Unter den gegebenen Bedingungen markiert das zusammengestellte Material für unser Anliegen dennoch einen synchronen Schnitt und fixiert einen Ist-Zustand kommunikativer Realitäten im Online-Medium.

Bevor jedoch diese realen Kommunikationsvorkommen vergleichend in den Blick genommen werden können, sind zuerst einige Voraussetzungen zu klären. Hierzu gehören einführend eine Skizzierung der historischen Entwicklung der Medien Internet und World Wide Web sowie eine kurze Beleuchtung der Mediennutzung in Rußland, die in einigen Gesichtspunkten von der deutschen Situation differiert. Zentral ist des weiteren die angesprochene Hypertextidee der Verknüpfung von Dokumenten, auf der das World Wide Web basiert und die daher im dritten Kapitel in ihren theoretischen Grundzügen vorgestellt wird. In einem nächsten Schritt erwies sich die Auseinandersetzung mit der Rezeption des Hypertextkonzeptes in der Linguistik als erforderlich, um zum einen bestehende Forschungsdesiderate zu ermitteln und hieraus zum anderen Schwerpunktsetzungen für die eigene Herangehensweise ableiten zu können.

Der zweite, corpusempirische Teil der Arbeit stellt zunächst einige methodische Überlegungen an den Anfang. Das nachfolgende sechste Kapitel bildet den Schwerpunkt der Arbeit und befaßt sich vorab mit der Strukturierung des erhobenen Corpusmaterials; an diese schließen sich die textlinguistischen Analysen der deutschen und russischen Kommunikate an. Diese Einzelanalysen münden in den eigentlichen interlingualen Vergleich, der die Befunde vertiefend zusammenführt. Den vorletzten Abschnitt bildet schließlich der Versuch, aus der textlinguistischen Analyse Ansatzpunkte für die Evaluation von Unternehmenshomepages aus linguistischer Sicht abzuleiten. Hieran schließen sich zusammenfassende Schlußbemerkungen sowie ein kursorischer Ausblick auf offene Fragestellungen an. Einige terminologische Festlegungen, die im Verlauf der Analysen notwendig wurden, sind in einem auf das Literaturverzeichnis folgenden Glossar verzeichnet und in ihrer in dieser Arbeit geltenden Bedeutung kurz erläutert.

Alle untersuchten Homepages sind im Anhang der Arbeit in einer tabellarischen Übersicht nachgewiesen. Verzeichnet sind neben dem vollständigen Firmennamen die Branchenzugehörigkeit des Unternehmens, die WWW-Adresse sowie das Erhebungsdatum. Für die Namen der russischen Unternehmen, die im Anhang ausschließlich in lateinischer Verschriftlichung wiedergegeben sind, wird, um das Auffinden zu vereinfachen, ein Kurztitelverfahren eingeführt. Im Text erscheinen die Namen durchgehend sowohl kyrillisch als auch lateinisch verschriftlicht. Dies gilt gleichermaßen für russischsprachige Autorennamen, die im Literaturverzeichnis unter ihrer transliterierten Namensform aufzufinden sind.

Das in die Ausführungen eingehende Beispielmaterial aus dem russischen Teilcorpus wird in kyrillischer und lateinischer Verschriftlichung sowie ergänzend in deutscher Übersetzung angeführt, wobei im fortlaufenden Text Transliteration und Übersetzung dem kyrillischen Original in Klammern nachgestellt sind. Die für die Übersetzung genutzten gemein- und fachsprachlichen Wörterbücher sind, wenngleich sie nicht explizit zitiert werden, im Literaturverzeichnis nachgewiesen.[2]

Alle erhobenen Unternehmenshomepages sind als Bildschirmabdrucke auf der beiliegenden CD-ROM dokumentiert (Datei Corpus.pdf). Vorangestellt ist ein Abbildungsverzeichnis, das die deutschen und die russischen Homepages mit

2 Es handelt sich um folgende Autoren: Görner 1986, Hüter / Görner 1989, Лейн (Lejn) 1991, Ожегов / Шведова (Ožegov / Švedova) 1992, Новичков (Novičkov) 1995, Лопатин / Лопатина (Lopatin / Lopatina) 1998.

den zugehörigen Abbildungsnummern alphabetisch verzeichnet. Jede Abbildungsnummer ist als Hyperlink gestaltet, der direkt zur entsprechenden Abbildung führt. Außerdem enthält das Dokument ein Inhaltsverzeichnis (Lesezeichen-Funktion im Adobe Acrobat Reader), das zusätzlich einen systematischen Zugriff auf die nach Typen geordneten Homepages erlaubt.

I Einführung:
World Wide Web, Hypertext und Linguistik

2 Das World Wide Web: Karriere eines Mediums

2.1 Skizze einer Erfolgsgeschichte

Eine Annäherung an das Medium World Wide Web im Hinblick auf seine Entstehung sowie steile Karriere kann nicht umhin, mindestens sporadisch die Geschichte des internationalen, inzwischen einer breiten Öffentlichkeit zugänglichen und intensiv genutzten Computernetzwerks Internet einzubeziehen. Die Anfänge bzw. Vorläufer dessen, was heute als Internet (= International Network) bekannt ist, reichen zurück in die Zeiten des Kalten Krieges zwischen den USA und der damaligen UdSSR. Genau genommen ist der Anstoß zur Entwicklung eines dezentralen Rechnernetzwerks sogar letzterer zu verdanken: Ohne die Entsendung des ersten Satelliten, Sputnik 1, in den Weltraum 1957 durch die UdSSR gäbe es das Internet in seiner heutigen Form vielleicht nicht

Auf die in diesem Sektor offenkundig gewordene wissenschaftliche und militärtechnische Überlegenheit der Sowjetunion reagierte das amerikanische Verteidigungsministerium u. a. mit der Gründung der ARPA (Advanced Research Projects Agency), die im Dienst der Landesverteidigung durch Projektförderung den technologischen Fortschritt der USA gewährleisten sollte.[3] Neben Projekten z. B. zur Raketentechnik war auch die Computertechnik Forschungsgegenstand. Zunehmenden Raum nahm hier der Gedanke der Vernetzung von Computern ein, welche erstmals unabhängig von der jeweiligen Hardwareplattform erfolgen sollte. Hieraus entwickelte sich die Idee, ein nationales Computernetzwerk einzurichten, welches dezentral organisiert sein sollte. Anders als bei einem Netzwerk mit Zentralrechner, dessen Ausfall den Zusammenbruch des gesamten Netzes zur Folge hat, sollten die Daten bei einem Verbindungsausfall (z. B. im Fall eines sowjetischen Raketenschlags) automatisch einen alternativen Weg durch das Netz nehmen. Ein derart verteiltes Netzwerk mit vielzähligen Verbindungen zwischen den beteiligten Rechnern entstand 1969 durch Vernetzung der über das Land verteilten ARPA-Forschungseinrichtungen: das ARPANET, eine Vorstufe des heutigen Internet.

1972 wurde das ARPANET erstmals einem Fachpublikum öffentlich vorgeführt, was in der Folge nicht nur zu einer stark anwachsenden Datenflut im Netz, sondern auch zur Entstehung einer Vielzahl lokaler Universitätsnetzwerke führte, von denen sich die meisten an das ARPANET anschlossen. Als eigentlicher Erfolgsfaktor des Netzes erwies sich dabei eine zunächst nicht vorhergesehene Anwendung: die Möglichkeit, elektronische Nachrichten an entfernt arbeitende Fachkollegen zu versenden. Die elektronische Post (E-Mail) war geboren.

---

3 Vgl. hierzu Musch 2000, S. 15. Auch die nachfolgenden Ausführungen zur Entstehung des ARPANET basieren, soweit nicht anders angegeben, auf Musch 2000.

Den nächsten Entwicklungsschritt markierte die Überlegung, nicht nur Rechner unterschiedlichen Typs und verschiedener Hersteller, sondern auch heterogene Netzwerke untereinander zu verbinden, die sich zum „Netz der Netze" zusammenschließen sollten. Hierzu war ein neues, einheitliches Datenübertragungsprotokoll erforderlich: Das Netzwerkprotokoll TCP (Transmission Control Protocol) wurde entwickelt. Hinzu kam später ein eigenes Protokoll für die Adressierung der Rechner im Netz: das Internet Protocol, kurz IP. Beide Protokolle liegen noch heute der Datenübertragung im Internet zugrunde. Am 1. Januar 1983 wurden das ARPANET sowie die daran angeschlossenen Netze komplett auf das TCP/IP-Netzwerkprotokoll umgestellt. Fortan bildeten alle über dieses Protokoll miteinander verbundenen Rechnernetzwerke das Internet (vgl. Moschovitis u. a. 1999, S. 109).

In Westeuropa erfolgte die Entwicklung von Computernetzwerken zeitverzögert und z. T. auf der Grundlage anderer Datenübertragungsprotokolle. Die ersten Teilnehmer im Internet waren 1973 Norwegen und England (vgl. Musch 2000, S. 28). Deutschland erlangte 1983 über Stuttgart erstmals Zugang zum Netzwerk.[4]

Unterdessen wurde in den USA an weiteren Netzwerkprojekten gearbeitet, darunter ein von der National Science Foundation NSF geplantes landesweites Forschungsnetz (vgl. Musch 2000, S. 30). Dieses ging 1986 als NSFNET in Betrieb und basierte ebenfalls auf der TCP/IP-Technologie. Das NSFNET verfügte über bedeutend größere Kapazitäten als das ARPANET, dessen Funktionen es mehr und mehr übernahm und 1990 schließlich vollständig ersetzte. Kurz vorher wurde Deutschland 1989 an das NSFNET angeschlossen (vgl. Zakon 1993 - 2002).

1990 entstanden auch in Rußland Computernetzwerke, deren Entwicklung anders als in den USA und in Westeuropa weniger staatlich gefördert, sondern vielmehr durch kommerzielle und private Anwender vorangebracht wurde (vgl. Harter 1999, S. 10). Die offizielle Länderkennung .su wurde im August 1990 registriert, doch fand schon vorher per E-Mail Kommunikation über das Internet statt, indem sich die User unter der finnischen Länderkennung ins Netz einklinkten (vgl. Черноморский / Černomorskij 2000b). Ebenfalls 1990 wurde aus Moskau zum ersten Mal Verbindung mit dem USENET aufgenommen[5], jenem

---

4 Vgl. Zakon 1993 - 2002. Die von Robert Zakon unter dem Titel „Hobbes' Internet Timeline" im WWW veröffentlichte Geschichte des Internet ist eine sehr detailreiche und ausführliche, von zahlreichen Beiträgern über viele Jahre fortgeschriebene – sowie vielzitierte und in zahlreiche Sprachen übersetzte – chronologische Darstellung vom Ausgang der weltweiten Vernetzung in den 1950er Jahren bis zu den aktuellen Entwicklungen im Jahr 2001.

5 Vgl. hierzu in dem von Raymond 2001 zusammengestellten Lexikon des Hacker-Jargons den Eintrag *kremvax* zur Bezeichnung einer zunächst fiktiven USENET-Site des Mos-

Internetdienst, der nach dem Prinzip eines schwarzen Bretts in Diskussionsforen die Kommunikation unter weltweit verstreuten Teilnehmern erlaubt. Besonders bedeutungsvoll wurde diese USENET-Verbindung ein Jahr später: Während des Putsches vom August 1991 war das USENET nicht nur innerhalb der UdSSR eine der zuverlässigsten Informationsquellen, sondern vermittelte auch grenzüberschreitend aktuellste Informationen und Augenzeugenberichte ins Ausland.[6]

Im übrigen war die Datenfernübertragung zwischen der UdSSR und dem Ausland bis 1991 kaum möglich, denn nur drei lokale Netzwerke stellten diese Möglichkeit zur Verfügung (vgl. Courage / Butrimenko 1996, S. 488). Eine erkennbare Struktur des russischen Internet begann sich erst in den Jahren 1991 und 1992 herauszubilden; das Angebot für die russischen Nutzer konzentrierte sich dabei hauptsächlich auf die Bereitstellung von E-Mail-Diensten (vgl. Petuhova 1999, S. 277).

1989/90 entwickelte Tim Berners-Lee am europäischen Kernforschungszentrum CERN in Genf ein sogenanntes Hypertextsystem mit einer einfach zu bedienenden grafischen Benutzeroberfläche, mit dem sowohl text- als auch grafikintegrierende Dokumente mittels einer einheitlichen Beschreibungssprache über das Internet weltweit zugänglich gemacht werden konnten (vgl. z. B. Moschovitis u. a. 1999, S. 149f.). Entscheidend war dabei der Gedanke, über Hyperlinks von einem Dokument aus auf andere, verstreut und weit entfernt auf anderen Internetrechnern lagernde Dokumente unmittelbar zugreifen zu können.[7] Für die Anzeige der Inhalte auf dem Computerbildschirm waren sogenannte Browserprogramme erforderlich, die zu Beginn noch rein textbasiert arbeiteten (vgl. Divišek 1996, S. 17). 1991 ging der neue Internetdienst unter dem Namen *World Wide Web*, kurz *WWW*, *W3* oder *Web*, über das CERN ins Internet (vgl. Zakon 1993 - 2002).

---

kauer Kreml. Hieraus geht auch hervor, daß bereits am 1. April 1984 eine Meldung in das USENET gelangte, in der vermeintlich von höchster sowjetischer Stelle der Eintritt der Sowjetunion in das USENET bekannt gegeben wurde. Diese Meldung sorgte zunächst für einiges Aufsehen, da es zu dieser Zeit – Michail Gorbačëv konnte erst ab 1985 als Generalsekretär der KPdSU seine umfassenden Reformen einleiten – noch vollkommen unmöglich erschien, daß das USENET den Eisernen Vorhang durchdringen könnte. Schnell entpuppte sich die Nachricht allerdings als einer der im Internet sehr traditionsreichen Aprilscherze.

6 Vgl. ebenfalls in Raymond 2001 den Artikel zum Stichwort *kremvax*. Auch Gulajew 1997 berichtet von dem von den Putschisten unbemerkten Informationstransfer über Computernetze ins Ausland im August 1991 (vgl. S. 64).

7 Vgl. hierzu Musch 2000, S. 31, und Divišek 1996, S. 17. Auf das Hypertextkonzept (und die konstitutiven Hyperlinks) wird im nachfolgenden Kapitel 3 gesondert eingegangen. Zum Zusammenhang Hypertext und World Wide Web s. Abschnitt 3.6.

Der Durchbruch des World Wide Web begann 1993 mit der Entwicklung des ersten Browsers mit einer grafischen Benutzeroberfläche: Das Programm Mosaic, entwickelt von Marc Andreessen, dem späteren Mitbegründer des auf WWW-Software spezialisierten Unternehmens Netscape, wurde kostenlos an die Nutzer abgegeben und war, da es nach dem Prinzip „point and click“[8] funktionierte, sehr einfach in der Bedienung, so daß die Popularität des WWW sowie der Datenverkehr im Web explosionsartig anstiegen (vgl. Moschovitis u. a. 1999, S. 171). Insgesamt markiert das Jahr 1993 den Beginn der Publikumsphase des Internet, begannen doch die Medien und die Wirtschaftswelt, das World Wide Web (als einen von vielen Internetdiensten) zur Kenntnis zu nehmen (vgl. Zakon 1993 - 2002). In den USA ging 1993 bereits das Weiße Haus mit einem WWW-Angebot online, während die Russische Föderation unter der Länderkennung .ru in diesem Jahr erst Anschluß an das globale NSFNET / Internet erhielt (vgl. Zakon 1993 - 2002).

In der Folge drängten auf Anbieter- wie Rezipientenseite immer mehr Nutzer ins Netz. Das sprunghafteste Wachstum erlebte das Web in dem Zeitraum von 1993 bis 1996, in dem sich die Anzahl der weltweiten Hostrechner[9] jährlich verdoppelte (vgl. Werner / Stephan 1998, S. 61). 1994 waren bereits die ersten Online-Geschäfte im Web anzutreffen und die erste virtuelle Bank eröffnete (vgl. Zakon 1993 - 2002). Bereits Ende 1994 bildeten kommerzielle Anbieter den größten Anteil unter den Internethosts, Tendenz steigend (vgl. Westermann 2000, S. 52). Auch 1995 sicherten sich insbesondere Unternehmen nach der Devise „Dabei sein ist alles“ ihren Platz im WWW (vgl. Werner / Stephan 1998, S. 59). Entsprechend erklärte das amerikanische Magazin NEWSWEEK das Jahr 1995 zum „Jahr des Internet“, während in Deutschland *Multimedia* zum Wort des Jahres gekürt wurde (vgl. Werner / Stephan 1998, S. 59).

Die Folgejahre brachten weiteren Zuwachs, 1997 zählte man bereits deutlich mehr als 35 Millionen Internetnutzer weltweit, denen ca. 200 Millionen Webseiten zur Verfügung standen, davon 14 Millionen aus Deutschland; etwa 30 000 Unternehmen waren zu dieser Zeit online (vgl. von Loeper 1998, S. 36). 1998 stieg die Zahl der weltweiten Internetnutzer bereits auf 100 Millionen (vgl. Werner / Stephan 1998, S. 60f.).

Auch in Deutschland sind hohe Zuwachsraten zu verzeichnen, so daß das Computermagazin CHIP online Ende 2000 meldet: „Deutschland nähert sich bei Internet-Nutzung USA an“[10]. Vor allem in den deutschen Haushalten hält das

8 Mit dem Mauszeiger auf Objekte am Bildschirm zeigen und sie per Mausklick aktivieren (anklicken).

9 Auch: *Server*; Rechner, der im World Wide Web Daten zur Verfügung stellt.

10 In: CHIP online, 02.11.2000. Elektronisches Dokument, verfügbar unter http://www.chip.de/news_stories/news_stories_25508.html (Stand vom 04.03.2002).

Internet jetzt Einzug. Anfang 2001 nimmt Deutschland im internationalen Vergleich hinter den USA bereits den zweiten Platz ein.[11] In Europa gehört die Bundesrepublik u. a. dank gut ausgebildeten Personals und aufgrund der hoch entwickelten Telekommunikationsinfrastruktur zu den führenden Nationen.[12] Im dritten Quartal 2001 steht bereits nahezu jedem zweiten Bundesbürger ein Internetanschluß zur Verfügung, wobei die tatsächliche Nutzung eher bei drei von vier Angeschlossenen liegt und die Einwahl ins Internet überwiegend von zu Hause aus erfolgt.[13] Die jüngere Entwicklung der Internetnutzung in Deutschland und Rußland illustriert die nachstehende Grafik:

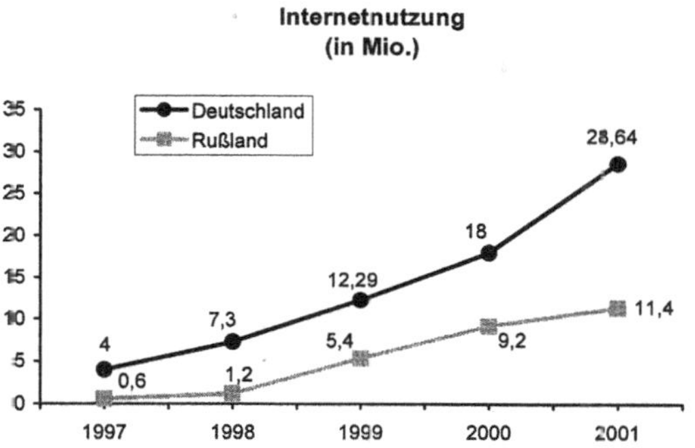

Quelle: NUA ComputerScope Ltd. u. a. (2001): NUA Internet Surveys[14]

---

[11] „Internet-Nutzung: Deutschland an zweiter Stelle hinter USA". In: CHIP online, 24.01. 2001. Elektronisches Dokument, verfügbar unter http://www.chip.de/news_stories/news_stories_10956.html (Stand vom 04.03.2002).

[12] „Intel-Chef: Deutschland europaweit führend in Internet-Nutzung." In: PC-Welt online, 22.06.2001. Elektronisches Dokument, verfügbar unter http://www.pcwelt.de/news/internet/17228/17228_index_pa.html (Stand vom 04.03.2002). In bezug auf die Position Deutschlands innerhalb der europäischen Informationsgesellschaft gehen die Meinungen auseinander, so daß kein einheitliches Bild entsteht. Betrachtet man die von NUA ComputerScope Ltd. u. a. (2001) zusammengestellten Daten zur Internetnutzung durch die europäische Bevölkerung, ist kaum von einer Führungsrolle Deutschlands zu sprechen. In Ländern wie den Niederlanden, Dänemark und Finnland liegt die Internetnutzung durch die Bevölkerung deutlich über dem für Deutschland ermittelten Wert von 34,49 %; in den beiden erstgenannten Ländern nutzen sogar über 50 % der Bevölkerung das Internet (vgl. http://www.nua.ie/surveys/how_many_online/europe.html, Stand vom 12.03.2002).

[13] „Drei von vier sind drin'. Internet-Nutzung in Deutschland." n-tv.de, 28.08.2001. Elektronisches Dokument, verfügbar unter http://www.n-tv.de/2424970.html (Stand vom 04.03.2002).

[14] Online verfügbar unter http://www.nua.ie/surveys/how_many_online/europe.html (Stand vom 12.03.2002). Nicht immer liegen für beide Länder Zahlen aus demselben Monat eines Jahres vor. Die deutsche Datenreihe basiert auf den Zahlen von September 1997, Oktober 1998, Dezember 1999, August 2000 und August 2001; für Rußland liegen die

Insbesondere die aktuellsten Zahlen verdeutlichen einmal mehr die Diskrepanz zwischen der Internetnutzung in Deutschland und Rußland, sind doch in Deutschland 2001 gut zweieinhalb mal so viele Nutzer online wie in Rußland. Auch wenn der Anteil der Internetnutzer an der deutschen Gesamtbevölkerung 2001 mit 34,49 % noch deutlich unter der 50 %-Marke liegt, sind im bevölkerungsreichen Rußland im Frühjahr desselben Jahres gerade einmal gut 7,7 % der Gesamtbevölkerung online. Es zeichnet sich eine russische Sondersituation ab, deren Grundzüge im nachfolgenden Abschnitt skizziert werden.

2.2 Zur Situation in Rußland[15]

Im Hinblick auf die Einführung und Entwicklung des Internet und des World Wide Web besteht für Rußland in vielerlei Hinsicht eine besondere Ausgangssituation, die auf vielfältige Ursachen zurückzuführen ist. Kennzeichnend ist vor allem die im Vergleich zu westlichen Ländern zeitverzögerte Entwicklung der Informationstechnik, verbunden mit einer andauernden technologischen Rückständigkeit (vgl. Harter 1999, S. 10, 29). Nicht nur die Internetnutzungszahlen spiegeln dies, auch ein vergleichender Blick auf die Anzahl der unter den Länderkennungen .de sowie .ru und .su registrierten Hostrechner ist aufschlußreich: Während im Januar 1999 unter der Kennung .de 1 154 340 Hostrechner im Netz waren, entfielen auf .ru 130 422 und .su 20 024 Hosts (vgl. Moschovitis u. a. 1999, S. 278).

Zu den Faktoren, die die Entwicklung des russischen Internet am stärksten beeinträchtigen, ist vor allem die von der Sowjetunion geerbte, mangelhafte Telekommunikationsinfrastruktur zu zählen.[16] Es gibt kein flächendeckendes Telefonnetz: In Moskau liegt die telefonische Vernetzung zwar bei 95 %, beträgt bezogen auf das ganze Land aber nur 30 % (vgl. Harter 1999, S. 14). Zudem sind

Zahlen der Monate Oktober 1997, Dezember 1998, Dezember 1999, August 2000 und April 2001 zugrunde. Die Zahl der russischen Nutzer von April 2001 findet in die Übersicht von NUA Ltd. keinen Eingang, sondern entstammt dem WWW-Angebot der russischen monitoring.ru-Gruppe, auf deren Erhebungen die bei NUA Ltd. zusammengestellten Daten für Rußland z. T. basieren. Für die Zahl von 11,4 Mio. russischen Internetnutzern im April 2001 vgl. http://eng.monitoring.ru/press-center/news/article_35.html (Stand vom 12.03.2002).

15 Für hinlänglich aktuelle Informationen zum russischen Internet und WWW stellt das Internet selbst oft die einzige Informationsquelle dar, so daß das Zitieren von Internetdokumenten hier nicht zu umgehen ist. Auch diese Quellen finden sich so ausführlich wie möglich im Literaturverzeichnis aufgeführt.

16 Vgl. z. B. Petuhova 1999, S. 282, Courage / Butrimenko 1996, S. 483.

die Telefonverbindungen schlecht und störungsanfällig, so daß insbesondere in den ländlichen Regionen oft nur die Nutzung des E-Mail-Dienstes gewährleistet ist (vgl. Gulajew 1997, S. 65).

Auch die bereits angedeutete fehlende Unterstützung von staatlicher Seite spielt in diesem Zusammenhang nach wie vor eine wichtige Rolle; zwar haben einige Staatsorgane durchaus eigene Internetserver eingerichtet, doch finden darüber hinaus keine staatlichen Investitionen statt (vgl. Gulajew 1997, S. 64). In den Provinzen verhält es sich sogar im Jahr 2000 noch so, daß mit dem Aufbau regionaler Portale im Internet nicht die zuständigen Gouverneure, sondern unabhängige Journalisten, Geschäftsleute und Provider befaßt sind (vgl. Черноморский / Černomorskij 2000a). Mitunter werden sogar Anzeichen einer staatlichen Behinderungspolitik sichtbar (vgl. Harter 1999, S. 25). Noch 1998 sorgte der föderale Sicherheitsdienst FSB, Nachfolger des Geheimdienstes KGB, mit dem Vorhaben für Aufsehen, die gesamte russische Internetkommunikation überwachen zu wollen. Das System SORM[17] sollte dem FSB nach Installation der entsprechenden Überwachungstechnik auf den Servern der Internetprovider ermöglichen, jeden Websitebesuch[18] und die E-Mail-Kommunikation der Internetkunden mitzuverfolgen (vgl. Windisch 1998).

Oft wird im Zusammenhang mit dem russischen Internet auf Sprachprobleme, vor allem Probleme mit der kyrillischen Schrift und ihrer Dekodierung, verwiesen. Insbesondere bei der E-Mail-Kommunikation mit dem Ausland in russischer Sprache können Schwierigkeiten auftreten (vgl. Gulajew 1997, S. 65), doch die Anzeige von Webseiten mit kyrillischer Schrift bereitet meist keine Probleme mehr. Die gängigen Browser von Microsoft und Netscape können die kyrillische Schreibung inzwischen standardmäßig dekodieren. Außerdem bieten die russischen Informationsanbieter ihre Dokumente in der Regel ohnehin in verschiedenen Kodierungen an, von denen der Nutzer die für sein Betriebssystem geeignete auswählen kann. Und auch die gängige Browsersoftware selbst – der Netscape Communicator und der Microsoft Internet Explorer – liegen in russischer Sprache vor.[19]

Vor dem Hintergrund des unzureichenden Telekommunikationssystems und der fehlenden staatlichen Unterstützung sind Sprach- und Schriftprobleme allerdings eher zweitrangig. Von weitaus größerer Bedeutung ist die wiederholt beklagte

---

17 SORM = sistema operativno-rozysknych meroprijatij / System für operative Fahndungsmaßnahmen.

18 Website: Angebot im World Wide Web. Für eine Definition vgl. Abschnitt 5.2, S. 138.

19 Vgl. hierzu die Websites von Netscape und Microsoft unter http://home.netscape.com sowie http://www.microsoft.com/rus/download/ (Stand vom 03.03.2002).

geringe Computerisierung des Landes.[20] Was den privaten, heimischen Endnutzer betrifft, sind in der russischen Bevölkerung die finanziellen Mittel für die Anschaffung eines PCs oftmals nicht vorhanden; ebenso stehen offenbar die Zugangs- und Nutzungsgebühren für das Internet in keinem Verhältnis zu den durchschnittlichen Verdienstmöglichkeiten in Rußland (vgl. Gulajew 1997, S. 65). Im Hinblick auf die Ausstattung mit Hardware ist Rußland überdies in hohem Maß auf Importe angewiesen, da die Möglichkeiten, eigene Entwicklungen in Serie zu produzieren, fehlen (vgl. Harter 1999, S. 22). Auf der anderen Seite verschließt sich der russische Markt ausländischen Importeuren wie heimischen Händlern nicht selten aufgrund unzureichender Rahmenbedingungen wie schlechte Distributionssysteme und Transportwege, hohe Zölle, fehlende gesetzliche Regelungen und eine schlechte Infrastruktur, die u. a. das Banken- und Versicherungssystem umfaßt (vgl. Harter 1999, S. 20f., 30).

Entsprechend niedrig war noch Ende 1998 die PC-Dichte in Rußland: Für 147 Mio. Menschen standen ca. 4 Mio. Computer zur Verfügung.[21] Die Anzahl der PC-Nutzer lag, da sich mitunter mehrere Nutzer einen Rechner teilen, mit gut 4,5 Mio. etwas höher. Dennoch: pro 1000 Einwohner waren landesweit gerade einmal 27 PC-Nutzer zu registrieren. Eine größere Konzentration war (und ist) in größeren Städten zu beobachten, denn allein 45 % aller PC-Nutzer verteilten sich auf die Städte Moskau, Sankt Petersburg und Ekaterinburg. Letztere wies mit 138 PC-Nutzern auf 1000 Einwohner sogar die höchste Konzentration auf, gefolgt von Moskau mit 116 von 1000.

Über einen Internetzugang verfügte nur jeder vierte der über 4,5 Mio. PC-Nutzer, so daß Ende 1998 – wie die obige Grafik dokumentiert – knapp 1,2 Mio. Internetnutzer zu zählen waren. Dabei konnten die meisten – gut 52 % – das Internet am Arbeits- oder Ausbildungsplatz nutzen, während immerhin 39 % vom heimischen Rechner aus online gingen. Auf Internetcafés und Bibliotheken entfiel nur 1 % der Nutzer, und 8 % standen anderweitige Nutzungsmöglichkeiten zur Verfügung. Wie die PC-Nutzung konzentrierte sich zwangsläufig auch die Internetnutzung auf die größeren Städte des Landes mit über 500 000 Einwohnern. Einen Eindruck hiervon vermittelt die nachstehende Abbildung:

---

20 Vgl. hierzu Gulajew 1997, S. 65, Petuhova 1999, S. 282, Черноморский (Černomorskij) 2000b.

21 Die in den beiden folgenden Absätzen angeführten Daten zur PC- und Internetnutzung in Rußland entstammen einer Veröffentlichung des Regionalen gemeinnützigen Zentrums für Internettechnologie РОЦИТ / ROCIT (Региональный Общественный Центр Интернет Технологий / Regional'nyj Obščestvennyj Centr Internet Technologij), die unter dem Kurztitel РОЦИТ (ROCIT) 1999 im Literaturverzeichnis aufgeführt ist. Den Ausführungen liegen die Seiten 12 - 16 sowie 68f. (pdf-Dokument) zugrunde.

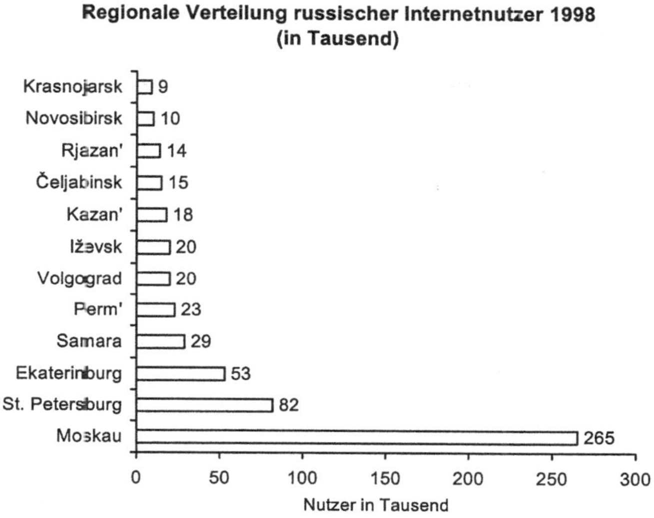

Quelle: РОЦИТ (ROCIT) 1999, S. 69.

Wenngleich die Gesamtzahl der Internetnutzer in den Folgejahren weiter steigt, hat sich ihre Verteilung nicht grundlegend geändert, auch wenn im Jahr 2000 in den großen Städten Rußlands das Internet für jeden zugänglich ist. (vgl. Черноморский / Černomorskij 2000b). Mit einem erheblichen Stadt-Land-Gefälle[22] ist also weiterhin zu rechnen, ebenso mit einer Zeitverzögerung bei der Einführung technologischer Neuerungen sowie der Entwicklung des Internet und seinen Angeboten:

> „[…] интернет […] в России развивается с некоторым опозданием по сравнению с мировыми тенденциями.“ („[…] internet […] v Rossii razvivaetsja s nekotorym opozdaniem po sravneniju s mirovymi tendencijami.“ / „Im Vergleich zu den weltweiten Tendenzen entwickelt sich das Internet in Rußland mit einer gewissen Verspätung“)[23]

---

22 Auch Harter 1999 verweist im Zusammenhang mit der Telekommunikationsinfrastruktur auf „die Kluft zwischen städtischen und ländlichen Räumen“, die z. B. auch auf dem Mobilfunksektor besteht, da die Anbieter ihre Dienste ebenfalls vorwiegend in den Ballungszentren bereitstellen.

23 Засурский (Zasurskij) 2000. Der Autor ist stellvertretender Generaldirektor der bekannten russischen Internetfirma Rambler und gibt auf dem Internetserver des Russischen Internet-Forums RIF (Российский Интернет Форум / Rossijskij Internet Forum) einen Ausblick auf den Entwicklungsstand des russischen Internet im Jahr 2001.

Entsprechend haben der Computer und die Vernetzung die verschiedenen Lebensbereiche in Rußland offenbar noch nicht in dem Maß durchdrungen wie in westlichen Nationen. Dies illustriert ferner eine noch im Januar 2002 auf einem russischen Nachrichtenserver zu lesende Meldung, derzufolge in Sankt Petersburg nun der Verkauf von Theaterkarten computerisiert und vernetzt werden solle – ein Service, der nicht einmal den Kunden in Moskau zur Verfügung steht.[24] Technologie und Medium sind augenscheinlich noch von vergleichsweise geringer Alltagsrelevanz.

[24] Diese Nachricht wurde am 08.01.2002 unter dem Titel „Theaterkarten-Verkauf wird computerisiert“ auf dem Nachrichtenserver russland.ru (http://www.russland.ru) veröffentlicht.

3 Das Hypertextkonzept

3.1 Hypertext – Aufstieg einer Idee

Im allgegenwärtigen Informationszeitalter begegnen auf Schritt und Tritt die sogenannten Neuen Medien, und es fallen Schlagwörter wie *Multimedia*, *Internet* und *World Wide Web*. Insbesondere das Internet erfreut sich gerade in den letzten Jahren zunehmender Popularität und wachsender Anwenderzahlen auch über den ursprünglich primär akademischen Nutzerkreis hinaus. Dies ist vor allem dem World Wide Web zu verdanken, jenem Teil des Internet, der sich durch eine einfach zu bedienende grafische Benutzeroberfläche auszeichnet und sich als weltumspannender, bunter Informationskiosk mit einer ungeheuren Themenvielfalt darstellt.

In diesem Kontext und vor allem im Zusammenhang mit dem World Wide Web haben Begriffe Hochkonjunktur, die mit dem Präfix[25] *Hyper-* beginnen, hört und liest man doch von *Hypertext*, *Hypermedia*, *Hyperlinks*. Allein die Bedeutung dieser Begriffe bleibt oft diffus, worauf im Falle von *Hypertext* schon Eigenheiten der Wortverwendung schließen lassen: Mal wird das Substantiv mit, mal ohne direkten bzw. indirekten Artikel verwendet, so daß in vielen Fällen im abstrakten Sinn das theoretische Konzept gemeint ist, oft aber auch die Ausprägung des Konzeptes in Form eines konkreten Hypertextes. Selbst unter Experten existieren die unterschiedlichsten Definitionen und Auffassungen darüber, was (einen) Hypertext wesenhaft ausmacht. Bevor nun das Hypertextkonzept im einzelnen erläutert wird, seien zunächst, ausgehend von ersten allgemeinen Definitionen, die grundlegenden Prinzipien von Hypertext vorgestellt, um einführend den Erfolg dieses Konzeptes im Kontext seiner vielfältigen Einsatzgebiete erläutern und damit einen ersten Überblick über Funktionsweise und Anwendung der Hypertexttechnologie geben zu können.

Nähern wir uns der Begriffsbestimmung von *Hypertext* zunächst mit einem Blick auf die Etymologie des Wortes: Bei der Konstituente *hyper-* handelt es sich um ein aus dem Griechischen stammendes Wortbildungselement mit der Bedeutung „'über, hinaus, übermäßig'" (Kluge 1995, S. 391). Es verbindet sich sowohl mit Adjektiven wie mit Substantiven zu Bildungen wie *hyperempfindlich* oder *Hyperkorrektheit*[26], bei denen in erster Linie das Sem 'übermäßig'

[25] Die Statusbestimmung dieses Wortbildungselementes erfolgt uneinheitlich. Kluge 1995 faßt *hyper-* als Präfixoid auf (vgl. S. 391), wogegen Fleischer / Barz 1995 bei der Klassifikation der im Deutschen verwendeten Wortbildungselemente auf den Affixoidbegriff verzichten und *hyper-* als Präfix fremdsprachigen Ursprungs (vgl. z. B. S. 36, 204) einstufen. Ich schließe mich der Argumentation von Fleischer / Barz 1995 an.

[26] Zu diesen und anderen Bildungen mit *hyper-* s. DUW 2001, S. 812.

aktualisiert ist, was den Lexemen eine pejorative Konnotation verleiht. Auch Fleischer / Barz 1995 merken zu diesem Wortbildungselement an: „Dagegen scheint *Hyper-* (griech. ‚über‘) [...] einer Tendenz emotional-negativer Wertung zu unterliegen: *Hyperkultur* ‚Überfeinerung‘ [...]“ (S. 204). Wie verträgt sich nun ein solches Wortbildungselement mit dem aus lat. *textus* entlehnten Substantiv *Text* 'Gewebe'?[27] Die negative Konnotation kann für *Hypertext* ausgeschlossen werden, sind hier doch eher die Seme 'über' und 'hinaus' wirksam. Was immer sich im einzelnen hinter einem „Übertext“ bzw. „Übertext-Konzept“ verbergen mag, Hypertext scheint Qualitäten zu besitzen, die über das, was wir von herkömmlichen Texten kennen, hinausgehen.

So legt der Terminus *Hypertext* allein von seiner Morphologie her nahe, Definitionsversuche an den traditionellen Textbegriff anzuknüpfen, eine Sichtweise, die in der einschlägigen Literatur häufig – wenngleich nicht immer – eingenommen wird. Stellvertretend sei Nielsen 1996 zitiert, der mit seinem Definitionsvorschlag explizit bei textuellen Merkmalen ansetzt:

> „Hypertext definiert man am einfachsten durch einen Vergleich mit gewöhnlichem Text [...]. Gewöhnlicher Text, ob gedruckt oder auf Diskette, ist *sequentiell*, d. h. nur eine einzige lineare Sequenz definiert, in welcher Reihenfolge der Text gelesen wird. [...] Hypertext ist *nicht sequentiell*, d. h. es gibt nicht nur eine Reihenfolge, in welcher der Text gelesen wird [...]. (Nielsen 1996, S. 1; Hervorhebungen im Original)

Mit der Nicht-Sequentialität wird hier nur ein – wenn auch ganz wesentliches – Attribut von Hypertext akzentuiert.[28] Ergänzend sei die folgende, umfassendere Definition hinzugezogen:

> „Hypertexte sind Darstellungen komplexer Sachverhalte in einer Vielzahl komplex vernetzter, in sich kohäsiv geschlossener Informationseinheiten, die in Form von Texten, Abbildungen, gesprochener Sprache, Filmen, Musik, etc. vorliegen können. Die Inhalte werden auf dem Medium Computer interaktiv zugänglich gemacht.“ (Ansel Suter 1995, S. 12)

Aus diesen beiden auf einer hohen Abstraktionsebene angesiedelten Definitionen erhellen bereits grundlegende Charakteristika von Hypertext: Wichtiges

---

27 Zur Etymologie von *Text* vgl. Kluge 1995, S. 823.

28 Anzumerken ist, daß der Definitionsansatz von Nielsen 1996 eine recht undifferenzierte und verkürzte Sicht auf das komplexe Verhältnis Text – Hypertext vermittelt, das durch mehr Gemeinsamkeiten geprägt ist, als die Ausführungen glauben machen. So bleibt u. a. unberücksichtigt, daß auch herkömmliche Printtexte durchaus über nicht-sequentielle Elemente wie z. B. Fußnoten oder Literaturverweise im laufenden Text verfügen können. Gleichwohl wird hier bewußt auf die Definition von Nielsen 1996 Bezug genommen, da sie einer ersten Annäherung an das komplexe Phänomen Hypertext durchaus dienlich ist.

Kennzeichen „echter“[29] Hypertexte ist, daß sie ausschließlich in computergestützter Form existieren und damit auch dem Nutzer[30] nur vermittelt durch das Medium Computer zugänglich sind. Hypertexte stellen sich dem Nutzer dar als ein Netzwerk aus einzelnen, in sich abgeschlossenen Informationseinheiten, welche obiger Definition zufolge durch verschiedene Medientypen, sowohl statische (z. B. Text, Grafiken) wie dynamische (z. B. Ton, Videosequenzen), repräsentiert sein können. Die Informationseinheiten sind durch spezifische, in ihrer Realisierung an den Computer gebundene Verknüpfungen – Hyperlinks – miteinander vernetzt, vergleichbar Querverweisen, die inhaltliche Verbindungen zwischen Ausgangs- und Zielpunkt anzeigen und die der Nutzer direkt am Bildschirm verfolgen kann. Ein Maximum an Hypertextfunktionalität ist hierbei erreicht, wenn von jeder Informationseinheit auf jede andere zugegriffen werden kann. Dies impliziert zugleich die Nicht-Sequentialität bzw. Nicht-Linearität als das herausragende Merkmal von Hypertexten: In einem Netzwerk aus vielfältig aufeinander verweisenden Informationseinheiten kann eine eindeutige Reihenfolge der zu rezipierenden Elemente nicht mehr festgelegt werden, zumal die eine Reihenfolge, wie sie bei herkömmlichen Texten aufgrund der medial bedingten linearen Anordnung der textuellen Einheiten vorgegeben ist, in Hypertexten ohnehin nicht existiert.[31]

Worin besteht nun und wie erklärt sich die offenkundige Popularität eines solchen, gängigen Darstellungs- und Rezeptionsgewohnheiten eher zuwider laufenden Prinzips der nicht-linearen Text- bzw. Dokumentorganisation. Und wie sehen konkrete Anwendungen dieses Konzeptes aus?

---

29 Es gibt Texte, die Hypertextmerkmale aufweisen, ohne auf dem Computer realisiert zu sein. Dieser Sachverhalt wird an späterer Stelle erläutert.

30 Hier wird ein weiterer Unterschied zwischen Text und Hypertext sprachlich manifest, welcher in einem im Vergleich zum Text veränderten Rezeptionsverhalten besteht: Während dem Text als Rezipient der *Leser* gegenübersteht, übernimmt beim Hypertext der *Nutzer* oder *User* diese Rolle. Diese Wortverwendung, auf die auch Freisler 1994 hinweist (vgl. S. 20), impliziert, daß sich die Tätigkeit des Hypertextrezipienten nicht mehr einzig auf den an sich schon komplexen Vorgang des Lesens beschränkt. Somit scheint Hypertext besondere Anforderungen an seine Rezipienten zu stellen.

31 Hiermit soll wiederum nicht gesagt sein, daß herkömmliche Texte nicht auch nichtlineare Organisationsmittel wie z. B. Rückverweise auf zuvor Gesagtes enthalten, geschweige denn nicht auch nicht-linear rezipiert werden können. Schließlich steht es jedem Leser eines Kriminalromans frei, sich um das Vergnügen der Spannung zu bringen, indem er zu Beginn der Lektüre auf den letzten Seiten nachschlägt, wer der Mörder war. Auf das Verhältnis Text – Hypertext soll hier nicht weiter eingegangen werden, da es Thema des nachfolgenden Kapitels ist.

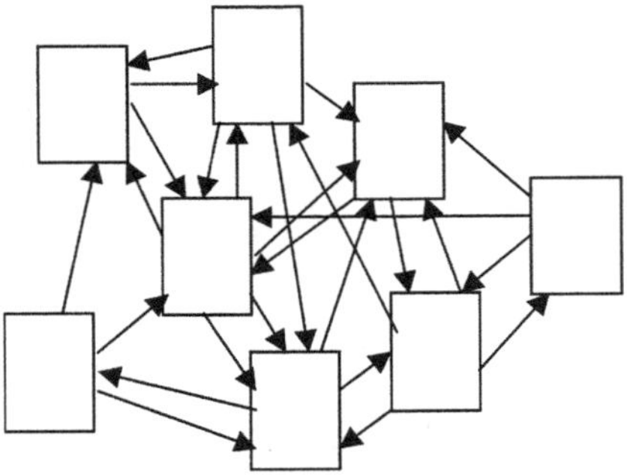

Das Hypertextprinzip

Die Ursprünge dessen, was später unter der Bezeichnung *Hypertext* bekannt werden sollte, weisen in das Jahr 1945 und gehen zurück auf Vannevar Bush, der in seinem vielzitierten Aufsatz *As we may think*[32] ein System entwarf, das der auf Mikrofilm basierenden Dokumentation und Verwaltung von Informationen dienen sollte und sich durch die assoziative Vernetzung dieser Informationen auszeichnete.[33] Es sollte in erster Linie Forscher bei ihrer Arbeit unterstützen und ihnen ermöglichen, eine umfangreiche persönliche Bibliothek mit sehr schnellem und gezieltem Zugriff auf gewünschte Informationen anzulegen (vgl. Ansel Suter 1995, S. 22). Vorbild für dieses Memex *(memory extender)* genannte System war das nach assoziativen Prinzipien funktionierende menschliche Gedächtnis, das durch dieses System gleichsam unterstützt und erweitert werden sollte. Obgleich Memex niemals realisiert wurde und in den folgenden zwanzig Jahren keine nennenswerten Weiterentwicklungen auf diesem Gebiet zu verzeichnen waren, haben die Ideen und Visionen Bushs doch großen Einfluß auf die Hypertextentwicklung gehabt.

32 Bush, Vannevar (1945): As we may think. In: Atlantic Monthly 176. 1945. Heft 1. S. 101-108. Online verfügbar unter http://www.linse.uni-essen.de/publikationen/bush.pdf (Stand vom 16.03.2002).

33 Vgl. hierzu Nielsen 1996, S. 33 - 36, auf den ich mich in diesem Absatz, sofern nicht anders angegeben, beziehe. Eine eigene Darstellung der historischen Entwicklung von Hypertext soll in dieser Arbeit unterbleiben, da sie bereits in vielen Publikationen zum Thema geleistet worden ist. Ich werde mich lediglich auf wenige Anmerkungen beschränken. Eine ausführliche Beschreibung der historischen Entwicklung von Hypertext findet sich z. B. bei Nielsen 1996, S. 33 - 66, einen kurzen Überblick gibt Kuhlen 1991b, Kapitel 4. (Letztgenannte Publikation enthält keine Seitenzahlen, so daß genauere Angaben nicht möglich sind.) Entwicklung und Stand der wissenschaftlichen Auseinandersetzung mit Hypertext schildert Kuhlen 1991a, S. 66 - 76.

Der Begriff *Hypertext* wurde erst im Jahr 1965 geprägt und geht zurück auf Ted Nelson (vgl. Nielsen 1996, S. 38), einen der bekanntesten Schüler Bushs, der insofern über die Konzeptionen seines Lehrers hinausging, als er über Jahre hinweg die Idee eines einzigen, „universalen Wissensverwaltungs- und Informationsbereitstellungssystems, XANADU“ (Kuhlen 1991a, S. 69) verfolgte. Größten Wert legte er in seinem nur in Teilen realisierten System auf das Moment der Verknüpfung der Informationen (vgl. Kuhlen 1991a, S. 69).

1987 etablierte sich ein eigenständiges Forschungsgebiet, für das die Bezeichnung *Hypertext* Namengeber wurde (vgl. Hammwöhner 1997, S. 17). Die frühen Hypertextsysteme waren in erster Linie Forschungsprototypen, die an wissenschaftlichen Einrichtungen und für die Anwendung auf Workstations entwickelt wurden (vgl. Ansel Suter 1995, S. 24). Aber auch kommerzielle Systeme begann man auszuarbeiten und insbesondere für den Betrieb auf Personal Computern zu konzipieren, so daß das Hypertextkonzept nach und nach außerhalb der experimentellen universitären Forschung und Entwicklung zur Anwendung kam. Ein breiteres Publikum konnte beispielsweise mit dem Hypertextsystem HyperCard von Apple Bekanntschaft machen, da es im Lieferumfang eines jeden zwischen 1987 und 1992 verkauften Macintosh-Rechners enthalten war (vgl. Nielsen 1996, S. 58). Entwickelt wurde HyperCard seit 1985 und war als „Hyperkarteisystem zur Verwaltung persönlicher Datenbasen“ (Schnupp 1992, S. 103) angelegt.

Insgesamt stellt sich Hypertext als „ein typisches interdisziplinäres Forschungs-, Entwicklungs- und Anwendungsgebiet“[34] dar, an dem verschiedenste Fachrichtungen Interesse haben, allen voran die Informatik mit ihrer Software- und Systementwicklung. Darüber hinaus bestehen konkrete Nutzerinteressen, denn inzwischen hat sich eine Hypertextindustrie und ein Markt für Hypertextprodukte entwickelt: Da die grundlegende Idee von Hypertext die eines Informationssystems mit leichtem Zugriff auf große Wissensmengen ist, eignet sich dieses Konzept besonders für Nachschlagewerke aller Art, beispielsweise für Enzyklopädien, Reiseführer oder Auskunftssysteme. Ein drittes allgemeines Interesse an Hypertext besteht schließlich von seiten derjenigen Disziplinen, die sich mit kognitiven Prozessen befassen und z. B. die Vorgänge der Wissensverarbeitung beim Benutzer während der Exploration eines Hypertextes empirisch untersuchen. Hierzu zählen u. a. die Pädagogik, Psychologie, Linguistik und Informationswissenschaft.

Bei so vielfältigen Interessen an Hypertext muß das Konzept über einige Attribute verfügen, die es gegenüber den bisherigen traditionellen Medien auszeich-

---

34 Kuhlen 1991a, S. 52. Soweit nicht anders angegeben, beziehen sich die nachfolgenden Ausführungen dieses Absatzes zu den verschiedenen Interessen an Hypertext auf Kuhlen 1991a, S. 53f.

nen, seinen Mehrwert ausmachen und seinen Erfolg begründen. Ein erstes wichtiges Erfolgsmoment besteht eben in der Nicht-Linearität, zu der ein Hypertextsystem bei der Darstellung sowie Erarbeitung von Wissen zwingt. Zumindest die Verfechter des Hypertextkonzeptes sehen hierin einen herausragenden Vorteil, da eine vernetzte, nicht-sequentielle Darstellung und Erarbeitung von Information der Funktionsweise des menschlichen Gehirns entspreche (vgl. Kuhlen 1991b, Kapitel 5). Diese nicht unumstrittene Argumentation ist als These von der „kognitiven Plausibilität“ in die Hypertextforschung eingegangen (vgl. z. B. Kuhlen 1991a, S. 55f.).

Zum Erfolg von Hypertext hat ferner die Entwicklung der Computertechnologie beigetragen, z. B. in Form von modernen Speichermedien mit beträchtlichen Kapazitäten.[35] Auch grafische Benutzeroberflächen, die mit Hilfe des Eingabe- und Zeigegerätes Maus gut handhabbar sind, spielen eine wichtige Rolle, wobei in der einfachen, fast intuitiven Bedienbarkeit ein besonderer Zusatznutzen von Hypertextsystemen etwa gegenüber komplexen Datenbanksystemen besteht. Nicht zu unterschätzen sind ferner kreative Impulse, die durchaus von dem „stöbernden“, häufig nicht zielgerichteten Lesen in einem Hypertext ausgehen können. Außerdem läßt sich das Hypertextkonzept an die unterschiedlichsten Nutzungszwecke anpassen, so daß ein breiter und flexibler Spielraum für die Präsentation von Informationen besteht.

Analog zu den vielfältigen Interessen an Hypertext bestehen also zahlreiche unterschiedliche Anwendungsarten, wobei Hypertextsysteme grundlegend in Lese- bzw. Browsingsysteme einerseits und Autorensysteme andererseits zu differenzieren sind. Browsingsysteme sind zur Laufzeit durch den Benutzer nicht mehr änderbar, d. h., der Nutzer kann selbst keine Veränderungen an dem Hypertext vornehmen, sondern ihn nur mit den vorgegebenen Möglichkeiten rezipieren. Autorensysteme legen den Schwerpunkt dagegen auf die Erstellung, zumindest aber auf die Möglichkeit zur Veränderung des Hypertextes.[36] Browsingsysteme finden einen weiten Anwendungsbereich als Präsentationssysteme aller Art, z. B. als lokale Besucherinformationssysteme in Museen. Andere Systeme wie das auf dem Hypertextprinzip basierende weltumspannende Informationssystem World Wide Web verfügen neben der Lese- über eine Autorenkomponente, die entsprechend autorisierten Nutzern einen Schreibzugriff und damit die Möglichkeit zur Bereitstellung und Änderung eigener Inhalte im WWW bietet.

Aus dem bisher Gesagten erhellt, daß Hypertext vor allem für Anwendungen prädestiniert ist, bei denen die Aspekte der Darstellung und der Erarbeitung von Informationen im Vordergrund stehen. Sehr deutlich macht dies Streitz 1990,

---

35 Vgl. zu diesen und den folgenden Erfolgsfaktoren von Hypertext Kuhlen 1991a, S. 53f., und Kuhlen 1991b, Kapitel 5.

36 Zu Browsing- und Autorensystemen vgl. z. B. Gabriel 1997, S. 58f.

wenn er das Hypertextkonzept als den „Kristallisationskern für die Entwicklung einer neuen Generation von Informationssystemen" (S. 11) ausweist. Entsprechend vielgestaltig sind die Anwendungsgebiete von Hypertext, die nachfolgend im Überblick skizziert seien.[37]

Beispielsweise läßt sich das Hypertextkonzept nutzen, um Computerarbeitsplätze möglichst nutzungsfreundlich zu gestalten, ohne auf computerspezifisches Vorwissen der Nutzer zurückgreifen zu müssen. Damit unterstützt Hypertext das in der Softwareentwicklung vorherrschende Bestreben, Anwendungsprogramme intuitiv bedienbar zu gestalten, so daß auch Nutzer mit wenig Wissen über den Umgang mit Computern diese ohne Schwierigkeiten handhaben können.

Einen weiteren Anwendungsbereich, der zukünftig noch an Bedeutung gewinnen dürfte, stellt das elektronische Publizieren dar: Nachschlagewerke wie Lexika, Enzyklopädien und Wörterbücher sind aufgrund ihrer auf nicht-sequentielle Rezeption zielenden Anlage und der inhärenten Verweisstruktur für eine Realisierung als Hypertext geradezu prädestiniert. Auch sind die bei derartigen Publikationen regelmäßig anstehenden Aktualisierungen auf Hypertextbasis weniger aufwendig und kostensparender durchzuführen. Neben Nachschlagewerken bieten sich technische Dokumentationen wie Softwarehandbücher für eine Umsetzung in Hypertext an. Hier können ferner die multimedialen Möglichkeiten des Konzeptes zum Einsatz kommen. Im Zusammenhang mit der Nutzung von Hypertext als Publikationsmedium hat das Konzept überdies unter der Bezeichnung „*Hyperfiktion*" (Kuhlen 1991b, Kapitel 6; Hervorhebung im Original) eine literarische Ausprägung gefunden: Auf der Grundlage des Hypertextprinzips werden – oft von mehreren Autoren – literarische Texte erstellt, und der Leser kann einzelne Handlungspfade verfolgen oder sie mitgestalten. Bei derartigen Systemen verschwimmen oft die Grenzen zwischen Browsing- und Autorensystemen, so daß nicht selten Autor und Leser in Personalunion vereint sind. Bezogen auf das das Hypertextprinzip anwendende World Wide Web scheint sich inzwischen das Genre „Internetliteratur" etabliert zu haben, das z. B. durch ausgeschriebene Wettbewerbe[38] nachdrücklich gefördert wird.

---

[37] Soweit nicht anders angegeben, beziehen sich die folgenden Ausführungen zu den Anwendungen von Hypertext auf Kuhlen 1991b, Kapitel 6. Eine ausführliche Darstellung bietet Nielsen 1996, Kapitel 4: Hypertextanwendungen.

[38] So wurde von der Wochenzeitung DIE ZEIT, IBM, ARD online und Radio Bremen unter dem Titel „Pegasus '98" bereits der dritte Internet-Literaturwettbewerb ausgeschrieben und mit DM 10 000 dotiert. Zielgruppe der Ausschreibung sind „alle, die Sprache mit den ästhetischen und technischen Mitteln des Internet verknüpfen, um neue Ausdrucksformen zu entwickeln". Dieser Auszug aus dem Ausschreibungstext sowie die preisgekrönten Beiträge sind im World Wide Web zu finden unter http://www.pegasus98.de (Stand vom 15.12.1998).

Ein bereits gut erforschtes Anwendungsgebiet befaßt sich mit Hypertext im Lehr- / Lernkontext. Es wurden bereits zahlreiche Systeme für den Unterricht entwickelt und eingesetzt und z. T. beeindruckende Lernerfolge erzielt, doch scheint Hypertext dem Lernen mit Texten nicht generell überlegen zu sein. Es treten hypertextspezifische Probleme auf, die sich z. B. in kognitiver Überforderung des Lernenden äußern: Der Rezipient muß sich eigenständig ein oft komplexes Wissensgebiet erarbeiten, wobei er versucht, sich einen Überblick zu verschaffen, dabei aber immer wieder vor der Notwendigkeit steht, eine Auswahl aus dem Wissensangebot treffen zu müssen (vgl. Tergan 1993, S. 17).

Unbestritten ist, daß sich Hypertext unabhängig von im einzelnen sehr spezifischen Verwendungszwecken zusammenfassend als ein Konzept beschreiben läßt, das für die Verwaltung und Präsentation großer Informations- und Datenmengen in besonderem Maße qualifiziert ist. Diese Eigenschaft eben macht sich das weltweit verteilte, auf der Hypertexttechnologie beruhende World Wide Web zunutze. Als Kuhlen 1991b konstatierte, Hypertext eigne sich für „*Präsentationszwecke* jeder Art [...], z. B. zur Selbstdarstellung von Organisationen in kommerziellen und öffentlichen Bereichen, zur Einführung und Orientierung in Ausstellungen oder Museen, zur Information im Touristik- oder Sportbereich" (Kapitel 6; Hervorhebung im Original), dürfte er in erster Linie geschlossene und lokal verfügbare Hypertexte, etwa in Form von auf Diskette oder CD-ROM gespeicherten Produktkatalogen oder Werbeprospekten[39], im Blick gehabt haben. Seine Feststellung ist inzwischen aber uneingeschränkt auf das World Wide Web übertragbar, ist gegenwärtig doch wohl kein Medium so sehr Präsentations- und Selbstdarstellungsmedium wie dieses weltweite, multimediale Informationssystem. Und als solches wird es besonders im kommerziellen Bereich ausgiebig genutzt, vorwiegend zu Marketing- und Werbezwecken, für die sich Unternehmen beliebiger Branche eine WWW-Präsenz nicht (mehr) nehmen lassen.[40]

Dieser allgemeine Überblick über die bislang wichtigsten Anwendungsgebiete von Hypertext deutet die Leistungsfähigkeit und die vielfältigen Einsatzmöglichkeiten an, die diese Technologie bereits jetzt und trotz nicht weniger noch zu bewältigender Problemstellungen bietet. Denn bei aller Begeisterung für Hypertext sind die Schwächen bisheriger Systeme, die einer effektiven und problemlosen Hypertextnutzung noch oft im Wege stehen, nicht zu übersehen. Auch sie sollen hier nicht unerwähnt bleiben, doch ist das Hypertextkonzept zunächst in seinen Grundzügen zu charakterisieren.

---

[39] Als geschlossene Hypertexte realisierte und in Diskettenform ausgegebene Produktkataloge aus dem Bereich der Automobilwerbung beschreibt Nielsen 1996, S. 87f.

[40] Vgl. hierzu z. B. Computerwoche 12/98, I, S. 38.

3.2 Architektur von Hypertextsystemen

Nach der ersten Einführung in das Thema „Hypertext" sind zunächst die Grundlagen der Hypertexttechnologie zu klären. Damit sei das Hypertextkonzept vorerst unter statischem Aspekt betrachtet, welcher die Bestandteile und die Beschaffenheit von Hypertextsystemen in den Vordergrund stellt und von den eher dynamischen Nutzungsaspekten einstweilen abstrahiert.[41]

In der Literatur werden verschiedene Hypertextarchitekturmodelle beschrieben, von denen stellvertretend jenes vorgestellt werden soll, welches die Basis für das World Wide Web bildet (vgl. Nielsen 1996, S. 177). Dieses Modell unterscheidet drei Ebenen, die als konstitutiv für ein Hypertextsystem zu betrachten sind: die Datenbankebene, die abstrakte Hypertextmaschine und die Präsentationsebene.[42]

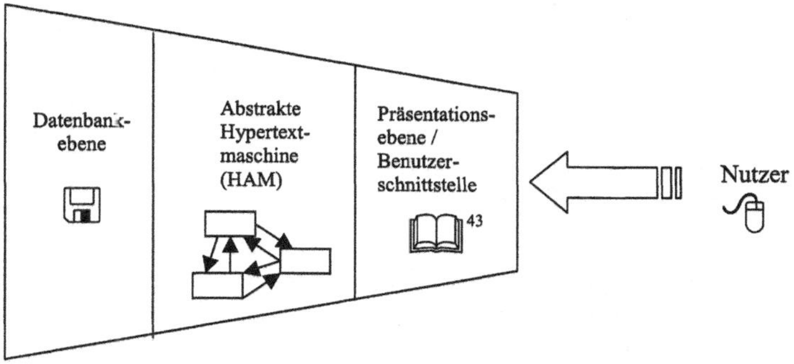

3-Ebenen-Modell eines Hypertextsystems

---

41 Zur Unterscheidung von statischen und dynamischen Aspekten von Hypertextsystemen vgl. Gerdes 1997, S. 28.

42 Zu diesem 3-Ebenen-Modell vgl. Nielsen 1996, S. 131 - 136, auf den sich die folgenden Ausführungen stützen. Ein anderes Modell ist mit dem Dexter-Referenzmodell anzuführen, das mit dem Ziel größtmöglicher Standardisierung entwickelt wurde und um einiges komplexer als das hier vorgestellte 3-Ebenen-Modell ist (vgl. Nielsen 1996, S. 134f.). Wieder anders beschreibt Kuhlen 1991a die Architektur von Hypertextsystemen, indem er die Hypertextbasis (HTB) als die materiale Komponente benennt, neben der mindestens noch das Hypertextmanagementsystem (HTMS) erforderlich ist, um ein Hypertextsystem (HTS) zu konstituieren (vgl. S. 17f.).

43 Die Benutzerschnittstelle wird hier durch ein Buch symbolisiert, weil die Buchmetapher eine beliebte Möglichkeit der Oberflächengestaltung eines Hypertextsystems darstellt: Die Benutzeroberfläche, die etwa bei Textverarbeitungsprogrammen oft an einen Schreibtisch erinnert, ist bei Hypertextsystemen vielfach einem Buch nachempfunden, in dessen Seiten der Nutzer blättern kann (zur Buchmetapher und anderen Designmöglich-

Die Datenbankebene bildet insofern die Basis eines Hypertextsystems, als sie für die Speicherung und Verwaltung der im Hypertext enthaltenen Informationen zuständig ist und einen schnellen Zugriff auf diese Inhalte gewährleisten muß. Hypertextspezifische Eigenheiten spielen auf dieser untersten Ebene des Schichten-Modells noch keine Rolle.

Die Mittlerrolle zwischen Datenbank- und Präsentationsebene nimmt die abstrakte Hypertextmaschine, kurz HAM für engl. *Hypertext Abstract Machine*, ein. Hier werden die einzelnen Informationseinheiten, aus denen der Hypertext besteht, und die Verknüpfungen zwischen ihnen festgelegt und verwaltet.

Über die Präsentationsebene (resp. die Benutzerschnittstelle) kommt der Benutzer mit dem Hypertextsystem in Kontakt und greift über sie auf die angebotenen Informationen zu. Die Datenbankebene und die abstrakte Hypertextmaschine bleiben für den Nutzer unsichtbar und sind für die unmittelbare Handhabung des Systems nicht relevant. Auf der Präsentationsebene entscheidet sich die Art der Darstellung der Informationen, die in der abstrakten Hypertextmaschine abgelegt sind. In erster Linie wird also festgelegt, auf welche Art die Knoten und Verbindungen visualisiert werden. Auch die Unterscheidung zwischen Lese- und Autorensystemen wird hier insofern relevant, als für die Gestaltung der Benutzerschnittstelle berücksichtigt werden muß, ob der Nutzer neben dem Lese- einen Schreibzugriff auf den Hypertext erhalten soll.

Ungeachtet dessen, daß alle drei benannten Ebenen für die Konstruktion eines Hypertextsystems unabdingbar sind, kann die abstrakte Hypertextmaschine insofern als die zentrale Komponente betrachtet werden, als durch sie die elementaren Hypertextcharakteristika definiert werden, enthält sie doch mit den *Knoten* und den *Verweisen* die fundamentalen Bestandteile eines Hypertextes. Beide Basiselemente zusammen stellen die Grundfunktionalität von Hypertext zur Verfügung und verwirklichen die für das Hypertextkonzept zentrale Idee der nicht-linearen Verknüpfung von Informationen.

3.2.1 Knoten

Wenngleich der Knoten (engl. *node*) elementare Konstituente von Hypertexten ist, ist seine Definition offenbar problematisch, bietet doch die einschlägige Literatur keine allgemeingültige Definition seiner wesenhaften Merkmale.[44] Festzuhalten ist aber, daß es sich bei den Knoten um die „atomaren Basiselemente (das Korn oder *'grain'*) eines Hypertextes" (Ansel Suter 1995, S. 7f.) handelt, die durch Verweise miteinander verknüpft sind. Einen Hinweis gibt

keiten für die Präsentationsebene vgl. z. B. Kuhlen 1991a, S. 85, Hofmann / Simon 1995, S. 43, sowie Gerdes 1997, S. 39 - 41).

44 Vgl. zu diesem Problem z. B. Nielsen 1996, S. 136, und Schnupp 1992, S. 58.

auch die mitunter synonyme Verwendung der Begriffe *Knoten* und *Informationseinheit*. Ungeachtet dessen, daß auf den Terminus *Informationseinheit* noch gesondert einzugehen ist, macht allein die parallele Verwendung beider Begriffe deutlich, daß die Knoten die elementaren Informationsträger in einem Hypertext sind, in denen die zu präsentierenden Inhalte abgelegt werden. Diese Inhalte treten häufig in Form von Text auf, können aber beispielsweise auch durch Grafiken, Stand- und Bewegtbilder sowie Ton repräsentiert werden.[45]

So schwierig eine eindeutige Bestimmung des Knotenbegriffs ist, sind dennoch einige wenige Merkmale zu benennen, über die sich diese Hypertexteinheiten zumindest annähernd definieren lassen. Auf eine wichtige Bestimmungsgröße macht Gabriel 1997 aufmerksam, indem er als zwei entscheidende Aspekte, die es bei der Konstruktion eines Hypertextsystems zu beachten gilt, die „Größe der einzelnen Knoten und ihre Stellung im System" (S. 60) benennt. Nichts scheint allerdings wiederum umstrittener als die Festlegung der Knotengröße, spaltet die diesbezügliche Diskussion die Hypertextforschungsgemeinde doch in zwei oppositionelle Lager[46]: Die Fraktion der sogenannten *card sharks* tritt vehement für eine feste, gleichbleibende Knotengröße ein und plädiert für ein kartenorientiertes Layout, bei dem die Knotengröße in etwa der Bildschirmgröße angepaßt wird, so daß die in einem Knoten enthaltenen Informationen auf einen Blick sichtbar sind. Die *holy scrollers* favorisieren demgegenüber ein weniger streng formatiertes System, das beliebige Knotengrößen zuläßt. Die Knoten können also in ihrem Umfang durchaus deutlich über die Bildschirmgröße hinausgehen und sind damit nicht vollständig auf dem Bildschirm anzeigbar. Ähnlich wie Dokumente in einem Textverarbeitungsprogramm werden sie ausschnittweise mit Hilfe eines Rollbalkens sichtbar gemacht. So stehen bildschirmweises Blättern[47] bei den kartenorientierten Systemen und rollendes Blättern[48] bei den Rollbalken verwendenden Systemen einander als mögliche Bewegungsarten in Hypertexten gegenüber. Lutz 1996 unterscheidet hier zwischen Kartenparadigma und Schriftrollenparadigma (vgl. S. 153).

Beide Designkonzepte sind mit Vor- und Nachteilen behaftet: Das Schriftrollenparadigma verschafft dem Autor des Hypertextsystems größere Freiheiten bei der Gestaltung der Knoten, so daß sich z. B. die Überführung eines herkömmlichen linearen Textes in einen Hypertext mühelos vornehmen läßt. Andererseits

---

45 Die Multimediafähigkeit der Knoten war schon Bestandteil der in Abschnitt 3.1 zitierten Hypertextdefinition von Ansel Suter 1995. Vgl. des weiteren z. B. Hammwöhner 1997, S. 31, Nielsen 1996, S. 5, und Tergan 1997, S. 124.

46 Vgl. zu den beiden gegensätzlichen Forschungsmeinungen z. B. Streitz 1991, S. 546f., auch Kuhlen 1991a, S. 84f.

47 Die deutsche Übersetzung geht auf engl. *paging* zurück (vgl. Gerdes 1997, S. 16).

48 Als Vorbild für die deutsche Übersetzung dient engl. *scrolling* (vgl. Gerdes 1997, S. 16).

verleitet das Schriftrollenparadigma dazu, herkömmliche Printtexte nur zu elektronisieren, nicht aber wirklich an die Hypertextidee anzupassen. Der Rezeptionsprozeß unterscheidet sich dann nur dadurch, daß das Lesen am Computerbildschirm erfolgt, was der Unterwanderung der Hypertextidee gleichkommt. Demgegenüber steht der kartenorientierte Ansatz der Idee von der nicht-linearen Verknüpfung von Informationen deutlich näher, muß sich u. U. aber „den an Hypertext allgemein gerichteten Vorwurf der Fragmentierung bzw. der kontextlosen Atomisierung von Wissen“ (Kuhlen 1991a, S. 85) gefallen lassen.

Überdies ist bei der Diskussion um die optimale Knotengröße zu berücksichtigen, daß der Umfang eines Knotens vor allem in Abhängigkeit von den vorgesehenen Verknüpfungsmöglichkeiten bestimmt werden sollte, und außerdem die Art der Hypertextanwendung zu berücksichtigen ist.[49] Im übrigen gilt, daß existierende Hypertextsysteme in der Regel weder das Karten- noch das Schriftrollenparadigma in Reinform verwirklichen; vielmehr schwinden in der Praxis die theoretischen Grenzen zwischen beiden Konzepten. Dies gilt ebenso für das World Wide Web, in dem beide Prinzipien zur Anwendung kommen.

Hypertextknoten lassen sich aber nicht nur hinsichtlich ihres Umfangs, sondern auch in bezug auf ihre Funktion und ihre Stellung im System charakterisieren. So besitzen z. B. viele Hypertextsysteme, insbesondere hierarchisch organisierte[50], einen sogenannten Startknoten (Hofmann / Simon 1995, S. 51f.), der sich oft als Überblicksknoten darstellt und eine Übersicht über den Inhalt des Hypertextes sowie ggf. über die Anordnung der Knoten enthält. Auch die Homepage eines Angebots im World Wide Web Web ist ein solcher Startknoten.

Schließlich kann zwischen einfachen und zusammengesetzten Knoten (*composite nodes*) (vgl. Schnupp 1992, S. 58) unterschieden werden, wobei letztere in der Regel eine strukturierende Funktion übernehmen, indem sie eine bestimmte Anzahl von Knoten und zugehörigen Verweisen zu einer größeren Einheit zusammenfassen (vgl. Streitz 1991, S. 548). Außerdem ist eine Typisierung der Knoten nach enthaltenen Inhalten möglich, so daß zwischen Text-, Grafik- und Bildknoten differenziert werden kann.[51] In der Praxis ist eine derartige Differenzierung oft schwierig, da die genannten Medien innerhalb der Knoten häufig kombiniert auftreten. Geradezu radikalisiert wird diese Medienkombination im World Wide Web, welches innerhalb eines Knotens neben Textinformationen sowohl Stand- wie Bewegtbilder zuläßt und die Möglichkeit der Integration von Tondokumenten bietet.

---

49 Hierauf machen auch Kuhlen 1991a, S. 85, und Streitz 1991, S. 547, aufmerksam.

50 Eine hierarchische Struktur stellt eine mögliche Organisationsform von Hypertexten dar. Mit Hypertextstrukturen befaßt sich Abschnitt 3.3 der vorliegenden Arbeit.

51 Vgl. Gerdes 1997, S. 14. Auch Gloor 1990 stellt eine inhaltsbezogene sowie darüber hinaus eine funktionsbezogene Knoten-Klassifikation vor (vgl. S. 156f.).

3.2.2 Verweise

3.2.2.1 Formale Aspekte

Zweiter elementarer Bestandteil von Hypertexten sind die elektronischen Verweise, auch *Kanten*, *Verknüpfungen* oder *(Hyper-)Links* genannt. Sie machen ein Dokument zu einem Hypertext, erwecken es gleichsam zum Leben, indem sie die Hypertextknoten nicht nur zueinander in Beziehung setzen, sondern diese Beziehungen auch explizit und unmittelbar erfahrbar machen: Durch Anklicken eines Links mit der Maus vollzieht der Leser/Nutzer den sogenannten Hypertextsprung[52] und gelangt zum Endpunkt des Verweises, wo sich z. B. weiterführende Informationen zu einem Themenkomplex befinden. Der Hypertextsprung ist zentrales Moment der Bewegung in einem Hypertext und damit grundlegend für die Informationsbeschaffung in diesem Medium. Das Funktionsprinzip der Hyperlinks sei am Beispiel des World Wide Web anhand nachfolgender Abbildung illustriert:

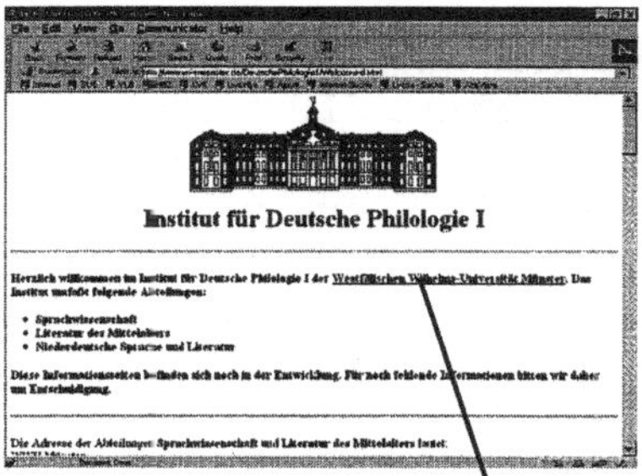

Ausschnitt aus der Webseite des Instituts für Deutsche Philologie I der Universität Münster mit einem Hyperlink.
Die Textstelle „Westfälische Wilhelms-Universität Münster" ist als Ausgangspunkt eines Verweises (Linkanker) kenntlich gemacht. Wird diese Textstelle mit der Maus angeklickt, gelangt der Nutzer zur Homepage der WWU Münster.

Nach dem Anklicken des Links erscheint die Homepage der WWU Münster auf dem Bildschirm. Von hier gehen wiederum viele weiterführende Verweise aus.

Das Hyperlinkprinzip (Stand der Bildschirmabdrucke: 02.03.1999)

[52] Terminus bei Nielsen 1996, S. 138. Nicht in allen Hypertextsystemen erfolgt die Aktivierung eines Verweises durch Mausklick auf den Linkanzeiger. Da es aber im hypertextbasierten World Wide Web die gängige Art ist, Hyperlinks zu verfolgen, wird dieses Verfahren hier exemplarisch beschrieben.

Wie aber erkennt der Nutzer, wo im Hypertext sich Hyperlinks befinden, die er anklicken kann? Die Möglichkeiten zur Anzeige von Links sind vielfältig. Häufig – und dies gilt vor allem für das World Wide Web – sind die Verweise als *embedded links*[53] in den informativen Teil eines Knotens eingebettet. Als Linkanker (engl. *link anchor*), also Ausgangspunkt eines Verweises, können sowohl Textteile, z. B. einzelne Wörter, Wortgruppen oder ganze Sätze, als auch Bildsymbole (*Icons, Buttons*) fungieren. Links in Textform, auch als *Hotwords*[54] bezeichnet, werden häufig farbig hervorgehoben, im World Wide Web in der Regel durch Blaufärbung und Unterstreichung[55]. Überdies sind Hyperlinks meist als maussensitive Bereiche angelegt, d. h., der Mauszeiger verändert seine Form, wenn er auf einen Link trifft. Im WWW verwandelt er sich in eine Hand. Links in Form von Bildsymbolen sind im WWW allein an dieser Mauszeigerveränderung zu erkennen.

Ein Verweis ist aber nicht nur durch einen Ausgangspunkt, sondern immer auch durch einen Zielpunkt, den Zielanker, definiert (vgl. Hofmann 1991, S. 180). Somit sind die Verweise gerichtet, wobei zwischen *unidirektionalen* und *bidirektionalen* Verknüpfungen unterschieden wird. Der unidirektionale Link führt vom Ausgangs- zum Zielpunkt, der bidirektionale führt außerdem wieder zum Ausgangspunkt zurück (vgl. Tergan 1997, S. 125). Die meisten gegenwärtig verfügbaren Hypertextsysteme, darunter das WWW, verwenden ausschließlich unidirektionale Verknüpfungen (vgl. Nielsen 1996, S. 4). Bidirektionalität ist aber nicht selten indirekt durch eine sogenannte Backtrack-Funktion realisiert (vgl. Gerdes 1997, S. 43). Dem Nutzer des World Wide Web wird sie durch die *Back*-Funktion des Browsers zur Verfügung gestellt: Durch Anklicken der *Back*-Schaltfläche können alle besuchten Knoten schrittweise bis zum Ausgangspunkt zurückverfolgt werden.

Der häufigste und zugleich elementarste Linktyp ist der sogenannte *points_to*-Verweis, der auch im World Wide Web zum Einsatz kommt und dadurch gekennzeichnet ist, daß auf die Aktivierung des Links die Anzeige der Information folgt, auf die der Link „zeigt“ (vgl. Streitz 1991, S. 548). Dabei wird in der Regel – zumindest aber im WWW – das Bildschirmfenster mit dem Ausgangspunkt des Verweises durch das den Zielpunkt anzeigende ersetzt, d. h., der Rezipient verliert den Ausgangspunkt seiner Linkaktivierung aus dem Blickfeld.

---

53 Vgl. hierzu z. B. Kuhlen 1991a, S. 110, und Gerdes 1997, S. 23.

54 Terminus bei Gerdes 1997, S. 23.

55 Die Kenntlichmachung der WWW-Hyperlinks durch blaue Farbe und Unterstreichung ist in den meisten Browserprogrammen, mit denen die Inhalte des World Wide Web sichtbar gemacht werden, voreingestellt. Benutzerspezifische Abweichungen von dieser Einstellung sind möglich. So kann z. B. für Verweise, die bereits verfolgt wurden, eine eigene Farbe gewählt werden, um ein irrtümlich wiederholtes Aufrufen bereits gesehener Informationen zu vermeiden. Auch läßt sich die Option der Unterstreichung deaktivieren.

Der Zielpunkt muß sich nicht notwendig in einem anderen Knoten befinden, sondern kann auch innerhalb desselben Knotens liegen. Ein derartiger Link ist als *intrahypertextuell* zu klassifizieren und kommt vor allem dann zur Anwendung, wenn der Knoteninhalt in seinem Umfang deutlich über die Bildschirmgröße hinausgeht und nicht auf einen Blick ansichtig gemacht werden kann. Dieser *span-to-span*-Link[56] genannte Verweistyp ist auch im World Wide Web anzutreffen. Weiterhin werden *interhypertextuelle* und *extrahypertextuelle* Verknüpfungen unterschieden, wobei erstere zwischen zwei Knoten desselben Hypertextes bestehen und letztere aus einem Hypertext heraus auf einen Knoten eines anderen Hypertextes verweisen.[57]

Eine weitere Link-Klassifikation erfolgt in Abhängigkeit von der Verankerung und der Direktionalität der Verweise.[58] Die allgemeinste Verweisform stellt dieser Typologie zufolge der *node-to-node-link* dar, der zwei Knoten als Ganze miteinander verbindet. Eine *point-to-node*-Verknüpfung besteht dagegen zwischen einem bestimmten Punkt innerhalb des Ausgangsknotens und einem Zielknoten als Ganzem – eine im World Wide Web sehr frequente Verweisform. Und nicht nur im World Wide Web, wie man einer Anmerkung von Gerdes 1997 entnehmen kann: „In den meisten Fällen haben die Links einen lokalen Ausgangs-Anker und einen globalen Ziel-Anker“ (S. 19). Bleiben noch der *node-to-point-* und der *point-to-point-link* zu nennen: Ersterer verweist von einem Ausgangsknoten als Ganzem auf eine spezifische Stelle innerhalb des Zielknotens, letzterer verknüpft zwei bestimmte Punkte innerhalb zweier verschiedener Knoten miteinander.

Die bisherigen Linkeinteilungen abstrahieren weitgehend von der Möglichkeit, daß nicht notwendigerweise und ausschließlich eine 1:1-Relation zwischen Ausgangs- und Zielpunkten der Verweise bestehen muß. Vielmehr können hinsichtlich des Beziehungsverhältnisses zwischen Verweisanfangs- und -endpunkten vier Grundmodelle unterschieden werden (vgl. Kuhlen 1991a, S. 112):

---

56 Terminus bei Streitz 1991, S. 547.

57 Die Differenzierung zwischen intra-, inter- und extrahypertextuellen Links beschreiben Kuhlen 1991a, S. 107f., Ansel Suter 1995, S. 17, und Gerdes 1997, S. 18f.

58 Die in diesem Absatz vorgestellte Klassifikation von Verweistypen findet sich bei Ansel Suter 1995, S. 17f. beschrieben. Gerdes 1997 deutet diese Klassifikation mit den Schlüsselbegriffen *Globalität* vs. *Lokalität* lediglich an (vgl. S. 19). Auch die Ausführungen von Streitz 1991 lassen diese Linktypologisierung allenfalls erahnen (vgl. S. 547).

1)	Ein Ausgangspunkt hat genau einen Zielpunkt.	**1:1**
2)	Ein Ausgangspunkt, der selbst Zielpunkt mehrerer Verweise ist, hat genau einen Zielpunkt.	**n:1**
3)	Ein Ausgangspunkt hat mehrere Zielpunkte.	**1:m**
4)	Ein Ausgangspunkt, der selbst Zielpunkt mehrerer Verweise ist, hat mehrere Zielpunkte.	**n:m**

3.2.2.2 Funktionale Verweistypologien

Während die bisher vorgestellten Linktypologien in erster Linie formale Aspekte akzentuieren, stellen die nachfolgend beschriebenen Klassifikationen unter funktionaler Perspektive die Leistung der Links bei der Herstellung inhaltlicher Zusammenhänge zwischen den verknüpften Hypertexteinheiten in den Vordergrund. Die wichtigste diesbezügliche Differenzierung ist die Unterscheidung zwischen *referentiellen* und *typisierten Verknüpfungen* (*typed links*) (vgl. Gerdes 1997, S. 18).

Die referentiellen Links sind insofern durch eine inhaltlich unspezifizierte Relation zwischen Anfangs- und Endpunkt des Verweises charakterisiert, als zwar ein inhaltlicher Zusammenhang zwischen den verknüpften Elementen besteht, die Art dieses Zusammenhangs jedoch nicht näher spezifiziert ist, geschweige denn in irgendeiner Art kenntlich gemacht würde (vgl. Gerdes 1997, S. 21). Derartige Links werden nach rein assoziativen Prinzipien gesetzt und finden sich daher auch als *assoziative Verknüpfungen* bezeichnet. Diese *referentiellen* bzw. *assoziativen Links* stellen das grundlegende Mittel dar, Beziehungen zwischen Hypertexteinheiten herzustellen, und gewährleisten ein Mindestmaß an Hypertextfunktionalität. Gleichwohl können die durch sie verwirklichten Beziehungen nicht beliebig sein, ein wie auch immer gearteter inhaltlicher Zusammenhang zwischen den Elementen muß gegeben sein (vgl. Kuhlen 1991a, S. 114). Das World Wide Web basiert auf diesem Typ der assoziativen Verknüpfung, bei der oft ein einzelnes Wort als Linkanker fungiert und der Verweis auf die Stelle im Hypertext zielt, an der entsprechende relevante Informationen abgelegt sind.

Demgegenüber besteht bei den typisierten Links eine genau spezifizierte und zudem explizit gemachte Relation zwischen den verknüpften Einheiten. Die Art der inhaltlichen Beziehung zwischen den Elementen ist am Link selbst ablesbar, was den Zusatznutzen gegenüber den unstrukturierten und untypisierten referentiellen Verweisen ausmacht (vgl. Kuhlen 1991a, S. 22). Die typisierten Verweise werden oft auch *strukturierende, organisatorische* oder *organisationelle Verknüpfungen* genannt (vgl. Gerdes 1997, S. 21), da sie eine hierarchisierende und damit strukturierende bzw. organisierende Funktion übernehmen.

Obschon dies auf den ersten Blick der Grundidee von Hypertext zu widersprechen scheint, kommt dieser Verknüpfungstyp nicht nur durchaus zur Anwendung, sondern ist überdies mindestens insofern von einiger Wichtigkeit, als auch Hypertexte in der Tat nicht ohne strukturierende Momente auskommen. Im übrigen besteht zumindest seitens der Hypertexttheorie der Anspruch, daß sich der Hypertextgedanke nicht darin erschöpft, „Informationsausschnitte in existierenden normalen Dokumenten nur im Sinne einer Referenz miteinander zu verbinden" (Streitz 1991, S. 551).

Zur Kennzeichnung der zwischen den verbundenen Einheiten bestehenden inhaltlichen Beziehungen tragen typisierte Links ein Etikett (*label*), an dem die Relationsart abzulesen ist. Beispielsweise können mit Hilfe typisierter Verknüpfungen Argumentationsstrukturen zwischen textuellen Einheiten direkt sichtbar gemacht werden, indem ein Linktyp z. B. die Relation „unterstützt" im Sinn von „ein Argument unterstützt eine Position" zwischen zwei verknüpften Einheiten herstellt, ein anderer die Relation „widerspricht", ein dritter die Relation „stellt in Frage" etc. (vgl. Gerdes 1997, S. 22). Jedem Relationstyp wird ein entsprechendes Label zugeordnet und mit diesem der jeweilige Link versehen, so daß eine differenzierte Linkinterpretation möglich wird.

Obgleich es sich bei den referentiellen und den typisierten Links um die beiden grundlegenden und wichtigsten Linktypen handelt (vgl. Gerdes 1997, S. 13), wird in vielen Hypertextsystemen auf typisierte Links weitgehend verzichtet. Vielmehr sind die meisten Systeme – ebenso das World Wide Web – rein assoziativ organisiert, so daß die Verlinkung dementsprechend durch referentielle Links geleistet wird. In diesem Sinne bleibt das im WWW zur Anwendung kommende Hypertextmodell offenbar hinter den Ergebnissen der Hypertextforschung und -entwicklung zurück.[59]

Gleichwohl ist auch die rein auf assoziativen Verknüpfungen beruhende Dokumentorganisation in ihrer Leistungsfähigkeit nicht zu unterschätzen, eignet sie sich doch z. B. besonders für die Einrichtung von *Annotationen* als einer speziellen Form der referentiellen Verknüpfung.[60] Annotationen können beispielsweise die Funktion von Fußnoten in herkömmlichen Texten erfüllen, indem sie zusätzliche Knoten in den Hypertext einbinden, welche weiterführende, jedoch im aktuellen Gedankengang nicht zentrale Informationen aufnehmen (vgl. Gerdes 1997, S. 21). Bevorzugt werden Annotationen zu dem Zweck eingesetzt, Definitionen in einen Hypertext zu integrieren (vgl. Kuhlen 1991a, S. 115). Zu-

---

[59] Vgl. hierzu auch Hammwöhner 1997, S. 22. Zum Zusammenhang Hypertext – World Wide Web s. Abschnitt 3.6 der vorliegenden Arbeit.

[60] Vgl. hierzu Gerdes 1997, S. 21. Ausführlich beschreiben Kuhlen 1991a (vgl. S. 114 - 118) und Nielsen 1996 (vgl. S. 143 - 145) die Annotationen. Letzterer charakterisiert eine ihrer Ausprägungen als elektronische Form von Haftnotizen (vgl. Nielsen 1996, S. 144.)

gleich sind die Annotationen Kategorie einer weiteren, die Linkfunktion akzentuierenden Verweistypologie, die zwischen *hierarchischen Links*, *Querverweisen* und *Annotationen* bzw. *Anmerkungen* unterscheidet:[61] Die strukturierenden hierarchischen Links machen die Struktur des Hypertextes deutlich, indem sie auf seine Hauptknoten verweisen. Demgegenüber stellen die Querverweise als referentielle Links assoziative (Quer-)Beziehungen zwischen den übrigen Hypertextknoten her.

Mit der Beschreibung der grundlegenden Differenzierung zwischen referentiellen und typisierten Links wurde oben bereits die funktionale Betrachtungsweise des Hypertextkonzeptes eingeleitet. In Fortführung dieser pragmatisch orientierten Perspektive ist im folgenden das von Kuhlen 1991a erarbeitete Konzept der informationellen Einheiten und informationellen Funktionen vorzustellen, das unmittelbar an die Wesensmerkmale der beiden fundamentalen Hypertextbestandteile Knoten und Verweise anknüpft.

3.2.3 Das Konzept der informationellen Einheit und der informationellen Funktionen

Das Konzept der informationellen Einheit[62] entwickelt Kuhlen 1991a aus informationswissenschaftlicher Sicht vor dem Hintergrund folgender Bestimmung der Begriffe *Information* und *Wissen* (vgl. S. 61 - 66): Demnach ist Information „kein frei verfügbares, objektiv definierbares ‚Stück Wissen'" (Kuhlen 1991a, S. 62), sondern muß vielmehr immer wieder neu aus Wissen hergestellt werden. So kann es Information immer nur in bezug auf einen konkreten Nutzer geben, und er allein bestimmt ihre Relevanz. Der Status von Informationen hängt wesentlich von handlungsrelevanten Rahmenbedingungen ab, von denen beispielsweise die Zeit sowie die individuelle Informationsverarbeitungskapazität von Bedeutung sind.

Erst unter Berücksichtigung dieser Rahmenbedingungen kann Information erarbeitet werden, so daß sie sich mit einer einfachen Formel als „*Wissen in Aktion*" (Kuhlen 1991a, S. 63; Hervorhebung im Original) bestimmen läßt. Der Zusammenhang zwischen *Information* und *Wissen* läßt sich als doppelter Transformationsprozeß aus Informations*erarbeitung* und Informations*verwaltung* beschreiben: Im Zuge der Informationserarbeitung geht Wissen in Information über, während bei der Informationsverwaltung die Information in Wissen überführt

---

61 Vgl. hierzu Gabriel 1997, S. 62, und Gloor 1990, S. 16. Terminologie nach Gloor 1990.

62 Das Konzept der informationellen Einheit findet sich beschrieben bei Kuhlen 1991a, S. 79 - 89. Es wird hier nur insoweit dargestellt, als es für unseren Zusammenhang und mit Blick auf das World Wide Web erforderlich ist.

und dieses in ein stabileres Wissensdepot eingegliedert wird. Hierfür müssen Informationen folgende drei Voraussetzungen erfüllen:

> „Informationen
> - [müssen] für den Benutzer in seiner aktuellen Situation *relevant* sein [...];
> - [müssen] gemäß den Bedürfnissen und Informationsverarbeitungsmöglichkeiten des Benutzers aufbereitet sein [...];
> - [sollten] direkte Auswirkungen auf *das Handeln* des Benutzers haben [...].“[63]

Die hier zunächst allgemein getroffenen Prämissen bezüglich Wissen und Information gelten – so darf man annehmen – für Hypertextsysteme in besonderem Maße, ist doch die hinter dem Hypertextkonzept stehende Idee die eines Informationssystems, das große Informations- / Wissensmengen verwalten und zur Verfügung stellen kann. Da die Knoten die Träger der für den Nutzer relevanten Inhalte sind, erfüllen die Knoteninhalte folglich eine potentielle Informationsfunktion für den Nutzer.

Diesen Sachverhalt manifestiert Kuhlen 1991a terminologisch, indem er für die Benennung des Knoteninhalts die Bezeichnung *informationelle Einheit (IE)* einführt. Er verwendet dieses Wortgruppenlexem synonym mit *Informationseinheit* und gibt zu bedenken, daß es sich hierbei primär immer nur um potentielle informationelle Einheiten / Informationseinheiten handeln kann, da erst der Nutzer im konkreten Moment der Hypertextnutzung entscheidet, ob das in den Hypertextknoten enthaltene Wissen für ihn Informationsstatus hat (vgl. Kuhlen 1991a, S. 80f.). Die Termini *informationelle Einheit / Informationseinheit* und der hier und bei vielen anderen Autoren verwendete Begriff *Knoten* können als gleichbedeutend betrachtet werden, wobei die ersten beiden die Informationsfunktion für den Nutzer akzentuieren, während letzterer auf die strukturellen Komponenten im Sinne der Basistechnologie von Hypertextsystemen rekurriert.[64]

Wie beim Knotenbegriff, dessen eindeutige Bestimmung wie gesehen problematisch ist, kann der analoge Begriff der *Einheit* hier nicht allgemeingültig definiert werden, wobei es vor allem die beiden Parameter Größe und Begrenzung

---

[63] Kuhlen 1991a, S. 66; Hervorhebungen im Original. Kuhlen 1991a nimmt diese Charakterisierung von Informationen in einem mit dem Titel „Konsequenzen [aus der vorgenommenen Differenzierung zwischen Information und Wissen, Anm. D. S.] für Hypertext“ überschriebenen Abschnitt vor. M. E. handelt es sich hier aber nicht um eine hypertextspezifische Bestimmung des Informationsbegriffs; die genannten Merkmale gelten für Informationen generell.

[64] Kuhlen 1991a merkt hierzu an, daß sich der Begriff *informationelle Einheit* für die „Beschreibung des statischen Bestandes einer Hypertextbasis“ (S. 81) nicht eignet. Hierfür schlägt er die Bezeichnung *Repräsentationseinheit* vor (vgl. S. 81), verwendet diesen Begriff in seiner nachfolgenden Darstellung selbst aber nicht. Auch bei anderen Autoren hat sich dieser Terminus nicht durchgesetzt.

sind, die sich der definitorischen Festlegung entziehen. Gleichwohl ist es etwa beim Aufbau eines Hypertextes und insbesondere bei der Erstellung der Knoten unabdingbar, den hypertextuell zu realisierenden Wissenskomplex in einzelne, potentielle informationelle Einheiten zu segmentieren.

Bislang wurde für dieses in der einschlägigen Literatur unter dem Stichwort *Granularität* diskutierte Problem keine Lösung gefunden, abgesehen von der erwähnten Spaltung der Forschungsgemeinde in die *card sharks* und die *holy scrollers*.[65] Vage Anhaltspunkte liefern lediglich einige aus der Erforschung des Kurzzeitgedächtnisses resultierende Untersuchungsergebnisse, denen zufolge das menschliche Gedächtnis etwa sieben Elemente (*items*) kurzzeitig speichern kann, die um so besser erinnert werden, wenn sie sich inhaltlich zu größeren Einheiten, *chunks*, integrieren lassen (vgl. Kuhlen 1991a, S. 86). Für die Gestaltung der informationellen Einheiten von Hypertexten kann hieraus allenfalls die Empfehlung abgeleitet werden, ihren Umfang auf maximal sieben Items zu begrenzen.

Kompliziert wird die Problematik außerdem dadurch, daß die informationellen Einheiten einerseits immer Bestandteil eines größeren Kontextes sind, zum anderen aber kohäsiv geschlossen[66] sein müssen. Dem Konzept der kohäsiven Geschlossenheit zufolge muß jede Informationseinheit selbständig rezipierbar, d. h. aus sich heraus und unabhängig von allen übrigen informationellen Einheiten des Hypertextes verständlich sein. Das heißt u. a., daß einige aus herkömmlichen Texten bekannte kohäsive Mittel für Hypertexte nicht geeignet sind bzw. eine andere Realisationsform finden müssen: Ein expliziter sprachlicher Rückverweis wie „wie bereits erwähnt" darf sich z. B. nicht auf Items beziehen, die in einem anderen Hypertextknoten behandelt werden, da der Leser diesen evtl. noch nicht kennt und auch nicht ohne weiteres lokalisieren kann. Vielmehr könnte ein Rückverweis wie der soeben erfolgte auf die in einem vorigen Abschnitt behandelten *card sharks* und *holy scrollers* in einem Hypertext folgendermaßen realisiert werden: Die Bezeichnungen `card sharks` und `holy scrollers` werden jeweils als Linkanker kenntlich gemacht, hinter denen sich Verweise auf die erläuternden Textstellen bzw. Knoten verbergen.

Ein weiteres Merkmal der informationellen Einheiten ist neben der kohäsiven Geschlossenheit die erwähnte Kontextgebundenheit, denn immer sind die Knoten als kleinere Einheiten in einen größeren Kontext eingebettet. Zwischen den Informationseinheiten bestehen kontextuelle Zusammenhänge, die knotenübergreifend mit Hilfe hypertextspezifischer Mittel realisiert werden. Diese Aufgabe übernehmen die Hypertextverknüpfungen, welche in Analogie zu den informa-

65 S. hierzu Abschnitt 3.2.1 der vorliegenden Arbeit, S. 37.

66 Zur kohäsiven Geschlossenheit von Hypertextknoten vgl. Kuhlen 1991a, S. 87f.

tionellen Einheiten als *informationelle Funktionen (IF)*[67] aufgefaßt und bezeichnet werden können. Ebendiese informationellen Funktionen leisten die Kontextualisierung der Informationseinheiten: Sie machen die Kontextgebundenheit explizit, indem sie die zwischen den Knoten bestehenden inhaltlichen Beziehungen externalisieren.

3.3 Hypertextstrukturen

Bisher standen mit den Knoten und den Verknüpfungen die beiden elementaren Hypertextobjekte vergleichsweise isoliert im Zentrum des Interesses. Oberhalb der Betrachtungsebene dieser Einzelkomponenten ist festzuhalten, daß beide im Zusammenspiel verschiedenartige Strukturmuster ausbilden, nach denen sich Hypertexte klassifizieren lassen. In der Literatur ist in diesem Kontext von der „Organisationsstruktur" (Tergan 1997, S. 126), der „Daten-Modellierung" (Ansel Suter 1995, S. 14) oder der „Struktur der Repräsentation der Informationen" (Hofmann / Simon 1995, S. 120) die Rede. Dabei bezieht sich der Strukturbegriff hier und im folgenden ausdrücklich allein auf die für den Nutzer auf der Präsentationsebene konkret erfahrbaren Strukturmomente, die Navigationsstrukturen[68], welche von den auf der Datenbankebene und der Ebene der abstrakten Hypertextmaschine angelegten Strukturen stark differieren können. In Anlehnung an die in dem oben beschriebenen 3-Ebenen-Modell verwendete Terminologie kann hier m. E. auch von der Präsentationsstruktur eines Hypertextes gesprochen werden.[69]

Bei den meisten Autoren, die sich mit den Strukturen von Hypertexten befassen, ist auf den ersten Blick sowohl hinsichtlich der Anzahl der angesetzten Strukturtypen wie bei der verwendeten Terminologie wenig Einigkeit zu erkennen. Nachstehende tabellarische Übersicht faßt die Vorschläge der zu Rate gezogenen Verfasser zusammen:

---

67 Vgl. Kuhlen 1991a, S. 89. Bei den Verweisen handelt es sich nur um eine Teilgruppe von Elementen, die in Hypertexten die Rolle informationeller Funktionen übernehmen können. Weitere Komponenten, die neben den Links als informationelle Funktionen gefaßt werden, finden in den Abschnitten 3.4.2.1 und 3.4.2.2 der vorliegenden Arbeit Behandlung.

68 Terminus bei Degenhardt 1997, S. 213.

69 Einstweilen soll hier von der Möglichkeit (und leider auch Tatsache) abstrahiert werden, daß es für den Nutzer mitunter schwierig bis unmöglich sein kann, die Struktur eines Hypertextes zu erkennen. Dies erschwert die Nutzung und kann zu Orientierungsverlusten führen, welche ein in der Hypertextforschung vieldiskutiertes Problem darstellen. Dieses ist Gegenstand des Abschnittes 3.4.2 dieser Arbeit.

Hypertextstrukturen[70]					
	Ansel Suter 1995	**Gerdes 1997**	**Gloor 1990**	**Hofmann / Simon 1995**	**Tergan 1997**
strukturiert		**linear**	**sequentiell**	**linear**	**lineare Struktur**
	strikte **Hierarchie**	**hierarchisch**	**hierarchisch**	**baumartig**	**hierarchische Struktur**
	Hierarchie mit Querverweisen				
	Netzwerk	**vernetzt**	**netzwerkartig verknüpft**	**netzwerkartig**	Matrix-Strukturen[71]
			unstrukturiert		unstrukturierte Hypertextbasis

Einzig Tergan 1997 nimmt auf höchster Abstraktionsebene eine explizite Unterscheidung zwischen strukturierten und unstrukturierten Hypertexten vor, wobei die strukturierten Hypertexte Subtypen ausbilden (vgl. Tergan 1997, S. 126). Die Klassifikation von Gloor 1990 enthält zwar gleichfalls den Typ des unstrukturierten Hypertextes, doch sind die Ausführungen des Verfassers zu diesem wie insgesamt zu den von ihm angesetzten Strukturtypen so wenig ausführlich, daß sie kaum zur Erhellung der Problematik beitragen. Auch kann Gerdes 1997 nur zugestimmt werden, wenn sie anmerkt, daß aus der von Gloor 1990 vorgenommenen Beschreibung der Strukturtypen nicht hervorgeht, worin der Unterschied zwischen unstrukturierten und netzwerkartig verknüpften Hypertexten besteht (vgl. Gerdes 1997, S. 27).

Unklarheiten hinterläßt ebenso der von Tergan 1997 gewählte Klassifikationsansatz, dies in bezug auf die von ihm angesetzten *Matrix-Strukturen*: Da der Autor allein diesen Strukturtyp unerläutert läßt, ist hier nur zu vermuten, daß diese in der übrigen Literatur nicht begegnende Bezeichnung die netzwerkartige Strukturierung von Hypertexten meint, zumal die netzwerkartige Verknüpfung der Informationseinheiten nachgerade die prototypische Hypertextstruktur darstellt und Tergan 1997 hinsichtlich der linearen und der hierarchischen Strukturierung mit den übrigen Autoren übereinstimmt.

---

70 Zu den Strukturtypen von Hypertexten vgl. Ansel Suter 1995, S. 14 - 16, Gerdes 1997, S. 25 - 28, Gloor 1990, S. 14f., Hofmann / Simon 1995, S. 120 - 123, und Tergan 1997, S. 126f.

71 Eindeutige Zuordnung nicht möglich.

Im übrigen zeichnen sich bei der vergleichenden Gegenüberstellung der verschiedenen Strukturvorschläge immerhin drei offensichtlich grundlegende Strukturmuster[72] ab: Linear, hierarchisch und vernetzt organisierte Hypertexte werden von der Mehrheit der Autoren als Typen strukturierter Hypertexte angesetzt. Ansel Suter 1995 verzichtet zwar auf den Typ des linearen Hypertextes, leistet jedoch als einzige implizit eine Subdifferenzierung des hierarchischen Strukturtyps, als dessen zwei Ausprägungen die strikte Hierarchie und die Hierarchie mit Querverweisen interpretiert werden können.

So sinnvoll und notwendig eine derartige Isolierung der wesentlichen Hypertextstrukturmuster unter arbeitshypothetischen Aspekten ist, muß man für die Praxis jedoch davon ausgehen, daß die Strukturtypen in konkreten Hypertexten selten in Reinform vorkommen. Vielmehr treten sie in der Regel kombiniert auf – eine Erscheinung, die Tergan 1997 mit der Bezeichnung „gemischte Organisationsstruktur" (S. 126) belegt. Unter Berücksichtigung dieser Gegebenheit soll nachstehendes Schema[73] nicht nur einen Überblick über die wesentlichen Strukturtypen geben, sondern zusätzlich den m. E. potentiellen Prototyp eines strukturierten Hypertextes verdeutlichen:

- Hypertext				
	- unstrukturiert			
	- strukturiert	- einfache Strukturen	- Linearität	
			- Hierarchie	- strikte Hierarchie
				- Hierarchie mit Querverweisen
			- Netzwerk	
		- komplexe Strukturen	- komplexes Netzwerk mit **Linearität, Hierarchie und Netzwerk**	

Den Kopf des Schemas bildet *Hypertext* als Bezeichnung des anhand von Kategorien und ihren Ausprägungen zu explizierenden Gegenstandes. Auf der höchsten Abstraktionsstufe können für Hypertexte in Anlehnung an Tergan 1997 die beiden strukturellen Ausprägungen unstrukturiert und strukturiert angesetzt werden. Für das Folgende ist allein die Kategorie der strukturierten Hypertexte relevant, die in einfache und komplexe Strukturen differenziert werden kann. Einfache Strukturen werden in den drei Ausprägungen Linearität, Hierarchie und Netzwerk realisiert, wobei die hierarchisch organisierten Hypertexte die Subtypen strikte Hierarchie oder Hierarchie mit Querverweisen ausbilden.

72 In der Tabelle durch Fettdruck hervorgehoben.

73 Zur Wissensdarstellung mit Hilfe des Schemakonzeptes vgl. Wichter 1994, S. 123 - 136 sowie S. 170 - 183.

Diese drei Struktur-Grundtypen treten aber nicht nur isoliert, sondern auch vielfältig kombiniert auf. Zusammen bilden sie ein komplexes Netzwerk, das in maximaler Ausformung eben aus linear, hierarchisch (sowohl streng hierarchisch wie mit Querverweisen) und netzwerkartig verknüpften Knotensequenzen besteht. Diese maximale Ausprägung – im Schema fett gedruckt – realisiert den komplexesten, als prototypisch gedachten Hypertext.

Linear strukturierte Hypertexte[74] stellen den einfachsten und zugleich am wenigsten hypertextspezifischen der drei grundlegenden Strukturtypen dar:

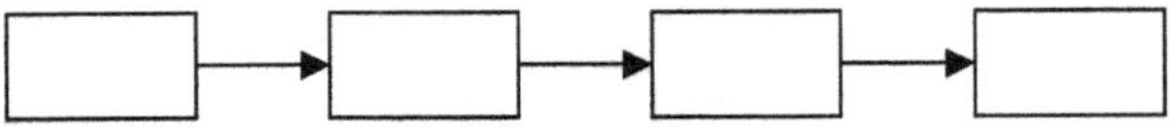

Lineare Knotenfolge

Die Rezeptionsreihenfolge für die informationellen Einheiten ist eindeutig festgelegt und der Nutzer hat keine Möglichkeit, hiervon abzuweichen. Kaum etwas scheint der Hypertextidee auf den ersten Blick stärker zu widersprechen als eine derartige, von „traditionellen" Texten bekannte sequentielle Anordnung der Informationseinheiten, war doch gerade die Nicht-Linearität als das herausragende Merkmal eines Hypertextes zu klassifizieren. Gleichwohl kommen sequentielle Knotenfolgen bzw. Pfade in Hypertexten nicht nur zur Anwendung, sondern haben durchaus ihre Berechtigung: In hypertextuell realisierten Bedienungsanleitungen etwa kann eine derartige Knotenanordnung dazu genutzt werden, die zur Lösung eines Problems notwendigen und in ihrer Abfolge genau festgelegten Handlungsschritte nachvollziehbar zu machen.[75]

In hierarchisch organisierten Hypertexten ist die Reihenfolge, in der die informationellen Einheiten angewählt werden können, nicht mehr eindeutig festgelegt, gleichwohl kann bei strikter Hierarchie aber jeder Knoten nur von einem ihm unmittelbar übergeordneten aus erreicht werden. In der Realisationsform der Hierarchie mit Querverweisen existieren darüber hinaus Querverbindungen zwischen Knoten beliebiger Hierarchieebenen, die das Prinzip der strikten Hierarchie durchbrechen (vgl. Ansel Suter 1995, S. 15f):

---

[74] Vgl. zu den linearen Strukturen etwa Tergan 1997, S. 126, Gloor 1990, S. 14, und Hofmann / Simon 1995, S. 121.

[75] Vgl. hierzu z. B. Hofmann / Simon 1995, S. 121, und Tergan 1997, S. 126. Lineare Knotenfolgen kommen vor allem in den sogenannten geführten Unterweisungen (*guided tours*) als Mittel, das die Orientierung und die Navigation in Hypertexten unterstützt, zur Anwendung. Zusammen mit weiteren Navigationshilfen werden die *guided tours* im Kontext des hypertextspezifischen Orientierungsproblems in Abschnitt 3.4.2 dieser Arbeit behandelt.

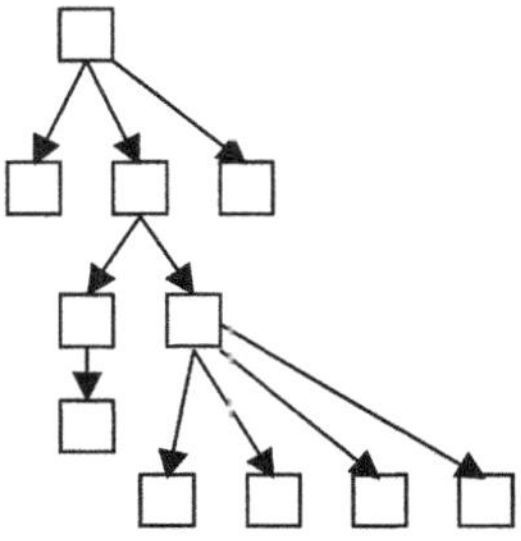

Streng hierarchischer Hypertext

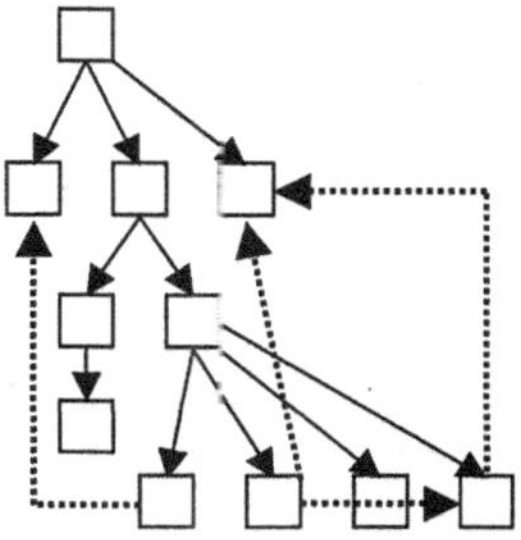

Hierarchie mit Querverweisen

Ähnlich wie lineare Knotenabfolgen steht auch die strikt hierarchische Verknüpfung von Informationseinheiten dem Hypertextprinzip insofern entgegen, als die Freiheit des Nutzers, verschiedene Wege durch den Hypertext zu wählen, noch vergleichsweise eingeschränkt ist. Der für Hypertext typischen Netzwerkorganisation nähert man sich aber mit einer hierarchischen Strukturierung, die durch Querverweise ergänzt und somit eingeschränkt wird. Die zumindest annähernde Verwirklichung der Hypertextidee von der nicht-linearen Verknüpfung informationeller Einheiten wird vor allem durch die sogenannte Mehrfachverzweigung[76] erzielt: Ein Knoten der unteren Hierarchieebenen ist nicht mehr nur Endpunkt genau eines Verweises, sondern zugleich Ausgangspunkt der auch zu übergeordneten Knoten führenden Querverweise. Gleichwohl ist die hierarchische Organisation hier noch das primäre Strukturprinzip und die Mehrfachverzweigung noch nicht dominant.

Der Strukturtyp der Hierarchie mit Querverweisen ist in konkreten Hypertexten durchaus nicht selten und kennzeichnet auch zahlreiche Informationsangebote im World Wide Web. Dies ist u. a. sicher darauf zurückzuführen, daß empirischen Untersuchungen zufolge eine hierarchische Dokumentstrukturierung für viele Nutzer eine große Hilfe bei der Orientierung im Hypertext darstellt (vgl. Kuhlen 1991b, Kapitel 1).

Eine noch stärker verzweigende Hypertextstruktur bildet schließlich die netzwerkartige Verknüpfung der Knoten, bei der die Mehrfachverzweigung zum vorherrschenden Gestaltungsprinzip erhoben wird. Die Mehrfachverzweigung realisiert zugleich das oben als n:m-Relation[77] beschriebene Beziehungsverhältnis zwischen den Anfangs- und Endpunkten der Verweise, d. h., von einem Knoten gehen nicht nur zahlreiche Verweise aus, sondern der Knoten ist zugleich Zielpunkt mehrerer Verknüpfungen. In extremer Ausprägung bedeutet

76 Terminus bei Kuhlen 1991a, S. 34.

77 Vgl. Abschnitt 3.2.2.1 dieser Arbeit, S. 42.

dies, daß jede Informationseinheit von jedem beliebigen Punkt im Hypertext aus erreichbar ist – wobei sich die Frage nach der Praktikabilität eines so organisierten Dokumentes stellt.

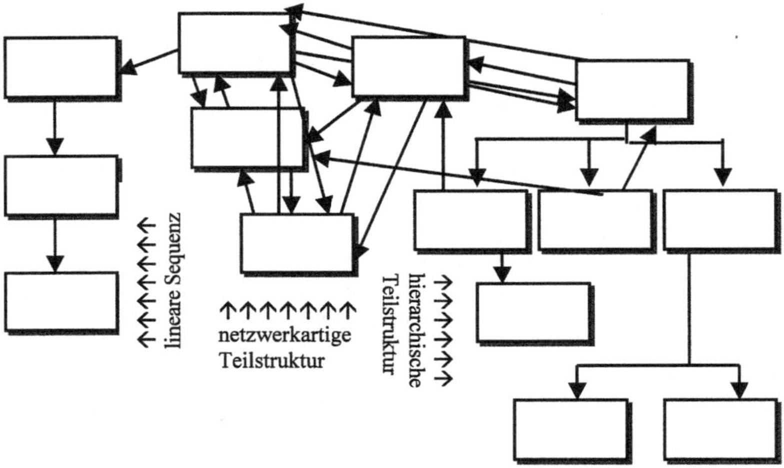

Komplex strukturierter Hypertext

Die Abbildung zeigt nun ein Beispiel für einen komplex strukturierten Hypertext, der gleichzeitig die von mir so genannte maximale Strukturausformung realisiert, indem er die drei Grundstrukturen Linearität, Hierarchie und Netzwerk in sich vereint. Eine derartig komplexe Struktur radikalisiert die Idee von der nicht-linearen Verknüpfung von Informationseinheiten. Netzwerkstrukturen, die dem Nutzer die größte Navigationsfreiheit lassen, haben sich als für die Präsentation und Erarbeitung komplexer Zusammenhänge als besonders geeignet erwiesen (vgl. Hofmann / Simon 1995, S. 122). Zugleich bergen sie aber die größten Probleme, insbesondere für den ungeübten Nutzer, der sich früher oder später in einem solchen Netzwerk zu verlieren droht (vgl. z. B. Ansel Suter 1995, S. 15). Von diesen und anderen Auswirkungen der spezifischen Eigenschaften von Hypertextsystemen auf den praktischen Umgang mit dieser Art von Dokumenten handelt der nachfolgende Abschnitt.

3.4 Von der Theorie zur Praxis: Konsequenzen für die Nutzung von Hypertexten

„Hypertext can be helpful, but there is a real danger that it can also lead to hyperchaos.“ (Shneiderman 1989, S. 116)

Diese kritische Beurteilung des Hypertextkonzeptes aus der Feder eines durchaus als Verfechter der Hypertexttechnologie zu betrachtenden Autors – immerhin wurde unter seiner Leitung Mitte der achtziger Jahre an der University of Maryland das System Hyperties entwickelt (vgl. Nielsen 1996, S. 46) – führt unmittelbar in einen zentralen Problemkomplex, der mit der Hypertextnutzung in Verbindung steht und in der Forschung unter den Stichwörtern *Desorientierung, lost in hyperspace* und *cognitive overhead* viel diskutiert wird. Damit befinden wir uns zugleich inmitten einer auf die dynamischen Aspekte von Hypertext gerichteten Betrachtung: Standen in den vorhergehenden Abschnitten mit den Komponenten und den Strukturen eines Hypertextsystems eher statische Aspekte im Mittelpunkt des Interesses, sollen im folgenden die Konsequenzen, die sich aus den spezifischen Eigenschaften eines Hypertextsystems für die Nutzung ergeben, thematisiert werden. Obgleich damit umgehend die mit der Hypertextnutzung verbundenen problematischen Aspekte ins Blickfeld geraten, sei die Aufmerksamkeit vorerst wieder auf neutrales Terrain zurückgelenkt, indem zunächst einige Voraussetzungen erläutert werden, die zu den angesprochenen Problembereichen hinführen.

So besteht die Grundidee von Hypertext, die unter Akzentuierung der statischen Aspekte als nicht-lineare Verknüpfung von Informationen anzugeben war, aus der Perspektive der Nutzung in der direkten und flexiblen Manipulation von Informationseinheiten über vielfältige Verknüpfungen[78]. Mit *Manipulation* ist hier gemeint, daß der Nutzer, indem er aus den angebotenen Verweisen einzelne auswählt, sie aktiviert und verfolgt, die informationellen Einheiten in immer neue Kontexte stellt und sich so seinen individuellen Hypertext buchstäblich eigenhändig per Mausklick schafft. Jede derartige Aktion des Nutzers hat also eine Reaktion des Systems unmittelbar zur Folge, welche in der Regel so aussieht, daß dem Nutzer die Information, die sich am Endpunkt des aktivierten Verweises befindet, auf dem Bildschirm direkt angezeigt wird. Ähnlich beschreibt auch Gerdes 1997 das Prinzip der direkten Manipulation, wobei folgende zwei Aspekte von grundlegender Bedeutung sind: Zum einen sollten alle Nutzeraktionen möglichst einfach, etwa über Anklicken der angebotenen Ob-

[78] Zum Prinzip der Manipulation vgl. Kuhlen 1991a, S. 13 - 16.

jekte mit der Maus, durchzuführen sein, zum anderen muß das Ergebnis einer jeden Aktion dem Nutzer auf dem Bildschirm unmittelbar ansichtig werden (vgl. S. 11f.).

Folglich ist die Nutzung von Hypertexten durch eine eigene Interaktivität geprägt, deren wesentliche Komponenten ebenjene Manipulation sowie der sich aus ihr ergebende kooperative Dialog zwischen System und Nutzer sind.[79] Dieser Interaktivität sind durchaus spielerische Momente abzugewinnen, wird doch das Element der Bewegung groß geschrieben, wenn der Nutzer mit Hilfe der Maus agiert, den Mauszeiger über den Bildschirm „wandern" und auf Verknüpfungen „zeigen" läßt, Buttons, Icons und Textlinks „anklickt" und „Fenster öffnet" (vgl. Wingert 1996, S. 203).

3.4.1 Browsing, Navigation und Orientierung in Hypertexten

Mit Tergan 1997 können drei Arten des Zugriffs auf die in der Hypertextbasis abgelegten Informationen unterschieden werden: „Browsing, gezielte Suche mittels Suchalgorithmen, Folgen [sic!] vorab definierter Pfade" (S. 127).

Eine *gezielte Suche mittels Suchalgorithmen* nimmt etwa der Nutzer des World Wide Web vor, wenn er eine der zahlreichen Suchmaschinen nutzt: In die angebotene Suchmaske werden ein oder mehrere zu suchende Stichwörter eingegeben, wobei mehrere Suchbegriffe mit Hilfe Boolescher Operatoren wie AND oder ODER verknüpft werden können. Als Suchergebnis erhält der Nutzer eine Liste von Hyperlinks, die zu relevanten Webseiten führen und direkt aktiviert werden können.

Das *Verfolgen vorab definierter Pfade* ist möglich, wenn der Hypertextautor beispielsweise eine festgelegte Sequenz von meist linear angeordneten Knoten zur Verfügung stellt und der Nutzer diese Knoten in der vorgegebenen Reihenfolge besucht.

Die mit *Browsing* benannte Strategie verkörpert nicht nur die „typischste Form des Informationszugriffs" (Tergan 1997, S. 127), sondern ist zugleich zusammen mit der Navigation eine der wichtigsten Benutzeraktivitäten in Hypertexten überhaupt (vgl. Gerdes 1997, S. 29).

Mit diesen beiden Begriffen des Browsing und der Navigation ist allerdings eine gewisse Problematik verbunden, stellt sich doch ihre Definition und damit ihre Abgrenzung voneinander als recht schwierig dar, zumal auch in der Literatur oft nicht explizit zwischen beiden unterschieden wird. *Navigation* soll hier allge-

---

[79] Vgl. Kuhlen 1991a, S. 13f. Den Zusammenhang zwischen Interaktion und direkter Manipulation thematisieren auch Meyer / Rauterberg / Strässler 1991, S. 559. Zur Interaktivität von Hypertextsystemen vgl. außerdem Freisler 1994, S. 32f.

mein die Bewegung in Hypertexten bezeichnen und kann daher mit Kuhlen 1991a als „Oberbegriff für das für Hypertext typische ‚Wandern' in Hypertexträumen" (S. 20) verwendet werden. Dieses Wandern vollzieht sich zu einem ganz erheblichen Teil über das Verfolgen der hypertextspezifischen Verknüpfungen. Die so beschaffene Bewegung in Hypertexten erfolgt in der Regel nicht als Selbstzweck, sondern mit dem Ziel einer wie auch immer gearteten Informationsaufnahme, die durch verschiedenartige Suchstrategien gesteuert werden kann. Hier setzt der Begriff des Browsing an bzw. gehen Navigation und Browsing ineinander über.

So schwer sich der Begriff *Browsing* angemessen ins Deutsche übertragen läßt, so diffizil ist auch seine Erläuterung. Ansel Suter 1995 beschreibt *Browsing* als „eine erforschende Suchstrategie, die sich besonders für vage definierte Probleme und für die Erkundung neuer Fachgebiete eignet" (S. 12). Allein dieser Versuch, das Wesen des *Browsing* zu erfassen, läßt darauf schließen, daß diese Art der Informationsaufnahme auf dem Prinzip der Assoziation beruht. Entsprechend bezeichnet Kuhlen 1991a *Browsing* explizit als „assoziatives Suchverhalten" (S. 20).

In diesem Zusammenhang von „Suche" zu sprechen, ist m. E. mißverständlich, da eine Suche voraussetzt, daß bekannt ist, wonach zu suchen ist. Demgegenüber schließt *Browsing* aber gerade die Möglichkeit ein, daß das zu Suchende allenfalls annähernd charakterisiert, aber nicht präzise bestimmt werden kann. So ist Browsing in etwa dem Stöbern in einer Bibliothek vergleichbar, hinter dem kein konkretes Suchvorhaben in Form des Auffindens eines bestimmten Buches steht, sondern ein eher vages Interesse an (allgemeinen) Informationen zu einem größeren Problemkomplex. Den Gegenpol zum Browsing bildet das sogenannte Indexing, das Gloor 1990 als „direkte Suche mit Hilfe eines Inhaltsverzeichnisses und eines Stichwortverzeichnisses" (S. 152) beschreibt.

Deutlicher schildert Kuhlen 1991a, was sich hinter dem komplexen Begriff des *Browsing* verbirgt, indem er aus der Sicht der Informationswissenschaft und „mit Blick auf traditionelles Informationsverhalten" (S. 127) vier Browsing-Strategien[80] unterscheidet:

a) gerichtetes Browsing mit Mitnahmeeffekt,
b) gerichtetes Browsing mit Serendipity-Effekt,
c) ungerichtetes Browsing und
d) assoziatives Browsing.

Beim gerichteten Browsing mit Mitnahmeeffekt (a) besteht ein durchaus gezieltes, „gerichtetes" Suchvorhaben, bei dessen Verfolgung der Nutzer auf weitere Informationen trifft, die er nicht gezielt gesucht hat, die aber mit dem

80 Zu den vier Strategien vgl. Kuhlen 1991a, S. 128 - 132.

ursprünglichen Suchvorhaben in Zusammenhang stehen und daher en passant „mitgenommen“ werden. Das gerichtete Browsing mit Serendipity-Effekt (b) erfolgt unter den gleichen Voraussetzungen, d. h., der Nutzer verfolgt ebenfalls ein konkretes Suchinteresse, stößt dabei aber auf andere Informationen, die sein Interesse zu dominieren beginnen, so daß darüber das ursprüngliche Suchvorhaben außer acht gerät. Diese Art des Abweichens vom ursprünglichen Suchinteresse wird als *Serendipity-Effekt* bezeichnet. Den meisten World-Wide-Web-Nutzern dürfte dieser Effekt aus eigener – mehr oder minder leidvoller – Erfahrung bekannt sein, gipfelt er doch, nachdem man sich von der Fülle der angebotenen Informationen hierhin und dorthin hat lenken lassen, nicht selten in der Frage nach dem ursprünglichen Ziel der Suche.

Beim ungerichteten Browsing (c) dagegen wird man sich diese Frage nicht stellen, da dieses Informationsverhalten nicht von einem konkreten Suchinteresse geleitet wird. Insofern ist diese Art des Browsing als ungerichtet zu beschreiben. Es besteht lediglich die Gewißheit, daß im Zuge einer Problemlösung Informationen benötigt werden; welcher Art diese Informationen sein müssen, ist noch nicht näher bekannt. Beim assoziativen Browsing[81] (d) schließlich entwickelt sich ein Interesse an bestimmten Informationen erst während des zunächst eher ziellosen Stöberns in einem Hypertext: Der Nutzer wird auf bestimmte Informationen aufmerksam, für die er aktuell ein so großes Interesse entwickelt, daß er hieraus assoziativ ein Suchvorhaben ableitet und dementsprechend relevant erscheinende Hyperlinks verfolgt. Bis zur Erschöpfung des Suchinteresses beruht dieses Vorgehen auf dem Aufbau von Assoziationsketten[82]. Oft endet dieses Informationsverhalten mit dem erwähnten Gefühl der Desorientierung.

Diese Unterscheidung der Browsing-Strategien sollte nicht nur den Begriff des *Browsing* erhellt, sondern auch den engen Zusammenhang zwischen Browsing und Navigation verdeutlicht haben. Es ist ersichtlich, daß das eine ohne das andere nicht möglich ist – zumindest solange sich der Nutzer mit einem wie auch immer gearteten Interesse in einen Hypertext begibt. Hypertextspezifisches Informationsverhalten stellt sich insgesamt als ein äußerst komplexes Unternehmen dar, das die Elemente Navigation, Browsing und Suche integriert, ohne daß sich diese trennscharf voneinander abgrenzen lassen.

---

81 Aus den Ausführungen Kuhlens 1991a wird nicht ersichtlich, warum diese Art des Browsing nochmals explizit als „assoziativ“ benannt wird, ist das Prinzip der Assoziation doch elementares Merkmal aller Browsing-Strategien.

82 Terminus bei Kuhlen 1991a, S. 130.

3.4.2 Orientierungsverlust und Gegenmaßnahmen

In der obigen Beschreibung der Browsing-Strategien deuten sich auch die möglichen Folgen dieses Informationsverhaltens an: Alle vier Browsing-Strategien, die der Nutzer im übrigen bei der Arbeit mit einem Hypertext nicht immer bewußt verfolgt, können sehr wohl zum Erfolg, d. h. zur gewünschten oder unerwartet interessanten und nützlichen Information führen. In diesem Sinne sind Browsing- und Serendipity-Effekte nicht nur positiv zu bewerten, sondern gelten geradezu als „typische Kennzeichen kreativen Informationsverhaltens" (Kuhlen 1991a, S. 131).

Allerdings – und dies zeigen auch die Erfahrungen mit dem World Wide Web – kann dieses produktive Informationsverhalten schnell in uneffektive und planlose Informationsaufnahme umschlagen, deren Folge das oben zitierte „Hyperchaos" ist. Insbesondere beim ungerichteten und assoziativen Browsing ist die Gefahr des Orientierungsverlustes groß und das Gefühl der Desorientierung, des „lost in hyperspace", die Folge. Das Orientierungsproblem gehört zu den zentralen und nach wie vor ungelösten Problemen der Hypertexttechnologie.[83] Es stellt sich als ein umfassender Problemkomplex dar, von dem hier nur wenige Teilprobleme, mit denen sich der Hypertextnutzer konfrontiert sieht, angesprochen werden können.[84]

Ein sehr häufiges Problem besteht darin, daß der Nutzer den Überblick über den Hypertext verliert. Er kann nicht einschätzen, wo er sich im Verhältnis zu den übrigen Informationen aktuell befindet und wieviel des Gesamtinhaltes er gesehen hat. Auch die Unmöglichkeit, bereits gesehene Informationen wiederzufinden, trägt erheblich zum Gefühl der Orientierungslosigkeit bei. Zusätzlich kompliziert werden diese Probleme oft dadurch, daß der Nutzer mit erheblichem kognitivem Ballast (*cognitive overhead*) konfrontiert wird, der zu kognitiver Überlastung führen kann.[85]

Schlimmstenfalls muß sich der Nutzer nämlich auf drei Ebenen mit dem Hypertextsystem auseinandersetzen: Auf inhaltlicher Ebene muß er die angebotenen Informationen verarbeiten, sich auf struktureller Ebene über die angebotene Benutzeroberfläche die Handhabung des Systems aneignen und sich ggf. sogar auf Systemebene etwa mit Hardwaregegebenheiten befassen (vgl. Kuhlen 1991a, S. 125). Dabei stellt allein das inhaltliche Arbeiten mit den nicht-linear angebotenen Informationen, das zielgerichtete Navigieren im Hypertext, im Ver-

---

83 Vgl. hierzu Kuhlen 1991a, S. 127, und Gerdes 1997, S. 32.

84 Eine Auflistung der wichtigsten Teilprobleme der Desorientierung bieten Kuhlen 1991a, S. 133, und Gerdes 1997, S. 33.

85 Zum kognitiven Ballast (*cognitive overhead*) vgl. Kuhlen 1991a, S. VIII (Vorwort), und Ansel Suter 1995, S. 9.

gleich zum Umgang mit herkömmlichen Texten erhöhte Anforderungen an den Nutzer, der sich immer wieder vor die Entscheidung gestellt sieht, aus der oft großen Zahl angebotener Verknüpfungen selbständig auszuwählen und so die Reihenfolge der zu lesenden Einheiten selbst festzulegen – eine Aufgabe, die beim Buch der Autor übernimmt.

Was die Ursachen für die beschriebenen Orientierungsprobleme betrifft, verweist Kuhlen 1991a nur auf sehr allgemeine Faktoren, die er in erster Linie in „einer fehlerhaften Konzeption bzw. einer unzureichenden Modellierung der betreffenden Hypertextbasis“ (S. 133) sieht. Eine differenziertere Betrachtung leistet Gerdes 1997, die drei zentrale Ursachen benennt (vgl. S. 33f.). Zum einen existiert auf seiten der Nutzer bislang wenig Erfahrung im Umgang mit Hypertexten. Eng hiermit verbunden ist zweitens, daß die Herausbildung von Erfahrungswissen anders als bei Texten dadurch erschwert wird, daß sich einzelne Hypertextsysteme hinsichtlich ihrer Benutzeroberfläche und damit in ihrer Handhabung häufig signifikant unterscheiden. Von besonderem Gewicht aber ist der dritte von Gerdes 1997 angeführte Faktor: In erster Linie erschwert fehlendes Übersichtswissen dem Nutzer die Handhabung von Hypertexten.[86]

So sind z. B. die oben angeführten Teilprobleme der Orientierungsproblematik darauf zurückzuführen, daß dem Nutzer Überblicksinformationen, vor allem in bezug auf den Umfang und die strukturelle Organisation des Hypertextes, fehlen. Gerade sie sind aber für eine effektive Navigation unabdingbar (vgl. Gerdes 1997, S. 30). Folglich gehört eine ausreichende und für den Nutzer deutlich erkennbare Strukturierung des Hypertextes, z. B. im Sinne einer durchgehenden Hierarchisierung, zu den herausragenden Mitteln, mit deren Hilfe Übersichtlichkeit erzielt werden kann. Entsprechende empirische Untersuchungen haben bestätigt, daß Hypertexte mit klarer Struktur seltener einen Orientierungsverlust beim Nutzer hervorrufen (vgl. Ansel Suter 1995, S. 13). Des weiteren kann der Gefahr der Desorientierung begegnet werden, indem Teile des Hypertextes als geschlossene Navigationsangebote mit weitgehend festgelegter Knotenreihenfolge organisiert werden (vgl. Kuhlen 1991a, S. 124). Ein Mehr an Übersichtlichkeit und Strukturiertheit wird so allerdings mit einer Einschränkung der Navigationsfreiheit erkauft.

Eine dritte Möglichkeit, nicht nur Übersichtlichkeit zu erreichen, sondern die Orientierung in Hypertexten insgesamt zu unterstützen, besteht schließlich in der Bereitstellung von Metainformation in Form verschiedenartiger Navigationshilfen. Zusammen mit den Verknüpfungen zählt Kuhlen 1991a diese Naviga-

86 Vgl. Gerdes 1997, S. 34. Auch Hofmann / Simon 1995 betonen die Wichtigkeit und Notwendigkeit von Übersichtsinformationen für den Hypertextnutzer (vgl. S. 54).

tions- und Orientierungshilfen zu den informationellen Funktionen (IF)[87], die dazu dienen, Beziehungen zwischen den informationellen Einheiten explizit zu machen. Diese inhaltlichen Zusammenhänge müssen für den Nutzer an jeder Stelle im Hypertext durchsichtig und nachvollziehbar sein.

Die Hypertextforschung widmet sich zu einem großen Teil der sehr komplexen Orientierungsproblematik und konzentriert sich dabei vor allem auf die Entwicklung und Implementierung geeigneter Werkzeuge, die der Desorientierung entgegenwirken sollen, indem sie Orientierung und Navigation unterstützen. Allerdings bedeutet die Bereitstellung von Orientierungs- und Navigationshilfen nicht zugleich die Lösung aller Orientierungsprobleme. Hier ist zumindest immer zwischen einem Zuwenig und Zuviel abzuwägen, da beides unerwünschte Folgen haben kann: Zuwenig Navigations- und Orientierungsunterstützung führt oft direkt zum Orientierungsverlust, während zu viele Orientierungshilfen denselben Mangel über den Umweg der kognitiven Überlastung des Nutzers bewirken (vgl. Kuhlen 1991a, S. 135).

3.4.2.1 Klassische Orientierungshilfen in Hypertexten

Bei den Orientierungshilfen in Hypertexten ist grundlegend zu unterscheiden zwischen eher „traditionellen" Navigationsmitteln, die den in herkömmlichen, linearen Texten zur Anwendung kommenden Orientierungsinstrumenten nachempfunden sind, und hypertextspezifischen Navigationshilfen.[88] Zu den „konventionellen" Orientierungsmitteln sind z. B. Inhaltsverzeichnisse, Register und Glossare zu zählen, wie sie aus Büchern bekannt sind und dem Leser Metainformationen im Hinblick auf Umfang und Strukturierung eines Textes sowie verschiedene Zugriffsmöglichkeiten auf spezifische Textstellen anbieten. Für die Anwendung in Hypertexten müssen sie elektronisch aufbereitet, d. h. an die Gegebenheiten der Hypertexttechnologie angepaßt werden.

Für Inhaltsverzeichnisse kann die Hypertextidee z. B. nutzbar gemacht werden, indem alle das Inhaltsverzeichnis konstituierenden Gliederungspunkte als Hyperlinks gestaltet werden. Auf diese Weise kann ein gewünschter Abschnitt des Dokumentes mit nur einem Mausklick direkt angesteuert werden. Das

---

87 Zum Konzept der informationellen Einheiten und Funktionen vgl. Abschnitt 3.2.3 dieser Arbeit. Kuhlen 1991a beschreibt die in Hypertexten zur Anwendung kommenden Navigations- und Orientierungshilfen in den Abschnitten 2.3.3 und 2.3.4 seines Kapitels „Informationelle Funktionen II (Browsing, Orientierung, Navigation)" (vgl. S. 136 - 160).

88 Vgl. zu dieser Unterscheidung etwa Kuhlen 1991a, Abschnitt 2.3.3 und 2.3.4, sowie Gerdes 1997, S. 35. Aufgrund der Vielfalt insbesondere der hypertextspezifischen Navigations- und Orientierungsmittel können diese hier nur exemplarisch besprochen werden.

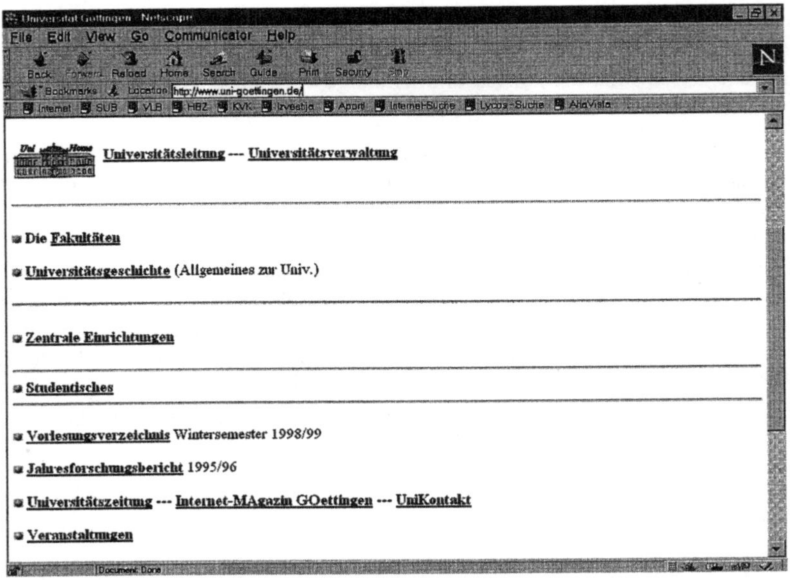

Ausschnitt aus der WWW-Homepage der Universität Göttingen (Stand vom 30.05.1999). Über einen Index kann direkt auf vielfältige Informationen, u. a. zur Universitätsgeschichte oder zum Jahresforschungsbericht 1995/96, zugegriffen werden.

gleiche Prinzip ist für Register bzw. Indizes zu verfolgen, deren einzelne Einträge ebenfalls als Hyperlinks realisiert werden können. Anders als über das Inhaltsverzeichnis ist so ein zielgenauer und punktueller Zugriff auf spezifische Informationen möglich. Auch im World Wide Web machen sich die Autoren von WWW-Angeboten die Orientierungsleistung von Inhaltsverzeichnissen und Registern / Indizes zunutze.

Ein weiteres Mittel, durch das primär linear organisierten Texten ein Moment der Nicht-Linearität verliehen wird, stellen Glossare dar, die in linearen Texten zumeist aus einer alphabetischen Liste relevanter Termini und deren Erläuterungen bestehen. Für Hypertexte empfiehlt Kuhlen 1991a sogenannte dynamische Glossare[89], die bei Bedarf in einem eigenen Fenster neben dem Text angezeigt werden und nur die Begriffe präsentieren, die für die aktuelle Informationseinheit relevant sind. Mit der Anwendung derartiger Glossare wird gleichzeitig einer Überlastung der Informationseinheiten mit Hotwords, den Hyperlinks in Textform, vorgebeugt.

89 Zu den dynamischen Glossaren vgl. Kuhlen 1991a, S. 141f., sowie Gerdes 1997, S. 37.

Am Beispiel der dynamischen Glossare wird außerdem ersichtlich, daß eine unreflektierte und nicht an das Medium angepaßte Übertragung der aus der Printtechnologie herrührenden Orientierungshilfen auf Hypertexte wenig nutzbringend ist. Entscheidend ist die hypertextbezogene Modifizierung der klassischen Orientierungsmittel; nur auf dieser Grundlage können diese Werkzeuge einen Zusatznutzen erbringen. Daher verwundert es nicht, daß die Mehrheit der Navigations- und Orientierungshilfen in direkter Abhängigkeit von der hypertextspezifischen Funktionalität und unter Berücksichtigung der wesensbestimmenden Merkmale von Hypertext entwickelt wurden, ohne daß aus traditionellen Medien bekannte Mittel als Vorbilder hätten dienen können.

3.4.2.2 Hypertextspezifische Navigationsmittel

Ein oft unscheinbares, gleichwohl wichtiges Orientierungsmittel ist die Metapher, die der Benutzungsoberfläche des Hypertextsystems zugrunde liegt. Sie ist für die Orientierung von großer Bedeutung, wenngleich der Nutzer sie oft nur unbewußt wahrnimmt. Es handelt sich hierbei um ein globales Mittel, das in der Regel für das Hypertextsystem als Ganzes bestimmend ist und eher orientierungsunterstützende Funktion hat, als Navigationswerkzeug im engeren Sinne zu sein.[90]

Für Hypertexte wird bevorzugt eine Buchmetapher verwendet, bei der die Benutzeroberfläche als elektronisches Buch gestaltet wird, in dessen Seiten der Nutzer blättern kann.[91] Insbesondere für Hypertextanfänger ist die Buchmetapher insofern sehr geeignet, als sie die Hypertextnutzung an eine vertraute Alltagserfahrung anbindet (vgl. Gerdes 1997, S. 39). Auch kann die Idee eines persönlichen Assistenten für den Nutzer zugrunde gelegt werden, die vor allem für Retrieval- und Hilfesysteme genutzt wird (vgl. Hofmann / Simon 1995, S. 43). Frequent sind ferner Raummetaphern, die in Gestalt der Haus- oder Reisemetapher an vertraute Umgebungen anknüpfen.[92] Das der Verwendung von Metaphern eignende Globalziel besteht darin, dem Nutzer die Annäherung an ein fremdes, virtuelles Medium durch die Anknüpfung an alltägliche Lebensbereiche zu erleichtern und so die Handhabung des Systems und die Orientierung in ihm sicherzustellen.

---

90 Metaphern kommen im übrigen bei Anwendungssoftware häufig zum Einsatz, erinnert sei nur an Textverarbeitungsprogramme, deren Benutzeroberfläche einem Schreibtisch nachempfunden ist. Die Verwendung derartiger Metaphern ist also nicht auf Hypertextsysteme beschränkt.

91 Zur Buchmetapher vgl. z. B. Hofmann / Simon 1995, S. 43, und Gerdes 1997, S. 39.

92 Zur Haus- und Reisemetapher vgl. Gerdes 1997, S. 39f. Gloor 1990 widmet der Metapher der Ferienreise, die für schulische Unterrichtsprogramme entwickelt wurde, einen eigenen Abschnitt (vgl. S. 148 - 150).

Der reinen Orientierung im Hypertext dienen neben den Metaphern des weiteren die sogenannten *persistent cards*, die für das gesamte Hypertextdokument oder thematisch zusammengehörige Teile ein (weitgehend) identisches Bildschirmdesign gewährleisten. Die einzelnen Knoten werden so optisch als zusammengehörig gekennzeichnet (vgl. Kuhlen 1991a, S. 153f.).

Die Bereitstellung der für eine effektive Navigation so wichtigen Überblicksinformationen wird u. a. durch sogenannte Browser[93] geleistet. Bei diesen Browsern handelt es sich um spezielle Hypertextknoten, die keine inhaltlichen Informationen enthalten, sondern allein der Vermittlung von Übersichtswissen dienen und dabei häufig Zugriffsmöglichkeiten auf die abgelegten Informationen anbieten (vgl. Gerdes 1997, S. 37f.). In Abhängigkeit von der Größe des Hypertextes enthalten sie globale oder lokale Übersichten, die einen Überblick über die gesamte Hypertextstruktur oder bei sehr umfangreichen Hypertexten über Teilstrukturen bereitstellen. Oft sind die Browser grafisch aufbereitet und visualisieren den Hypertext z. B. als zweidimensionales Netzwerk (vgl. Hofmann / Simon 1995, S. 43).

Im Zusammenhang mit diesen Übersichtsknoten werden in sehr großen Hypertexten auch sogenannte Fischaugenperspektiven (*fish-eye views*)[94] eingesetzt. Hierbei handelt es sich um filternde Sichten auf Hypertextstrukturen: Meist wird ein Ausschnitt aus einer globalen oder lokalen Übersicht angezeigt, dessen Zentrum der aktuelle Standort des Nutzers bildet. Die nähere Umgebung des aktuellen Knotens wird in Abhängigkeit von ihrer Relevanz in bezug auf die momentane Informationseinheit sehr detailliert präsentiert, wogegen weiter entfernt befindliche Informationen – weniger detailreich – nur dann angezeigt werden, wenn sie mit dem aktuellen Knoten inhaltlich in Zusammenhang stehen.

Eine weitere Möglichkeit, Übersichtlichkeit in Hypertexten zu erzielen, besteht darin, die Komplexität der Hypertextstruktur einzuschränken, indem dem Nutzer nur Teile des gesamten Hypertextes zur Verfügung gestellt werden (vgl. Gerdes 1997, S. 41). Bevorzugt wird zu diesem Zweck mit geführten Unterweisungen (*guided tours*)[95] gearbeitet. Sie bestehen in einer vom Hypertextautor definierten Knotenfolge, die in der Regel linear organisiert ist und den Nutzer auf einem festgelegten Weg durch den Hypertext führt. Damit wird dem Nutzer die selbständige Navigation durch das Dokument weitgehend abgenommen, denn mei-

---

93 Der hier beschriebene Browser ist nicht zu verwechseln mit der für die Nutzung des World Wide Web notwendigen Browsersoftware wie dem Netscape Navigator oder dem Microsoft Internet Explorer.

94 Zu den *fish-eye views* vgl. etwa Nielsen 1996, S. 255f., Gabriel 1997, S. 66, sowie Gerdes 1997, S. 36.

95 Vgl. zu den *guided tours* z. B Kuhlen 1991a, S. 150 - 153, Gerdes 1997, S. 41f., Tergan 1997, S. 128.

stens kann er sich innerhalb der geführten Unterweisung nur vor- und zurückbewegen (vgl. Gerdes 1997, S. 41). Hilfreich sind geführte Unterweisungen insbesondere bei ersten „Gehversuchen" in Hypertexten und überaus geeignet in Lernumgebungen.[96]

Mitunter liegt es auch im Ermessen und in der Zuständigkeit des Nutzers selbst, durch Isolierung von Teilstrukturen aus dem komplexen Hypertext Übersichtlichkeit zu erzielen: Dem Nutzer kann die Möglichkeit eingeräumt werden, aus den während der Navigation im Dokument besuchten Knoten individuelle Pfade[97] anzulegen und als feste Knotenfolgen zu speichern, um sie in späteren Sitzungen wieder nutzen zu können. So kann sich der Nutzer dauerhafte, persönliche Wege durch den Hypertext schaffen, die auf seine individuellen Interessen und Informationsbedürfnisse abgestimmt sind und auf die er in weiteren Sitzungen zurückgreifen kann, um sie ggf. auszubauen oder anderweitig zu modifizieren.

Als eine letzte und vergleichsweise komplizierte Möglichkeit, die Komplexität von Hypertextstrukturen zu reduzieren, seien die sogenannten Hypertrails[98] erwähnt, die aus nach bestimmten inhaltlichen Aspekten erstellten Teilstrukturen eines Hypertextes bestehen. Die Hypertrails überlagern den gesamten Hypertext und blenden somit die Gesamtmenge an Informationen für den Nutzer aus. Auf diese Weise läßt sich ein Hypertext an unterschiedliche Zielgruppen und Aufgabenstellungen anpassen.

Kennzeichnend für die zuletzt genannten Orientierungsmittel ist, daß sie auf eine Reduzierung des komplexen Gesamthypertextes zielen, indem sie dem Nutzer geschlossene linear definierte Informationsangebote zur Verfügung stellen. Damit ist insofern eine Reduzierung der Hypertextfunktionalität verbunden, als das Prinzip der nicht-linearen Verknüpfung und damit die Navigationsfreiheit des Nutzers eingeschränkt werden. Hieran zeigt sich ein mit dem Hypertextkonzept offensichtlich verbundenes Paradoxon: Noch müssen dem Nutzer augenscheinlich Werkzeuge an die Hand gegeben werden, die im Widerspruch zur Hypertextidee stehen, da sie, wenngleich partiell, eine Wiederaufhebung des Hypertextprinzips bewirken.

Außerdem zeichnen sich alle bislang vorgestellten Orientierungs- und Navigationshilfen dadurch aus, daß ihre Ausgestaltung weitgehend autorabhängig ist (vgl. Kuhlen 1991a, S. 159). Neben den autorgebundenen Mitteln sind aber auch Werkzeuge zu nennen, die als automatische Systemfunktionen zur Verfügung

96 Vgl. Tergan 1997, S. 128, auch Gloor 1990, S. 150.

97 Zu den individuell erzeugten Pfaden vgl. Gerdes 1997, S. 42. Eine detaillierte Beschreibung verschiedener Pfadtypen findet sich bei Kuhlen 1991a, S. 147 - 150.

98 Vgl. zu den Hypertrails Gerdes 1997, S. 42f.

gestellt werden können. Hierbei handelt es sich um retrospektive Orientierungshilfen (vgl. Gerdes 1997, S. 43), zu denen u. a. Backtrack-Funktionen, Leseprotokolle (*history lists*) und elektronische Lesezeichen (*bookmarks*) zählen. Diese Werkzeuge erfüllen primär navigationsunterstützende Funktionen, womit sie sekundär ihren Beitrag zur Orientierung leisten.

Eines der wichtigsten und in den meisten Hypertextsystemen implementierten Navigationswerkzeuge dieser Art ist die Backtrack-Funktion[99], mit deren Hilfe der jeweils letzte Hypertextsprung rückgängig gemacht wird. Auf diese Weise kann der Nutzer alle besuchten Knoten in rückwärtiger Reihenfolge schrittweise bis zum Ausgangspunkt zurückverfolgen und so die evtl. verlorene Orientierung wiedererlangen. Derartige Zurücksetzverfahren werden in verschiedenen Modifikationen angeboten.[100] Im World Wide Web, in dem der Nutzer diese Funktion über die Back-Schaltfläche der Browsersoftware aktiviert, wird jeder besuchte Knoten in rückwärtiger Chronologie aufgerufen, mit allen Wiederholungen, die der Nutzer auf seinem bisherigen Weg vorgenommen hat. Andere Systeme unterstützen dagegen ein wiederholungsfreies Zurücksetzen, bei dem alle mehrfach besuchten Knoten nur einmal angezeigt werden.

Hilfreich sind bei einem eventuellen Orientierungsverlust in einem Hypertext ferner Leseprotokolle (*history lists*)[101], die das System automatisch anlegt. Die Leseprotokolle werden gewöhnlich in speziellen Knoten abgelegt und bestehen aus einer chronologischen Auflistung mindestens aller vom Nutzer während einer Sitzung besuchten Knoten. Je nach Systemkonfiguration können größere Zeitintervalle festgelegt sein, so daß auch auf die Protokolle früherer Sitzungen zurückgegriffen werden kann. Die einzelnen Listeneinträge können in der Regel per Mausklick aktiviert werden, so daß der Nutzer über die History List jeden der besuchten Knoten direkt anwählen kann.

99 Zur Backtrack-Funktion vgl. Nielsen 1996, S. 245 - 248, sowie Gerdes 1997, S. 43f.

100 Nielsen 1996 stellt verschiedene Verfahren des Backtracking vor (vgl. S. 246).

101 Zu den History Lists vgl. etwa Hofmann / Simon 1995, S. 49, und Gerdes 1997, S. 44. Hofmann / Simon 1995 verwenden *Leseprotokoll* als deutsche Übersetzung für *history list*, während Gerdes 1997 auf die Bezeichnung *Dialog-Geschichte* zurückgreift. *Leseprotokoll* stellt m. E. die sachgerechtere Bezeichnung dar.

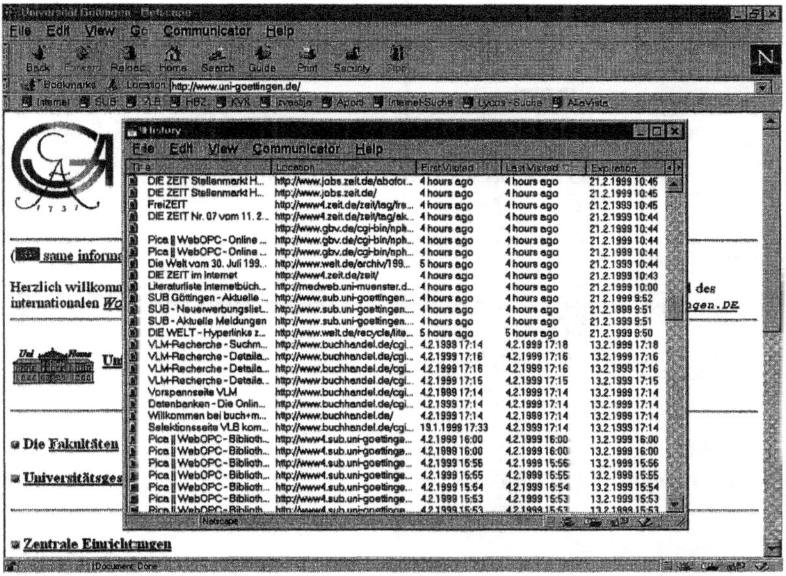

Bildschirmabzug einer Webseite mit eingeblendetem History-Fenster. Die Spalten zeigen von links nach rechts den Titel der Webseite, die WWW-Adresse, den Zeitpunkt des ersten und letzten Besuchs sowie das Datum, an dem der Eintrag aus der Liste gelöscht wird.

Im allgemeinen können die Leseprotokolle jederzeit und unabhängig vom aktuellen Standort im System aufgerufen werden, so daß hiermit ein überaus leistungsfähiges Navigationswerkzeug zur Verfügung steht, mit dessen Hilfe sich der Nutzer schnell wieder auf bekanntes Terrain begeben kann.

Demselben Zweck dient auch das letzte zu nennende Navigationswerkzeug: die auf der Buchmetapher beruhenden elektronischen Lesezeichen (*bookmarks*)[102]. Mit Hilfe dieser Funktion, die für das World Wide Web durch die Browsersoftware zur Verfügung gestellt wird, kann der Nutzer für ihn interessante Knoten markieren, um immer wieder zu ihnen zurückkehren zu können. Alle mit einem Lesezeichen versehenen Knoten werden, meistens in Listenform, in einem separaten Knoten verwaltet und dauerhaft gespeichert. Ähnlich wie bei den History Lists können die einzelnen Listeneinträge per Mausklick aktiviert und der gewünschte Knoten aufgerufen werden.

---

[102] Zu den Bookmarks vgl. Gerdes 1997, S. 45, und Nielsen 1996, S. 250 - 253.

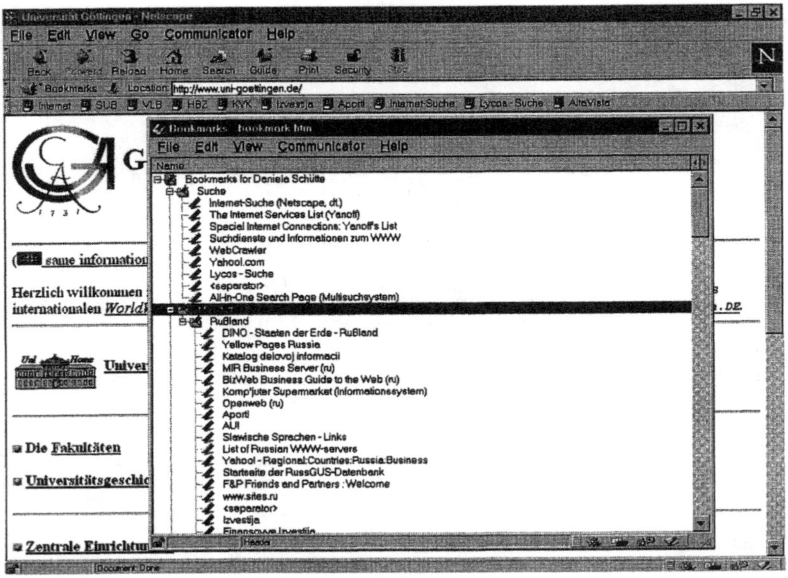

Bildschirmabzug einer Webseite mit eingeblendetem Lesezeichenfenster. Das Fenster zeigt die angelegten Lesezeichen in Listenform. Jeder einzelne Eintrag kann mit einem Doppelklick aktiviert werden, woraufhin die entsprechende Webseite geladen wird.

Zusätzlich kann die Orientierung in Hypertexten dadurch unterstützt werden, daß bereits besuchte Knoten einheitlich farbig oder durch bestimmte Symbole als schon gelesen gekennzeichnet werden (vgl. Gerdes 1997, S. 45). Dies ermöglicht dem Nutzer, das versehentliche Aufrufen bereits gesehener informationeller Einheiten zu umgehen.

Wie gezeigt, wurde und wird sehr engagiert an der Entwicklung von Werkzeugen gearbeitet, die die Navigation und die Orientierung in Hypertexten bzw. im World Wide Web bestmöglich unterstützen. In Betracht zu ziehen ist bei aller Notwendigkeit dieser Orientierungshilfen aber auch, daß die Rezipienten unter der Prämisse der grundsätzlichen Bereitschaft, sich auf das neue Medium einzulassen, seine Handhabung erlernen müssen. Dies betrifft nicht allein die eher technische Seite der Interaktion mit einer Software, die aufgrund der weit verbreiteten grafischen Benutzeroberflächen inzwischen vergleichsweise einfach ist.

Wichtig ist mit Blick auf das World Wide Web vielmehr die Einübung globalerer Fähigkeiten, wozu z. B. medienadäquates Rezeptions- und Informationsverhalten zu rechnen ist, u. a. im Sinne eines kritisch reflektierenden Umgangs mit den angebotenen Inhalten. Gezielte Anleitung durch Experten ist hierbei sicher ratsam, kann aber nur ein initiales Moment sein. Daß sich bei dem neuen Medium vieles noch „im Fluß" und im Experimentierstadium befindet, mag zwar als hinderlich empfunden werden, ist aber auch als eine Herausforderung zu sehen, der sich das breite Publikum angesichts der kommunikativen Realität ohnehin kaum entziehen kann.

3.5 Hypertext: Definitorische Aspekte

Nachdem in den vorhergehenden Abschnitten das Hypertextkonzept in seinen Grundzügen dargelegt wurde, seien im folgenden die wichtigsten Aspekte in definitorischer Absicht zusammengefaßt, um auf dieser Grundlage einen Ausblick auf den Zusammenhang zwischen der Hypertexttechnologie und dem auf ihr basierenden, weltweiten Informationssystem World Wide Web geben zu können.

Abstrahiert man von den vielfältigen Einzelmerkmalen von Hypertext, kristallisieren sich wenige zentrale Faktoren heraus, die realisiert sein müssen, damit von einem Hypertextsystem gesprochen werden kann. Die Knoten und Verweise als die beiden zentralen Elemente der Basistechnologie gestatten lediglich eine Minimaldefinition (vgl. Gerdes 1997, S. 7). In der Literatur[103] werden darüber hinaus differierende Aspekte genannt, über die sich Hypertext definieren läßt und von denen vier als zentral betrachtet werden können.

Zugrundegelegt werden soll hier der Vorschlag von Hofmann / Simon 1995, demzufolge Hypertext über die Kategorien Struktur, Medium, Operationen und Interaktion zu definieren ist (vgl. S. 6). Demnach stellt sich Hypertext in *struktureller Hinsicht* als ein Netzwerk aus Knoten und Verweisen dar, wobei die Knoten Informationen enthalten und die Verweise inhaltliche Beziehungen zwischen den Knoten sowie innerhalb derselben realisieren. *Medial* sind Hypertexte in zweifacher Hinsicht geprägt: Zum einen sind sie an das Medium Computer gebunden, zum anderen können die in den Knoten enthaltenen Informationen verschiedene Medientypen repräsentieren.

Der *operationale Aspekt* der Definition zielt auf Benutzungsbesonderheiten, die mit Hypertexten verbunden sind und Hofmann / Simon 1995 zufolge darin bestehen, daß das Erstellen wie das Rezipieren eines Hypertextes nicht-lineare Tätigkeiten darstellen. In diesem Punkt kann ich den Autoren nicht bzw. nur eingeschränkt zustimmen: Unbestritten ist, daß Hypertext in bezug auf den

---

103 Zu Rate gezogen wurden Hofmann 1991, S. 178, Hofmann / Simon 1995, S. 6, sowie Gabriel 1997, S. 56f.

Rezeptions- wie den Produktionsprozeß Besonderheiten aufweist, jedoch bestehen diese m. E. gerade nicht in der Nicht-Linearität. In bezug auf dieses Merkmal muß zwischen einer produktbezogenen und einer prozeßbezogenen Sichtweise auf das Medium unterschieden werden: Die Nicht-Linearität ist eine Qualität des Produktes Hypertext, die die Art der Informationspräsentation bestimmt. Demgegenüber bedeutet zumindest die prozessual verlaufende Rezeption der nicht-linear angeordneten Inhalte notwendigerweise immer deren Sequentialisierung.

Eng mit dem Aspekt der Operationen verbunden ist der Parameter der *Interaktion*, der die Möglichkeiten des direkten Zugriffs auf die in der Hypertextbasis abgelegten Informationen betont und das bereits beschriebene Prinzip der flexiblen Manipulation der Informationseinheiten in die Definition einbringt. Des weiteren kann die Definition um den von Hofmann 1991 angeführten visuellen Aspekt erweitert werden, demzufolge eine adäquate grafische Benutzerschnittstelle als integraler Bestandteil eines Hypertextsystems zu sehen ist.[104] Grafische Präsentationsformen ermöglichen dem Nutzer einen einfachen und direkten, im allgemeinen per Mausklick erfolgenden Zugriff auf die Hypertextinhalte und sind inzwischen zur Standardausstattung nicht nur von elektronischen Informationssystemen avanciert.

Gabriel 1997 erachtet zusätzlich die Veränderbarkeit des Hypertextes als wesentlich für die Definition. Mit der Realisierung dieses Parameters wird dem Benutzer die Möglichkeit eingeräumt, die im Hypertext enthaltenen Informationen selbst zu verändern.[105] M. E. ist dieser Aspekt den oben genannten nachgeordnet, da es sich weniger um eine obligatorische Bestimmungsgröße der Hypertextdefinition als vielmehr um eine Qualität von Hypertextsystemen handelt, die dem Benutzer optional zur Verfügung gestellt werden kann.

Die Tatsache, daß die wenigen hier angeführten Autoren sich zwar darin einig sind, Hypertext über eine Anzahl von vier Definitionsparametern hinreichend bestimmen zu können, inhaltlich jedoch unterschiedliche Akzente setzen, illustriert noch einmal sehr anschaulich die Schwierigkeiten bei der Ermittlung der Wesenszüge von Hypertext und offenbart, daß bislang augenscheinlich keine allgemeingültige Hypertextdefinition existiert. Zudem stellt Hypertext inzwischen ein interdisziplinäres Forschungsgebiet dar, was ebensowenig zur Vereinheitlichung von Definitionsversuchen beitragen dürfte wie fehlende Standards für eine benutzerfreundliche Gestaltung von Hypertextsystemen.

---

[104] Vgl. Hofmann 1991, S. 178. Auch Gerdes 1997 wertet die grafische Oberfläche als wesentliche Komponente der Hypertextdefinition, insbesondere im Hinblick auf neuere Hypertextsysteme (vgl. S. 11); ebenso Kuhlen 1995, S. 427.

[105] Vgl. Gabriel 1997, S. 57. Auf diesen Aspekt gründet sich die erwähnte Differenzierung von Hypertextsystemen in Browsing- und Autorensysteme.

Bestehende definitorische Spielräume seien hier exemplarisch anhand des Faktors Medium skizziert: Angesichts der derzeitigen Möglichkeiten und der nahezu allgegenwärtigen Präsenz der Computertechnologie und ihrer damit verbundenen breiten Zugänglichkeit dürften Hypertexte mit ihrer Verknüpfungstechnik für die meisten heute mit ihnen Befaßten fraglos ausschließlich an das Medium Computer gebunden sein.[106] Hypertextähnliche, nicht-lineare Strukturen sind aber auch jenseits computerunterstützter Realisierung nachweisbar, besonders offenkundig etwa in gedruckten Lexika und anderen Nachschlagewerken, deren Material zwar im Sinne einer alphabetischen Anordnung der verzeichneten Stichwörter linear organisiert, jedoch nicht für eine ebensolche, sequentielle und ganzheitliche Rezeption vorgesehen ist. Unterstützt wird die nicht-sequentielle Rezeption ebenfalls durch – hier nicht-elektronische – Querverweise. Analog können etwa wissenschaftliche Abhandlungen mit Fußnoten und sonstigen Vor- und Rückverweisen als Texte mit Hypertextstrukturen aufgefaßt werden.

Sowohl Ansel Suter 1995 als auch Gerdes 1997 empfehlen in diesem Zusammenhang eine terminologische Unterscheidung, welche die computerbasierte Realisation des Hypertextes zum differenzierenden Kriterium erhebt. Ansel Suter 1995 schlägt für gedruckte Texte mit hypertextartigen, vernetzten Strukturen die Bezeichnung *Proto-Hypertext* vor (vgl. S. 11), Gerdes 1997 verweist auf die Benennung *manueller Hypertext* (vgl. S. 8). Unabhängig von der Eignung beider Begriffe ist m. E. die übergeordnete Frage nach der Notwendigkeit einer solchen terminologischen Differenzierung vorrangig: Unabdingbar sind derartige Bezeichnungen nämlich nur dann, wenn die Computergebundenheit nicht als obligatorisches Merkmal von Hypertexten angesetzt wird. Da sich die Hypertextidee aber parallel und durchaus im Zusammenhang mit der Computertechnologie entwickelt hat, sollte die Bezeichnung *Hypertext*, ebenso wie die Bezeichnung *Hyperlinks*, den im Umfeld dieser neuen Medien anzusiedelnden, computerunterstützten Systemen vorbehalten sein. Entsprechend wird *Hypertext* in dieser Arbeit ausschließlich im Sinne der besprochenen computerrealisierten Darstellungsformen verwendet: 'Computergebundenheit' sei obligatorisches Sem von *Hypertext* und *Hyperlinks*.

Unterstützt wird diese Argumentation zudem dadurch, daß Hypertexte über einen entscheidenden, medial bedingten Zusatznutzen gegenüber gedruckten Texten verfügen: Aufgrund der Computerrealisierung erlauben sie einen qualitativ anderen, unmittelbaren, schnellen und zielgenauen Zugriff auf Informationen, welcher auf assoziativen Prinzipien beruht und in dem im allgemeinen

[106] Vgl. hierzu z. B. Gerdes 1997, S. 8. Explizit formuliert Nielsen 1996, daß „Hypertext im wesentlichen ein Computerphänomen ist“ (S. 16). Noch deutlicher wird Kuhlen 1995, nach dessen Ansicht „Hypertextsysteme grundsätzlich nur als rechnergestützte Systeme zu realisieren“ (S. 427) sind.

mittels Mausklick vor sich gehenden Aktivieren und Verfolgen von Querverweisen, den Hyperlinks, besteht.[107] Hieraus ergibt sich ein fundamentaler qualitativer Unterschied zwischen den Querverweisen in einem gedruckten Lexikon und den elektronisch realisierten Hyperlinks: Bei ersteren handelt es sich um sogenannte passive Verbindungen, die keinen automatischen Informationszugriff leisten können. Demgegenüber sind Hyperlinks aktive, d. h. aktivierbare Verknüpfungen, die auf Knopfdruck auf die entsprechenden Informationen zugreifen und sie unmittelbar auf dem Computerbildschirm anzeigen.

Neben der Gebundenheit an das Medium Computer sind Hypertexte außerdem insofern medial bestimmt, als ihre Informationseinheiten durch verschiedene Medientypen repräsentiert werden können: Sowohl statische Medien wie Text, Grafik und Standbild als auch dynamische wie Bewegtbild, Ton und Animation sind möglich. Soll der Aspekt der repräsentierten Medien, insbesondere deren Multimedialität, betont werden, wird in der Regel die Bezeichnung *Hypermedia* verwendet. Der Begriff *Hypertext* akzentuiert demgegenüber den strukturellen Aspekt[108], indem er die dem Hypertextkonzept zugrundeliegende Basistechnologie und den Verknüpfungsgedanken in den Vordergrund stellt.[109] Angemessen ist *Hypertext* darüber hinaus auch dann, wenn die Inhalte des Hypertextsystems nicht multimedial, sondern vornehmlich textueller Art sind (vgl. Tergan 1997, S. 124).

Hypermediasysteme versteht man allgemein als „Systeme mit Hypertextfunktionalität, die [...] ein reiches Sortiment an multimedialen Datentypen zur Verwaltung von Informationen bieten“ (Sarre 1991, S. 8). Gegenüber einem reinen Multimediasystem zeichnet sich ein Hypermediasystem durch die auf assoziativen Gesetzmäßigkeiten beruhende Verknüpfung der Inhalte aus, aus der ein Großteil der auch für die Hypertextnutzung typischen, ausgeprägten Interaktivität resultiert: Ein Hypertext- / Hypermediasystem fordert einen aktiven Nutzer, der immer wieder gezwungen ist, selbständig Entscheidungen bezüglich der zu verfolgenden Verknüpfungen zu treffen. Damit besitzt er eine gewisse Kontrolle über das System, während der Nutzer eines Multimediasystems passiv bleibt und kaum Entscheidungsfreiheiten hat, sich oft gar nicht selbständig im System

---

[107] Vgl. hierzu etwa Ansel Suter 1995, S. 11, und Gerdes 1997, S. 8.

[108] Die Zuordnung der Bezeichnung *Hypertext* zu einer eher strukturellen Betrachtungsweise nimmt Streitz 1991 vor; analog verwendet er *Hypermedia* zur Hervorhebung des Multimedialitätsaspektes (vgl. S. 544f.).

[109] Zur Unterscheidung von Hypertext und Hypermedia vgl. Gloor 1990, S. 2f., Ansel Suter 1995, S. 11f., Gerdes 1997, S. 6, und Tergan 1997, S. 124.

bewegen kann. Entscheidend für ein Hypermediasystem ist, daß der Nutzer die Möglichkeit hat, die Systemabläufe selbst zu bestimmen.[110]

So ist Multimedialität als eine die Hypertextfunktionalität ergänzende, aber nicht hinreichende Qualität von Hypertextsystemen zu sehen. Zweifellos steigert sie allerdings die Attraktivität der Hypertextidee, wofür das World Wide Web der beste Beweis ist, handelt es sich hierbei doch um ein weltweit verteiltes Hypermediasystem, ausgerüstet mit Hypertextfunktionalität und die multimediale Medienkombination gleichsam radikalisierend.

3.6 Hypertext und World Wide Web

Das World Wide Web ist zu beschreiben als ein auf dem Internet aufsetzendes weltweit verteiltes Wissensverwaltungssystem, das auf dem Hypertextkonzept basiert. Da die Inhalte multimedialer Art sind, gilt es als Hypermediasystem. Aufgrund seiner weltweiten Ausprägung ist es derzeit nicht nur das größte Hypertextsystem, es gehört auch zu den bisher erfolgreichsten Hypertextanwendungen (vgl. Hofmann / Simon 1995, S. 24), mit der das Hypertextprinzip zudem eine weltweite Ausprägung findet. Rückblickend auf die Anfänge der Hypertextentwicklung werden durchaus Parallelen zu der Vision Ted Nelsons von einem einzigen, weltweit verfügbaren Hypertext deutlich.[111]

Das WWW basiert auf der vorgestellten 3-Ebenen-Architektur aus Datenbankebene, abstrakter Hypertextmaschine und Präsentationsebene.[112] Die Datenbankebene bilden diejenigen Rechner des Internet, die speziell für das WWW aufbereitete Daten zur Verfügung stellen. Diese Datenaufbereitung geschieht mit Hilfe der Formatierungssprache HyperText Markup Language (HTML). Die Datenübertragung im WWW erfolgt durch ein als HyperText Transfer Protocol (HTTP) benanntes Kommunikationsprotokoll. Beide Komponenten, HTML und HTTP, bilden zusammen die Ebene der abstrakten Hypertextmaschine, stellen also die eigentliche Hypertextfunktionalität des WWW zur Verfügung. Sie fungieren gleichsam als die beiden tragenden Säulen dieses weltweiten Hypertextsystems. Die Präsentationsebene besteht in einer grafischen Benutzerschnittstelle, die in Form von Browsersoftware auf dem Rechner des Endbenutzers

---

110 Zum Unterschied zwischen Hypermedia und Multimedia vgl. Ansel Suter 1995, S. 11, sowie Nielsen 1996, S. 12 - 14.

111 Vgl. hierzu z. B. Hofmann / Simon 1995, S. 24, und Hammwöhner 1997, S. 22. Nielsen 1996 hält es allerdings für sehr unwahrscheinlich, daß die Idee Nelsons von einem weltumspannenden Hypertextsystem, das alle weltweit verfügbare Literatur enthält und verwaltet, mittelfristig realisiert wird (vgl. S. 339).

112 Vgl. hierzu und zu den folgenden Erläuterungen dieses Absatzes Nielsen 1996, S. 177.

installiert sein muß und die Aufgabe hat, die im WWW enthaltenen Informationen aufzurufen und auf dem Computerbildschirm anzuzeigen. Soweit die elementaren Komponenten des hypertextorientierten WWW im Überblick.

Die technische Grundlage des World Wide Web bildet ein nach dem Client/Server-Prinzip organisiertes Netzwerk von weltweit verteilten Rechnern, welche entsprechend als WWW-Server oder -Clients fungieren.[113] Die WWW-Server bilden die Datenbankebene des Hypertextmodells und stellen die im World Wide Web enthaltenen Daten in dem spezifischen HTML-Format zur Verfügung. HTML ist eine logische Seitenbeschreibungssprache, die nicht als Layoutsprache fungiert, sondern ein Dokument in struktureller Hinsicht beschreibt (vgl. Divišek 1996, S. 15). Sie ermöglicht eine standardisierte Auszeichnung und damit eine weltweite Verbreitung der auf den WWW-Servern abgelegten Dokumente (vgl. Kuhlen 1995, S. 474).

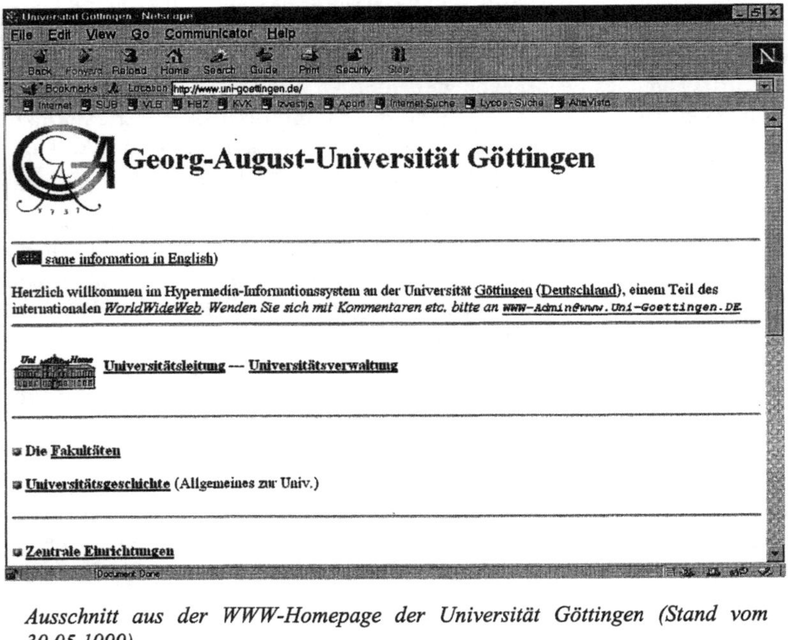

Ausschnitt aus der WWW-Homepage der Universität Göttingen (Stand vom 30.05.1999)

Soll eine so kodierte Webseite aufgerufen werden, kommt der WWW-Client zum Einsatz, der die entsprechende Datei vom Server anfordert. Übermittelt wird sie mit Hilfe des HyperText Transfer Protocol (HTTP), dem eigens für den

113 Vgl. hierzu z. B. Hofmann / Simon 1995, S. 22, und Nielsen 1996, S. 177.

Austausch von HTML-Dokumenten festgelegten Transportprotokoll, das die Kommunikation zwischen Client und Server organisiert.[114] Neben HTTP muß der WWW-Client auch die HTML-Kodierung des übermittelten Dokumentes „verstehen" können, d. h., er muß über ein Werkzeug verfügen, das die Darstellung von Webdokumenten ermöglicht, indem es die Hypertextsprache HTML interpretiert (vgl. Hofmann / Simon 1995, S. 23). Diese Aufgabe übernimmt der WWW-Browser, bei dem es sich um eine auf dem Client-Rechner installierte Software, etwa den Netscape Navigator oder den Microsoft Internet Explorer, handelt.[115] Diese Programme setzen die HTML-Anweisungen um und generieren die Ansicht einer Webseite, wie sie die obige Abbildung zeigt. Somit ist bei WWW-Seiten zwischen zwei verschiedenen Repräsentationen des Dokumentes zu unterscheiden: der durch den Browser geleisteten grafisch aufbereiteten Darstellung und der ihr zugrunde liegenden technisch vermittelten Repräsentation des Dokumentes in der HTML-Kodierung.[116]

HTML-Dokumente werden in einem reinen Textformat als ASCII-Dateien erstellt und mit sogenannten Tags versehen, speziellen Markierungen, z. B. für Formatanweisungen, Titelzeilen, Absatzmarkierungen u. ä. So stellt sich z. B. der in der obigen Abbildung in der Kopfleiste des Browsers angezeigte Dokumenttitel „Universität Göttingen" in HTML-Kodierung wie folgt dar:

```
<TITLE> Universit&auml;t G&ouml;ttingen </TITLE>
```

Desgleichen wird die Struktur einer Webseite mit Hilfe von HTML-Tags festgelegt, was folgendermaßen aussehen kann:

```
<HTML>
<HEAD>
<TITLE> Dokumenttitel </TITLE>
</HEAD>
<BODY>
Text
</BODY>
</HTML>
```

114 Vgl. hierzu etwa Hammwöhner 1997, S. 22, Hofmann / Simon 1995, S. 22, und Nielsen 1996, S. 193.

115 Nielsen 1995 beschreibt den Mosaic-Browser ausführlich, der zu den ersten WWW-Browsern mit einer grafischen Benutzerschnittstelle gehört (vgl. S. 177 - 189). Inzwischen sind der Navigator oder der Communicator der Firma Netscape sowie das Konkurrenzprodukt, der Microsoft Internet Explorer, die beiden am häufigsten verwendeten WWW-Browser (zur Verbreitung verschiedener Browserprogramme vgl. Bekavac 1999, S. 151 - 154).

116 Zur primären und technisch vermittelten Repräsentation elektronischer Texte vgl. Hammwöhner 1997, S. 30.

Die *Tags* <HTML> und </HTML> markieren Anfang und Ende des HTML-Textes. Der Kopfteil des Dokumentes, der in der Regel u. a. den Titel der Webseite angibt, wird durch die HEAD-Elemente gekennzeichnet. Er enthält meist versteckte Dokumentinformationen. Die eigentlichen Informationen befinden sich in dem von den BODY-Tags eingerahmten Dokumentteil; dieser wird durch den Browser angezeigt (vgl. Divišek 1996, S. 68f.). Die oben abgebildete Webseite präsentiert sich in ihrer HTML-Kodierung wie folgt:

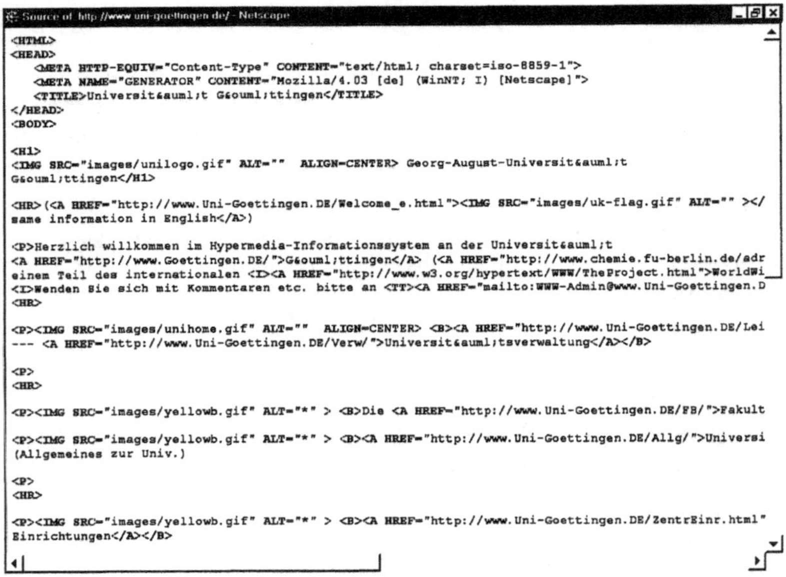

Source of http://www.uni-goettingen.de/ - Netscape

```
<HTML>
<HEAD>
   <META HTTP-EQUIV="Content-Type" CONTENT="text/html; charset=iso-8859-1">
   <META NAME="GENERATOR" CONTENT="Mozilla/4.03 [de] (WinNT; I) [Netscape]">
   <TITLE>Universit&auml;t G&ouml;ttingen</TITLE>
</HEAD>
<BODY>

<H1>
<IMG SRC="images/unilogo.gif" ALT=""  ALIGN=CENTER> Georg-August-Universit&auml;t
G&ouml;ttingen</H1>

<HR>(<A HREF="http://www.Uni-Goettingen.DE/Welcome_e.html"><IMG SRC="images/uk-flag.gif" ALT="" ></
same information in English</A>)

<P>Herzlich willkommen im Hypermedia-Informationssystem an der Universit&auml;t
<A HREF="http://www.Goettingen.DE/">G&ouml;ttingen</A> (<A HREF="http://www.chemie.fu-berlin.de/adr
einem Teil des internationalen <I><A HREF="http://www.w3.org/hypertext/WWW/TheProject.html">WorldWi
<I>Wenden Sie sich mit Kommentaren etc. bitte an <TT><A HREF="mailto:WWW-Admin@www.Uni-Goettingen.D
<HR>

<P><IMG SRC="images/unihome.gif" ALT=""  ALIGN=CENTER> <B><A HREF="http://www.Uni-Goettingen.DE/Lei
--- <A HREF="http://www.Uni-Goettingen.DE/Verw/">Universit&auml;tsverwaltung</A></B>

<P>
<HR>

<P><IMG SRC="images/yellowb.gif" ALT="*" > <B>Die <A HREF="http://www.Uni-Goettingen.DE/FB/">Fakult

<P><IMG SRC="images/yellowb.gif" ALT="*" > <B><A HREF="http://www.Uni-Goettingen.DE/Allg/">Universi
(Allgemeines zur Univ.)

<P>
<HR>

<P><IMG SRC="images/yellowb.gif" ALT="*" > <B><A HREF="http://www.Uni-Goettingen.DE/ZentrEinr.html"
Einrichtungen</A></B>
```

Ausschnitt aus dem Quelltext der Homepage der Universität Göttingen in HTML-Kodierung.

Die Leistungsfähigkeit der HyperText Markup Language zeigt sich vor allem an den für Hypertext typischen Verknüpfungen, die HTML mit Hilfe spezieller Tags sowohl zwischen Teilen eines Knotens als auch zwischen verschiedenen Knoten herstellt (vgl. Kuhlen 1995, S. 475). Schließlich sind diese Hypertextverknüpfungen im World Wide Web nicht nur weltweit, sondern weltweit eindeutig zu realisieren. Dies geschieht mit Hilfe standardisierter Adressierungsinformationen in Form des Uniform Resource Locator (URL), der Angaben zum verwendeten Übertragungsprotokoll und zur Internet-adresse des angewählten WWW-Servers sowie ggf. das Verzeichnis und den Dateinamen des angeforderten Dokumentes enthält (vgl. Divišek 1996, S. 29).

So ist z. B. die in Abschnitt 3.2.2.1 abgebildete Webseite des Instituts für Deutsche Philologie I der Universität Münster unter dem URL

http://www.uni-muenster.de/DeutschePhilologie1/Welcome-d.html

zu finden. Die Zeichenkette „http“ gibt das zu benutzende Kommunikationsprotokoll HyperText Transfer Protocol an, woran sich die Adresse des WWW-Servers der Universität Münster anschließt. Sie weist den Rechner durch „www“ explizit als World-Wide-Web-Server aus, der den Namen „uni-muenster“ trägt. Die Kennung „de“ steht für Deutschland. „DeutschePhilologie1“ benennt das Verzeichnis, in dem das im HTML-Format kodierte Dokument unter dem Dateinamen „Welcome-d.html“ abgelegt ist. Der URL erlaubt so die weltweit eindeutige Identifizierung von Webdokumenten. Erst die Kombination des Protokolls HTTP mit dem Verfahren der eindeutigen Adressierung durch den Uniform Resource Locator macht die weltweite Ausprägung des Hypertextprinzips möglich.[117]

Dabei ist in Betracht zu ziehen, daß das World Wide Web ein vergleichsweise einfach strukturiertes Hypertextmodell realisiert, von dem Kritiker sagen, es lasse die meisten Ergebnisse der jüngeren Hypertextforschung unberücksichtigt und überzeuge allenfalls durch seine Einfachheit (vgl. Hammwöhner 1997, S. 22). Gleichwohl verfügt dieses immerhin weltweit funktionierende Hypertextsystem über Vorzüge, zu denen vor allem die „*Flexibilisierung* von Information“ (Kuhlen 1995, S. 428; Hervorhebung im Original) zu zählen ist. Sie produziert Mehrwerteffekte und wird insbesondere durch die Multimediafähigkeit des Mediums unterstützt.

Auch ist das World Wide Web zumindest insofern als ein sehr bedienungsfreundliches System zu sehen, als es bei seinen Nutzern keine ausgeprägten computertechnischen Kenntnisse voraussetzt. Dies ist vor allem auf die einfache grafische Benutzerschnittstelle und die Art des Informationszugriffs zurückzuführen. Das World Wide Web als ein navigationsorientierter Internetdienst setzt auf die Vernetzung von Informationen nach assoziativen Prinzipien und rechnet mit den oben beschriebenen Browsing-Effekten (vgl. Kuhlen 1995, S. 422). Anders als bei manchen Datenbanksystemen muß sich der Nutzer keine komplexe Abfragesyntax aneignen. Vielmehr ermöglicht ihm das hypertextspezifische Verfolgen von Hyperlinks vergleichsweise freies und kreatives Navigieren (vgl. Kuhlen 1995, S. 426), welches Informationen nach dem *point-and-click*-Prinzip[118] auf Tastendruck bzw. Mausklick unmittelbar verfügbar macht. Entsprechend ist die effiziente Zugreifbarkeit nützlicher Informationen ein wich-

[117] Zur Kombination von URL und HTTP vgl. Divišek 1996, S. 29.

[118] Bei Nielsen 1996 übersetzt als *Darauf-Zeigen-und-darauf-Klicken*-Prinzip (vgl. S. 187).

tiges Ziel des World Wide Web – neben den vielfältigen Möglichkeiten einer werbewirksamen Selbstdarstellung, die es Institutionen aller Art bietet (vgl. Kuhlen 1995, S. 424).

So geht derzeit und nicht zuletzt angesichts der im gegenwärtigen Informationszeitalter beständig wachsenden Informationsmengen von der navigationsorientierten und auf Browsing-Effekte setzenden Hypertextmethode große Attraktivität und Faszination aus. Zwar sind, was die zukünftige Informationsverwaltung, -präsentation und -erarbeitung betrifft, von der Hypertextidee keine Wunder zu erwarten, denn selbst Hypertext ist „kein Allheilmittel" (Nielsen 1996, S. 14). Dennoch werden nach Ansicht von Kuhlen 1991b zukünftige elektronische Informationssysteme wie selbstverständlich auf Elemente des Hypertextkonzeptes zurückgreifen und Hypertextfunktionalität so zum festen Bestandteil der computergestützten Arbeit mit Wissen und Information machen (vgl. Kapitel 9). Insofern sei Hypertext „kein rasch sich verflüchtigendes Modethema" (Kuhlen 1991b, Kapitel 9).

Allein die Entwicklung des World Wide Web mit seinen wachsenden Anwenderzahlen gibt Kuhlen 1991b in dieser Einschätzung recht. Ebenso weiten die sich dort präsentierenden Institutionen ihr Engagement im virtuellen Medium immer mehr aus: Im kommerziellen Kontext ist nur an den Bereich *E-Commerce* zu denken, der zu einem immer wichtigeren Wirtschaftsfaktor wird.[119]

Nicht zuletzt in Anbetracht des inzwischen massenmedialen Status des World Wide Web kann auch eine Disziplin wie die Linguistik nicht umhin, sich dieses Themenkomplexes anzunehmen, ist doch kaum zu übersehen, daß das WWW und damit das Hypertextprinzip die kommunikative Realität zu prägen beginnen. Wie im folgenden Kapitel zu zeigen ist, fristet das World Wide Web im linguistischen Kontext bislang eher ein Schattendasein. Anders dagegen das Thema Hypertext, dessen theoretisches Konzept im Zusammenhang mit allen Fragen, die die Einheit Text, seine Produktion, Rezeption etc. betreffen, mit zunehmendem Interesse diskutiert wird. Von den hieraus ableitbaren Forschungsaspekten handelt das nachfolgende Kapitel.

---

[119] Entsprechend frequent ist das Thema in der Presseberichterstattung, die dem elektronischen Handel hervorragende Zukunftsaussichten prognostiziert. Vgl. z. B. „Dritte Phase der Internet-Nutzung". In: Süddeutsche Zeitung 45, 24.02.2000, S. 29, oder Lütge, Gunhild (1998): Klick & Kauf. Das Internet braucht Regeln – sonst bleiben Geschäfte im Netz riskant. In: Die Zeit 32, 30.07.1998, S. 15f.

4 Hypertext im Kontext der Linguistik

4.1 Text und Hypertext: Eine erste Annäherung

Das Thema Hypertext hat inzwischen auch in die Linguistik Einzug gehalten, wo es – und hier sei der Blick primär auf die deutsche Sprachwissenschaft gerichtet – in den letzten Jahren mit wachsendem Interesse rezipiert wird. Die Resultate dieser Bemühungen, die vorwiegend ausgewählten Einzelaspekten der Thematik gelten, haben ihren Niederschlag bislang vornehmlich in Form von Aufsätzen in Zeitschriften oder Sammelbänden gefunden. Monographische Darstellungen liegen erst mit Hammwöhner 1997 sowie Hautzinger 1999 vor, wobei in letztgenannter Arbeit die literaturwissenschaftliche Perspektive auf Hypertext und das Genre Netzliteratur dominiert.

Die erwähnten Sammelbände beginnen etwa ab 1995 zu erscheinen und behandeln Fragestellungen, die sich der Rolle von Sprache in den neuen, digitalen Medien widmen. Mit neuen, durch das Internet hervorgebrachten Kommunikationsformen wie E-Mail oder Chat und dem weltweiten Informationssystem World Wide Web treten dabei neben Fragen z. B. der Lexik zunehmend textuelle Aspekte in den Vordergrund, was allein an den Titeln einiger Sammelbände wie „Textstrukturen im Medienwandel" (1996), „Textproduktion in elektronischen Umgebungen" (1997) und „Text im digitalen Medium" (1999) abzulesen ist. In dieser Entwicklung spiegelt sich eine Annahme, die Weingarten 1995 wie folgt formuliert:

> „Neben der Einführung neuer Kommunikationsstrukturen schlagen sich neue Medien wahrscheinlich am unmittelbarsten auf der textstrukturellen Ebene nieder. Dies hängt […] damit zusammen, daß Textstrukturen offensichtlich einer weniger stabilen Konventionsbildung unterliegen als Satzstrukturen." (Weingarten 1995, S. 126)

Die verstärkte Hinwendung zum Text und möglichen Auswirkungen elektronischer Medien auf die Textgestaltung ist – gerade in jüngster Zeit – zu einem nicht unerheblichen Teil der Hypertexttechnologie zu verdanken, welche als Basis des auf dem Internet aufsetzenden World Wide Web nicht nur weltweite Verbreitung, sondern zudem eine intensive und ständig anwachsende Nutzung erfährt.

In erster Linie scheint somit die linguistische Teildisziplin der Textlinguistik gefordert, sich ihrem Gegenstand Text in elektronischer Umgebung zuzuwenden. Hierauf dringt auch Storrer 1999a, die explizit auf das World Wide Web Bezug nimmt und hier „interessante neue Aufgaben für den Bereich der Textlinguistik, der sich mit der Beschreibung und Erklärung von Textmustern befaßt" (S. 62), perspektiviert. In der Tat erfolgt die Annäherung an das Phänomen

Hypertext in der Regel durch Anknüpfung an die Merkmale und Eigenschaften, die von „herkömmlichen", gedruckten Texten bekannt sind. Nicht zuletzt der eingangs des vorigen Kapitels angeführte Definitionsvorschlag von Nielsen 1996[120] verfolgt dieses Vorgehen, werden doch Text und Hypertext gleichsam als die zwei unvereinbaren Pole eines Gegensatzpaares dargestellt, indem die sich vermeintlich ausschließenden Merkmale der Linearität von Texten einerseits und der Nicht-Linearität von Hypertexten andererseits verabsolutiert werden.

Ganz ähnlich, wenngleich auf einer globaleren Ebene, argumentiert Klausnitzer 1997, wenn er die Geisteswissenschaften und insbesondere die Germanistik auffordert, die Chancen und Möglichkeiten des Mediums Hypertext wahrzunehmen und zu nutzen, um damit „den Aufbruch aus der bisherigen Eindimensionalität des Textes aktiv mitzugestalten" (S. 356). Der Begriff der Eindimensionalität ist hier weitgehend mit *Linearität*, oder, wie der Verfasser selbst es nennt, *Einlinearität* gleichzusetzen, wobei dieser Terminus zusätzlich die Multimedia-Unfähigkeit „herkömmlicher" Texte mitmeint. Gleichwohl drängt sich nicht nur hier, sondern generell bei der Durchsicht der relevanten Literatur der Eindruck auf, daß Text und Hypertext nicht nur meistens als zueinander in Opposition stehend betrachtet werden, sondern zudem oftmals auf das Gegensatzpaar Linearität vs. Nicht-Linearität reduziert werden. Stellvertretend sei nochmals Klausnitzer 1997 zitiert, der Hypertext nicht nur als eine neue Art der Wissensrepräsentation favorisiert, sondern ihm überdies das Potential zugesteht, zu einer neuen Wissensform zu avancieren:

> „Eben weil unsere komplexe, mehrfach dimensionierte Kultur sich nicht mehr auf ein-lineare, kausal argumentierende Texte zurückführen läßt, sondern nur hypertextuell, vernetzt und in der Wechselwirkung von digital aufbereiteten Texten, Bildern, Animationen annähernd *simuliert* werden kann, benötigen wir den Hypertext." (Klausnitzer 1997, S. 356; Hervorhebung im Original)

Fast ist man angesichts einer solchen, die Qualität der Nicht-Linearität glorifizierenden Hypertext-Euphorie versucht zu befürchten, die bekannte Form herkömmlicher textueller Darstellung könne obsolet werden, da der seinem Erscheinungsbild nach lineare Text unserer gegenwärtigen, komplexen Wirklichkeit offensichtlich nicht nur nicht angemessen, sondern vielmehr nicht (mehr) gewachsen ist. Um dieser Vision ihren Schrecken zu nehmen, kann darauf verwiesen werden, daß nicht wenige Autoren das Verhältnis von Text und Hypertext durchaus differenziert betrachten und anstelle der schematischen Opposition von Linearität und Nicht-Linearität zu bedenken geben, daß zwischen textueller

---

120 S. Abschnitt 3.1 der vorliegenden Arbeit, S. 28.

und hypertextueller Darstellungsform sehr wohl Parallelen und Gemeinsamkeiten bestehen, die sogar größer sind, als gemeinhin auf den ersten Blick zu vermuten ist.

Eine solche Sichtweise kann selbst Klausnitzer 1997 nicht gänzlich abgesprochen werden, wertet er doch immerhin in Texten eingesetzte Strukturmittel wie Fußnoten, Anmerkungen und Glossare als Elemente, mit denen die vermeintlich hypertextspezifische Nicht-Linearität in Texte eingezogen wird (vgl. S. 354). Allein hieran zeigt sich, daß die formelhafte Gegenüberstellung von Text resp. Linearität und Hypertext resp. Nicht-Linearität eine unzulässige Vereinfachung und Verkürzung der in Rede stehenden Problematik bedeutet. Daß die genannten, Nicht-Linearität erzeugenden Strukturmittel aber gleichsam als Meilensteine auf dem Weg vom Text zum Hypertext vorgestellt werden, wie nachfolgender Bemerkung von Klausnitzer 1997 zu entnehmen ist, stimmt allerdings nachdenklich: „Die Einführung von Fußnoten und Anmerkungen kann als Beginn eines Ausbruchs aus der Einlinearität verstanden werden" (S. 354). Hier entsteht abermals der Eindruck, Hypertext sei nicht nur die notwendige Folge von Text, sondern markiere vielmehr seine (vollkommene) Überwindung bis hin zu seiner Verdrängung.

Daß dem nicht ganz so ist, sei hier anhand weniger, früher Äußerungen von Linguisten, die sich dem Thema Hypertext widmen, belegt. Beispielsweise merkt Hammwöhner 1993 an, „daß keinerlei prinzipielle Strukturunterschiede zwischen Text und Hypertext bestehen" (S. 23), sondern die Strukturmittel lediglich von unterschiedlicher Relevanz seien (vgl. S. 23). Lutz 1995 und 1996 weist nachdrücklich darauf hin, daß die beiden Pole Text / Linearität und Hypertext / Nicht-Linearität nur „ein vermeintlich starres Oppositionspaar" (Lutz 1996, S. 154) bilden, denn Texte verfügen ebenso über nicht-lineare Komponenten wie Hypertexte über lineare. Ähnlich vermittelnd wirkt auch Kuhlen 1995, wenn er ausführt, daß Hypertext nicht so sehr mit textuellen Traditionen bricht, sondern vielmehr als Fortsetzung von Text betrachtet werden kann (vgl. S. 428). Damit dürfte sich der Gegenstand Hypertext textlinguistischen Zugriffen zumindest nicht vollständig entziehen.

Entsprechend ist die linguistische Beschäftigung mit Hypertext nahezu durchgängig von Fragen nach dem Verhältnis zwischen Text und Hypertext bestimmt, so daß schon früh Versuche unternommen wurden, an Texten erprobte Methoden und Kategorien auf das „neue" Phänomen Hypertext anzuwenden. Dabei war im Zusammenhang mit der Entwicklung von Hypertexten eine produktionsbezogene Perspektive leitend.

Gleichwohl existiert – zumindest nach Aussage von Hammwöhner 1997 – bislang kein geeignetes Textmodell für Hypertext (vgl. S. 51). Auch Хартунг / Брейдо (Hartung / Brejdo) 1996, die den bis dahin einzigen russischsprachigen

Aufsatz[121] zu dem Themenkomplex „Hypertext in der Linguistik", erschienen im Вестник Московского Университета (Vestnik Moskovskogo Universiteta), vorgelegt haben, benennen eine linguistische Hypertexttheorie (лингвистическая теория гипертекста / lingvističeskaja teorija giperteksta) als Desiderat (vgl. S. 62). Das Fehlen einer solchen Theorie tritt nach Ansicht der Verfasser besonders deutlich bei einer systematischen Gegenüberstellung der Eigenschaften von Text und Hypertext zutage, zeigt sie doch auf, daß nicht nur die Bestimmung des Hypertextbegriffs, sondern auch die Ermittlung der Wesensmerkmale von Textualität und Hypertextualität sowie eine Beschreibung der grundlegenden linguistischen Kategorien von Hypertext noch ausstehen (vgl. Хартунг / Брейдо (Hartung / Brejdo) 1996, S. 62).

Obgleich also die Notwendigkeit einer (text)linguistisch fundierten Theorie des Hypertextes erkannt worden ist, konnte diese Forschungslücke bislang nicht geschlossen werden. Den nach meinem Kenntnisstand umfassendsten Versuch, Hypertext mit Hilfe interdisziplinärer und auch linguistischer Beschreibungsansätze theoretisch ansatzweise zu fassen, unternimmt Hammwöhner 1997 in dem mit „Prolegomena einer Theorie offener Hypertexte" überschriebenen ersten Teil seiner Monographie „Offene Hypertextsysteme".

Im übrigen standen bislang wie gesagt vorrangig Einzelaspekte des Phänomens im Vordergrund, wobei die spezifischen Merkmale von Hypertext stets auf der Folie von Text und dessen Eigenschaften eruiert werden. Dabei geraten angesichts der nicht-linearen Vernetzung von (textuellen) Informationseinheiten schon früh Aspekte der kohärenten Hypertextgestaltung in den Blick, denn hinsichtlich der Realisierung von Kohärenz zeichnet sich eines der zentralen distinktiven Merkmale zwischen Text und Hypertext ab. So befaßt sich z. B. Hammwöhner 1990 mit Kohärenzrelationen in Hypertexten. Diese für Texte als konstitutiv zu betrachtende und auf Sinnkontinuität beruhende Eigenschaft der Kohärenz (vgl. de Beaugrande / Dressler 1981, S. 88) bildet nach wie vor einen Untersuchungsschwerpunkt bei der Beschäftigung mit Hypertext und wird in Abschnitt 4.4.2 der vorliegenden Arbeit ausführlicher beschrieben.

Auch Freisler 1994[122] berücksichtigt das Kriterium der Kohärenz, das allerdings einen Aspekt unter mehreren darstellt, denn er unternimmt den frühen Versuch eines systematischen Vergleichs von Text und Hypertext, der der Begriffsbestimmung von Hypertext dienen soll. Hierzu setzt er zehn Vergleichskriterien an, die über den engen Rahmen rein linguistischer Kategorien hinausgehen und

---

121 Entsprechend äußern sich die Autoren selbst (vgl. Хартунг / Брейдо (Hartung / Brejdo) 1996, S. 75).

122 Es handelt sich hier um einen in der Zeitschrift „Deutsche Sprache" erschienenen Aufsatz, dem die im gleichen Jahr abgeschlossene Magisterarbeit des Autors zugrunde liegt.

neben Textualitätskriterien wie Kohäsion und Kohärenz beispielsweise die soziale Akzeptanz des Mediums sowie seinen medienhistorischen Status berücksichtigen.[123]

Als erster, naheliegender Vergleichsparameter wird die Struktur von Text und Hypertext in den Blick genommen und durch die bekannte Opposition von Linearisierung und Entlinearisierung gekennzeichnet. Entsprechend charakterisiert Freisler 1994 linearen Text als „monohierarchisch“ (S. 38), wogegen Hypertext netzwerkartig organisiert sei. Der Terminus *monohierarchisch* impliziert eine Vorstellung von Text, die allein angesichts so offensichtlicher Elemente wie Fußnoten in wissenschaftlichen Texten einigermaßen schwerfällt, ganz zu schweigen von subtileren Mitteln wie sprachlich realisierten Vor- und Rückverweisen. Derartige Komponenten deuten vielmehr auf eine netzartige Textorganisation. Dabei sollen Texten hierarchische Strukturierungsmomente keineswegs abgesprochen werden, nur ist die Annahme von Monohierarchie m. E. kaum haltbar[124] – um so weniger, wenn sie die inhaltliche Strukturierung mitbetrifft. Bezieht sie sich primär auf das formale Erscheinungsbild von Texten, erscheint mir die Redeweise von der vorrangig linearen bzw. sequentiellen Darstellungsform angebrachter.

Die Realisierung von Text und Hypertext erfaßt Freisler 1994 mit Hilfe der linguistischen Grundrelation Syntagma – Paradigma, was ihm ermöglicht, Text als Syntagma im Sinne einer konstanten linearen Abfolge zu beschreiben. Die Realisierung des Hypertextes bestehe dagegen in der aktuell vollzogenen Sequenzialisierung von Informationseinheiten, welche der Nutzer aus dem Gesamtangebot an informationellen Einheiten auswählt. Dies bezeichnet der Autor als das „Hypertagma“ (S. 36, 38).

M. E. werden die von Freisler 1994 als Syntagma und Hypertagma bezeichneten Realisierungen von Text und Hypertext auf inkongruente, nämlich auf der einen Seite auf statische, auf der anderen Seite auf dynamische Gegebenheiten bezogen. Die Realisation von Texten als unveränderliche lineare Sequenz bezieht sich auf die strukturelle Textebene, wie sie unabhängig vom Leser – eben statisch – durch den Autor vorgegeben ist. Dagegen zielt der Begriff des Hypertagmas als „der gewählte Pfad, auf dem der Leser durch den 'textuellen Hyperraum' gewandert ist“ (Freisler 1994, S. 36), auf die aktuell erfolgende Rezeption und damit auf dynamische Momente. Folglich wird hier nicht trennscharf zwi-

123 Für einen zusammenfassenden Überblick über die Vergleichskriterien und die Ergebnisse der Untersuchung vgl. die tabellarische Übersicht in Freisler 1994, S. 38f.

124 Hier schließe ich mich Gerdes 1997 an, die festhält, daß Texte „in den seltensten Fällen inhaltlich rein hierarchisch strukturiert, sondern mehr oder weniger stark vernetzt“ (S. 63) sind.

schen strukturellen resp. statischen Aspekten und dynamischen Rezeptionsmomenten unterschieden, so daß für den Strukturvergleich von Texten und Hypertexten hier eine inhomogene, auf inkompatiblen Voraussetzungen fußende Vergleichsbasis entsteht.

Fortgeführt wird der Vergleich von Text und Hypertext hinsichtlich der in beiden Darstellungsformen verwendeten Symbolsysteme. Diesbezüglich verfügt Hypertext / Hypermedia insofern über eine über die Möglichkeiten von Text hinausgehende Qualität, als aufgrund der computerbasierten Realisierung neben den in Texten üblichen Kodes wie Schrift, Tabellen, Grafiken und Abbildungen auch die Integration von gesprochener Sprache, Musik, Bewegtbildern und Animationen gegeben ist. Freisler 1994 belegt diesen Zusatznutzen von Hypertext mit dem Terminus der Synästhetisierung und betrachtet den so benannten Prozeß als „inhärenten Teil des Hypertextbegriffs" (S. 31). Dies ist spätestens seit dem World Wide Web und seiner Vielfalt an multimedialen Daten zweifelsohne gerechtfertigt. Zudem handelt es sich hierbei um einen Aspekt, der zunehmend an Bedeutung gewinnt und dem in der Forschung wachsende Aufmerksamkeit entgegengebracht wird.[125]

Die beiden weiteren Vergleichsgrößen Interaktivität und Operationalisierung beziehen elementare Rezeptions- und Produktionsaspekte in die vergleichende Analyse ein. Dabei ist insbesondere hinsichtlich der Produktion von Hypertext anzumerken, daß der Hypertextautor über die für das Verfassen von Texten erforderliche „Schriftsprachenkompetenz" (Freisler 1994, S. 38) hinaus über Kenntnisse der medienspezifischen Datenaufbereitung verfügen muß. Hierbei ist zu berücksichtigen, daß sich die zitierte Schriftsprachenkompetenz an der Produktion linear präsentierter, für das Druckmedium bestimmter Texte orientiert. Für Hypertexte sind diese oft mühsam erworbenen Fertigkeiten mancher Modifikation zu unterziehen: So gilt es beispielsweise zu erkennen und für die Knotengestaltung umzusetzen, daß die in Texten möglichen sprachlich realisierten Vor- und Rückverweise des Typs „wie oben erwähnt" oder „vgl. hierzu den nachfolgenden Abschnitt" in Hypertexten nicht einsetzbar sind. Hier ist eine hohe und äußerst sensible Schreibkompetenz gefordert.

Im Falle des World Wide Web sind ferner grundlegende Kenntnisse der Seitenbeschreibungssprache HyperText Markup Language (HTML) von Vorteil, wenngleich immer entbehrlicher angesichts der fortschreitenden Entwicklung komfortabler Werkzeuge, die Textdokumente schon weitgehend automatisch in die erforderliche HTML-Kodierung umsetzen. Und auch über eine derartige Textaufbereitung hinaus erfordert die Erstellung von Hypertexten weitere technologiegebundene und computerspezifische Fertigkeiten, die denen eines Pro-

[125] Unter dem Stichwort *Semiotik* ist der in Rede stehende Sachverhalt Gegenstand des Abschnittes 4.3 der vorliegenden Arbeit.

grammierers nicht unähnlich sind. Eine vergleichbare Entwicklung ist bei der Erstellung von für den Druck vorgesehenen Texten zu beobachten, gehen doch in der Folge von computerunterstütztem Schreiben und Desktop Publishing immer mehr Aufgaben etwa aus dem Bereich der Layoutgestaltung auf den Textautor über.

Im Hinblick auf das Vergleichskriterium der Themaentfaltung konstatiert Freisler 1994 insofern signifikante Unterschiede zwischen Text und Hypertext, als in Texten in der Regel eine zentrale und auf Hierarchisierung beruhende Themaprogression erkennbar ist, während Hypertexten eine diskontinuierliche thematische Entfaltung eigen sei (vgl. Freisler 1994, S. 39). Auch sei hier das Phänomen der Digression eher die Regel, wogegen es in Texten verpönt sei. Angesichts der für Hypertexte kennzeichnenden Abweichung von thematischen Schwerpunkten ist zu vermuten, daß eine kontinuierliche thematische Progression in Hypertexten und bezogen auf das World Wide Web vorrangig nur innerhalb der Informationsknoten festzustellen sein wird. Im übrigen wird man sogar, insbesondere im World Wide Web, selbst innerhalb relativ geschlossener Informationsangebote mit einem ausgesprochenen Themenpluralismus zu rechnen haben.

Auch und gerade hinsichtlich der beiden Vergleichsparameter Kohäsion und Kohärenz weichen Text und Hypertext wesentlich voneinander ab. Beide an Texten erprobten Kriterien sind eng miteinander verbunden, wobei die kohäsiven Mittel als formale Elemente, die einen Textzusammenhang herstellen bzw. signalisieren, der Kohärenz im Sinne von Sinnkontinuität in Texten dienen. Somit verknüpfen Kohäsionselemente wie Rekurrenzen und Pro-Formen einzelne Textsegmente zu einer festgelegten Sequenz, welche das lineare Erscheinungsbild von Texten bedingt und eine entsprechende, determinierte Lesereihenfolge nahelegt. Eine derartige Textgestaltung unterstützt die Bildung einer Gesamtkohärenz, welche Texte als eine mehr oder minder komplexe Sinneinheit erscheinen läßt. In Hypertexten dagegen besteht das zentrale kohäsive Mittel in den Hyperlinks, die die Texteinheiten bzw. Knoten nicht-linear miteinander verknüpfen und dem Leser dabei zahlreiche Auswahlangebote zur Verfügung stellen, so daß die eine vom Autor definierte lineare Sequenz der Textteile nicht mehr existiert.

Die Bewegung im Informationsraum Text bzw. Hypertext – in Hypertexten als Navigation bezeichnet – bildet ein weiteres komplexes Vergleichskriterium, das Freisler 1994 zur Sprache bringt, ohne es aber eingehender zu behandeln. Die Navigation ist in erheblichem Maß medienabhängig, was sich auch auf die Rezeption von Text bzw. Hypertext auswirkt. Bezüglich der Bewegung in Texten verweist Freisler 1994 auf die Technik des Vor- und Zurückblätterns sowie auf Orientierungsmittel wie Inhaltsverzeichnisse, Indizes und Paginierung. Für

Hypertexte geht er von allen auch für Texte geltenden Navigationsmitteln aus, die durch Elemente wie grafische Übersichten, Datenbankabfragen und geführte Unterweisungen (*guided tours*) ergänzt werden.

Hierzu sei angemerkt, daß keineswegs alle aus traditionellen Texten bekannten Orientierungs- und Navigationshilfen in Hypertexten einsetzbar sind. Beispielsweise kann die Paginierung in Hypertexten problematisch sein und kommt im WWW z. B. nur dann zum Tragen, wenn ein Ausdruck der angebotenen Informationen erstellt wird. Allenfalls wäre neben der Webseite als dem WWW-spezifischen Synonym für *Hypertextknoten* bzw. *informationelle Einheit* die virtuelle (und relative) Kategorie der Bildschirmseite denkbar. Im übrigen können einige der oben für Texte erwähnten Kohäsionsmittel wie Vor- und Rückverweise oder Pro-Formen durchaus als textuelle Orientierungsmittel betrachtet werden, die nicht 1:1 auf Hypertexte übertragbar sind.

Schließlich unterscheiden sich Text und Hypertext sowohl im Hinblick auf ihre soziale Akzeptanz als auch bezüglich ihres medienhistorischen Status (vgl. Freisler 1994, S. 39), was darin seine Ursache hat, daß das Medium Hypertext, obwohl entstehungsgeschichtlich nicht mehr so neu, erst seit dem Aufkommen und der Ausbreitung des World Wide Web ins Bewußtsein einer breiteren Öffentlichkeit gelangt. Entsprechend konstatiert Freisler 1994 für den Text eine hohe soziale Akzeptanz, verbunden mit seinem Status als etabliertes Kommunikationsmittel. Demgegenüber schreibt er Hypertext „Inkunabelstatus" (Freisler 1994, S. 39) zu, prognostiziert aber eine anwachsende Akzeptanz.

Glaubt man den Hypertextexperten, ist insbesondere das World Wide Web gegenwärtig noch kaum über den genannten Inkunabelstatus hinaus; gleichwohl ist es jenseits aller z. T. nicht unberechtigten Skepsis und Kritik zunächst einmal als ein Medium zu sehen, das kein Nischendasein mehr führt, sondern von einer stetig wachsenden Teilnehmerzahl genutzt wird. Insofern hat sich die Prognose der steigenden Akzeptanz von Hypertext bereits bestätigt. Zudem spiegelt die spezifische Art der Informationspräsentation im World Wide Web einen durchaus globaleren Trend wider, dem sich, wie zu zeigen ist, auch klassische Printmedien nicht entziehen.

4.2 Aspekte der Produktion von Hypertexten

Dem Sachverhalt, daß bei der bisherigen Beschäftigung mit Hypertext aus linguistischer Sicht die Autorenperspektive dominiert, soll im folgenden ergänzend Rechnung getragen werden, indem der Stand der linguistischen Bemühungen um Produktionsaspekte von Hypertexten skizziert sei.

Daß es sich bei der Produktion – wie der Rezeption – von Hypertexten um äußerst komplexe Prozesse handelt, deutete schon Freisler 1994 an. Lutz 1996 macht auf einige Fragestellungen aufmerksam, die für den Aufbau von Hypertexten relevant sind und mit den drei zentralen Kategorien, unter denen Hypertext theoretisch diskutiert wird, in Zusammenhang stehen (vgl. S. 152f). Bei diesen drei Charakteristika handelt es sich zum einen um die beiden elementaren Strukturmittel – die Knoten und Verweise bzw. Links – sowie zum anderen um die aus dem Hypertextprinzip resultierende Nicht-Linearität.

In bezug auf die Knoten stellt sich z. B. die Frage nach ihrer optimalen Größe, die in Abhängigkeit von verschiedenen Parametern, etwa dem Inhalt, der Textsorte[126] und dem Verwendungszweck des Hypertextes, zu bemessen ist. Mit dem Problem der Knotengröße ist auch die Frage des zu wählenden Designkonzeptes für die Bildschirmseiten verbunden: Es ist zu entscheiden, ob ein kartenorientierter Ansatz zugrunde liegen soll oder das Schriftrollenparadigma zu bevorzugen ist. Des weiteren ist zu fragen, wie die von Kuhlen 1991a geforderte kohäsive Geschlossenheit der Knoten sprachlich realisiert werden kann, wie die knoteninterne Strukturierung auszusehen hat und welche Struktur – hierarchische oder netzwerkartige – für den Gesamthypertext angemessen ist (vgl. Lutz 1996, S. 153). Außerdem ist die Frage der Linkgestaltung relevant.

Zusätzliche Brisanz erhalten diese Problemstellungen, wenn die Hypertexterstellung auf der Basis eines gedruckt vorliegenden Textes erfolgen soll. Mit dieser Art der Hypertextproduktion befaßt sich Storrer 1997 in ihrem Beitrag über den am Institut für deutsche Sprache Mannheim erfolgenden Aufbau des grammatischen Informationssystems Grammis aus gedruckten wissenschaftlichen Texten. In Anlehnung an Kuhlen 1991a unterscheidet sie vier Methoden der Überführung von Texten in Hypertext (vgl. Storrer 1997, S. 124):

a) Einfache Konversion,
b) Segmentierung und Relationierung nach formalen Texteigenschaften,
c) Segmentierung und Relationierung nach Kohärenzkriterien,
d) Intertextuelle Konversion.

Als am wenigsten hypertextspezifisch stellt sich die *einfache Konversion* dar, bei der der Ausgangstext unverändert in den Hypertext übernommen wird, wo er einen einzelnen Informationsknoten repräsentiert. Resultat ist eine u. U. umfangreiche Informationseinheit, in die lediglich intrahypertextuelle Links eingefügt werden können, um die Navigation innerhalb des Knotens komfortabler zu gestalten (vgl. Storrer 1997, S. 125). Demgegenüber erfolgt bei der zweiten, als *Segmentierung und Relationierung nach formalen Texteigenschaften* benannten Strategie insofern eine Segmentierung, als formal erkennbare Einheiten des

[126] Todesco 1995 etwa beschreibt seine Erfahrungen bei der Erstellung der Hypertextversion eines Lexikons.

Ausgangstextes wie Kapitel und Unterkapitel einzelne Hypertextknoten bilden und durch Links miteinander verknüpft werden. Bei diesem Konversionstyp wird „die hierarchische Dokumentstruktur des Ausgangstextes lediglich in einem neuen Medium nachgebildet“ (Storrer 1997, S. 125).

Wirklich gerecht wird der Hypertextidee erst die Methode der *Segmentierung und Relationierung nach Kohärenzkriterien*, denn hierbei wird die linear-hierarchische Struktur des gedruckten Basistextes mit Hilfe des Prinzips der Mehrfachverzweigung (n:m-Relationierung) zwischen den Textsegmenten in die hypertextspezifische Netzwerkstruktur umgesetzt (vgl. Storrer 1997, S. 125). Die vierte zu nennende Strategie besteht in der *intertextuellen Konversion*, bei der voneinander unabhängige, aber thematisch verwandte, gedruckte Ausgangstexte in ein Hypertextsystem überführt werden und dort als einzelne, durch Hyperlinks miteinander vernetzte Knoten auftreten (vgl. Storrer 1997, S. 125).

Wägt man diese verschiedenen Konversionsmethoden gegeneinander ab, wird deutlich, daß die Mehrwerte des Hypertextkonzeptes erst dann richtig genutzt werden können, wenn die dritte Strategie verfolgt, der Ausgangstext also nach Kohärenzkriterien segmentiert und relationiert wird. Zugleich bedeutet die Entscheidung für diese Methode aber den höchsten Aufwand an Analyse und Anpassung des Ausgangstextes an die Hypertextgegebenheiten (vgl. Storrer 1997, S. 126): Der Basistext muß nicht nur nach inhaltlichen Kriterien segmentiert werden, sondern die erhaltenen Textsegmente sind auch zusätzlich so zu bearbeiten, daß sie ihrer Funktion als kohäsiv geschlossene, autonome Knoten im Hypertext gerecht werden können (vgl. Storrer 1997, S. 125).

Schon diese ersten Ausführungen zu Aspekten der Produktion von Hypertexten veranschaulichen die Komplexität dieses Prozesses, der sich nicht allein auf das Schreiben beschränkt, wie wir es im Hinblick auf nicht für elektronische Medien konzipierte Texte gelernt haben. Vielmehr hat sich der Produktionsbegriff um einige gestalterische Aspekte erweitert (ganz abgesehen von den erwähnten computerspezifischen Fertigkeiten), so daß der von Wallmannsberger 1995 vorgeschlagene Terminus *Hypertextdesign* dem bezeichneten Sachverhalt durchaus angemessen erscheint (vgl. S. 227).

Einen weiteren produktionsbezogenen Aspekt im Spannungsfeld zwischen Text und Hypertext bearbeitet Rothkegel 1997. Auch wenn es ihr nicht um die Erstellung von Hypertexten im engeren Sinn, sondern vielmehr um „Textproduktion mit Hypertext“[127] geht, soll ihr Beitrag hier Berücksichtigung finden, da im Hinblick auf die Erfassung des Hypertextphänomens mit linguistischen Kriterien von ihm sehr anregende und lohnende Impulse ausgehen. Hintergrund

[127] Titel des Aufsatzes von Rothkegel 1997. Die Perspektive der Texterstellung mit Hilfe von Hypertext prägt ebenfalls den Beitrag von Rothkegel 1998, wobei dort Aspekte der Präsentation und der Repräsentation im Vordergrund stehen.

der Ausführungen von Rothkegel 1997 ist ein Forschungsprojekt, das die Entwicklung eines der Textproduktion dienenden Hypertextsystems zur Aufgabe hat (vgl. S. 191). Hypertext wird also als Werkzeug genutzt, das die Erstellung von Texten – und hier insbesondere die Planungsphase – unterstützen soll (vgl. Rothkegel 1997, S. 191).

In diesem Zusammenhang wertet Rothkegel 1997 die Eigenschaft von Hypertext, aufgrund des Verknüpfungsprinzips und vor allem mit Hilfe der Mehrfachverknüpfung Informationen flexibel kombinierbar anzubieten, als für die Texterstellung besonders geeignet (vgl. S. 193). Entwickelt wird ein linguistisches Modell der Textproduktion, das sich auf das Hypertextprinzip abbilden läßt und auf dem „Konzept der Texthandlung (TH)“ (Rothkegel 1997, S. 192) beruht. Auf diese Weise entsteht ein Modell, dessen hypertextuelle Realisation die Bewältigung unterschiedlicher Aufgaben gestattet, von Textanalysen bis zum planvollen Textschreiben (vgl. Rothkegel 1997, S. 203).

Zunächst aber klärt Rothkegel 1997 sehr aufschlußreich einige relevante Voraussetzungen, die vor allem das Verhältnis Text – Hypertext sowie den Textbegriff betreffen und transparenter machen. Hierbei fällt auf, daß sie im Unterschied zu anderen Autoren Text und Hypertext nicht als auf die Eigenschaften Linearität und Nicht-Linearität reduziertes Gegensatzpaar betrachtet, sondern beiden vielmehr das Merkmal Linearität zuschreibt (vgl. Rothkegel 1997, S. 193).

Dies ist vor dem Hintergrund eines differenzierten Textbegriffs möglich, der zwischen Text als einerseits materiellem, andererseits mentalem Produkt unterscheidet. Entsprechend kann eine statische von einer dynamischen Lesart des Begriffs Text abgegrenzt werden (vgl. Rothkegel 1997, S. 193). Aus statischer Perspektive besteht ein Text im materiellen Verständnis aus einer linear geordneten Abfolge von Wörtern, Sätzen, Absätzen.[128] Auch im Hypertext existiert Linearität im statischen Sinn, etwa im Hinblick auf Kohärenz innerhalb und zwischen Hypertextteilen, wobei Hyperlinks knotenintern wie knotenübergreifend als kohäsive und damit kohärenzstiftende Elemente fungieren, indem sie nicht-beliebige Übergänge zwischen Hypertextteilen realisieren (vgl. Rothkegel 1997, S. 194).

Die dynamische, auf das mentale Produkt bezogene Lesart des Textbegriffs kommt hingegen zum Tragen, wenn ein Printtext entgegen seiner linearen Darstellungsform nicht-linear springend, punktuell, auslassend oder von hinten nach vorne gelesen wird. Ebendiese „Dynamik ist im Hypertext Organisations-

[128] Vgl. Rothkegel 1997, S. 194. Fußnoten als die lineare Darstellungsform von Texten durchbrechende Elemente berücksichtigt Rothkegel 1997 hier nicht. M. E. dominiert aber auch in Texten mit Fußnoten und anderen Nicht-Linearität erzeugenden Mitteln die lineare Organisations- bzw. Präsentationsform.

prinzip“[129], realisiert durch das Prinzip der Mehrfachverknüpfung. Gleichwohl weisen Texte wie Hypertexte gleichermaßen eine Struktur auf bzw. sollten dies tun, da diese aus der Sicht sowohl des Lesers wie des Autors für die Orientierung unentbehrlich ist.[130] Zusammenfassend charakterisiert Rothkegel 1997 Text und Hypertext folgendermaßen:

> „Im Unterschied zum Text, der monolinear aufgebaut ist, d. h. materiell jeweils nur eine Verknüpfungslinie aufweist, haben wir es im Hypertext mit einer multilinearen Textform zu tun, d. h. es gibt vielfache Verknüpfungslinien.“[131]

Dynamik ist somit prägend sowohl für die dynamische wie die statische Lesart des (Hyper-)Textbegriffs. Dynamik (resp. Multilinearität) „gerinnt“ gleichsam zum dominierenden hypertextspezifischen Organisationsprinzip, welches im Text seine Entsprechung in der materiell vorherrschenden monolinearen Darstellungsform hat. Damit sind Text und Hypertext durch eine qualitativ wie quantitativ je unterschiedliche Ausprägung des Merkmals Linearität charakterisiert: Während im Text Monolinearität dominiert, regiert im Hypertext Multilinearität.

Rothkegel 1997 kommt insbesondere das Verdienst zu, zur Charakterisierung von Hypertext anstelle des Adjektivs *nicht-linear* das Attribut *multilinear* eingeführt zu haben und ihm zur Beschreibung textueller Eigenschaften das Adjektiv *monolinear* zur Seite zu stellen. Sie leistet damit eine überzeugende, auf Text wie auf Hypertext bezogene Spezifizierung der Qualität der Linearität, die sich in einer positiv zu bewertenden und unbedingt notwendigen terminologischen Differenzierung niederschlägt. Noch dazu stellen die Attribute *monolinear* und *multilinear* allein deshalb eine Verbesserung des einschlägigen Begriffsapparates dar, weil sich in beiden die Merkmalhaftigkeit des durch sie spezifizierten Gegenstandes manifestiert. Dagegen bringt das in bezug auf Hypertext nahezu durchgängig verwendete, jedoch als unzulänglich zu beurteilende Adjektiv *nicht-linear* lediglich das Fehlen der benannten Eigenschaft zum Ausdruck, indem es hypertextuellen Darstellungsformen die Eigenschaft Linearität generell abspricht.

---

[129] Rothkegel 1997, S. 194. Ebendies dürfte auch Wallmannsberger 1995 im Blick haben, wenn er von einer dynamischen Textualität spricht, die die Rezeption wie auch die Produktion von Hypertexten prägt (vgl. S. 232).

[130] Vgl. Rothkegel 1997, S. 194. Schon Kuhlen 1991a weist auf die Wichtigkeit von Strukturmomenten, insbesondere in Form von Hierarchisierungen, hin (vgl. S. 106). Geradezu unabdingbar erscheinen sie mir für das World Wide Web mit seinem global als unstrukturiert zu beschreibenden Informationsangebot. Um so wichtiger ist die Strukturierung mindestens innerhalb der Websites als hinlänglich abgrenzbaren Hypertexten in einem weltweiten Hypertextverbund.

[131] Rothkegel 1997, S. 194. Die Charakterisierung von Text als *monolinear* hatte vermutlich auch Freisler 1994 im Sinn, als er Texte als *monohierarchisch* klassifizierte.

Abschließend seien zwei Beiträge vorgestellt, die sich dem Themenkomplex des Aufbaus von Hypertexten aus der Perspektive der System- und Softwareentwicklung widmen und dabei Aspekte der medienadäquaten Strukturierung und Repräsentation von Texten in den Mittelpunkt stellen. Unter Schlagwörtern wie *Texttechnologie* und *Hypertext Engineering* wird die Verbindung von Informationstechnologie und Linguistik angestrebt (vgl. Lobin 1999a, S. 1, 3).

Heyer / Wolff 1999 nennen einige wichtige Gestaltungsansätze, die es bei der Entwicklung von Hypermediasystemen zu beachten gilt und die jeweils bestimmte Aspekte der Erstellung von Hypertext- / Hypermediasystemen akzentuieren. Nachfolgend demonstrieren sie den Aufbau eines elektronischen Buches anhand eines konkreten Beispiels. Relevant für die Entwicklung von Hypermediasystemen sind zum einen strukturbezogene Ansätze, bei denen die Knoten und die Verknüpfungen den Ausgangspunkt der Modellierung bilden (vgl. Heyer / Wolff 1999, S. 90). Ferner ist die Softwarearchitektur von Bedeutung, wie sie bereits für das World Wide Web anhand des 3-Ebenen-Modells aus Datenbankebene, abstrakter Hypertextmaschine (HAM) und Präsentationsebene beschrieben wurde.[132]

Unerläßlich sind des weiteren ergonomieorientierte Modellierungsansätze, die die Bedürfnisse des Benutzers berücksichtigen und eine größtmögliche Benutzerfreundlichkeit des Systems zum Ziel haben (vgl. Heyer / Wolff 1999, S. 94). Hinsichtlich linguistischer Strukturierungsansätze verweisen die Autoren nur sehr allgemein auf textlinguistische Methoden, die sie vor allem für den Aufbau von Hypertextsystemen aus Texten für geeignet halten (vgl. Heyer / Wolff 1999, S. 96). Für eine originäre Hypertexterstellung, die nicht auf bereits existente und zu konvertierende Texte zurückgreift, empfehlen sie, ebenso wie Rothkegel 1997, eine sprechakttheoretische Fundierung, verzichten aber auf weiterführende Erläuterungen. Bleiben prozeßbezogene Modelle zu nennen, die die Hypertextentwicklung als einen interdisziplinären Vorgang begreifen, der u. a. die Teilkomplexe Technikdesign, Mediendesign und Interaktionsdesign integriert (vgl. Heyer / Wolff 1999, S. 96f.).

Um die Repräsentation komplexer Textstrukturen in Hypertextsystemen geht es auch Lobin 1999b in seinem Aufsatz über intelligente, der hypermedialen Wissensvermittlung dienende Dokumente. Hier werden ebenfalls zunächst die Beziehungen zwischen Text und Hypertext diskutiert, bevor der Autor verschiedene Verfahren der inhaltlichen Textstrukturierung vorstellt. Mit Blick auf Hypertexte, für die er angesichts ihres Einsatzes zur Wissensvermittlung die Eigenschaft der Kohärenz als besonders wichtige Voraussetzung hervorhebt, gilt seine Aufmerksamkeit vor allem den Hyperlinks und den durch sie ausgedrückten inhaltlichen Beziehungen zwischen Textteilen (vgl. Lobin 1999b, S. 157f.).

[132] S. Abschnitt 3.2 der vorliegenden Arbeit.

Als Werkzeug für die inhaltliche Strukturierung und eine entsprechende Kodierung von Texten bietet sich die Standard Generalized Markup Language (SGML) an. Sie beschreibt einen Text hinsichtlich seiner formalen Struktur, so daß er medienunabhängig für verschiedene Anwendungen und Realisierungen verwendet werden kann.[133] Der Vorteil einer SGML-basierten Auszeichnung struktureller Textaspekte besteht darin, daß sie sich auch auf die inhaltliche Seite übertragen läßt, wo sie mit einer Theorie zu verbinden ist, welche Text als ein netzwerkartiges Gebilde aus Informationseinheiten und Verbindungen zwischen ihnen zu modellieren erlaubt (vgl. Lobin 1999b, S. 160).

Diese Theorie findet Lobin 1999b in der Rhetorical Structure Theory (RST), die eine formale Beschreibung der funktionalen Struktur von Texten ermöglicht.[134] Im Zentrum steht dabei die Funktion einzelner Textteile innerhalb des umgebenden Kontextes, wobei die Funktionsbeschreibung auf der Basis rhetorischer Relationen erfolgt. Entscheidend und für die Anwendung dieses theoretischen Modells auf Hypertexte erforderlich ist außerdem die Bestimmung der Grundeinheit der Informationsstruktur, die in Texten ihre Entsprechung in Propositionen oder Sätzen hat (vgl. Lobin 1999b, S. 162). Lobin 1999b vermerkt hierzu:

> „Die Grundeinheit der hypermedialen Diskursstruktur muß also eine Art *minimales mediales Element* (kleinste potentiell selbständige mediale Einheit) sein, was ein Satz, ein Bild, aber auch ein Textsegment oder nur ein Teil eines Bildes sein kann." (Lobin 1999b, S. 163; Hervorhebung im Original)

Vor dem beschriebenen Hintergrund läßt sich mit Hilfe der Rhetorical Structure Theory in Verbindung mit der SGML-basierten Textkodierung eine inhaltliche Strukturierung von Informationen erreichen, wie sie die Hypertexttheorie z. B. in Gestalt der typisierten Links vorsieht. Dem Hypertextautor ermöglicht diese Linkart, für verschiedene, zwischen zwei Informationseinheiten bestehende inhaltliche Beziehungen je einen Linktyp zu definieren. Für den Nutzer ist die Art der inhaltlichen Beziehung zwischen den verbundenen Einheiten an jedem typisierten Link direkt ablesbar, wodurch die inhaltliche Dokumentstrukturierung für ihn ansichtig und nachvollziehbar wird.

Eine derartige „inhaltsorientierte Informationsverarbeitung" (S. 176) erachtet Lobin 1999b vor allem für das World Wide Web mit seiner unüberschaubaren Menge verschiedenartigster Informationen für unbedingt erforderlich, stünde sie doch im Dienst einer fortschreitenden Anpassung der Informationsvermittlung an die Bedürfnisse der Nutzer. Dem ist ausdrücklich zuzustimmen; abzuwarten

---

133 Dieses Prinzip liegt auch den HTML-kodierten Dokumenten im World Wide Web zugrunde. HTML ist ein SGML-Derivat und ermöglicht eine plattformunabhängige Nutzung von so ausgezeichneten Dokumenten.

134 Lobin 1999b erläutert die Rhetorical Structure Theory auf den Seiten 160 - 163. Als Einführung sei z. B. auf Rösner / Stede 1993 verwiesen.

bleibt hingegen, ob die technische Realisierbarkeit für ein weltweites Informationsnetz wie das WWW zu gewährleisten ist. Ein wenngleich kleiner Schritt in diese Richtung ist z. B. in der expliziten einheitlichen Kennzeichnung extrahypertextueller Links zu sehen, mit deren Aktivierung sich der Nutzer auf die Webseiten eines anderen Informationsanbieters begibt. Durch derartige Links erhält der Nutzer zwar weniger inhaltliche, sondern vielmehr Strukturinformationen, doch sind diese, wie in Abschnitt 3.4.2 gezeigt, in ihrer Relevanz für eine effektive Navigation nicht zu unterschätzen.

4.3 Semiotische Aspekte von Hypertext / Hypermedia

Wie die bisherigen Ausführungen gezeigt haben, dreht sich die linguistische Debatte um das Phänomen Hypertext im Kern immer wieder um das Verhältnis Text – Hypertext. Zugleich wird mindestens implizit immer die Frage nach dem Textbegriff gestellt, mitunter auch explizit formuliert – aber nur selten beantwortet. Jenseits der Diskussion um eine gegebenenfalls erforderliche Um- oder Neudefinition von *Text* gewinnt in diesem Zusammenhang ein Aspekt an Bedeutung, der den Zeichencharakter kommunikativer Gebilde betont und das Medium Text wie insgesamt die in den neuen elektronischen Medien anzutreffenden Informations- und Kommunikationsformen aus dem Blickwinkel der Semiotik akzentuiert.

„Semiotische Aspekte multimedialer Texte“[135] nimmt Schröder 1993 in den Blick, wobei er zunächst eine nähere Bestimmung dessen vornimmt, was das Wesen multimedialer Texte ausmacht, bevor er eine umfassende Kategorisierung der verbalen und nonverbalen Vertextungselemente multimedialer Texte ausarbeitet. Grundlage seiner theoretischen Ausführungen ist eine corpusbasierte Analyse schriftlicher deutscher und finnischer Texte in Form von firmen- und produktvorstellenden Prospekten, die im Rahmen eines Forschungsprojektes zur deutsch-finnischen Wirtschaftskommunikation erfolgte (vgl. Schröder 1993, S. 189).

Parallelen zu den durch die elektronischen Medien und insbesondere durch Hypertext und Hypermedia gebotenen neuen Möglichkeiten der Textgestaltung werden gleichwohl gesehen und explizit in die Überlegungen einbezogen, so daß eine Berücksichtigung dieses Beitrages im Kontext von Hypertext und Linguistik durchaus gerechtfertigt ist. Denn Schröder 1993 prognostiziert bereits zu einem Zeitpunkt, als das weltweite Informationssystem World Wide Web erst

[135] Titel des Aufsatzes.

wenigen zugänglich war[136], die zukünftig weiter anwachsende Bedeutung der neuen Kommunikationstechnologien, „die schließlich unsere Vorstellungen von der Text*produktion*, *-distribution* und *-rezeption*, ja sogar darüber, was ein Text ist, grundlegend verändern werden“ (Schröder 1993, S. 191; Hervorhebungen im Original).

Einstweilen aber entwickelt Schröder 1993 seine Theorie multimedialer Texte am Beispiel der erwähnten unternehmens- und produktvorstellenden Texte, die er als semiotisch komplex charakterisiert (vgl. S. 191). In derartigen Texten tragen verbale und nonverbale Zeichen ihre je spezifische Leistung zur Herstellung von Textbedeutung bei, wobei sie einander ergänzen und in der Bedeutung des Gesamttextes aufgehen (vgl. Schröder 1993, S. 195). Mit einer fundierten linguistischen Analyse allein sind diese Texte nicht zu erfassen, sondern müssen auch im Hinblick auf das Zusammenwirken von verbalen und nonverbalen Mitteln der Vertextung untersucht werden (vgl. Schröder 1993, S. 191). Dies kann uneingeschränkt auf Hypertexte übertragen werden und gilt besonders für multimediale Dokumente im World Wide Web.

Auf derartig semiotisch komplexe Textvorkommen scheint der in der Textlinguistik entwickelte, herkömmliche Textbegriff nicht anwendbar (vgl. Schröder 1993, S. 197) – jedenfalls nicht, wenn man Text als „eine begrenzte Folge von sprachlichen Zeichen, die in sich kohärent ist und die als Ganzes eine erkennbare kommunikative Funktion signalisiert“ (Brinker 1997, S. 17), auffaßt. Hinsichtlich des hier in Rede stehenden Aspektes der Multimedialität ist insbesondere die der Definition zu entnehmende Beschränkung auf sprachliche Zeichen nicht haltbar[137], so daß Schröder 1993 folgende Erweiterung des Textbegriffs empfiehlt:

> „[...] so sollte auch der Begriff ‚Text‘ nicht länger nur für die eigentlichen verbalen Teile einer kommunikativen Äußerung reserviert bleiben. Vielmehr sollte der Begriff Text [...] für die Gesamtheit aller kommunikativen Äußerungen stehen, die in einer kommunikativen Situation untereinander kohärent sind, ein untrennbares Ganzes bilden und im komplexen Zusammenspiel eine kommunikative Funktion signalisieren.“ (Schröder 1993, S. 198)

Auf dieser Grundlage und ausgehend von der Prämisse, daß die neuen Informations- und Kommunikationstechnologien die Entwicklung gerade von nonverbalen Vertextungselementen intensiv befördern werden, entwirft Schröder 1993 eine umfassende Systematik der in multimedialen Texten Verwendung

---

136 Zu Beginn des Jahres 1993 existierten weltweit gerade 50 WWW-Server mit öffentlichem Zugang; Anfang 1994 war ihre Zahl bereits auf 800 angewachsen (vgl. zu diesen Angaben Divišek 1996, S. 17).

137 Zusätzlich bleibt für Hypertexte mindestens nach dem Merkmal der Kohärenz zu fragen sowie danach, ob sie als Ganzes e i n e kommunikative Funktion erkennen lassen.

findenden verbalen und nonverbalen Zeichen. Deren Basis bildet eine Unterscheidung von drei großen Zeichengruppen, die als visuelle Zeichen, Vehikel-Zeichen und auditive Zeichen benannt sind. Einen Eindruck von der Komplexität der Schröderschen Taxonomie vermittelt die Übersicht auf den folgenden drei Seiten, die die von Schröder 1993 angesetzten Haupt- und Subkategorien mitsamt ihren grundlegenden Charakteristika verzeichnet und Beispiele für die verschiedenen Zeichentypen anführt.[138]

Bei aller durch das Schema dokumentierten multimedialen Zeichenvielfalt semiotisch komplexer Texte bleibt festzuhalten, daß Sprachzeichen (im Sinn der Schröderschen Schriftzeichen), obgleich ihr Anteil in der Übersicht vergleichsweise gering erscheint, die dominierenden und konstitutiven Elemente der Texterstellung und -rezeption bleiben (vgl. Schröder 1993, S. 209). Dabei sind die verschiedenen Zeichentypen im konkreten Text ohnehin immer in ihrem komplexen Zusammenwirken zu sehen und nur zu Analysezwecken zu isolieren. Des weiteren gebühre, so Schröder 1993, aus dem Kanon der multimedialen Zeichenträger neben der Sprache denjenigen Zeichen besondere Aufmerksamkeit, die komplexe Text-Bild-Beziehungen konstituieren und zunehmend in das Blickfeld der Linguistik rücken (vgl. Schröder 1993, S. 209). Insbesondere mit Blick auf Hypermediasysteme wie das WWW ist eine Berücksichtigung dieser Text-Bild-Relationen nahezu unausweichlich.

Mit ebensolchen Text-Bild-Beziehungen befassen sich z. B. Handler 1995, Schmitz 1995, Schmitz 1997, Hess-Lüttich 1997 und Hautzinger 1999, wobei alle die elektronischen Medien – vom Computer über Hypertext bis hin zum Datenhighway – im Blick haben. Handler 1995, der sich den neuen Medien und Text-Bild-Aspekten aus der Perspektive der Stilistik nähert, sieht darin, daß immer mehr Information in Form von Bildern und sonstigen grafischen Elementen übermittelt wird, die „augenscheinlichsten Komplexitätssteigerungen in der Kommunikation“ (S. 135). Dieser Umstand erfordere den Ausbau eines entsprechenden Begriffsapparates, welcher aufgrund der zunehmenden Einbindung von Bildelementen in den Text auch den Textbegriff betreffe. Denn auch Bildern können in mancher Hinsicht textuelle Eigenschaften zugesprochen werden (vgl. Handler 1995, S. 135).

---

[138] Zur Ausarbeitung der Taxonomie multimedialer Zeichen vgl. insbesondere Schröder 1993, S. 202 - 210. Die an der Schemanotation orientierte Übersicht wurde anhand der dortigen Ausführungen erstellt.

Zeichenträger multimedialer Texte (nach Schröder 1993)

VISUELLE ZEICHEN *(Sichtzeichen)* - durch Lichtstrahlen übermittelte optisch wahrnehmbare Zeichen - bestehen aus einer Einheit von Farbe, Licht und Form	**graphische Zeichen** - Form- und Größezeichen, die aus geometrischen Elementen wie Punkten, Linien, Flächen, Körpern sowie Relationen zwischen ihnen bestehen	**Schreibzeichen (Schriftzeichen)**	**graphemische Zeichen** - elementare Schreibzeichen, die ein System, eine Schrift bilden	**Schriftgrundzeichen** (Buchstaben, Ziffern, Leerstellen) **Schriftsonderzeichen** (Satzzeichen, Wortteilzeichen, Wiederholungszeichen, Majuskel, Minuskel)
			perigraphemische Zeichen - treten nicht selbst als graphemische Zeichen auf, sondern begleiten diese	**typographische Zeichen** (Fettdruck, Unterstreichung, Kursivierung etc.) **topographische Zeichen** (optische Organisation des Textes, Layout, Absatzstruktur etc.)
		sonstige graphische Zeichen - Form- und Größezeichen, die nicht zu einem streng kodierten Zeichensystem (wie der Schrift) gehören - bewegt und unbewegt	**ikonische Zeichen** - nahe Realitätsbezogenheit (z. B. Foto, Zeichnung, Skizze) **schematische Zeichen** - hinweisende Zeichen (z. B. math. Kurven, statistische Grafiken)	

Fortsetzung

			symbolische Zeichen - arbiträr und konventionalisiert; fast immer mit eigener „materieller" Bedeutung (z. B. Logos, Piktogramme)
	perigraphische Zeichen - begleiten graphische Zeichen und konstituieren im Wechselspiel mit ihnen Bedeutung - können auch an sich symbolische Bedeutung haben	**Lichtzeichen** (z. B. Wasserzeichen, durch den Computer erzeugte Animationen) **Farbzeichen**	
VEHIKEL-ZEICHEN *(Nahsinn-Zeichen)* durch die physische Beschaffenheit des Zeichenträgers übermittelte und durch verschiedene Sinnesorgane wahrnehmbare Zeichen	**Zeichen der Gestalt** - Form und Größezeichen, die durch den Sehsinn wahrgenommen werden - ganzheitliche Struktur, Gesamterscheinung des Zeichens (z. B. Format, Größe, Faltweise von Prospekten)		
	mediale Zeichen[139] - beziehen sich auf die Art der Zeichenübertragung und die stoffliche Beschaffenheit des Zeichenträgers, wobei auch das Medium selbst eine semiotische Funktion haben kann		**mediale Zeichen in geschriebenen Texten** - Material auf dem geschrieben wird (z. B. Tafel, Bildschirmtext, Papier) - Material mit dem geschrieben wird (z. B. Tinte)

[139] Bezüglich der elektronisch realisierten Hypertext- bzw. Hypermediasysteme wäre hierunter z. B. die Zeichenübermittlung via Computerbildschirm zu subsumieren – wobei die Frage nach der „stofflichen Beschaffenheit des Zeichenträgers" einige Schwierigkeiten verursacht bzw. angesichts des virtuellen Zeichencharakters als stofflich merkmallos zu beschreiben wäre.

Fortsetzung

	taktile Zeichen - werden durch den Tastsinn realisiert (z. B. Merkmale der Qualität des Papiers, der Fotoreproduktion etc., die sich erfühlen lassen) **olfaktorische Zeichen** - werden durch den Geruchssinn realisiert (z. B. Werbeanzeigen mit Duftwirkung) **gustatorische Zeichen** - betreffen den Geschmackssinn - sind nur selten in der schriftlichen Kommunikation beteiligt
AUDITIVE ZEICHEN *(Hörzeichen)* - durch Schallwellen übermittelte akustisch wahrnehmbare Zeichen - im Zusammenhang mit multimedialen Texten so gut wie unerforscht	**verbale Zeichen** (z. B. Rede) **tonale Zeichen** (z. B. Musik) **sonstige akustische Geräusche** **Mischformen** (z. B. Rede und Musik)

Des weiteren empfiehlt Handler 1995, den zur Bezeichnung für die Verbindung von Schrift- und Bildzeichen entwickelten Terminus *Text-Bild-Schere* angesichts der in den neuen Medien anzutreffenden multimedialen Datenvielfalt zu einer *Multimedia-Spanne* auszudehnen (vgl. S. 139) – im Sinne der notwendigen Erweiterung der Begrifflichkeiten eine berechtigte und dem bezeichneten Sachverhalt angemessene Maßnahme. Für Hypertexte gilt:

> „Die sprachlich vermittelte Bedeutung setzt sich im Hypertext nicht mehr nur aus nach Regeln der Textgrammatik verketteten Zeichen zusammen, sondern aus der Integration semiotisch mehrfach codierter multimedialer Zeichenaggregate." (Hess-Lüttich 1997, S. 136f.)

Dementsprechend plädiert Hess-Lüttich 1997 für einen semiotischen Textbegriff, der insbesondere mit Blick auf Hypertexte einem linguistischen vorzuziehen sei (vgl. S. 132). Sehr kritisch beurteilt hingegen Schmitz 1995 die gegenwärtige Entwicklung, konstatiert er doch eine in den und durch die neuen Medien stattfindende Rollenverschiebung im Verhältnis zwischen Text bzw. Sprache und Bildern hin zum Bild (vgl. S. 20). Man könne durchaus von der „Bildersprache der Telekommunikation" (Schmitz 1995, S. 38) sprechen, in der das Sprachelement immer mehr an Bedeutung verliere (vgl. Schmitz 1995, S. 36).

In der Tat scheint also die Präferenz eines weiter gefaßten, semiotischen Textbegriffs angeraten, zumal Schmitz 1997 eine wachsende Tendenz zur Aufhebung der Grenzen zwischen ursprünglich eher isolierten Zeichensystemen konstatiert (vgl. S. 132). Mit unverhohlener Skepsis setzt er sich mit den Konsequenzen auseinander, die sich aus der Nutzung der digitalen Medien für die Textgestaltung und insbesondere hinsichtlich des in Texten gemeinhin dominierenden Zeichensystems Schrift ergeben. Schriftlichkeit nämlich trete immer mehr in den Hintergrund bzw. gehe in semiotisch komplexen kommunikativen Gebilden auf und büße damit an Selbständigkeit ein (vgl. Schmitz 1997, S. 132). Intensiv gefördert werde diese Entwicklung durch den Computer und seine Wesenszüge einer „semiotischen Universalmaschine" (Schmitz 1997, S. 132).

Was die kommunikative Leistung der Text-Bild-Gefüge in den neuen Kommunikations- und Informationsmedien betrifft, schätzt Schmitz 1997 ihren Beitrag zur Sinnkonstitution diametral entgegengesetzt zu den Annahmen ein, die Schröder 1993 für multimediale Texte formulierte und denen zufolge sich verbale und nonverbale Elemente bei der Konstitution von Bedeutung gegenseitig ergänzen. Nach Schmitz 1997 stehen Text und Bild hingegen als zwei alternativ zu rezipierende Zeichen, die eine identische Bezeichnungsfunktion erfüllen, nebeneinander (vgl. S. 139). Somit tragen Bilder häufig offensichtlich nicht dazu bei, textuell übermittelte Information zu ergänzen, geschweige denn zu explizieren. Vielmehr scheinen beide Zeichenarten zunehmend ineinander aufzugehen: Bilder weisen, wie Handler 1995 ausführt, offenbar textuelle Eigenschaften auf und umgekehrt nähert sich auch die Schrift dem Bild an. Bildstrukturen beginnen nach Schmitz 1997 ohnehin die Wahrnehmung zu dominieren, wobei Texte nur noch „in begleitender, dienender oder bildähnlicher Rolle" (S. 144) auftreten.

M. E. wäre noch zu zeigen, ob diese Entwicklung und insbesondere der Stellenwert von Text / Sprache / Schrift in den neuen Medien tatsächlich so negativ zu beurteilen ist. Zu konstatieren ist aber fraglos eine anwachsende semiotische Komplexität der übermittelten Zeichengebilde. Diese kann im übrigen als eine von drei grundlegenden Tendenzen der Sprachveränderung gewertet werden, die sich zwar nicht allein auf die digitalen Medien beschränkt, durch sie jedoch ohne Zweifel eine Verstärkung erfährt.[139]

Bild- und Grafikelemente in Hypertexten berücksichtigt auch Hautzinger 1999, wobei sie deren wachsenden Stellenwert – allerdings in erster Linie mit Blick auf literarische Texte – anders als Schmitz 1997 positiv beurteilt (vgl. Hautzinger 1999, S. 62f.). Die Leistung von Bildern und Grafiken sieht sie zum einen durchaus in der Verdeutlichung textueller Information; nichtsdestoweniger können Bildzeichen zum anderen ebenso als eigenständige kommunikative Elemente neben Text fungieren (vgl. Hautzinger 1999, S. 62).

Angesichts der offensichtlich recht unterschiedlichen Einschätzung der kommunikativen Funktion von Text-Bild-Komplexen und des jeweiligen Stellenwertes von Text- und Bildinformation scheinen – mindestens mit Blick auf die elektronischen Medien – umfassende Untersuchungen auf empirischer Grundlage vonnöten. Eine entscheidende Rolle spielt dabei die Art des Informationsangebots, so daß hier durchaus Kriterien ins Blickfeld geraten, die in der Textlinguistik zur Beschreibung von Textsorten entwickelt wurden. Für die Webangebote von Unternehmen beispielsweise sind eher klassische Text-Bild-Verhältnisse im Sinne einer Dominanz sprachlich vermittelter Informationen zu erwarten, wobei diese Hypothese auf der Annahme beruht, daß zahlreiche Informationsangebote im World Wide Web ohnehin noch in den schriftlichen Traditionen der Printmedien verhaftet sind.[140]

---

139 Vgl. hierzu Schmitz 1997, S. 147; ebenso Schmitz 1998, S. 233.

140 Diese Auffassung teile ich mit Storrer 1999a, vgl. S. 60.

4.4 Hypertext und Kriterien der Textualität

Einen der bislang umfassendsten Versuche, in der Textlinguistik entwickelte Beschreibungsansätze auf das Phänomen Hypertext zu übertragen, unternimmt Hammwöhner 1997.[141] Er nähert sich seinem Gegenstand aus der Sicht der kommunikationsorientierten Textlinguistik, die die kommunikative Funktion von Texten in den Vordergrund stellt (vgl. Hammwöhner 1997, S. 37). Über die kommunikative Funktion hinaus lassen sich textuelle Eigenschaften anhand von sieben Textualitätskriterien[142] bestimmen: Kohäsion, Kohärenz, Intentionalität, Akzeptabilität, Informativität, Situationalität und Intertextualität. Die beiden erstgenannten Kriterien der Kohäsion und Kohärenz gelten als *textzentrierte* Eigenschaften, wogegen die übrigen eher *verwenderzentrierte* Merkmale darstellen (vgl. de Beaugrande / Dressler 1981, S. 8). Diese sieben Kriterien der Textualität und ihre Abbildung auf Hypertext konstituieren die Basis, auf der Hammwöhner 1997 mögliche Ansatzpunkte für eine zu entwickelnde, komplexe Hypertexttheorie skizziert.[143]

Bevor sich Hammwöhner 1997 den Textualitätskriterien im einzelnen zuwendet, weist er auf zwei Problemkomplexe hin, die m. E. jede textlinguistische Herangehensweise an das Phänomen Hypertext prägen. Zum einen ist zu klären, ob

141 Neben der Textlinguistik bemüht Hammwöhner 1997 u. a. die Literaturwissenschaft, indem er z. B. das Konzept des Paratextes erörtert und auf Hypertext anwendet. Es dominiert aber die textlinguistische Perspektive.

142 Ausführlich beschrieben finden sich diese Kriterien in de Beaugrande / Dressler 1981, deren „Einführung in die Textlinguistik" Hammwöhner 1997 als Grundlage für seine Ausführungen dient. De Beaugrande / Dressler 1981 vertreten die Ansicht, daß ein als kommunikativ zu beurteilender Text alle sieben Textualitätskriterien ausnahmslos erfüllen muß. Ist auch nur eines der Kriterien nicht realisiert, ist der Text nicht kommunikativ und gilt damit nicht als Text (vgl. de Beaugrande / Dressler 1981, S. 3). Diese recht rigide Auffassung ist in dieser Absolutheit sicher nicht (mehr) haltbar und dürfte auf Hypertexte noch weniger zutreffen als auf Texte. Vgl. hierzu etwa die differenziertere Ansicht Roelckes 1999, der zwar primär Fachtexte im Blick hat, nichtfachliche Texte jedoch mitberücksichtigt: „Diese Textualitätsmerkmale [die sieben Kriterien von de Beaugrande / Dressler 1981; Anm. D. S.] sind jedoch im Unterschied zu früheren textlinguistischen Annahmen nicht als textbildend zu erachten, da nicht jede sprachliche Einheit, die als Text aufzufassen ist, auch all diese Merkmale gleichermaßen oder gar überhaupt zeigt. Nichtsdestoweniger erscheinen die genannten Merkmale insofern als textbestimmend, als sie wichtige Gesichtspunkte umreißen, unter denen fachliche wie auch nichtfachliche Texte betrachtet werden können" (S. 87).

143 Die theoretischen Erörterungen von Hammwöhner 1997 können insofern als empirisch fundiert charakterisiert werden, als ihnen zwar keine Corpusempirie zugrunde liegt, sie aber auf Erfahrungen im Bereich der Entwicklung von Hypertextsystemen beruhen. Entsprechend werden im zweiten Teil der Arbeit Entwurf und Anwendungsbeispiele des im Fachbereich Informationswissenschaft der Universität Konstanz entwickelten Konstanzer Hypertextsystems (KHS) vorgestellt.

und wenn ja, inwieweit sich die Kriterien der Textualität mit einem semiotischen Textbegriff vereinbaren lassen (vgl. Hammwöhner 1997, S. 38). Hammwöhner 1997 selbst äußert sich diesbezüglich widersprüchlich. Zunächst geht er davon aus, daß mit Ausnahme der Kohäsion alle Textualitätskriterien nicht nur für Text, sondern z. B. auch für bildliche Darstellungen gelten (vgl. Hammwöhner 1997, S. 38). Hieraus ist zu folgern, daß sie gleichermaßen auf die im World Wide Web anzutreffenden semiotisch komplexen Kommunikate anwendbar sind. Kohäsion aber können, so Hammwöhner 1997, nur Sprachzeichen herstellen (vgl. S. 38).

Dies gilt zweifellos, solange man unter Kohäsionsmitteln mit de Beaugrande / Dressler 1981 formale grammatische bzw. syntaktische Elemente versteht, die der Organisation des Textzusammenhangs dienen (vgl. S. 50). Wenig später allerdings spricht Hammwöhner 1997 auch Text-Bild-Komplexen in Hypertexten explizit eine „kohäsive und orientierende Funktion" (S. 42) zu. Gerade diese Widersprüchlichkeit in der zwischen Textualität und Semiotik pendelnden Diskussion zeigt zweierlei: Zum einen wird die Unabdingbarkeit eines semiotischen Textbegriffs um so offensichtlicher, zum anderen macht sich einmal mehr die Unerläßlichkeit corpusbasierter Untersuchungen konkreten Beispielmaterials bemerkbar.

Eine zweite, ebenfalls komplexe Fragestellung, deren Entscheidung m. E. von besonderer Wichtigkeit ist, besteht in der Bestimmung der im Hinblick auf die Textualitätskriterien zu beschreibenden Bezugseinheiten (vgl. Hammwöhner 1997, S. 38). Denn einige der Kriterien wie Kohäsion und Kohärenz sind beispielsweise schon auf der Ebene des Gesamthypertextes nachweisbar, während z. B. die Ermittlung der Intention des Autors gerade bei umfangreichen Hypertexten schwierig sein kann und u. U. nur für kleinere Einheiten, etwa inhaltlich abgrenzbare Teilnetze, durchführbar ist (vgl. Hammwöhner 1997, S. 38). Die Ebene der Einzelknoten zieht Hammwöhner 1997 nicht als Bezugsgröße in Betracht, was allein angesichts der vielzitierten Forderung nach kohäsiver Geschlossenheit der informationellen Einheiten verwundert.

Außerdem stuft er die Anwendung derjenigen Kriterien auf Hypertext als problematisch ein, die sich auf den Rezipienten beziehen. Als Beispiel benennt er das Kriterium der Akzeptabilität und gibt zu bedenken, daß leserseitige Akzeptanz eines Hypertextes immer nur im Hinblick auf die vom Leser verfolgten, aktuellen und individuellen Lektüresequenzen entstehen kann (vgl. Hammwöhner 1997, S. 39). Dies stellt den Analysierenden in der Tat insofern vor besondere Probleme, als die individuellen Lektürepfade in der Regel flüchtig und daher schwer nachverfolgbar sind. Andererseits ist es aber technisch durchaus realisierbar, die von Hypertextnutzern verfolgten Lesepfade dauerhaft zu speichern[144], so daß die Analyse eines rezipientenbezogenen Kriteriums wie der Akzeptabilität dann kaum problematischer sein dürfte als bei Printtexten.

Obgleich sich augenscheinlich nicht alle Textualitätskriterien gleichermaßen auf identische Bezugseinheiten anwenden lassen, bleibt in umgekehrter Blickrichtung doch festzuhalten, daß eine empirische, die Textualitätskriterien betreffende Untersuchung konkreter Hypertextvorkommen mindestens zwei Bezugsgrößen in den Blick zu nehmen hat: zum einen den Gesamthypertext, zum anderen seine einzelnen Informationseinheiten resp. Knoten. Zusätzlich sind, soweit vorhanden, innerhalb des Gesamthypertextes abgrenzbare Teilnetze ebenso in Betracht zu ziehen wie die besagten, vom Leser aktuell verfolgten Lektürepfade.

4.4.1 Kohäsion

Im Hinblick auf ihre je konstitutiven Bestandteile unterscheiden sich Texte und Hypertexte am augenfälligsten durch das hypertextspezifische Strukturmittel der Hyperlinks.[145] Die Links stellen Verbindungen innerhalb sowie zwischen informationellen Einheiten her und führen so zu der für Hypertext charakteristischen Multilinearität. Dieser auf den ersten Blick rein formale Unterschied zwischen textueller und hypertextueller Informationsdarbietung stellt sich bei näherer Betrachtung als hypertextspezifische Realisationsform der textspezifischen Eigenschaft Kohäsion heraus: Während im Text der formale Zusammenhang zwischen textuellen Segmenten äußerlich durch die lineare Präsentation signalisiert und implizit durch grammatische und syntaktische kohäsive Mittel unterstützt wird, ist für Hypertexte der explizite, ausschließlich elektronisch realisierte und direkt verfolgbare Verweis charakteristisch.

Somit explizieren die Links im Hypertext kohäsive Strukturen[146], die im textuellen Äquivalent implizit bleiben.[147] In Übereinstimmung hiermit betrachtet Hammwöhner 1993 die Hyperlinks als ein „neues kohäsionsförderndes Sprachelement“ (S. 25). M. E. wirken die Hyperlinks nicht nur kohäsions*fördernd*, sondern können mit Recht als vollgültige *kohäsive Mittel* bzw. *Kohäsionsmittel* bezeichnet werden.

---

144 Vgl. hierzu Abschnitt 3.4.2.2 der vorliegenden Arbeit, S. 63.

145 Hier schließe ich mich Hautzinger 1999 an (vgl. S. 68).

146 Daß die durch die Links hergestellten Relationen auch eine semantische Dimension haben, soll hier vorerst vernachlässigt werden. Das damit in Zusammenhang stehende Merkmal der Kohärenz wird im nachfolgenden Abschnitt behandelt.

147 Vgl. hierzu auch Hammwöhner 1990, der eine durch die Links realisierte „Explikation von Strukturen […], die schon in linearen Texten implizit enthalten sind“ (S. 46) konstatiert.

Freilich stellen die Links nicht die einzige Realisationsform kohäsiver Mittel im Hypertext dar. Vielmehr kann zwischen mikro- und makrostruktureller Kohäsion und entsprechenden Strukturmitteln unterschieden werden (vgl. Hammwöhner 1997, S. 42). Eine spezifische Ausprägung erreichen mikro- und makrostrukturelle Kohäsion in Hypertexten mit umfangreichen Knoteninhalten, wie sie auch für das World Wide Web typisch sind. Hier bilden knoteninterne Kohäsionsphänomene die Ebene der mikrostrukturellen Kohäsion und können in zwei Ausprägungen, einer textuellen und einer hypertextuellen, auftreten: Zum einen wird Kohäsion durch die für Texte konstitutiven kohäsiven Elemente erzeugt, zum anderen können, gerade bei umfangreichen informationellen Einheiten, intrahypertextuelle Links, deren Anfangs- und Endpunkt innerhalb desselben Knotens liegen, als Kohäsionsmittel eingesetzt werden. Makrostrukturell resp. knotenübergreifend fungieren interhypertextuelle Links als kohäsive Bindeglieder zwischen Knoten (vgl. Hammwöhner 1997, S. 42).

Ein weiteres Indiz für textuelle Qualitäten von Hypertexten kann darin gesehen werden, daß sich das in der Prager Schule entwickelte Konzept der funktionalen Satz- bzw. Textperspektive auf Hypertext übertragen läßt (vgl. Hammwöhner 1997, S. 43). Festmachen läßt sich dieses Beschreibungsmodell gleichfalls an den Hyperlinks, indem die durch sie realisierten inhaltlichen Beziehungen als Thema-Rhema-Strukturen beschrieben werden. Dabei benennt der in Textform gestaltete Ausgangspunkt eines Verweises (Linkanker) das Thema, zu dem am Linkziel weitere Angaben vorhanden sind, die das Rhema bilden (vgl. Hammwöhner 1997, S. 43). Eine besondere Qualität dürften die Thema-Rhema-Strukturen erreichen, wenn grafische Elemente den Anfangs- und / oder Zielpunkt von Verweisen bilden.

Insgesamt ist für Hypertexte, so Hammwöhner 1997, eine geringere Kohäsion als in Texten zu konstatieren, was durch erhöhte Rekurrenz, also häufigere direkte Wiederholung sprachlicher Elemente, kompensiert werde (vgl. S. 43). Abgesehen von dem Sachverhalt, daß Rekurrenz ausdrücklich zu den in Texten begegnenden Kohäsionsmitteln zu zählen ist[148], bleibt diese Feststellung an konkretem Beispielmaterial empirisch zu überprüfen. Überdies ist insbesondere für die Kohäsions- und auch die Kohärenzproblematik der Sachverhalt von Bedeutung, daß der gesamte Hypertext für den Nutzer nicht in gleicher Weise überschaubar ist wie der Text im Regelfall für seinen Leser.[149] Dadurch, daß die Aktivierung eines zwei Knoten kohäsiv verbindenden Hyperlinks meist dazu führt, daß für den Nutzer nur noch die Zielinformation, nicht mehr aber der Ausgangspunkt des Hypertextsprungs ansichtig ist, kann es zu Kohäsions- und

[148] Vgl. z. B. Vater 1994, S. 35, sowie Linke / Nussbaumer / Portmann 1994, S. 215.

[149] Dieses Problem wird in der Literatur unter dem Stichwort der informationellen Kurzsichtigkeit diskutiert (vgl. z. B. Kuhlen 1991a, S. 125, und Bucher 1998, S. 95).

Kohärenzverlusten kommen. Im Text ist diese Gefahr nicht in dem Maße gegeben, da der Leser die je relevanten, kohäsiv verknüpften Textsegmente in der Regel überblicken kann bzw. Zugriff auf sie hat, ohne Gefahr zu laufen, sich in virtuellen Weiten zu verlieren.

4.4.2 Das Postulat der Kohärenz

Daß es sich bei der Kohärenz um eine, wenn nicht d i e zentrale und dominierende Eigenschaft von Texten handelt[150], zeigt sich einmal mehr an dem Umstand, daß keines der übrigen Textualitätskriterien im Zusammenhang mit Hypertext so intensiv und zugleich so kontrovers diskutiert wird. Die Diskussion entzündet sich insbesondere an so grundlegenden Fragen wie der, ob Hypertexte überhaupt über das Merkmal Kohärenz verfügen (können). Müßte man diese Frage tatsächlich rundweg verneinen, wäre dem kommunikativen Potential von Hypertexten schnell das Aus beschieden, woran sich die weitere Frage knüpfte, worum, wenn nicht um kommunikative Gebilde, es sich bei Hypertexten eigentlich handelt.

Für Texte benennen de Beaugrande / Dressler 1981 Sinnkontinuität als eine wesentliche Voraussetzung bzw. als die Grundlage der Textkohärenz (vgl. S. 88). Diese Sinnkontinuität kann m. E. aber nicht als die Voraussetzung, sondern vielmehr als adäquates Synonym für *Kohärenz* im Sinne des inhaltlich stimmigen Zusammenwirkens von Textteilen zu einem sinnvollen Ganzen verstanden werden. Ein Großteil der mit dem Kohärenzbegriff verbundenen Problematik besteht darin, daß es sich bei diesem Kriterium zwar – ebenso wie bei der mit der Kohärenz eng zusammenhängenden Kohäsion – um ein textbezogenes Merkmal handelt, es jedoch wesentlich vom Rezipienten, seinem Vorwissen und seinen kognitiven Leistungen abhängt, ob er einen Text als kohärent wahrnimmt.[151]

Was Hypertexte betrifft, ist die Mehrheit der Autoren geneigt, hypertextuellen Darstellungen auf unterschiedlichen Betrachtungsebenen und in verschiedenen Ausprägungen Kohärenz zuzugestehen. Nur wenige sind so skeptisch wie etwa Hess-Lüttich 1997, der Hypertexten zumindest den Charakter einer „semanti-

---

[150] Beispielsweise hat die Kohärenz als das einzige der sieben von de Beaugrande / Dressler 1981 angesetzten Textualitätskriterien expliziten Eingang in die Textdefinition Brinkers 1997 gefunden (vgl. Brinker 1997, S. 17, oder in der vorliegenden Arbeit Abschnitt 4.3, S. 92).

[151] De Beaugrande / Dressler 1981 charakterisieren Kohärenz als das „Ergebnis der Bedeutungsaktualisierung, die den Zweck der ‚Sinn-Erzeugung' verfolgt" (S. 117). Ähnlich Storrer 1999a: „Kohärenz ist nicht eine Eigenschaft, die einem Text an sich zukommt, sondern ein Sinnzusammenhang, der in einen Kommunikationsprozess eingebunden ist" (S. 42).

schen Funktionseinheit" (S. 141) abspricht – und dies um so mehr, je größer die Anzahl der vorhandenen Verknüpfungen ist. Dies kommt der Konstatierung von genereller Inkohärenz von Hypertexten gleich, ist doch das inhaltliche Relationen explizierende Verknüpfungsverfahren das Wesensmerkmal des Hypertextprinzips schlechthin. Diametral entgegengesetzt sieht Sager 1995 in der Verknüpfungsmethode das zentrale Instrument zur Herstellung der funktionalen Einheit in bzw. von Hypertexten und damit zur Schaffung von Kohärenz.[152]

Die eigentliche Problematik ist hier m. E. mit dem Einheitsbegriff verbunden, denn in der Tat kann die Vorstellung von (Text-)Einheit in bezug auf Hypertexte aus zahlreichen atomisierten Informationsknoten schwerfallen.[153] Insofern wäre hinsichtlich des Merkmals Einheit möglicherweise auch der Textbegriff, so er Hypertextvorkommen mit erfassen soll, zu überdenken und ggf. zu revidieren – wobei mir eine Differenzierung zwischen äußerer formal erkennbarer und innerer inhaltlicher Einheit unabdingbar erscheint. Denn – und hierin stimme ich mit Sager 1995 überein – fehlende (äußere) Einheit muß keineswegs damit gleichbedeutend sein, daß zwischen den einzelnen Knoten grundsätzlich keine Kohärenz bestehen bzw. hergestellt werden kann.

Im World Wide Web sind die Anforderungen an den Rezipienten hinsichtlich der Herstellung von Kohärenz mitunter sehr hoch, die aufgewandte Mühe aber oftmals vergebens. Dies ist u. a. darauf zurückzuführen, daß auf seiten der Verfasser von Webangeboten z. T. wenig Erfahrungen als Hypertextautoren bestehen, was sich nachteilig u. a. auf die Bereitstellung von Kohärenzbildungshilfen für den Rezipienten auswirkt. Am deutlichsten äußert sich in diesem Zusammenhang wohl Schmitz 1996, indem er ausdrücklich auf das World Wide Web Bezug nimmt und als eine von drei Eigenarten der Sprache im WWW die Inkohärenz typischer Webseiten konstatiert.[154] Damit schließt er gleichwohl nicht

---

[152] Vgl. hierzu Sager 1995, S. 213. Für ihn ist die Eigenschaft der Kohärenz integraler Bestandteil der Hypertextdefinition: „Ein Hypertext ist ein kohärenter, nichtlinearer, multimedialer, computerrealisierter, daher interaktiv rezipier- und manipulierbarer Symbolkomplex über einem jederzeit veränderbaren Netz von Verknüpfungen zwischen seinen diversen Subkomplexen" (S. 214).

[153] Hierzu merkt Nickl 1996 an: „Der Hypertext bildet zwar noch eine Einheit, jedoch wird diese nicht mehr linear erfaßt" (S. 391).

[154] Vgl. Schmitz 1996. Der Aufsatz liegt nur in elektronischer Version vor und ist im World Wide Web zu finden unter http://www.linse.uni-essen.de/papers/sprache_internet.htm (Stand vom 09.03.1998). Ähnlich argumentiert auch Schmitz 1997, wobei er Inkohärenz hier am Beispiel der Ansicht eines Computerbildschirms demonstriert, auf dem in zahlreichen, einander überschneidenden Fenstern verschiedene Softwareanwendungen, darunter u. a. ein geöffneter WWW-Browser sowie ein Rechenprogramm und zugehörige Pull-Down-Menüs, zu sehen sind (vgl. S.133). Kohärenz gelte, so Schmitz 1997, weder für den abgebildeten Bildschirm als Ganzes, noch für seine einzelnen Bestandteile (vgl. S. 137). Dazu ist zweierlei anzumerken: Zum einen handelt es sich hier um eine konstruierte

aus, daß derartige semiotisch komplexe multimediale Zeichengebilde dennoch kohärent sein können (vgl. Schmitz 1997, S. 140).

Die eigentliche Frage ist also offensichtlich weniger die nach dem grundsätzlichen Vorhandensein oder Fehlen von Kohärenz, sondern betrifft vielmehr die qualitative Ausprägung dieses Textualitätskriteriums. Diese Vermutung legt ferner eine Feststellung von Schmitz 1997 nahe: „Multimedia-Zeichen weisen jedenfalls nicht die Kohärenz auf, die wir von schriftlichen Texten gewohnt sind“ (S. 140). Damit ist immerhin das Problem näher bestimmt, eine Lösung liegt indes fern. Diesen Eindruck vermitteln jedenfalls die als sehr heterogen zu beschreibenden Erwägungen verschiedener Autoren zum Thema Hypertextkohärenz. Die Ursache dieser Inhomogenität liegt wohl zum einen im Wesen der Kohärenz selbst begründet, ist zum anderen aber auch darauf zurückzuführen, daß die Autoren ihren Überlegungen unterschiedliche Ausgangspunkte und Schwerpunktsetzungen zugrunde legen.

Unabhängig vom gewählten Modell erscheint mir zunächst eine Systematisierung zentral, die schon für Texte vorgenommen wurde und im Fall von Hypertext die bereits erwähnte Frage der im Hinblick auf die Textualitätskriterien zu beschreibenden, adäquaten Bezugsgrößen betrifft. Gemeint ist die Unterscheidung zwischen lokaler und globaler Kohärenz[155], deren Übertragung auf Hypertexte, wie zu zeigen ist, ebensowenig ohne Widersprüchlichkeiten abgeht wie die Diskussion um die Hypertextkohärenz insgesamt.

Eine übereinstimmende Differenzierung nehmen aber immerhin Haake / Hannemann / Thüring 1991, Gerdes 1997 sowie Bucher 1998 und 1999 vor. Ihnen zufolge betrifft die lokale Kohärenz die zwischen zwei Knoten bestehende inhaltliche Relation, während globale Kohärenz im Hinblick auf den den Hypertext als Ganzen prägenden thematischen Zusammenhang besteht.[156] Der Umstand, daß auch innerhalb der Knoten Kohärenzrelationen zu erwarten sind, wird nicht berücksichtigt. Widersprüchlich in bezug auf die lokale Kohärenz äußert sich

Bildschirmansicht, die in der Praxis eher selten sein dürfte, da mit ihr kaum sinnvoll zu arbeiten ist. Zum anderen ist Kohärenz gar nicht das Ziel eines derartigen Bildschirms und kann es auch nur schwerlich sein. Vielmehr fungiert er schlicht als Arbeitsbildschirm, der die durch die Fenstertechnik eröffnete Möglichkeit nutzt, verschiedene Anwendungsprogramme parallel und flexibel nutzen zu können. Die Ermöglichung einer auf Sinnkontinuität zielenden Rezeption ist nicht die Aufgabe eines derartigen Arbeitsbildschirms.

155 Die explizite Differenzierung zwischen lokaler und globaler Hypertextkohärenz nehmen Haake / Hannemann / Thüring 1991, Gerdes 1997, Storrer 1999a sowie Bucher 1998 und Bucher 1999 vor; in Ansätzen findet sie sich bei Hammwöhner 1993 und Huber 1998.

156 Vgl. hierzu Haake / Hannemann / Thüring 1991, S. 122, Gerdes 1997, S. 66, sowie Bucher 1998, S. 97, und Bucher 1999, S. 21.

Storrer 1999a; sie hält sie einerseits nur innerhalb der Knoten für möglich (vgl. S. 43), schreibt sie andererseits aber ebenso den zwischen Knoten bestehenden Beziehungen zu (vgl. S. 44).

Hier erscheint eine terminologische Differenzierung hilfreich. Außerdem ist die Ebene der knoteninternen Kohärenz m. E. unbedingt in die Überlegungen einzubeziehen – wenngleich hier primär mit den in monolinear organisierten Texten geltenden Kohärenzausprägungen zu rechnen ist. Gleichwohl leistet die knoteninterne Kohärenz gleichermaßen ihren Beitrag zur globalen Hypertextkohärenz, zumal sie als eine spezifische Ausprägung lokaler Kohärenz gesehen werden kann. Im übrigen wäre zu fragen, wie der Forderung nach kohäsiver Geschlossenheit der Knoten ohne gleichzeitiges Bestehen von Kohärenz nachzukommen sei.[157]

Allerdings erscheint es mir ratsam, die drei in bezug auf Kohärenzmerkmale zu beschreibenden Bezugseinheiten auch terminologisch zu unterscheiden. Entsprechend sei zur Beschreibung der innerhalb der Knoten vorhandenen Kohärenzphänomene die Bezeichnung *knoteninterne Kohärenz* vorgeschlagen, während *lokale Kohärenz* den knotenübergreifenden Kohärenzrelationen vorbehalten sei und sich *globale Kohärenz* auf den den Hypertext als Ganzen kennzeichnenden thematischen Gesamtzusammenhang beziehe.

Auf eine weitere für die Erfassung von hypertextuellen Kohärenzmerkmalen relevante Systematisierung macht Storrer 1999a aufmerksam: In Analogie zu der grundlegenden Differenzierung zwischen sprachsystematischer und kommunikationsorientierter Textlinguistik kann eine produktbezogene von einer prozeßbezogenen Sichtweise auf Hypertext und seine Kohärenz unterschieden werden (vgl. Storrer 1999a, S. 40). Erstere betrachtet Text bzw. Hypertext als statisches Gebilde, in dem das Merkmal Kohärenz materiell fixiert und an spezifischen Strukturmitteln, den Kohäsionsmitteln, ablesbar ist (vgl. Storrer 1999a, S. 40). Diese produktbezogene Form der Kohärenz gilt, so Storrer 1999a, nur in linearen Texten (vgl. 43) – eine Auffassung, die ich nicht teilen kann. Erinnert sei hier nur an die Hyperlinks – jene hypertextspezifischen Strukturmittel, die explizit kohäsiv wirken und damit der Herstellung kohärenter Zusammenhänge dienen.[158] M. E. ist eine – zumindest partielle – produktbezogene Perspektive

[157] Vgl. hierzu auch Rothkegel 1998, derzufolge die hypertextspezifische Vernetzung eine Segmentierung von Informationen in informationelle Einheiten voraussetzt, „die in sich kohärent und als solche thematisch abgeschlossen sind“ (S. 82). Auch Huber 1998 gelangt zu der Feststellung, daß die Knoten neben kohäsiver auch kohärente Geschlossenheit aufweisen müssen (vgl. S. 86).

[158] Vgl. hierzu etwa Hammwöhner 1993, für den die Hyperlinks die „partielle Verlagerung von Kohärenzphänomenen in die Syntax des Hypertextes“ (S. 25) verkörpern. Diese Verlagerung besteht darin, daß „Kohärenzrelationen, die in konventionellen Texten nur implizit vorhanden sind, in Hypertexten explizit als Links notiert werden“ (S. 25).

auf Hypertext nicht nur möglich, sondern vielmehr unerläßlich und sollte die prozeßbezogene Sichtweise sinnvoll ergänzen.

Die prozeßbezogene Perspektive differenziert zwischen Produktions- und Rezeptionsprozeß (vgl. Storrer 1999a, S. 41). Analog gilt Kohärenz in dieser Sichtweise nicht nur als Textmerkmal – womit auch die prozeßbezogene Perspektive in der Tat nicht ohne die Berücksichtigung produktbezogener Merkmale auskommt –, sondern wird als ein mit der Produktion bzw. Rezeption einhergehender Vorgang beschrieben, an dessen Ende ein „durch Handeln, Wissen, Erfahrungen und Erwartungen der Kommunikationsbeteiligten gestifteter Zusammenhang" (Storrer 1999a, S. 41) steht.

Des weiteren kann in Abhängigkeit vom Produktions- bzw. Rezeptionsprozeß zwischen Kohärenzplanung und Kohärenzbildung unterschieden werden, wobei die Kohärenzplanung eine autorseitige Handlung darstellt, während die Kohärenzbildung beim Rezipienten erfolgt (vgl. Storrer 1999a, S. 41). Diese beiden Vorgänge stehen im Zentrum der Ausführungen von Storrer 1999a, woraus folgt, daß hier die prozeßbezogene Perspektive auf Hypertext und seine Kohärenzphänomene leitend ist. Erst diese Perspektive ermöglicht außerdem, das Phänomen der globalen bzw. Gesamtkohärenz von Hypertexten genauer in den Blick zu nehmen. Denn produktbezogen erscheint es problematisch, von der Gesamtkohärenz von Hypertexten zu sprechen.[159]

Überhaupt gewährleistet erst die prozeßbezogene Sicht auf die Hypertextkohärenz ihre adäquate Erfassung, da es im wesentlichen dem Rezipienten zufällt, nicht nur globale, sondern auch lokale Kohärenz herzustellen.[160] Gerade bei der leserseitigen Kohärenzbildung lassen sich lokale und globale Kohärenz ohnehin kaum trennen, sondern bedingen sich vielmehr wechselseitig (vgl. Storrer 1999a, S. 42). Schwerlich scheint hingegen die Auffassung haltbar, lokale und globale Kohärenz könnten angesichts der kohärenzbildenden Rolle des Rezipienten nicht vom Autor geplant werden (vgl. Storrer 1999a, S. 44). Ungeachtet dessen, daß der Autor in der Tat nicht bis ins letzte steuern kann, inwieweit ein Leser einen Text als kohärent wahrnimmt, ist andererseits die Kohärenzbildung auf Rezipientenseite ohne eine autorseitige Planung kaum möglich. Zudem

159 Diese Beobachtung macht schon Kuhlen 1991a, S. 36. Ihm schließen sich Gerdes 1997 (vgl. S. 67) und Storrer 1999a (vgl. S. 43) an. Auch nach Hammwöhner 1993 kann nur bedingt von einer globalen Hypertextkohärenz die Rede sein (vgl. S. 25).

160 Vgl. hierzu z. B. Schmitz 1997, der den Prozeß der Kohärenzherstellung als vom Rezipienten zu bewältigende Aufgabe betrachtet, ohne allerdings explizit zwischen lokaler und globaler Kohärenz zu unterscheiden (vgl. S. 146). Ähnlich Weingarten 1997 (vgl. S. 217). Schmitz 1998 spricht in diesem Zusammenhang von „prozeßorientierter Kohärenz" (S. 233).

basiert jede vom Nutzer aus dem Gesamthypertext aktuell isolierte Sequenz besuchter Knoten ohnehin auf Verknüpfungen, die der Autor zuvor definiert hat.[161]

Der Unterschied in der Kohärenzbildung zwischen Text und Hypertext ist darin zu sehen, daß der Hypertextnutzer die Art der zwischen den verknüpften Segmenten bestehenden Beziehung selbständig erschließen muß. Insofern sind die Anforderungen an die Leistung des Rezipienten bei der Kohärenzbildung in Hypertexten höher als in Texten, in denen der Autor mit Hilfe zahlreicher Kohärenzindikatoren, die etwa kausale o. ä. Zusammenhänge anzeigen, größeren Einfluß auf die leserseitige Kohärenzbildung nehmen kann.

Erschwert wird die Situation im Hypertext zusätzlich dadurch, daß der Nutzer beständig mit einer Vielzahl an Verknüpfungsangeboten konfrontiert wird und immer wieder Entscheidungen bezüglich des aktuell zu verfolgenden Verweises treffen muß. Diese Grundidee des Hypertextkonzeptes bildet auch den Hauptgrund dafür, daß der Prozeß der Kohärenzentstehung mit Rothkegel 1998 als multilinear charakterisiert werden kann (vgl. S. 81). Somit besteht die spezifische Eigenart von Hypertext – gewöhnlich allgemein als Nicht-Linearität bezeichnet – genauer in der multilinearen Realisierung von Kohärenzrelationen.

Am explizitesten kommen diese multilinearen Kohärenzbeziehungen in den hypertextspezifischen Links zum Ausdruck, doch sind dies nicht die einzigen Mittel, die die Herstellung von Kohärenz unterstützen. Vielmehr können drei Gruppen kohärenzstiftender Faktoren ausgemacht werden: Zu unterscheiden sind verbalsprachlich-kohäsive und nicht-verbale Mittel sowie als dritte Komponente die kognitiven Leistungen des Rezipienten.[162] Die verbalsprachlich-kohäsiven Mittel wirken, sofern es sich um die an monolinearen Texten orientierten Kohäsionsmittel handelt, in Hypertexten in erster Linie knotenintern. Zu berücksichtigen sind weiterhin diejenigen Hyperlinks, deren Anfangs- und Endpunkte in Textform realisiert sind und die sowohl knotenintern wie knotenübergreifend realisiert sein können. Sie sind durchaus als eine hypertextspezifische Ausprägung verbalsprachlich-kohäsiver Mittel zu sehen.

Mit der Erwähnung der nicht-verbalen Mittel sind Aspekte berührt, die wiederum die semiotische Komplexität von Hypertext- bzw. Hypermediadokumenten betreffen. In diesem Zusammenhang plädiert insbesondere Bucher 1998 und 1999 für die Etablierung einer Kohärenztheorie, die neben den herkömmlichen verbalsprachlichen Elementen das Spektrum der nonverbalen Mittel ausdrück-

161 Entsprechendes konstatiert auch Baasner 1999: „Zwar legen die Nutzer ihre eigenen, individualisierten Pfade während ihrer idiosynkratischen Lektüre an, doch tragen letztlich die Autoren weitgehend die Verantwortung für das Gelingen der Sinnkonstitution“ (S. 20).

162 Vgl. zu dieser Einteilung Weingarten 1997, S. 235.

lich einbezieht.[163] Zu nennen sind hier etwa Bilder und Grafiken, die u. a. im Hinblick auf ihren Informationsgehalt und ihre Beziehung zu textuellen Informationen zu untersuchen sind. Besonderes Augenmerk sollte insbesondere dann auf ihr kohärenzstiftendes Potential gerichtet werden, wenn sie als Ausgangs- und / oder Endpunkt von Verweisen fungieren. Der festgestellten wachsenden Bedeutung von Bildinformation in den durch die neuen Medien vermittelten Kommunikaten ist durch eine adäquate Analyse ihres Beitrags zur Herstellung von Kohärenz unbedingt Rechnung zu tragen.

Was die konkrete Kohärenzanalyse textueller Informationen in Hypertexten betrifft, wendet Hammwöhner 1997 eine der Sprechakttheorie entstammende Unterscheidung von drei Untersuchungsebenen bzw. Kohärenzausprägungen auf Hypertext an (vgl. S. 43 - 51). Das vorgeschlagene Modell basiert auf zwei der drei grundlegenden Teilakte, aus denen sich ein Sprechakt zusammensetzt: Gemeint sind der aus dem referentiellen und dem prädikativen Akt bestehende propositionale Akt sowie der illokutionäre Akt. Entsprechend kann zwischen referentieller, prädikativer und illokutionärer Kohärenz differenziert werden.

Referentielle Kohärenz in Texten besteht nach Hammwöhner 1997 dann, „wenn ein Text sich auf eine einschränkbare, klar identifizierbare Menge von Referenten bezieht“ (S. 44). Dies gelte prinzipiell auch für Hypertexte. Hier ist die referentielle Kohärenz so zu realisieren, daß das für die Informationseinheiten geforderte Prinzip der kohäsiven Geschlossenheit nicht verletzt wird. Die Grundlage der prädikativen Kohärenz bilden die zwischen den Äußerungen eines Textes bestehenden inhaltlichen Zusammenhänge (vgl. Hammwöhner 1997, S. 44). Ein signifikanter, mindestens formaler Unterschied zwischen Text und Hypertext ist hier darin zu sehen, daß in Hypertexten das Strukturmittel des Hyperlinks eingesetzt wird, um diese Zusammenhänge explizit zu machen. Nach Hammwöhner 1997 besteht aber keine grundsätzliche Verschiedenheit der prädikativen Kohärenz von Texten und Hypertexten (vgl. S. 48).

Nicht uneingeschränkt auf Hypertext anwendbar erscheint allein das Konzept der illokutionären Kohärenz, wobei die Schaffung einer durchgängigen und einheitlichen Illokution vor allem dadurch verhindert werde, daß Hypertexte oft nicht nur von einem, sondern von mehreren Autoren erstellt werden (vgl. Hammwöhner 1997, S. 49f.). Gerade weil die Verfolgung einer einheitlichen Illokution insbesondere bei „Autorenpluralismus“ problematisch sein kann, sollte der illokutionären Kohärenz bei der Erstellung von Hypertexten m. E. besondere Aufmerksamkeit gewidmet werden.

---

163 Vgl. Bucher 1998, S. 70, und Bucher 1999, S. 31. Auch van Berkel / de Jong 1999 weisen explizit darauf hin, daß Kohärenz im Hypertext nicht nur textuell, sondern auch – und zuweilen sogar ausschließlich – visuell realisiert wird (vgl. S. 30).

Angesichts der hier nur skizzierten Ausführungen Hammwöhners 1997 zu den drei beschriebenen Arten der Kohärenz erscheinen mir einmal mehr fundierte empirische Analysen vonnöten, um den eher spekulativen Charakter der Erwägungen dem Stadium gesicherter Erkenntnis zumindest näherzubringen. Die Erläuterungen dieses Abschnittes sollten mindestens in Ansätzen die Bedeutung, aber auch die Problematik der Ermittlung und Beschreibung hypertextspezifischer Kohärenzphänomene deutlich gemacht haben. Nachfolgend seien weitere Textualitätsmerkmale hinsichtlich ihrer Übertragbarkeit auf Hypertexte erörtert.

4.4.3 Intertextualität

Neben der Kohäsion und der Kohärenz gehört das Konzept der Intertextualität[164] zu den in bezug auf Hypertext am intensivsten diskutierten Textualitätskriterien. Dies ist vor allem darauf zurückzuführen, daß Hypertext mit seinen elektronischen Verweisen zwischen Textteilen hierfür insofern einen offenkundigen Ansatzpunkt bietet, als die Hyperlinks als ein für die Herstellung intertextueller Bezüge nachgerade prädestiniertes Instrument erscheinen. Entsprechend könnte in der Realisierung von Intertextualität geradezu „das zentrale Kennzeichen von Hypertext" (Hess-Lüttich 1997, S. 131) gesehen werden.

Nach de Beaugrande / Dressler 1981 bezeichnet der Intertextualitätsbegriff „die Abhängigkeiten zwischen Produktion bzw. Rezeption eines gegebenen Textes und dem Wissen der Kommunikationsteilnehmer über andere Texte" (S. 188). Diese Umschreibung impliziert mindestes zwei Aspekte, unter denen Intertextualität betrachtet werden kann und von denen sich einer auf das Verhältnis zwischen dem konkreten Text und bereits existierenden Texten bezieht und der andere die Relation Text – Produzent / Rezipient betrifft. Eine analoge Differenzierung nimmt Sager 1997 vor, indem er Intertextualität zum einen als textimmanente Qualität faßt, die sich in spezifischen Merkmalen wie Zitaten oder Textanspielungen manifestiert (vgl. S. 111). Zum anderen bezieht sich der Intertextualitätsbegriff auf die den Rezeptionsprozeß prägende Wechselbeziehung zwischen Text und Rezipient und ist in dieser Sichtweise nicht als ein dem Text an sich eignendes Charakteristikum zu sehen (vgl. Sager 1997, S. 111).

Bisher stand bei der Behandlung von Hypertext unter dem Intertextualitätsaspekt die erstgenannte Sichtweise im Vordergrund, welche Intertextualität im Sinne der zwischen Texten potentiell bestehenden Beziehungen als konkretes Textmerkmal betrachtet und sich auf die im (Hyper-)Text vorfindlichen Inter-

[164] Die Intertextualität stellt ein in der Literaturtheorie vieldiskutiertes und sehr facettenreiches Konzept dar, auf das an dieser Stelle nicht ausführlicher eingegangen werden kann. Einen Überblick bieten z. B. Broich / Pfister 1985. Eine umfassende Intertextualitätstheorie entwirft Genette 1993.

textualitätssignale konzentriert. Vergleichsweise differenziert geht hier Hammwöhner 1997 vor, indem er sich an dem von Genette 1993[165] entwickelten Konzept der Transtextualität[166] orientiert. Von den fünf möglichen Transtextualitätsformen erachtet Hammwöhner 1997 neben der Paratextualität[167] insbesondere die Kategorien der Intertextualität und der Architextualität für Hypertexte als wesentlich. Geradezu charakteristisch für Hypertexte sei die Intertextualität im Sinne der „Kopräsenz zweier oder mehrerer Texte" (Hammwöhner 1997, S. 58), deren wohl bekannteste Form ein direktes Zitat darstellt. Als derartige direkte Zitate betrachtet Hammwöhner 1997 die hypertextkonstitutiven Links und gelangt zu der Schlußfolgerung:

> „Ein Hypertext besteht praktisch aus Zitaten. Jeder Verweis auf einen Hypertextknoten, jede Einbeziehung eines von einem anderen Autor erstellten Knotens in einen Pfad ist als eine Analogie zum direkten Zitat aufzufassen." (Hammwöhner 1997, S. 59)

Diese Sichtweise erscheint fragwürdig und ist mindestens zu differenzieren, wenngleich Hammwöhner 1997 darin zuzustimmen ist, daß jeder Verweis auf einen Knoten oder Textteil fremder Urheberschaft Analogien zum direkten Zitat aufweist. Kaum läßt sich aber wohl generell sagen, Hypertexte konstituierten sich weitgehend aus Zitaten.

Abgesehen davon, daß im Einzelfall jeder Verweisausgangs- und -endpunkt im Hinblick auf die Autorschaft zu überprüfen wäre, ist hier vielmehr wiederum die Frage der adäquaten, hinsichtlich der Intertextualität zu beschreibenden Bezugseinheit entscheidend, wobei auch die bereits beschriebene, zwischen intra-, inter- und extrahypertextuellen Links unterscheidende Verweistypologie relevant wird. Denn Zitatcharakter – will man einen solchen annehmen – haben vor allen anderen die extrahypertextuellen Links, die auf Knoten oder Textsegmente verweisen, welche einem anderen Hypertext zugehören.

Innerhalb eines Hypertextes ist aber nicht allein die Instanz des Autors maßgeblich für die Entscheidung, ob ein Verweis als direktes Zitat fungiert: Betrachtet

---

165 Deutsche Übersetzung der 1982 in Paris erschienenen französischen Originalschrift „Palimpsestes: La littérature au second degré".

166 Transtextualität kann sich in folgenden fünf Ausprägungen äußern (vgl. Genette 1993, S. 10 - 18): (1) Intertextualität in Form von „Kopräsenz zweier oder mehrerer Texte" (Genette 1993, S. 10); (2) Paratextualität als das Verhältnis zwischen dem Text und paratextuellen Elementen wie Titel, Vorwort, Widmung, Motto u. ä.; (3) Metatextualität als Verhältnis zwischen einem Text und einem ihn betreffenden Kommentar; (4) Hypertextualität als die Beziehungen zwischen zwei Texten, von denen der eine aus dem anderen transformationell ableitbar ist; (5) Architextualität als das Verhältnis eines Textes zu einer Textgattung.

167 Zur Paratextualität von Hypertexten vgl. Hammwöhner 1997, S. 26 - 30.

man zwei auf denselben Urheber zurückgehende Knoten eines Hypertextes als zwei eigenständige Texte, kann dem sie verbindenden interhypertextuellen Verweis durchaus Zitatcharakter zugeschrieben werden.[168] Ein analoger Fall läge vor, enthielte ein Knoten zwei oder gar mehrere als eigenständige Texte einzustufende textuelle Einheiten, welche durch intrahypertextuelle Links verknüpft wären.

Verfolgt man diesen Gedanken weiter, gelangt man zu einer Vorstellung von Hypertext als einem Konglomerat von intertextuell miteinander verbundenen Einzeltexten, denen Hess-Lüttich 1997 mit Recht den Charakter einer semantischen Funktionseinheit abspräche. In der Tat wäre dann die durch die Hyperlinks realisierte Herstellung von Intertextualität als das zentrale Merkmal von Hypertexten anzusehen und mit Hammwöhner 1997 könnte man die Auffassung vertreten, Hypertexte bestünden aus Zitaten. Ähnlich argumentiert Schmitz 1997, wenn er Hypertexte als „bis zur Selbstaufgabe" (S. 145) von Intertextualität durchdrungen charakterisiert. Es scheint, als stehe hier eine Unterminierung des Textbegriffs zu befürchten, heraufbeschworen von einem Textualitätskriterium selbst und initiiert durch seine Radikalisierung.

Vor allem aber werden hier Fragen der Textgrenzen und der Abgrenzung textueller Einheiten berührt, die für Hypertexte von besonderer Brisanz sind. Für Dokumente aus dem World Wide Web ist als ein mögliches Modell denkbar, das unter einer Domäne, z. B. http://www.volkswagen.de, abgelegte Material unter primär formalen Gesichtspunkten als Gesamthypertext zu fassen, der sich aus zahlreichen Teiltexten in Gestalt der Knoten zusammensetzt. Unter dieser Prämisse sind die intra- und interhypertextuellen Links weniger als Mittel zur Realisierung von Zitaten, sondern vielmehr als potentiell kohärenzstiftende Elemente zu sehen. Ungeachtet dessen, daß näherer Aufschluß über die hier angesprochenen Fragen nur von entsprechenden empirischen Untersuchungen zu erwarten ist, zeigt sich mit zunehmender Deutlichkeit, daß es sich bei den Hyperlinks um nachgerade multifunktionale Elemente handelt, die mindestens kohäsive und damit kohärenzstiftende Aufgaben übernehmen sowie intertextuelle Bezüge realisieren können.

Außerdem erfährt die Herstellung intertextueller Beziehungen mit dem Prinzip der hypertextspezifischen computerbasierten Vernetzung von Informationen insofern eine gänzlich neue Qualität, als Intertextualität zu jedem beliebigen Text und zudem in weltweiter Dimension erzeugt werden und gleichsam „per Knopfdruck am Bildschirm" (Sager 1997, S. 121) aktuell hergestellt werden kann. Hierzu bietet das World Wide Web zumindest theoretisch die Möglichkeit, da in ihm intertextuell relevante Texte nicht nur vorgehalten, sondern auch miteinander vernetzt werden könnten – eine Idee, die die Hypertextpioniere,

[168] Auf diese Sichtweise macht auch Huber 1998 aufmerksam (vgl. S. 78).

namentlich Ted Nelson, schon Mitte der 1960er Jahre umtrieb. Wenngleich diese Vision bislang noch nicht realisiert ist und dies in absehbarer Zeit wohl kaum gelingen wird[169], kann mit Blick auf den Zusammenhang Hypertext / WWW – Intertextualität doch festgehalten werden: „Potentielle Intertextualität wird so gleichsam zu einer virtuellen Intertextualität [...]“ (Sager 1997, S. 121).

Und ein weiterer Faktor ist in Betracht zu ziehen, den Hess-Lüttich 1997 unter dem Stichwort der Intermedialität in die Intertextualitätsdiskussion einbringt (vgl. S. 131): Ähnlich wie die Vorstellung von Text in Richtung semiotisch komplex kodierter Kommunikate aus verschiedenartigen Zeichenträgern zu erweitern ist, gilt Entsprechendes angesichts der im WWW vernetzten multimedialen Dokumente desgleichen für die Intertextualität. Sie muß, um den Gegebenheiten nicht mehr monomedial textueller, sondern multimedialer Kommunikation Rechnung tragen zu können, zu einem Intermedialitätskonzept ausgebaut werden (vgl. Hess-Lüttich 1997, S. 131).

Neben der beschriebenen Form der Intertextualität im engeren Sinn macht Hammwöhner 1997, wie oben angemerkt, mit der Architextualität auf eine weitere, für Hypertexte relevante Ausprägung der Intertextualität bzw. Transtextualität aufmerksam, die die Beziehung eines Textes zu einer Textgattung betrifft. Diese im Vergleich zu direkten Zitaten eher implizite Form der Intertextualität betrifft die Rolle eines (Hyper-)Textes als Vertreter einer bestimmten Textsorte bzw. eines Texttyps. Von Bedeutung sind hier Konventionen, die sich einzeltextübergreifend für Texttypen ausgebildet haben und die in die Produktion wie die Rezeption eines konkreten Einzeltextes einfließen.

Hammwöhner 1993 merkt hierzu an, daß sich derartige Textmuster für Hypertexte bisher nicht herausgebildet haben (vgl. S. 26). Mit Blick auf die im World Wide Web veröffentlichten Dokumente hat diese Aussage ihre Gültigkeit bislang noch nicht verloren.[170] Hammwöhner 1997 skizziert mögliche Beschreibungsansätze, wobei er zunächst von einer grundlegenden Texttypologie ausgeht, die zwischen deskriptiven, narrativen und argumentativen Texten unterscheidet sowie eine Differenzierung in literarische, wissenschaftliche und didaktische Texte vornimmt (vgl. S. 59f.). Daß sich diese Texttypen auch hypertextuell realisieren lassen, erscheint einleuchtend, zumal Hammwöhner 1997 zutreffend bemerkt, daß „die Ziele des Erklärens, Erzählens oder Argumentierens [...] nicht oder zumindest nicht vollständig durch einen Wechsel der medialen Aufbereitung verändert [werden]“ (S. 60).

---

[169] Nielsen 1996 stellt selbst die mittelfristige Realisierung eines globalen Hypertextsystems, das den Gesamtbestand an weltweit verfügbarer Literatur bereithält, in Frage (vgl. S. 339).

[170] Dieser Ansicht ist z. B. auch Bickel 1998 (vgl. S. 217).

Dieser elementaren Typisierung stellt Hammwöhner 1997 eine weitere, differenziertere Kategorisierung zur Seite, die nicht nur auf Hypertext übertragbar, sondern zudem insofern von besonderer Bedeutung ist, als sie Textteile in bezug auf ihre chronologische Fixierung innerhalb einer festgelegten Lesereihenfolge definiert. Die Grundeinheit dieser Typologie bilden sogenannte Texteme, die Hammwöhner 1997 als „geschlossene Textsegmente mit homogener Funktion" (S. 61) beschreibt. Sie kongruieren mit den Hypertextknoten (vgl. Hammwöhner 1997, S. 61).

Unterschieden werden vier Texttypen[171], von denen *freier Text* als einziger in bezug auf die Leseabfolge nicht festgelegt ist. Demgegenüber ist für *fixierte Texteme* die Rezeptionsreihenfolge eindeutig vorgegeben und erlaubt keine Abweichungen.[172] Wenige chronologische Alternativen lassen hingegen *restringierte Texte* zu, deren Lesereihenfolge im übrigen ebenfalls weitgehend fixiert ist. Den vierten Typ der *koordinierten Texte* beschreibt Hammwöhner 1997 als eine spezifische Ausprägung restringierter Texte, die insofern Lesealternativen zur Verfügung stellen, als die koordinierten Knoten funktional gleichwertig und daher in ihrer Abfolge in der konkreten Rezeption vertauschbar sind. Da die restringierten Texte diese Möglichkeit bereits einschließen, erscheint die zusätzliche Annahme dieses Texttyps freilich entbehrlich.

Theoretisch ist die hier skizzierte Texttypologie für Hypertexte als besonders geeignet einzustufen, da hypertextuelle Darstellungen bekanntlich dadurch gekennzeichnet sind, daß die Reihenfolge der zu rezipierenden Textteile nicht bzw. sehr viel weniger fixiert ist als in monolinear organisierten Texten. Ihren Mehrwert kann diese Typologie erst dann wirklich entfalten, wenn der Hypertextautor sie nicht nur in seine Konzeption für einen zu erstellenden Hypertext einbezieht, sondern sie vor allem nutzeradäquat umsetzt, indem er sie für den Nutzer erkennbar und nachvollziehbar implementiert. Dies ist durch eine entsprechende, kenntlichmachende Typisierung der Hypertextknoten zu erreichen.[173]

Im übrigen ist damit zu rechnen, daß dem Hypertextnutzer durch eine derartige Knotenkennzeichnung Anhaltspunkte an die Hand gegeben werden, die ihm Rückschlüsse auf Position und Wertigkeit der einzelnen Knoten innerhalb des Hypertextes erlauben und somit mindestens eine gezieltere Navigation durch das Dokument ermöglichen. Vor allem für umfangreiche Hypertexte kann eine solche Typisierung also von einigem Nutzen sein. In diesem Sinn ist die beschriebene Texttypologie bei entsprechender Knotentypisierung geeignet, dem Hyper-

171 Zu ihrer Beschreibung vgl. Hammwöhner 1997, S. 62.

172 In diesem Verständnis sind die bereits beschriebenen geführten Unterweisungen (*guided tours*) als fixierte Texte zu sehen.

173 Vgl. hierzu Hammwöhner 1997, der auch eine diskursspezifische Kennzeichnung von Hypertextknoten in Betracht zieht (vgl. S. 61).

textnutzer zusätzliche und die für eine effektive Navigation so notwendigen Strukturinformationen zu vermitteln. Zu fragen bleibt indes, inwieweit sich das beschriebene Instrumentarium auf Dokumente im World Wide Web übertragen läßt.

4.4.4 Zur Informativität von Hypertexten

Von einiger Relevanz für Hypertexte bzw. Dokumente im World Wide Web scheint das Textualitätskriterium der Informativität zu sein – zumindest, wenn man in Betracht zieht, daß in bezug auf das WWW oft von einem bunt gemischten und ungeordneten Informationskiosk sowie von Informationsüberfluß und sogar -chaos gesprochen wird. Hat diese negative Charakterisierung in mancher Hinsicht sicher ihre Berechtigung, ist dem WWW andererseits Informativität aber insofern gleichsam eingeschrieben, als es sich um ein Medium handelt, das vorrangig dem Zweck der Informationsbeschaffung dient.[174] Nicht umsonst wird es als weltweit verfügbares *Informations*system beschrieben und gilt als *Informations*dienst[175] des Internet, wogegen E-Mail oder Newsgroups als *Kommunikations*dienste klassifiziert werden.

Die Informativität stellt ein rezipientenorientiertes Textualitätskriterium dar, das zu verstehen ist als „das Ausmaß, bis zu dem eine Darbietung für den Rezipienten neu oder unerwartet ist“ (de Beaugrande / Dressler 1981, S. 145). Daß de Beaugrande / Dressler 1981 hier nicht von einem *Text*, sondern weitsichtig von einer *Darbietung* sprechen, macht die unmittelbare Übertragung dieser Umschreibung auf Hypertexte und Dokumente aus dem World Wide Web möglich. Dabei entfaltet der Begriff *Darbietung* gleich mehrere Dimensionen, ist er doch zunächst primär auf den präsentierten Inhalt zu beziehen, der im Falle von Hypertexten bzw. Webdokumenten häufig weniger rein textueller als vielmehr multimedialer Art ist. Nicht nur die Inhalte des Hypertextes sollten für den Leser informativ, also neu oder unerwartet sein, de facto neu ist überdies die Form der hypertextuellen Informationsdarbietung[176]. Für den Rezipienten bedeutet dies, daß er sich im Vergleich zum Text, in dessen Handhabung er geübt ist, auf eine Reihe neuer Interaktionstechniken einlassen muß. Daraus resultieren nicht selten Probleme im Umgang mit Hypertexten, welche z. B. zur Vernachlässigung der eigentlichen Inhalte führen können.

---

[174] Entsprechende Studien haben ergeben, daß die gezielte Informationssuche den Hauptgrund für die Nutzung des World Wide Web darstellt (vgl. Klaus / Röttger 1998, S. 237).

[175] Vgl. hierzu z. B. Scharl 1997, S. 21.

[176] Hammwöhner 1997 macht in diesem Zusammenhang lediglich auf einen Teilaspekt aufmerksam, indem er auf die erhöhte Informativität von auffällig abweichend gestalteten Hypertext- bzw. Webseiten verweist (vgl. S. 56f.).

Die hypertextspezifische Darbietungsform wirkt nachhaltig auf den präsentierten Inhalt zurück, so daß aufgrund der Vernetzung der Informationen im Vergleich zum Text z. B. andere Muster der Informationsverteilung zu erwarten sind. Diesbezügliche Konventionen, wie sie für Texte bzw. Sätze etwa mit dem Konzept der funktionalen Satz- bzw. Textperspektive beschreibbar sind, müssen sich für Hypertext sowie eigens für das junge Medium WWW erst noch entwickeln.[177] Wie schon im Zusammenhang mit der Eigenschaft der Kohärenz beschrieben, kann auch hier mit drei Ausprägungsebenen der Informationsverteilung gerechnet werden: Zu fragen ist mindestens, wie die Informationsverteilung innerhalb der Knoten, knotenübergreifend und global im Hinblick auf den Gesamthypertext strukturiert wird.[178] Analog kann zwischen knoteninterner, lokaler und globaler Informativität differenziert werden, wobei ggf. die Ebene komplexer Hypertextteilnetze ergänzend hinzuzuziehen ist.

Zur knoteninternen Informationsanordnung merkt Hammwöhner 1997 an, daß „der informativste Teil meist im Zentrum der Präsentation liegt, während konventionelle oder aufmerksamkeitslenkende Textteile eher an den oberen oder unteren Rand rücken“ (S. 56). Auf einen Großteil der Webdokumente trifft diese Aussage vermutlich zu, doch scheinen mir hier abermals empirische Analysen erforderlich, die vor allem Parameter wie den Umfang der informationellen Einheiten, die Verknüpfungsstruktur und das für die Knoten gewählte Gestaltungsparadigma berücksichtigen, denn die für eine kartenorientierte Knotengestaltung erforderliche Informationsstrukturierung weicht von der für die Realisierung des Schriftrollenprinzips notwendigen durchaus ab. In entsprechende Informativitätsanalysen muß im übrigen angesichts der multimedialen Inhalte von Hypertextdokumenten der Beitrag von Bildinformationen zur Informativität ausdrücklich einbezogen werden.

Und weitere Informativitätsaspekte lassen sich anführen, in denen Text und Hypertext voneinander differieren: Verwiesen sei z. B. auf den Umstand, daß Hypertexte in der Regel beständiger Veränderung, meist im Sinn einer Aktualisierung, unterliegen. Während Bücher oder Aufsätze nach Veränderung vollständig neu publiziert werden müssen, können Veränderungen oder Hinzufügungen im Hypertext unmittelbar vorgenommen werden, ohne daß eine kostspielige vollständige Neuauflage notwendig wird. Um so wichtiger ist es für den Hypertextnutzer, über die angebrachten Änderungen nicht nur in Kenntnis gesetzt zu werden, sondern auch einen effektiven und gezielten Zugriff auf alle

---

177 Vgl. hierzu z. B. Hammwöhner 1997, S. 56. Ähnliches konstatiert auch Storrer 1999a explizit für das World Wide Web (vgl. S. 62).

178 Hammwöhner 1997 unterscheidet hier nur die knoteninterne lokale von der knotenübergreifenden globalen Ausprägung von Informativität (vgl. S. 56).

Erweiterungen und Hinzufügungen zu erhalten, da diese für ihn im Vergleich zu den unveränderten Inhalten einen erhöhten Informativitätsgrad aufweisen (vgl. Hammwöhner 1997, S. 57).

Informativitätssteuernd wirkt weiterhin eine für den Nutzer sichtbar gemachte Differenzierung zwischen den von ihm bereits besuchten und den noch nicht rezipierten Hypertextknoten, denn zumindest das unbeabsichtigte erneute Aufrufen einer bereits gesehenen informationellen Einheit ist nicht nur nicht informativ, sondern für den Rezeptionsvorgang u. U. sogar hinderlich. Dieser Aspekt gewinnt um so mehr an Relevanz, wenn man bedenkt, daß Hypertexte wie Webangebote in der Regel auf wiederholte Rezeption ausgerichtet sind (vgl. Hammwöhner 1993, S. 26). Soweit ein erster Ausblick auf mögliche hypertextuelle Ausprägungen des Merkmals Informativität. Nachfolgend sei das Augenmerk der Vollständigkeit wegen auf die verbleibenden Textualitätskriterien Akzeptabilität, Intentionalität und Situationalität und deren Anwendbarkeit auf Hypertexte gerichtet.

4.4.5 Akzeptabilität, Intentionalität und Situationalität[179]

Ähnlich wie die Informativität ist auch die Akzeptabilität ein rezipientenbezogenes Textualitätskriterium, mit dessen Hilfe aus dem komplexen Text-Leser-Verhältnis ein weiterer Teilaspekt zu Analysezwecken isoliert werden kann. Die rezipientenseitigen Einstellungen zum Text und zur Kommunikation spielen hier eine wichtige Rolle, wobei entscheidend ist, daß die Leser einen Text als „kohäsiven, kohärenten, gebrauchsfähigen Text akzeptieren" (de Beaugrande / Dressler 1981, S. 135). Daß dies in bezug auf Hypertexte mindestens besondere Anforderungen an den Rezipienten stellt, wenn nicht sogar mit einigen Schwierigkeiten verbunden ist, dürften die Ausführungen insbesondere zur Hypertextkohärenz gezeigt haben.

Groß scheint die Gefahr einer geringen Akzeptanz von Hypertexten bzw. Webdokumenten desgleichen angesichts der immer wieder beanstandeten Gefahr von Orientierungsverlust und *lost in hyperspace.*[180] Der Hauptgrund dafür, daß Hypertexten dennoch Akzeptanz zukommt, ist in der besonderen Qualität des unmittelbaren Zugriffs auf relevante Inhalte zu sehen (vgl. Hammwöhner 1993,

[179] Die nachfolgenden Ausführungen orientieren sich im wesentlichen ebenfalls an Hammwöhner 1997. Vgl. zur Akzeptabilität S. 53 - 56, zur Intentionalität S. 51 - 53 und zur Situationalität S. 57f.

[180] Medienbedingt wären hinsichtlich der Hypertextakzeptanz auch Fragen der Softwareergonomie und der benutzerfreundlichen Softwaregestaltung zu berücksichtigen. Entsprechende Kriterien der Akzeptanz von Hypertextsystemen behandelt Nielsen 1996 (vgl. S. 275 - 281).

S. 25). Dies gilt um so mehr für das World Wide Web, als es den Zugang zu weltweit verteilt lagernden Informationen ermöglicht.

Um die Akzeptabilität von Hypertexten im einzelnen nicht nur zu steuern, sondern vor allem zu erhöhen, empfiehlt Hammwöhner 1997 dem Hypertextautor die Orientierung an Regeln, denen erfolgreiche Kommunikation gehorcht und die von Grice als Konversationsmaximen[181] postuliert wurden. Entscheidend ist das sogenannte Kooperationsprinzip, das Hammwöhner 1997 für Hypertext wie folgt abwandelt: „Gestalte den Hypertext so, daß ein Leser einschätzen kann, ob ein Hypertextsegment für ihn relevant ist und zu welchem Zweck es mit dem aktuellen Kontext verknüpft wurde“ (S. 54f.). Mit dieser und der hypertextgerechten Formulierung der übrigen Griceschen Einzelmaximen, mit denen Informationen über Verknüpfungen und Navigationsoptionen gefordert werden, hebt Hammwöhner 1997 – entgegen eigener Aussage – vor allem auf die für die Rezeption wichtigen Metainformationen und weniger auf die eigentlichen Hypertextinhalte ab (vgl. S. 55). Gerade letztere sollten aber m. E. hier im Vordergrund stehen.

Ein gewisses Unbehagen an den hypertextadäquat umgesetzten Konversationsmaximen scheint den Initiator allerdings selbst zu erfassen, räumt Hammwöhner 1997 doch ein, daß die Übertragbarkeit des Griceschen Kooperationsprinzips auf Hypertext insofern problematisch ist, als für einen Hypertext kein alle Knoten umfassendes kommunikatives Gesamtziel formuliert werden kann (vgl. S. 54). Auf diesen Vorbehalt ist sicher ebenso die sich in den hypertextbezogen formulierten Einzelmaximen spiegelnde Akzentuierung der Metainformationen zurückzuführen.

Im übrigen sollte Hypertexten die Verfolgung eines umfassenden Kommunikationsziels nicht generell abgesprochen werden, selbst wenn die Aufrechterhaltung desselben gerade in großen Hypertexten, an deren Erstellung eine Vielzahl von Autoren mitwirkt, in der Tat problematisch sein kann. So würde für das World Wide Web wohl kaum jemand ein allumfassendes Kommunikationsziel annehmen – wobei zu fragen ist, ob das WWW überhaupt als ein einziger Hypertext gelten kann. Für einzelne, abgrenzbare Webangebote ist die Verfolgung eines übergeordneten Kommunikationsziels demgegenüber sehr wohl denkbar. Wiederum stellt sich hier also die Frage nach der adäquaten Bezugseinheit.

Der mit der Frage nach einem homogenen Kommunikationsziel von Hypertexten offensichtlich verbundene Problemkomplex läßt befürchten, daß es um den

[181] Grice postuliert ein zentrales Kooperationsprinzip, das durch vier Einzelmaximen – die Maxime der Quantität, der Qualität, der Relevanz und der Art und Weise – realisiert wird. Für eine Beschreibung dieser Maximen vgl. etwa de Beaugrande / Dressler 1981, S. 124 - 128.

Parameter der Autorintention ähnlich bestellt sein könnte, wurde doch die Mitwirkung von mehr als einem Autor an der Hypertexterstellung als Hauptgrund dafür angeführt, daß hypertextuellen Gebilden oft kein einheitliches kommunikatives Gesamtziel nachgewiesen werden kann.[182] Das Moment der Autorintention erfassen de Beaugrande / Dressler 1981 mit dem Textualitätskriterium der Intentionalität, das zunächst kein spezifisches, mit einem konkreten Text zu verwirklichendes Kommunikationsziel impliziert, sondern die Absicht des Autors bezeichnet, einen sich durch die Merkmale Kohäsion und Kohärenz auszeichnenden Text zu produzieren (vgl. 118). In dieser Definition und bezogen auf große und von einem Autorenkollektiv erstellte Hypertexte scheint das Kriterium der Intentionalität tatsächlich nur bedingt auf Hypertexte anwendbar, da die Wahrscheinlichkeit von Inkohärenzen mit der Anzahl der am Aufbau eines Hypertextes beteiligten Autoren sicher zunimmt.

Doch ist hierin nicht der einzige Grund für den Relevanzverlust des Textualitätsmerkmals der Intentionalität zu sehen: Vielmehr scheint eine Bedeutungsverschiebung von der autorseitigen Intentionalität hin zur rezipientenbezogenen Akzeptabilität stattzufinden, im Zuge derer der Autor einige seiner Kompetenzen an den Hypertextrezipienten abgibt.[183] Dies zeigte sich bereits im Zusammenhang mit dem Merkmal der Hypertextkohärenz, auf deren rezipientenseitige Bildung der Hypertextautor im Vergleich zum monolinearen Text weniger Einfluß nehmen kann. Wie gesehen, obliegt die Kohärenzherstellung in höherem Maße dem Rezipienten. Hammwöhner 1997 faßt diese Entwicklung folgendermaßen zusammen:

> „Das Entscheidende ist aber, daß Hypertext ein Weniger an Kontrolle seitens des Autors durch ein Mehr an Freiraum für den Leser ausgleicht. Anstelle der Intention des Autors wird diejenige des Lesers höher bewertet.“ (Hammwöhner 1997, S. 52)

Bleibt als letztes Textualitätskriterium das der Situationalität zu nennen. Dieses Konzept erfaßt die „Faktoren, welche einen Text für eine aktuelle oder rekonstruierbare Kommunikationssituation relevant machen“ (de Beaugrande / Dressler 1981, S. 169). Nach Hammwöhner 1997 verfügt Hypertext über flexiblere Anpassungsmöglichkeiten an konkrete Kommunikationssituationen als geschriebener Text (vgl. S. 57f.), z. B. dahingehend, daß die vom Nutzer bereits gesehenen Hypertextknoten entsprechend markiert werden können, um so auf einen

[182] Daß die „Differenzierung der Autorenrollen“ (S. 52) für das „Fehlen einer durchgängigen Intention“ (S. 52) verantwortlich sein kann, bestätigt Hammwöhner 1997.

[183] Vgl. Hammwöhner 1997, S. 53. Die beschriebene Kompetenzverlagerung kann in einen Rollentausch von Autor und Rezipient münden (vgl. Schmitz 1998, S. 223).

Blick von den noch nicht aktivierten unterscheidbar zu sein. Eine ähnliche Kennzeichnung ist freilich auch in schriftlichen monolinearen Texten möglich, offenbart sich beispielsweise in Randbemerkungen zum Gelesenen. Überdies drückt sich in derartigen Kommentaren die Relevanz der Textstellen für eine spezifische Kommunikationssituation, z. B. eine Lernsituation, aus.

Zusammenfassend ist zu den verwenderorientierten Textualitätskriterien zu sagen, daß ihre Erfassung und Analyse insofern äußerst schwierig ist, als ihnen eine so ausgeprägte autor- wie leserbezogene Subjektivität inhärent ist, daß sich aus entsprechenden konkreten Einzelanalysen kaum zuverlässige verallgemeinernde Aussagen extrahieren lassen. Hinzu kommt, daß Hypertexte aufgrund ihrer Virtualität und ihrer ständigen Modifikation derartigen Fragestellungen besondere Widerstände entgegensetzen.

Dennoch ist für den Gesamtzusammenhang „Hypertext und Textualitätskriterien" darauf hinzuweisen, daß gerade den verwenderzentrierten Merkmalen einige Bedeutung zukommt. Abgesehen davon, daß auch eine als primär textzentriert geltende Eigenschaft wie die Kohärenz ohne die Berücksichtigung der Verwenderseite nicht adäquat erfaßt werden kann, ist eine Verwenderorientierung deswegen zentral, weil Hypertexte neue und sehr komplexe Rezeptionsanforderungen stellen und Rezeptions- wie Produktionskonventionen noch in der Entwicklung begriffen sind. Hier können die Ergebnisse von Untersuchungen zu den Kriterien Kohäsion und Kohärenz, Informativität, Akzeptabilität und Situationalität für die Entwicklung und Optimierung der WWW-Kommunikation nutzbar gemacht werden und so einer gezielt rezipientenorientierten Text- und Kommunikationsgestaltung dienen.

Überdies ist auch der Bereich des Web Design mit seinen allgemeinen, vorrangig auf Layoutfragen zielenden Gestaltungsempfehlungen durch Rezipientenzentrierung geprägt. Ratsam erscheint hier die Ergänzung durch ein linguistisch fundiertes Kommunikations- und Textdesign, das auf Textualitätsuntersuchungen basiert und deren Ergebnisse operationalisiert.

4.5 Das World Wide Web aus linguistischer Sicht

Bislang hat das hypertextbasierte Informationssystem World Wide Web als linguistisches Forschungsobjekt noch wenig Beachtung gefunden. Hier und da wird es zwar in den Blick genommen, aber kaum umfassender in die Überlegungen einbezogen oder gar zu ihrer Grundlage gemacht. Vielmehr scheint das World Wide Web mitunter als Negativbeispiel eines Hypertextes bzw. Hypertextsystems herhalten zu müssen, sei es, weil es in mancher Hinsicht nur begrenzte Hypertextfunktionalität zur Verfügung stellen kann, sei es, weil seine

Informationsfülle als unstrukturiert und zusammenhanglos empfunden wird. Fast schon könnte man den Eindruck gewinnen, das WWW lohne linguistische Analysen nicht nur nicht, sondern sei ihnen vielmehr nicht angemessen. Dennoch sind vereinzelte Hinweise auf mögliche Untersuchungsperspektiven zu entdecken. Mehrheitlich beziehen sich diese Hinweise auf textuelle Aspekte, so daß auch hier vor allem die linguistische Teildisziplin der Textlinguistik auf den Plan gerufen wird.

In der Tat ergeben sich zahlreiche interessante Ansatzpunkte und Fragestellungen, wobei eine der grundlegenden und vorrangig zu bewältigenden Aufgaben in der Entwicklung geeigneter Beschreibungswerkzeuge einschließlich einer adäquaten, möglichst eindeutigen und konsequent zu verwendenden Terminologie zu sehen ist. Einen wichtigen Beitrag zu der notwendigen terminologischen Differenzierung leistet z. B. Storrer 1999a. Den Ausgangspunkt ihrer Bemühungen um die Begrifflichkeit bildet eine Erkenntnis, der man nur schwerlich nicht zustimmen kann: „Das WWW hat enorm zur Popularisierung der Hypertextidee beigetragen, wenig jedoch zu deren Präzisierung“ (Storrer 1999a, S. 38).

Eines der zentralen Probleme besteht in der bereits erwähnten uneinheitlichen Verwendung der Bezeichnung *Hypertext*. Dies gilt ebenso in bezug auf das World Wide Web, dessen Textvorkommen meist vorbehaltlos unter diesen Terminus subsumiert werden. Statt dessen können vielmehr mindestens drei elementare Textformen unterschieden werden, für die Storrer 1999a die Begriffe *Hypertext*, *Hypertextnetz* und *E-Text* vorschlägt.

Charakteristisch für *Hypertexte* ist ihrer Definition nach die elektronisch realisierte nicht-lineare Textorganisation in Verbindung mit einer „erkennbaren Textfunktion und einer thematischen Gesamtvorstellung“ (Storrer 1999a, S. 38). In diesem Sinn ist auch mein oben skizzierter Vorschlag zu verstehen, zunächst alles, was unter einer Domäne wie www.volkswagen.de im Netz abgelegt ist, als (Gesamt-)Hypertext zu fassen.[184] Ein *Hypertextnetz* besteht nach Storrer 1999a aus zahlreichen dieser Hypertexte sowie aus E-Texten und weiteren Textformen, welche durch Hyperlinks miteinander verbunden sind. Als eine weltweit realisierte Ausprägung eines solchen Hypertextnetzes ist das World Wide Web zu

[184] Ich bin mir durchaus bewußt, daß diese von technischen Gegebenheiten ausgehende Klassifizierung Probleme mit sich bringt und sich nicht vollständig mit der von Storrer 1999a vertretenen terminologischen Festlegung deckt. Nach meiner Auffassung sind die von Storrer 1999a so genannten E-Texte potentielle Bestandteile eines (Gesamt-)Hypertextes im Sinne einer WWW-Domäne. Das World Wide Web selbst verstehe ich in Übereinstimmung mit Storrer 1999a als Hypertextnetz. Im übrigen ist die von mir hier vorgeschlagene terminologische Festlegung als ein erster Versuch zu verstehen, der an entsprechendem, dem WWW entstammenden Material zu überprüfen ist.

sehen.[185] *E-Texte* sind monolineare Texte in elektronischer Form, die als Bestandteile von Hypertextnetzen fungieren können. Ihnen fehlt die für Hypertexte charakteristische multilineare Organisation, und nicht selten sind sie im Sinn herkömmlicher Printtexte für den Ausdruck auf Papier vorgesehen (vgl. Storrer 1999a, S. 39). Diese drei Typen von Textvorkommen stellen mehr oder weniger WWW-spezifische Textformen dar, die sich aus den medienbedingten Eigenheiten der hypertextuellen Darstellung ergeben.

Diese an formalen Kriterien orientierte Typologie medienspezifischer Textformen bedeutet eine erste klassifizierende Annäherung an die Textvorkommen des World Wide Web, für die Gestaltungskonventionen erst im Begriff sind, sich herauszubilden. Das Fehlen derartiger Konventionen wird im Hinblick auf Textsorten und -muster besonders evident (vgl. Storrer 1999a, S. 45), wo mit WWW-spezifischen Ausprägungen zu rechnen ist bzw. ihre Entwicklung im Sinn einer Verbesserung der nutzerseitigen Rezeptionskompetenz empfehlenswert erscheint. Auf seiten der Autoren von Webseiten fehlt es zwangsläufig an Erfahrungen im Umgang mit diesem neuen Medium, das im Vergleich zu monolinear organisierten Texten veränderte Schreibkompetenzen erfordert, die es erst systematisch zu entwickeln gilt. In Anbetracht dieser Voraussetzungen erscheint ferner die Feststellung Storrers 1999a, daß zahlreiche Webangebote noch deutlich dem Printtext verpflichtet sind, unausweichlich.[186] Entsprechend plädiert Wallmannsberger 1995, der in einem Sammelbandbeitrag die Bedeutung des World Wide Web als potentielles Schreibwerkzeug perspektiviert, für die Entwicklung einer medienadäquaten Schreibkompetenz.[187]

Was die angesprochene Problematik WWW-spezifischer Textsorten und -muster betrifft, hält Kammer 1995 fest, daß bei einem signifikanten Anteil der publizierten Webangebote die Informationsfunktion[188] im Vordergrund steht – ange-

[185] Vgl. Storrer 1999a, S. 38. Wallmannsberger 1995 wählt für das World Wide Web die Bezeichnung *globaler Hypertext* (vgl. S. 237).

[186] Vgl. Storrer 1999a, S. 60. Als Ursache benennt sie hingegen die Unmöglichkeit, im World Wide Web typisierte Links einzurichten (vgl. S. 60). Dies mag ein möglicher Grund sein, zentral erscheint mir jedoch der Aspekt, daß Autoren wie Rezipienten von Webseiten notwendigerweise den Traditionen monolinear organisierter Printtexte verhaftet sind und die erlernten Regeln der Texterstellung und -rezeption vorerst auf das neue Medium übertragen. Medienspezifische Textformen können sich erst im Lauf der Zeit entwickeln.

[187] Ebenso z. B. Nickl 1996, der auch den Aufbau von Lesekompetenzen fordert (vgl. S. 396).

[188] Vgl. Kammer 1995, S. 124, der hierzu ausführt, das WWW enthalte „derzeit […] kaum literarische Texte selbst, sondern Handbücher, Meta-Texte über die Bedienung des Systems, Technische [sic!] Texte etc.“ (S. 126). Inzwischen dürfte sich das Bild zumindest dahingehend gewandelt haben, daß der Anteil literarischer Netzangebote gestiegen ist.

sichts der Charakterisierung des WWW als Informationsmedium eine fast triviale Feststellung. Gleichwohl hat diese Einschätzung ihre Gültigkeit m. E. bis heute bewahrt, wenngleich von einem Ausbau anderer Bereiche wie etwa des Genres Netzliteratur auszugehen ist, bei dessen Vertretern im Unterschied zu den sogenannten Gebrauchstextsorten ästhetische Wirkungen im Vordergrund stehen.[189] Überdies gewinnen bei primär informativen Webseiten Unterhaltungsaspekte merklich an Bedeutung: Nicht umsonst gehen kommerzielle Anbieter z. B. dazu über, unterhaltende Elemente wie Preisausschreiben oder Spiele in ihren Webauftritt zu integrieren – und so zugleich Anreize für einen wiederholten Besuch der Website zu schaffen (vgl. Klaus / Röttger 1998, S. 237).

Kaum nachvollziehbar erscheint hingegen die Auffassung, das World Wide Web als ein einziger Hypertext stelle selbst eine „völlig neuartige Textsorte“[190] dar. Analog zu Hypertext oder zum Buch ist das World Wide Web vielmehr als ein spezifisches Medium zu sehen, das alle erdenklichen (und unerdenklichen) Textsorten aufnehmen und seinen Nutzern zur Verfügung stellen kann. Selbst hat es aber schwerlich Textsortencharakter, zumal sich ihm keine für alle Einzelbeiträge einheitliche und gleichermaßen gültige, globale Textfunktion zuschreiben läßt.[191]

Dafür, daß das WWW selbst keine einheitliche Textsorte repräsentiert, sondern vielmehr eine noch unüberschaubare Vielfalt an „Web Genres“ produziert, die es zu erfassen und zu bestimmen gilt, spricht überdies das computerlinguistisch fundierte Vorhaben von Rehm 2002. Entwickelt wird ein datenbankgestütztes System zur automatischen Erkennung von „Web Genres“. Dabei liegt der Fokus in einem ersten Angang auf akademischen Informationsangeboten und konzentriert sich auf persönliche Homepages von Hochschullehrern innerhalb der WWW-Präsenzen deutscher Universitäten.

Doch der die Textgestaltung und die Textsorten betreffende Fragenkomplex ist bei weitem nicht die einzige Herausforderung für die Linguistik. Auf einen in unserem Zusammenhang weniger zentralen, die Internetkommunikation gleichwohl prägenden Aspekt macht Schmitz 1996 aufmerksam, indem er sich dem Themenkomplex Mensch-Maschine-Dialog widmet und sich auf das Moment der Interaktivität des Mediums World Wide Web konzentriert: Jede Interaktion erfolge zwischen Nutzer und Software und entsprechend werde die Gesamtheit des interaktionalen Handelns allein durch die Softwaregegebenheiten bestimmt. Dabei stelle die Interaktion eine spezifische Art einer kommunikativen Hand-

189 Zu den kommunikativen Funktionen von Gebrauchs- und literarischen Texten vgl. z. B. Heinemann / Viehweger 1991, S. 148 - 153.

190 Schmitz 1996. Auch Schmitz 1998, S. 224.

191 Vgl. hierzu z. B. Brinker 1997, der „die Textfunktion als Basiskriterium zur Differenzierung von Textsorten“ (S. 133) ausweist.

lung dar: In Ergänzung der von Searle aufgestellten fünf Klassen von Sprechakten konstatiert Schmitz 1996 einen neuen, sechsten Sprechakttyp: den der Computive, der ausschließlich der auf den Computer gerichteten Mensch-Maschine-Kommunikation vorbehalten sei.

Damit ist dieser Sprechakt freilich nicht allein auf die WWW-spezifische, noch nicht einmal auf die internetspezifische Kommunikation beschränkt, sondern gilt z. B. auch für die bei der Nutzung eines Textverarbeitungsprogramms anfallenden Interaktionen.[192] Somit können die Computive – will man eine derartige neue Klasse von Sprechakten überhaupt ansetzen – nicht als eine charakteristische Eigenart der im Umfeld des Internet oder World Wide Web stattfindenden Kommunikation gelten.

Auf textstrukturelle Aspekte konzentriert sich hingegen Weingarten 1997. Sein Anliegen ist die textlinguistisch fundierte Analyse von Hypertexten bzw. hypermedialen Texten, wie sie auf CD-ROMs oder im Internet publiziert werden (vgl. Weingarten 1997, S. 215). Hierzu entwickelt er einen integrativen Ansatz, der von der Idee geleitet wird, „die räumlichen Eigenschaften des Mediums und die verwendeten sprachlichen Formen“ (S. 216) zueinander in Beziehung zu setzen. Grundlegend hierfür ist unter räumlicher Perspektive das Paradigma *Cluster* und *Sequenz*, dem unter Akzentuierung sprachlicher Momente das Gegensatzpaar *Aggregation* und *Integration* zur Seite gestellt wird (vgl. Weingarten 1997, S. 217).

Angewandt auf Hypertexte, gelangt Weingarten 1997 mit Hilfe dieses Modells zu der These, daß die multilinear organisierten Textsegmente anstelle der für monolineare Texte typischen Sequenz ein Cluster bilden. Sprachlich ist mit dieser Clusterbildung insofern ein Ordnungsverlust verbunden, als die zwischen sprachlichen Einheiten bestehenden Beziehungen keinen formalen Ausdruck finden (vgl. S. 217). Diese m. E. als Kohäsionsverlust beschreibbare Erscheinung belegt Weingarten 1997 mit dem Terminus der sprachlichen Aggregation. Die Phänomene der Clusterung und der Aggregation wirken sowohl knotenübergreifend wie innerhalb der Hypertextknoten. Monolineare Texte sind demgegenüber durch eine räumliche Sequenz und sprachliche Integration gekennzeichnet, wie letztere z. B. durch kohäsive Mittel[193] hergestellt wird.

---

192 Als ein Beispiel für einen computiven Sprechakt führt Schmitz 1996 die Aktivierung der Schaltfläche „Open“ im WWW-Browser zum Öffnen eines Webdokumentes an. Unter dem Aspekt des Mensch-Maschine-Dialogs besteht hier nach meinem Verständnis allerdings kein prinzipieller Unterschied zum Öffnen einer Textdatei im Textverarbeitungsprogramm, welches neben dem Anklicken eines Bildsymbols auch über die Menüoption „Datei öffnen“ erfolgen kann.

193 Weingarten 1997 betrachtet die Kohäsion als das „wichtigste sprachliche Verfahren zur Integration von Textelementen“ (S. 224).

Die sprachliche Aggregation bzw. der Kohäsionsverlust erfährt auf einer metatextuellen Ebene eine partielle Kompensation durch nicht-verbale kohäsive Mittel in Gestalt von Orientierungs- und Navigationshilfen (vgl. Weingarten 1997, S. 233f.). Zu diesen zählt Weingarten 1997 auch die Hyperlinks[194], die den Nutzer bei der kohärenten Interpretation der angebotenen Inhalte unterstützen sollen (vgl. S. 233f.). Wenn Weingarten 1997 auf längere Sicht für die neuen Medien einen „Abbau der verbalsprachlich-kohäsiven Mittel" (S. 235) vermutet, vernachlässigt er hierbei die Tatsache, daß die Hyperlinks zu einem Großteil in Textgestalt auftreten und so durchaus als verbalsprachlich-kohäsiv zu betrachten sind.

Das bei Weingarten 1997 beschriebene Clusterprinzip ist freilich kein auf Hypertext beschränktes Phänomen. Vielmehr wird es zu Beginn der 1990er Jahre aus dem Fernsehen in die Printmedien, insbesondere in die Zeitung, übernommen (vgl. Jakobs / Püschel 1997, S. 171). Hinter diesem Prinzip steht die Idee der „Auflösung des langen Textes in ein Ensemble kürzerer Texte, ergänzt um Visualisierungen in Form von Schaubildern, Infografiken und Fotos [...]" (Jakobs / Püschel 1997, S. 171). Ihre konsequente Fortsetzung findet diese Entwicklung gegenwärtig in der WWW-spezifischen Ausprägung des Mediums Zeitung: den Online-Zeitungen.[195] Diese sollen im folgenden aus zwei Gründen thematisiert werden: Zum einen liegen für Webangebote des Typs Online-Zeitung erste Analyseversuche vor, die linguistische Ansätze mitberücksichtigen, zum anderen sind die hier gewonnenen Erkenntnisse u. U. wenigstens partiell auch auf andere Arten von Webangeboten übertragbar, lassen in dieser Hinsicht zumindest konstruktiv nutzbare Hinweise und Ansatzpunkte für die Entwicklung geeigneter Analyseinstrumente erwarten.

Geradezu prädestiniert für die elektronische Realisierung des Mediums Zeitung erscheint das World Wide Web aufgrund seiner Merkmale der Multimedialität, Interaktivität, Virtualität und Nicht-Linearität (vgl. Bucher 1999, S. 9f.). Insbesondere die Eigenschaft der Nicht-Linearität bzw. Multilinearität korrespondiert mit jüngeren Entwicklungstendenzen im Printmedium Zeitung, die wie folgt zu charakterisieren sind: Eine erste Tendenz ist Bucher 1999 zufolge an die Person des Zeitungslesers gebunden: Er hat sich vom ursprünglichen „Durchleser" (S. 11) zum „selektiven Leser" (S. 11) entwickelt, was eine entsprechende Blatt-

194 Analog hierzu behandelt Storrer 1999a, die die hypertextuellen Orientierungshilfen in Überblicks-, Kontextualisierungs- und retrospektive Hilfen differenziert, die Links in der Rubrik der Kontextualisierungshilfen (vgl. S. 59f.).

195 Vgl. hierzu etwa Bucher 1998, S. 68, und Blum / Bucher 1998, S. 83. Bucher 1999 bemerkt hierzu: „Online-Zeitungen sind kein Quantensprung in der Zeitungsgeschichte, sondern die logische Fortsetzung eines Strukturwandels des Mediums Zeitung" (S. 9). Mit Online-Zeitungen befassen sich des weiteren Jakobs 1998 und Lilienthal 1998.

gestaltung erforderlich macht. Diesem Erfordernis wird u. a. dadurch Rechnung getragen, daß die Eindimensionalität des reinen Textmediums zugunsten einer dreidimensionalen Gestaltung, die neben Text gleichberechtigt Foto und Grafik einbindet, aufgegeben wird (vgl. Bucher 1999, S. 11).

Eine konsequente Weiterführung erfahren diese Tendenzen darin, daß an die Stelle langer und komplexer Texte zunehmend modulare Textformen in Gestalt von Clustern aus kürzeren informationellen Einheiten treten (vgl. Bucher 1999, S. 11). Diese modulare Textclusterung hat die Ausbildung eines besonderen Texttyps in Gestalt der sogenannten visuellen Texte zur Folge, deren besonderes Kennzeichen in der grafischen Visualisierung der Textstrukturen besteht (vgl. Bucher 1999, S. 12). Zu unterscheiden sind synoptische und Übersichtstexte, wobei erstere anstelle der linearen Organisation eine tabellarische Gestaltung aufweisen. Bei Übersichtstexten wird die Gliederung demgegenüber durch typografische Gestaltungsmittel wie Aufzählungszeichen oder Numerierungen visualisiert (vgl. Bucher 1999, S. 12).

Mit diesen Entwicklungstendenzen nähert sich die Zeitung dem Medium Hypertext deutlich an, werden die Analogien zu hypertextuellen Strukturen bis auf die dem Printmedium fehlende Virtualität unübersehbar. Zugleich wird die Zeitungsgestaltung zu einer immer komplexeren Aufgabe, die sich vom primären Textschreiben hin zu einem umfassenden Textdesign[196] entwickelt. Entsprechend ist das Konzept des Textdesigns als eine „integrative Betrachtungsweise" (Bucher 1998, S. 66) der Aspekte Form, Inhalt und Funktion der Zeitungskommunikation zu verstehen, die stilistische, optische, textgestalterische und layoutbezogene Gestaltungsmomente vereint.

Für unseren Zusammenhang von besonderer Bedeutung ist das Moment der modularen Textgestaltung, die sich nicht allein auf die Zeitung beschränkt, sondern für Hypertext geradezu wesensbestimmend ist, sind doch die als Cluster zu verstehenden Hypertextknoten wie die Cluster in Zeitungen als eigenständige, im Idealfall kohäsiv geschlossene und autonom verstehbare Einheiten zu sehen. Dieser spezifischen Art der Textgestaltung liegen vier Modularisierungs- bzw. Segmentierungsprinzipien zugrunde, die auch die Erstellung von Hypertexten leiten können (vgl. Bucher 1998, S. 87). Zugleich kongruieren diese vier Strategien mit elementaren Kohärenzrelationen, wie sie zwischen Hypertextknoten

[196] Umrisse einer als Textdesign bezeichneten Gestaltungslehre entwirft Bucher 1996, Konkretisierungen erfolgen bei Bucher 1998 und Bucher 1999. Eine monographische Darstellung zu diesem Themenkomplex legen Blum / Bucher 1998 vor. Einen Teilaspekt hat Lutz 1996 in bezug auf das WWW im Blick, wenn er dort eine „verstärkte Zuwendung zum *graphischen Textdesign*" (S. 156; Hervorhebung im Original) beobachtet.

bestehen können (vgl. Bucher 1998, S. 87). Folgende Modularisierungsstrategien sind zu unterscheiden:[197]

a) **thematisch-inhaltliche Segmentierung**
Die Cluster werden primär unter thematischen Gesichtspunkten eingerichtet.

b) **funktionale bzw. illokutionäre Segmentierung**
Für verschiedene Handlungsmuster werden unterschiedliche Darstellungsformen – bezogen auf die Zeitung etwa Beschreibung, Augenzeugenbericht oder Informationsgrafik – verwendet.

c) **perspektivische Segmentierung**
Die Clusterbildung erfolgt in Abhängigkeit von verschiedenen möglichen Perspektiven auf ein Thema (z. B. Pro-Contra-Darstellung).

d) **prinzipiengeleitete Segmentierung**
Bei der Clustererstellung stehen Aspekte der strategisch adäquaten Darstellung im Vordergrund, z. B. Prinzipien der didaktischen oder journalistischen Angemessenheit.

Bucher 1998 stellt hiermit ein umfassendes Kohärenzmodell vor, das seiner Einschätzung nach die „eingeschränkte Sichtweise des Kohärenzproblems in der Hypertextforschung“ (S. 87) überwindet, indem es die Möglichkeit von Kohärenzrelationen nicht auf einzelne propositionale Aussagen beschränkt wissen will, sondern sie auch als zwischen größeren kommunikativen Einheiten bestehend annimmt (vgl. S. 87). Dies bietet in der Tat anregende Ansatzpunkte für die Erfassung und Beschreibung von Kohärenzphänomenen in Hypertexten bzw. WWW-Angeboten.

Gleichwohl sind Modifikationen unausweichlich, welche in erster Linie von dem jeweiligen Typ des WWW-Angebots diktiert werden: Die von Bucher 1998 angeführten Modularisierungsstrategien (resp. Kohärenzrelationen) sind vor allem für das Medium Zeitung konstitutiv, lassen sich z. B. auf Unternehmenspräsenzen im WWW aber nicht ohne weiteres übertragen. Zu vermuten ist beispielsweise, daß Firmenwebsites in erster Linie durch thematisch-inhaltliche sowie funktionale / illokutionäre Modularisierungsprinzipien geprägt sind, während die perspektivische und die prinzipiengeleitete Segmentierung hier weniger relevant sein und eher Zeitungs- oder didaktische Hypertexte charakterisieren dürfte.

Darüber hinaus ist die Anregung Buchers 1998, Kohärenzrelationen auch zwischen größeren kommunikativen Einheiten als Propositionen anzunehmen, von großer Bedeutung, sollte aber nicht dazu führen, daß die Hyperlinks – zumal in

---

197 Als Grundlage dienen die Ausführungen von Bucher 1996, S. 44 - 47, sowie Bucher 1998, S. 86f.

textueller Gestaltung – als potentielle propositionale Elemente außer acht geraten. Vielmehr gilt es, die Links im Hinblick auf ihr propositionales Potential genauer in den Blick zu nehmen, allein um auf der Grundlage derartiger Untersuchungen dem für Hypertexte charakteristischen Kohärenzproblem u. U. besser begegnen zu können.

Aus Kohärenzproblemen kann für den Nutzer ein Komplex von Verstehensproblemen resultieren, die sich im einzelnen in Orientierungsproblemen, Einstiegsproblemen, Navigationsproblemen und Sequenzierungsproblemen niederschlagen können (vgl. Bucher 1999, S. 14f.). Die mit Hypertext potentiell verbundenen Verstehens- bzw. Kohärenzprobleme stellen sich also um einiges komplexer dar, als sie es in primär monolinear organisierten Printtexten sein können. Abhilfe verspricht sich Bucher 1999 von einer „Hypertext-Rhetorik für Online-Zeitungen“ (S. 15), welche Fragen der reinen Textgestaltung überschreiten muß und insbesondere auf die Entwicklung medienspezifischer Hilfen zur Überwindung der genannten Verstehensprobleme zielt (vgl. S. 30). Denn vorrangiges Anliegen – und hierin ist Bucher 1999 zuzustimmen – sollte „die effektive, nutzerorientierte Gestaltung öffentlicher Kommunikation“ (S. 15) im World Wide Web sein.

Bucher 1999 leistet eine differenzierte Beschreibung einiger seines Erachtens konstitutiver Elemente einer Hypertext-Rhetorik für Zeitungen im WWW. Eine wichtige Komponente bildet die Einstiegsseite der Webangebote – ein elementarer Bestandteil, der bei der bisherigen Behandlung von Hypertexten und Webangeboten erst ansatzweise berücksichtigt wurde.[198] Diese auch als *Homepage* bezeichnete Einstiegsseite muß im wesentlichen den Anforderungen zweier verschiedener Nutzertypen genügen, von denen der eine gezielt nach Informationen sucht und der andere mit einem eher unspezifischen Informationsinteresse und zur Unterhaltung durch ein Angebot streift.[199] Die von Bucher 1999 untersuchten Einstiegsseiten von Online-Zeitungen spiegeln diese beiden Nutzungsbedürfnisse wider, wobei vier elementare Homepagetypen zu unterscheiden sind: die *Strukturvariante*, eine *Kombinationsform aus Struktur- und Inhaltsseite*, die *Boulevard-Variante* sowie die *navigierbare Listenvariante*.[200]

Die *Strukturvariante* kommt ganz ohne inhaltliche Informationen aus, indem sie ausschließlich Links zu den einzelnen Ressorts der Zeitung anbietet. Damit ist das Webangebot für den Nutzertyp des Flanierers wenig einladend und konzentriert sich auf die Bedürfnisse des gezielt Suchenden. Ein weiterer Nachteil dieser Variante ist darin zu sehen, daß die eigentlichen Informationen oft auf

---

198 Eine Ausnahme bildet offensichtlich die persönliche Homepage, mit deren Analyse sich bereits einige Arbeiten befaßt haben. Einen Überblick gibt Rehm 2002, vgl. S. 1f.

199 Bucher 1999 bezeichnet diese beiden Nutzertypen als Sucher und Flanierer (vgl. S. 16).

200 Für die Typologie der Einstiegsseiten vgl. Bucher 1999, S. 16 - 20.

einer tiefen Informationsebene liegen und der Nutzer erst zahlreiche Links verfolgen muß, ehe er zu den eigentlichen Zeitungsbeiträgen gelangt (vgl. Bucher 1999, S. 16).

Durch einen Kompromiß in Form einer *Kombination aus Struktur- und Inhaltsseite* können die genannten Nachteile kompensiert und beide Nutzertypen angesprochen werden. Hier kommt häufig die sogenannte Frame-Technologie zum Einsatz, die es ermöglicht, den Bildschirm in verschiedene Funktionsbereiche zu unterteilen. Z. B. kann ein Bildschirmbereich den inhaltlichen Informationen vorbehalten sein, während in einem zweiten Frame Strukturinformationen konstant angezeigt werden, so daß der Nutzer an jeder Stelle im Hypertext auf alle Inhalte zugreifen kann.

Die *Boulevard-Variante* verfolgt das die Gestaltung von Boulevardzeitungen prägende „Dschungelprinzip" (Bucher 1999 S. 18): Dem Nutzer werden Übersichtsinformationen geradezu verwehrt durch eine uneinheitliche Präsentation struktureller Informationen, die sich z. B. darin äußert, daß die Einstiegsseite eine große Zahl unsystematisch angeordneter und gestalteter Links enthält. Verschiedene Gliederungssysteme werden ohne erkennbare funktionale Differenzierung nebeneinander gestellt, so daß Rückschlüsse auf die hierarchische Ordnung des Angebots nahezu unmöglich werden (vgl. Bucher 1999, S. 18).

Die schlichteste Variante einer Einstiegsseite stellt die *navigierbare Liste* dar. Sie enthält eine an ein Inhaltsverzeichnis erinnernde Auflistung aller Artikelüberschriften. Diese sind als Hyperlinks gestaltet, über deren Aktivierung der Nutzer meist mit nur einem Mausklick zum entsprechenden Beitrag gelangt (vgl. Bucher 1999, S. 19).

Diese kurze Charakterisierung hinlänglich unterscheidbarer Typen von Homepages dokumentiert eindringlich, wie deutlich hier noch die Phase des Experimentierens mit den medialen Möglichkeiten vorherrscht. Und dieser Eindruck setzt sich oft durch ganze Webangebote hindurch fort. Immerhin hat sich aber die Einsicht durchgesetzt, daß neben der initialen Orientierung über die Einstiegsseite die Herstellung von lokaler und globaler Kohärenz zwar schwierig, aber von außerordentlicher Wichtigkeit für eine effektive Nutzung von Webangeboten ist. Wohl kaum würde der Kohärenzproblematik sonst eine solche Aufmerksamkeit zuteil werden. Auch Online-Zeitungen stellen im Hinblick auf die mit der lokalen und globalen Kohärenz verbundenen Probleme offensichtlich keine Ausnahme dar.

Im Hinblick auf die lokale Kohärenz sind mit der adäqaten Rezeption eines zwei Knoten verbindenden Hyperlinks immerhin vier Verstehensleistungen bzw. -probleme verbunden, die sich im einzelnen als Identifikationsproblem, Referenzproblem, Fortsetzungsproblem und Typisierungsproblem darstellen (vgl. Bucher 1999, S. 22). An das Identifikationsproblem ist die mitunter nicht leicht zu entscheidende Frage geknüpft, welche Elemente einer Webseite als Hyperlinks fungieren. Referenz- und Fortsetzungsproblem beziehen sich auf den Anfangs- und den Endpunkt der Verknüpfung, deren Struktur und Beschaffenheit der Nutzer identifizieren muß. Die Bezeichnung *Typisierungsproblem* läßt an die typisierten Hyperlinks denken, und in der Tat besteht dieses Problem darin, die Art der zwischen zwei verbundenen Einheiten bestehenden Relation zu erkennen.

Eine Lösung all dieser Probleme ist noch nicht gefunden, Teillösungen aber zeichnen sich ab und gipfeln immer wieder in der Forderung nach WWW-adäquaten Verwendungsformen von typisierten Links. Entsprechend verweist Bucher 1999 auf den Sachverhalt, daß in einigen Webangeboten durchaus Formen typisierter Links zum Einsatz kommen (vgl. S. 24f.). Ein Verfahren besteht in der Implementierung sogenannter Alternate-Tags (vgl. Bucher 1999, S. 24f.). So ausgestattete Links zeichnen sich dadurch aus, daß, sobald der Mauszeiger auf einen Hyperlink trifft, kleine Etiketten mit einer Funktionsbeschreibung des betreffenden Links eingeblendet werden.[201]

Ähnlich problematisch ist es um die globale Hypertextkohärenz im World Wide Web bestellt, für deren Unterstützung sich geeignete Verfahren erst herauszubilden beginnen. In Online-Zeitungen kommen vor allem Indizes, Inhaltstabellen und Sitemaps zum Einsatz, von denen die Sitemaps zu den leistungsfähigsten, im Hinblick auf Produktion wie Rezeption aber zu den anspruchsvollsten zählen.[202] Ihr Ziel ist die möglichst vollständige Visualisierung der Gesamtstruktur einer Website, ihr Einsatz bei Online-Zeitungen bislang aber selten. Bei anderen Webangeboten ist dagegen eine zunehmende Verwendung von Sitemaps zu beobachten und vor allem große Websites werden kaum noch ohne dieses Orientierungsinstrument im World Wide Web veröffentlicht.

Neben diesen medienspezifischen Orientierungs- und Navigationsmitteln können schließlich verbale Erläuterungen der Struktur der Website oder der Linkgestaltung nicht nur zu einer optimalen Nutzung, sondern in der Folge zu einer wachsenden Akzeptanz eines Webangebots beitragen (vgl. Bucher 1999, S. 30). Soweit einige mögliche Elemente einer Online-Rhetorik[203], zu deren Weiterentwicklung die Linguistik angehalten ist, ihren Beitrag zu leisten.

---

201 Dieses Funktionsprinzip kommt z. B. auch bei den neueren Versionen von Microsoft-Anwendungsprogrammen zum Einsatz. In MS-Word '97 etwa sind diese Tags als sogenannte QuickInfos implementiert und werden eingeblendet, sobald der Mauszeiger auf einem der zahlreichen Icons verweilt. Sie enthalten eine Kurzbeschreibung der mit dem jeweiligen Icon verbundenen Funktion und können z. B. auch die alternativ zu verwendende Tastenkombination anzeigen.

202 Vgl. zu den genannten Navigationsinstrumenten Bucher 1999, S. 25 - 30.

203 Terminus bei Bucher 1999, S. 30.

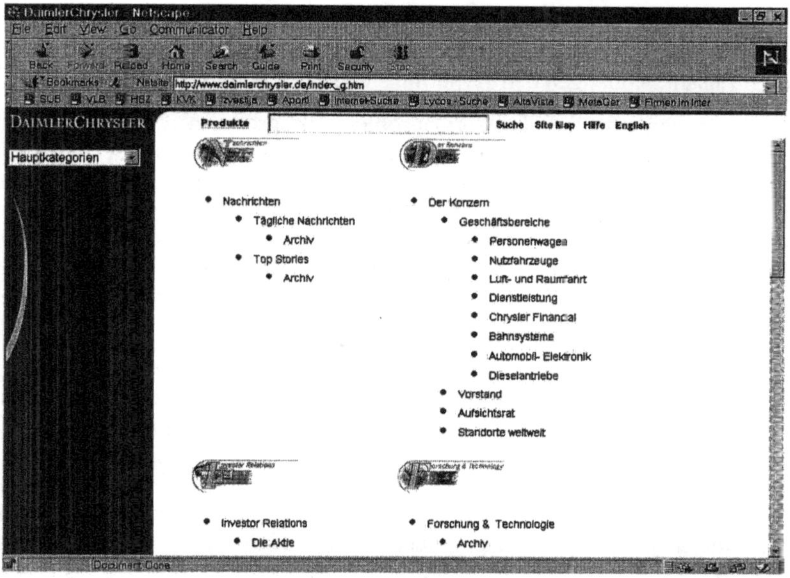

Ausschnitt aus der Sitemap für die Website des DaimlerChrysler-Konzerns (Stand vom 18.01.2000). Die Einträge sind mit Hyperlinkfunktionalität ausgestattet, so daß jede Rubrik der Website von der Sitemap aus direkt angesteuert werden kann.

4.6 Zusammenfassung

Im Kontext der linguistischen Beschäftigung mit den neuen Medienformen Hypertext und World Wide Web ist derzeit ein deutlicher Mangel an gesicherten Erkenntnissen zu konstatieren, der in erster Linie auf fehlende empirische Untersuchungen zurückzuführen ist. Entsprechend bleiben die Aussagen in vielen Fällen spekulativ.[204]

Wie die Ausführungen gezeigt haben, erscheint aus textlinguistischer Sicht zum einen die Orientierung an den klassischen Textualitätskriterien von de Beaugrande / Dressler 1981 vielversprechend, da diese Textmerkmale einerseits genügend Freiraum für die Erfassung der eigenen Qualitäten und Funktionalitäten von Hypertext lassen, andererseits aber notwendige Anknüpfungspunkte an traditionelle Sprach- bzw. Textvorkommen bieten. Als so zentral wie komplex haben sich die Merkmale der Kohäsion und Kohärenz sowie Informativität

[204] Zu diesem Schluß kommt auch Handler 1998 (vgl. S. 150).

erwiesen, zeichnen sich hier doch im Vergleich zu herkömmlich linear organisierten Texten signifikante Unterschiede ab. Besonderes Augenmerk gebührt in diesen Zusammenhängen den Hyperlinks und ihrer Funktionalität.

Außerdem verdient die Textsortenproblematik große Aufmerksamkeit, sind doch Textsortenkonventionen im World Wide Web erst in der Entstehung begriffen. Hier tut sich ein weites linguistisches Betätigungsfeld auf, in dem u. a. die Einstiegsseiten (*Homepages*) der Webangebote eine wichtige Rolle spielen.[205] Ferner ist in diesem Kontext sowie als ein eigenständiges Untersuchungsfeld den für die neuen Medien und besonders das WWW charakteristischen semiotisch komplexen Zeichengebilden – und hier vor allem Text-Bild-Komplexen – ein Untersuchungsschwerpunkt zu widmen.

Als problematisch hat sich wiederholt – und dies ist mindestens z. T. ebenso dem noch vorherrschenden Empiriedefizit geschuldet – die Definition geeigneter Bezugseinheiten für die Beschreibung erwiesen. Ihrer Bestimmung – wie der Entwicklung eines adäquaten Beschreibungsapparates insgesamt – müssen linguistische Bemühungen ebenfalls gelten. Die Frage nach den Bezugseinheiten impliziert zugleich Fragen der Textgrenzen und der Abgrenzung textueller Einheiten, die als potentielle Bezugsgrößen fungieren können.

Festzuhalten ist – allen berechtigten und unberechtigten Vorbehalten dem World Wide Web gegenüber zum Trotz –, daß in diesem Medium Sprache und Kommunikation stattfinden, sich spezifische Formen von Textualität ereignen, die für die Linguistik ein wichtiges und lohnendes Untersuchungsgebiet darstellen. Denn das Medium WWW wird genutzt und hat daher als neues, zusätzliches Element im Medienkanon seine Berechtigung – ohne daß hergebrachte Medien gleich Gefahr liefen, verdrängt zu werden.

Überdies stellt das WWW keine kurzfristige Modeerscheinung dar, denn „der kommunikative Paradigmenwechsel ist längst eingeleitet und unumkehrbar geworden“ (Handler 1998, S. 150). Aufgabe der Linguistik ist es, sich dieses Paradigmenwechsels und der daraus resultierenden Änderungen für die aktuelle Kommunikationspraxis anzunehmen; und dies durchaus auch mit vergleichendem Blick auf WWW-Angebote in anderen Einzelsprachen, um den Entwicklungsstand verschiedensprachlicher kommunikativer Realitäten im Hinblick auf die Umsetzung der durch das World Wide Web hervorgebrachten neuen Kommunikations-, Informations- und damit vor allem Textformen zu ermitteln.

---

[205] Neben Blum / Bucher 1998 (vgl. S. 86) und Bucher 1999 (vgl. S. 15f.) weist auch Handler 1998 (vgl. S. 141) auf die besondere Bedeutung der Einstiegsseite hin.

II Neue Medien – neue Publikationsformen: Eine interlinguale textlinguistische Annäherung

5 Methodische Überlegungen

5.1 Aufgabenstellung und Vorgehensweise

Wie die Ausführungen des vorangegangenen Kapitels verdeutlicht haben, zeichnet sich eine (text)linguistische Beschäftigung mit den durch das Hypertextprinzip geprägten Kommunikationsvorkommen des World Wide Web bislang erst in Ansätzen ab.[207] Von besonderem Interesse sind in einem globalen, auf Anbieter- wie Rezipientenseite von Kommunikationsteilhabern in der ganzen Welt genutzten Medium Textsortenfragen, die ihre Relevanz in mehrerlei Hinsicht entfalten. Denn selbst wenn mit den neuen medialen Möglichkeiten sicher nicht mehr in dem umfassenden Maß experimentiert wird wie noch in den Anfangszeiten des WWW, befinden sich Konventionen doch oft noch in der Entstehung. Dies betrifft nicht nur die Übernahme traditioneller Textsorten und ihre Anpassung an die medialen Möglichkeiten, sondern auch die Ausbildung eigener, genuin mediumsspezifischer Textformen. Insbesondere bei letzteren stellt sich zudem die Frage nach der Textsortenrealisierung in verschiedenen Einzelsprachen, woraus sich als Aufgabe die Ermittlung interlingualer Unterschiede und Gemeinsamkeiten bei der Vertextung von potentiell globalen Kommunikationsaufgaben ergibt.[208]

Derartigen Fragen will die vorliegende Arbeit am Beispiel der mediumsspezifischen Textsorte HOMEPAGE nachgehen, die weltweit einen festen isolierbaren Bestandteil der Informationsangebote im World Wide Web bildet. Ziel ist, die Homepage anhand verschiedensprachlicher Textsortenexemplare textlinguistisch zu verorten sowie im Hinblick auf Textsortenkonventionen und Vertextungsstrategien vergleichend zu untersuchen, dabei mit Augenmerk sowohl auf einzelsprachspezifische als auch mögliche übereinzelsprachliche Textausprägungen.

Die Analyse erfolgt corpusbasiert[209] sowie gegenstandsbezogen am Beispiel deutscher und russischer Unternehmenspräsenzen bzw. genauer anhand deren Homepages im World Wide Web. Für den Sachbereich „Unternehmenspräsentation" spricht zum einen, daß die virtuellen Unternehmensauftritte erkennbar autorisiert sind und somit davon auszugehen ist, daß sie ernstgemeinte und ver-

---

207 Auch Eckkrammer / Eder 2000 halten fest: „Trotz der erwähnten begrüßenswerten Ansätze hält sich die Linguistik im allgemeinen äußerst bedeckt in bezug auf die virtuelle Textualität [...]" (S. 41).

208 Ebenso verweisen Jakobs 1998 und Handler 1998 im Zusammenhang mit der WWW-Kommunikation auf die Notwendigkeit kontrastiver bzw. interkulturell vergleichender Arbeiten (vgl. Jakobs 1998, S. 108, und Handler 1998, S. 150).

209 Die Corpuserstellung wird in Abschnitt 5.3 erläutert.

trauenswürdige Informationsangebote darstellen – ein Faktor, der in einem Medium, in dem beliebige Institutionen und Personen als Emittenten in Erscheinung (oder gerade nicht in Erscheinung) treten können, nicht zu unterschätzen ist. Außerdem handelt es sich um einen etablierten Angebotstyp und nicht um eine virtuelle Modeerscheinung, gehörten Unternehmen doch nach den Pionieren aus Forschungseinrichtungen und Universitäten zu den ersten, die das World Wide Web als eine zusätzliche Informations- und Werbeplattform für sich entdeckten. Entsprechend dürften sich Präsentationskonventionen und kommunikative Routinen[210] inzwischen soweit herausgebildet und verfestigt haben, daß zumindest einigen Kommunikaten, auch und vor allem der Homepage, durchaus Textsortenstatus und somit ein gewisses Maß an kommunikativer Konventionalisierung und Musterhaftigkeit zugesprochen werden kann.

Die Bearbeitung einer Fragestellung wie der hier gewählten kann einen Beitrag zu einer kontrastiven Textologie leisten, welche sich angesichts des durch die Globalisierung bedingten und durch das Internet forcierten „Zusammenrückens" verschiedensprachiger Sprachteilhaber vor besondere Herausforderungen gestellt sieht. Den Textvorkommen in den Online-Medien können sich weder die Linguistik im ganzen noch die Text(sorten)linguistik im besonderen noch die kontrastiven Disziplinen verschließen, denn hier ergibt sich ein weites Betätigungsfeld, in dem vor allem kontrastiv angelegte Arbeiten dazu beitragen können, die Mechanismen, nach denen die Kommunikation in einem weltweiten Medium erfolgt, aufzudecken und zu beschreiben. Denn ebendiese Erfassung und Beschreibung der Online-Textvorkommen ist vor dem Hintergrund des konstatierten Empiriedefizites vordringlich notwendig und impliziert ein empirisch-induktives Vorgehen, welches das einzelne Textsortenexemplar zum Ausgangspunkt macht. Um so mehr ist ein *bottom-up*-Verfahren vonnöten, wenn wie hier im Zusammenhang mit der Textsortenbeschreibung texttypologische Fragen eine Rolle spielen.[211]

Den Ausgangspunkt für den hier zu leistenden interlingualen Text(sorten)-vergleich bilden Unternehmenshomepages in deutscher und russischer Realisierung, ohne daß sie zueinander in einer Übersetzungsrelation stehen. Vielmehr liegt der Analyse ein Corpus aus parallelen Originaltexten zugrunde, welche

---

[210] Adamzik 1995 beschreibt Textsorten als kommunikative Routinen auf Textebene (vgl. S. 28).

[211] Vgl. hierzu z. B. Fix 1999, S. 12f. Lamprecht 2000b fordert ausdrücklich, „daß im Forschungsfeld ‚Internet' zunächst bottom-up vorgegangen wird, d. h. seine Textvorkommen ausreichend erfaßt und beschrieben werden (was bisher erst in Ansätzen erfolgt ist), ehe weitreichende theoretische Verallgemeinerungen vorgenommen werden können" (S. 147).

Äquivalenzpaare bilden und so eine adäquate Ermittlung gemeinsamer wie unterschiedlicher Text- und Textsortenmerkmale gewährleisten (vgl. Grigorjeva 1997, S. 2).

Die erste Annäherung an den Gegenstand erfolgt zunächst auf dem Weg einer typenbildenden Strukturierung des erhobenen Corpusmaterials nach formalen und funktionalen Differenzierungskriterien. Ergebnis ist eine heuristische Typologie der deutschen und russischen Unternehmenshomepages, die mit Blick auf mögliche Gemeinsamkeiten und Unterschiede bereits erste richtungsweisende Anhaltspunkte erkennen läßt. Den Untersuchungsschwerpunkt bildet im Anschluß die eigentliche textlinguistische Analyse, die auf der Methode des interlingualen Textvergleichs basiert. Die hiermit verbundene Vorgehensweise sieht zunächst die jeweils intralingual auf die Textexemplare einer Sprache gerichtete Textanalyse vor, bevor die Ergebnisse beider Einzelanalysen im interlingualen Vergleich zusammengeführt werden.[212] Entsprechend werden zuerst die deutschen und nachfolgend die russischen Unternehmenshomepages jeweils intralingual analysiert und verglichen. Bei der interlingualen Konfrontation der Befunde bilden die Gegebenheiten im deutschen Teilcorpus den Bezugspunkt, gleichsam die Folie, auf die die russischen Konstellationen abgebildet werden.

Bei der Textanalyse[213] ist die auf die Erfassung textueller Strukturmerkmale zielende produktbezogene Sichtweise auf das WWW-Kommunikat UNTERNEHMENSHOMEPAGE leitend. Ergänzt wird sie durch eine rezipientenfokussierte Perspektive, die durch die Berücksichtigung von Rezeptionsmomenten notwendig in die Nähe einer prozeßbezogenen[214] Betrachtung gerät. Dieser Blickwinkel wird aber nicht systematisch, d. h. nicht im Sinn eines umfassenden, kognitiv orientierten prozeduralen Textbeschreibungsmodells[215] verfolgt, wie es z. B. de Beaugrande / Dressler 1981 vorstellen. Dennoch lassen sich insbesondere rezeptionsorientierte und insofern prozeßhafte Momente nicht ausblenden: Vor allem die spezifische Interaktivität des Mediums sowie die Funktionalität der Homepage im besonderen stehen der konsequenten Trennung von produkt- und prozeßbezogener Analyse offensichtlich entgegen und sprechen vielmehr für eine integrative Sichtweise.

---

212 Zum Vorgehen beim interlingualen Textvergleich vgl. Krause 2000c, S. 143.

213 Nach welchen Kriterien die Analyse im einzelnen erfolgt, wird in Abschnitt 6.2.2 dargelegt.

214 Zur Unterscheidung von Text als Produkt und als Prozeß vgl. z. B. Vater 1994, S. 31, in bezug auf Aspekte der Kohärenz in Text und Hypertext, wie gesehen, auch Storrer 1999a, S. 40 - 47.

215 Vgl. de Beaugrande / Dressler 1981, S. 32 - 49, außerdem Heinemann / Viehweger 1991, S. 74 - 77.

Wie notwendig eine rezipientenzentrierte textlinguistische Perspektive auf Online-Textvorkommen ist, illustriert überdies eigens der sich an den interlingualen Textvergleich anschließende Abschnitt, der die textanalytische Sichtweise umkehrt und Ansatzpunkte für die linguistische Evaluierung von Unternehmenshomepages aufzeigt. Auf diese Weise können die Befunde des Textsortenvergleichs für die Produktion, die Erstellung von Homepages nutzbar gemacht werden. Denn auch und gerade hier ist die Linguistik gefordert, den Prozeß der Ausbildung neuer Kommunikations- und Textformen zu begleiten und im Sinn der Wahrung rezipientenseitiger kommunikativer Bedürfnisse zu unterstützen.

5.2 Mediale und textlinguistische Implikationen

Das auf dem Internet aufsetzende hypertextbasierte World Wide Web ermöglicht eine neue Darstellungsform, in der sich Inhalte multimedialer Art vernetzt präsentieren. Stellt sich das WWW in seiner weltweiten Vernetztheit auf den ersten Blick häufig als unstrukturiert (pessimistischere Stimmen würden sagen: chaotisch) dar, so ist innerhalb des Mediums doch eine formale Gliederungs- und Organisationseinheit auszumachen, die sich zugleich als eine neue, WWW-spezifische Publikationsform beschreiben läßt: die Website (russ.: вебсайт / vebsajt). Das World Wide Web besteht aus unzähligen dieser Struktureinheiten, die oft verkürzend nur als *Sites* (russ.: *сайты / sajty*) bezeichnet werden. Doch was verbirgt sich hinter diesem leicht mit dt. *Seite* zu verwechselnden Terminus?[216] Werner / Stephan 1998 geben hierzu folgende Auskunft:

> **Site**
> Bezeichnung für die im *WWW* von einem *Server* verwalteten Dokumente, also seine *Homepage* und alle darunterliegenden *Seiten* mit dazugehörigen Graphiken, Soundfiles etc. Auf deutsch übersetzt könnte man etwa WWW-*Präsenz* sagen. (Werner / Stephan 1998, S. 225; Hervorhebungen im Original)

Dieser Definition entsprechend soll unter einer *Website* hier der im World Wide Web unter einer Domäne, z. B. http://www.beiersdorf.de, zusammengefaßte, oft umfangreiche und sich in einzelne, untereinander durch Hyperlinks verbundene *Webseiten* gliedernde Inhalt verstanden werden. Die Web*site* konstituiert einen

216 Daß diese Verwechslung tatsächlich nicht selten vorkommt, lassen allein zwei dem Corpusmaterial entstammende Beispiele erahnen. Auf der Homepage der Bayer AG ist zu lesen: „Informationen zum aktuellen Streckenplan, Fotos und einen kurzen Film vom ‚Roll out' der Aspirin-Lok finden Sie auf unserer Seite www.bayerlok.de." Die EnBW Energie Baden-Württemberg AG kündigt auf ihrer Homepage an: „Eine speziell auf die Bedürfnisse unserer Kunden in Österreich zugeschnittene Seite finden Sie unter www.enbw.at."

Hypertext und besteht aus einzelnen Web*seiten* oder Web*dokumenten*, entsprechend den aus der Hypertextterminologie bekannten *Knoten*.

Die Webseiten bilden die kleinste formale Gliederungseinheit des World Wide Web. Sie können grundlegend in Informationsseiten und Navigationsseiten (resp. -knoten) unterschieden werden (vgl. Divišek 1996, S. 42f). Erstere haben die Vermittlung inhaltlicher Informationen zur Aufgabe, während letztere, die auch als *Übersichtsseiten* bezeichnet werden, als Wegweiser zu den Informationsseiten fungieren. So elementar diese dichotome Differenzierung ist, in der Praxis erweist sie sich eher als ein theoretisches Konstrukt, das zwar bei der Konzipierung von Websites ein wichtiges Hilfsmittel bilden könnte, der tatsächlichen Realität im WWW aber meist nicht gerecht wird. Denn dort treten beide Funktionen häufig kombiniert auf, so daß sich einzelne Seiten oft nicht trennscharf als Navigations- oder Informationsseite bestimmen lassen. Gleichwohl sind hiermit die beiden Grundfunktionen von Webseiten benannt, die für unseren Zusammenhang ebenfalls von Bedeutung sind: Der genuine bzw. Primärcharakter der Homepage ist der einer Übersichts- oder Navigationsseite.[217]

Eine Website läßt sich als ein Verbund von Dokumenten beschreiben, vergleichbar z. B. einem Sammelband mit einzelnen Beiträgen. Sammelbandbeiträge stehen in einem irgendwie gearteten Zusammenhang, sei es, daß es sich um verschiedene Arbeiten eines Autors oder aber um Abhandlungen verschiedener Autoren zu einem sich im Sammelbandtitel spiegelnden Rahmenthema handelt. Hinter beiden Varianten der Publikationsform Sammelband steht eine veröffentlichende Instanz, im ersten Fall etwa der Autor selbst oder ein Herausgeber, im zweiten ein oder mehrere Herausgeber. Im Fall der oben genannten Website bildet die veröffentlichende und damit die Inhalte der Site autorisierende Instanz zugleich den Gegenstand der Publikation: das in der Chemiebranche tätige Unternehmen Beiersdorf. Die Beiersdorf AG hat sich unter der Adresse www. beiersdorf.de ihren Platz im WWW reserviert, um sich hier – gleichsam als virtueller Ableger des real existierenden Unternehmens[218] – zu präsentieren, womit sich auch der in der obigen Definition genannte Terminus *WWW-Präsenz* (russ.: *web представительство*[219] / *web predstavitel'stvo*) als durchaus adäquates Synonym für *Website* erweist.

Da in dieser Arbeit die vergleichende Beschreibung der spezifischen Webseite und Textsorte HOMEPAGE im Zentrum steht, ist zunächst die Website als das übergeordnete Kommunikat, in das, wie sich der angeführten Definition ent-

---

217 Vgl. hierzu auch Divišek 1996: „Die Homepage [...] hat als erste Zielsetzung Navigationscharakter“ (S. 50).

218 Entsprechend findet sich die Beiersdorf-Niederlassung im WWW auf der Homepage als *Beiersdorf-Online* benannt (Stand vom 22.10.1999).

219 представительство / predstavitel'stvo = Vertretung.

nehmen läßt, die Homepage obligatorisch eingebunden ist, textlinguistisch einzuordnen und zu charakterisieren. Hierzu sollen in einem ersten – und vorläufig bleibenden – Angang einige wenige Merkmale, die für herkömmliche, primär monolinear organisierte Texte gelten, auf die Website übertragen und in ihrer Anwendbarkeit erörtert werden. Ausdrücklich nicht beabsichtigt ist hiermit eine Diskussion des Textbegriffs und von Fragen der Textdefinition, wie sie sich aus Sicht der Textlinguistik u. a. angesichts der neuen elektronischen Medien allenthalben aufzudrängen scheint.

Entsprechend bildet keine fest umrissene Textdefinition den Ausgangspunkt. Geeigneter erscheint vielmehr ein offener Merkmalskatalog in der Art, wie ihn Engel 1996 für Texte aufstellt. Er sieht Texte durch folgende vier Qualitäten charakterisiert:

1) Texte sind Geflechte von Äußerungen.
2) Texte sind konnex.
3) Texte haben eine nachvollziehbare Struktur.
4) Texte sind sortenspezifisch.[220]

Aussage (1) impliziert, daß es sich bei Texten um komplex strukturierte („Geflechte") kommunikative („Äußerungen") Einheiten handelt. Offen bleibt, welcher Art von Zeichen sich die Texte resp. Äußerungen bedienen, so daß neben sprachlichen z. B. audiovisuelle Zeichen mitgemeint sind, wie sie für das multimediale WWW typisch sind. Damit liegt hier eine weite Textauffassung vor, die auch semiotisch komplexen Kommunikaten gerecht wird. Einschränkend ist anzumerken, daß Engel 1996 selbst die Merkmale ausdrücklich auf sprachliche Verständigung bezogen verstanden wissen will; den Ausgangspunkt seiner Überlegungen bildet dabei die Überzeugung: „Sprachliche Verständigung kann nur in Texten erfolgen" (S. 33). Für unseren Zusammenhang läßt sich diese Aussage durch Eliminierung von *sprachliche* leicht optimieren: Verständigung kann nur in Texten erfolgen. Im übrigen kommt Kommunikation auch im World Wide Web nicht ohne Sprachzeichen aus.

Aussage (2) verweist auf d a s zentrale Textmerkmal[221], das mindestens implizit die meisten Textdefinitionen prägt und den Sinnzusammenhang, den inneren Zusammenhalt eines Textes meint: die Kohärenz[222]. Sie macht einen Text zu

220 Engel 1996, S. 33. Numerierung hinzugefügt, D. S.

221 So postuliert schon Jelitte 1978, der primär russischsprachige Texte im Blick hat: „Die Kohärenz ist [...] nicht nur Voraussetzung, sondern auch unabdingbares Element und Merkmal eines jeden Textes" (S. 7).

222 Engel 1996 verwendet den Terminus *Konnexion* und behandelt unter dieser Überschrift diejenigen Elemente, die in der Textlinguistik als kohäsive oder Kohäsionsmittel bekannt sind. Sie fungieren als Indikatoren für Kohärenz. Engel 1996 subsumiert die beiden Tex-

einer durch Sinnkontinuität ausgezeichneten, komplexen kommunikativen Einheit und ist, wie gesehen, auch in Hypertexten resp. Websites konstitutiv.

Sinnkontinuität resp. Kohärenz können an der Textoberfläche in der beschriebenen Kohäsion einen sprachlichen Ausdruck finden, in jenen textverknüpfenden Mitteln, in denen sich die zwischen Textelementen bestehenden Abhängigkeitsbeziehungen (text)grammatisch bzw. syntaktisch manifestieren. Wenngleich einige Autoren, darunter Engel 1996 selbst oder Brinker 1997, nicht durchgängig auf der Bezeichnungsebene zwischen Kohäsion und Kohärenz unterscheiden, soll im folgenden dennoch an dieser Differenzierung festgehalten werden. Dabei wird der „enge Zusammenhang zwischen expliziten (morphologisch-syntaktischen) und impliziten (semantisch-kognitiven) Formen textueller Kohärenz“[223] gleichwohl gesehen, ist doch z. B. allein bei dem Kohäsionsmittel der Substitution von Bezugsausdrücken durch koreferierende Synonyme, Hyponyme oder Hyperonyme die semantische Dimension unübersehbar[224].

Übertragen auf Hypertexte resp. Websites verweist die in Feststellung (3) genannte Eigenschaft der nachvollziehbaren Struktur auf einen Problemkomplex, der die Kommunikation im World Wide Web in besonderem Maß kennzeichnet. Wenn ein Text im Idealfall eine nachvollziehbare Struktur aufweist, beinhaltet dies zugleich, daß er sich als eine begrenzte, in seiner Ganzheit wahrnehmbare Einheit darstellt. Gerade diese Vorstellung bzw. intuitive Erwartung von äußerer und korrespondierender innerer Einheit, die sich zu Recht aus den Erfahrungen im Umgang mit nicht-hypertextuellen Printtexten ableitet, ist bei den im WWW anzutreffenden Kommunikationsprodukten problematisch: Im Vergleich zu Printtexten besteht bei Websites eine deutliche Diskrepanz zwischen äußerer und innerer, inhaltlicher Einheit. Beide sind nicht deckungsgleich, denn aufgrund der Zergliederung des zu präsentierenden Inhalts in gesonderte Segmente und deren Verteilung auf einzelne Webseiten tritt die gewohnte äußere Ganzheit (wie sie z. B. ein Buch mit seinem von zwei Buchdeckeln eingefaßten ‘Inhalt’ schon physisch signalisiert) zugunsten einer stark differenzierten Vielheit zu-

---

tualitätskriterien Kohäsion und Kohärenz unter den Terminus *Konnexion* (vgl. dazu seine Erläuterungen auf S. 33f. und S. 80).

223 Brinker 1997, S. 18, Anmerkung 18. Brinker 1997 unterscheidet ebenfalls zwar in der Sache, nicht aber terminologisch zwischen Kohäsion und Kohärenz. Er geht „von einem umfassenden Kohärenzkonzept aus, das nach verschiedenen Aspekten (grammatisch, thematisch, pragmatisch; explizit, implizit usw.) differenziert wird“ (S. 18, Anmerkung 18). Die grammatischen Bedingungen der Textkohärenz, zu denen Brinker 1997 u. a. die Wiederaufnahmestruktur zählt, werden vielfach als Kohäsion gefaßt und entsprechend als kohäsive Mittel bezeichnet.

224 Vgl. hierzu Linke / Nussbaumer / Portmann 1994, S. 216f. Zu weiteren Kohäsionsmitteln in Texten vgl. z. B. Linke / Nussbaumer / Portmann 1994, S. 215 - 223, Vater 1994, S. 32 - 41, und de Beaugrande / Dressler 1981, S. 50 - 87, für einen Überblick S. 51.

rück. Textualität präsentiert sich gleichsam verteilt, wobei gleichwohl ein inhaltlicher Zusammenhalt zwischen den Einzeldokumenten besteht, gestiftet und signalisiert durch die knotenübergreifend als Kohäsionsmittel wirkenden Hyperlinks.

Insbesondere die von Engel 1996 für Texte geforderte Nachvollziehbarkeit der Struktur stellt für Hypertexte bzw. Websites ein besonderes Problem dar, das in der Hypertextforschung, wie oben schon angedeutet, unter Stichwörtern wie *Orientierungsverlust*, *Desorientierung* und *lost in hyperspace* diskutiert wird. Websites stellen sich oft als stark differenzierte, komplex vernetzte Gebilde dar, deren Strukturiertheit aber für den Rezipienten oft nicht nachvollziehbar, weil in ihrer Gesamtheit nicht überschaubar ist.

Im Hinblick schließlich auf die in Aussage (4) von Engel 1996 angeführte Sortenspezifik von Texten sei an dieser Stelle soviel festgehalten: Gemäß Brinker 1997 kann die WWW-spezifische Struktureinheit Website als Kommunikationsform bestimmt werden, vergleichbar der von Brinker 1997 exemplarisch angeführten Fernseh- oder Rundfunksendung (vgl. S. 135). Mit diesen wie den übrigen dort genannten Kommunikationsformen verbindet die Website die Gemeinsamkeit, allein in situativer bzw. medialer Hinsicht festgelegt, weder aber thematisch-inhaltlich noch kommunikativ-funktional markiert zu sein.[225]

Hinsichtlich der weiteren Brinkerschen Parameter läßt sich die Online-Kommunikationsform WEBSITE wie folgt beschreiben: Die Kommunikationsrichtung ist primär als monologisch bzw. mit Blick auf den für das WWW geltend zu machenden Status eines Massenmediums als polylogisch[226] zu charakterisieren. Der durch die Website vermittelte Kontakt zwischen Emittent und Rezipient erfolgt zeitversetzt und räumlich getrennt und wird dominant durch das Medium Schrift vermittelt. Daneben finden Bildzeichen ausgeprägte Verwendung, seltener werden akustisch wahrnehmbare Signale realisiert, z. B. in Form einer Begrüßungsmelodie, die den Nutzer auf der Homepage empfängt. Somit kann der Kanon der traditionellen, etablierten Kommunikationsformen als um eine neue, eigenständige Online-Kommunikationsform WEBSITE erweitert betrachtet werden.[227] Anders als z. B. die E-Mail, die als Online-Ableger der Kommunika-

---

[225] S. hierzu z. B. die Einleitung „Aspekte und Perspektiven der Textsortenlinguistik“ in Adamzik 1995, in der die Autorin darauf verweist, daß „insbesondere solche Klassen [von Texten, Anm. D.S.], die nur über das Medium, den Funktionstyp oder den Themenbehandlungstyp spezifiziert sind“ (S. 18), terminologisch oft als Kommunikationsformen oder -arten gefaßt werden (vgl. S. 18).

[226] In Abhängigkeit von der Partnerkonstellation differenziert Krause 2000a in mono-, dia- und polylogische Textsorten (vgl. S. 27).

[227] In diese Richtung gehen auch die Überlegungen von Bickel 1998, der auf einer übergeordneten Betrachtungsebene das World Wide Web als eine neue Kommunikationsform ansetzt (vgl. S. 215). Lamprecht 2000b spricht im Zusammenhang mit der Entwicklung

tionsform Brief gelten kann, hat die Website unter den Offline-Medien kein unmittelbares Vorbild.

Zur Textsorte wird die Kommunikationsform WEBSITE z. B. durch thematisch-inhaltliche Spezifizierung, indem sie sich etwa als Universitäts- oder eben Unternehmenswebsite präsentiert. Als solche enthält die Site selbst wiederum verschiedene Textsorten, für die sie, ähnlich wie das Fernsehen oder die Zeitung, als Trägerstruktur fungiert. Unabhängig von einer thematisch-inhaltlichen Spezifizierung sind für das WWW einige Textsorten als Teiltextsorten der Website spezifisch: An erster Stelle ist die Homepage zu nennen, ferner die Sitemap sowie die Frequently asked questions (FAQs). Daß diese potentiell globalen Charakter haben, zeigt sich daran, daß sie auch in russischen Websites vorkommen. Hier firmieren diese Teiltexte u. a. unter folgenden Bezeichnungsäquivalenten: *домашняя страница* (*domašnjaja stranica / Homepage*), *карта сайта* (*karta sajta / Sitemap*) und *часто задаваемые вопросы* (*často zadavaemye voprosy / häufig gestellte Fragen*).

5.3 Materialerhebung

Es ist unbestritten, daß die gegenwärtigen, durch die neuen Informations- und Kommunikationstechnologien bereitgestellten technischen Möglichkeiten für die corpusbasierte Arbeit insbesondere mit sehr großen Textmengen erhebliche Vorteile mit sich gebracht haben – zu denken ist allein daran, wie zahlreich und zunehmend ganze Jahrgänge von Zeitungen und Zeitschriften als Volltextversionen über das WWW zugänglich gemacht werden oder gespeichert auf CD-ROM zur Verfügung stehen. Ausgestattet mit komfortablen Suchwerkzeugen, erlauben diese nicht nur quantitativ, sondern auch qualitativ veränderte Arbeitsweisen, die nicht zuletzt wissenschaftliche Fragestellungen und Untersuchungen fördern, welche auf der Basis von ausschließlich gedruckt vorliegendem Material nicht bzw. nur mit ganz erheblichem Personal- und Zeitaufwand bearbeitbar waren.

Gleichwohl liegt in der Digitalisierung nicht die Lösung aller Probleme, vielmehr bringt sie eigene Schwierigkeiten mit sich. Entsprechend stehen einer Untersuchung, die Inhalte aus dem World Wide Web als Forschungsgegenstand wählt, spezifische, vornehmlich medienbedingte Widerstände entgegen. Eine erste Konsequenz für die Corpuserstellung resultiert aus der als medialer Zusatz-

---

neuer Medien, insbesondere des Internet, ebenfalls von einer „Ausdifferenzierung der Kommunikationsformen" (S. 145). Er bezieht sich dabei allerdings nicht auf die Informationspräsentation im World Wide Web, sondern behandelt die Kommunikationsdienste E-Mail, Diskussionsforen (Newsgroups) und Chat.

nutzen vielgerühmten Aktualität der im WWW bereitgestellten Inhalte. Aktualisierungen sind hier jederzeit und – liegt das Material erst in der erforderlichen HTML-Kodierung vor – ohne größeren Aufwand möglich; nicht umsonst sind z. B. Zeitungen mit der je tagesaktuellen Online-Ausgabe zahlreich im Netz vertreten. Die Möglichkeit zur schnellen Aktualisierung ihrer Angebote nutzen auch die im Web vertretenen Unternehmen, wenngleich nicht mit der Frequenz, wie sie bei den von Tageszeitungen oder gar Nachrichtenagenturen ins Netz gestellten Informationen geboten ist.

Diese dem Medium eingeschriebene Kurzlebigkeit der Inhalte macht eine Fixierung des zu untersuchenden Materials zu einem Zeitpunkt und eine etwaigen Aktualisierungen entzogene Archivierung außerhalb des WWW erforderlich, nicht zuletzt, um den Untersuchungsgegenstand intersubjektiv zugänglich und nachprüfbar zu halten. In unserem Fall betrifft eine solche Archivierung die Angebote resp. Websites, mit denen sich Unternehmen im Netz präsentieren. Denn obwohl sich diese Untersuchung auf einen spezifischen Ausschnitt einer Website konzentriert, ist es für eine adäquate Analyse unabdingbar, neben der Homepage auch die ihr nachgeschalteten Seiten offline einsehen und insbesondere die Verlinkung nachverfolgen zu können.

Der Wunsch, Inhalte aus dem WWW außerhalb des Mediums, z. B. auf dem eigenen Rechner zur Verfügung zu haben, ist nicht neu und resultiert u. a. auch aus den für die Online-Verbindung zum Netz anfallenden Telefongebühren und dem Bestreben, diese möglichst gering zu halten. Dementsprechend sind Browserprogramme wie der Netscape Navigator und der Microsoft Internet Explorer mit einer Funktion „Speichern unter…“ ausgestattet, die das Abspeichern einzelner Webseiten auf der eigenen Festplatte erlaubt. Weitaus schwieriger, in unserem Fall aber unverzichtbar ist es hingegen, zusammenhängende Webseiten unter Beibehaltung der Verlinkung herunterzuladen. Immerhin existiert zur Lösung bzw. besser: Verminderung dieses Problems Software in Form von sogenannten Offline Browsern, die es – zumindest theoretisch – ermöglichen, Websites als Ganze automatisch und mit allen Hyperlinks internetextern zu archivieren. Derartige Programme stellen eine unschätzbare Hilfe dar, denn ohne sie wären Untersuchungsvorhaben wie dieses kaum durchzuführen.

Dennoch: Ein „Allheilmittel ohne Nebenwirkungen“ ist diese Software nicht, denn die praktische Anwendung zeigt, daß der Download einer Website nur in seltenen Fällen fast fehlerfrei gelingt. Schwierigkeiten verursachen u. a. Abbildungen und andere Designelemente, die sich einem Download mitunter entziehen, was z. T. zu so fehlerhaften Ergebnissen führt, daß die Seiten für eine Analyse unbrauchbar sind. Andere Webseiten werden beim automatischen Download gar nicht erfaßt, so daß in der Offline-Fassung der Site einzelne (oder sogar sehr viele) Hyperlinks ins Leere laufen. Dies sind zwar erhebliche Defizite, doch sind sie technisch bedingt und gegenwärtig offensichtlich nicht zu beheben. Dies ist auch der Literatur wiederholt zu entnehmen:

> „Die Dokumentation des Untersuchungsmaterials ist das gegenwärtig wohl größte Problem. Eine Archivierung ist notwendig zur intersubjektiven Überprüfbarkeit der Ergebnisse. [...] Tests mit Software, die automatisch zu bestimmten Zeitpunkten Webpages abruft und speichert [...], führten im Rahmen des Projekts „Online – Die Zukunft der Zeitung?" zu unbefriedigenden Ergebnissen (unvollständiger Abruf, lange Ladezeiten, keine Möglichkeit zur exakten Eingrenzung des gewünschten Materials)."[228]

Neben technischen Schwierigkeiten ist ein weiterer, außerhalb des WWW und vor der eigentlichen Materialerhebung liegender Problemkomplex für die Aufgabe der Corpusbildung konstitutiv: die Frage nach den Auswahlkriterien für die zu untersuchenden Websites. Da am Beispiel der Informationsangebote deutscher und russischer Unternehmen reale Sprach- resp. Kommunikationsvorkommen im WWW zu untersuchen sind, erscheint eine Vorselektion des Materials nach medien- bzw. hypertextbedingten Kriterien wenig sinnvoll. Merkmale wie eine spezifische Art der Verlinkung oder ein festgelegtes Vorkommen bestimmter Textformen wie der von Storrer 1999a unterschiedenen E-Texte, Hypertexte und Hypertextnetze sollen daher nicht im Vorhinein zu Einschränkungen führen, die den kommunikativen Realitäten im Netz möglicherweise nicht gerecht werden.

Ebensowenig angeraten erscheint aufgrund zu erwartender nur geringer Variationsspielräume in der thematisch-inhaltlichen Ausgestaltung der Websites und Homepages die Beschränkung auf Unternehmen nur einer Branche. Diese Prämisse trat im Zuge der Erstellung eines testweisen Pre-Corpus zutage, die vor allem der Erprobung von Offline-Browser-Software diente und zugleich zur thematisch-inhaltlichen Konsolidierung des Corpusmaterials beitrug. Den Branchenschwerpunkt bildeten hier deutsche und russische Unternehmen aus dem IT-Sektor, doch erwies sich eine derartige thematisch-inhaltliche Eingrenzung des Materials als unbefriedigend.

Aus diesen Gründen wurden zur Auswahl der Unternehmen Firmenranglisten herangezogen, wie sie für die umsatzstärksten deutschen Firmen u. a. von der Tageszeitung DIE WELT jährlich veröffentlicht werden. Als Basis diente hier die Rangliste „Die 500 größten Unternehmen in Deutschland" von 1998.[229] Desgleichen werden derartige Ranglisten für russische Firmen erstellt und z. B. von

---

228 Neuberger 1999, S. 248. Auf die beschriebenen Probleme bei der Archivierung von WWW-Angeboten verweisen des weiteren Rengelshausen / Rohani 1999, S. 2, Rössler 1997, S. 258f., und Werner 1997, S. 230.

229 Im Netz zu finden unter http://www.welt.de/wirtschaft/ranglisten/ (Stand vom 04.04. 2000). Die Liste kann online eingesehen oder als Excel-Datei heruntergeladen werden.

dem wöchentlich erscheinenden Wirtschaftsmagazin ЭКСПЕРТ (ĖKSPERT / DER EXPERTE) veröffentlicht. Der Download der russischen Firmenwebsites erfolgte auf der Grundlage der „Rangliste der 200 umsatzstärksten Firmen von 1999“[230].

Das Herunterladen[231] der Websites, durchgeführt mit dem Programm Webcopier[232] in der Version 2.01, wurde anhand dieser Ranglisten vorgenommen, wobei das primär entscheidende Auswahlkriterium nach Abschluß des Downloadvorgangs die möglichst fehlerfreie Offline-Version der Website sein mußte. Erst nachgeordnet konnte daher das Kriterium der Branchenzugehörigkeit der Firmen in die Auswahl einbezogen werden. Hierzu ist überdies anzumerken, daß die Zusammenstellung der 200 größten russischen Unternehmen hier insofern eine Vorgabe macht, als die Betriebe vorherrschend in der Schwerindustrie angesiedelt sind. Demgegenüber ist das Branchenspektrum der deutschen Firmen, auch wenn zu Vergleichszwecken ebenfalls nur die ersten 200 der Rangliste in den Blick genommen werden, deutlich breiter gestreut: Neben technischen Firmen aus den Bereichen Automobil, Elektronik, Energie und Maschinenbau sind Branchen wie Logistik, Handel und Medien einbezogen. Die Branchenzugehörigkeit der größten russischen Firmen konzentriert sich dagegen im wesentlichen auf die Bereiche Metallurgie, Erdöl- und Erdgasindustrie, Chemie und Petrolchemie, Maschinenbau, Bergbau und Holzverarbeitung, so daß aus Vergleichbarkeitsgründen versucht wurde, deutsche Firmen aus denselben oder ähnlichen Branchen in das Corpus zu integrieren.

In dem Zeitraum von Mai bis September 2000 wurden insgesamt 105 Websites erhoben, von denen 55 auf deutsche und 50 auf russische Firmen entfallen. Eine Übersicht, die die Unternehmen samt Branchenzugehörigkeit, WWW-Adresse und Erhebungsdatum verzeichnet, befindet sich im Anhang der Arbeit. Branchenspektrum und -verteilung erschließen die nachstehenden Übersichten:

---

[230] Рейтинг крупнейших компаний России по объёму реализации продукции (Rejting krupnejšich kompanij Rossii po ob"ëmu realizacii produkcii). Die Rangliste findet sich unter http://www.raexpert.ru/Expert/200-99/ und steht gleichfalls in einer HTML-Version für die Online-Einsichtnahme sowie in Form von Excel-Dateien zur Verfügung (Stand vom 05.05.2000). Hier werden verschiedene Ranglisten angeboten, in denen die Firmen nach unterschiedlichen Kriterien bewertet und geordnet sind. Auch sind Einzelaufstellungen der größten Firmen einzelner Branchen wie der Energiewirtschaft (электроэнергетика / ėlektroėnergetika) oder der Telekommunikation (связь / svjaz') vorhanden.

[231] Die russischen Unternehmen betreffend war ein zusätzlicher Zwischenschritt erforderlich: die Ermittlung der WWW-Adressen, welche für die deutschen Firmen in der Rangliste der WELT verzeichnet sind. Als geeignete Suchwerkzeuge erwiesen sich der Katalog unter http://www.list.ru sowie ein alphabetisches Verzeichnis russischer Websites unter http://www.sites.ru.

[232] Als freies Programm erhältlich unter http://www.maximumsoft.com (Stand vom 06.09.2000).

Branche	Anzahl Unternehmen (de)
Maschinenbau	9
Chemie, Pharma	7
Handel	7
Metallverarbeitung, Stahlproduktion	7
Lebensmittel	6
Mineralöl	5
Bau	4
Energie	4
Bergbau	2
EDV	2
Logistik	2
gesamt	55

Branchenspektrum und -verteilung der deutschen Unternehmen

Branche	Anzahl Unternehmen (ru)
Metallurgie	17
Chemie, Petrolchemie	7
Erdöl- und Erdgasindustrie	7
Lebensmittel	6
Maschinenbau	6
Bergbau	4
Energiewirtschaft	3
gesamt	50

Branchenspektrum und -verteilung der russischen Unternehmen

Anzumerken ist, daß es sich bei allen Websites um sogenannte *corporate sites* handelt, die der Vorstellung des jeweiligen Unternehmens dienen – im Unterschied zu den *brand sites*, bei denen die Produkt- und Markenpräsentation im Zentrum steht. Vor allem große und international tätige Firmen gehen vermehrt dazu über, ihren WWW-Auftritt in eine *corporate site* und eine oder mehrere *brand sites* aufzugliedern (vgl. Rengelshausen / Rohani 1999, S. 7). Die Bahlsen KG ist zum Erhebungszeitpunkt z. B. mit der *corporate site* http://www.bahlsen.de und mehreren *brand sites* zu einzelnen Produkten vertreten, darunter http://

www.bahlsen-pickup.de oder http://www.messino.de. Für das Corpus wurden etwaige *brand sites* nicht berücksichtigt, zumal sich die eruierten russischen Anbieter ohnehin auf Netzauftritte in Form von *corporate sites* konzentrieren.

Abschließend noch einige technische Daten: Als Standardbrowser diente der Netscape Navigator in der in den Netscape Communicator 4.7 integrierten Version. Alternativ kam bei Anzeigeproblemen, die offline z. B. bei der Zeichendekodierung der russischen Webseiten gelegentlich auftraten, der MS Internet Explorer in der Version 5.5 zum Einsatz. Bezüglich der Schriftarten und der Farbwiedergabe wurden die Standardeinstellungen (Times New Roman 12, blaue Farbe der Hyperlinks) beibehalten. Sie kommen immer dann zum Tragen, wenn für das jeweils angezeigte Dokument keine eigenen Definitionen dieser Parameter vorhanden sind. Im übrigen wurde allen dokumentspezifischen Einstellungen von Schriftart, Farbe und Hintergrund der Vorrang eingeräumt. Die Anzeige der Webseiten und die Erstellung der Bildschirmabdrucke erfolgten bei einer Auflösung von 800 x 600 Pixeln.

6 Neues Medium – neue Textsorte: Die Homepage

6.1 Deutsche und russische Unternehmenshomepages: Eine heuristische Typologie

„Was ist eigentlich eine Homepage?“ fragt Angelika Storrer in ihrem gleichnamigen, 1999 im Sprachreport des Instituts für deutsche Sprache erschienenen Aufsatz, und diese Frage hat noch nicht an Aktualität eingebüßt, wird man doch als Radiohörer, Zeitungsleser und Fernsehzuschauer unter Angabe der entsprechenden WWW-Adresse nahezu täglich mit Hinweisen wie „Weitere Informationen finden Sie auf unserer Homepage“ oder „Besuchen Sie auch unsere Homepage im Internet“ umworben. Daß eine derartige Verwendung des Terminus *Homepage* mißverständlich, weil unpräzise ist, wird selten konstatiert, macht eine Beantwortung der obigen Frage aber um so dringender. Entsprechend sollen nachfolgende Ausführungen zur Verdeutlichung beitragen, allerdings insofern mit Einschränkungen, als nicht die Homepage im allgemeinen, sondern ihre spezifische Ausprägung als Bestandteil von Unternehmenspräsentationen im WWW im Zentrum steht.

Gleichwohl kann eine Betrachtung des Typs UNTERNEHMENSHOMEPAGE nicht von grundsätzlichen Merkmalen, Aufgaben und Funktionen der Homepage abstrahieren: Mit *Homepage* wird ausschließlich die Anfangsseite eines Angebots im World Wide Web bezeichnet, und nicht, wie die vorgestellte Begriffsverwendung impliziert, das WWW-Angebot in seiner Gesamtheit im Sinne von *Website*. Daß Seme wie 'Anfang' oder 'Einstieg' bei der Verwendung von *Homepage* nicht immer präsent sind, zeigt auch die bei Irlbeck 1998 zu findende Bedeutungsparaphrase, welche die Homepage als „Leitseite eines Anbieters im → World Wide Web (WWW), dem grafischen Teil des → Internet“ (S. 378) ausweist. Diese Begriffsbestimmung läßt unberücksichtigt, daß innerhalb einer Website ebenso Leitseiten existieren können, die thematisch oder funktional abgrenzbaren Teilbereichen der Site als interne Übersichtsseiten vorgeordnet sind. Erhellender wirken hingegen einige gängige deutschsprachige Äquivalente für *Homepage*, die der Bedeutungskomponente 'Anfang' explizit Rechnung tragen und eine lexikalisch-semantische Differenzierung der den Internetdiskurs betreffenden Sprachverwendung leisten: Zu nennen sind vor allem *Start-* und *Einstiegs-* sowie *Begrüßungs-* und *Empfangsseite*.

Es sind vor allem die dem World Wide Web eignende Virtualität sowie das Prinzip der hypertextuellen Verknüpfung von Informationseinheiten, welche der Zugangsseite zu einem Webangebot in mehrerlei Hinsicht besondere Leistungsfähigkeit abverlangen. Storrer 1999b skizziert dieses Anforderungsprofil wie folgt:

> „Eine Homepage fungiert [...] als Einstieg, Wegweiser und zentraler Orientierungspunkt zu einem Hypertext und trägt wesentlich dazu bei, diesen als eigenständige Einheit zu konstituieren und zu identifizieren." (Storrer 1999b, S. 3)

Aus den von Storrer 1999b angeführten Einzelfunktionen der Zugangsvermittlung, Wegweisung und Orientierung läßt sich eine zentrale Grundfunktion der Homepage ableiten: die Vermittlung von Übersicht, sowohl über die Inhalte als auch über wesentliche Strukturmomente einer Website. Diese Grundfunktion hat die Homepage mit dem Typ der site-internen Übersichtsseite gemeinsam.

Bevor es jedoch zu einer Vermittlung von Übersichtswissen kommen kann, muß die Homepage zuvorderst die Aufmerksamkeit des Nutzers auf sich ziehen, sein Interesse wecken und ihn zur Rezeption der auf der Website angebotenen Inhalte veranlassen.[233] Zunächst ist also der Kontakt zum Nutzer herzustellen, was sich als ein komplexes Unterfangen darstellt, denn oft entscheidet sich schon auf der Homepage, ob ein Nutzer weiter in die Informationstiefen einer Website vordringt oder es vorzieht, das Webangebot umgehend wieder zu verlassen.

Zu berücksichtigen ist in diesem Zusammenhang ebenfalls, daß die Nutzer mit unterschiedlichen Intentionen im World Wide Web unterwegs sind; mindestens kann, wie in Abschnitt 4.5 bereits angedeutet, mit Bucher 1999 ein gezieltes Suchvorhaben von einem eher „flanierenden" Stöbern im Netz unterschieden werden. Diesen Bedürfnissen muß eine Homepage Rechnung tragen, indem sie dem Suchenden Instrumente zur Verfügung stellt, die einen direkten und gezielten Informationszugriff ermöglichen, etwa eine Suchfunktion oder eine Sitemap. Den zufälligen Besucher dürften hingegen Aspekte wie ein ansprechendes, übersichtliches Design und unterhaltende Elemente zum anbieterseitig gewünschten Verweilen auf der Website und zu wiederholten Besuchen anhalten.

Primär Designaspekte konstituieren eine weitere Anforderung an die Homepage. Diese besteht darin, den Nutzer unmittelbar beim Einstieg in ein Webangebot mit der Grundgestaltung, die eine Site in der Regel als Ganze prägt, vertraut zu machen. Auch wenn der Nutzer diese eher unbewußt wahrnimmt und sich ihm einige konstitutive Elemente, z. B. die Anordnung der zentralen Navigationsleiste(n), meist erst auf den Folgeseiten erschließen, wird der Grundstein doch auf der Homepage gelegt, wenn diese ein einheitliches und damit letztlich die nutzerseitige Kohärenzzuweisung unterstützendes Erscheinungsbild initiiert.

Insbesondere bei Unternehmenswebsites erfüllt die schon auf der Homepage erkennbare Grundgestaltung der Site noch eine weitere wesentliche Funktion:

---

233 Hypothetischer Ausgangspunkt sei hier der Umstand, daß der Nutzer immer vermittelt über die Homepage Zugang zu einer Website erhält und nicht – beispielsweise über die Ergebnisse einer Suchanfrage bei einem Internetsuchdienst – unmittelbar auf eine Seite innerhalb der Site gelangt.

Sie dient der nach außen gerichteten Kommunikation der dem Unternehmen inhärenten *corporate identity* und ist damit Bestandteil des *corporate design*. Dessen grundlegendes Element ist allen voran der Firmenschriftzug und / oder das Firmenzeichen (Logo), welches in der Regel auf jeder Seite einer Unternehmenswebsite, oft als zur Homepage zurückführender Link oder als Bestandteil des Seitenhintergrundes, anzutreffen ist. Wie im Fall des Chemiekonzerns Bayer AG kann ein solches Element um einen Slogan erweitert sein und ist medienübergreifend[234] zu beobachten:

Bayer

Kompetenz und Verantwortung

Weitere Mittel finden sich auf der Homepage der Beiersdorf AG[235] zur Schaffung bzw. Konsolidierung des *corporate design* eingesetzt. Zu den Elementen, die einen wesentlichen Beitrag zum *corporate design* leisten, gehört zum einen das Firmenlogo, bestehend aus dem Firmennamen, der zugehörigen Initialkürzung BDF sowie einer horizontalen Reihe aus vier Punkten, welche die ehemals vier, heute drei Unternehmenssparten der Beiersdorf AG symbolisieren. Zum anderen ist der Seitenhintergrund der Homepage in blauer Farbe gehalten, die sich auf allen nachfolgenden Seiten im Navigationsbereich wiederholt. Diese Farbgebung spielt u. a. auf die bekannte Beiersdorf-Produktlinie, die Körperpflege- und Kosmetikserie NIVEA an, deren wohl prominentestes Produkt die NIVEA-Creme ist, welche seit jeher in einer Metalldose in diesem charakteristischen Blauton zum Verkauf steht.

Bei diesen exemplarisch angeführten Elementen, mit deren Hilfe Unternehmen ihre *corporate identity* transportieren, handelt es sich z. T. um recht subtile Mittel, die sich dem Nutzer oft erst beim wiederholten Websitebesuch oder bei ohnehin hohem Bekanntheitsgrad einer Firma erschließen. Gleichwohl gehört es m. E. zu den orientierenden Einstiegsaufgaben einer Homepage, dem Rezipienten unabhängig vom etwaigen – und stets relativen – Bekanntheitsgrad eines Unternehmens erste Informationen über seine inhaltliche Ausrichtung zu vermitteln, die zumindest eine ungefähre Zuordnung zu einem Wirtschaftsbereich

---

[234] Als Quelle dienten die Website unter http://www.bayer.com mit Stand vom 19.05.2000 sowie eine halbseitige Anzeige in der Wochenzeitung DIE ZEIT (Nr. 44, 26.10.2000, S. 5).

[235] Ein Bildschirmabdruck dieser Homepage befindet sich auf der beiliegenden CD (s. Datei Actebis_und_Beiersdorf.pdf).

ermöglichen. Gerade beim Erstkontakt mit einer Website erscheinen mir derartige Angaben von Vorteil, denn ihr Fehlen kann (mit)entscheidend sein für einen schon auf der Homepage erfolgenden Rezeptionsabbruch seitens des Nutzers.

Aus der Sicht des Web Design können Homepages in ihrer Gestaltung unterschiedliche Designstrategien verfolgen, von denen sich nach Lynch / Horton 1999 vier häufige Typen unterscheiden lassen (vgl. S. 37 - 41):

- menu home pages,
- news-oriented home pages,
- path-based home pages und
- splash screens bzw. site covers.

Die *menu home pages* gehören zu den im Web oft anzutreffenden Homepagetypen und beschränken sich auf die Präsentation eines zentralen Navigationsinstrumentes in Form von Linklisten. *News-oriented home pages* stehen demgegenüber ganz im Zeichen aktueller Nachrichten und sind entsprechend als adäquates Designkonzept für die Webpräsenzen von Zeitungen oder Nachrichtenagenturen zu sehen. *Path-based home pages* sind vor allem für umfangreiche Websites geeignet, indem sie auf der höchsten Informationsebene nur eine Zielgruppenspezifizierung vornehmen und spezifischere Informationen adressatenbezogen erst auf jeweils nachgeschalteten Übersichtsseiten anbieten. *Splash screens* sind der eigentlichen Homepage als reine Titelseiten vorgeschaltet.

Diese Typologie dokumentiert eindringlich die Schwierigkeiten und Unschärfen, die mit Typologisierungsversuchen von WWW-Dokumenten verbunden sind, insbesondere, wenn diese Versuche sich dem Eindruck der Beliebigkeit nicht ganz entziehen können und überdies allgemeine, netzweite Gültigkeit beanspruchen. Abgesehen davon, daß eine nur durch vier und im Fall der *menu home page* und *path-based home page* nicht ganz trennscharfe Items konstituierte Typologie kaum geeignet ist, die Gegebenheiten in einem weltweiten Computernetz adäquat zu erfassen, gelingt es außerdem nicht, diese wenigen Typen auf eine homogene Typologisierungsbasis zu stellen: Allein die *menu home pages* und die *splash screens* erheben strukturelle Merkmale zum typenbildenden Kriterium, wohingegen die *news-oriented home pages* auf eine inhaltliche und die *path-based home pages* auf eine adressatenbezogene Bestimmungsgröße abheben.

Angeraten erscheint vielmehr, zu Typologisierungszwecken zunächst domänenbezogen vorzugehen, wie es Bucher 1999 für Online-Zeitungen praktiziert und es hier in bezug auf Unternehmenshomepages unternommen werden soll. Außerdem empfiehlt sich vorab die Vergegenwärtigung charakteristischer Grundzüge der Strukturierung von Bildschirmanzeigen, mit deren Entwicklung sich die Software-Ergonomie befaßt. Eine an Webseiten angepaßte Modifikation zeigt die nachstehende Abbildung:

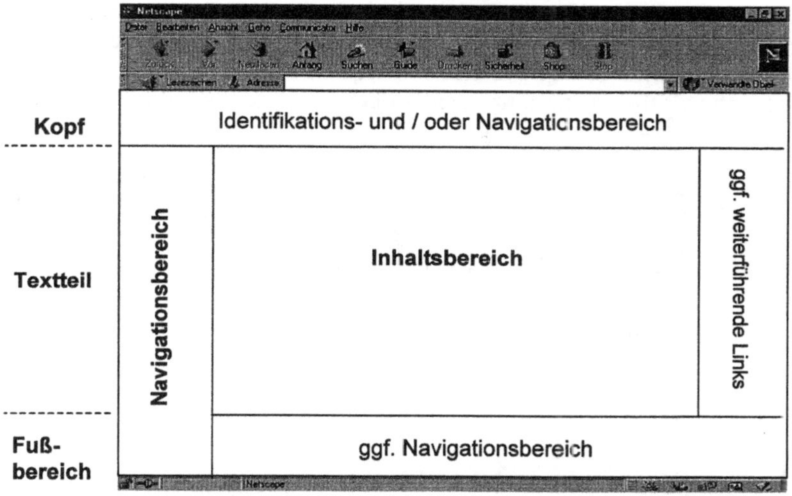

Grundzüge der Bildschirmstrukturierung von Webseiten[236]

Die hier einführend skizzierten Überlegungen weisen einmal mehr darauf hin, daß es sich bei der Homepage um ein komplexes kommunikatives Gebilde handelt, dem überdies die Erfüllung von einander widersprechenden kommunikativen Empfehlungen aufgegeben scheint: Dem für Übersichtsseiten typischen Prinzip der ökonomischen Gestaltung steht das des reichhaltigen Angebots, dem der Selektion das Prinzip der Vollständigkeit und dem Prinzip der optischen Auffälligkeit das der Übersichtlichkeit gegenüber.[237] Inwieweit und wenn ja, auf welche Weise sich Firmenhomepages diesen Anforderungen stellen, ist anhand der erhobenen Einstiegsseiten zu illustrieren.

6.1.1 Typen deutscher Unternehmenshomepages

Der Typologisierungsversuch erfolgt nach formalen und funktionalen Kriterien, zum einen im Hinblick auf konstitutive Bestandteile der Homepages, zum ande-

---

236 Entwickelt nach Stary 1994, S. 87, Apitz / Guther / Hoffmann 1996, S. 202, und Strzebkowski 1997, S. 286.

237 Diese widerstreitenden Kommunikationsprinzipien ermittelt Bucher 1999 am Beispiel der Homepages von Online-Zeitungen (vgl. S. 20). Sie lassen sich m. E. aber nicht nur ohne Einschränkungen auf die Homepages von Unternehmenswebsites übertragen, sondern sind vielmehr grundsätzliches Kennzeichen der Einstiegsseiten von Webangeboten.

ren in Abhängigkeit hiervon in bezug auf funktionale Differenzierungen. Die Grundzüge der vorzustellenden Typologie konnten bereits anhand des zu Testzwecken erstellten Pre-Corpus ermittelt werden und erfahren durch das eigentliche Corpus neben weiterführenden Differenzierungen grundsätzlich eine Konsolidierung.[238]

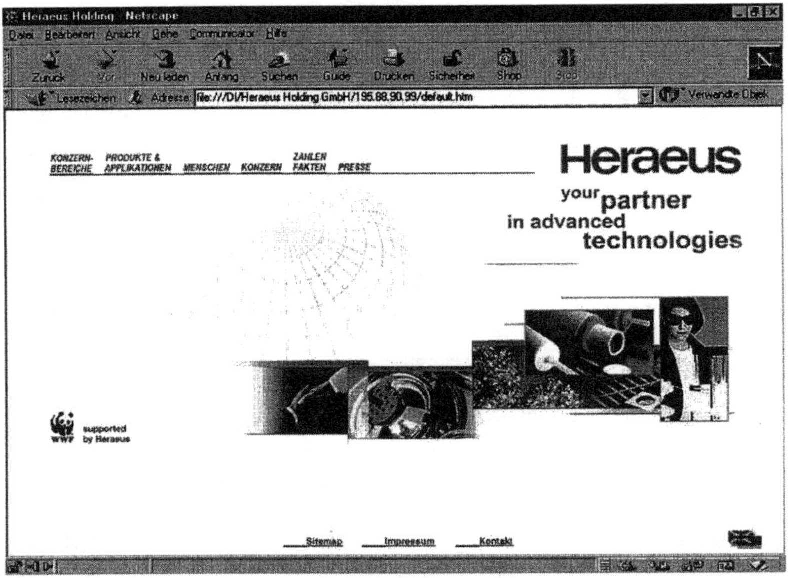

Leitseite der Heraeus Holding GmbH mit horizontal plazierter Inhaltsübersicht

Für das Teilcorpus der 55 deutschsprachigen Unternehmenshomepages lassen sich drei Strukturtypen ermitteln: eine Grundform sowie zwei von ihr abgeleitete, durch spezifische Komponenten erweiterte Varianten, die je eigenständige Typen konstituieren. Der Grundtypus wird hier als *Leitseite* bezeichnet, die beiden Ableitungen als *Leit-Inhalts-Seite* und *Pre-Homepage*[239].

---

238 Alle corpuskonstituierenden Homepages sind nach Typen geordnet auf der beiliegenden CD dokumentiert und über ein Inhaltsverzeichnis oder eine alphabetische Liste zu erschließen (s. Datei Corpus.pdf). Nachfolgend werden zur unmittelbaren Illustration vereinzelt Beispielabbildungen aus dem Corpus zusätzlich in den Text eingebunden.

239 Diese Bezeichnung für einen allgemein bekannten Homepagetyp übernehme ich von Runkehl / Schlobinski / Siever 1998 (vgl. S. 173), verwende sie im Sinne einer differenzierten Terminologie aber in abgewandelter Bedeutung: Während Runkehl / Schlobinski /

Wie die Benennung *Leitseite* impliziert, besteht das zentrale und vorherrschende Merkmal dieses Typs in der ausgeprägt zutage tretenden Homepage-Grundfunktion der Vermittlung von Übersicht über die Inhalte einer Website. Entsprechend besteht das Hauptelement der Leitseite in einem mediengerecht aufbereiteten Website-Inhaltsverzeichnis. Über dieses verfügt, wie der Terminus signalisiert, ebenso die *Leit-Inhalts-Seite*, die darüber hinaus signifikant der Inhaltspräsentation verpflichtet ist, indem sie – wenn auch in Kurzform – durchaus vielfältige unternehmens- und / oder produktbezogene Informationen vorstellt. Somit ist die Leit-Inhalts-Seite als unverkennbar um inhaltsvermittelnde Komponenten erweiterte Leitseite beschreibbar.

Ausschnitt aus der Homepage der Actebis Computer GmbH[240]*. Diese Einstiegsseite ist als Leit-Inhalts-Seite zu klassifizieren, da dem Nutzer schon hier z. T. recht ausführliche Produktinformationen geboten werden, er gleichsam unmittelbar in medias res geführt wird.*

Siever 1998 die Pre-Homepage als einen einzelnen, der eigentlichen Homepage vorgeschalteten Hypertextknoten betrachten, verstehe ich die Pre-Homepage als eine komplexe Einheit, welche aus zwei unmittelbar aufeinander folgenden Webseiten besteht (vgl. hierzu die nachfolgenden Ausführungen).

240 http://www.actebis.de (Stand vom 15.10.1999). Auf der beiliegenden CD zu finden in der Datei Actebis_und_Beiersdorf.pdf.

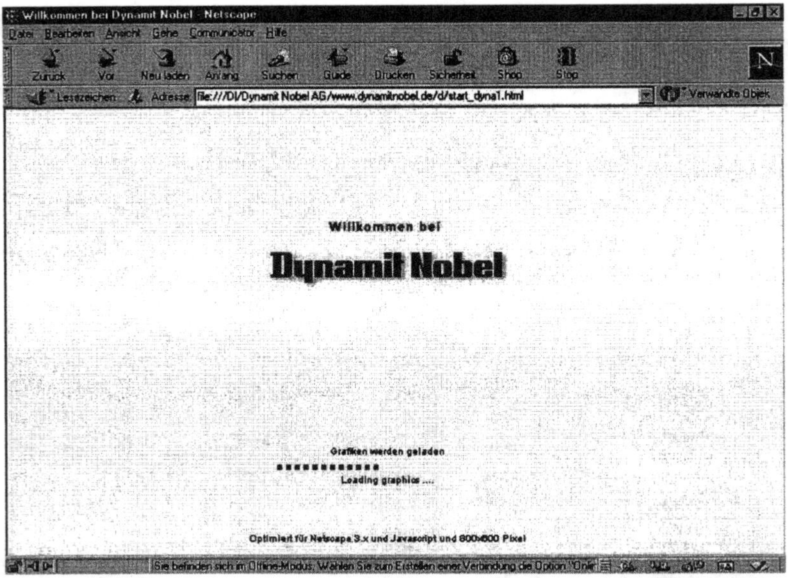

Pre-Page der Dynamit Nobel AG. Durch Klick auf den Firmenschriftzug oder automatische Weiterleitung gelangt der Nutzer auf die nachfolgende Leitseite.

Der Pre-Page nachgeschaltete Leitseite der Dynamit Nobel AG

Die Pre-Homepage setzt sich aus zwei Webseiten (resp. Hypertextknoten) zusammen, der von mir so bezeichneten *Pre-Page* und einer nachgeschalteten Leitseite oder Leit-Inhalts-Seite. Die Pre-Page stellt sich als reine Titel- oder Begrüßungsseite dar und enthält in minimaler Ausgestaltung nur den die Identifikation ermöglichenden Firmennamen. Sie ist in etwa dem Titelblatt oder dem Schutzumschlag von Büchern vergleichbar und wird in der englischsprachigen Literatur entsprechend als *site cover* oder *splash screen* bezeichnet.[241] Keinesfalls präsentiert sie eine Inhaltsübersicht, welche als Homepage-Kernkomponente allein der nachgestellten Leit- oder Leit-Inhalts-Seite vorbehalten ist.

Soweit ein erster Überblick über die drei unterscheidbaren Homepagetypen, deren Verteilung im Corpus der deutschsprachigen Websites wie folgt aussieht:

VERTEILUNG DER HOMEPAGETYPEN IM DEUTSCHEN CORPUS				
			absolut	**%[242]**
Leitseiten			**35**	**64 %**
Leit-Inhalts-Seiten			**3**	**5 %**
Pre-Homepages			**17**	**31 %**
der Pre-Page nachgeschaltet:	Leitseiten	14		
	Leit-Inhalts-Seiten	3		
Homepages gesamt			**55**	**100 %**

Deutlich über die Hälfte der Homepages verwirklicht den Strukturtyp der Leitseite, was dafür spricht, ihn als die Grundform zumindest von Unternehmenshomepages anzunehmen.[243] Deutlich geringer, aber dennoch signifikant sind die Pre-Homepages vertreten, gefolgt von nur drei Leit-Inhalts-Seiten, deren Anzahl sich unter Hinzuziehung der den Pre-Homepages nachgeschalteten Seiten um nur drei erhöht. Daß dieser Typ von einer geringen Corpuspräsenz ist, hat seinen Grund u. a. darin, daß mit ihm im Vergleich zu den trennscharf definierten Modellen der Leitseite und der Pre-Homepage definitorische Unschärfen verbunden sind. Insbesondere die eindeutige Abgrenzung der Leit-Inhalts-Seiten von den

241 Vgl. z. B. Lynch / Horton 1999, S. 40, und Nielsen 2000, S. 176.

242 Bei prozentualen Angaben sind die Nachkommastellen hier und im folgenden gerundet.

243 Mir ist bewußt, daß der Umfang meines Corpus nicht einmal zu für Unternehmenshomepages, geschweige denn für WWW-Homepages generell repräsentativen Schlußfolgerungen verleiten darf. Dennoch möchte ich hier festhalten, daß die Leitseite ein im World Wide Web häufig anzutreffender Homepagetyp ist. Nicht zuletzt die eindeutige Präsenz dieses Typs in meinem Corpus, sondern auch sich aus dem Umgang mit dem World Wide Web ergebende allgemeine Eindrücke lassen diesen Schluß zu.

Leitseiten war in einigen Fällen problematisch, weil sich mitunter nur schwer entscheiden läßt, wann eine Homepage so grundlegend durch inhaltliche Informationen geprägt wird, daß der Aufgabenbereich der Leitseite erkennbar überschritten ist und nur eine Klassifizierung als Leit-Inhalts-Seite bleibt. Schwierigkeiten bereitet hier also der Umstand, daß mit dem Ausprägungsgrad inhaltlicher Information ein gradueller Faktor als typenunterscheidendes und damit distinktives Merkmal fungiert. Ungleich eindeutiger ist demgegenüber der Typ der Pre-Homepage bestimmt, da hier die Existenz einer eigenen Strukturkomponente in Gestalt der vorgeschalteten Pre-Page das entscheidende Kriterium bildet.

Gleichwohl konnten, wie an der Corpusverteilung der Homepagetypen abzulesen ist, alle Einstiegsseiten einer der drei Kategorien zugeordnet werden. Ungeachtet der einen oder anderen u. U. problematischen Klassifizierung ist damit immerhin die Möglichkeit einer typengeleiteten Vorstellung und Beschreibung der untersuchten Homepages gegeben. Dabei wird sich die Darstellung zunächst auf den Typus der Leitseite konzentrieren – was auf den ersten Blick allein den quantitativen Verhältnissen geschuldet erscheinen mag. Ausschlaggebend ist aber vielmehr der Gegenstand selbst: Die Leitseite ist für die Klassifikation insgesamt von konstitutiver Bedeutung, da der zentrale Aspekt der Inhaltsübersicht auch für die beiden anderen Typen bestimmend ist. Dies legt für die weitere Vorgehensweise und die Reihenfolge der vorzustellenden Typen ein Ausgehen vom Grundtypus Leitseite und ein Fortschreiten über die Leit-Inhalts-Seiten zu den aus zwei Webseiten bestehenden Pre-Homepages nahe.

Nachfolgend seien die Homepagetypen in ihren spezifischen Ausprägungen beschrieben und durch Corpusbeispiele illustriert. Einen zusammenfassenden Überblick über die angesetzten Typen bzw. die verwendete Terminologie gibt die nachstehende Übersicht:

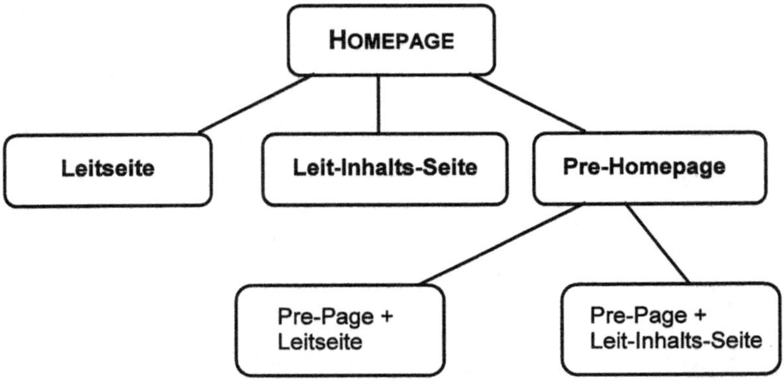

Übersicht über die Homepagetypen

6.1.1.1 Leitseiten

Wie die von mir zur Bezeichnung des Homepage-Grundtypus gewählte Benennung *Leitseite* impliziert, besteht die Grundfunktion der Homepage in einer Leitfunktion: Zentrale Aufgabe ist die Wegweisung zu den thematischen Abteilungen der Website, welche von der Inhaltsübersicht wahrgenommen wird. Insofern gibt sich die Leitseite webseitentypologisch unschwer – geradezu prototypisch – als Übersichts- oder Navigationsseite zu erkennen, die den inhaltsvermittelnden Informationsseiten der Site vorangestellt ist.

Daneben übernimmt die Homepage als die erste Seite einer Website immer auch eine Titelfunktion, in der sie z. B. der Titelseite von Sachbüchern vergleichbar ist, welche als zentrale Elemente den Autor bzw. Herausgeber sowie den Titel und ggf. Untertitel der Publikation benennt. Hiervon unterscheidet sich die Firmenhomepage insofern, als Autor / Herausgeber und Titel in der Instanz des Unternehmens vereint sind. Eng mit der Titelfunktion verbunden ist des weiteren die Teilaufgabe der Kontaktherstellung zum Rezipienten. Obgleich sie nicht immer eine explizite Realisierung in Form einer Begrüßung des Typs „Herzlich willkommen bei der Rheinmetall AG“ findet, ist die Kontaktorientierung als ein der Homepage immanentes Merkmal zu sehen, soll der Nutzer doch in jedem Fall zum Verweilen und zur Exploration der Website eingeladen werden.

Als grundlegend für den Typ der Leitseite erweisen sich die beiden Komponenten Firmenname und Inhaltsübersicht. Sie realisieren gleichsam die Minimalform einer Homepage: „Minimal information required on a home page should include identification of what the web site provides to the user and who the publisher is“ (Sano 1996, S. 131). In der (virtuellen) Realität begegnen aber nur wenige Homepages, die sich auf die beiden genannten Mindestkomponenten beschränken. Vielmehr werden die Mindestbestandteile in der Regel durch verschiedene Komponenten ergänzt, so daß sich innerhalb des Grundtypus Leitseite in bezug auf die zentralen informationsvermittelnden Einheiten bzw. informationellen Module[244] eine Subdifferenzierung in folgende Untergruppen ergibt:

- TYP A: INHALTSÜBERSICHT,
- TYP B: INHALTSÜBERSICHT + NEUES / AKTUELLES,
- TYP C: INHALTSÜBERSICHT + UNTERNEHMENSKURZVORSTELLUNG,
- TYP D: INHALTSÜBERSICHT + AKTUELLES + UNTERNEHMENSKURZVORSTELLUNG.

[244] Anders als Storrer 1999a verwende ich den Terminus Modul nicht als Synonym für einen Hypertextknoten bzw. eine Webseite, sondern bezeichne damit inhaltlich und funktional eigenständige, vornehmlich textuelle Informationseinheiten innerhalb einer Webseite. Prominenter Vertreter auf der Homepage ist z. B. die Inhaltsübersicht.

(A) **Inhaltsübersicht:** Die Homepage der Stihl Holding AG & Co. steht deutlich im Zeichen der Vermittlung von Übersichtswissen, wird ihre übersichtliche Gestaltung doch bestimmt von dem Firmenschriftzug im Seitenkopf sowie den symmetrisch um die Abbildung im Zentrum gruppierten Siterubriken. Die Inhaltsübersicht besteht aus den acht Haupteinträgen *Produkte*, *Unternehmensinfo*, *Personal*, *Baumlexikon*, *Service*, *Stihl weltweit*, *Tipps + Tricks*, *Unterhaltung*, welche z. T. in Subrubriken aufgegliedert sind. Diese sind, wie am Beispiel *Unternehmensinfo* gezeigt, einem Etikett zu entnehmen, welches durch Anklicken der Hauptrubrik eingeblendet wird:

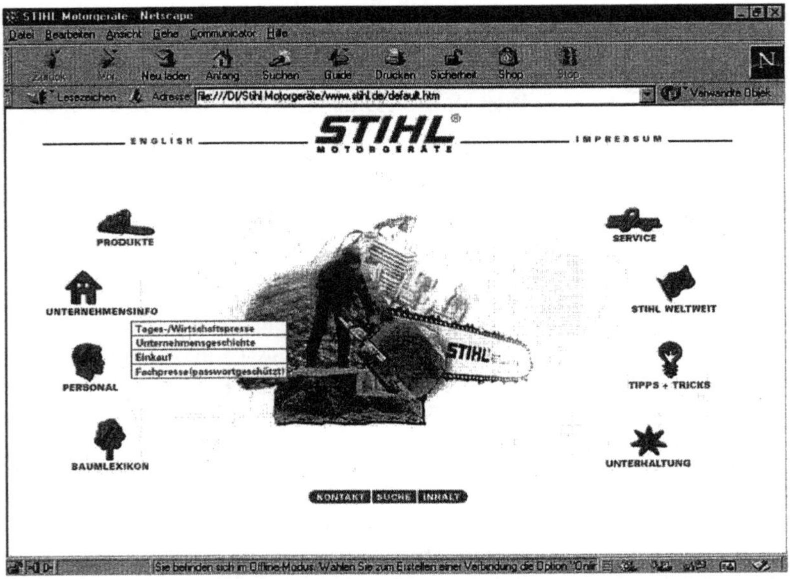

Homepage der Stihl Holding AG & Co. Sie realisiert den Typ der Leitseite in minimaler Strukturausformung aus Firmenschriftzug und -logo sowie Inhaltsübersicht (Typ A).

Die außerordentliche Bedeutung dieses Homepagetyps und damit der Übersichtsfunktion zeigt sich daran, daß die reine Inhaltsübersicht des Typs A mit 15 von 35 Leitseiten die größte Untergruppe bildet.

(B) **Inhaltsübersicht + Neues / Aktuelles:** Aber auch aktuelle Informationen sind immerhin so wichtig, daß sie als selbständige Module auf immerhin 12 der 35 Leitseiten anzutreffen sind, die somit den Typ B umsetzen. Die Zugreifbarkeit aktueller, neu hinzugekommener oder geänderter Informationen auf der Homepage ist für den Rezipienten insofern wichtig, als diese, insbesondere bei mehrfachen Besuchen einer Site, in Abgrenzung von den konstant bleibenden Inhalten einen erhöhten Informationswert besitzen.

Meist stellen sich die zeitnahen Inhalte als aktuelle Meldungen dar, die dem Rezipienten in Kurzform unmittelbar auf der Homepage präsentiert werden, wobei von ihnen oft ein weiterführender Link abzweigt, der zu vertiefenden Inhalten führt. Dennoch handelt es sich um eigenständig Informationen vermittelnde und diese in einem wenn auch beschränkten Umfang explizierende Einheiten. Es lassen sich drei Ausprägungsformen dieser aktuellen Meldungen unterscheiden. Zum einen treten sie als Kurznachricht in Erscheinung, z. B.:

> **Aus VIAG und VEBA[245] wird E.ON**
>
> E.ON soll das neue Unternehmen heißen, das mit der Verschmelzung
> von VEBA und VIAG im Frühsommer dieses Jahres entsteht.
> Erfahren Sie mehr dazu![246]

Zweitens nennt die Homepage oft nur den als Überschrift fungierenden Titel einer Meldung, von dem ein Hyperlink zum zugehörigen Nachrichtentext führt, z. B.:

> [13.06.2000] VAW erwirbt Aluminiumhütte in Australien
> mehr...

Die dritte Gestaltungsart betrifft ebendiese Meldungen mit Überschriftcharakter und besteht in einer durch die medialen Möglichkeiten gegebenen Aufbereitung: Nicht selten werden Kurzmeldungen als Nachrichtenlaufband, wie es aus dem Fernsehen bekannt ist, implementiert. Die oben abgebildete Leitseite der Dynamit Nobel AG etwa weist am unteren Bildschirmrand einen solchen Newsticker auf, dessen Text „Ergebnis und Rendite weiter verbessert“ permanent horizontal durch das Bild läuft.

Alle drei Elemente, die nicht nur jeweils einzeln, sondern kombiniert auftreten, setzen den Rezipienten über aktuelle Entwicklungen in Kenntnis, wobei der Newsticker im Vergleich zum nicht animierten Nachrichtentext allein aufgrund des Moments der Bewegung als ein dramaturgisch erhöhtes Element fungiert und die Aufmerksamkeit des Nutzers in besonderem Maß auf sich zieht. Zudem ist bei einer Kombination der genannten Komponenten meist insofern eine gra-

---

245 Im folgenden sind alle Elemente, deren Hyperlinkqualität akzentuiert werden soll, durch Unterstreichung und Schriftartwechsel kenntlich gemacht.

246 Homepage der VIAG AG. Bei den nachfolgenden Textauszügen aus den Homepages des Corpus wird das jeweilige Unternehmen nur dann gesondert angegeben, wenn es aus dem Textbeispiel selbst nicht oder nicht eindeutig hervorgeht.

duelle Abstufung der Aktualität festzustellen, als der Newsticker stets die Information(en) mit der größten Aktualität präsentiert. Beobachtbar ist dies z. B. auf der Homepage der Schering AG, die in ihrem Inhaltsbereich Informationen über aktuelle Entwicklungen und neue Website-Inhalte ankündigt, welche chronologisch hinter dem aktuellsten und über den Newsticker vermittelten Ereignis zurückliegen: „9. Juni 2000: Schering AG unterzeichnet Verträge mit EPIX Medical und Mallinckrodt zur Entwicklung und Vermarktung von MS-325“. Ein demgegenüber wahrhaft dramatisches und im wörtlichen Sinn brandaktuelles Ereignis meldet der Newsticker auf der Homepage der Merck KGaA: „Feuer bei Merck gelöscht“.

(C) INHALTSÜBERSICHT + UNTERNEHMENSKURZVORSTELLUNG: Vier Unternehmenshomepages vernachlässigen demgegenüber den Aspekt der unmittelbaren Zugriffsmöglichkeit auf aktuell(st)e Informationen zugunsten einer einführenden Kurzvorstellung des Unternehmens, welche dem Rezipienten nicht selten Rückschlüsse u. a. auf den Wirtschaftsbereich oder die ungefähre Marktposition erlauben. Das Handelsunternehmen Franz Haniel & Cie. GmbH führt sich auf seiner Homepage folgendermaßen ein:

> Haniel operiert seit über 240 Jahren erfolgreich am Markt. Heute ist das Unternehmen ein international agierender Konzern, der mit 39.000 Mitarbeitern einen Jahresumsatz von 29 Milliarden Mark erlöst. Strategische Führungsholding der Haniel-Gruppe ist die Franz Haniel & Cie. GmbH mit Sitz in Duisburg.

In nur drei Sätzen transportiert der informativ-deskriptive Kurztext Informationen zu einigen zentralen unternehmensbestimmenden Parametern. Daß das Unternehmen dabei mindestens implizit auch Imagewerbung betreibt, illustriert schon der erste Satz, verweist er doch auf die beträchtliche und – so darf der Leser erschließen – überaus traditionsreiche Firmengeschichte. Auch die Internationalität in Ausrichtung und Aktivitäten kann ein weltweit agierendes Großunternehmen ebensowenig verschweigen wie die Mitarbeiterzahl und den Jahresumsatz. Neben dem Firmensitz erfährt der Rezipient schließlich soviel über die Unternehmensstruktur: Dem Lexem *Führungsholding* läßt sich entnehmen, daß die Haniel & Cie. GmbH als „Holding-Gesellschaft [...] Anteile an anderen Unternehmen erwirbt und verwaltet, wobei [...] nicht nur Vermögensanlage, sondern auch Kontrolle, Beeinflussung oder Beherrschung der Unternehmen angestrebt wird“ (Schreiber 2000, S. 219).

Erwähnenswert ist des weiteren, daß sich die Homepage der Haniel & Cie. GmbH als in sich geschlossene, kohärente Einheit präsentiert, deren Elemente nicht – wie der erste Eindruck von Homepages mitunter suggeriert – isoliert nebeneinander stehen, sondern aufeinander Bezug nehmen: Eine große Rolle spielt hier zum einen offenkundig der Internationalitätsgedanke, welcher sowohl durch die explizite Formulierung „ein international agierender Konzern“ als auch durch die Abbildung der Weltkugel[247] sowie die hervorgehobene englischsprachige Begrüßung „Welcome“ transportiert wird.

Zu einem kohärenten Erscheinungsbild trägt ebenso die unter stilistischem Aspekt traditionell verpönte Wiederholung lexikalischer Einheiten bei, wie sie beim Lexem *Holding* in Kurztext und Rubrikbenennung gegeben ist: Das Syntagma *strategische Führungsholding* in der Unternehmensvorstellung findet seinen unmittelbaren Widerhall (bzw. textlinguistisch gesprochen: seine explizite Wiederaufnahme) in der Rubrikbezeichnung *Konzernholding*. Diese wird zusätzlich durch die fotografische Abbildung eines Schachspiels als Symbol für vorausschauende, strategiegeleitete Aktionen (resp. Schachzüge), wie sie von einer Unternehmensführung erwartet werden, illustriert.

(D) INHALTSÜBERSICHT + AKTUELLES + UNTERNEHMENSKURZVORSTELLUNG: Der vierte und letzte Typ der Leitseite realisiert einen Kompromiß zwischen aktuellen und das Unternehmen vorstellenden Informationen, indem er neben der obligatorischen Inhaltsübersicht aktuelle Meldungen und eine Unternehmenskurzvorstellung integriert. Diese Strategie ist ebenfalls auf vier Leitseiten anzutreffen. Dabei kann die Vorstellung des Unternehmens durchaus nur in Minimalform erfolgen, wie z. B. die Homepage der Merck KGaA zeigt: Neben dem pflichtgemäßen Hinweis auf die internationale Tätigkeit werden nur die zentralen Wirkungsbereiche des Konzerns genannt: „Wir sind eine weltweit tätige Unternehmensgruppe im Bereich Pharma, Labor und Spezialchemie.“

Selbst derartige Minimalinformationen vermitteln dem Rezipienten schon auf der höchsten Informationsebene einer Site u. U. entscheidende Anhaltspunkte darüber, ob die zu erwartenden Informationen seinem aktuellen Informationsinteresse entsprechen und eine weitere Exploration der Website lohnend erscheint. Rezipientenseitig ist dies ein mindestens aus Zeit- und (Übertragungs-) Kostengründen nicht zu vernachlässigender Aspekt, abgesehen davon, daß ein Fehlen derartiger Informationen zu einem bestenfalls kurzfristigen Orientierungsverlust des Nutzers führen kann.

Ausgewogen präsentiert sich das Verhältnis von aktuellen Meldungen und Unternehmensvorstellung auf der Homepage der Kaufring AG. Der Rezipient findet hier eine übersichtlich gegliederte Bildschirmaufteilung vor, die linksseitig durch den Navigationsbereich sowie durch einen den Bildschirm dominierenden, weiß hinterlegten Inhaltsbereich geprägt ist. Letzterer bietet dem Nutzer

[247] Eine Abbildung des Erdballs scheint bevorzugt als Symbol für die internationale Ausrichtung und weltweite Aktivitäten von Unternehmen eingesetzt zu werden; sie findet sich z. B. auch auf der Pre-Page von Aldi.

ausführlichen Zugriff auf immerhin 15 nach absteigender Aktualität geordnete Pressemeldungen sowie einen aus zwei Absätzen bestehenden Text, welcher sowohl einem ersten Überblick über das Unternehmen und seine Tätigkeiten als auch wesentlich der Imagewerbung dient.

6.1.1.2 Leit-Inhalts-Seiten

Charakteristikum der als Leit-Inhalts-Seiten klassifizierten Homepages ist, daß sie unternehmens- und / oder produktbezogene Informationen präsentieren, die sowohl im Umfang als auch im Grad der thematisch-inhaltlichen Differenzierung deutlich über das Potential einer ausdrücklich der Übersichtsvermittlung verpflichteten Leitseite hinausgehen. Folglich übernimmt die Leit-Inhalts-Seite zusätzlich zur Leitfunktion die Aufgabe der Inhaltspräsentation und damit der inhaltlichen Informationsvermittlung. Dabei verbleibt aber auch sie – und dies ist entscheidend, da für die Homepage charakteristisch – webseitentypologisch innerhalb der Kategorie der Navigations- oder Übersichtsseite, die den Informationsseiten der Site als eine eigenständige Einheit vorgeschaltet ist.

Die Funktionserweiterung dieses Homepagetyps geht mit einer Erhöhung der Rezeptionsanforderungen an den Nutzer einher: Dieser muß nicht nur den Emittenten identifizieren und die zentralen Navigations- und Orientierungsinstrumente lokalisieren, sondern darüber hinaus die eigentliche Inhaltsrezeption leisten, sprich: Texte online erfassen und kognitiv verarbeiten. Auf der Homepage der Bayer AG wird diese komplexe Aufgabe übersichtlich gelöst, indem die Leit-Inhalts-Seite in zwei gestalterisch voneinander abgegrenzte, vertikal aufeinander folgende Bereiche gegliedert wird: Der obere, dem Nutzer zuerst ansichtige Teil hat erkennbar Titelblattcharakter und realisiert über die Inhaltsübersicht die Leitfunktion, während der sich nach unten anschließende, über den Rollbalken erreichbare Bereich ganz im Zeichen der Inhaltspräsentation steht. Leitfunktion und Inhaltspräsentation werden folglich optisch voneinander getrennt, wohl um dem Rezipienten die Orientierung zu erleichtern, ihn schrittweise an die verschiedenen Rezeptionsaufgaben heranzuführen und damit die Gefahr der kognitiven Überlastung möglichst gering zu halten.

Der obere Teil der Homepage weist ein für Leitseiten des Typs A (Inhaltsübersicht) typisches Kompositionsmuster[248] auf: Neben dem Firmennamen und -logo sowie dem Unternehmensslogan „Kompetenz und Verantwortung" wird der Bildschirm von einer zentralen Abbildung in Form einer Fotocollage beherrscht,

[248] Vgl. hierzu z. B. die Homepage der Stihl Holding AG & Co.

um die die Hauptrubriken der Site kreisförmig angeordnet sind. Ergänzt wird diese titelblattähnliche Sektion in der zweiten Seitenhälfte durch vergleichsweise ausführliche, textuell vermittelte Informationen, die diesen Abschnitt als Bereich der Inhaltsinformation ausweisen.

Insgesamt wird hier ein kohärentes Erscheinungsbild der Homepage geschaffen, indem sich im zweiten Teil nicht nur die Rubrikbenennungen *Unternehmen*, *Webzine* und *Bayer-Sites* wiederholen, sondern auch die für jede Rubrik spezifische Farbgebung aus dem oberen Titelbereich in den Inhaltsbereich übernommen wird. Letzterer teilt sich den drei zentralen Siterubriken entsprechend in drei Sektionen, von denen die erste der Rubrik *Unternehmen* gewidmet ist und vier Hyperlinks zu aktuellen Nachrichten aus dem Unternehmen enthält. Ebenso steht bei den beiden folgenden Sektionen der aktuelle Bezug der Informationen im Vordergrund: Die Rubrik *Webzine* bietet das Abstract eines Artikels zu einem bei der Bayer AG aktuell verfolgten Forschungsthema („Neue Hoffnungsträger gegen Asthma"), während die Kategorie *Bayer-Sites* eine neue Werbekampagne der Bayer AG ankündigt („Intercity-Loks im Bayer-Look").

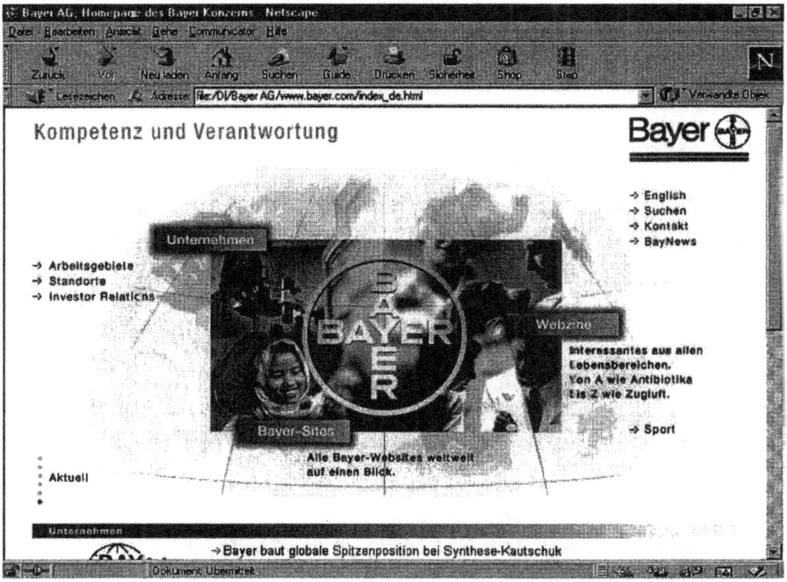

Ausschnitt I aus der Homepage der Bayer AG. Um die Abbildung im Zentrum gruppieren sich die drei Hauptrubriken „Unternehmen", „Bayer-Sites" und „Webzine".

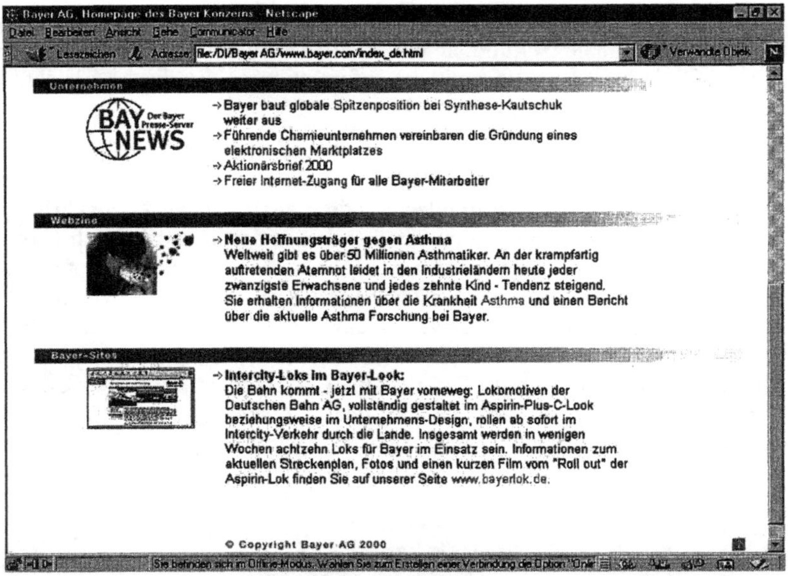

Ausschnitt II aus der Homepage der Bayer AG. Inhaltsbereich mit drei Textblöcken.

Einen besonders typischen Vertreter der Leit-Inhalts-Seite stellt die Homepage der Veba Öl AG dar. Die Navigationsbereiche befinden sich am linken sowie oberen und unteren Seitenrand, so daß der meiste Raum für den Inhaltsbereich bleibt, welcher eine Vielzahl unterschiedlicher Mitteilungen und Hinweise aufnehmen kann. Charakteristisch ist die polythematische Mischung der Inhalte: Im Vordergrund stehen nicht allein aktuelle Meldungen, z. B. über eine bei der Veba Öl AG anstehende Strukturreform oder die neu gestalteten Webseiten der Auszubildenden, sondern auch Hinweise auf unterhaltende Elemente wie ein online-Gewinnspiel oder die Einladung zum Aufruf von Panoramaansichten (360°-Darstellungen) einiger Firmengebäude und -anlagen.

Zugleich illustriert diese Homepage anschaulich die hohen Anforderungen, die derartig gestaltete Seiten an die Rezeptionskompetenzen des Nutzers stellen. Allein die Existenz von zwei verschiedenen, z. T. in sich differenzierten Navigationsbereichen verlangt dem Nutzer einige Zuordnungsleistung ab. Diese wird zusätzlich dadurch kompliziert, daß bei Mauszeigerberührung der in der linken Navigationsleiste eingetragenen Site-Abteilungen in dem Balken, der im oberen Bildschirmbereich unter der Überschrift „Sie finden hier…“ horizontal verläuft, die zugehörigen Subrubriken eingeblendet werden. Dies ist zwar als Orientierungshilfe gedacht, kann aber bei einer ohnehin unübersichtlichen Webseite in seiner Wirkung ins Gegenteil umschlagen.

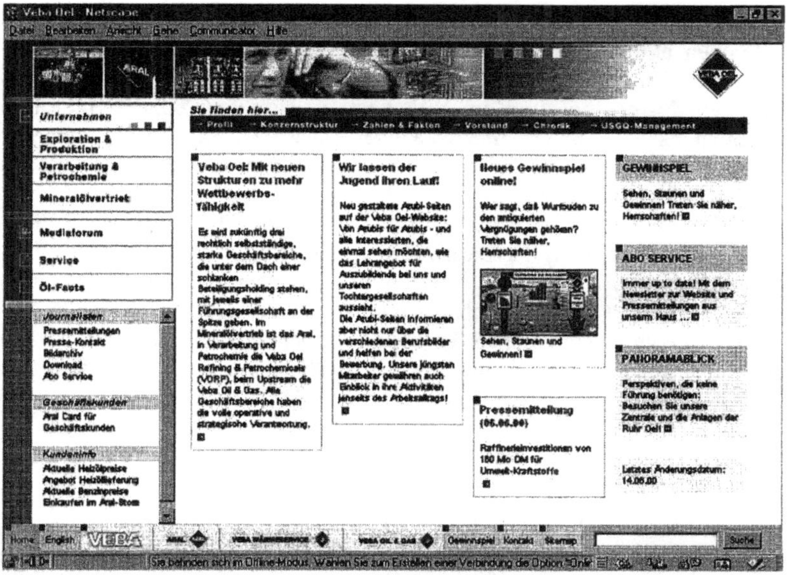

Homepage der Veba Öl AG (Leit-Inhalts-Seite)

Kaum erkennbar ist ferner der Grund für die gleich dreifache Implementierung eines Hyperlinks, der zu dem online-Gewinnspiel führt: Allein zwei Links befinden sich im Inhaltsbereich, zudem unmittelbar nebeneinander, während die horizontal am unteren Bildschirmrand verlaufende Navigationsleiste den dritten elektronischen Verweis mit diesem Ziel aufnimmt. Diese dreifache Linkimplementierung beleuchtet zum einen den Stellenwert, der dem Gewinnspiel mit dem Ziel der Kundenbindung durch das Unternehmen zugewiesen wird, zum anderen kann sie beim Nutzer aber leicht Verwirrung auslösen und so zumindest zeitweise einen Großteil seiner Aufmerksamkeit absorbieren, die dann für die eigentliche Inhaltsrezeption nicht zur Verfügung steht.

Zusammenfassend ist festzuhalten, daß die eigentliche Domäne der Leit-Inhalts-Seiten neben der obligatorischen Übersichtsvermittlung – in Abgrenzung von der Leitseite – in der Inhaltspräsentation zu sehen ist. Im Sinne möglichst kurzer Informationswege wäre dieser Homepagetyp also durchweg positiv zu bewerten. Wie beschrieben, wird dieser – vermeintliche – Vorteil aber mit hohen Anforderungen an die Rezeptionsleistung des Nutzers erkauft, so daß in dem beträchtlichen Rezeptionsaufwand ein wichtiger Grund für die auffallend geringe Corpuspräsenz dieses Seitentyps zu vermuten ist.

Darüber hinaus ist zu registrieren, daß die eruierten Leit-Inhalts-Seiten deutlich im Zeichen aktueller Informationen stehen. So verzeichnet auch die sich als Leit-Inhalts-Seite darstellende Homepage der DSK Deutsche Steinkohle AG neben dem Firmenlogo und einer Navigationsleiste am rechten Bildrand ausschließlich aktuelle unternehmensbezogene Nachrichten, welche dementsprechend mit dem Titel „Nachrichten | Aus dem Unternehmen"[249] überschrieben sind. Außerdem zeigen sich die Leit-Inhalts-Seiten mit ihren vielzähligen Informationsmodulen (resp. Kurztexten) polythematisch. Die Leit-Inhalts-Seite der Veba Öl AG erreicht mit der Darbietung mehrerer informativ-deskriptiver sowie informativ-appellativer Texte eine auffallende thematische Differenzierung. Ebenso präsentiert die Leit-Inhalts-Seite der DSK Deutsche Steinkohle AG Kurztexte zu unterschiedlichen Themen, widmen sich die aktuellen Unternehmensnachrichten doch u. a. einem virtuellen Bergwerk, der Windkraft sowie dem Fuhrpark und der Forschungsabteilung der DSK.

6.1.1.3 Pre-Homepages

Wie oben illustriert, bestehen die Pre-Homepages anders als die Leit- und Leit-Inhalts-Seiten aus zwei Hypertextknoten, der Pre-Page und einer nachgeschalteten Leit- oder Leit-Inhalts-Seite. Die Einrichtung einer Pre-Homepage geht meist mit einer Verteilung der von der Homepage zu erfüllenden Funktionen einher: Wie oben skizziert, übernimmt die Pre-Page die Titel- und Begrüßungsfunktion, während die Leitfunktion in jedem Fall dem der Pre-Page unmittelbar nachgeschalteten Knoten vorbehalten ist.

Für die Pre-Page ist eine nur geringe Ausstattung mit informationellen Modulen kennzeichnend, welche grundsätzlich einen entsprechend eingeschränkten Gestaltungsspielraum nach sich zieht. Dennoch werden unterschiedliche Ausgestaltungsmuster evident. In minimaler Ausstattung enthält die Pre-Page nur den Firmennamen, ggf. in Verbindung mit dem zugehörigen Logo. Diese Elemente sind für die Pre-Page obligatorisch, da auf der Startseite mindestens die Identifikation der sich präsentierenden Institution gewährleistet sein muß. Mit einer solchen reinen Titelseite tritt z. B. die Schmolz & Bickenbach KG im Netz auf: Neben Firmenschriftzug und -zeichen ist auf der Pre-Page nur das Substantiv *Start* zu lesen, welches als Linkanker implementiert ist. Dieser Einstiegslink bietet neben der nach wenigen Sekunden automatisch erfolgenden Weiterleitung auf die nachfolgende Leitseite den einzigen Zugang zur Website.

[249] Der senkrechte Strich symbolisiert einen im Original-Layout vorhandenen Zeilensprung.

Um die Kontaktfunktion erweitert wird die Titelfunktion oft durch eine Begrüßung, wie sie auf der Pre-Page der Dynamit Nobel AG realisiert ist: „Willkommen bei Dynamit Nobel". Alternativ begegnet der Firmenslogan oder eine sloganähnliche Sequenz, etwa „konsequent. innovativ. MG"[250] oder „Der Osten hat Energie"[251]. Auch metainformative Hinweise, z. B. die optimale Nutzung der Website betreffend, sind zu finden: „Optimiert für Netscape 3.x und Javascript und 800x600 Pixel"[252].

Eine dem eigentlichen Charakter der Pre-Page zuwiderlaufende Besonderheit ist für die Homepage der Laubag Lausitzer Braunkohle AG zu konstatieren. Bereits auf der Pre-Page ist neben dem Firmennamen, einem animierten *Start*-Link und einer Begrüßung ein das Unternehmen vorstellender Kurztext anzutreffen, der dem Rezipienten immerhin die Branchenzuordnung des Unternehmens erlaubt sowie Anhaltspunkte über die geografische Situierung und die Produktionskapazität vermittelt: „Die LAUBAG ist ein Bergbauunternehmen in den Neuen Bundesländern. Rund 50 Millionen Tonnen Braunkohle werden jährlich in LAUBAG-Tagebauen gewonnen."

Ein weiteres signifikantes Kennzeichen der Pre-Page ist neben der Begrüßungssequenz das Angebot der Sprachauswahl[253], d. h. der Nutzer kann zwischen verschiedensprachigen Versionen der Website wählen. In der Regel bieten die größeren deutschen, auf internationalen Märkten tätigen Unternehmen ihre Sites mindestens in deutscher und englischsprachiger Version an. Bei einem derartigen zwei- oder mehrsprachigen Angebot ist es zweckmäßig, die Sprachwahlmöglichkeit auf einer den eigentlichen Inhalten vorgeschalteten Seite zur Verfügung zu stellen. Immerhin die Hälfte der im Corpus vertretenen Pre-Homepages fungiert als Einstiegsseite von mindestens zweisprachigen Websites und implementiert die Sprachwahloption unmittelbar auf der Pre-Page.

In minimaler Ausführung ist dies auf der Pre-Page der RAG AG realisiert, wo aus einer den Bildschirm beherrschenden Animationssequenz heraus das Firmenlogo aufgebaut wird und am unteren Bildschirmrand die beiden textuellen Linkanker `deutsch/english` erscheinen. Eine gleichfalls mit nur wenigen Mitteln realisierte, deshalb aber nicht weniger funktionelle Ausgestaltung bietet die aus drei Komponenten bestehende Pre-Page der Dyckerhoff & Widmann AG:

---

250 Pre-Page der Metallgesellschaft AG.

251 Pre-Page der VEAG Vereinigte Energiewerke AG. Der Slogan wird als wiederkehrende animierte Wortfolge eingeblendet.

252 Pre-Page der Lurgi AG.

253 Vgl. hierzu auch Runkehl / Schlobinski / Siever 1998, S. 173.

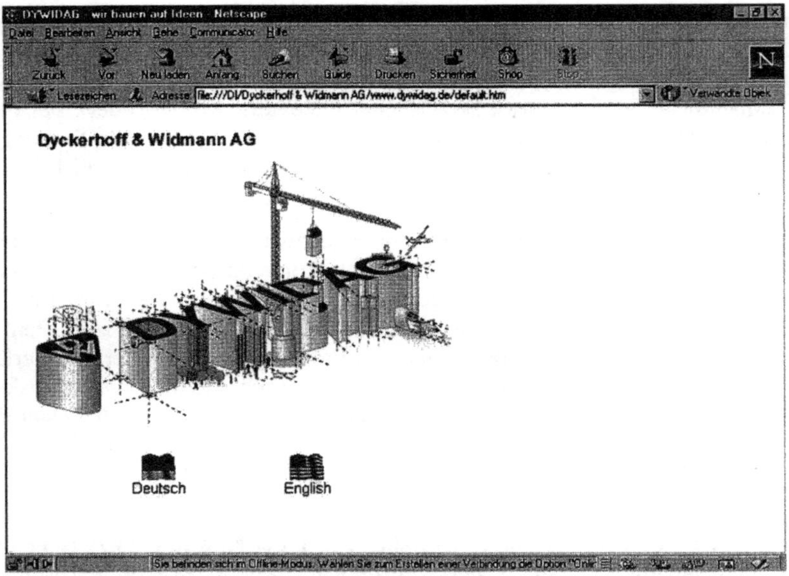

Pre-Page der Dywidag – Dyckerhoff & Widmann AG mit Sprachwahloption, hier als Verbindung aus Icon (Nationalflagge) und Text.

Zu sehen ist der Firmenname, an den sich eine das Bildzentrum beherrschende grafische Darstellung der als Logo fungierenden Kurzform des Firmennamens DYWIDAG anschließt. Im unteren Bildschirmbereich sind die deutsche und die amerikanische Nationalflagge[254] abgebildet und mit der je zugehörigen Bildunterschrift „Deutsch" und „Englisch" versehen. Beide Flaggen fungieren als Linkanker und führen zur deutschen bzw. englischen Version der nachgeschalteten Leitseite. Die Priorität wird dabei der deutschen Version der Website eingeräumt, indem der Bildschirmausschnitt um Firmennamen und Abbildung als berührungssensitiver Bereich implementiert ist, von dem aus der Nutzer per Klick zur deutschsprachigen Leitseite weitergeleitet wird.

Verbunden ist die Sprachwahloption oft mit einer zweisprachig realisierten Begrüßung, z. B.: „Willkommen bei der Salzgitter AG / Welcome to Salzgitter AG" oder „Willkommen | Besuchen Sie unsere Informations- und Erlebniswelt /

[254] Staatsflaggen werden im Netz sehr häufig als verlinkte Icons implementiert, die zu einem Informationsangebot in der entsprechenden Sprache führen. Für englischsprachige Angebote kommen sowohl der britische Union Jack als auch die amerikanische Flagge zum Einsatz.

Welcome | Visit our worlds of information and sensation"[255]. Nur wenige Unternehmen bieten ihre Websites in mehr als zwei Sprachen an. Zu nennen ist die DPD Deutscher Paketdienst GmbH & Co., deren Angebot immerhin viersprachig – in Deutsch, Englisch, Französisch und Italienisch – vorliegt und entsprechend auf der Pre-Page angekündigt wird.[256]

Eine nur vermeintliche Sprachwahloption begegnet auf der Pre-Homepage der Bahlsen KG, auf deren Pre-Page der Nutzer zuvorkommend in englischer, deutscher, französischer, polnischer und italienischer Sprache willkommen geheißen wird. Eine Sprachwahlmöglichkeit ist damit aber nicht verbunden; vielmehr ist der durch die Begrüßungssequenzen ausgefüllte Bildschirm samt Firmenschriftzug und Logo als ein einziger berührungssensitiver Bereich gestaltet, der ähnlich den beschriebenen *Start*-Links keine Wahlmöglichkeit läßt, sondern über eine nachgestellte Leitseite zu der allein in deutscher Sprache vorliegenden Bahlsen-Website Zugang vermittelt.

Gleichwohl ist das Angebot der Sprachwahloption als die eigentliche oder Hauptfunktion der Pre-Homepage (bzw. Pre-Page) zu sehen. Außerdem können technische Gegebenheiten eine Bereitstellung der Site in verschiedenen Versionen mit entsprechenden Wahlmöglichkeiten zweckmäßig erscheinen lassen. Dies demonstriert z. B. die Pre-Homepage der Nestlé Deutschland AG: Die Site existiert in zwei verschiedenen Layout-Versionen, von denen eine neben inhaltlichen Erweiterungen ein aufwendig gestaltetes, durch lange Ladezeiten hohe Übertragungskosten verursachendes Design aufweist. Hierfür ist eine implementierte 360°-Ansicht verantwortlich, auf die in der weniger aufwendigen „Light-Version" der Site verzichtet wird. Die beiden Versionen und mit ihnen die entsprechenden Wahlmöglichkeiten werden auf der Pre-Page wie folgt angekündigt: „Nestlé will Sie mit anspruchsvollem Layout verwöhnen. `Weiter`!" und „Wünschen Sie jedoch nur eine schnelle Information, dann klicken Sie bitte `hier`!".

Gleich mehrere Wahlmöglichkeiten bietet die EnBW Energie Baden-Württemberg AG auf ihrer Pre-Page an. Dabei unterläuft sie insofern das für die bisherigen Pre-Pages festgestellte Prinzip einer minimalistischen Ausgestaltung, als sie zum einen die zur Verfügung stehenden Wahlmöglichkeiten in einer außergewöhnlichen Ausführlichkeit verbalisiert und zum anderen neben dem obligatori-

255 Pre-Page der Karstadt AG.

256 Insgesamt weist das hier zugrundegelegte Corpus zusätzlich zur DPD GmbH nur zwei weitere Unternehmen mit viersprachigen Websites (nicht mit Pre-Homepage) aus: Die KM Europa Metal AG publiziert im Netz auf englisch, deutsch, italienisch und französisch, die Merck KGaA auf englisch, deutsch, französisch und spanisch.

schen Firmennamen die Firmenadresse, Möglichkeiten zur Kontaktaufnahme per E-Mail, Telefon und Telefax sowie die WWW-Adresse angibt.

Im Vordergrund stehen eindeutig die Auswahlmöglichkeiten, welche hier nicht (technisch oder sprachlich) verschiedene Versionen derselben Inhalte ankündigen, sondern eine explizite und differenzierte Ansprache unterschiedlicher Zielgruppen widerspiegeln: An erster Stelle werden die an unternehmensbezogenen Informationen in deutscher Sprache Interessierten angesprochen und zum Besuch der Website eingeladen. Daß hier unternehmensvorstellende Inhalte allgemeineren Interesses erwartbar sind, legen der einleitend präsentierte Firmenslogan „Mit Energie was unternehmen“ sowie die nachfolgende kontaktorientierte Sequenz nahe: „Auf den folgenden Seiten möchten wir Ihnen unser Unternehmen, die EnBW Energie Baden-Württemberg AG, vorstellen. `Bitte treten Sie ein!`“.

Außerdem wird eine eigens für österreichische Kunden eingerichtete Website angekündigt sowie eine weitere, die einen spezifischen Ausschnitt aus dem Dienstleistungs- und Produktspektrum des Unternehmens zum Inhalt hat. Letztere liegt auch in englischer Sprache vor. Abschließend wird auf das englisch- und das italienischsprachige Äquivalent zur deutschen Website verwiesen, beide als jeweils selbständige Sites eingerichtet, wobei die englische Site im Dienst der Ansprache eines internationalen Publikums steht. Eine derartig gestaltete Pre-Page macht mit der Möglichkeit der Ansprache unterschiedlicher Zielgruppen auf eine weitere Facette des umfangreichen Leistungsspektrums der Homepage aufmerksam.

Nicht zu verschweigen ist, daß gerade der Homepagetyp der Pre-Homepage auch kritisch zu betrachten ist, denn nicht selten führt der Einsatz dieses Typs zu Redundanzen. Dies betrifft jene eingangs beschriebenen Pre-Pages der Laubag Lausitzer Braunkohle AG, der Schmolz & Bickenbach KG und der Bahlsen KG, welche dem Nutzer gerade keine Wahlmöglichkeiten zur Verfügung stellen, sondern – zumal bei automatischer Weiterleitung – die Anwahl der nachgeschalteten Leit- oder Leit-Inhalts-Seite erzwingen. Pre-Page und Folgeseite präsentieren sich hier als fest verdrahtete, lineare Hintereinanderschaltung zweier Hypertextknoten, von denen der erste, wenn er nur den Firmennamen nennt und einen Einstiegslink anbietet, redundant ist, da die nachfolgende Seite den Firmennamen ohnehin angibt. Sogar die Begrüßungssequenz der Pre-Page wird – wie bei der Dynamit Nobel AG[257] – mitunter auf der Folgeseite wiederholt. Eine

[257] Bei der Dynamit Nobel AG ebenso wie bei der Lurgi AG und der Metallgesellschaft AG liegt der Fall insofern etwas anders, als die Einrichtung einer Pre-Page ohne Sprachwahloption hier augenscheinlich technisch bedingt ist. Diesen Schluß legt zumindest der auf den Pre-Pages angezeigte Hinweis „Grafiken werden geladen / Loading graphics...“ nahe. Die Einblendung einer Pre-Page dient hier offensichtlich der zeitlichen Überbrük-

solche Pre-Page fördert die Informationsaufnahme nicht, ist ihr vielmehr hinderlich, indem sie sie hinauszögert und auf diese Weise eine informationelle Warteschleife generiert.

Was die Art des Einstiegs in die Website betrifft, war bisher vereinzelt von automatischer Weiterleitung oder einem *Start*-Link die Rede; insgesamt dokumentiert das zugrundegelegte deutschsprachige Teilcorpus vier grundlegende Arten des durch die Pre-Pages vermittelten Zugangs zur Website. Unterscheiden lassen sich

a) automatische Weiterleitung,
b) Sprachwahl,
c) Firmenname und / oder Logo als Einstiegslink,
d) Substantiv *Start* als Einstiegslink.

Meist werden mindestens zwei dieser Einstiegsarten kombiniert, wobei sich *Start*-Link und Sprachwahl gegenseitig ausschließen bzw. ihre Kombination im Corpus nicht dokumentiert ist. Dies ist schlüssig, solange der *Start*-Link wie bei den drei Corpusbelegen nicht mit einer Auswahlmöglichkeit verbunden ist. In bezug auf die Kombinierbarkeit am leistungsfähigsten stellt sich die automatische Weiterleitung dar. Sie findet sich sowohl in Verbindung mit dem *Start*-Link und dem Firmenschriftzug als Einstiegslink als auch in Kombination mit der Sprachwahloption, wobei automatisch stets die deutschsprachige Siteversion angewählt wird.

Nachgestellte Leitseiten: Unabhängig von der jeweiligen Einstiegsart schließen sich an die Pre-Pages Leitseiten oder Leit-Inhalts-Seiten an, wobei wie erwähnt der Typ der Leitseite mit vierzehn Vertretern gegenüber nur drei Leit-Inhalts-Seiten abermals deutlich überwiegt. Auch diese den Pre-Pages nachgeordneten und insofern sekundären Leitseiten bilden die gleichen Strukturtypen aus, wie sie für die primären Leitseiten ermittelt werden konnten; sie lassen sich ausnahmslos einer der aufgestellten Subkategorien zuordnen. Dabei überwiegt wiederum die als Typ A bezeichnete reine Inhaltsübersicht, der sich immerhin sieben Leitseiten eindeutig zuordnen lassen. Vier Leitseiten präsentieren neben der Inhaltsübersicht aktuelle Inhalte und konstituieren so den Typ B, während drei Leitseiten dem Typ D zugerechnet werden können, da sie zusätzlich zur Inhaltsübersicht sowohl aktuelle Informationen als auch eine Unternehmenskurzvorstellung einbinden. Die Kategorie C, Inhaltsübersicht + Unternehmenskurzvorstellung, ist nicht besetzt.

---

kung des Lade- und Aufbauvorgangs der nachgeschalteten Leitseite und ermöglicht unterdessen immerhin die Identifikation der sich präsentierenden Institution.

Da sich die sekundären Strukturtypen in ihren wesentlichen Merkmalen nicht grundsätzlich von denen der primären Leitseiten unterscheiden, kann an dieser Stelle auf eine erneute Charakterisierung der Typen und ihrer differenzierenden Komponenten verzichtet werden. Daß die sekundären Leitseiten, die eine reine Inhaltsübersicht (Typ A) realisieren, in ihrer Typik nicht weniger ausgeprägt sind als die primären Leitseiten, illustriert z. B. die Leitseite der Dywidag – Dyckerhoff & Widmann AG, weist sie doch in Aufbau und sogar Layout deutliche Analogien z. B. zur Leitseite der Stihl Holding AG & Co. auf: Nahezu identisch ist der strukturelle Aufbau, konstituiert durch die zentralen Komponenten Firmenname, zentrale Abbildung und um die Abbildung gruppierte Siterubriken. Erweitert ist die Dywidag-Leitseite nur um den Slogan „wir bauen auf Ideen".

Auch die Leitseite des Typs B (Inhaltsübersicht + Neues / Aktuelles) ist durch dieselben Strukturmomente wie der Typ B der primären Leitseiten gekennzeichnet. Allein aktuelle Meldungen in Form von Kurznachrichten bieten die Corpusbeispiele nicht. Die aktuellen Inhalte bestehen hier nur in Meldungstiteln, die entweder als Newsticker aufbereitet werden oder sich unter Überschriften wie „Neu" oder „Aktuell" als weiterverweisende Links eingerichtet finden.

Nur zwei der sekundären Leitseiten – der Plettac AG und der VEAG Vereinigte Energiewerke AG – realisieren den Strukturtyp D in reiner Form. Wie für den Typ D der primären Leitseiten kennzeichnend, ist die Inhaltsübersicht hier nicht mehr die zentrale, die Seite beherrschende Komponente, sondern einer von mehreren Bestandteilen einer übergeordneten komplexen Einheit. Dadurch verliert sie zwar nicht an Bedeutsamkeit, bleibt vielmehr das wichtigste Instrument, das eine Homepage zur Verfügung stellen muß, tritt aber mit dem unternehmensvorstellenden Kurztext und den aktuellen Inhalten in Konkurrenz nicht nur um Bildschirmplatz, sondern auch um die Aufmerksamkeit des Nutzers. Wie die beiden sekundären Leitseiten des Typs D dokumentieren, wird sie in ihrer Gestaltung deutlich zurückgenommen und platzsparend eingerichtet, hier als Navigationsleiste am linken oder unteren Bildschirmrand. Demgegenüber rücken Unternehmenskurzvorstellung und aktuelle Inhalte ins Zentrum der Bildschirmansicht. Die Seiten weisen folgenden, Analogien offenbarenden Seitenaufbau auf:

PLETTAC AG	VEAG VEREINIGTE ENERGIEWERKE AG
Firmenschriftzug und Logo	Firmenschriftzug und Logo
Inhaltsübersicht als Navigationsleiste am linken Bildschirmrand	
Seitenüberschrift	Slogan
Begrüßung	Begrüßung

Unternehmenskurzvorstellung (mit Überschrift)	Unternehmenskurzvorstellung
Rubrik Aktuell: Titel dreier aktueller Meldungen, mit Datum versehen und als Links gestaltet	Rubrik Aktuell: Titel einer aktuellen Meldung mit weiterführendem Link
	Inhaltsübersicht als Navigationsleiste am unteren Bildschirmrand

Eine geringfügig abweichende Realisierung des Typs D stellt die Leitseite der Lurgi AG dar, da die für diesen Typ u. a. charakteristische Unternehmenskurzvorstellung hier eine spezifische Ausformung erhält. Sie präsentiert sich unter der Überschrift „Strategische Geschäftseinheiten der Lurgi AG" als Aufzählungstext am rechten Bildrand, wobei die Einträge, anders als erwartbar, nicht als Hyperlinks eingerichtet sind.

Strategische Geschäftseinheiten der Lurgi AG

Metallurgie

Oel · Gas · Chemie

Life Science Technologies

Hausmüll / Gesamtanlagen

Klärschlamm / Sonderabfall

Gasreinigung in Prozeßindustrien

Kesselanlagen

Rauchgasreinigung

Stahlbau

Synthesefasern

Service

Diese Liste mit ihren äußerlich unverbundenen, scheinbar isolierten Einträgen konstituiert ein eigenständiges und gleichwohl kohärentes informationelles Modul, dessen kohärenzstiftendes Potential von der die Einträge bündelnden Überschrift ausgeht. Dementsprechend kann dieser Listentext insofern als eine spezifische und minimalistische Ausprägung eines unternehmensvorstellenden Kurztextes betrachtet werden, als er zwar – ähnlich wie die Unternehmenskurzvorstellung der Merck KGaA – Parameter wie den Jahresumsatz und die Mitarbeiterzahl außer acht läßt, über die Nennung der Hauptgeschäftsbereiche aber immerhin Rückschlüsse auf die Tätigkeitsfelder des Unternehmens erlaubt. Vor diesem Hintergrund wird die Klassifizierung dieser Seite als Leitseite des Typs D möglich, zumal im Hinblick auf die übrigen Komponenten – Inhaltsübersicht und Newsticker-Meldung sowie zusätzlich Abbildung und Slogan – keine Divergenzen zu registrieren sind.

NACHGESTELLTE LEIT-INHALTS-SEITEN: Allein bei den drei Pre-Homepages der DPD Deutscher Paketdienst GmbH & Co., der Salzgitter AG und der Walter Bau-AG lassen sich die Folgeseiten der Pre-Pages als Leit-Inhalts-Seiten klassifizieren. Die Leit-Inhalts-Seite der Walter Bau-AG gibt im Sinne eines ersten Überblicks Auskunft über das Unternehmen und seine Aktivitäten. Dies geschieht durch fünf Kurztexte im Inhaltsbereich, die zugleich den offensichtlich zentralen Siterubriken *Profil*, *Präsenz*, *Aktivitäten*, *Anschriften* und *Kennzahlen* zugeordnet sind. Damit übernehmen diese Texte eine Doppelfunktion: Sie dienen nicht nur einem einführenden Überblick, sondern fungieren zugleich als Vorausschau auf die in den entsprechenden Rubriken zu erwartenden Informationen.

Anders als bei der Walter Bau-AG stehen die beiden Leit-Inhalts-Seiten der Salzgitter AG und der DPD GmbH ganz im Zeichen der Aktualität. Unter der Überschrift „Salzgitter aktuell“ werden im Inhaltsbereich zunächst zwei aktuelle Termine, als Hyperlinks gestaltet und zu vertiefenden Informationen führend, angezeigt. Hieran schließt sich eine mit einer großformatigen Fotografie versehene Pressemeldung an, die ein unter Beteiligung der Salzgitter AG neu angelaufenes Projekt thematisiert.

Daß hier inhaltliche Informationen im Vordergrund stehen, wird durch das Bildschirmlayout unterstrichen, welches Navigations- und Orientierungsinstrumente an die Bildränder verlegt und einen großzügigen Anzeigebereich für die eigentlichen Inhalte läßt. Ein solches Layout prägt gleichfalls die Leit-Inhalts-Seite der DPD Deutscher Paketdienst GmbH & Co., welche in zwei Fenstern insgesamt vier aktuelle kundenrelevante Meldungen bereitstellt und so in besonderem Maß der Forderung Rechnung trägt, dem Online-Nutzer möglichst früh innerhalb der Websitehierarchie Zugriff auf aktuelle Informationen und neue Site-Inhalte zu ermöglichen.

Wurden die primären Leit-Inhalts-Seiten noch als signifikant mit erhöhtem Rezeptionsaufwand verbunden charakterisiert, kann dieses Problem in Verbindung mit einer vorgeschalteten Pre-Page insofern als entschärft betrachtet werden, als die anfallenden Rezeptionsaufgaben hier auf zwei Webseiten verteilt werden. Zwar wird der Leit-Inhalts-Seite nur die Identifikation der veröffentlichenden Instanz genommen und auf die Pre-Page vorverlegt, doch ist dies als eine (wenngleich geringe) Komplexitätsreduktion zu betrachten.

Somit ist die Verbindung von Pre-Page und Leit-Inhalts-Seite unter dem Aspekt der Informativität bzw. der nutzerseitig intendierten unmittelbaren Auffindung gesuchter Informationen als die effektivere und in geringerem Maß informationelle Warteschleifen produzierende Form der Pre-Homepage zu sehen. Denn immerhin entfällt hier der „Zwischenschritt“ der Vermittlung von alleiniger

Übersichtsinformation. Statt dessen wird dem Rezipienten ein direkterer Zugriff auf Inhaltsinformationen suggeriert. Nichtsdestoweniger ist bewußt zu halten, daß Pre-Pages und Leit-Inhalts-Seiten aus Rezipientensicht durchaus kritisch zu beurteilen sind.

6.1.2 Typen russischer Unternehmenshomepages

Analog zu den Homepages deutscher Unternehmen präsentieren sich die russischen Firmen mit Startseiten im World Wide Web, die in Abhängigkeit von ihren konstitutiven Komponenten und hinsichtlich ihres Funktionsspektrums typologisch unterscheidbare Ausprägungen finden. Dabei deckt sich die Typologie der russischen Homepages insofern mit der der deutschen Einstiegsseiten, als das Zentrum beider durch die drei offensichtlich grundlegenden Typen Leitseite, Leit-Inhalts-Seite und Pre-Homepages begründet wird. An der Peripherie der für die russischen Homepages vorgenommenen Typologie ist hingegen eine Abweichung zu beobachten, die in der Ausbildung einer zusätzlichen Kategorie besteht: Sie manifestiert sich in der sogenannten Inhaltsseite, die zwar insgesamt nur mit vier Items im Corpus repräsentiert ist, aber dennoch einen unterscheidbaren Typ ausbildet. Die Verteilung der Homepagetypen im russischen Teilcorpus stellt sich im Überblick wie folgt dar:

Verteilung der Homepagetypen im russischen Corpus				
			absolut	**%**
Leitseiten			**22**	**44 %**
Leit-Inhalts-Seiten			**9**	**18 %**
Inhaltsseiten			**3**	**6 %**
Pre-Homepages			**16**	**32 %**
der Pre-Page nachgeschaltet:	Leitseiten	9		
	Leit-Inhalts-Seiten	6		
	Inhaltsseiten	1		
Homepages gesamt			**50**	**100 %**

Den mit 44 % quantitativ höchsten Anteil am Corpus hat auch hier die Leitseite, deren Präsenz unter Berücksichtigung der im Kontext der Pre-Homepages anzutreffenden sekundären Items auf 62 % steigt. Sie gibt sich somit einmal mehr als Homepage-Grundtypus zu erkennen – gleichwohl sie sich nicht durch eine so dominante Corpuspräsenz auszeichnet wie im deutschen Teilcorpus. Dort liegt allein der Anteil der primären Leitseiten bei 64 % und erhöht sich unter Einrechnung der sekundären Exemplare auf 89 %. Signifikant vertreten ist des weiteren die Pre-Homepage, wobei der Pre-Page ebenfalls am häufigsten eine Leitseite nachgeschaltet ist, aber auch der zusätzlich anzusetzende Typ der Inhaltsseite zum Einsatz kommt.

Besonders eindringlich macht sich indessen die Präsenz der Leit-Inhalts-Seite im russischen Corpus bemerkbar, deren Gesamtanteil unter Hinzuziehung der sekundären Elemente immerhin 30 % ausmacht, während der entsprechende Wert für das deutsche Corpus bei nur 11 % liegt. Zu zeigen wird sein, ob und wenn ja, wie sich dieser Umstand auf die Textualität und letztlich auf die Textsortencharakteristika der russischsprachigen Unternehmenshomepage auswirkt. Zumindest – und dies spiegelt sich in der zur Bezeichnung der Homepagetypen verwendeten Terminologie – läßt die signifikante Präsenz der Leit-**Inhalt**s- und **Inhalt**sseiten im russischen Corpus eine Aufwertung des Inhaltlichen, eine höhergradige Fokussierung auf die Präsentation thematisch-inhaltlich relevanter Information erahnen. Welche textuellen Ausprägungsformen diese „Inhaltlichkeit“ ggf. zeitigt, haben die weiteren Analysen zu erbringen.

6.1.2.1 Leitseiten

Auch das russische Corpusmaterial legt für die Großgruppe der Leitseiten eine in Abhängigkeit von den zentralen informationellen Modulen vorzunehmende Subdifferenzierung nahe, die den Gegebenheiten im deutschen Corpus weitgehend entspricht. Allein die dort als Typ D (Inhaltsübersicht + Aktuelles + Unternehmenskurzvorstellung) angesetzte Kategorie wird durch die primären russischen Leitseiten nicht abgedeckt, so daß die Subklassifizierung hier folgendes Bild vermittelt:

SUBTYPEN DER LEITSEITE	Anzahl absolut
Typ A: Inhaltsübersicht	16
Typ B: Inhaltsübersicht + Neues / Aktuelles	2
Typ C: Inhaltsübersicht + Unternehmenskurzvorstellung	4
Typ D: Inhaltsübersicht + Aktuelles + Unternehmenskurzvorstellung	–

(A) INHALTSÜBERSICHT: Deutlicher noch als im deutschen Corpus ist im russischen diese Minimalform der Homepage vertreten, die sich durch die beiden Mindestbestandteile Firmenname und Inhaltsübersicht konstituiert. Mehr als ⅔ der russischen Leitseiten realisieren diesen Subtyp, wie ihn z. B. die Homepage des Chemieunternehmens Усольехимпром (Usol'echimprom) verkörpert:

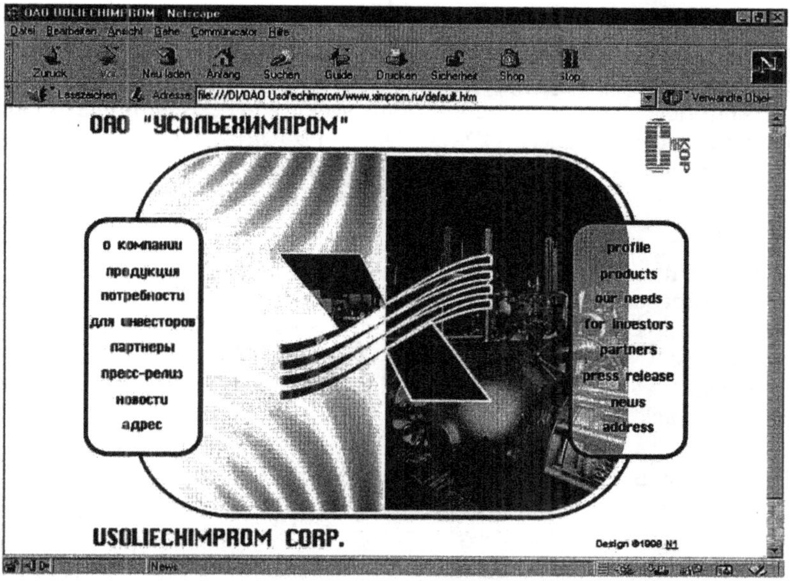

Leitseite des Unternehmens Усольехимпром (Usol'echimprom)

Diese Homepage weist ein für Leitseiten bereits bekanntes und durchaus typisches Design auf: Der Bildschirm wird von einer mittig positionierten, das Firmenlogo aufweisenden Abbildung beherrscht, die zu beiden Seiten von Navigationsleisten mit der Site-Inhaltsübersicht in russischer und englischer Sprache flankiert wird. Über diese verschiedensprachigen Linklisten wird zugleich die Sprachwahl realisiert, deren Angebot hier vor allem dadurch motiviert ist, daß das Unternehmen nicht nur mit russischen, sondern auch mit zahlreichen ausländischen Partnerunternehmen, z. B. aus der Schweiz, den Niederlanden, China und Deutschland, kooperiert.

Die Möglichkeit der Sprachwahl ist auf den russischen Homepages insgesamt seltener gegeben als auf den deutschen, von denen 73 % den Zugriff mindestens auf die englische Siteversion erlauben und auch weitere Sprachen anbieten. 54 % der russischen Homepages stellen diese Option zur Verfügung, wobei sie sich allein auf eine englische Version beschränken. Das geringere Ausmaß an fremdsprachigen Unternehmenspräsentationen[258] dokumentiert die primäre Orientierung der Mehrheit der eruierten Unternehmen an einem nationalen, rus-

[258] Vgl. hierzu auch Gulajew 1997, S. 65f., der nach Überwindung anfänglicher Probleme mit der Dekodierung kyrillischer Schriftzeichen im Internet den Rückgang englischer und die Zunahme russischer Webangebote in kyrillischer Schrift beobachtet.

sischsprachigen Markt. Gleichwohl wird auf den russischen Homepages dem Wunsch nach Kooperation auch mit ausländischen Firmen explizit Ausdruck verliehen – eine Strategie, die dem deutschen Geschäftsgebaren offensichtlich nicht entspricht. So ist z. B. auf der Homepage des in der Eisen- und Stahlindustrie tätigen Unternehmens ОЭМК (OĖMK) zu lesen: „Приглашаем Вас к взаимовыгодному сотрудничеству" („Priglašaem Vas k vzaimovygodnomy sotrudničestvu" / „Wir laden Sie zur beiderseitig nutzbringenden Zusammenarbeit ein").[259]

Ebenso wie die deutschen Leitseiten des Typs A findet sich diese Minimalform einer Homepage auch im russischen Corpus durch typenunabhängig auftretende Elemente wie Begrüßungen und werbende Slogans erweitert, z. B.: „Добро пожаловать!"[260] („Dobro požalovat'!" / „Herzlich willkommen!") und „Самый подходящий холодильник"[261] („Samyj podchodjaščij cholodil'nik" / „Der beste Kühlschrank").

(B) INHALTSÜBERSICHT + NEUES / AKTUELLES: Insgesamt illustriert das erhobene Corpusmaterial, daß der Präsentation aktueller Informationen auf den russischen Homepages vergleichsweise geringe Bedeutung zukommt. Entsprechend stellen sich nur zwei der primären Leitseiten als eine durch je eine aktuelle Meldung erweiterte Inhaltsübersicht dar, für die stellvertretend die Homepage des bekannten Ölkonzerns Лукойл (Lukojl) abgebildet sei: Die Nachricht präsentiert sich hier als ein mit einem nachgestellten Link versehener Meldungstitel, in deutscher Übersetzung wiederzugeben mit: „Erklärung des Direktorenrates[262] und Vorstandes der offenen AG ‚Lukoil' vom 31.03.2000 über die Ziele und Aufgaben des Unternehmens für die Jahre 2001 - 2010". Neben dieser Form des Meldungstitels kommen auch die von den deutschen Einstiegsseiten bekannten Kurzmeldungen zum Einsatz, so auf der Leitseite Typ B des in der Lebensmittelindustrie tätigen Unternehmens Парнас-М (Parnas-M). Die Aufbereitung aktueller Nachrichten als Newsticker begegnet auf den russischen Homepages nicht.[263]

---

[259] Das im Bergbau tätige Unternehmen Кузбассразрезуголь (Kuzbassrazrezugol') widmet der Partnerwerbung sogar seine gesamte, als Leit-Inhalts-Seite zu klassifizierende Homepage.

[260] Vgl. hierzu z. B. die Homepage des Unternehmens Черкизовский мясоперерабатывающий завод (Čerkizovskij mjasopererabatyvajuščij zavod).

[261] Homepage der Firma Стинол (Stinol).

[262] Entspricht dem Aufsichtsrat in der deutschen Aktiengesellschaft.

[263] Im russischen Corpus weist nur die Homepage des Unternehmens ОЭМК (OĖMK) die Implementierung eines Newstickers auf. Der enthaltene Text dient der Nennung der für die Erstellung der Website verantwortlichen Agentur.

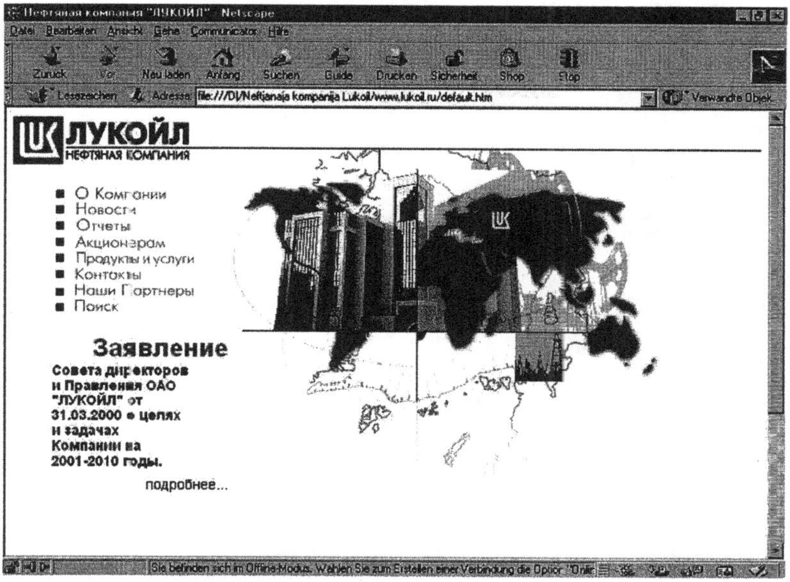

Leitseite des Ölkonzerns Лукойл (Lukojl): Im oberen linken Bildschirmbereich unter dem Firmenlogo die mit Aufzählungszeichen versehene Inhaltsübersicht, darunter die aktuelle Meldung mit dem nachgestellten Link „подробнее" („podrobnee" / „Ausführlicher").

(C) Inhaltsübersicht + Unternehmenskurzvorstellung: Wie die Corpusverteilung dokumentiert, dominiert auf den russischen Leitseiten die einführende Kurzvorstellung des Unternehmens vor dem Angebot aktueller Informationen: Auf vier der primären Leitseiten führen sich die Unternehmen mit einem vorstellenden Kurztext ein, wie ihn die nachstehend abgebildete Homepage des Süßwarenbetriebs Бабаевский (Babaevskij) präsentiert. Mehr oder weniger ausgeprägt haben diese Kurztexte auch auf den russischen Homepages imagewerbenden Charakter. Der gezeigte Beispieltext nennt z. B. die bekanntesten Produkte des Unternehmens und hebt die zahlreichen, auf internationalen Messen erworbenen Auszeichnungen sowie das hoch entwickelte Vertriebsnetz aus firmeneigenen Handelshäusern hervor.

Homepage des Unternehmens Бабаевский (Babaevskij): Links die sich in die beiden Themenbereiche „Über den Konzern" und „Produkte" gliedernde Inhaltsübersicht, im Bildzentrum der unternehmensvorstellende Text.

6.1.2.2 Leit-Inhalts-Seiten

Gegenüber den Leitseiten, auf denen die Vermittlung inhaltlicher Information der Leitfunktion erkennbar untergeordnet ist, zeichnen sich auch die für das russische Corpus so klassifizierten Leit-Inhalts-Seiten durch eine Erweiterung des Funktionsspektrums aus: Neben die zentrale Aufgabe der Übersichtsvermittlung tritt gleichberechtigt als eigenständiger Kompetenzbereich die Inhaltspräsentation. Diese Doppelfunktion dokumentiert die Homepage des im Energiesektor tätigen Unternehmens Иркутскэнерго (Irkutskėnergo). In ihrem Design läßt die Seite eine signifikante Affinität zur Leit-Inhalts-Seite der Bayer AG[264] erkennen, übernimmt doch der obere Bildschirmbereich mit Firmennamen, Abbildung und Inhaltsübersicht die Funktion einer kombinierten Titel- und Leitseite. Der sich nach unten anschließende, über den Rollbalken erreichbare Teil ist hingegen der Inhaltspräsentation in Form einer tabellarisch gestalteten Firmenchronik vom Gründungsjahr 1954 bis zum Jahr 1998 vorbehalten.

---

[264] Vgl. Abschnitt 6.1.1.2 der vorliegenden Arbeit, S. 164 - 166.

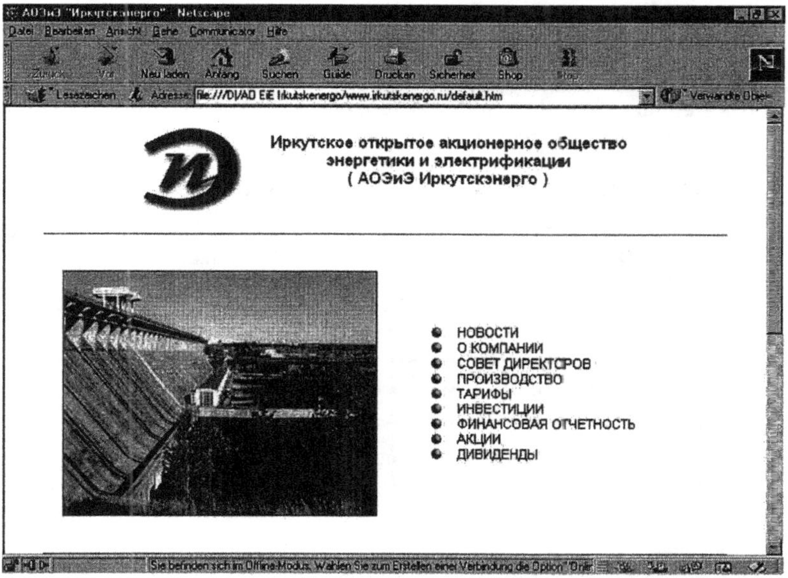

Homepage der Иркутскэнерго (Irkutskėnergo), Ausschnitt I: Oberer Seitenbereich mit Firmennamen, Abbildung und Inhaltsübersicht mit den Rubriken „Nachrichten", „Über die Gesellschaft", „Direktorenrat", „Produktion", „Tarife", „Investitionen", „Rechnungslegung", „Aktien", „Dividenden".

Daß der Inhaltspräsentation auf den russischen Leit-Inhalts-Seiten größere Bedeutung zukommt als auf ihren deutschen Pendants, läßt dieses Beispiel noch nicht vermuten, wird angesichts der übrigen russischsprachigen Vertreter dieses Homepagetyps aber um so evidenter. Ein Indiz liefert schon die Oberfläche der WWW-Kommunikate: ein im Vergleich zu den deutschen Leit-Inhalts-Seiten oft größeres Textvolumen. Zudem zeigen die Texte verschiedenartige Ausprägungen, präsentieren sich fließ- oder listentextförmig sowie mit gemischten Strukturen. Die russischen Kommunikate erscheinen so einerseits zwar z. T. weniger durchkomponiert, zum anderen aber auch weniger schematisiert und durch Strukturreichtum und größere textuelle Vielfalt gekennzeichnet.

Einen Eindruck hiervon vermittelt z. B. die Homepage des Energieunternehmens Новосибирскэнерго (Novosibirskėnergo), die Textinformationen im Umfang von zwei DIN A4-Seiten bereitstellt. Auffällig sind die unterschiedlichen Textformen, werden doch sowohl Fließtextelemente als auch Aufzählungs- und tabellarische Texte präsentiert. Thematisch befassen sich die Texte u. a. mit den Hauptgeschäftsfeldern (основные виды деятельности / osnovnye vidy dejatel'nosti), dem Absatzmarkt (рынок сбыта / rynok sbyta), der Unternehmensstruktur (структура компании / struktura kompanii) und dem Personalbestand (штат сотрудников / štat sotrudnikov). Abschließend erhält der Nutzer über eine Liste von verlinkten Meldungstiteln Zugriff auf aktuelle Nachrichten. Trotz ihres Umfangs präsentiert sich aber auch diese Seite als eine den eigentlichen Site-Inhalten vorgeschaltete Übersichtsseite.

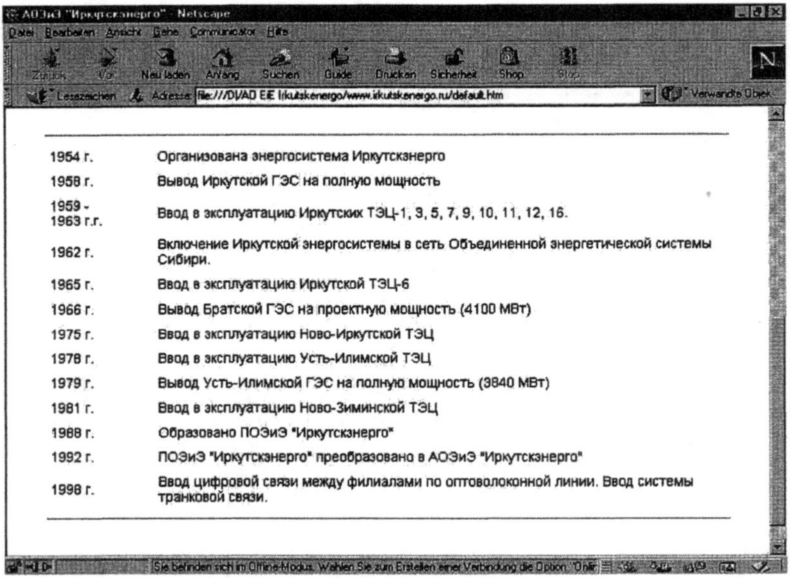

Homepage der Иркутскэнерго (Irkutskėnergo), Ausschnitt II: Der untere Seitenbereich präsentiert in einer chronologischen Übersicht die Unternehmensgeschichte

Doch erschöpft sich die Heterogenität innerhalb des Typs Leit-Inhalts-Seite in den beschriebenen Strukturen nicht. Vielmehr geht sie so weit, daß einzelne Exemplare webseitentypologisch die Grenzen einer Übersichtsseite überschreiten und sich in ihrer konkreten Ausgestaltung eher als Informationsseite darstellen. Evident wird diese Tendenz auf der Homepage des Erdölbetriebs Татнефть (Tatneft'): Hier präsentiert sich die Startseite der Site als eine mit dem Titel „О компании" („O kompanii" / „Über die Gesellschaft") versehene Informationsseite, die in Fließtextform Inhalte im Umfang von gut zwei DIN A4-Seiten bietet. Dabei werden Teilthemen wie die Marktposition auf dem russischen Erdölmarkt („Позиция компании на российском нефтяном рынке" / „Pozicija kompanii na rossijskom neftjanom rynke") und die Bedeutung des Unternehmens für die Wirtschaft der Region („Роль ‚Татнефти' в экономике региона" / „Rol' ‚Tatnefti' v ėkonomike regiona") behandelt. Dennoch ist diese

Seite im Sinne einer Übersichtsseite als vorgeschaltete Startseite in die Site eingebunden und über den Link Главная [страница] (Glavnaja [stranica] / Hauptseite) in der Navigationsleiste stets erreichbar. Sie ist somit weder als Navigations- noch als Informationsseite eindeutig definiert.

Ähnliches gilt für die Homepage der Firma Кузбассразрезуголь (Kuzbassrazrezugol'). Zum einen werden Charakterzüge einer Informationsseite evident: Inhaltlich steht die Seite unter dem Titel „Обращение президента к партнёрам" („Obraščenie prezidenta k partnëram" / „Grußwort des Unternehmenspräsidenten an [zukünftige] Partner") und ist dem spezifischen Anliegen der Werbung um Kooperationspartner gewidmet. Zum anderen weist die Seite mit einer deutlichen Kontaktorientierung sowie einer homepagetypischen Kurzvorstellung des Unternehmens explizite Merkmale einer initialen Übersichtsseite auf.

Eine innerhalb des Corpus einmalige Sonderform verwirklicht die Homepage der Красноярская угольная компания (Krasnojarskaja ugol'naja kompanija): Die Site besteht aus nur zwei identisch aufgebauten Seiten, einer russischsprachigen und ihrem englischen Pendant. Der dem Nutzer zuerst ansichtige obere Seitenbereich zeigt typische Züge einer Homepage, indem er den Firmennamen, eine horizontal plazierte Navigationsleiste mit fünf thematischen Rubriken[265] und eine großformatige fotografische Abbildung präsentiert. Hieran schließen sich in vertikaler Anordnung alle durch die Rubriken angekündigten Inhalte an und sind über intrahypertextuelle Links in der Navigationsleiste zu erreichen. Der Nutzer verbleibt bei der Navigation somit immer innerhalb dieses einen Dokumentes, das einen Umfang von vier DIN A4-Seiten erreicht.

Über das Gesagte hinaus ist für die russischen Leit-Inhalts-Seiten zu konstatieren, daß sie im Unterschied zu den deutschen Vertretern signifikant nicht im Zeichen aktueller Nachrichten[266], sondern firmen- und produktbezogener Informationen stehen. Verweise auf unterhaltende Elemente wie das Gewinnspiel auf der Homepage der Veba Öl AG sind nicht repräsentiert.

6.1.2.3 Inhaltsseiten

Eine im deutschen Corpus ohne Entsprechung bleibende Homepage-Erscheinungsform stellt die Inhaltsseite dar, mit der sich drei russische Unternehmen im Netz präsentieren. Seine Benennung verdankt dieser Typ dem Sachverhalt, daß

265 Информация (Informacija / Information), Показатели (Pokazateli / Kennzahlen), Потребители (Potrebiteli / Abnehmer), Деятельность (Dejatel'nost' / Tätigkeit), Наш адрес (Naš adres / Unsere Adresse). Zwei weitere Links führen zur englischen Seitenversion und zur Website der Stadt Красноярск (Krasnojarsk).

266 Das Energieunternehmen Новосибирскэнерго (Novosibirskėnergo) ist die einzige Ausnahme.

er im Unterschied zu den übrigen Homepagemustern die zentrale Komponente der Inhaltsübersicht vermissen läßt und somit die grundlegende Leit- und Übersichtsfunktion nicht ausüben kann. Eine solche Homepage, der ein für die Exploration einer Website unentbehrlicher Bestandteil fehlt, ist in Kenntnis des bisher Gesagten zunächst als nicht akzeptabel zu bewerten.

Dem ist entgegenzuhalten, daß die mit dieser Art von Homepage verbundenen Webangebote in der Tat so beschaffen sind, daß eine herkömmliche Inhaltsübersicht sowohl unter inhaltlichem als auch unter navigatorischem Aspekt redundant ist. Das besondere Kennzeichen der in Rede stehenden WWW-Kommunikate besteht darin, daß die gesamte Webpräsenz aus nur einer bzw. zwei Webseiten besteht. Eine ausgebaute und strukturierte Site aus zahlreichen über Hyperlinks verbundenen Hypertextknoten liegt in keinem der drei Fälle vor.

Auch wenn den beschriebenen Strukturen angesichts der Realitäten im WWW und im Vergleich mit den durchweg umfangreichen „High-End"-Websites deutscher Firmen das Merkmal „Abweichung vom Herkömmlichen" zuzuschreiben ist, haben derartige Webpräsenzen durchaus ihre Berechtigung. Ein Indiz hierfür liefert z. B. das Produktspektrum, das nicht nur russische Web-Design-Agenturen im Hinblick auf die Realisierung von WWW-Präsenzen im Angebot haben: Regulärer Bestandteil ist das Modell ELEKTRONISCHE VISITENKARTE bzw. визитная карточка (vizitnaja kartočka / Visitenkarte).[267] Dieses Modell besteht in seiner Minimalform aus genau einer Webseite und wird daher auch als *One-Page-Site*[268] bezeichnet. Die WWW-Präsenzen der beiden metallverarbeitenden Unternehmen СУАЛ (SUAL) und Кузнецкий металлургический комбинат (Kuzneckij metallurgičeskij kombinat) sind als One-Page-Sites realisiert.

Die Homepage des Betriebs СУАЛ (SUAL) enthält als typische Elemente den obligatorischen Firmenschriftzug samt Logo sowie eine Montage aus sechs kleinformatigen fotografischen Abbildungen. Das informationelle Kernstück bildet eine Unternehmenskurzvorstellung, der neben dem Gründungsjahr u. a Angaben zum Produktspektrum zu entnehmen sind. Auch wird zu Beginn des Textes die Initialform des Firmennamens, СУАЛ (SUAL), in seine Vollform Сибирско-уральская алюминевая компания (Sibirsko-ural'skaja aljuminevaja kompanija) aufgelöst, was einen ersten Rückschluß auf den Tätigkeitsbereich

[267] Vgl. hierzu z. B. die Produkte der in Wien ansässigen Web-Design-Agentur Homepage Design unter http://www.world-wide-web.at/design/index.htm (Stand vom 04.05.2001) oder der russischen Agentur @ Design unter http://www.a-design.ru (Stand vom 13.05. 2001). Der Angebotstyp VISITENKARTE wird nicht immer einheitlich definiert: Während die beiden genannten Agenturen ihn auf genau eine Webseite begrenzen, erweitern andere ihn auf bis zu drei Seiten.

[268] Vgl. zu diesem Terminus den Online-Newsletter Online Marketer Digest 4. 2002. Heft 55. Dieser Newsletter erscheint monatlich zu den Themen „E-Commerce", „Online-Marketing" und „Erfolg im Internet". Er ist zu beziehen unter http://www.onlinemarketer.de.

ermöglicht.[269] Am Seitenfuß befinden sich u. a. Telefon- und Faxnummer sowie eine E-Mail-Adresse. Die Möglichkeit der Kontaktaufnahme, auch unmittelbar über das Internet, ist somit gegeben. Auffällig ist hingegen, daß die Nennung der realen Anschrift des Unternehmens – wichtiger Bestandteil einer jeden und auch der elektronischen Visitenkarte[270] – unterbleibt.

Desgleichen weicht die zweite so realisierte WWW-Präsenz des Unternehmens Кузнецкий металлургический комбинат (Kuzneckij metallurgičeskij kombinat) in dieser Hinsicht von dem Muster VISITENKARTE ab: Die Homepage[271] zeigt ebenfalls das durch ein Initialkurzwort konstituierte Firmenlogo, den vollständigen Firmennamen im Bildhintergrund sowie einen unternehmensvorstellenden Kurztext. Die einzige Kontaktinformation besteht in der Angabe einer E-Mail-Adresse.

Vergleichsweise ausführlich und im Sinne des Konzepts VISITENKARTE vollständig präsentiert sich einzig das Unternehmen Татэнерго (Tatėnergo). Die Homepage, von der ein Link zu einer zweiten, zielgruppenspezifisch an potentielle Zulieferer (поставщики / postavščiki) gerichteten Webseite abzweigt, enthält das Firmenlogo, den vollständigen Firmennamen sowie die komplette Anschrift mit Telefon- und Faxnummer sowie E-Mail-Adresse. Daneben findet sich eine in drei Textabsätze gegliederte Unternehmenskurzvorstellung sowie eine Voraberläuterung der für die Zulieferer zur Verfügung stehenden Informationen. Wert gelegt wird offensichtlich auf die Transparenz der Kontaktwege zum Unternehmen, ist die unmittelbare Kontaktaufnahme über das Internet doch über zwei verschiedene E-Mail-Adressen möglich.

Die drei als Inhaltsseiten klassifizierten Homepages vermitteln ein homogenes, das Muster VISITENKARTE systematisch und profiliert umsetzendes Erscheinungsbild. Dennoch: Diese Form der Webpräsenz unterscheidet sich grundlegend von den bisher vorgestellten, zur Website ausgebauten Realisierungen. De facto handelt es sich bei den elektronischen Visitenkarten in der Regel um ein frühes Entwicklungsstadium, gleichsam die Vorform einer Website. Einen entsprechenden Hinweis gibt die Homepage der Татэнерго (Tatėnergo) selbst: „Здесь будет открыт официальный web-сайт энергосистемы Татарстана“

---

269 алюминевый / aljuminevyj = Aluminium-. Zwei Aluminiumfabriken haben sich zu der Gesellschaft СУАЛ (SUAL) zusammengeschlossen.

270 Vgl. hierzu auch die Produktbeschreibungen auf den Webseiten der beiden in Anmerkung 267 genannten Web-Design-Agenturen, denen zufolge die Nennung der Unternehmensadresse ausdrücklich zum Produktumfang gehört.

271 Der Seitenaufbau beginnt mit einer akustisch hinterlegten Animationssequenz, in deren Verlauf fotografische Abbildungen, Firmenname und -logo sowie abschließend der Kurztext sukzessive eingeblendet werden.

(„Zdes' budet otkryt oficial'nyj web-sajt ėnergosistemy Tatarstana" / „Hier öffnet [in Kürze] die offizielle Website des Energieversorgungssystems Tatarstans").

Eine derartige schnell realisierbare Minimalform eines Webangebots fungiert gewöhnlich als Platzhalter für die eigentliche Site und dient den Unternehmen in erster Linie dazu, ihre Präsenz im World Wide Web vorab zu signalisieren. Außerdem ist meist die Möglichkeit der Kontaktaufnahme per E-Mail gegeben. Zugleich wird der Ausbau des Informationsangebots mehr oder weniger explizit angekündigt, oft gekoppelt an einen Ausblick auf die zu erwartenden Inhalte. Hierin ist diese Publikationsform z. B. den Neuankündigungen von im Erscheinen befindlichen Printpublikationen oder den Vorschauen auf in Kürze anlaufende Kinofilme vergleichbar. Zugleich erklärt sich durch die Qualität „Vorabveröffentlichung" die geringe Corpusfrequenz dieses Angebotstyps. Daß derartige Angebote im Lauf der Zeit erweitert werden, ist zwar hochgradig wahrscheinlich[272], jedoch nicht zwingend. Auch wenn inzwischen alle drei Inhaltsseiten umfangreichen Websites gewichen sind, war zumindest im Fall des Unternehmens Кузнецкий металлургический комбинат (Kuzneckij metallurgičeskij kombinat) die Visitenkartenpräsenz über einen Zeitraum von mindestens einem Dreivierteljahr der Status quo.[273]

6.1.2.4 Pre-Homepages

Der Anteil der Pre-Homepages liegt im russischen Teilcorpus mit 32 % nur knapp über dem entsprechenden Wert des deutschen Corpus (29 %). Auch in funktionaler Hinsicht sind die Ausprägungen dieses Homepagetyps identisch: Die russischen Pre-Pages präsentieren sich als vorgeschaltete Titelseiten, während die Folgeseiten die Leit- und Übersichtsfunktion übernehmen.

Dem Titelseitencharakter der Pre-Page entsprechend besteht ihre Mindestkomponente ebenfalls in dem die Identifikation ermöglichenden Firmennamen. Unterstützt wird die Titelfunktion aber weniger durch Begrüßungssequenzen, sondern durch Abbildungen, die immerhin gut ⅔ der russischen Pre-Pages prägen. Eine signifikant hierüber hinausgehende Ausstattung mit informationellen Mo-

[272] Als ein Indiz hierfür kann auch gewertet werden, daß die Präsenzform VISITENKARTE in Handbüchern zum Thema „Web Design" keine Behandlung findet. Die Gestaltungsempfehlungen richten sich immer auf Websites als die deutlich komplexer strukturierten Einheiten.

[273] Einsichtnahme am 03.07.2001. Bei der Präsenz der Firma Кузнецкий металлургический комбинат (Kuzneckij metallurgičeskij kombinat) wurde zwischenzeitlich nur die Animationssequenz verändert, in der Bebilderung und Farbgebung modifiziert und durch einen Slogan erweitert. Die grundlegende Visitenkartenstruktur sowie der Kurztext blieben vom Erhebungszeitpunkt im Juli 2000 bis mindestens Ende April 2001 unverändert.

dulen ist hingegen nicht festzustellen. Vereinzelt finden sich allenfalls die Anschrift des Unternehmens oder metainformative Hinweise schon auf der Pre-Page. Eine Ausnahme bildet die Pre-Page des Konzerns Газпром (Gazprom), die einen unternehmensvorstellenden Text in englischer Sprache enthält.

Zugleich steht die Pre-Page der Газпром (Gazprom) von allen erhobenen russischen Homepages am deutlichsten im Zeichen einer weltweiten Ausrichtung und der Ansprache eines internationalen Zielpublikums: Über die Sprachwahloption wird auf Siteversionen in russischer, französischer, deutscher, spanischer und englischer Sprache verwiesen. Im Hinblick auf die Sprachwahloption vermitteln die russischen Pre-Pages ein konsistentes Bild: Während im deutschen Corpus kaum die Hälfte der Pre-Pages dem Angebot der Sprachwahl dient, haben immerhin 11 der 16 russischen Äquivalente die Ankündigung englisch- und russischsprachiger Informationen zur Aufgabe.

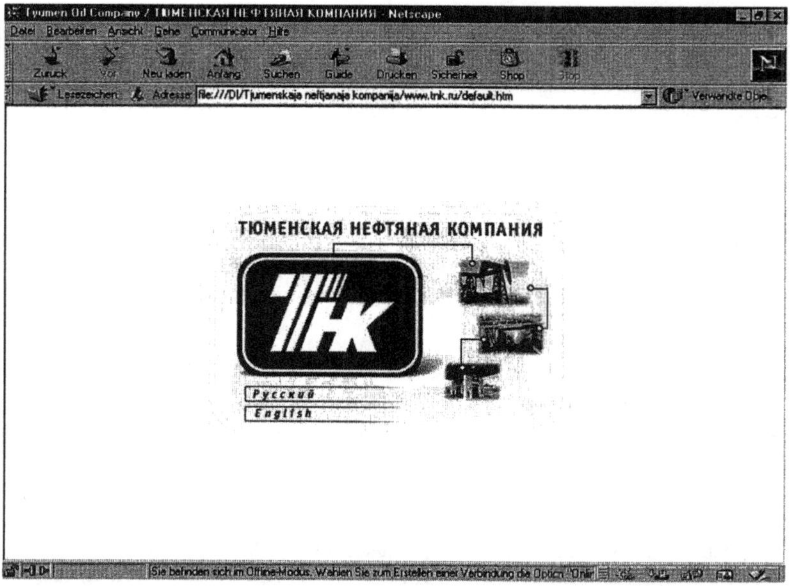

Pre-Page der Тюменская нефтяная компания (Tjumenskaja neftjanaja kompanija)

Die Pre-Page der Тюменская нефтяная компания (Tjumenskaja neftjanaja kompanija) enthält die typischen Elemente Firmenname, Logo, Abbildungen und die Sprachwahloption Русский (Russkij / Russisch) und English. Die Titelseite des ОЭМК (OĖMK) ist gleichermaßen durch diese Bestandteile geprägt, bietet darüber hinaus aber einen Zusatznutzen. Dieser besteht darin, daß die Seite der Nutzungssituation auch desjenigen Rezipienten gerecht wird, der zwar an entsprechenden Unternehmensinformationen interessiert, aber des Russischen bzw. der kyrillischen Schreibung unkundig ist: Neben der Realisierung der Sprachwahl über die Links Русский (Russkij / Russisch) und English wird zusätzlich der russische Firmenname ins Englische übertragen. Dieses Verfahren nutzt das Potential der ohnehin der Sprachauswahl dienenden Pre-Pages für die transparente Ansprache eines internationalen Zielpublikums. Entsprechend wird auf sieben Pre-Pages der russische Firmenname ergänzend ins Englische übertragen oder mit lateinischen Schriftzeichen transkribiert. Insofern ist die Pre-Page des ОЭМК (OĖMK) als typische Pre-Page einer russischen Unternehmenswebsite zu sehen.

Insgesamt stehen die russischen Pre-Pages wie gezeigt signifikant im Zeichen von Sprach- und anderen Wahloptionen. In zwei Fällen ist die Einrichtung der Pre-Page nicht mit dem Angebot der Sprachwahl verbunden, sondern stellt den Rezipienten z. B. vor die Alternative, sich einleitend eine Animationssequenz anzusehen oder diese im Sinne der Senkung von Übertragungszeiten zu überspringen und die nachgeordnete Leitseite direkt anzusteuern[274].

Nur drei der russischen Pre-Pages – gegenüber immerhin sieben Entsprechungen im deutschen Corpus – stellen keine Wahloption zur Verfügung, sondern generieren die beschriebene informationelle Warteschleife, indem sie über exakt einen Einstiegslink mit der Folgeseite fest verdrahtet sind. Ähnlich wie bei den deutschen Corpusbeispielen ist dieser Einstiegslink textuell explizit als solcher gekennzeichnet[275] oder hinter dem Firmenlogo verborgen. Letztgenannter Fall kann die Minimalform einer Pre-Page hervorbringen, wie sie das Unternehmen Камкабель (Kamkabel') zeigt.

Auch die sekundären, den Pre-Pages nachgestellten Einstiegsseiten fügen sich nahezu ohne Abweichungen in das aufgestellte System von Homepagetypen ein. Hierdurch erfährt die vorgenommene Typologisierung nochmals eine nachhaltige Bestätigung. Zugleich wird die Möglichkeit ihrer übereinzelsprachlichen

---

274 Vgl. hierzu z. B. die Pre-Homepage des Unternehmens Роснефть (Rosneft'). Anzumerken ist, daß die Website zum Erhebungszeitpunkt noch nicht fertiggestellt war und auf der Pre-Page entsprechend als Демо-версия (Demo-versija / Demo-Version) angekündigt wird. Von den in der Inhaltsübersicht genannten thematischen Abteilungen liegen nur in der Rubrik *Информация для акционеров* (*Informacija dlja akcionerov / Informationen für Aktionäre*) Informationen vor, alle anderen Einträge sind noch nicht als Hyperlinks implementiert. Inzwischen ist an die Stelle der Demo-Version eine vollständig ausgebaute, umfangreiche Website getreten (Stand vom 30.04.2001), die aber, da der Veröffentlichungszeitpunkt außerhalb des Erhebungszeitraums liegt, hier nicht berücksichtigt wurde.

275 S. hierzu z. B. die Pre-Page des Unternehmens Южный Кузбасс (Južnyj Kuzbass) mit dem Einstiegslink Вход на сайт (Vchod na sajt / Eingang zur Site).

Gültigkeit unübersehbar – über die umfangreichere und weitere Sprachen einbeziehende Studien verbindlicheren Aufschluß geben müßten.

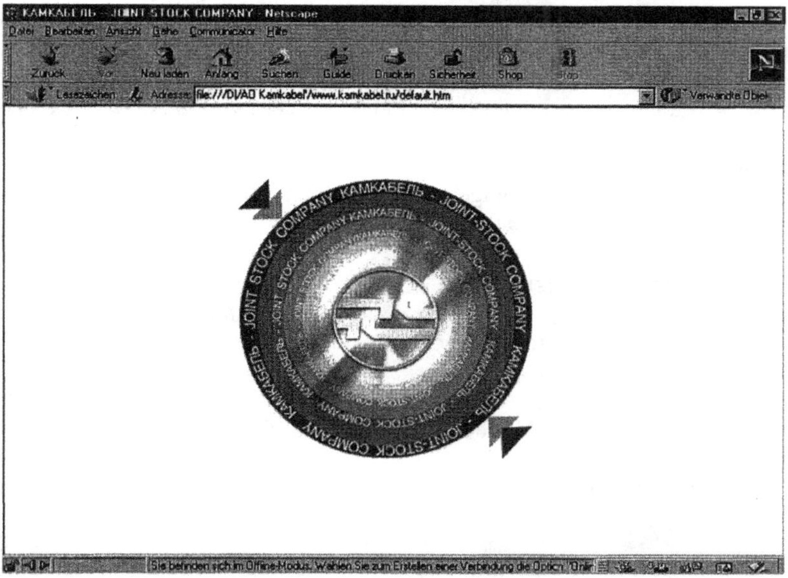

Pre-Page des Unternehmens Камкабель (Kamkabel')

Immerhin: Die den russischen Pre-Pages zugehörigen Folgeseiten verteilen sich so auf alle bisher besprochenen Seitentypen und deren Subtypen, daß keine der Kategorien unbesetzt bleibt. Die genaue Verteilung zeigt die nachstehende Übersicht:

TYPENVERTEILUNG DER ZWEITELEMENTE DER RUSSISCHEN PRE-HOMEPAGES		
Leitseiten		**9**
- Typ A	3	
- Typ B	4	
- Typ C	1	
- Typ D	1	
Leit-Inhalts-Seiten		**6**
Inhaltsseiten		**1**
Pre-Homepages gesamt		**16**

Anders als im deutschen Corpus, wo bei 13 der 16 Pre-Homepages die Folgeseite als Leitseite und in den verbleibenden drei Fällen als Leit-Inhalts-Seite zu klassifizieren war, erreicht die Leitseite bei den russischen Pre-Homepages nicht diese signifikante Dominanz. Neun der Folgeseiten stellen sich hier als Leitseiten dar, während die übrigen sieben Items auf die Leit-**Inhalts**- und die **Inhalts**seiten entfallen. Insofern wird die schon in Anbetracht des russischen Gesamtcorpus vermutete ausgeprägtere Akzentuierung der **Inhalt**skomponente bei den Pre-Homepages nochmals und um so eindringlicher evident. Hiermit erfährt die eingangs aufgestellte Hypothese auf der Subtypologisierungsebene eine Bekräftigung, die es einmal mehr angeraten erscheinen läßt, dem sich abzeichnenden Phänomen auch in text(sorten)linguistischer Hinsicht nachzugehen.

NACHGESTELLTE LEITSEITEN: So eindeutig sich die sekundären Leitseiten mit einer Ausnahme den vier aufgestellten Subtypen zuordnen lassen, so klar umrissen ist auch ihr Profil, das nicht von dem der primären Leitseiten abweicht und hier im einzelnen nicht mehr zu diskutieren ist. Die Mehrheit der sekundären Leitseiten ist zweifelsfrei den beiden Subtypen A (Inhaltsübersicht) und B (Inhaltsübersicht + Neues / Aktuelles) zuzurechnen. Bei den russischen Vertretern

Leitseite der Тюменская нефтяная компания (Tjumenskaja neftjanaja kompanija), Typ B: Inhaltsübersicht + Neues / Aktuelles. Oben Firmenlogo und -schriftzug, links als Linkliste die ausführliche Inhaltsübersicht. Unter den Abbildungen rechts unten zwei als Hyperlinks implementierte Meldungstitel.

ist eine leichte Verschiebung zum Typ B und damit zu aktuellen Meldungen zu verzeichnen. Die Nachrichten sind mit einer Ausnahme als verlinkte Meldungstitel realisiert, von denen bis zu vier auf einer Homepage präsentiert werden. Eine der Meldungen fungiert als Kurznachricht, während die Aufbereitung als Newsticker wiederum unterbleibt.

Je eine Leitseite ist als Typ C und D zu klassifizieren. Der Vertreter des Typs C (Inhaltsübersicht + Unternehmenskurzvorstellung) stellt insofern einen Sonderfall dar, als der unternehmensvorstellende Text von den bisher vorgestellten Mustern abweicht: Die Leitseite des ОЭМК (OĖMK) zeigt mehrere, in ihrer Funktion differierende Teiltexte, deren Verbund noch am ehesten als Unternehmensvorstellung beschreibbar ist. Der erste, mit „Добро пожаловать" („Dobro požalovat'" / „Herzlich willkommen") eingeleitete Teiltext erweist sich als eine ausführliche Begrüßung des Rezipienten, in die eine Kurzvorstellung des Kombinats als eines der größten metallverarbeitenden Unternehmen Rußlands integriert ist. Hieran schließt sich eine an potentielle Partner gerichtete Aufforderung zur Zusammenarbeit an, gefolgt von der Benennung der wichtigsten aus der Nutzung von OĖMK-Produkten erwachsenden Vorteile. Der abschließende Teiltext wird durch die Aufforderungssequenz „Испытайте нашу продукцию и Вы убедитесь в её преимуществах." („Ispytajte našu produkciju i Vy ubedites' v eë preimuščestvach." / „Testen Sie unsere Produkte und Sie werden von ihren Vorzügen überzeugt sein.") konstituiert, welche – der Werbesprachenforschung entliehen – als *Claim* oder *Abbinder* von Werbetexten beschreibbar ist.[276]

Die der Werbesprachenforschung entstammende Terminologie weist der Interpretation dieser Leitseite endgültig den Weg: Die Einstiegsseite steht primär im Zeichen der Image- und Produktwerbung, wobei gleichsam als unvermeidlicher Zusatznutzen Informationen über Unternehmen und Produkte vermittelt werden. Mithin kommt diese Ausprägung der Leitseite der Realisationsform C (Inhaltsübersicht + Unternehmenskurzvorstellung) am nächsten.

Bleibt die Leitseite des Typs D (Inhaltsübersicht + Aktuelles + Unternehmenskurzvorstellung) zu nennen, die im russischen Corpus nur einmal belegt ist. Es handelt sich um die Homepage des Unternehmens Первоуральский новотрубный завод (Pervoural'skij novotrubnyj zavod). Die aktuelle Meldung besteht hier in einer mit Linkfunktionalität ausgestatteten Ankündigung eines zeitnah zum Erhebungszeitpunkt stattfindenden internationalen Kongresses in London. Die Meldung ist in Anlehnung an die für das WWW typischen Werbebanner gestaltet und direkt unter die horizontale grau hinterlegte Navigationsleiste mit den

276 Zu Claim und Abbinder vgl. Janich 1999, S. 45f. Die Ursprungsdomäne dieses Textbausteins ist die Anzeigenwerbung.

Siterubriken plaziert. Der gleichermaßen typenkonstituierende unternehmensvorstellende Text ist mittig in einem ebenfalls grau hinterlegten Feld positioniert.

Nachgestellte Leit-Inhalts-Seiten: Das noch durch die primären Leit-Inhalts-Seiten vermittelte diffuse Bild gewinnt auf dieser Subtypologisierungsebene an Schärfe: Anders als die primären Leit-Inhalts-Seiten geben die sekundären Items den für Einstiegsseiten typischen Charakter einer Übersichtsseite auf und präsentieren sich ausnahmslos als Informationsseiten. Ein Indiz hierfür ist zum einen der Textumfang, der durchschnittlich 1½ DIN A4-Seiten erreicht und somit das Ausmaß der deutschen Leit-Inhalts-Seiten erheblich überschreitet. Zum anderen – und hierin unterscheiden sich diese Leit-Inhalts-Seiten signifikant sowohl von den primären russischen als auch von allen deutschen – sind diese Seiten explizit als Informationsseiten ausgewiesen, indem sie unter eine der Überschriften aus der Inhaltsübersicht gestellt werden.

Beispielhaft zeigt dies die Leit-Inhalts-Seite des Betriebs Южный Кузбасс (Južnyj Kuzbass). Der Text im Inhaltsbereich der Seite steht unter der Überschrift „О компании" („O kompanii" / „Über das Unternehmen"). Dieser Titel konstituiert zugleich den zweiten Eintrag der Inhaltsübersicht am linken Bildrand. Der erste Link `В начало` (V načalo / Zum Anfang) führt zurück zur vorgeschalteten Pre-Page.

Anders als bei allen anderen bisher besprochenen Homepages ist hier insofern eine Funktionsverschiebung zu konstatieren, als die – gleichwohl vorhandene und durch das Inhaltsverzeichnis geleistete – Übersichtsfunktion hinter die Informationsvermittlungsfunktion zurücktritt. Die Inhaltspräsentation dominiert entschieden, wobei der Fokus zu gleichen Teilen auf aktuellen Nachrichten wie auf unternehmens- und produktbezogenen Informationen liegt. Zusätzlich erweisen sich die Leit-Inhalts-Seiten oft als auffallend monothematisch, was ebenfalls für die Einstufung als Informationsseite spricht.

Nachgestellte Inhaltsseiten: Nur im Fall der Firma Метафракс (Metafraks) gibt sich die Zweitkomponente einer russischen Pre-Homepage als Inhaltsseite zu erkennen. Von ihren drei primären Pendants unterscheidet sie sich insofern, als ihr Textaufkommen ausschließlich tabellarischen Charakter hat. Außerdem sind Homepage und Site hier nicht deckungsgleich, da von der Inhaltsseite weiterführende Hyperlinks abzweigen. Obligatorisches Merkmal ist aber auch hier das Fehlen der Kernkomponente Inhaltsübersicht. Inhaltlich werden allgemeine Unternehmensinformationen, etwa die Anschrift, die Tätigkeitsfelder sowie ausführliche Kontaktinformationen angeboten.

Ausgehend von den Pre-Homepages, aber auch mit Blick auf das russische Gesamtcorpus ist zweierlei festzuhalten: Zum einen zeigen die russischen

Homepages, obwohl sich ihre Zuordnung zu den aufgestellten Typen ähnlich unproblematisch darstellt wie bei den deutschen Äquivalenten, in ihren konkreten Ausprägungen z. T. weniger profilierte, (noch) unscharfe Kompositionsstrukturen. Besonders sinnfällig manifestiert sich dies in der Notwendigkeit, den zusätzlichen Typ der Inhaltsseite anzusetzen. Nicht zuletzt dieser Umstand macht zum anderen evident, daß auf den russischen Unternehmenshomepages die eigentliche Inhaltspräsentation mindestens oberflächlich in bezug auf den Textumfang stärker im Vordergrund steht als auf den deutschen Pendants. Insbesondere die nicht länger als Übersichtsseiten, sondern als Informations- und insofern atypische Einstiegsseiten zu charakterisierenden sekundären Leit-Inhalts-Seiten sprechen hier eine deutliche Sprache.

6.2 Zur Verortung der Homepage als Textsorte

6.2.1 Nominationstheoretische Vorüberlegungen

Im Anschluß an die einführend erfolgte typengeleitete Vorstellung der erhobenen deutschen und russischen Unternehmenshomepages stellt sich nun die Aufgabe einer textlinguistisch fundierten Bestimmung und Charakterisierung dieser für das World Wide Web spezifischen Textsorte.

Aufschlußreich sind zunächst nominationstheoretische Überlegungen, wie sie zu Beginn von Abschnitt 6.1 bereits anklangen. Den Ausgangspunkt bilden dabei die zur Bezeichnung der Anfangsseite von Websites existierenden lexikalischen Einheiten, aus denen, befragt nach ihren zentralen Bedeutungskomponenten, erste Text(sorten)charakteristika abgeleitet werden können. Zur Bezeichnung stehen in erster Linie das hochfrequente englischsprachige Lexem *Homepage* sowie mit *Start-*, *Einstiegs-* oder *Begrüßungsseite* einige deutsche Entsprechungen zur Verfügung. Ihnen ist gemeinsam, daß sie als synonyme Textsortenbezeichnungen fungieren. Denn aus (text)linguistischer Sicht läßt sich die Homepage als eine für das World Wide Web spezifische Textsorte verorten, die zwar Merkmale mit aus Printmedien bekannten Textsorten gemeinsam hat, zugleich aber durch eine eigene Spezifik und Funktionalität gekennzeichnet und in ihrem Vorkommen allein auf das elektronische Medium World Wide Web beschränkt ist.

Anders als im deutschen Sprachgebrauch, der den englischstämmigen Terminus *Homepage* favorisiert, begegnen im russischen Kontext vorrangig Benennungen, die das englische Lexem mit eigensprachlichen Mitteln nachbilden. Die originäre Bezeichnung *home page* ist selten anzutreffen und wird nicht an die kyrillische Schreibung angeglichen. In struktureller Hinsicht präsentieren sich die russischen Bildungen als attributive Syntagmen mit dem substantivischen Kernwort *страница* (*stranica / Seite*), welches mitunter die Diminutivform *страничка* (*stranička / kleine Seite*) erhält. Auch kann das Kernwort ausgespart werden, so daß die Benennungsfunktion auf das als Kurzform verbleibende Adjektivattribut übergeht.

Die unmittelbarste Entsprechung von engl. *home page* stellt das Lexem *домашняя страница* (*domašnjaja stranica / Heimseite*) dar, dem zugleich eine hohe Vorkommenshäufigkeit zu attestieren ist. Weitere Synonyme[277] sind:

начальная страница	načal'naja stranica	*Anfangsseite*
титульная страница	titul'naja stranica	*Titelseite*
заглавная страница	zaglavnaja stranica	*Titelseite*
исходная страница	ischodnaja stranica	*Ausgangsseite*
базовая страница	bazovaja stranica	*Basisseite*
главная страница	glavnaja stranica	*Hauptseite*
основная страница	osnovnaja stranica	*Hauptseite*

Nicht alle Benennungen transportieren das bedeutungskonstitutive Sem 'Anfang' offenkundig. Bezeichnungen, die im Deutschen als *Basis-* und *Hauptseite* wiederzugeben sind, akzentuieren eher die Orientierungsfunktion der Homepage. In jedem Fall bildet aber ein zentrales Bedeutungsmerkmal das Benennungsmotiv.

Lexikographisch sind die aufgeführten Bezeichnungen bislang kaum erfaßt, zuverlässige Quelle für derartiges Wortmaterial sind vor allem das Medium und russische Webseiten selbst. Belege liefern ferner fachspezifische Nachschlagewerke etwa zur Internetterminologie[278] oder Rechentechnik[279] sowie russischsprachige (oft aus dem Englischen übersetzte) Literatur zum Thema „Web Design"[280]. In neueren einsprachigen Wörterbüchern der Gemeinsprache[281] ist hingegen keine der obigen Benennungen explizit erfaßt.

---

[277] Mit drei Ausnahmen sind die genannten Bezeichnungen russischen Webseiten entnommen. Den Terminus *базовая страница* (*bazovaja stranica / Basisseite*) führt Гуткин (Gutkin) 1999 an (vgl. S. 326). Die Benennungen *заглавная страница* (*zaglavnaja stranica / Titelseite*) und *исходная страница* (*ischodnaja stranica / Ausgangsseite*) verzeichnet Bruns 2001 (vgl. S. 276).

[278] Z. B. Попов (Popov) 1997. Eine fundierte vergleichende Untersuchung zur russischen Internetterminologie, u. a. mit einem umfangreichen deutsch-russischen und russisch-deutschen Glossar, legt Bruns 2001 vor.

[279] Z. B. Гуткин (Gutkin) 1999.

[280] Z. B. Федорчук (Fedorčuk) 2000, S. 23.

[281] Konsultiert wurden Кузнецов (Kuznecov) 1998, Лопатин / Лопатина (Lopatin / Lopatina) 1998 und Тихонов (Tichonov) 2001.

Einzig das erklärende Wörterbuch von Склярeвская (Skljarevskaja) 1998 verzeichnet über das Lexem *компьютер* (*komp'juter / Computer*) hinausgehendes Wortmaterial, welches mit dem Internet und dem World Wide Web in Verbindung zu bringen ist. Das Nachschlagewerk widmet sich ausdrücklich den neueren lexikalischen Veränderungen aus dem Zeitraum 1985 - 1997 und repräsentiert insofern einen spezifischen Ausschnitt der russischen Gemeinsprache. Neben Stichwörtern wie *Интернет* (*Internet*) und *сервер* (*server / Server*) ist z. B. das gemeinsprachliche Adjektiv *всемирный* (*vsemirnyj / weltumspannend*) mit dem Hinweis „В информатике" („V informatike" / „In der Informatik") versehen und als Bestandteil des Eigennamens *Всемирная паутина* (*Vsemirnaja pautina / Weltweites Netz, WWW*) in WWW-bezogener Bedeutung erfaßt.

Desgleichen wird das Substantiv *страница* (*stranica / Seite*) mit ebenjenem Hinweis auf die Informatik ausschließlich in computerspezifischer Verwendung erläutert. Hauptsächlich ist hier in der allgemeinen Bedeutung 'Webseite' von der *elektronischen Seite* (*электронная страница / èlektronnaja stranica*) die Rede, welche multimediale Inhalte in Form von Text, Grafik, Video und Ton enthalten kann und über Links (ссылки / ssylki) mit anderen Webseiten oder Mailboxen verbunden ist (vgl. Склярeвская / Skljarevskaja 1998, S. 613).

Einmalig findet die *начальная страница* (*načal'naja stranica / Anfangsseite*) als eine offenkundige Sonderform der elektronischen Seite Erwähnung. Eine Bedeutungserklärung unterbleibt jedoch, vielmehr dient die Nennung allein der Illustration des Wortgebrauchs. Überdies dokumentieren die angeführten Verwendungsbeispiele, daß der russische Sprachgebrauch durch eine ambivalente Wortverwendung gekennzeichnet ist und der Terminus *Seite* auch in der Bedeutung 'Site' verwendet wird: „Разместить электронную страницу своей фирмы в Internet" („Razmestit' èlektronnuju stranicu svoej firmy v Internet" / „Eine elektronische Seite seiner Firma ins Internet stellen") (Склярeвская / Skljarevskaja 1998, S. 613).

Merkmale einer etwaigen Textsorte HOMEPAGE, die über die zentralen Bedeutungskomponenten 'Anfang' und 'Orientierungspunkt' hinausgehen, werden anhand der russischen Bezeichnungen somit nicht evident. Entsprechend kann die bislang kaum erfolgte lexikographische Erfassung der Benennungen auf ein gegenwärtig noch schwach konturiertes Bedeutungsprofil des Denotats hindeuten – wenngleich sich allein in der Anzahl der aufgeführten russischsprachigen Äquivalente die Bezeichnungsnotwendigkeit resp. eine gewisse (praktische) Relevanz des Gegenstandes anschaulich spiegelt.

Mit Blick auf die deutschen Gegebenheiten ist hingegen zu konstatieren, daß das Lexem *Homepage* als die frequenteste Bezeichnung des Gegenstandes inzwischen Eingang in Wörterbücher der deutschen Gegenwartssprache gefunden hat, z. B. in Wahrigs Deutsches Wörterbuch, im Jahr 2000 neu herausgegeben, oder in das zehnbändige Duden-Wörterbuch von 1999 – sowie in die neueste, 22. Auflage des Dudens zur deutschen Rechtschreibung. Über die mögliche Existenz einer gleichnamigen Textsorte sagt dies zwar auch noch nicht viel, wohl aber über das so bezeichnete Denotat, welches offensichtlich – und hierauf verweist vor allem die Aufnahme des Lexems in den Rechtschreibduden – von nicht unerheblicher Alltagsrelevanz ist. Diesen Schluß legen außerdem die im Duden 1999 angeführten Verwendungsbeispiele nahe, die überdies ebenfalls den nicht ganz korrekten, augenscheinlich aber die kommunikative Realität spiegelnden Gebrauch von *Homepage* in der Bedeutung 'Website' illustrieren.[282]

Die Bedeutungsparaphrasen zu *Homepage* in der Bedeutung 'Anfangsseite' im großen Duden und bei Wahrig stellen sich wie folgt dar:

Duden 1999	**Wahrig 2000**
Home|page [...] **a)** *über das World Wide Web als grafische Darstellung abrufbare Datei, die als Ausgangspunkt zu den angebotenen Informationen einer Person, Firma od. Institution dient; Leitseite, Startseite* [...] (Hervorhebungen im Original)[283]	**Home·page** [...] *Startseite im Internet mit Adressen u. Informationen einer Privatperson, einer Firma, eines Instituts o. Ä.* [...] (Hervorhebung im Original)

Besonders die Duden-Explikation ist aus textlinguistischer Sicht ergiebig, fallen doch als offensichtlich zentrale bedeutungsbestimmende Parameter die Komponenten 'grafische Darstellung', 'Ausgangspunkt' und 'Information' ins Auge. Problematisch ist dabei die Bestimmung der Homepage als eine „als grafische Darstellung abrufbare Datei", da sie den Eindruck erweckt, eine Homepage werde grundsätzlich und allein bildlich realisiert. Vergegenwärtigt man sich die typen-

---

282 S. hierzu Duden 1999, Bd. 4, S. 1860. Für die anhaltende Alltagsrelevanz des Gegenstandes spricht darüber hinaus die Aufnahme von *Homepage* in die vierte Auflage des einbändigen DUW 2001. Die Bedeutungsexplikation ist mit der im Duden 1999 identisch, nur fehlen im DUW die ausführlichen Verwendungsbeispiele.

283 Wie angemerkt, ist die Bedeutungsparaphrase „**b)** *Gesamtheit der Dateien einer Person, Firma oder Institution, die von der Homepage* (a) *erreichbar sind*" (Hervorhebungen im Original) sachlich nicht richtig (vgl. hierzu z. B. die zu Beginn von Abschnitt 6.1 zitierte Definition von Irlbeck 1998 oder die Angaben im Internet-Wörterbuch 2000). Sie kann daher zur Bestimmung einer etwaigen Textsorte HOMEPAGE ebensowenig einen Beitrag leisten wie die knappe Erläuterung zu *Homepage* im Rechtschreibduden, in dessen Kompetenzbereich die umfassende Bestimmung der Bedeutung von Wortschatzeinheiten ohnehin nicht fällt.

geleitete Besprechung der eruierten Homepages, dürfte hingegen deutlich geworden sein, daß keine Homepage (mit Ausnahme allenfalls der Pre-Pages) ohne verbalsprachlich präsentierte Inhalte auskommt. Richtig ist aber, daß Homepages in besonderem Maß und oft mehr als andere Webseiten durch Bildelemente, vor allem in Gestalt fotografischer Abbildungen, geprägt sind.

Daß es sich bei dem Sem 'Anfang' um das zentrale Bedeutungsmerkmal von *Homepage* handelt, wurde bereits deutlich und findet hier eine gleich zweifache Bestätigung: durch die Paraphrase 'Ausgangspunkt' und die Nennung von *Startseite* als synonymer ausdrucksseitiger Variante zu *Homepage*. Evident wird hier zweierlei: Zum einen stellt sich die Homepage als ein in einen übergeordneten komplexen Textverbund eingebundenen Teiltext dar. Zum anderen ist sie zusätzlich in bezug auf ihre Position innerhalb dieses Textverbundes spezifiziert: Sie bildet den Initialteil.

Textsortenrelevante Hinweise liefert des weiteren die Sequenz „Informationen einer Person, Firma od. Institution", aus der sich für die Homepage als textuelle Grundfunktion die Informationsfunktion ableiten läßt. Auf dieser Grundlage kann die Homepage zunächst allgemein der Textklasse der Informationstexte[284] zugeordnet werden. Außerdem nennt die Duden-Explikation potentielle bzw. offensichtlich zentrale Textemittenten. Diese geben Aufschluß über die kommunikativen Handlungsbereiche, in denen die Homepage (und mit ihr die gesamte Website) zur Anwendung kommt: Im Fall eines personellen Emittenten ist der Kommunikationsbereich als öffentlich zu charakterisieren, während sich bei institutionellen Emittenten der öffentliche mit dem offiziellen Handlungsbereich überschneidet.[285] Auf dieselben Kommunikationsbereiche verweist die Definition in Wahrig 2000, die zudem fast identische Textemittenten anführt, so daß sich Personen, Firmen und Institutionen aller Art als die wesentlichen im Netz publizierenden Instanzen herauskristallisieren.

284 Ausgehend von dem Dominanzkriterium der kommunikativen Funktion unterscheidet Brinker 1997 fünf textuelle Grundfunktionen und entsprechend fünf Großklassen von Texten: Informationstexte, Appelltexte, Obligationstexte, Kontakttexte, Deklarationstexte (vgl. S. 133).

285 Zu dieser Differenzierung von kommunikativen Handlungsbereichen und ihren problematischen Aspekten vgl. Brinker 1997, S. 136 - 138. Bei der Klassifikation des Kommunikationsbereichs ist auch der bislang noch ungeklärte Status des World Wide Web als Medium der Massenkommunikation zu bedenken. Dennoch erscheint die Charakterisierung des durch dieses Online-Medium aufgespannten kommunikativen Handlungsbereichs als öffentlich gerechtfertigt, da die abgelegten Informationen prinzipiell allgemein und überdies weltweit zugänglich sind.

Anhand der Definitionen beider Wörterbücher lassen sich nun folgende, die Homepage wesenhaft bestimmende Parameter ermitteln:

- erste Seite, Startseite eines Angebots im World Wide Web,
- Informationsfunktion,
- Emittenten: Personen, Firmen, Institutionen.

6.2.2 Das Textsortenanalysekonzept

Mit dem Aufkommen und der Etablierung der kommunikationsorientierten textlinguistischen Forschung seit Beginn der 1970er Jahre wird dieser Forschungsrichtung traditionell das Primat gegenüber der älteren sprachsystematisch ausgerichteten Textlinguistik eingeräumt. Dies gilt unweigerlich auch für die Teildisziplin der Textsortenlinguistik, so daß gemeinhin von der Textfunktion als dem textsortenbestimmenden und -differenzierenden Basiskriterium ausgegangen wird (vgl. z. B. Brinker 1997, S. 133). Dieser Prämisse trägt Storrer 1999b Rechnung, indem sie sich zur Aufgabe macht, „einige wichtige Homepage-Typen“ (S. 5) in bezug auf ihre kommunikative Funktion zu beschreiben. Ihre Typologie sieht fünf maßgebliche Klassen von Homepages vor (vgl. Storrer 1999b, S. 5 - 8):

- private,
- persönliche,
- institutionelle,
- themenbezogene und
- kommerzielle Homepages.

Allein bei der Betrachtung der für die fünf Typen gewählten Bezeichnungen zeigt sich zweierlei: Zum einen ist ihnen keine homogene Typologisierungsbasis gemeinsam – akzentuiert doch z. B. *institutionelle Homepage* den Textemittenten als zentralen Parameter, während *themenbezogene Homepage* thematisch-inhaltliche Aspekte als grundlegendes Klassifikationskriterium ausweist. Zum anderen hebt keines der typenkonstituierenden Klassifizierungskriterien auf die kommunikative Funktion ab. Dieser Eindruck setzt sich auf der Ebene der von Storrer 1999b vorgenommenen Charakterisierung der einzelnen Homepage-Arten fort, wo wohl von den Emittenten, den präsentierten Inhalten, sprachlichen Besonderheiten u. ä. die Rede ist, nicht aber von einer jeweiligen handlungstheoretisch begründeten, sprechaktbasierten kommunikativen Textfunktion.[286]

[286] Zugute zu halten ist dieser von Storrer 1999b aufgestellten Typologie in jedem Fall, daß sie den Realitäten im World Wide Web deutlich näher kommt als die eingangs vorgestellte Typologie von Designkonzepten für Homepages von Lynch / Horton 1999.

Am Beispiel dieses Typologisierungsversuchs wird evident, daß der Textsorte HOMEPAGE über das Dominanzkriterium der kommunikativen Funktion allein nicht beizukommen ist. Gleichwohl ist die Startseite, wie die Homepagedefinitionen in Duden 1999 und Wahrig 2000 gezeigt haben, kommunikativ-funktional geprägt: durch die Informationsfunktion. Diese kann als die zentrale Textfunktion gelten, doch lassen sich die textsortenspezifischen Bestimmungsgrößen über sie allein nicht erfassen. Zu ihnen gehört mindestens noch der ebenfalls durch die beiden Definitionen ausgewiesene Textemittent. Diesem kommt insofern besondere Bedeutung zu, als das WWW bekanntermaßen ein vor allem zur Selbstdarstellung genutztes Medium ist, in dem sich folglich der Emittent nicht selten selbst thematisiert. Somit gilt für viele Websites bzw. Homepages, mindestens aber für Firmenhomepages und -sites (im Sinne der *corporate sites*), daß sie über den Emittenten zugleich thematisch fixiert sind, wenngleich in einem weit gefaßten Verständnis, indem der Emittent das über vielfältige Teilthemen realisierbare Rahmenthema vorgibt. Die Bedeutung mindestens von thematisch-inhaltlichen Kriterien ist somit nicht zu leugnen – zumal sich diese explizit in der Textsortenbezeichnung *Unternehmenshomepage* manifestieren.

Da die Erhebung der Textfunktion zum alleinigen textsortendifferenzierenden Kriterium nicht hinreicht, erscheint es dem in Rede stehenden Gegenstand (sowie komplexen Kommunikaten insgesamt) angemessener, – gleichwohl unter Beibehaltung der funktional-kommunikativen Perspektive – von einem umfassenderen, aufgabenbezogenen Textsortenbegriff[287] auszugehen. Dieser vereint in sich neben der kommunikativen Textfunktion thematisch-inhaltliche und situative Parameter als untereinander gleichberechtigte und in gegenseitiger Abhängigkeit wirkende Faktoren. Konstituiert durch drei Basiskriterien anstelle von nur einem dominanten Parameter, ermöglicht dieser Textsortenbegriff ein umfassenderes und zugleich der je charakteristischen Ausprägung der Kriterien gerechter werdendes Herangehen an Textsorten.[288] Zudem trägt die aufgabenorientierte Perspektive der typologischen Relevanz der drei Basiskriterien Rechnung, indem

> „sich die *Intentionalität* des kommunikativen Handelns in der Textsorte in Form eines bestimmten Ziel-/Intentionstyps, die *Informativität* durch die Bindung an bestimmte Gegenstandsklassen und die *Situativität* durch das Wirken eines be-

---

287 Terminus bei Krause 2000b, S. 55.

288 Selbst bei Brinker 1997, der konsequent das Dominanzkriterium der kommunikativen Textfunktion verficht, steht die Textsortendefinition mindestens implizit im Zeichen eines aufgabenorientierten Textsortenbegriffs, wenn er Textsorten u. a. als „jeweils typische Verbindungen von kontextuellen (situativen), kommunikativ-funktionalen und strukturellen (grammatischen und thematischen) Merkmalen" (S. 132) charakterisiert.

> stimmten Bedingungs-/Situationstyps niederschlägt.“ (Krause 2000b, S. 55; Hervorhebungen im Original)

Geeignet ist der aufgabenorientierte Textsortenbegriff darüber hinaus für den interlingualen Textvergleich. Das Ausgehen von einer gleichsam als übergeordnetes *tertium comparationis* fungierenden gemeinsamen Kommunikationsaufgabe ermöglicht es, „sprach- und darüber hinaus kulturbedingte Unterschiede im Hinblick auf die geistig-sprachliche Bewältigung der [...] gestellten Kommunikationsaufgabe“ (Minogue / Weber 1992, S. 58) zu ermitteln. Die gemeinsame Kommunikationsaufgabe spiegelt sich in der äquivalenten Textsortenzugehörigkeit der verschiedensprachigen Texte.

Der Textfunktion kommt innerhalb des komplexen *tertium comparationis* insofern besondere Bedeutung zu, als davon auszugehen ist, daß Texte „letztlich immer eine Einheit von Kognition und Kommunikation darstellen“ (Krause 1985, S. 25) und daher „auf einem solch hohen Abstraktionsniveau wie den grundlegenden Textfunktionen mit größter Wahrscheinlichkeit keine prinzipiellen Unterschiede zwischen Sprachen unterschiedlichster Struktur und Genesis bestehen werden“[289].

Bislang war aufgrund ihrer Bedeutung für Typologisierungsfragen[290] vornehmlich von textextern bestimmten Qualitäten die Rede. Sie sind, insbesondere wenn neben der Bestimmung und Abgrenzung von Textsorten auch deren Beschreibung aufgegeben ist, um textinterne Merkmale zu ergänzen. Zentral sind u. a. Charakteristika der Strukturiertheit von Texten – in typologischer Sicht ist z. B. die Ermittlung makrostruktureller Textbestandteile von Bedeutung – sowie die sprachliche Gestaltung, etwa spezifische lexikalische und syntaktische Kennzeichen, typische Formulierungsmuster u. ä.[291] Derartige textinterne Merkmale sind ebenso als textsortenbestimmende Parameter zu sehen wie die genannten extratextuellen Faktoren.

---

[289] Krause 1985, S. 25. Vgl. auch Hufeisen 2000, die ebenfalls von einer übereinzelsprachlichen bzw. für verschiedensprachige Texte identischen und daher als *tertium comparationis* geeigneten Textfunktion ausgeht (vgl. S. 139).

[290] Vgl. hierzu z. B. Brinker 1997, S. 140, Heinemann / Viehweger 1991, S. 146 sowie die Abschnitte 3.3 und 3.4, auch Krause 2000b, S. 35.

[291] Zur typologischen Relevanz von strukturellen Textmerkmalen vgl. Krause 2000b, S. 57. Bezüglich der für Typologiefragen wichtigen sprachlichen Charakteristika hebt Krause 2000b stilistisch-formulative Aspekte hervor (vgl. S. 37) und trifft sich hier z. B. mit Heinemann / Viehweger 1991, die als eine von fünf Text-Typologisierungsebenen die der Formulierungsmuster ansetzen (vgl. S. 164 - 169).

Was die Ermittlung der letztgenannten intratextuellen Text(sorten)qualitäten betrifft, erscheint – vor allem mit Blick auf die beabsichtigte deutsch-russische Komparation – ein in der kontrastiven Fachsprachenforschung für den intra- und interlingualen Textsortenvergleich entwickeltes Vorgehen aussichtsreich. Es dient der Eruierung von Textsortencharakteristika, die als Textsortenprofile in einem sogenannten Textogramm verzeichnet werden (vgl. Gläser 1992, S. 81). Dabei sind folgende textinterne Merkmale als *tertia comparationis* zu erfassen (vgl. Gläser 1992, S. 81):

- die Makrostruktur des Textes,
- die Teiltextstruktur,
- metakommunikative Äußerungen bzw. metasprachliche Aussagen,
- die Darstellungshaltung des Textautors,
- die Kennzeichnung der Fachlexik sowie
- die Stilqualitäten des Fachtextes.

Da es sich bei dem Gegenstand Unternehmenshomepage nicht um einen Fachtext, wohl aber um einen Gebrauchstext mit durchaus fachsprachennahen Merkmalen handelt, sind bezüglich der zu erfassenden textinternen Merkmale geringfügige Modifikationen erforderlich. Diese beschränken sich vorerst auf die Ausdrucksseite der Untersuchungskriterien und betreffen die Parameter „Fachlexik" und „Stilqualitäten des Fachtextes", bei denen auf der Bezeichnungsebene das Merkmal „Fachlichkeit" explizit zutage tritt. Von dieser Qualität ist zunächst zu abstrahieren, damit die Gebrauchstextsorte UNTERNEHMENSHOMEPAGE hinsichtlich der gesamten Bandbreite ihres lexikalischen Spektrums und stilistischer Kennzeichen in einen unverstellten Blick genommen werden kann. Diese minimalen Abwandlungen, die den Untersuchungsansatz als solchen nicht tangieren, gewährleisten seine Übertragbarkeit auf Nicht-Fachtexte. Die Tauglichkeit der Parameter für WWW-Textsorten hingegen hat sich durch die Analysen im einzelnen erst zu erweisen. Dennoch soll dieser Kriterienkatalog einstweilen den Ausgangs- und Bezugspunkt für die vergleichende Untersuchung der deutschen und russischen Unternehmenshomepages markieren.

Dafür sprechen ferner die kontrastiv angelegten Arbeiten von Eckkrammer 1996 und Eckkrammer / Eder 2000. Sie nehmen zwar nicht explizit Bezug auf den Gläserschen Ansatz, verfolgen bezogen auf Gebrauchstexte aber ein ähnliches, auf die makrostrukturelle Textanalyse ausgerichtetes Vorgehen. Krause 2000c empfiehlt die in Gläser 1992 skizzierte Methode und die Erstellung von Textogrammen indessen ausdrücklich für den interlingualen Textvergleich (vgl. S. 127), zumal sie ermöglicht, sich aus Erwägungen der theoretischen Zweckmäßigkeit und praktischen Arbeitsökonomie auf die Eruierung struktureller und formulativer Textmerkmale zu konzentrieren und aus diesen kulturspezifische Texteigenschaften abzuleiten. Tatsächlich ist eine umfassende, geschweige denn vollständige Erhebung aller textsortenrelevanten Merkmale, zudem im interlingualen Vergleich, kaum zu leisten. Dennoch soll die Perspektive hier um die beschriebenen aufgabenbezogenen extratextuellen Text(sorten)parameter erweitert werden, da die strukturellen Aspekte nur in ihrem inhaltlich-funktional-situativen Bedingungsgefüge angemessen beschrieben werden können.

Die Erweiterung des auf strukturelle Text(sorten)aspekte zielenden Gläserschen Textogramms um die Dimension der Aufgabenbezogenheit nach Krause 2000b sowie weitere, unseren Zwecken dienende Modifikationen ergeben nachfolgende Zusammenstellung der Parameter, anhand derer eine Bestimmung und Beschreibung der Textsorte UNTERNEHMENSHOMEPAGE in ihrer deutschen und russischen Ausprägung unternommen werden soll:

TEXTOGRAMM	
aufgaben-bezogen	Kommunikationssituation
	Kommunikationsgegenstand / Thema
struktur-bezogen	Makrostruktur
	Teiltext- und Verweisstrukturen
	Sprachliche Charakteristika
aufgaben-bezogen	Textfunktion

Auf die beiden Gläserschen Parameter „metakommunikative Äußerungen“ und „Darstellungshaltung des Textautors“ konnte hier verzichtet werden, da sich das Ansetzen dieser Kriterien als eigenständige Beschreibungskategorien als nicht gerechtfertigt erwiesen hat. Sie sind zwar nicht redundant, aber von untergeordneter Bedeutung und fließen an gegebener Stelle in die Analyse ein. Ebenso wird die notwendig gewordene Modifikation der Gläserschen Kategorie „Teiltextstruktur“ im entsprechenden Zusammenhang erläutert. Außerdem wurden die bei Gläser 1992 getrennt angesetzten lexikalischen und stilistischen Besonderheiten zu dem umfassenderen Kriterium „sprachliche Charakteristika“ zusammengefaßt.

Zu kommentieren ist des weiteren die Abfolge der Kategorien im Textogramm: Text(sorten)beschreibungen und -analysen erfassen gemeinhin zunächst die textexternen Merkmale, bevor sie zur Analyse der textimmanenten Qualitäten übergehen. Vor allem soll die Ermittlung der Textfunktion noch vor der Beschreibung der situativen und thematischen Gegebenheiten am Anfang der Untersuchung stehen.[292] Ohne Zweifel ist es unabdingbar, situative und das Textthema betreffende Faktoren vorab zu klären, um auf dieser Folie eine adäquate Analyse struktureller und sprachlicher Textmerkmale vornehmen zu können. Ebensowenig soll bestritten werden, daß erste Überlegungen zur kommunikativen Textfunktion zu Beginn der Analyse erfolgen müssen und soweit wie möglich aus textexternen Merkmalen wie dem Medium oder anderen Kennzeichen der Kommunikationssituation abzuleiten sind. Eine endgültige und differenzierte Bestimmung der Textfunktion (sowie ggf. eine Revision der zu Beginn vorgenommenen Einordnung) ist aber erst am Ende der Textanalyse adäquat möglich. Aus diesem Grund bildet die Textfunktion im Textogramm das Schlußkriterium, so daß die entsprechenden Ausführungen jeweils am Ende der Analyse stehen – zumal eine erste Verortung der Homepage in bezug auf ihre kommunikative Funktion bereits stattgefunden hat.

6.3 Die Textsorte UNTERNEHMENSHOMEPAGE im Deutschen

6.3.1 Kommunikationssituation

Im Hinblick auf situativ bedingte Bestimmungsgrößen gilt für die Homepage zunächst das, was zur Kommunikationsform WEBSITE bereits ausgeführt wurde, wobei als Grundzug dieser wie der übrigen Internet-Kommunikationsformen ihre Vermittlung durch das elektronische Medium Computer festzuhalten ist. Diese erzeugt z. B. spezifische Produktions- und Rezeptionsbedingungen: Die Produktion erfolgt medial schriftlich mittels Texteingabe über die Computertastatur, die Rezeption ist geprägt durch das vieldiskutierte Lesen am Bildschirm. Letzteres gilt für die Homepage in besonderem Maß, da sie aufgrund ihrer spezifischen Aufgaben für die Online-Rezeption am Bildschirm und weniger für den Ausdruck auf Papier und eine Offline-Rezeption vorgesehen ist. Anders als beim Lesen eines Buches sind also über eine ggf. erforderliche optische Sehhilfe hinausgehende technische Hilfsmittel vonnöten, ohne die eine Rezeption nicht erfolgen kann. Sie komplizieren den Rezeptionsprozeß, indem sie zusätzliche Anforderungen technischer Natur an den Rezipienten stellen.

---

292 Vgl. hierzu z. B. die Aufstellung der für eine Textsortenbeschreibung erforderlichen Analyseschritte in Brinker 1997, S. 141, sowie die Abfolge der zu durchlaufenden Text-Typologisierungsebenen bei Heinemann / Viehweger 1991: Am Anfang steht die Erfassung des jeweiligen Funktionstyps, gefolgt von Situationstyp, Verfahrenstyp, Text-Strukturierungstyp und Formulierungsmustern (vgl. S. 148 - 175).

Doch erschöpfen sich die mit WWW-Kommunikaten verbundenen Rezeptionsbesonderheiten hierin nicht, sondern erstrecken sich ferner auf zentrale Hypertext-Strukturelemente. Wie in Abschnitt 4.5 der vorliegenden Arbeit bereits ausgeführt wurde, setzt sich die Rezeption der Hyperlinks nach Bucher 1999 aus vier Verstehensleistungen zusammen, deren erste in der Identifikation der Hyperlinks besteht (vgl. Bucher 1999, S. 22f.). D. h., der Nutzer muß neben der Rezeption der angebotenen sprachlichen resp. textuellen Einheiten eruieren, wo im Dokument bzw. auf der Homepage sich Hyperlinks und damit Absprungstellen zu weiteren Informationen befinden. Damit dies gelingen kann, ist eine auf Anhieb ersichtliche eindeutige Kennzeichnung der Linkanzeiger erforderlich, die im WWW allerdings immer weniger explizit erfolgt.

Zu unterscheiden ist zwischen Linkanzeigern in Bildform und textuell ausgestalteten Linkankern (Hotwords). Ob sich hinter einer fotografischen Abbildung oder einem Icon ein Hyperlink verbirgt, läßt sich in letzter Instanz nur durch Berühren des Objektes mit dem Mauszeiger herausfinden, welcher bei Kontakt mit einem Linkanker sein Aussehen verändert und so die Existenz eines Links signalisiert. Immer häufiger stellt dies genauso bei Textlinks das einzig zuverlässige Identifikationsverfahren dar, da die Linkanzeiger immer weniger – wie noch in den Anfangszeiten des WWW – durch Unterstreichung und Blaufärbung eindeutig gekennzeichnet sind. Somit kann schon das bloße Erkennen der hypertextspezifischen Absprungstellen zum Problem werden.

In situativer Hinsicht ist außerdem der Initialstatus der Homepage von Bedeutung: Er macht die Startseite in spezifischen Situationen für den WWW-Nutzer relevant, von denen zwei elementare zu unterscheiden sind: Zum einen fungiert die Homepage ihrer primären Bestimmung gemäß als Einstiegsinstrument, mit dessen Hilfe sich der Nutzer einen ersten Überblick über die Inhalte der Site verschafft. Zum anderen steht sie in der Regel als jederzeit ansteuerbarer Orientierungspunkt konstant zur Verfügung und bildet so einen fixen Ausgangspunkt für immer neue Site-Explorationen. Dieser Funktion als wiederholter Orientierungspunkt wird auch von seiten der Websitegestalter große Bedeutung beigemessen, denn mit einer Ausnahme sind die Seiten der 55 untersuchten Websites deutscher Unternehmen mehr oder weniger ausgeprägt mit einem *Home*-Link[293] zurück zur Homepage ausgestattet. Einzig die Website der Nestlé

---

293 Oft ist der Linkanker explizit mit *Home* o. ä. beschriftet, verbirgt sich aber auch hinter dem in der Regel auf jeder Webseite anzutreffenden Firmenschriftzug bzw. -logo. Abstufungen in der Ausstattung mit dem *Home*-Link ergeben sich dahingehend, daß nicht immer jede einzelne Seite einer Site diesen Link aufweist bzw. aufweisen muß. Auf der Site der Mannesmannröhren-Werke AG z. B., die durch ein framebasiertes Design geprägt ist, wird der *Home*-Link nur dann zur Verfügung gestellt, wenn sich alle Einträge in der Navigationsleiste ändern und die Navigationslinks erster Ordnung somit anders als

Deutschland AG praktiziert eine andere Lösung: Hier bleibt die Homepage konstant im Hintergrund ansichtig, während alle mit ihr über Links verbundenen Dokumente in separaten kleinerformatigen Fenstern im Vordergrund geöffnet werden.

Im übrigen ergibt sich die Notwendigkeit einer jederzeit ansteuerbaren Homepage dadurch, daß von der Startseite oft Verweise zu bestimmten Inhalten ausgehen, die nur von hier aus zu erreichen sind. Dies sind in der Regel Inhalte mit aktuellem Bezug wie zeitnah anstehende Termine von Fachmessen o. ä. Auch Informationen, die sich etwa auf die zum Erhebungszeitpunkt relevante Weltausstellung Expo 2000 oder die Fußball-Europameisterschaft 2000 beziehen, werden auf diese Weise in eine Site eingebunden und bei Bedarf schnell aktualisiert oder entfernt.[294] Derartige Inhalte sind als dynamisch einzustufen, wogegen sich die sich in den Rubrikbenennungen spiegelnde thematische Grundstruktur der Site vergleichsweise statisch ausnimmt.

Eine weitere signifikante Besonderheit der Kommunikationssituation ist mit der textsortenlinguistisch relevanten Typologisierungskategorie der Kommunikationsrichtung verbunden. Aufgrund der Eingebundenheit der Homepage als Teiltextsorte in die Unternehmenswebsite ist ihre Kommunikationsrichtung gleichfalls als mono- bzw. polylogisch zu beschreiben. Zugleich kann die Homepage dialogisches Potential entfalten, indem sie einen Link zu einem E-Mail-Formular zur Verfügung stellt, mit dem der Nutzer, ohne daß er weitere Inhalte der Website gesehen haben muß, Kontakt zum Emittenten aufnehmen kann. Der Kontakt zwischen Rezipient und Emittent kann unmittelbar hergestellt werden, da kein Medienwechsel erforderlich wird. Statt dessen kann der Nutzer auf der Website verbleiben und die Kontaktaufnahme über das Internet vornehmen. Entsprechend stellen die untersuchten Homepages deutscher Unternehmen diese Kontaktmöglichkeit zahlreich zur Verfügung:

über einen *Home*-Link nicht mehr zugreifbar sind. Zu den Pre-Homepages ist zu sagen, daß die *Home*-Links hier meist zu der der Pre-Page nachgeschalteten Leit- oder Leit-Inhalts-Seite zurückführen. Nur bei wenigen Sites wird der Nutzer auf die Pre-Page „zurückgesetzt", was ihm insofern eine informationelle Warteschleife beschert, als er von hier erst wieder die der Überblicksvermittlung dienende Folgeseite anwählen muß.

294 Hinweise auf die Expo 2000 finden sich auf der Homepage der Co op Schleswig-Holstein eG und der MAN AG, Inhalte zur Fußball-EM präsentiert die Total Deutschland GmbH.

Dialogizität der deutschen Homepages		
	absolut	**%**
direkt dialogisch	26	47 %
vermittelt dialogisch	11	20 %
potentiell dialogische Homepages	**37**	**67 %**

Deutlich über die Hälfte aller Homepages bietet Dialogmöglichkeiten an[295], wobei die dialogische Qualität, wie die Übersicht zeigt, in direkte und vermittelte Dialogizität zu differenzieren ist. Als direkt dialogisch sind diejenigen Homepages zu werten, die einen Kommunikationslink anbieten. So sei hier ein Linkanker bezeichnet, über dessen Aktivierung ein Formular für einen elektronischen Brief aufgerufen wird, in das der Nutzer sein Anliegen eintragen und an das Unternehmen senden kann.[296] Mitunter – so auf der Homepage der Agiv AG – sind diese Linkanker explizit mit *Dialog* beschriftet. Desgleichen fungieren E-Mail-Adressen selbst als Linkanzeiger für Kommunikationslinks.

Diese Art der Einbindung von E-Mail-Formularen stellt sich angesichts der obigen Zahlen als das bevorzugte Verfahren dar – zumal es ohne technischen Mehraufwand[297] zu realisieren ist. Gewissermaßen optimiert wird die Dialogorientierung, wenn – wie im Fall der Pre-Homepages der EnBW Energie Baden-

295 Die in der Übersicht dargestellten quantitativen Verhältnisse sollen und dürfen nicht zu dem Schluß verleiten, daß die verbleibenden 18 Websites, deren Homepages nicht als dialogisch einzustufen sind, den medienspezifischen Rückkopplungskanal nicht nutzen. Diesbezüglich läßt sich von der Homepage nicht auf die gesamte Site schließen, denn es ist eher die Ausnahme, daß die Möglichkeit des E-Mail-Kontakts zum Unternehmen auf den eruierten Websites gar nicht gegeben ist. Nur erfolgen die Kontaktangebote oft auf den der Homepage nachgeschalteten Seiten, so daß sie nicht mehr als Qualität der Startseite betrachtet werden können.

296 Technisch bedingt sind zwei Realisierungsformen derartiger Kommunikationsformulare zu unterscheiden: Sie werden entweder über das vom Nutzer verwendete E-Mail-Programm (z. B. Netscape Messenger) aktiviert oder sind als HTML-Seite implementiert und somit als eigener Hypertextknoten in die Website integriert. Auf die grundlegende Möglichkeit der direkten Kontaktaufnahme ohne die Rezeption von Website-Inhalten hat dies keine Auswirkungen. Die HTML-Formular-Seiten verfügen insofern über einen potentiellen Zusatznutzen, als sie dem Nutzer Zusatzoptionen, etwa die Auswahl von Items aus einer Liste von bestellbaren Unternehmenspublikationen, bieten können.

297 Am Beispiel der EnBW-Pre-Page läßt sich zeigen, mit welch geringen Mitteln ein Kommunikationslink in eine Webseite eingebunden werden kann: Der HTML-Kode lautet <A HREF="mailto: info@enbw.com"> info@enbw.com</A>.

Württemberg AG und der Plettac AG – ein solcher Kommunikationslink schon auf der Pre-Page anzutreffen ist. Dies gibt Anlaß zu der Hoffnung, daß die Unternehmen tatsächlich offen sind für Nutzeranfragen jeder Art (und diese in einem überschaubaren Zeitrahmen wirklich beantworten[298]) und darüber hinaus bestrebt sind, Kommunikationswege kurz zu halten. Besonders deutlich zeigt sich letzteres auf der Website der Plettac AG, wo nicht allein bereits auf der Pre-Page die Möglichkeit zur unmittelbaren Kontaktaufnahme gegeben ist. Vielmehr ist das Rückkopplungsangebot hier Prinzip, welches die gesamte Webpräsenz des Unternehmens prägt, indem auf jeder Webseite, implementiert in die konstant ansichtige Navigationsleiste, ein E-Mail-Link aktivierbar ist.

Als vermittelt dialogisch sollen demgegenüber jene Homepages gelten, bei denen der Aufruf des Kommunikationsformulars über eine als reines Navigationsinstrument zwischengeschaltete Übersichtsseite erfolgt. Im Fall der Dywidag – Dyckerhoff & Widmann AG enthält diese von der Homepage über den Link `e-mail` aufrufbare Seite eine Liste mit Links zu E-Mail-Formularen, die unterschiedlichen Nutzeranliegen Rechnung tragen und entsprechend an die jeweils zuständige Abteilung innerhalb des Unternehmens gerichtet werden können:

> **Bitte wählen Sie:**
> `e-mail an DYWIDAG`
> `Anforderung Info-Material`
> `Anforderung Produktinformationen Geschäftsbereich Werke`
> `Baumaschinen-Verkauf - Bestellformular`
> `Nachunternehmer-Bewerbung - Onlineformular`

Oft wird auf derartigen Übersichtsseiten das gesamte Spektrum der Kontaktwege zum Unternehmen angeboten. Die VIAG AG verzeichnet auf ihrer Homepage z. B. eine als *Kontakt* benannte Rubrik, in der die Wege der Kontaktaufnahme zum Unternehmen gebündelt sind. Entsprechend führt der Link `Kontakt` von der Homepage zunächst zu einer Übersichtsseite mit einer Linkliste, aus der der Nutzer die präferierte Kontaktmöglichkeit auswählen kann. Über den Link `E-Mail an die VIAG` gelangt er zu einer Formularseite, die das Absenden einer E-Mail erlaubt.

---

298 Bereits mehrfach wurden Untersuchungen zur E-Mail-Response durchgeführt, bei denen Unternehmen E-Mail-Anfragen erhielten und u. a. die Reaktionszeiten gemessen wurden. Die Ergebnisse waren sehr unterschiedlich, wobei es durchaus vorkam, daß Antworten ganz ausblieben. Für nähere Informationen s. u. a. Rengelshausen / Rohani 1999 sowie Bruns / Marcinkowski / Schierl 1997.

VIAG Aktiengesellschaft

Kontakt

Ihre Ansprechpartner
Informationsmaterialien
Aufnahme in den Internet-Verteiler
E-Mail an die VIAG
Der Weg zu uns
mit dem Auto
mit der Bahn
mit dem Flugzeug
VIAG-Unternehmen im Internet

VIAG AG: mögliche Kontaktwege zum Unternehmen

Hier wie im Fall der Dyckerhoff & Widmann AG sind die Homepages also nur mittelbar dialogisch. Entscheidend aber ist – und dies trifft sowohl auf die direkt als auch die vermittelt dialogischen Homepages zu –, daß das E-Mail-Formular von der Homepage aus ohne den „Umweg" über Informationsseiten erreichbar ist. Nur dies läßt sich als dialogisches Potential der Homepage werten.

Unbestritten ist gleichwohl – und aus diesem Grund war immer vom dialogischen Potential der Homepage die Rede –, daß die beschriebene Dialogizität nicht in dem Verständnis wie z. B. beim Telefongespräch für die mit der Homepage verbundene Kommunikationssituation konstitutiv ist. Denn die Kommunikationsrichtung ist grundsätzlich monologisch (resp. polylogisch angesichts des massenmedialen Status des WWW und einer personellen Vielzahl auf Rezipienten- wie Autorenseite) und hierin derjenigen von Zeitungsartikeln oder Büchern vergleichbar.

Gerade aber die aufgezeigte Möglichkeit der Integration von dialogischer und monologischer Kommunikationsrichtung ist als ein zentraler Mehrwert der Kommunikate im World Wide Web zu sehen. Diese Form der direkten Rückkopplung ist nicht nur geeignet, Intertextualität gleichsam explodieren zu lassen; vielmehr stellt sich die Frage, ob Dialogizität im gegebenen medialen Kontext zu einer neuen, zusätzlichen Qualität grundsätzlich monologischer Texte avanciert.

Im Zusammenhang mit dem dialogischen Potential der Homepages kann – auf Anregung von Bruns / Marcinkowski / Schierl 1997 – außerdem nach der diesbezüglichen Qualität von Downloadangeboten gefragt werden. Die Autoren selbst betrachten das Herunterladen von Dokumenten auf den eigenen Rechner als eine weitere „Möglichkeit des Dialogs zwischen den Usern und den Unternehmen via WWW" (Heft 2, S. 24). Auf Homepages sind Downloadlinks, mit denen Dokumente oder Software auf den eigenen Rechner geladen werden, zwar selten anzutreffen, da meist eigene Sitebereiche als Downloadareas eingerichtet sind. Dennoch weisen zwei der deutschen Homepages derartige Links auf: Die

Agiv AG bietet die Rede des Vorstandsvorsitzenden anläßlich einer Hauptversammlung im pdf-Format an, während auf der Homepage der Hoechst AG gleich drei pdf-Dokumente auf den Download warten: Lagebericht und Jahresabschluß der Hoechst AG in zwei Versionen sowie eine Einladung zur Hauptversammlung 2000.

Es stellt sich die Frage, ob der Rezipient, indem er diese für den Ausdruck vorgesehenen Printdokumente von dem Server des Unternehmens auf seinen eigenen Rechner lädt, tatsächlich in direkten und als dialogisch zu charakterisierenden Kontakt mit dem Unternehmen tritt. Die Antwort kann nur „Nein" lauten, denn eine Interaktion findet hier – wie im übrigen mit jeder Aktivierung eines Hyperlinks – nur mit dem Firmenserver statt. Zu überlegen ist vielmehr, ob diese Strategie, Publikationen oder Software zum Download ins Netz zu stellen, nicht einer Vermeidung von Dialog gleichkommt, da der Emittent eine potentielle Nutzeranfrage antizipiert und ihr durch die Bereitstellung entsprechender Dokumente zuvorkommt. So wird verhindert, daß ein Interessent z. B. mit der Bitte um Zusendung von Informationsmaterial auf personeller Ebene in direkten Kontakt und Dialog mit dem Unternehmen tritt. Auf Emittenten- wie Rezipientenseite bedeutet dies in erster Linie eine Einsparung von Zeit und Kosten – trägt aber ein Stück weit zur Anonymisierung von Kommunikation bei.

6.3.2 Kommunikationsgegenstand / Thema

Zentraler thematischer Gegenstand der Unternehmenshomepage ist, wie erwähnt, der Emittent selbst, in unserem Fall das jeweilige, als veröffentlichende Instanz auftretende Unternehmen. Bezogen auf die gesamte Website bildet das Unternehmen zugleich die gemeinsame Einordnungsinstanz[299], den einheitlichen thematischen Bezugspunkt, dem sich alle auf der Website anzutreffenden Teilthemen unterordnen. Im Sinne der Unternehmensselbstdarstellung gilt also die Gleichung: Emittent = Thema.

Dementsprechend weisen alle 55 deutschsprachigen Homepages ihren Emittenten als den entscheidenden Textgegenstand aus, indem sie ihn durch zahlreiche explizite wie implizite Wiederaufnahme zum zentralen Referenzträger erheben. Der Firmenname wird durch referenzidentische Ausdrücke wie *Konzern*, *Unternehmen*, *Holding*, *Technologiekonzern* (Rheinmetall AG), *Stromerzeuger* (VEAG) explizit wiederaufgenommen. Implizite Wiederaufnahme wird hin-

299 Lang 1973, S. 302. Die gemeinsame Einordnungsinstanz ist als „semantische Superstruktur" (S. 302) zu verstehen.

gegen durch bezugnehmende Ausdrücke geleistet, die z. B. die Geschäftsfelder eines Unternehmens oder Marken- und Produktnamen bezeichnen.

Des weiteren erfährt die Position des Emittenten als zentraler Kommunikationsgegenstand durch das Kernstück der Homepage eine Stützung: Die Inhaltsübersicht verzeichnet mindestens die thematischen Hauptabteilungen der Website und trägt so implizit zur Realisierung des Hauptthemas „Unternehmen" bei. Ebenso werden durch die aktuellen Meldungen auf der Homepage einzelne dem Themenkomplex „Unternehmen" zugehörige Teilthemen angeschnitten. Nicht zu vergessen sind die unternehmensvorstellenden Kurztexte, die ebenfalls zu den konstitutiven Elementen der thematischen Realisierung zu zählen sind.

Obgleich die Größe „Unternehmen" als Rahmenthema somit latent stets gegenwärtig ist, ist die Homepage nicht als thematisch eindimensional fixiert zu betrachten, denn nicht selten findet sich daneben der Nutzer selbst auf der Homepage thematisiert. Dies geschieht in erster Linie durch verschiedenartige Strategien der direkten wie impliziten Rezipientenansprache. Entsprechend korreliert die Existenz eines eigenen thematischen Faktors „Nutzer" offensichtlich mit der ausgeprägten Kontaktorientiertheit einer Vielzahl der untersuchten Homepages, wie sie sich am explizitesten in der Begrüßung des Typs „Willkommen auf der Lidl-Homepage!" äußert.

Eine signifikante Besonderheit der Homepage, vor allem im Vergleich mit dominierend linear organisierten Printtexten, betrifft schließlich die Art der thematischen Entfaltung, zu der sich hier folgendes festhalten läßt: Von einer wirklichen Entfaltung des Themas im Sinne einer schrittweisen Abarbeitung isolierbarer gegenständlich-thematischer Linien[300] kann kaum gesprochen werden; charakteristisch ist vielmehr das Setzen isolierter thematischer Schlaglichter mit Hilfe von autonomen informationellen Modulen, zu denen neben dem Firmennamen z. B. die Inhaltsübersicht zählt. Mit Termini wie *Entfaltung* oder *Entwicklung* ist dies kaum adäquat zu fassen, eher ist von einer punktuell verteilten Realisierung des Textthemas auszugehen. Entsprechend gestaltet sich eine auf die Grundform der thematischen Entfaltung bezogene Markierung als deskriptiv, explikativ oder argumentativ[301] schwierig und kann allenfalls für jedes Modul gesondert versucht werden.

---

300 Als „gegenständlich-thematische Linien" bezeichnet Lamprecht 2000a „Segmente der Äußerungsstruktur (‚Oberflächenstruktur') eines Textes, die als satz- und textgrammatisch gebundene Folgen die sukzessive Verarbeitung des Kommunikationsgegenstandes, seine Thematisierung, repräsentieren" (S. 109).

301 Brinker 1997 setzt für Gebrauchstexte diese drei Grundformen der Themenentfaltung an (vgl. hierzu S. 63 - 80).

6.3.3 Makrostruktur

Als Makrostruktur sei im folgenden die globale, sowohl inhaltlich-formal als auch funktional bedingte Textstruktur verstanden, die textsortenabhängig durch eine spezifische Abfolge und wechselseitige Determiniertheit der sie konstituierenden Teiltexte (bzw. makrostrukturellen Bestandteile) markiert ist. Dem liegt die Annahme zugrunde, „daß Makrostrukturen rekurrente Textbaumuster sind und daß die Textexemplare einer Textsorte über eine annähernd gleiche Makrostruktur verfügen" (Timm 1992, S. 48), welche „für den Rezipienten an der Textoberfläche durch Gliederungssignale erkennbar" (Busch-Lauer 1991, S. 44) wird.

Zu Gliederungssignalen zählen neben typographischen Mitteln wie Alinea, Kapitelüberschriften u. ä. metakommunikative Äußerungen des Textautors, die der Rezeptionssteuerung und damit der Transparenz der Textstruktur dienen.[302] Diesbezüglich sind hier Differenzierungen vonnöten, denn die Homepage ist gerade nicht durch verbale, sondern signifikant durch layoutbedingte, typographische[303] Gliederungssignale charakterisiert. Indiz für das Vorliegen einer eigenständigen makrostrukturellen Komponente (bzw. eines informationellen Moduls) ist die optische Isolierung und flächige Verteilung der einzelnen Textkomponenten über den Bildschirm.[304]

Ebenso wird mit Blick auf das zentrale, für Hypertexte obligatorische Strukturelement des Hyperlinks mit optischer Hervorhebung (im Sinne perigraphischer Zeichen[305]) gearbeitet: sei es die explizite farbige Kenntlichmachung oder in letzter Instanz die Veränderung des Mauszeigers bei Berührung eines Linkankers. Insofern sind die Links – in Analogie z. B. zu den Querverweisen in Wörterbüchern und anderen Nachschlagewerken – isolierbare Merkmale der Textoberfläche und daher in den Kanon der homepagespezifischen makrostrukturellen Komponenten zu integrieren. Außerdem sind sie – wenngleich als universale Elemente für Hypertexte resp. WWW-Dokumente insgesamt konstitutiv – für die Homepage in besonderer Hinsicht obligatorisch: Erst die interhyper-

---

302 Zu metakommunikativen Gliederungssignalen vgl. z. B. Busch-Lauer 1991, S. 45 - 50.

303 Vgl. hierzu in Abschnitt 4.3 dieser Arbeit das nach Schröder 1993 entwickelte Schema zu Zeichenträgern multimedialer Texte.

304 Vgl. hierzu auch Dürscheid 2000: „[...] auch innerhalb einer Webseite zerfällt der Text in mehrere Blöcke, wird er von anderen Zeichenträgern fragmentiert" (S. 69).

305 Der Typologie von Schröder 1993 zufolge ist die für Hyperlinks typische Blaufärbung als perigraphisches Zeichen zu werten, das graphemische Zeichen begleitet und nur im Zusammenspiel mit ihnen Bedeutung konstituieren kann (vgl. das Schema in Abschnitt 4.3 der vorliegenden Arbeit, S. 94 - 96).

textuellen Links lassen die Homepage zur Startseite einer Website werden, indem sie zu den nachgeordneten Informationsseiten führen. Extra- und intrahypertextuelle Links sind zwar ebenfalls Elemente der Makrostruktur und durchaus vorhanden, zeitigen auf die Funktion einer Seite als Homepage aber keine Auswirkungen.

Somit ergeben sich auf der Grundlage der durch topo- und perigraphische Zeichen vermittelten Signale und unter inhaltlich-formalen sowie funktionalen Gesichtspunkten für die deutschen Unternehmenshomepages folgende makrostrukturelle Komponenten:

Makrostrukturelle Komponenten der deutschen Unternehmenshomepages		
Komponente	**Corpusfrequenz (Anzahl der Homepages)**	
	absolut	**%**
1) Hyperlinkfunktionalität - interhypertextuelle Links - extrahypertextuelle Links - intrahypertextuelle Links	 55 29 2	 100 % 53 % 4 %
2) Firmenname (Schriftzug, Logo)	55	100 %
3) Inhaltsübersicht	55	100 %
4) Abbildungen	53	96 %
5) funktionale Komponenten (E-Mail, Sitemap, Suche etc.)	49	89 %
6) Kontaktsequenz (primär Begrüßung)	39	71 %
7) Metainformationen	31	56 %
8) aktuelle Meldungen	28	51 %
9) Slogan	25	45 %
10) unternehmensvorstellende Kurztexte	13	24 %
11) Adresse (Unternehmenssitz)	8	14 %

Für die Textsorte UNTERNEHMENSHOMEPAGE in ihrer deutschsprachigen Realisierung erweist sich über die elementaren Hyperlinks hinaus ein Kanon von zehn informationellen makrostrukturellen Bestandteilen als konstitutiv – wobei die Reihenfolge der Textkomponenten ausdrücklich nicht im Sinne einer fixierten Abfolge der Teiltexte zu verstehen ist. Denn durch eine solche lineare, geschweige denn festgelegte Sequenz der Komponenten ist die Homepage nachgerade nicht geprägt. Allenfalls können für einzelne Komponenten spezifische Anordnungstendenzen beobachtet werden.[306] Darüber hinaus findet das für die Homepage diagnostizierte Fehlen einer festen Teiltextfolge auf thematischer Ebene seine Entsprechung in der erwähnten nicht-linearen, vielmehr punktuellen thematischen Verarbeitung des Kommunikationsgegenstandes.

Dabei leisten nicht alle makrostrukturellen Bestandteile einen Beitrag zur kommunikativen Verarbeitung des Textgegenstandes. Geeignet sind folgende Module: Firmenname, Inhaltsübersicht, Slogan, Unternehmenskurzvorstellung, aktuelle Meldungen, Abbildungen und die Adresse des Unternehmenssitzes. Entsprechend tragen sie – mehr oder weniger ausgeprägt – zur Vermittlung der relevanten inhaltlichen Informationen über das Unternehmen bei. Sekundär sind unter diesem Aspekt die kontaktiven Sequenzen, die funktionalen Komponenten und die metainformativen Hinweise.

Der **Firmenname** und die **Inhaltsübersicht** bilden die beiden obligatorischen Bestandteile der Homepage, als solche durch entsprechende 100 %ige Corpusfrequenz ausgewiesen. Neben der in ihrer Multifunktionalität auf der Ebene der Teiltextstrukturen näher zu beschreibenden Inhaltsübersicht dient der Firmenname auf der Homepage vor allem einem Ziel: der Identifikation des Emittenten bzw. des zentralen thematischen Gegenstandes. Träger der die Identifizierung ermöglichenden Merkmale ist der Firmenschriftzug, welcher, so vorhanden, durch ein Logo ergänzt wird. Zusammen mit dem Firmenslogan bilden beide außerdem zentrale Pfeiler der Unternehmensidentität (*corporate identity*). Im Zusammenhang mit den der Identifizierung dienenden Elementen ist außerdem die **Adresse** des Unternehmenssitzes zu sehen. Sie kann als ein Indiz für die Authentizität des durch die Site vermittelten Unternehmensbildes gewertet werden, indem sie auf die hinter der virtuellen WWW-Präsenz stehende real existierende Institution verweist.

Außerdem ist der Firmenname als zentraler Identifikationsträger Bestandteil eines startseiteninternen Teilsystems, dessen Bestimmung sich darin erfüllt, die Seite als den Initialteil der Website auszuweisen: Der Firmenname, eine Begrüßung sowie eine oft zentral in der Bildmitte angeordnete großformatige Abbil-

[306] Vgl. hierzu z. B. die Ausführungen in Abschnitt 6.1.1.3 zu den Pre-Homepages der Plettac AG und der VEAG Vereinigte Energiewerke AG, deren Leitseiten ein für den Typ D (Inhaltsübersicht + Aktuelles + Unternehmenskurzvorstellung) typisches Layout aufweisen: Das Bildschirmzentrum steht im Zeichen der Inhaltspräsentation in Form aktueller Meldungen und firmenvorstellender Kurztexte, während funktionale Komponenten wie die Inhaltsübersicht als Navigationsleisten an den linken bzw. unteren Bildschirmrand verlegt werden.

dung stellen den Charakter der Homepage als Titelseite heraus. Entsprechend ist das nachstehend skizzierte Layout, erweitert um die obligatorische Inhaltsübersicht, für den Homepagetyp der Leitseite repräsentativ. Hochgradig erwartbar wäre diese Konstellation von Titelelementen (ohne Inhaltsübersicht) zusätzlich für die Pre-Pages. Im Corpus sind aber nur zwei Pre-Pages – der Karstadt AG und der Salzgitter AG – nachweisbar, die alle drei Elemente aufweisen; Abbildungen scheinen für Pre-Pages weniger charakteristisch zu sein.

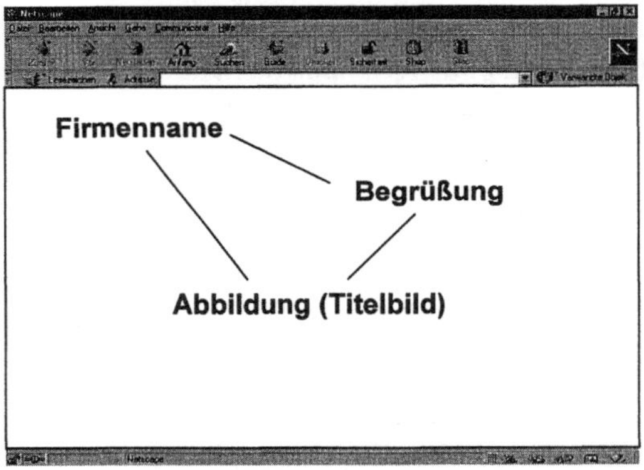

Titelelemente der Homepage

Am deutlichsten, weil verbal expliziert, tritt der Titelblattcharakter der Homepage in den **Kontaktsequenzen** zutage, die mit 71 % eine signifikante Corpuspräsenz erreichen. Mit nur einer Ausnahme sind sie als eine an den Rezipienten gerichtete Begrüßung realisiert, welche in Minimalform in einem schlichten „Willkommen“ (z. B. DPD[307], Hochtief AG) besteht und mitunter zu einem „Herzlich willkommen“ (z. B. Franz Haniel & Cie. GmbH) erweitert wird. Am häufigsten begegnet die um eine Präpositionalgruppe ergänzte und abermals das Unternehmen nennende Struktur „Willkommen bei der Benteler AG / der co op Schleswig-Holstein eG / Dynamit Nobel“.[308]

Nur selten findet sich dabei das Medium selbst thematisiert, indem auf die Publikationsform und damit auf Gliederungseinheiten des virtuellen Raums rekurriert wird: „Willkommen auf unserer World Wide Web Site“ (Total

[307] Hier erfolgt die Begrüßung in einer animierten Sequenz wechselweise in insgesamt sechs Sprachen.

[308] Der raum-metaphorische Gehalt dieser und anderer situationsdeiktischer Ausdrücke kann an dieser Stelle nur konstatiert werden. Vgl. hierzu etwa Dürscheid 2000, S. 69f.

Deutschland GmbH) oder „Willkommen auf unserer Homepage" (Procter & Gamble GmbH). Zwei Unternehmen gehen in ihren Bemühungen um Kontaktherstellung deutlich über eine schlichte Begrüßung hinaus, indem sie intensiv um den Rezipienten und mindestens implizit für das Unternehmen werben. Zusätzlich wird dabei die Inhaltsübersicht verbal expliziert, indem der Rezipient überblicksartig über die auf der Site zu erwartenden Inhalte in Kenntnis gesetzt wird:

Schmolz & Bickenbach KG

Willkommen! Auf den folgenden Seiten erhalten Sie Informationen zu unseren Produkten, Kontakt-Adressen und Wissenswertes zum Unternehmen. Wir freuen uns darauf, Ihnen einen kleinen Einblick in unser Unternehmen geben zu können.

Südzucker AG

Willkommen bei Südzucker
Wir laden Sie ein zu einer interaktiven und interessanten Reise in die Welt der Südzucker. Ob Sie sich über die Unternehmensgruppe informieren wollen, am Gewinnspiel teilnehmen, nach verführerischen Einmachrezepten suchen oder mehr über die Zuckergewinnung erfahren möchten, Sie werden schnell merken: Südzucker, das ist weit mehr als nur Zucker'

Zu beachten ist ferner die Positionierung der Begrüßungen, die, da sie mehrheitlich das beschriebene Teilsystem von Titelelementen mitkonstituieren, in die Homepage integriert und hier meist im oberen Bildschirmbereich oder im Bildzentrum anzutreffen sind. Bei gut 20 % der explizit kontaktiv markierten Homepages werden die Begrüßungen hingegen ausschließlich in die Titelleiste des Browsers verlegt, wo sie Gefahr laufen, der Wahrnehmung des Rezipienten zu entgehen.[309] Durch eine derartige Isolierung der Begrüßungssequenz erfährt der Titelcharakter der Homepage zwar keine generellen Einbußen, doch wird so ein stärkerer Akzent auf eine sachorientierte Präsentation gelegt. Unabhängig von der Plazierung fungiert die Begrüßung indessen als ein Eröffnungssignal, das den Initialcharakter der Homepage expliziert und unterstreicht.

Einen signifikanten Anteil an der Realisierung des Titelcharakters der Homepage hat ferner die **Abbildung**, liegt ihre Präsenz im deutschen Teilcorpus doch nahe bei 100 %, so daß sie hinsichtlich der Vorkommenshäufigkeit nach dem Firmennamen und der Inhaltsübersicht den dritten Rang belegt. Neben der Titelfunktion ist sie an der thematischen Verarbeitung des zentralen Textgegenstandes beteiligt. Ihr Beitrag besteht primär darin, dem Nutzer erste Anhaltspunkte

309 Vgl. z. B. die Homepages der Unternehmen Benteler AG, Fresenius AG und Metallgesellschaft AG.

über das Wirkungsfeld des jeweiligen Unternehmens zu vermitteln. Nicht immer wird die Abbildung dabei von anderen Homepagekomponenten unterstützt, so daß ihre Funktion als eigenständiger Bedeutungsträger nicht zu unterschätzen ist.

Illustriert sei dies am Beispiel der Homepage der Spar Handels-AG[310], deren zwei fotografische Abbildungen bedeutungskonstituierend wirken. Die beiden Abbildungen sind die einzigen Elemente, die auf den Tätigkeitsbereich des Unternehmens, den Handel mit Lebensmitteln, schließen lassen. Die Inhaltsübersicht bleibt in dieser Hinsicht hinter den Abbildungen zurück; allenfalls läßt die Rubrikbenennung *SPAR Shopping* die Bedeutungskomponente 'Handel' erahnen.

Homepage der Spar Handels-AG

Mehrheitlich haben die Abbildungen auf den Homepages aber rein illustrativen Charakter, indem sie textuell vermittelte Botschaften veranschaulichen und somit erst im Zusammenspiel mit verbalen Bedeutungsträgern ihre Wirksamkeit

310 In analoger Funktion als selbständige Bedeutungsträger treten bspw. die Abbildungen auf den Homepages von Lidl, der MAN AG, der Stihl Holding AG & Co. und der Hochtief AG in Erscheinung.

voll entfalten können. Als ein solcher verbaler Bedeutungsträger kann z. B. ein **Slogan** fungieren, welcher in Kooperation mit einer entsprechenden Abbildung Rückschlüsse auf den Tätigkeitsbereich des Unternehmens zuläßt. Anschaulich dokumentiert dies die Leitseite der Dyckerhoff & Widmann AG, auf der Slogan und Abbildung als komplementäre Bedeutungsträger auftreten: Der Slogan „wir bauen auf Ideen" und die räumliche Darstellung des Firmenschriftzuges Dywidag als eine Großbaustelle wirken wechselseitig aufeinander ein und sorgen beim Rezipienten etwa für folgende Assoziation: „Bei dem Unternehmen Dywidag handelt es sich um einen Baukonzern".

Häufig werden fotografische Abbildungen außerdem in spezifischerer Funktion zur Illustration der verschiedenen Geschäftsbereiche eines Unternehmens eingesetzt, was sich z. B. auf der Homepage der Benteler AG beobachten läßt: Die vier Fotografien in der am oberen Bildrand befindlichen horizontalen Bildleiste dokumentieren die Geschäftsbereiche Stahl / Rohr, Automobiltechnik, Maschinenbau und Handel. Ein analoges Vorgehen verfolgt die Homepage der Rheinmetall AG, wo die Geschäftsfelder Automotive, Electronics und Defence durch entsprechende fotografische Abbildungen ergänzt werden.

Eine Sonderform der Integration von Bildelementen ist für die Startseiten der Bestfoods Deutschland GmbH und der Nestlé Deutschland AG zu konstatieren, denn hier wird nicht mit fotografischen Abbildungen, sondern mit der Präsentation von Markenlogos gearbeitet und auf deren Wiedererkennungswert gesetzt. Dies ist nicht zuletzt dem Umstand geschuldet, daß in diesen Fällen der Bekanntheitsgrad der für den Privathaushalt bestimmten Konsumgüter höher ist als das hinter den Marken stehende Unternehmen. Auch auf diese Weise kann der Wirkungsbereich eines Konzerns wirksam transparent gemacht werden, ist dem Rezipienten doch über die Ansicht von bekannten Warenzeichen eine Assoziation wie „Die Bestfoods Deutschland GmbH (bzw. die Nestlé Deutschland AG) ist ein Nahrungsmittelkonzern" möglich.

Die für die Abbildungen festgestellten Aufgaben werden außerdem z. T. von verbalen Elementen, den **unternehmensvorstellenden Kurztexten**, wahrgenommen. Im Vergleich zu den Abbildungen zeichnen sie sich jedoch durch eine geringe Corpusfrequenz aus. Dies ist insofern bemerkenswert, als sie ein hohes Informationspotential besitzen und aufgrund ihrer Explizitheit geringere kognitive Anforderungen an den Rezipienten stellen. Die Abbildungen hingegen lassen mehrheitlich einen großen Interpretationsspielraum und entsprechend viele vom Rezipienten zu füllende Leerstellen.

Zu den vorkommenshäufigen, wenngleich unter thematisch-inhaltlichen Aspekten peripheren Homepage-Elementen sind des weiteren die **funktionalen Komponenten** zu zählen. Diese sind zwar weniger für die Homepage allein, sondern vielmehr für die gesamte Site elementar, können aber als makrostrukturelle

Bestandteile der Homepage gewertet werden, sofern sie entweder in sie integriert sind oder durch Links angekündigt werden und direkt erreichbar sind. Zu diesen zählen zum einen die dem Nutzer als Navigations- und Orientierungshilfen zur Verfügung gestellten Werkzeuge, die die Exploration der Website ermöglichen. Zu nennen sind die Sitemap oder eine lokale Suchmaschine, mit deren Hilfe der gesamte inhaltliche Bestand einer Site nach Stichwörtern durchsucht werden kann. Immer häufiger stehen diese Suchmaschinen schon auf der Homepage zur Verfügung, während die Sitemap einen eigenständigen, aber von der Homepage direkt zu erreichenden Hypertextknoten bildet.

Zum anderen sind jene Elemente der funktionalen Kategorie zuzurechnen, die der unmittelbaren Kontaktaufnahme mit dem Unternehmen sowie mit anderen Netznutzern dienen. Damit ist weniger die Postadresse des Unternehmens oder die Telefonnummer eines zuständigen Ansprechpartners gemeint, da diese Kommunikationswege einen Medienwechsel erzwängen. In Rede stehen vielmehr die medieninternen internetbasierten und in eine Site implementierbaren Kommunikationsformen wie E-Mail, elektronische Gästebücher, Diskussionsforen oder Chat.

Vor allem in Anbetracht dieser funktionsorientierten Komponenten erscheint die Präferenz eines aufgabenbezogenen Textsortenbegriffs, der der funktionalen wie inhaltlichen Komplexität von Online-Kommunikaten am ehesten gerecht wird, um so mehr begründet. Zwar verfügen dominant monolineare Texte über eigene, für Printmedien spezifische Navigations- und Orientierungshilfen, nicht aber über immanente Kommunikationskanäle für eine unmittelbare Rückkopplung. Vorrangig aufgrund dieser Kommunikationsmöglichkeiten wird den Online-Medien Internet und World Wide Web die als Zusatznutzen gerühmte Interaktivität zugeschrieben. Allerdings muß hier, wie anhand der Downloadlinks illustriert, zwischen den Qualitäten Interaktivität (Mensch – Maschine; Suchfunktion) und Interaktion (Mensch – Mensch; E-Mail, Chat) differenziert werden (vgl. Jakobs 1998, S. 95f.). Die besprochenen Kommunikationsangebote ermöglichen die Mensch-Mensch-Interaktion, so daß hiermit eine zusätzliche, dem Medium global eignende Qualität benannt ist, die auf die in dem und durch das Medium entstehenden Texte und Textsorten zurückwirkt.

Eine eigenständige makrostrukturelle Komponente konstituieren ferner die hier so genannten **metainformativen Hinweise**. Mit den in Printtexten üblichen und dort oft als Gliederungssignale eingesetzten metakommunikativen Äußerungen können sie den steuernden Charakter gemeinsam haben, in dem sie sich aber nicht erschöpfen. Außerdem gilt die Steuerung hier nicht der Rezeption, sondern u. a. technischen Aspekten des Umgangs mit dem Medium. Technische Hinweise wurden bereits anhand von Beispielen illustriert; sie präsentieren sich meist als Empfehlungen, z. B. hinsichtlich der für optimale Anzeigeergebnisse zu benutzenden Browsersoftware.

Einen diesbezüglich besonders ausführlichen Service bietet die Benteler AG den Nutzern ihrer Website an, indem sie unter dem Titel „Browsereinstellungen" einen eigenen Knoten einrichtet, der einschließlich der Homepage von jeder Webseite zu erreichen ist. Hier finden sich nicht nur detaillierte Angaben zu den optimalen Monitoreinstellungen, etwa zur Monitorgröße, Bildschirmauflösung und zu verwendenden Farbpalette, sondern auch eine Anleitung zu deren Umsetzung. Ebenso werden die für die beiden meistverwendeten Browser Netscape Navigator und MS Internet Explorer je spezifischen Einstellungen einschließlich ihrer Realisierung erläutert.

Die für Homepages charakteristischen Metainformationen erschöpfen sich nicht in derartigen technischen Hinweisen, sondern finden vielfältige Ausdrucksformen, von denen einige aus Printpublikationen bekannt sind und ggf. eine medienspezifische Modifikation erfahren. Zu diesen gehört das Impressum, welches immerhin acht der untersuchten deutschen Homepages als Link zu entsprechenden Informationen anbieten. Genannt werden hier die für die Herstellung einer Site Verantwortlichen, die sich oft verschiedene Zuständigkeitsbereiche teilen, zum einen die in der Regel von der unternehmensinternen Abteilung für Öffentlichkeitsarbeit oder Unternehmenskommunikation verantwortete redaktionelle Bearbeitung der Inhalte und zum anderen das Design und die Realisierung der Website, übernommen von einer gesonderten Abteilung oder einer externen Agentur.

In engem Zusammenhang mit den im Impressum vorfindlichen Angaben ist zugleich das Datum der zuletzt vorgenommenen Änderung zu sehen, welches, gleichfalls metainformativ, Parallelen zum Erscheinungsdatum eines Printwerkes aufweist und für den Nutzer insbesondere bei wiederholtem Websitebesuch eine wichtige Informationsquelle darstellt. Wiederum die Benteler AG agiert diesbezüglich sehr rezipientenorientiert, indem in einem von der Homepage zugänglichen eigenen Knoten mit dem Titel „Seitenstatus" alle neu hinzugefügten oder aktualisierten Webseiten und das zugehörige Änderungsdatum vermerkt werden.

Metainformativen Charakter haben des weiteren verschiedene rechtliche Hinweise, z. B. zu dem aus Printpublikationen bekannten Copyright sowie zum unternehmensseitigen Haftungsausschluß bezüglich der angebotenen Informationen oder zum Datenschutz. Selten sind hingegen Hilfestellungen in Form von Erläuterungen zu Struktur und Design einer Site sowie der zur Verfügung stehenden Navigationsinstrumente, wie sie Bucher 1999 für die WWW-Präsenzen von Zeitungen fordert (vgl. Bucher 1999, S. 30). Einzig die Homepage der CompuNet Computer AG & Co. oHG verweist per Hyperlink auf einen Knoten mit dem Titel „Online-Help", in dem der grundsätzliche Aufbau der CompuNet-Webseiten sowie die zentralen Navigationswerkzeuge und ihre Funktionen erklärt werden. Derartige Hilfestellungen, die dem Nutzer primär die Orientierung erleichtern und seiner kognitiven Überlastung vorbeugen sollen, sind sekundär vor dem Hintergrund der für die Internetnutzung anfallenden Telefongebühren zu sehen und stehen im Dienst einer effektiven und damit letztlich zeit- und kostensparenden Exploration der Website.[311]

Soweit zunächst die makrostrukturelle Analyse. Festzuhalten bleibt: Bei der Homepage handelt es sich um eine Online-Textsorte, die in besonders hohem Maß durch Clusterbildung gekennzeichnet ist und aus verschiedenartigen Modulen besteht, die nicht nur optisch isoliert, sondern auch semantisch-inhaltlich z. T. nur lose verbunden sind. Intermodulare Bezugnahme erfolgt gleichwohl, so daß die von Weingarten 1997 im Zusammenhang mit der Clusterbildung für Hypertextknoten diagnostizierte sprachliche Aggregation nicht uneingeschränkt gilt. Von einem totalen Kohäsionsverlust kann trotz der auf Homepages besonders intensiven Clusterbildung nicht gesprochen werden.

Zu konzedieren ist aber, daß das kohärenzstiftende Potential nicht selten allein von dem die übergeordnete thematische Instanz repräsentierenden Firmennamen ausgeht, indem dieser den zentralen Referenzträger und damit den modulübergreifenden Bezugsausdruck für wiederaufnehmende lexikalische Einheiten bildet. Nur so äußern sich oft die z. B. zwischen Slogan, Unternehmensvorstellung, aktuellen Meldungen und Begrüßung bestehenden Kohärenzbeziehungen, zu denen auch Abbildungen ihren Beitrag leisten können. Sie müssen nicht auf die Funktion als illustratives Beiwerk beschränkt bleiben, sondern können durchaus kohärenzstiftendes Potential freisetzen.

Des weiteren kann auf der Basis der bisherigen makrostrukturellen Analyse im Sinne der „durchschnittliche[n] Erscheinungsweise einer (im Gesamteindruck) ähnlichen Menge" (Krause 1986, S. 753) ein prototypischer Vertreter der deutschsprachigen Unternehmenshomepage ermittelt werden. Entsprechend können diejenigen makrostrukturellen Komponenten als für den Prototypen konstitutiv gelten, deren Corpusfrequenz bei mindestens 50 % liegt:

---

311 Auf der anderen Seite muß ein Websitebetreiber, dessen Angebot sich erst nach Konsultation eines Online-Hilfesystems adäquat nutzen läßt, in Betracht ziehen, daß die Nutzer diese Bereitschaft nicht aufbringen und sich statt dessen langfristig Sites zuwenden, die keinen derartigen „Einarbeitungsaufwand" erfordern. Unmißverständlich äußert sich in diesem Zusammenhang Nielsen 2000: „Eine Anleitung für Websites ist einfach nicht akzeptabel" (S. 129).

PROTOTYPISCHE DEUTSCHE UNTERNEHMENSHOMEPAGE		
KOMPONENTE	CORPUSFREQUENZ (ANZAHL DER HOMEPAGES)	
	absolut	%
1) Hyperlinkfunktionalität - interhypertextuelle Links - extrahypertextuelle Links	 55 29	 100 % 53 %
2) Firmenname (Schriftzug, Logo)	55	100 %
3) Inhaltsübersicht	55	100 %
4) Abbildungen	53	96 %
5) funktionale Komponenten (E-Mail, Sitemap, Suche etc.)	49	89 %
6) Kontaktsequenz (Begrüßung)	39	71 %
7) Metainformationen	31	56 %
8) aktuelle Meldungen	28	51 %

Die durch 100 %ige Corpuspräsenz als obligatorische Mindestbestandteile ausgewiesenen Komponenten interhypertextuelle Links, Firmenname und Inhaltsübersicht markieren die Minimalform der Homepage. Als gleichsam quasi obligatorisch können aufgrund ihrer hohen Vorkommenshäufigkeit ferner die Abbildungen und die funktionalen Komponenten gewertet werden, erstere als solche deutlich durch die beachtliche, nahezu 100 %ige Frequenz ausgewiesen. Vorkommenshäufige fakultative Elemente der prototypischen Firmenhomepage sind außerdem metainformative Hinweise, kontaktive Sequenzen und aktuelle Meldungen, deren Corpusfrequenz jeweils knapp über 50 % liegt.

Die ermittelten Werte unterstreichen die Multifunktionalität der Homepage und korrelieren zudem mit den Primäraufgaben der Einstiegsseite, die sich den makrostrukturellen Komponenten wie folgt zuordnen lassen: Identifikation (Firmenname), Titelfunktion (Abbildung, Firmenname, Begrüßung), Kontaktherstellung (explizit: Begrüßung), Überblick über die Site-Inhalte (Inhaltsübersicht), Ankündigung von und Verweisung auf Informationen (Inhaltsübersicht, aktuelle Meldungen) und Benutzungshinweise (entsprechende Metainformationen). Beispielhaft werden diese Aufgaben und damit die skizzierte prototypische Ausformung der Unternehmenshomepage durch die Einstiegsseite der MAN AG realisiert:

Die Homepage der MAN AG als Prototyp der deutschen Unternehmens-homepage (Leitseite Typ B)

Die prototypische Unternehmenshomepage präsentiert sich als Leitseite des Typs B (Inhaltsübersicht + Aktuelles) und illustriert abermals deren Relevanz als elementarer Homepagetyp, zu dem die übrigen Typen in einer Variationsrelation stehen. Sie stellen sich als spezifische Modifikationen des Prototyps dar, wobei die Abwandlungen z. B. als Erweiterungen oder Reduktionen der prototypischen Ausformung beschreibbar sind. In diesem Sinne ist die Leitseite vom Typ A (Inhaltsübersicht) als reduzierte Variante des Prototyps zu sehen, während sich die Leitseite D (Inhaltsübersicht + Aktuelles + Unternehmenskurzvorstellung) durch Erweiterungen auszeichnet. Somit bestätigen die Ergebnisse der makrostrukturellen Analyse zum einen die eingangs geäußerte Vermutung, die Leitseite markiere den elementaren bzw. Homepageprototyp, differenziert sie zum anderen aber, indem sich mit der Leitseite des Typs B ein spezifischer Subtyp als die tatsächliche prototypische Realisierung der Textsorte UNTERNEHMENSHOMEPAGE erweist.

6.3.4 Teiltext- und Verweisstrukturen

Das für Hypertext spezifische Moment der computergestützten elektronischen Verknüpfung von Dokumenten oder Dokumentteilen führt nicht nur zu einer neuen Art des Zugriffs auf Informationen, sondern wirkt sich auch auf die Textqualität selbst aus: Texte werden um die Dimension der expliziten und direkten Verweisung erweitert, indem Textsegmente Hyperlinkfunktionalität erhalten und als Absprungstelle zu weiteren Informationen fungieren. Die so ausgezeichneten Segmente übernehmen somit eine Doppelfunktion, da sie neben der Funktion als Hyperlink primär Bestandteil einer übergeordneten textuellen Einheit sind, zu deren Konstitution sie beitragen, indem sie als Träger von Textbedeutung in Erscheinung treten.

Übersichtsseiten und vor allem die Homepage als Initialteil der Website verfügen, da ihre vorrangige Aufgabe die Ankündigung von und Wegweisung zu Informationen ist, über ein ausgeprägtes Verweispotential, welches im Fall der Homepage mit einem charakteristischen Spektrum eigenständiger textueller Module (bzw. Teiltexte) korreliert. Zwischen den Teiltexten und den von der Homepage ausgehenden elektronischen Verweisen besteht insofern ein enger Zusammenhang, als die jeweilige Teiltextstruktur die strukturelle Ausgestaltung etwaiger Linkanzeiger wo nicht bedingt, mindestens beeinflußt. Dies ist auch jenseits der Homepage ein charakteristischer Zug der Hypertextualität im World Wide Web und muß bei entsprechenden Text(sorten)beschreibungen berücksichtigt werden. Folglich ist in einem Textogramm, welches Texte aus dem WWW beschreiben soll, die für die Textsortenprofile nicht-elektronischer bzw. exakter: nicht-verlinkter Texte hinreichende Bestimmungsgröße der Teiltextstruktur notwendig um eine Beschreibungsdimension zu ergänzen, die die hypertextspezifischen Verweise und deren Strukturen erfaßt: die Ebene der Verweisstrukturen.

Zu vermuten ist, daß die Einstiegsseite der Firmenwebsites durch ein spezifisches Spektrum von Hyperlinks gekennzeichnet ist, welches sie als eine Übersichtsseite von den der Inhaltspräsentation verpflichteten Informationsseiten unterscheidet. Als evidente Träger dieser Spezifik treten die Linkanzeiger bzw. -anker in Erscheinung, die als Teilkomponenten der Hyperlinks integrale Bestandteile der Homepage resp. eines jeden Hypertextknotens sind und so das medienspezifische Verweispotential konstituieren.

Vorab ist festzuhalten, daß sich die Hyperlinks in textgrammatischer Hinsicht als ein äußerst leistungsfähiges Instrument darstellen, da hier textkonstitutive Elemente mit Referenzpotential[312] ausgestattet werden, die in herkömmlich linear organisierten Texten nicht per se über dieses Kohäsionsmerkmal verfü-

[312] Gemeint sind hier ausschließlich die innerhalb des Textes zwischen sprachlichen Ausdrücken (z. B. zwischen Bezugsausdruck und referierender Pro-Form) bestehenden referentiellen Bindungen (Textdeixis) und nicht die aus der Textwelt herausweisenden Referenzbeziehungen zwischen Ausdrücken und den durch sie bezeichneten Denotaten (vgl. hierzu z. B. Vater 1994, S. 133).

gen. Denn es sind nicht die traditionell textverknüpfend wirkenden, weitgehend synsemantischen Personal- oder Demonstrativpronomen und anderen Pro-Formen, sondern vorwiegend autosemantische, vor allem nominale Einheiten, denen Hyperlinkfunktionalität und damit kohäsive Bindungskraft zugewiesen wird. Damit wird ihnen zugleich Kataphorik gleichsam eingeschrieben, ist einem Link doch die Eigenschaft inhärent, Informationen anzukündigen bzw. auf Nachfolgendes vorauszuweisen.

Zwar können Hyperlinks ebenso anaphorisch wirken und auf Bekanntes zurückverweisen, indem sie sich z. B. als *Home*-Link zurück zur Homepage oder als Verweis zurück zum Seitenanfang präsentieren. Ebenso ist der *Back*-Schaltfläche des Browsers Anaphorik eingeschrieben, werden hierüber doch die bereits gesehenen Seiten wieder aufgerufen. Kataphorik ist in Hypertexten aber ungleich häufiger, so daß sich diesbezüglich in Texten und Hypertexten die Verhältnisse umkehren: Während Texte meist mehr durch Anaphorik geprägt sind und Kataphorik seltener auftritt[313], wird letztere in Hypertexten zum Prinzip und in merklich geringerem Maß durch Anaphorik ergänzt. Indes sind beide Mechanismen grundsätzlich möglich und existent, wenngleich mitunter Gegenteiliges[314] konstatiert wird.

Relevant ist in diesem Zusammenhang überdies das jeweilige Linkziel, mit dem der Linkanzeiger untrennbar verbunden ist, so daß die Relation zwischen Linkanker und -ziel nicht aus den Betrachtungen ausgeschlossen werden kann. Entsprechend gründet sich eine grundlegende dichotomische Linktypologie auf einen Teilaspekt der Beziehung zwischen Linkanker und -ziel: Zu unterscheiden sind thematisch-inhaltliche von funktionalen Links[315]. Erstere zielen auf inhaltliche Informationen, während letztere zu Kommunikationsangeboten (z. B. E-Mail), Orientierungshilfen (u. a. Sitemap) oder zurück zur Homepage oder zum Seitenanfang führen. Im Vordergrund steht im folgenden als Strukturelement der

---

313 Vgl. etwa de Beaugrande / Dressler 1981, S. 65, Linke / Nussbaumer / Portmann 1994, S. 218, sinngemäß auch Rickheit / Schade 2000, S. 277.

314 Jucker 2000 etwa kommt zu dem globalen Schluß: „Anaphorik und Kataphorik […] kommt [sic!] [in Hypertexten, Anm. D. S.] nicht vor“ (S. 25).

315 Storrer 2001 differenziert zwischen thematischen und navigatorischen Links, von denen letzteren bestimmt sei, „von einem inhaltsbezogenen Modul zu einem strukturbezogenen Modul (einer Homepage oder einer grafischen Strukturübersicht“ (S. 100) zu führen. Damit bleiben aber jene Links außer acht, die den Rezipienten zu Kommunikationsangeboten wie integrierten E-Mail-Formularen oder Chatforen weiterleiten, denn eine Navigations- oder gar Orientierungsfunktion kann ihnen nicht zugesprochen werden. Sinnvoller erscheint es daher, die der Kontaktaufnahme und der Orientierung dienenden Links in einer Kategorie zusammenzufassen und als *funktionale Hyperlinks* zu bezeichnen.

Homepage gleichwohl der Linkanker, vorrangig in textueller Realisierung. Bildelemente werden sporadisch dort einbezogen, wo sich die Linkanzeiger als aus Text-Bild-Elementen kombiniert präsentieren.

Die untersuchten deutschen Homepages lassen sich zunächst danach differenzieren, auf welche Weise die Hyperlinks (resp. Linkanzeiger) in die Seite eingebunden werden. Erkennbar sind zwei grundlegende Prinzipien: Zum einen begegnet der isolierte Hyperlink[316], zum anderen der textinterne bzw. textintegrierte[317] Verknüpfungsanzeiger. Diese Integrationsstrategien korrelieren mit verschiedenen Verfahren der Linkexplikation, deren Aufgabe es ist, den Rezipienten vorab möglichst differenziert über das Linkziel und die dort zu erwartenden Inhalte zu informieren (vgl. Storrer 2001, S. 103f.). Auf den analysierten Homepages sind zwei zentrale Methoden der Linkexplikation auszumachen: Im Fall des isolierten Hyperlinks muß der Linkanker selbst seine eigene Bedeutungserklärung leisten, während die Explikation beim textintegrierten Linkanzeiger zusätzlich durch den umgebenden Text getragen wird.

Eine Mittelstellung zwischen beiden nimmt der von mir als *typisierter Link* bezeichnete Verweistyp ein: Unter dem Aspekt der Einbindung in die Webseite präsentiert er sich als isolierter Link, bekommt zusätzlich aber insofern eine textuelle Umgebung zugewiesen, als bei Berührung des Linkankers durch den Mauszeiger ein Etikett mit ergänzenden und spezifizierenden Textinformationen zum Linkziel eingeblendet wird.[318]

In quantitativer Hinsicht spielt das zuletzt genannte Verfahren mit Blick auf das deutschsprachige Teilcorpus eine untergeordnete Rolle, weisen doch nur sechs der 55 Homepages derartig typisierte Links auf. Elementar sind hingegen der isolierte und der textintegrierte Link, insbesondere in ihrer Kombination, denn 27 der 55 Homepages weisen beide Linktypen auf. Einzig der isolierte Link ist als alleiniges Integrations- und Explikationsprinzip auf immerhin 22 Einstiegsseiten zu beobachten.[319] Daß der textintegrierte Link auf den Einstiegsseiten

---

316 Storrer 2001 spricht statt dessen von *separater Positionierung* der Links (vgl. S. 105).

317 Terminus bei Storrer 2001, S. 101.

318 Anders als in der Hypertexttheorie lege ich hier ein weites Verständnis von typisierten Links zugrunde. Dort gelten nur diejenigen Links als typisiert, an deren Linkanzeiger die Art der Relation zwischen Anker und Ziel ablesbar ist. Über derart differenzierte Möglichkeiten verfügt das World Wide Web bislang nicht, so daß die für das WWW beschriebene Art der Konkretisierung der Linkbedeutung mittels einblendbarer Informationen über das Linkziel m. E. als eine Vorstufe der Linktypisierung betrachtet werden kann.

319 In diese Zählung gingen auch diejenigen isolierten Links ein, deren Anker als Text-Bild- oder Text-Icon-Kombination implementiert sind.

niemals ausschließlich, sondern nur zusammen mit isolierten Hyperlinks begegnet, stärkt die Position des isolierten Links und läßt zumindest in Bezug auf die Homepage auf seine offenbar exponierte Stellung schließen.

Unter dem Aspekt ihrer Text- und Verweisstrukturen sind nachfolgend mit den Inhaltsübersichten, den aktuellen Meldungen und den unternehmensvorstellenden Kurztexten die zentralen informationellen Module der Homepage eingehender zu betrachten.

6.3.4.1 Inhaltsübersicht

Das funktionale Kernelement der Homepage unterstreicht den Initialstatus der Einstiegsseite, indem es das zentrale, für die Site-Exploration unentbehrliche Verweisungs- und Wegweisungsinstrument darstellt, das dem Nutzer den Erstzugriff auf die Inhalte der Site erlaubt. In struktureller Hinsicht ist die Inhaltsübersicht als eine geordnete Liste thematischer Links angelegt, welche mindestens die Hauptthemenbereiche einer Site benennen. In dieser Funktion unterscheidet sich die im virtuellen Medium anzutreffende Inhaltsübersicht somit nicht von den Inhaltsverzeichnissen und -übersichten in Printpublikationen, ist diese Textsorte doch grundlegend der Klasse der Informations- bzw. – in der Typologie von Rolf 1993 – assertiven Texte[320] zuzurechnen.

Innerhalb dieser Großgruppe gehören die Inhaltsübersichten den indizierenden Textsorten an, die, „in reiner Sachbezogenheit und mehr oder weniger unabhängig von einem Bezug auf Textproduzenten und -rezipienten auf etwas anderes verweisend, [...] Informationen zugänglich machen“ (Rolf 1993, S. 203). Sie sind komplexitätsreduzierte Zugriffsinstrumente für umfangreiche, mitunter unüberschaubare Inhalte, von denen für den Rezipienten in der Regel nur ein spezifischer Ausschnitt relevant ist. In diesem Sinne sind Inhaltsübersichten außerdem als orientierend zu charakterisieren (vgl. Rolf 1993, S. 204, 210). Auf Homepages sind sie obligatorisch mit Hyperlinkfunktionalität ausgerüstet.

Innerhalb der Homepage stellt die Inhaltsübersicht die eigentliche Domäne des **isolierten Hyperlinks** dar, realisieren doch 44 der 55 deutschen Homepages ihr zentrales Verweisinstrument ausschließlich mit diesem Linktyp. Infolgedessen ist die Inhaltsübersicht dadurch charakterisiert, daß ihre Teiltextstrukturen mit den Strukturen der Linkanker zusammenfallen. Auf sprachlicher Seite geht dies

---

[320] Zur Großgruppe der assertiven Textsorten und ihrer Binnendifferenzierung vgl. Rolf 1993, S. 172 - 222.

mit ausgeprägter Kondensation einher, die ihren Höhepunkt erreicht, wenn jeder Eintrag in der Inhaltsübersicht durch eine einzelne nominale Wortschatzeinheit konstituiert wird.

Diese Minimalform einer Inhaltsübersicht ist auf 15 Homepages realisiert, wobei die Anzahl der Einträge und damit die Differenziertheit der durch die Links angekündigten Themen von nur drei bis zu immerhin acht reicht: Die Binding Brauerei AG gliedert ihre Site in nur drei thematische Bereiche, die mit den Lexemen *Binding-Gruppe*, *Service* und *Marken* benannt werden. Ungleich strukturierter präsentiert sich die auf der Homepage der VEAG Vereinigte Energiewerke AG angebotene Inhaltsübersicht, die immerhin acht Siterubriken enthält: *Portrait*, *Fakten*, *Produkte*, *Service*, *Umwelt*, *Karriere*, *Kultur*, *Presse*. Auf der obersten Gliederungsebene durchschnittlich strukturiert ist die Übersicht auf der Homepage der Hochtief AG, welche die Rubriken *Unternehmen*, *Mitarbeiter*, *Zahlen*, *Aktuelles*, *Jobbörse* und *125 Jahre Hochtief* verzeichnet. Charakteristisch ist, daß die einzelnen Einträge durch selbständige nominale Lexeme konstituiert werden, die im Kontext der Homepage bzw. der gesamten Site als Themawörter[321] zu sehen sind, welche Teilthemen des Rahmenthemas „Unternehmen" markieren.

Neben diesen minimal-expansiven Rubrikbenennungen sind zugleich komplexere sprachliche Formen festzustellen, z. B. Zwillingsformeln des Typs *Aktuelles & Presse* (Fresenius), *Produkte & Leistungen* (Babcock Borsig), *Menschen & Berufe* (Karstadt), *Ausbildung & Karriere* (Rheinmetall), *Spiel & Spaß* (Nestlé), *Tipps + Tricks* (Stihl) oder *Reden / Vorträge* (RWE-DEA) und *Presse / IR* (Hoechst). Derartige Zwillingsformeln sind zwar nicht als durchgängiges Gestaltungsprinzip beobachtbar, werden aber weniger mit den mittels Einwortlexemen äußerst sprachökonomisch realisierten Rubrikbenennungen kombiniert, sondern mit komplexeren Einheiten: Beispielsweise werden nominale Wortschatzeinheiten mit bestimmten Artikeln verbunden und erhalten so noch expliziteren Überschriftcharakter: *Das Unternehmen* (z. B. Schering), *Die Laubag*, *Der Vorstand* (Mannesmannröhren-Werke), *Die Produkte* (Salzgitter), *Der VIAG-Konzern*.

Ferner kommen anstelle eines Artikels Possessivpronomen zum Einsatz: *Unsere Aktie* (Fresenius), *Unsere Marken* (Nestlé), *Unsere Identität* (Rheinmetall), *Unsere Filialen* (Aldi Süd), *unsere Häuser* (Karstadt). Diese Strategie steht im Dienst einer wenngleich mittelbaren Kontaktorientierung, indem das Possessivpronomen die Identität des Unternehmens als Textemittent hervorhebt und den Rezipienten als den für gelingende Kommunikation erforderlichen Empfänger

321 S. hierzu van Dijk 1980, S. 45 und S. 50.

der übermittelten Botschaften gleichsam durch die Hintertür hereinholt, ihn implizit mitmeint und dadurch indirekt anspricht. Somit können allein die Rubrikbenennungen unterschiedliche Textperspektiven signalisieren: Während die mit einem Possessivpronomen versehenen Substantive für eine subjektbezogene bzw. emittenten- und indirekt rezipientenorientierte Darstellungshaltung stehen, ist diese im Fall der zuvor genannten Beispiele signifikant objektbezogen und sachorientiert. Eine solche Sachorientiertheit ist gerade in bezug auf die Inhaltsübersichten naheliegend und hochgradig erwartbar. Entsprechend selten ist in Rubrikbenennungen die direkte Ansprache des Rezipienten verwirklicht: *Ihr Depot* (DPD), *Häuser online – Ihre Filiale online* (Karstadt), *Ihr Weg zu uns* (RWE-DEA), *Wo finden Sie uns* (Aldi Nord), *So finden Sie uns* und *Was Sie bewegt* (beide Co op).

Diese Beispiele illustrieren des weiteren, daß die Rubrikbenennungen nicht nur aus lexikalischen, sondern auch aus komplexer strukturierten, syntaktischen Einheiten bestehen. Dabei stellen verbale Bestandteile wie in *Was Sie bewegt*, *So finden Sie uns*, *Karstadt goes Euro* oder *cyberbar – surfen, chatten, spielen* (Karstadt) die Ausnahme dar, begegnen allenfalls noch in Fragesätzen wie *Was ist neu?* (Kaufring), *Was bieten wir?* oder *Was erwarten wir?* (beide RWE-DEA). Häufiger sind hingegen Syntagmen der Struktur Substantiv + Präpositionalgruppe, z. B. *Wir über uns* (u. a. Spar), *EnBW im Dialog*, *Kontakte zu GEA*, *Der Unternehmensbereich in Zahlen* (Mannesmannröhren-Werke), *Informationen für Aktionäre* (GEA).

Insgesamt stehen die Benennungen der thematischen Abteilungen der Websites signifikant im Zeichen einer sprachökonomischen Gestaltung, welche sich als Prinzip innerhalb der Teiltexte fortsetzt und dem Rezipienten ersparen soll, umfangreiche Texte am Bildschirm lesen zu müssen (vgl. Dürscheid 2000, S. 68). Zu fragen bleibt, ob es sich hierbei nicht nur um eine vordergründige Rezeptionserleichterung handelt, die durch einen erhöhten kognitiven Aufwand bei der Interpretation der sich selbst erklärenden, mit minimalen sprachlichen Mitteln ausgestalteten Linkanzeiger erkauft und letztlich wieder aufgehoben wird.

Als eine dem entgegenwirkende Strategie ist die auf 18 Homepages anzutreffende **Präsentation differenzierter Inhaltsübersichten** zu sehen, die – in Analogie z. B. zu den Inhaltsverzeichnissen in wissenschaftlichen Monographien – nicht nur die Einträge der obersten Gliederungsebene wiedergeben, sondern darüber hinaus je zugehörige Unterabschnitte verzeichnen. Die meisten dieser Inhaltsverzeichnisse präsentieren sich als zweistufig, so auf der Einstiegsseite der Bestfoods Deutschland GmbH. Die Übersicht besteht aus den vier nominalen Haupteinträgen *Unternehmen*, *Marken*, *Jobbörse* und *Links*, die mit Ausnahme der Kategorie *Links* durch einblendbare Subrubriken spezifiziert werden. Haupt- und Untereinträge besitzen Hyperlinkfunktionalität:

Unternehmen	**Marken**	**Jobbörse**	**Links**
• Geschäftsbereiche	• Knorr	• Stellenangebote	
• Zahlen & Fakten	• Pfanni	• Ausbildung	
• Inside Bestfoods	• Ubena	• Praktikumsplätze	
• Standorte	• Mazola	• Ansprechpartner	
• Historie	• Mondamin		
• Ansprechpartner	• Dextro Energen		
• Trendforum	• Knorr Caterplan		
	• Grossmann		

Ein derart aufgefächertes Inhaltsverzeichnis bietet dem Rezipienten gegenüber den eindimensional angelegten nicht nur einen erweiterten Inhaltsüberblick, sondern auch ergänzende Hinweise zur hierarchischen Strukturierung der Site in Haupt- und Subthemen. Ungleich strukturierter präsentiert sich im Vergleich hierzu das Site-Inhaltsverzeichnis auf der Homepage der Babcock Borsig AG, welches eine bis zu vierstufige Hierarchie offenlegt und so einen überaus differenzierten, punktuellen Zugriff auf die Inhalte ermöglicht. Außerdem werden durch das Verfahren der Differenzierung der Inhaltsübersichten **Links durch Links expliziert** bzw. spezifiziert, was den Interpretationsrahmen für die Einschätzung der Linkanzeiger und der mit ihnen verbundenen Informationen eingrenzt.

Darüber hinaus erfolgt die Linkexplikation in den Inhaltsübersichten durch textuelle Linkumgebung oder durch typisierte Verweise. Die Bayer AG, Lidl, die Bahlsen KG, die Stinnes AG und die Mannesmann AG kombinieren in den Inhaltsübersichten den isolierten und den **textuell erweiterten Link**. Der dem Link zugehörige Text findet unterschiedliche Ausdrucksformen, ist dem Linkanzeiger meistens nachgestellt und präsentiert sich z. B. als explikative Paraphrase wie auf der Bayer-Homepage: „Webzine | Interessantes aus allen Lebensbereichen. Von A wie Antibiotika bis Z wie Zugluft" und „Bayer-Sites | Alle Bayer-Websites weltweit auf einen Blick". Weniger im Zeichen der Erläuterung als der rezipientenbezogenen Kontaktorientierung und Imagewerbung für das Unternehmen stehen die Nachspanntexte zu den fünf zentralen Rubriklinks[322] auf der Lidl-Homepage:

[322] Die beiden letzten Rubriken *...Garantie?* und *...wo?* waren zum Zeitpunkt der Corpuserstellung noch nicht mit Inhalten hinterlegt und dementsprechend noch nicht als Hyperlinks eingerichtet.

`...Lidl?` [Link]	Wer ist Lidl? Wie - Sie kennen Lidl noch nicht?...
`...Karriere?` [Link]	Ihr Einstieg in Ihre Karriere; Ihre Mitarbeit ist gefragt!
`...aktuell?` [Link]	Jede Woche attraktive Aktions-Artikel: Beste Qualität zum günstigen Preis...
`...Garantie?`	Unsere umfassende Geld-zurück-Garantie: Ohne wenn und aber...
`...wo?`	Lidl - Immer in Ihrer Nähe. Kommen Sie doch einfach mal vorbei.

Kennzeichnend sind hier u. a. elliptische Strukturen, wie sie gleichfalls auf der Homepage der Mannesmann AG begegnen. Dort wird dem Rubriklink *Company* der Anfang eines am Linkziel fortgesetzten Textes nachgestellt: „Mannesmann ist ein weltweit tätiges Unternehmen und hält mit seinen Kerngeschäftsfeldern..." An diese Textsequenz schließt sich der in seinem Ziel mit dem Link `Company` identische Linkanzeiger `weiter` an.

Die Beispiele Lidl und Mannesmann zeigen deutlich, daß die Ausstattung eines Linkankers mit textueller Umgebung allein noch kein Garant für eine tatsächliche Linkexplikation ist, denn zur Erhellung der Linkbedeutung tragen insbesondere die Kommentierungen auf der Lidl-Homepage wenig bei. Allenfalls die Rubrik *Garantie* erfährt in dem zugehörigen Kommentartext durch das Lexem *Geld-zurück-Garantie* eine Spezifizierung, so daß hier noch von einem durch das textuelle Umfeld erzeugten informationellen Mehrwert gesprochen werden kann. Die den übrigen Links zugeordneten Textsequenzen sind unter diesem Aspekt als redundant zu betrachten.

Dem Textanfang auf der Mannesmann-Homepage ist an primären, unternehmensbezogenen Informationen nur der Umstand zu entnehmen, daß es sich bei dem Konzern um „ein weltweit tätiges Unternehmen" handelt. Doch auch weiterführende Rückschlüsse auf das Linkziel sind möglich: Hierzu ist auf Rezipientenseite eine gewisse Textsortenkompetenz erforderlich, auf deren Grundlage die Textsequenz als Beginn eines Unternehmensporträts bestimmt werden kann. Unterstützt wird dies durch den die Fortsetzung explizit ankündigenden (und insofern als *Fortsetzungslink* zu bezeichnenden) Link `weiter`. In Verbindung mit der elliptischen Satzkonstruktion signalisiert er dem Rezipienten, daß sich am Linkziel die Fortsetzung eines Textes mit ebendieser Anfangssequenz befindet. In der Tat werden die Erwartungen in diesem Fall nicht enttäuscht, wird dem Nutzer am Linkziel doch ein Unternehmensporträt präsentiert, dem u. a. die Hauptgeschäftsfelder des Konzerns sowie aktuelle Umsatz- und Mitarbeiterzahlen zu entnehmen sind.

Bleiben die Strukturen und Leistungen der **typisierten Links** für die Linkexplikation in der Inhaltsübersicht zu erläutern: Als ein Realisierungsprinzip dieses Linktyps ist erkennbar, daß die einblendbaren Linketiketten die einer thematischen Hauptabteilung zugehörigen Subrubriken verzeichnen – hierin dem beschriebenen differenzierten Inhaltsverzeichnis vergleichbar. Allerdings werden die Subrubriken hier nur solange angezeigt, wie der Mauszeiger auf einem Hauptrubriklink verweilt, so daß ein direkter Zugriff auf die thematischen Unterabteilungen nicht möglich ist. Kompensiert wird dies in der Regel durch eine der Homepage nachgeschaltete Übersichtsseite, die die Subrubriken in Form einer Linkliste nochmals aufführt. Diese Strategie findet sich zumindest auf den Sites und Homepages der Spar Handels-AG, der Mobil Oil AG und der Fresenius AG verwirklicht. Unter dem Aspekt der unmittelbaren Zugreifbarkeit von Informationen wäre hingegen die direkte Implementierung der vollständigen differenzierten Inhaltsübersicht als aktivierbare Linkliste derartig typisierten Links vorzuziehen. Gleichwohl ist eine solche Linktypisierung im Fall nicht differenzierter Inhaltsübersichten nicht nur sinnvoll, sondern nahezu unverzichtbar, da sie im Vergleich zu isolierten, nicht typisierten Links signifikant im Dienst der Vorabinformierung des Rezipienten über das Linkziel steht.

Noch gezielter verwenden die Schmolz & Bickenbach KG und die Heraeus Holding GmbH auf ihren Homepages typisierte Links zur Gestaltung der Inhaltsübersichten. Auf der Heraeus-Homepage kommt die Linktypisierung nur in der Hauptabteilung *Konzernbereiche* zum Einsatz, die in die Unterabteilungen *Dental*, *Edelmetall*, *Medizin*, *Quarzglas*, *Sensoren* und *Übersicht* differenziert wird. Zu jedem der fünf Geschäftsfelder wird bei Mauszeigerberührung zusätzlich ein Etikett eingeblendet, welches die zuständige Tochterfirma sowie deren jeweilige Arbeitsgebiete verzeichnet. Damit erhält der Rezipient schon auf der Homepage detaillierte Informationen über das Unternehmen, seine Struktur sowie die vielfältigen Aktivitätsfelder.

Während die Heraeus Holding GmbH die Linktypisierung nur für eine Siterubrik verwirklicht, wird sie auf der Homepage der Schmolz & Bickenbach KG zum Prinzip erhoben. Darüber hinaus wird die Typisierung hier nicht erst bei Berührung der Linkanker mit dem Mauszeiger ersichtlich, denn neben der Liste der acht Hauptabteilungen befindet sich ein umrahmtes, mit der Überschrift „Information“ versehenes Feld, welches den Text „Hier finden Sie Hilfe zu den Untermenü-Punkten“ enthält. Dieses Hilfefeld bleibt konstant ansichtig und ändert seinen Inhalt entsprechend der mit dem Mauszeiger berührten Rubrik. Der die Rubrik *Unternehmen* paraphrasierende Text lautet z. B.: „Vorstellung und Chronik des Familienunternehmens“; die Rubrik *QM-System* wird unter Auflösung der Initialkürzung *QM* in die Vollform wie folgt erläutert: „Unser Qualitätsmanagement und unsere Zertifizierungen“.

- o Unternehmen
- • Handel
- o Produktion
- o QM-System
- o Anfrage
- o Kontakt
- o News
- o Jobbörse

Information

Handelsprodukte wie Qualitätsstahl, Edelstahl, Schwarzrohre, Bleche und Werkzeugstahl

Inhaltsübersicht auf der Leitseite der Schmolz & Bickenbach KG. Rechts der Informationskasten mit eingeblendeter Erläuterung zur Rubrik „Handel".

Mit diesem Hilfesystem trägt die Schmolz & Bickenbach KG den Bedürfnissen insbesondere von Erstbesuchern der Site Rechnung, die sich so ein erstes Bild vom Unternehmen und seinen Wirkungsfeldern machen können. Daneben steht für kundige Nutzer der Site und Kenner des Unternehmens eine Direktauswahl in einer Auswahlliste (*list box*[323]) zur Verfügung, über die jede Haupt- und Subrubrik direkt anwählbar ist. Auf diese Weise gelingt die Berücksichtigung unterschiedlicher Nutzerbedürfnisse, die einerseits positiv zu bewerten ist. Andererseits kann sie sich vor allem bei Erst- oder ungeübten Besuchern nachteilig auswirken, da diesen die Identifizierung und Unterscheidung der verschiedenen Zwecken dienenden Zugriffsoptionen u. U. nur schwer gelingt. Dies birgt die Gefahr einer kognitiven Überlastung des Rezipienten, welche durch die implementierte Orientierungsunterstützung nachgerade vermieden werden soll. Ähnlich problematisch ist aus diesem Grund die ohnehin wenig übersichtliche und Redundanzen aufweisende Homepage der Veba Öl AG, die allein zur Realisierung der Inhaltsübersicht alle drei Typen der Linkintegration und -explikation einsetzt.

Eine Sonderform der Linkexplikation ist auf der Homepage der VIAG AG umgesetzt, wo die stichwortartige Explikation der Siterubriken unmittelbar in den jeweiligen Linkanker integriert wird, so daß Rubriktitel und Spezifikation zusammen jeweils einen einzigen komplexen Linkanzeiger bilden:

komplexer Linkanker aus: Erläuterung	+ Rubriktitel
Die Details zur Fusion	**VEBA VIAG**
Der VIAG-Konzern im Überblick	**Der VIAG-Konzern**

323 Terminus bei Strzebkowski 1997, S. 287.

Geschäftsbereiche, Berichte, Zahlen und Beteiligungen	**Investor Relations**
Presseinformationen, Reden, Positionspapiere und Personen	**Presseservice**
Bewerberinformationen und Stellenangebote der Holding	**Karriere bei der VIAG**
E-Mail, Adressen, Bestellen von Informationsmaterialien und Wegbeschreibung	**Kontakt**
invent!	**Der Fonds zur Förderung von innovativen Projekten der VIAG-Gruppe**

Inhaltsübersicht auf der Homepage der VIAG AG

Ähnlich wie bei den zweistufigen Inhaltsübersichten erhält der Nutzer hier spezifizierende Vorabinformationen über die am Linkziel vorfindlichen Inhalte, die wie bei den typisierten Links von der Homepage aber noch nicht gezielt zugreifbar sind. Zu fragen bleibt abermals nach der eigentlichen Leistung der Explikationen, sprich: ihrem informationellen Mehrwert, der im Fall des Rubriktitels *Der VIAG-Konzern* und der durch Expansion gekennzeichneten Paraphrase *Der VIAG-Konzern im Überblick* mindestens zweifelhaft ist. Durchaus gegeben ist er hingegen in der Explikation *Die Details zur Fusion*, die der Transparenz des allein aus den beiden Firmennamen *VEBA* und *VIAG* bestehenden Rubriklinks dient. Zusatzinformation liefern gleichfalls die Erläuterungen etwa zu den Rubrikbenennungen *Investor Relations*, *Presseservice* und *Kontakt*, stehen sie doch in einer spezifizierenden Subordinationsrelation zu den Rubriktiteln.

6.3.4.2 Aktuelle Meldungen

Neben der Inhaltsübersicht zeichnen sich die aktuellen Meldungen in besonderem Maß durch explizite Verweisstrukturen in Form von Hyperlinks aus, vermitteln mit Blick auf die Verfahren der Linkintegration und -explikation aber ein diametral entgegengesetztes Bild. Von 22 in diese Teilanalyse eingehenden Homepages realisieren 17 die Verweisfunktion ihrer aktuellen Meldungen durch Ausstattung der Links mit textueller Umgebung; fünfmal kommen allein isolierte Links zum Einsatz, während eine Homepage beide Strategien kombiniert. Die sich von den Inhaltsübersichten unterscheidende Gestaltung der Linkanzeiger ist auch hier durch die spezifischen Teiltextstrukturen bedingt. Zwei grundlegende Präsentationsformen der Meldungen sind zu unterscheiden: Wie erwähnt, stellen sich die Meldungen zum einen als vergleichsweise ausführliche Kurznachrichtentexte in Fließtextform dar oder werden in Listenform zusammengestellt, repräsentiert nur durch die Meldungstitel.

Meldungen und Nachrichten sind ebenfalls den assertiven und hier den transmittierenden Textsorten zuzurechnen, bei denen „das Daß der Informationsvermittlung“ (Rolf 1993, S. 174) im Vordergrund steht. Emittierend sind sie insofern, als sich der Textproduzent zur Vermittlung der Information verpflichtet fühlt.[324] Mit Blick auf den in Rede stehenden wirtschaftssprachlichen Kontext ist zudem anzumerken, daß Pressetexte aus der Sicht der Wirtschaftsfachsprachen als sogenannte vermittlungssprachliche Textsorten zu sehen sind, die zwischen zwei Bezugswelten vermitteln, hier aus der Welt der wirtschaftlichen Institutionen in die des Alltags (vgl. Hundt 2000, S. 654).

Bezüglich der **isolierten Linkanzeiger** ist zu konstatieren, daß sie im Vergleich zu den Links der Inhaltsübersichten zu einer komplexeren Strukturierung, verbunden mit sprachlicher Expansion, tendieren. Dies kann, wie auf der Homepage der Stinnes AG, soweit gehen, daß ein aus mehreren Sätzen bestehender Kurztext einen einzigen Linkanzeiger konstituiert und so als ebenso komplexer wie undifferenzierter Ausgangspunkt für einen Hypertextsprung fungiert:

> TOP-Thema:
> E-Commerce bei Stinnes
>
> E-Commerce wird die bisherige Art der Geschäftsabwicklung revolutionieren. Stinnes hat eine ausgezeichnete Ausgangsposition, um als Gewinner aus dem durch E-Commerce getriebenen Veränderungsprozess hervorzugehen. Lesen Sie hier, welche Möglichkeiten sich einem Logistikunternehmen wie Stinnes durch den Internet-Handel eröffnen...

Eine derartige Linkankergestaltung stellt aber die Ausnahme. Typischer ist die Bündelung aktueller Informationen in einem eigenen Bildschirmbereich, als solcher durch Überschriften wie „Aktuell“, „Aktuelles“, „Aktuelle Termine“ oder „Neu“ ausgewiesen. Charakteristisch sind hier Listen, die mehrere aktuelle Meldungen in Kurzform verzeichnen und detailliertere Informationen ankündigen. Dabei ist die **textuelle Umgebung**, die meist in ebenjener Kennzeichnung „Aktuell“ u. ä. sowie dem Veröffentlichungsdatum besteht, der als Linkanker implementierten Meldung vorangestellt. Prototypisch finden sich der-

[324] Rolf 1993 verweist hier z. B. auf die öffentlich-rechtlichen Medien und ihren Auftrag zur Informationsvermittlung (vgl. S. 177).

artige Meldungslisten auf den Homepages der Plettac AG und der RAG AG realisiert, die daher stellvertretend[325] zur Illustration angeführt seien:

PLETTAC AG:		RAG AG:
Aktuell		**Neu**
31. August 2000	plettac AG bündelt Gerüstgeschäft	05.06.2000 Die RAG auf der Expo 2000
25. August 2000	Quartalsbericht Januar - Juni	23.05.2000 RAG Geschäftsbericht 1999
25. August 2000	Meldung zum Quartalsbericht	23.05.2000 RAG-Chef Starzacher: 1999 höchster Auslandsumsatz der Unternehmensgeschichte

Deutlicher noch als bei den Inhaltsübersichten tritt hier die Doppelfunktion der als Link implementierten sprachlichen Einheiten zutage: Zusammen mit der zugehörigen textuellen Umgebung bildet der Meldungstitel ein autonomes informationelles Modul und verweist in seiner Funktion als thematischer Link zugleich auf die Informationen am Linkziel. Die textuelle Umgebung in Form des Veröffentlichungsdatums dient gleichberechtigt mit dem Linkanker der Informationsvermittlung, so daß beide hier ausdrücklich nicht in einer Explikans-Explikandum-Relation stehen. Eher fungieren diese Links wie isolierte Hyperlinks, die ihre Linkexplikation selbst leisten. Da ihnen gleichwohl eine textuelle Umgebung zugehört, können sie als quasi isoliert beschrieben werden. Somit tritt hier neben den isolierten und den textintegrierten Link ein weiterer Linktyp.

Mitunter sind die Meldungstitel selbst nicht mit Hyperlinkfunktionalität ausgestattet. Statt dessen kommen, optisch abgesetzt, nachgestellte Linkanzeiger wie mehr... (VAW), weiter (Mannesmann), Details (Agiv, VEAG) oder besonders deutlich: Artikel lesen (Deutsche Steinkohle AG) zum Einsatz. Sie sind als **metakommunikativ**[326] zu beschreiben, da sie selbst nicht als Träger in-

---

325 Listen aus mindestens zwei Meldungen präsentieren weiterhin die Homepages der Salzgitter AG, der Schering AG, der VAW AG und der Kaufring AG.

326 Storrer 2001 spricht nicht explizit von metakommunikativen Links, beschreibt aber ein Verfahren der metakommunikativen Einbindung von textintegrierten Links, bei dem „über die Bedienung des Hypertextes kommuniziert und die Steuerungsfunktion des Linkanzeigers thematisiert" (S. 100) werde. Als Beispiel dient ihr die Sequenz „Wenn Sie zum ersten Mal bei uns sind, klicken Sie bitte hier", in der *hier* als textintegrierter Linkanker fungiert. M. E. ist hier nicht nur von einer metakommunikativen Linkeinbindung, sondern explizit von einem metakommunikativen Linkanker zu sprechen und der Terminus auf die oben angeführten Linkbeispiele zu erweitern. Dies um so mehr, als meta-

haltlicher Informationen fungieren, sondern lediglich signalisieren, daß weitere Informationen vorhanden sind. Während elliptische Strukturen vor allem im Umfeld der listenförmig organisierten Meldungstitel anzutreffen sind, treten metakommunikative Links zudem integriert in Kurznachrichtentexte auf. Meist sind sie als selbständige syntaktische Einheiten und nicht selten als explizite Aufforderung realisiert. Dies dokumentiert z. B. eine Kurzmeldung auf der Homepage der CompuNet Computer AG & Co. oHG:

> **General Electric als E-Business-Unternehmen des Jahres ausgezeichnet.**
>
> Das renommierte amerikanische Magazin "InternetWeek" hat den Konzern General Electric, zu dem auch CompuNet gehört, für seine Internet-Strategie ausgezeichnet. Lesen Sie mehr zu der Auszeichnung

Derart metakommunikativ an den Rezipienten gerichtete Aufforderungen sind für die beschriebene Art von Kurzmeldungstexten offenbar typisch, denn auch der oben zitierte, als komplexer Linkanker implementierte Text auf der Stinnes-Homepage weist eine solche Schlußsequenz auf, ebenso eine Kurznachricht auf der VIAG-Homepage, die mit der direktiven Sequenz „Erfahren Sie mehr dazu!“ schließt. Festzuhalten ist für Kurzmeldungen dieser Art, daß sie in Form von sogenannten Ankündigungstexten[327] ein unmittelbares Pendant in den Printmedien haben. Sie treten z. B. in Zeitungen auf, wo sie einen Sachverhalt oder ein Ereignis kurz umreißen und auf ausführlichere, einem bestimmten Ressort zugehörige Informationen im entsprechenden Teil der Zeitung verweisen.

Ferner sind den Kurznachrichten thematische Links nachgestellt. Sie ermöglichen eine thematische Differenzierung, indem sie spezifische Teilaspekte eines Themas benennen und ankündigen. Dies verdeutlicht folgende, gleichfalls der Stinnes-Homepage entstammende Meldung:

> **FOCUS MONEY empfiehlt Stinnes-Aktie:**
>
> "Der Einstieg in den E-Commerce bringt den Aktienkurs des Unternehmens auf Touren. Schon jetzt frisieren rund 20 % jährliches Wachstum das Stinnes-Papier zu einer der attraktivsten Aktien im MDax."
>
> **Kurs der Stinnes-Aktie**

kommunikative Links kontextuell nicht auf Aspekte der Hypertextbedienung beschränkt sind und noch weniger obligatorisch den Steuerungscharakter des Linkanzeigers thematisieren. Das illustrieren mindestens Linkanker wie die oben angeführten Artikel lesen und Details.

327 S. hierzu Lüger 1995, S. 90.

Der der Kurznachricht nachgestellte Hyperlink Kurs der Stinnes-Aktie stellt sich als ein selbständiges Syntagma dar, das dementsprechend das Potential eines isolierten Links in sich trägt. Der Link ist hier aber nicht nur thematisch-inhaltlich, sondern auch kohäsiv eng an die vorausgehende Kurznachricht gebunden, da der Linkanzeiger den zentralen Referenzträger *Stinnes-Aktie* aus der Überschrift rekurrent[328] wiederaufnimmt. Insofern ist er als quasi isoliert zu beschreiben und kann als expliziter Wiederaufnahmelink bezeichnet werden. Darüber hinaus verspricht der Linkanker zusätzliche aktuelle Informationen, die die Kurzmeldung selbst nicht liefert.

Andererseits kann ein solcher Link auch als redundant betrachtet werden, wird das zentrale Lexem *Stinnes-Aktie* doch schon in der Überschrift der Meldung genannt und könnte gleich hier als Linkanker implementiert werden. Daß dies nicht geschieht und mehr noch: daß der den Meldungen nachgestellte Linkanzeiger bei den im Corpus repräsentierten Meldungen zum Gestaltungsprinzip erhoben wird, trägt dem Bestreben Rechnung, die Gefahr eines vorzeitigen Rezeptionsabbruchs auf seiten des Nutzers möglichst gering zu halten. Denn diese besteht gerade bei textintegrierten Hyperlinks in hohem Maß und wäre am Textanfang besonders gravierend. So birgt der dem Text nachgestellte Link Kurs der Stinnes-Aktie zwar ein hohes Maß an Explizitheit – wenn nicht eine Überexplizitheit –, doch dürfte diese der Akzeptabilität des informationellen Moduls nicht nur keinen Abbruch tun, sondern vielmehr positiv rezeptionssteuernd und -erleichternd wirken.

Aus dem Bestreben, vorzeitige Rezeptionsunterbrechungen zu vermeiden, erklärt sich außerdem die sich komplementär verhaltende, signifikant niedrige Zahl von textintegrierten Linkanzeigern in Gestalt syntaktisch abhängiger Lexeme oder Syntagmen, wie sie nur auf der Bayer- und der VIAG-Homepage anzutreffen sind: „Bayer baut globale Spitzenposition bei Synthese-Kautschuk weiter aus", „Freier Internet-Zugang für alle Bayer-Mitarbeiter" oder „Aus VIAG und VEBA wird E.ON". Hier muß freilich zugestanden werden, daß angesichts der relativen Kürze dieser Meldungen die Gefahr bzw. überhaupt die Möglichkeit eines zu frühen Rezeptionsabbruchs gering ist.

Dennoch: Der Gefahr einer mit der Hyperlinkpositionierung in Zusammenhang stehenden vorzeitigen Rezeptionsunterbrechung wird offenbar einige Bedeutung zugemessen, kaum wäre der den aktuellen Meldungen nachgestellte Link sonst so eindeutig als Gestaltungsprinzip erkennbar. Denn auch sein Gegenstück, der dem Nachrichtentext als Überschrift vorangestellte Linkanzeiger, begegnet nur

---

328 Einen Hinweis darauf, daß Rekurrenz einen besonders hohen Kohäsionsgrad erzeugt, geben Linke / Nussbaumer / Portmann 1994 (vgl. S. 217).

auf den Homepages der Lausitzer Braunkohle AG und der DPD GmbH. Daß bei den aktuellen Nachrichten ein Gestaltungsprinzip vermieden wird, welches bei den Inhaltsübersichten durchaus zum Einsatz kommt – die Frontpositionierung des Linkanzeigers, gefolgt von einem erläuternden textuellen Nachspann –, und statt dessen mehrheitlich der nachgestellte Linkanzeiger verwendet wird, scheint dem Umstand geschuldet, daß hier mehr oder minder komplexe Fließtexte am Bildschirm zu rezipieren sind. Listentexte wie die Inhaltsübersichten sind demgegenüber leichter zu erfassen, bedürfen aber, da sie aufgrund ihrer minimalsprachlichen Ausgestaltung oft zahlreiche semantische Leerstellen lassen und einen weit gefaßten Interpretationsrahmen aufspannen, eher zusätzlicher textueller Erläuterungen und Spezifizierungen.

Die hier vorgestellten Meldungsformen sind mehrheitlich im Kontext der von Lüger 1995 so genannten Ankündigungstexte zu sehen (vgl. S. 90), üben doch nicht nur die Kurzmeldungen, sondern auch die als Überschriften realisierten Nachrichten eine verweisende, Informationen ankündigende Funktion aus. Entsprechend differenziert Bucher 1998 diese aus den Printmedien bekannten Meldungsformen, die er als „eigenständige Verweis- oder Orientierungstextsorten" (S. 78) begreift, in Meldungsanreißer und Überschriften-Ankündigungen.

Allerdings bietet die WWW-immanente Hyperlinkfunktionalität im Unterschied zu den Printmedien die Möglichkeit, auf metakommunikative Verweise des Typs „Lesen Sie mehr auf S. 3" bzw. „Erfahren Sie `mehr` dazu!" zu verzichten. An deren Stelle können thematische Links treten, indem innerhalb eines Meldungstextes ein zentrales Themawort oder die Überschrift als Linkanzeiger und Absprungstelle zu den zugehörigen Informationen eingerichtet werden. Daß diese Möglichkeit häufig nicht genutzt wird, illustriert zum einen die nach wie vor vorhandene Verhaftung der WWW-Textvorkommen in der Printtradition. Zum anderen dürfte dies wiederum dem Bestreben nach möglichst expliziter und eindeutiger Benutzerführung geschuldet sein – wenngleich derartige metakommunikative Verfahren aus der Sicht des Web Design als zu vermeidender schlechter Stil eingestuft werden.[329]

6.3.4.3 Unternehmensvorstellende Kurztexte

Zu den unter informationellem Aspekt zentralen makrostrukturellen Komponenten zählen des weiteren die auf 13 Homepages vorfindlichen Unternehmenskurzvorstellungen, die sich als Vertreter der Textsorte UNTERNEHMENSPORTRÄT zu erkennen geben. Ebensowenig wie Nachrichtenmeldungen bilden Unterneh-

---

[329] Vgl. hierzu etwa Storrer 2001, S. 108, Lynch / Horton 1999, S. 104 und Nielsen 2000, S. 51.

mensporträts eine neue Textsorte, sind vielmehr als etablierte unternehmenspolitische Texte zu sehen: „Das **Unternehmensporträt** – alternative Bezeichnungen sind *Charakter* oder *Profil* – beantwortet Fragen wie »Was ist X für ein Unternehmen?« oder »Was tut X?«" (Ebert 2000, S. 6; Hervorhebung im Original). Gegenstand dieser Texte sind zentrale unternehmensbestimmende Parameter wie die Marktstellung, das Leistungsspektrum, die Organisationsstruktur, der Umsatz, die Zahl der Mitarbeiter etc. (vgl. Ebert 2000, S. 8).

Zu zeigen ist, welche Ausprägungsformen diese unternehmenspolitische Textsorte auf den Homepages der Firmenwebsites findet. Eine erste, durch die homepagespezifische Verwendungssituation bedingte Modifikation wird bereits auf der Bezeichnungsebene deutlich: Adäquat ist hier von *Unternehmenskurzporträts* zu sprechen. Außerdem ist für diese Texte im Unterschied zu den Inhaltsübersichten und den aktuellen Meldungen gerade das Fehlen eines medialen Kernelements charakteristisch: Mit drei Ausnahmen sind die Kurztexte nicht mit explizitem Verweispotential in Form von Hyperlinks ausgestattet.

Vor allem im Hinblick auf den Umfang sowie die Detailliertheit der vermittelten Informationen zeigen die Unternehmensporträts variierende Ausprägungen. Minimalformen sind auf den Homepages der Mannesmann AG und der Rheinmetall AG realisiert:

Mannesmann AG	**Rheinmetall AG**
Mannesmann ist ein weltweit tätiges Unternehmen und hält mit seinen Kerngeschäftsfeldern... `weiter`	Ein Technologiekonzern für `Automotive` `Electronics` `Defence`

Wie oben erläutert, handelt es sich bei der elliptischen Struktur auf der Mannesmann-Homepage um die initiale Sequenz eines Textes, der in einem eigenen Hypertextknoten fortgesetzt wird. Desgleichen ist die Sequenz auf der Homepage der Rheinmetall AG als elliptisch zu beschreiben, hat signifikanten Überschriftcharakter und enthält die drei Links `Automotive`, `Electronics` und `Defence`. Auch wenn insbesondere die Klassifikation der Textanfangssequenz auf der Mannesmann-Homepage als Unternehmenskurzporträt zweifelhaft erscheinen mag, ist doch beiden Kurztexten gemeinsam, daß Prädikationen vorgenommen und letztlich inhaltliche Informationen über das Unternehmen vermittelt werden.

Im Fall der Mannesmann AG ist die Prädikation eher als minimal-informativ zu bewerten, da sie allein die internationale und sich auf mehrere Geschäftsfelder erstreckende Tätigkeit des Konzerns prädiziert, während auf der Rheinmetall-Homepage immerhin die drei zentralen Geschäftsbereiche des Unternehmens benannt werden. Gleichwohl ist die Existenz einer Prädikation in beiden Fällen unbestritten. In der Terminologie der funktionalen Satzperspektive liegen hiermit Thema-Rhema-Strukturen vor, welche unabdingbare Voraussetzung für die Klassifikation der Textstrukturen als Porträttext sind:

Thema (Referenz)	**Rhema (Prädikation)**
Mannesmann	- ist ein weltweit tätiges Unternehmen
	- ist in mehreren Kerngeschäftsfeldern aktiv
Technologiekonzern	- [ist tätig in den Bereichen] Automotive, Electronics, Defence

Entsprechend ist der unter der Überschrift „Strategische Geschäftseinheiten der Lurgi AG" stehende listenförmige Aufzählungstext ebenfalls als eine Variante der Textsorte UNTERNEHMENSKURZPORTRÄT einzuordnen. Zudem stehen derartige Listentexte, zu denen auch die Porträtsequenz auf der Rheinmetall-Homepage gerechnet werden kann, im Dienst einer schnellen Lesbarkeit, die im World Wide Web aufgrund des unkomfortablen Lesens am Bildschirm von großer Bedeutung ist. Obgleich Studien belegt haben, daß Netznutzer ungerne längere Textabschnitte am Bildschirm lesen und Webseiten ohnehin eher überfliegen (scannen) als ganz durchlesen[330], finden sich listenartige, schnell zu rezipierende Porträttexte nur auf den Homepages der Rheinmetall AG und der Lurgi AG.

Die übrigen zehn Unternehmensporträts sind in Fließtextform aufbereitet, wobei sie sich in minimalem Ausprägungsgrad – so auf den Homepages der CompuNet Computer AG & Co. oHG und der Merck KGaA – auf nur einen Satz[331] beschränken. Durchschnittlich umfassen die Porträttexte zwei und drei Sätze: Ersteres gilt für die Homepages der Unternehmen KME, Laubag und VEAG, letzteres für die Haniel- und die Plettac-Homepage. Aus vier und fünf Sätzen bestehen die Texte auf den Homepages der Kaufring AG und der RWE-DEA AG. Den umfangreichsten Text liefert die Leit-Inhalts-Seite der Walter Bau-AG: Die Unternehmensvorstellung umfaßt sieben Sätze und gliedert sich in drei mit den Überschriften „Der Bautechnologie-Konzern", „Weltweit tätig" und „Integriertes Bauen" versehene Abschnitte. Diese drei Abschnitte übernehmen auf

330 Jakob Nielsen hat umfangreiche Studien zur Web Usability durchgeführt und aus deren Ergebnissen Schlußfolgerungen für das Design von Websites abgeleitet. Aktuell und umfassend ist hier die 2000 in deutscher Übersetzung erschienene Monographie „Erfolg des Einfachen. Jakob Nielsen's Web Design" (vgl. hier insbesondere S. 100 - 128). Umfangreiche Informationen zum Thema Web Design und Web Usability hält ferner die Website von Jakob Nielsen unter http://www.useit.com bereit.

331 Als Satz gilt hier jede zwischen Satzschlußzeichen stehende Sequenz. Überschriften gehen nicht in die Zählung ein.

der Homepage eine Doppelfunktion, indem sie zum einen ein Unternehmens-kurzporträt konstituieren und zum anderen der Voraberläuterung zentraler Siterubriken dienen.

Welche thematischen Komponenten die Porträttexte aufweisen, sprich: zu welchen unternehmensbestimmenden Parametern der Rezipient Informationen erhält, zeigt die Übersicht auf der Folgeseite. Als zentrale, weil jedes Unternehmen originär bestimmende Faktoren erweisen sich der Tätigkeitsbereich und die Geschäftsfelder, die nur in zwei der 13 Kurzporträts keine Erwähnung finden. Zwei der Kurztexte sind allein über die Nennung der Geschäftsfelder realisiert, so daß die thematische Komponente „Tätigkeitsbereich / Geschäftsfelder" als die Minimalform, gleichsam das Kondensat des Unternehmenskurzprofils zu sehen ist. Wichtig ist ferner die geografische Ausrichtung, vor allem dann, wenn die Konzerne auf internationalen Märkten aktiv sind. Ebenso wie Verweise auf die ungefähre Marktposition dienen derartige Informationen wesentlich der Imagewerbung. Oft sind den Texten überdies das Leistungsangebot sowie Hinweise auf die Ortsansässigkeit der Firmen zu entnehmen, seltener hingegen so aussagekräftige Faktoren wie die Anzahl der Mitarbeiter oder Umsatzzahlen. Angaben zum Alter des Unternehmens sind eher selten und überwiegend vage, stehen aber im Dienst der Imagewerbung, unabhängig davon, ob eine Firma auf eine lange, traditions- und erfolgreiche, weiterhin Konstanz und Solidität versprechende Geschichte zurückblicken kann oder als junges Unternehmen für Innovation und Dynamik steht.

Wie die Übersicht zu erkennen gibt, enthalten die Texte auf den Homepages von Haniel, RWE-DEA und Walter Bau die meisten Items und damit die detailliertesten Unternehmensinformationen. Dabei weist der Haniel-Text mit sieben Items in nur drei Sätzen die größte Informationsdichte auf, während die Kaufring AG in vier Sätzen nur vier Items vermittelt, der dreiteilige Text auf der Walter-Bau-Homepage dagegen in sieben Sätzen ebenfalls nur sieben Items erreicht. Die vergleichsweise geringe Informationsdichte der Kaufring- und Walter-Bau-Porträts ist vor allem dem Umstand geschuldet, daß sie Sequenzen aufweisen, mit denen signifikant Imagewerbung betrieben, nicht aber faktische Information über das Unternehmen vermittelt wird. Nur so sind zumindest Aussagen wie „Wir haben eine jahrzehntelange Erfahrung mit unterschiedlichen Märkten, Betriebsgrößen und Vertriebskonzepten" (Kaufring) oder „Heute verfügt die WALTER BAU-AG über einen Bautechnologiebereich, der seinesgleichen sucht" zu interpretieren.

Zu konzedieren ist aber, daß die Kurzporträts u. a. immer der Imagewerbung für das Unternehmen dienen, wenn auch in unterschiedlichen Ausprägungs- und Explizitheitsgraden. Entsprechend sind sie, wie schon die besprochenen Pressetexte, als Vertreter der in Wirtschaft und Handel anzutreffenden vermittlungssprachlichen Textsorten zu klassifizieren, da sie den Bereichen Werbung und

Kundeninformation zugerechnet werden können (vgl. Hundt 2000, S. 654). Die Kurztexte – wie die Websites insgesamt – stehen unter dem Motto: „Selbstdarstellung des Unternehmens zum Zweck der Eigenwerbung" (Hundt 2000, S. 656).

THEMATISCHE KOMPONENTEN DER DEUTSCHEN UNTERNEHMENSKURZPORTRÄTS

	Tätigkeitsbereich / Geschäftsfelder	geografische Ausrichtung	lokale Situierung / Unternehmenssitz	Marktposition	Leistungsspektrum	Alter des Unternehmens	Organisationsstruktur	Mitarbeiterzahl	Umsatz	Produktionskapazität	Börsennotierung	Σ
Lurgi	x											**1**
Rheinmetall	x											**1**
Mannesmann		x										**1**
Merck	x	x										**2**
CompuNet	x	x			x							**3**
Laubag	x		x							x		**3**
Kaufring	x			x	x	x						**4**
VEAG	x		x		x	x						**4**
KME	x	x		x	x							**4**
Plettac	x	x	x					x	x		x	**6**
Haniel		x	x	x		x	x	x	x			**7**
RWE-DEA	x	x	x	x			x	x	x			**7**
Walter Bau	x	x	x	x	x	x	x					**7**
Σ	**11**	**8**	**6**	**5**	**5**	**4**	**3**	**3**	**3**	**1**	**1**	

Gleichwohl sind die Kurztexte im Sinne der durch sie geleisteten Informationsvermittlung als informativ-deskriptiv und sachorientiert zu beschreiben.[332] Sie sind somit als Informationstexte bzw. assertive Textsorten einzustufen, inner-

[332] Vgl. hierzu auch Ebert 1997, S. 198.

halb derer sie der Untergruppe der darstellenden Textsorten angehören. Das praktizierte Verfahrensmuster kann als registrierend bezeichnet werden, ist doch die Aufgabe dieser Texte, „Gegenstände und Sachverhalte sowie deren jeweilige Beschaffenheit zu *erfassen*" (Rolf 1993, S. 184; Hervorhebung im Original).

Indes sind die Charakteristika der Textsorte UNTERNEHMENSKURZPORTRÄT hierin nicht erschöpft. Zu berücksichtigen ist in jedem Fall der letztlich als situativ zu beschreibende Umstand der Plazierung dieser Texte auf die Einstiegsseite der Website. Im Verbund mit der Kürze der Texte läßt sich hieraus als ihr zentrales Anliegen eine der Einführung und Orientierung dienende, überblicksartige Kurzbeschreibung des Unternehmens anhand zentraler Bestimmungsgrößen ableiten. Dies legt außerdem den Schluß nahe, daß die Unternehmenskurzporträts zwar primär durch die Informationsfunktion bestimmt sind, zusätzlich implizit aber eine Verweis- und Ankündigungsfunktion übernehmen – und dies, obgleich sie mehrheitlich gerade nicht mit Hyperlinkfunktionalität ausgestattet sind.

Wo das jedoch der Fall ist – so auf den Homepages der Mannesmann AG, der Rheinmetall AG und der RWE-DEA AG – tritt die Verweisfunktion explizit zutage. Anzumerken ist, daß der im Kurzporträt der RWE-DEA AG vorfindliche textintegrierte Link RWE AG als extrahypertextuell zu klassifizieren ist, da er auf die Site der Muttergesellschaft und damit auf Informationen verweist, die den engeren Kontext der auf die RWE-DEA AG bezogenen Firmenvorstellung verlassen. Zwar fällt die Nennung der Muttergesellschaft unbedingt in die Domäne des Unternehmenskurzporträts, wo sie der thematischen Komponente „Organisationsstruktur" zuzuordnen ist; der Verweis auf deren Website aber führt zu Inhalten, die nicht mehr primär die RWE-DEA AG betreffen und daher für unseren Zusammenhang nicht relevant sind. Anders fungieren die Links auf den Homepages der Mannesmann AG und der Rheinmetall AG, die innerhalb der Site und im Kontext der jeweiligen Unternehmensvorstellung verbleiben.

Daß auch und gerade die hyperlinkfreien Porträttexte durch eine implizite Verweisfunktion gekennzeichnet sind, ist in erster Linie ihrer Umgebung geschuldet. Grundlegend ist die Einbindung in den Initialteil der Website, doch trägt im einzelnen insbesondere die Inhaltsübersicht mit der ihr inhärenten Verweis- und Ankündigungsfunktion zur Evokation eines Verweispotentials in den Porträttexten bei. Ablesbar wird dies an semantischen Kontiguitäts- und anderen lexikalischen Wiederaufnahmebeziehungen, die zwischen den Rubrikbenennungen und Lexemen aus den Kurztexten bestehen und letztlich Indikatoren für die Text- bzw. hier: Homepagekohärenz sind.

Evident machen dies zum einen jene Rubrikbenennungen, die am Linkziel Informationen erwarten lassen, welche im Kontext einer beschreibenden Unternehmensvorstellung stehen: *Profil* (CompuNet), *Porträt* (Lurgi), *Konzernholding* und *Unternehmensbereiche* (Haniel), *KME – Das Unternehmen, Die Laubag, Firmeninfo* (Merck), *Wir über uns* (RWE-DEA AG) oder *Profil, Präsenz* und *Aktivitäten* (Walter Bau-AG). Metasprachliche Lexeme wie *Firmeninfo* oder die Textsortenbezeichnungen *Profil* und *Porträt* erzielen ein besonders hohes Maß an Explizitheit. Kontiguitätsbeziehungen sind z. B. auf den Homepages der Plettac AG und der RWE-DEA AG zwischen den im Porträttext genannten Umsatzzahlen und der Rubrikbezeichnung *Geschäftsbericht* zu beobachten. Ausgeprägte explizite lexikalische Wiederaufnahme ist ferner für die Plettac-Homepage zu konstatieren, deren Kurzporträt die fünf Unternehmenssparten nennt, welche zugleich in der Inhaltsübersicht als Rubriklinks auftreten.

Auf der Homepage und vor allem im Zusammenspiel mit der Inhaltsübersicht als dem zentralen Informationsankündigungsinstrument nehmen die Porträttexte somit offensichtlich selbst implizit den Charakter eines Verweis- und Ankündigungstextes an. Dies deutet – zumindest im Kontext der Unternehmenshomepage – insofern auf Verschiebungen im Textsortenspektrum, als innerhalb der Klasse der assertiven Textsorten genuin darstellend-registrierende Texte zusätzlich mit indizierend-orientierendem Potential ausgestattet werden.

In diesem Zusammenhang ist zusammenfassend nochmals nach der Rolle der Hyperlinks in den Homepageteiltexten zu fragen. Denn wie zuletzt anhand der Porträttexte zu zeigen war, ist keine explizite Hyperlinkfunktionalität erforderlich, um originär darstellend-registrierende Texte mit einer implizit-verweisenden Indizierungs- und Orientierungsqualität zu versehen. Deutlich zeigten dies die dennoch mit Hyperlinks ausgestatteten Kurzporträts, deren Verweispotential sich nicht auf die Existenz der Links gründet. Allenfalls verändert sich die Qualität dahingehend, daß das implizite Verweispotential durch die Links explizit gemacht wird.

Eindeutig ist vor allem das Bild, das die Kernkomponente der Homepage vermittelt: Die Indizierungsqualität der Inhaltsübersicht ist ebenfalls nicht ursächlich auf die Hyperlinkfunktionalität zurückzuführen, sondern hier der Textsorte an sich (auch außerhalb des World Wide Web) inhärent. Desgleichen treten Meldungstexte bereits im Printbereich als Ankündigungstexte in Erscheinung. Mit den Ankündigungst e x t e n prägt das Medium somit zwar keine grundsätzlich neuen (Teil-)Textsorten, erweitert aber deren Spektrum, indem ursprünglich darstellend-registrierende Texte eine implizite Indizierungsqualität erhalten. Unbedingt der Hyperlinkfunktionalität geschuldet sind hingegen explizit-verweisende Ankündigungsl e x e m e und - s y n t a g m e n, wie sie vor allem die Inhaltsübersichten konstituieren, aber auch dort in Erscheinung treten, wo sie in eine textuelle Umgebung eingebettet sind.

6.3.5 Sprachliche Charakteristika

Zu Beginn der Ausführungen wurde die Unternehmenshomepage als eine Gebrauchstextsorte mit erkennbar fachsprachennahen Zügen charakterisiert. Evident wird die **Fachsprachennähe** auf der Ebene der verwendeten Lexik, welche sich in horizontaler Differenzierung[333] in drei Wortschatzbereiche gliedern läßt: Neben wirtschaftssprachlichem Wortschatz wird branchen- bzw. unternehmensbezogene sowie mediumsspezifische Lexik augenfällig.

Letztere ist mit wenigen, aber frequenten Lexemen wie *E-Mail*, *Home*, *Sitemap* und *Links* als mindestens gemeinsprachennaher, wenn nicht gemeinsprachlicher Wortschatz mit – noch – erkennbarem Fachbezug beschreibbar und für das Medium insgesamt charakteristisch. Zentral für die Ausprägung der Homepage als Startseite von Unternehmenswebsites sind hingegen der wirtschaftssprachliche[334] und der unternehmensspezifische Wortschatz. Ersterer prägt die Unternehmenshomepages naturgemäß wesentlich und äußert sich in Lexemen wie *Konzern*, *Vorstand*, *Aufsichtsrat*, *Geschäftsbericht*, *Aktie*, *Kennzahlen* und *Investor Relations*. Ohne derartige Lexik kommt kaum eine Unternehmenshomepage aus, während der im engeren Sinn unternehmensbezogene Wortschatz nicht durchgehend begegnet. Hierunter sind diejenigen lexikalischen Einheiten zu fassen, die den spezifischen Wirkungsbereich der jeweiligen Firma betreffen und häufig durch einen erhöhten Fachlichkeitsgrad gekennzeichnet sind. Zu nennen wären u. a. *Netzwerke*, *Storage*, *Migration / Rollout* (CompuNet Computer AG & Co. oHG), *analytische Reagenzien*, *Bioprocessing*, *Chromatography*, *Hygienemonitoring*, *Life Science Reagents* (Merck KGaA) oder *Metallurgie*, *Klärschlamm*, *Rauchgasreinigung*, *Propanverarbeitung* (Lurgi AG).

Zugleich deutet sich hier an, daß auf Unternehmenshomepages außerdem mit englischsprachigem Wortgut zu rechnen ist. Dessen Anteil ist auf den deutschen Corpusexemplaren aber geringer, als in einem Medium mit einem weltumspannenden Computernetz als Trägerstruktur u. U. zu erwarten. Dies ist vor allem darauf zurückzuführen, daß insbesondere die international agierenden Konzerne ihre Website zusätzlich zu der auf eine deutschsprachige Zielgruppe ausgerichteten Fassung in einer eigenen englischsprachigen Version zur Verfügung stellen. Im übrigen konzentrieren sich die Lexeme englischer Provenienz – die

[333] Zur horizontalen Gliederung von Sach- bzw. Fachbereichen und letztlich Fachsprachen vgl. die Diskussion des Horizontalitätsbegriffs in Wichter 1994, S. 30 - 37.

[334] Auf die horizontale Binnendifferenzierung der Wirtschaftssprache kann hier nicht eingegangen werden. Zu Typologien der Wirtschaftssprache vgl. z. B. den gleichnamigen Aufsatz von Hundt 1998.

wenigen oben angeführten Beispiele zeigen es – signifikant auf den Bereich des mediumsspezifischen Wortschatzes; hier bilden deutsche Entsprechungen wie *Inhalt* (Agiv AG) oder *Direkteinstieg* (GEA AG) für engl. *Sitemap* die Ausnahme.

Ein weiteres signifikantes Kennzeichen der sprachlichen Gestaltung der Homepages besteht in der bereits konstatierten **Ausdrucksökonomie**. Diese geht so weit, daß die Mehrheit der untersuchten Homepages – die Leitseiten in den Varianten A und B – vornehmlich in Listentextform realisiert sind und wesentlich durch nominale Ankündigungslexeme und -syntagmen sowie Nachrichtenüberschriften konstituiert werden. Entsprechend enthalten die Homepages mehrheitlich keine Fließtextelemente, sondern vor allem elliptische Strukturen, wie sie sich überdies in den Begrüßungen und werbenden Slogans manifestieren. Selbst unternehmensvorstellende Textelemente finden sich – wie auf der Homepage der Lurgi AG – als Listentext umgesetzt.

Zu berücksichtigen ist ferner die **werbende Intention** der Unternehmenshomepages, die gleichfalls auf der Ebene der sprachlichen Gestaltung ihren Niederschlag findet. Die Selbstdarstellung im WWW dient der Werbung für das Unternehmen und seine Produkte, letztlich mit dem Ziel der Umsatzsteigerung. Der Homepage als Initialteil der Site kommt in diesem Zusammenhang eine besondere Rolle zu, die sich gleichsam als „Doppelbelastung" bzw. -funktion beschreiben läßt: Zusätzlich zur globalen Aufgabe der Werbung für das Unternehmen muß die Startseite vorab um den Nutzer im Netz werben und ihn zur Rezeption der angebotenen Inhalte bewegen. Zur Erreichung dieses Doppelziels werden Instrumente und Strategien der Werbesprache genutzt, so daß sich insbesondere die auf der Homepage stattfindende Kommunikation mit Janich 1999 kaum treffender als als inszeniert charakterisieren läßt.[335]

Eine augenfällige Strategie der primär an den Netznutzer gerichteten **kommunikativen Inszenierung** stellt die Kontaktorientierung der Homepages dar, die sich sprachlich am nachdrücklichsten in der Begrüßung des Rezipienten manifestiert und sich bis auf die Ebene der Rubrikbenennungen fortsetzen kann. Ebenfalls zu nennen sind metakommunikative Hyperlinks des Typs „`Lesen Sie hier, welche Möglichkeiten sich einem Logistikunternehmen wie Stinnes durch den Internet-Handel eröffnen...`". Neben ihrer Bedeutung für die Benutzerführung können sie durchaus im Kontext der Werbung um den Netznutzer betrachtet werden. Hierfür spricht ferner, daß sie

[335] Vgl. hierzu insbesondere den Abschnitt 2.3 in Janich 1999, S. 29 - 37.

sich trotz zahlreicher Warnungen von Web Designern bereits seit den Frühzeiten[336] des Mediums beharrlich in der WWW-Kommunikation halten.

Mehrheitlich ist hingegen zwischen der Werbung zum einen um den Netznutzer, zum anderen um den potentiellen Kunden kaum eindeutig zu differenzieren, sollen beide aus Unternehmenssicht doch nach Möglichkeit ohnehin identisch sein. Somit ist die verbalisierte Kontaktorientierung als eine globale Kommunikationsstrategie zu werten, die nicht auf einzelne Homepagekomponenten beschränkt ist. Sie kennzeichnet z. B. auch die Kommentierungen von Hyperlinks, für die als eine besondere Form der inszenierten Kommunikation durch Wechsel von Frage und Antwort Dialoge simuliert werden: „Sie möchten die neuesten AGIV-Informationen per E-Mail? `Bestellen Sie hier den Newsletter`“ (Agiv AG). Auf diese Weise halten zugleich Elemente der gesprochenen Sprache resp. umgangssprachliche Strukturen auf den Homepages Einzug: „Wer ist Lidl? Wie - Sie kennen Lidl noch nicht?...“, „Lidl - Immer in Ihrer Nähe. Kommen Sie doch einfach mal vorbei“ und „Komm kucken“ (Kaufring AG).

Ebenso findet eines der traditionellsten werbesprachlichen Elemente erwartungsgemäß seinen Weg ins Netz: der Slogan, dessen Hauptaufgabe darin besteht, „die Wiedererkennung eines Produkts, einer Marke oder eines Unternehmens zu ermöglichen und zu stärken und dabei imagebildend zu wirken“ (Janich 1999, S. 45). Als Beispiele aus dem Corpus können angeführt werden: „Good Food, Good Life.“ (Nestlé Deutschland AG) „Gut leben mit Spar“ oder „Alles eine Frage der Logistik“ (Stinnes AG); kontaktiv markiert sind: „Esso – Ihre Energie“, „your partner in advanced technologies“ (Heraeus Holding GmbH) und „Schmolz + Bickenbach - Ihr Unternehmen für Stahl“. Zugleich manifestiert sich in den Slogans eine kondensierte Form der Selbstthematisierung der werbetreibenden Unternehmen, die ebenso in den eruierten Unternehmenskurzporträts zum Ausdruck kommt. Kennzeichnend für diese Kurztexte und der Intention der eindringlichen Imagewerbung geschuldet ist die ausgeprägte Verwendung von Hochwertwörtern[337] in Gestalt von positiv konnotierten Adjektivattributen, die das Unternehmen, seine Leistungen, Tätigkeiten und Produkte spezifizieren: attraktiv, leistungsstark, erfolgreich, marktführend, kostengünstig, zuverlässig, sicher, wirtschaftlich, umweltschonend.

---

336 Hierzu Nielsen 2000: „Die älteste Regel im Internet-Design lautet: Vermeiden Sie den Text »Klicken Sie hier« als Anker für einen Hypertext-Link“ (S. 51).

337 Zu Hochwertwörtern vgl. Janich 1999, S. 111.

6.3.6 Textfunktion

Heinemann / Viehweger 1991 gehen von vier elementaren oder „Primärfunktionen des Kommunizierens“ (S. 149) aus: SICH AUSDRÜCKEN / SELBST DARSTELLEN, KONTAKTIEREN, INFORMIEREN und STEUERN. Durch dieses Spektrum von grundsätzlich eng zusammenwirkenden Funktionen[338] ist auch die Unternehmenshomepage charakterisiert, mit je spezifischen Ausprägungen der Einzelfunktionen.

Die erste Primärfunktion, SICH AUSDRÜCKEN bzw. SELBST DARSTELLEN, betrifft weniger die Homepage im einzelnen, als vielmehr die Website insgesamt und die Unternehmenswebsite im besonderen: Mit dem Akzent auf SICH SELBST DARSTELLEN verkörpert sie gleichsam die Devise von Firmenwebsites in Reinform. Somit steht die Unternehmenssite gleich im doppelten Verständnis im Dienst der **Selbstdarstellung**, zum einen im Sinne ebenjener Grundfunktion allen Kommunizierens, zum anderen als (Teil-)Ziel einer jeden Unternehmenspräsenz im WWW. Insofern prägt diese Funktion auch die Homepage, muß sich hier aber einer zweiten, elementaren Funktion der Startseite unterordnen: Wie die vorangegangenen Analysen bestätigt haben, ist als die textuelle Grundfunktion der Textsorte HOMEPAGE nach wie vor die **Informations(vermittlungs)-funktion**[339] anzusetzen. Diese ergibt sich nicht nur aus der in der Vermittlung von Übersichtswissen bestehenden Hauptaufgabe der Startseite, sondern folgt insbesondere aus der Analyse der zentralen informationellen Teiltexte: Die Inhaltsübersicht wie die aktuellen Meldungen in ihren variierenden Erscheinungsformen und die Unternehmenskurzporträts waren als assertive Textsorten zu klassifizieren, die zudem deren gesamtes bei Rolf 1993 aufgespanntes Spektrum der indizierenden, transmittierenden und darstellenden Untergruppen abdecken.

Signifikant ist des weiteren der verweisende, informationsankündigende Charakter der Homepageteiltexte, welcher auch und insbesondere jene Komponenten prägt, die wie die Unternehmenskurzporträts nicht obligatorisch über Hyperlinkfunktionalität verfügen. Somit ist das **Indizierungspotential** hier als eine mit der für assertive Textsorten grundlegenden Informationsfunktion gleichrangige Qualität der Textsorte UNTERNEHMENSHOMEPAGE zu werten. Dies gilt ohnehin eigens für die Leitseiten des Typs A, die nur aus einer indizierend-orientierenden Inhaltsübersicht bestehen, kennzeichnet zudem aber jene Homepages, die neben indizierenden darstellende und transmittierende assertive Texte

[338] Heinemann / Viehweger 1991 sprechen von einem „Inklusionsverhältnis“ (S. 149).

[339] Heinemann / Viehweger 1991 differenzieren Informationstexte in informationsermittelnde und -vermittelnde Texte; die Homepage gehört der zweiten Untergruppe an.

enthalten. Nicht nur erfährt die Indizierungsqualität auf letzteren keine Einbußen, sie wirkt vielmehr auf die nicht-indizierenden Texte fort.

Daß die Unternehmenshomepages neben der maßgeblichen Informations- und Verweisungsfunktion wesentlich durch **Kontaktorientiertheit** markiert sind, wurde bereits dokumentiert und nimmt insofern nicht wunder, als mit Heinemann / Viehweger 1991 konzediert werden muß, daß „das KONTAKTIEREN, die Bereitschaft zu und die Realisierung von kommunikativer Kooperation, [...] als Voraussetzung für jedes Kommunizieren“ (S. 150f.) zu sehen ist. Die Kontaktherstellung ist integraler Bestandteil des der Homepage eignenden Funktionsspektrums. Außerdem ist sie eng mit der homepagespezifischen Ausprägung der kommunikativen **Steuerungsfunktion** verbunden: Geworben wird um den Netznutzer und sein Verweilen auf der Website sowie um den potentiellen Kunden, der zu einer positiven Einstellung gegenüber dem Unternehmen und seinen Produkten zu veranlassen ist.

Überdies wird die Steuerungsfunktion in einer zweiten, medial bedingten Ausprägung relevant. Als solche ist sie zwar von universaler Gültigkeit für WWW-Dokumente, kann aber im Kontext der textlinguistischen Verortung der Unternehmenshomepage nicht ausgeblendet werden. In den Hyperlinks findet die kommunikative Steuerungsfunktion einen eigenen Ausdruck: Jeder Linkanker signalisiert das Vorliegen einer Verknüpfung und stellt somit, unabhängig von seiner Ausgestaltung als Text- oder Bildlink, eine implizite Aufforderung zur Aktivierung und Verfolgung des Verweises dar. Sprechakttheoretisch gesprochen verfügt er integral über direktives Potential.

Doch hiermit nicht genug: Die ureigene Aufgabe der Hyperlinks besteht darin, vom Ausgangspunkt (Linkanker) zum Linkziel zu führen, an dem der Rezipient in einem bestimmten Rahmen erwartbare Informationen vorzufinden hofft. Diese Funktionalität ist dem Link, wenn man so will, als Versprechen an den Nutzer inhärent, was in der Sprechakttheorie als kommissive Illokution gefaßt wird. Das kommissive Linkpotential tritt vor allem dann nachdrücklich zutage, wenn der Link sein „Versprechen“, zu bestimmten Informationen zu führen, nicht halten kann und den Nutzer mit anderen als den erwarteten Inhalten oder gar einer Fehlermeldung über eine nicht auffindbare Webseite konfrontiert. Beides erzeugt Kohärenzbrüche, die zur Desorientierung führen können.

Hyperlinks sind demnach Träger einer Appell-[340] und einer Obligationsfunktion. Erstere kann im Fall der metakommunikativen Links sogar explizit zutage treten, indem der Linkanker eine an den Rezipienten gerichtete Aufforderung

340 Auf die „stark appellative Kraft“ (S. 98) der Hyperlinks bzw. genauer: der Linkanker macht auch Storrer 2001 aufmerksam.

des Typs „Klicken Sie hier für weitere Informationen“ verbalisiert. Das implizit-direktive Potential des Links wird so zusätzlich in einen explizit-direktiven Sprechakt umgesetzt.

Die Unternehmenshomepage ist somit in zweifacher Hinsicht durch appellatives Potential charakterisiert, zum einen im Hinblick auf die werbende Intention, zum anderen bedingt durch das mediale Strukturelement des Links. Aufgrund der bisherigen Analysen kann die Unternehmenshomepage damit zusammenfassend als ein kontaktorientierter, hochgradig indizierend-orientierender Online-Informationstext mit (in doppelter Hinsicht) appellativem Gehalt beschrieben werden. Aufgrund dieser Multifunktionalität und mitbedingt durch die exponierte Stellung in der Website ist die Homepage geeignet, als Sprungbrett für die Site-Exploration zu fungieren.

6.4 Die Textsorte UNTERNEHMENSHOMEPAGE im Russischen

Um die russische Ausprägung der Unternehmenshomepage in ihren wichtigsten Textsortencharakteristika zu erfassen, sind die entsprechenden Corpusexemplare ebenfalls im Hinblick auf die im Textogramm verzeichneten Analysekategorien zu untersuchen. Dabei ist aufgrund der gemeinsamen Textsortenzugehörigkeit insbesondere für die textexternen aufgabenbezogenen Beschreibungsparameter notwendig von grundlegenden Übereinstimmungen mit den deutschen Unternehmenshomepages auszugehen. Dennoch basiert die Textsortenbeschreibung aus Gründen der Vergleichbarkeit und Vollständigkeit abermals auf der Gesamtheit der das Textogramm konstituierenden Kategorien.

6.4.1 Kommunikationssituation

Wie für die deutschen Homepages bzw. Websites gilt naturgemäß auch für die russischen Pendants die Gebundenheit an das Medium Computer, so daß mindestens die Perzeption in jedem Fall unweigerlich am Bildschirm zu erfolgen hat. Für die Rezeption besteht zwar oft die Möglichkeit des Ausdrucks der Inhalte, doch ist insbesondere die Homepage für die Online-Rezeption am Bildschirm bestimmt.

Eine Besonderheit der mit russischen Homepages (und Sites) verbundenen Rezeptionssituation ist durch das kyrillische Schriftsystem des Russischen bedingt, für dessen Dekodierung im Online-Medium ein besonderer Zeichensatz erforderlich ist. Oft kann auf russischen Webseiten selbst eine entsprechende Einstellung vorgenommen werden, wenn Links z. B. mit der Beschriftung *koi-*

8[341] oder *win-1251* zur Verfügung stehen. Dies sind die beiden am weitesten verbreiteten Kodierungen für kyrillische Texte (vgl. Gulajew 1997, S. 65), und die Aktivierung dieser Links führt zur korrekten Anzeige der andernfalls nicht lesbaren kyrillischen Schriftzeichen. Außerdem sind die neueren Versionen der Browser MS Internet Explorer und Netscape Navigator inzwischen standardmäßig mit mehreren kyrillischen (sowie für die Dekodierung weiterer Sprachen erforderlichen) Zeichensätzen ausgestattet, so daß die Anzeige der kyrillischen Schrift in der Regel keine Probleme bereitet.

In kommunikationssituativer Hinsicht wirkt sich dies insofern aus, als die Rezeption ohne die Umsetzung der beschriebenen Voreinstellungen meist nicht erfolgen kann. Für den russischsprachigen WWW-Nutzer ist darüber hinaus die Kenntnis der lateinischen Schrift unabdingbar, da die Eingabe eines URLs in die Adreßzeile des Browsers nur in lateinischen Schriftzeichen möglich ist. Ebenso sind E-Mail-Adressen im Web lateinisch verschriftlicht.

Kompliziert wird die Rezeption durch die vom Nutzer zusätzlich zu bewältigende Aufgabe, das für das Medium konstitutive Strukturelement des Hyperlinks zu identifizieren. Auch auf den russischen Unternehmenshomepages ist dies mitunter kein ganz leichtes Unterfangen, da die Links oft nicht eindeutig gekennzeichnet und z. B. Textlinks von nicht-verlinkten Textelementen nicht zu unterscheiden sind. Die verläßlichste Strategie besteht hier gleichfalls darin, die Links über Mausbewegungen und den sich bei Linkberührung verändernden Mauszeiger zu lokalisieren.

Die situative Relevanz der Homepage zeigt sich des weiteren an den beiden unterscheidbaren Nutzungssituationen, in denen die Startseite zum einen als das bekannte initiale Einstiegsinstrument fungiert und zum anderen während der Website-Exploration als idealiter jederzeit ansteuerbares Orientierungsinstrument zur Verfügung steht. Während die deutschen Unternehmenswebsites dem letztgenannten Nutzungsbedürfnis ausnahmslos Rechnung tragen, indem die einzelnen Seiten geradezu standardmäßig mit einem *Home*-Link zurück zur Homepage ausgestattet sind, hat sich dies auf den russischen Sites (noch) nicht in diesem Maß als Prinzip durchgesetzt: 34 Sites (= 68 %) machen ihre Homepage über den *Home*-Link zum permanenten Orientierungspunkt, 16 (= 32 %) hingegen enthalten ihr – und vor allem dem Nutzer – diese Funktion vor.

Zu berücksichtigen ist aber, daß allein fünf der russischen Websites, da sie nur aus maximal zwei Webseiten bestehen, Nutzungssituationen implizieren, in denen ein *Home*-Link verzichtbar ist. Statt dessen ist mit diesen Sites insofern eine spezifische Kommunikationssituation verbunden, als ihr geringer Umfang den Rezeptionsvorgang signifikant einschränkt. Gemessen an dem zumindest für

341 kod obmena informacii 8 = 8-Bit-Informationsaustauschkode.

die WWW-Präsenzen großer Unternehmen geltenden „Standard" von sehr umfangreichen Sites, bei denen der Rezipient selbst über Dauer und Intensität der Angebotsnutzung bestimmen kann, ist bei diesbezüglich abweichenden Sites eine geringere nutzerseitige Akzeptanz nicht auszuschließen.

Keine Grundlage für mangelnde Akzeptanz bietet die Mehrheit der russischen Homepages, darunter vier der rudimentären Webpräsenzen, hingegen im Hinblick auf die Qualität der Dialogfähigkeit. Sie wird sowohl direkt als auch vermittelt realisiert:

DIALOGIZITÄT DER RUSSISCHEN HOMEPAGES		
	absolut	**%**
direkt dialogisch	32	64 %
vermittelt dialogisch	1	2 %
potentiell dialogische Homepages	**33**	**66 %**

Über dialogisches Potential verfügen 66 % der russischen Homepages – womit dieser Wert nur geringfügig unter dem für das deutsche Corpus ermittelten Anteil von 67 % liegt. Um so eindringlicher macht sich die Präsenz der direkt dialogischen Homepages bemerkbar, die einen unmittelbaren Kommunikationslink zu einem E-Mail-Formular zur Verfügung stellen und so die direkte, im Medium verbleibende Kontaktaufnahme ermöglichen. Mit 64 % liegt ihre Frequenz deutlich höher als im deutschen Corpus, wo 47 % der Homepages E-Mail-Formulare direkt einbinden.

Daß der Bereitstellung unmittelbarer Rückkopplungskanäle auf russischen Homepages große Bedeutung zukommt, zeigt sich zusätzlich daran, daß einige Homepages nicht nur eine, sondern bis zu drei verschiedene E-Mail-Links anbieten, mit der Nutzeranfragen an unterschiedliche Ansprechpartner – in technischen Belangen etwa an den Webmaster oder bei allgemeinen Anfragen an die Informationsabteilung – gerichtet werden können. Allein die Homepage des Automobilherstellers АвтоВАЗ (AvtoVAZ) praktiziert ihre Dialogizität in vermittelter Form über eine zwischengeschaltete Übersichtsseite, die eine Liste von aktivierbaren, je unterschiedliche Adressaten erreichende E-Mail-Adressen präsentiert.

Insgesamt sind die von den russischen Unternehmen zur Verfügung gestellten Kontaktmöglichkeiten via E-Mail als nachgerade transparent und gut ausgebaut zu beurteilen, auch und gerade bei den Unternehmen, die sich nur mit wenigen Informationen in Form elektronischer Visitenkarten im Netz präsentieren. Dialogizität und damit die Möglichkeit der kommunikativen Interaktion zwischen Individuen ist quantitativ wie qualitativ in hohem Maß gewährleistet.

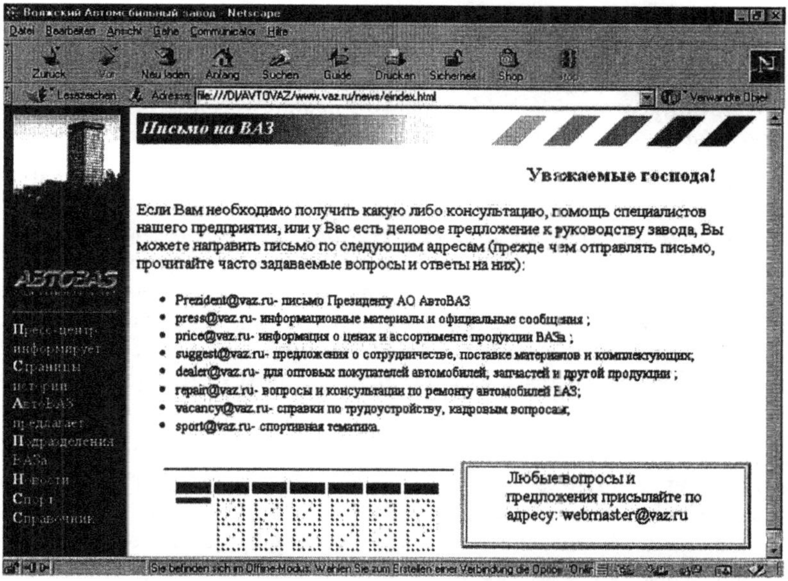

E-Mail-Kontaktseite des Unternehmens АвтоВАЗ (AvtoVAZ), von der Homepage über einen Link E-Mail *zu erreichen. Angeboten wird eine Liste von direkt aktivierbaren E-Mail-Links, über die Kontakt u. a. zum Unternehmenspräsidenten oder für Presse-, Preis- oder Händlerinformationen zu je verschiedenen Ansprechpartnern möglich ist.*

6.4.2 Kommunikationsgegenstand / Thema

Die gemeinsame Textsortenzugehörigkeit der deutschen und russischen Homepages spiegelt sich notwendigerweise in der Übereinstimmung des zentralen Kommunikationsgegenstandes. Somit gilt für die russischen Homepages gleichermaßen: Emittent = Thema = Unternehmen. Das Unternehmen markiert den übergeordneten thematischen Bezugspunkt nicht nur der Homepage, sondern der gesamten Site. Für die Homepage läßt sich dies aus dem Umstand ableiten, daß auch die russischen Startseiten ausnahmslos den Firmennamen als den zentralen Referenzträger[342] ausweisen. Am augenfälligsten geschieht dies durch explizite lexikalische Wiederaufnahme, sei es durch Wiederholung oder durch den Ein-

[342] Гальперин (Gal'perin) 1981 verwendet in diesem Zusammenhang die Bezeichnung *ключевое слово* (*ključevoe slovo / Schlüsselwort*) (vgl. S. 75).

satz referenzidentischer Bezugsausdrücke, zu denen bevorzugt die Lexeme *компания* (*kompanija / Handelsgesellschaft*), *предприятие* (*predprijatie / Betrieb*), *комбинат* (*kombinat / Kombinat*), *завод* (*zavod / Fabrik*), *концерн* (*koncern / Konzern*), *фирма* (*firma / Firma*) und *фабрика* (*fabrika / Fabrik*) zählen. Daneben finden sich Bezeichnungen für die jeweilige Gesellschaftsform in referenzidentischer Verwendungsweise, z. B. *холдинг* (*cholding / Holding)* bzw. *холдинговая компания* (*choldingovaja kompanija / Holdinggesellschaft*) und *акционерное общество* (*akcionernoe obščestvo / Aktiengesellschaft*).

Thematisch relevant ist des weiteren die als Listentext realisierte Inhaltsübersicht der Homepages, die durch Nennung von Themawörtern wie *производство* (*proizvodstvo / Produktion*), *история* (*istorija / Geschichte*), *руководство* (*rukovodstvo / [Unternehmens-]Führung*), *деятельность* (*dejatel'nost' / Tätigkeit*), *технологии* (*technologii / Technologien*), *партнёры* (*partnëry / Partner*) und *отчёты* (*otčëty / Geschäftsberichte*) Teilthemen des Rahmenthemas „Unternehmen“ markiert. Außerdem unterstützen die aktuellen Meldungen und die unternehmensvorstellenden Texte die thematische Realisierung des Textgegenstandes.

Mit Blick auf die Entfaltung des Textthemas folgt hieraus, daß die thematische Verarbeitung des Textgegenstandes – analog zu den deutschen Homepages – vorherrschend punktuell und schlaglichtartig erfolgt, vermittelt durch isolierte informationelle Module, die mehr der Ankündigung als der eigentlichen Präsentation inhaltlicher Informationen dienen. Eine diesbezüglich signifikante Ausnahme bilden hingegen einige der Leit-Inhalts-Seiten, denen der für Homepages typische Charakter einer Übersichtsseite abzusprechen war, da sie sich nicht mehr mit der Ankündigung von Informationen begnügen, sondern sich im Sinne einer Informationsseite die Inhaltsvermittlung zur vorrangigen Aufgabe machen.

Angesprochen wurde dieser Sachverhalt am Beispiel der Homepage des Betriebs Татнефть (Tatneft'), die ein auffallend umfangreiches Textvorkommen in Fließtextform aufweist. Im Unterschied zu denjenigen Homepages, die in ihrer Ausprägung innerhalb des genuinen Typs ÜBERSICHTSSEITE verbleiben, sind die Informationsseiten nicht durch die beschriebene punktuelle thematische Verarbeitung ihres Gegenstandes gekennzeichnet, sondern weisen vielmehr eine traditionelle, deskriptive thematische Entfaltung auf. Diese läßt sich u. a. an der Kategorie der Spezifizierung bzw. Aufgliederung festmachen (vgl. Brinker 1997, S. 63), wie sie die Homepage des Unternehmens Татнефть (Tatneft') beispielhaft zu erkennen gibt: Das sich in dem Seitentitel „О компании“ („O kompanii“ / „Über das Unternehmen“) äußernde Thema gliedert sich in die drei Teilthemen „Позиция компании на российском нефтяном рынке“ („Pozicija kompanii na rossijskom neftjanom rynke“ / „Position des Unternehmens auf dem russischen Erdölmarkt“), „География деятельности“ („Geografija dejatel'-

nosti" / „Geografischer Tätigkeitsbereich") und „Роль ‚Татнефти' в экономике региона" („Rol' ‚Tatnefti' v ėkonomike regiona" / „Die Rolle von Tatneft' in der Wirtschaft der Region"). Das Rahmenthema wird über verschiedene thematisch-gegenständliche Linien abgearbeitet und im Sinn Brinkers 1997 insofern spezifiziert bzw. aufgegliedert.

Außerhalb des Rahmenthemas „Unternehmen" im engeren Sinn liegt die Thematisierung des Rezipienten, die sich in verschiedenen emittentenseitig genutzten Methoden der Nutzeransprache äußert. Neben der unmittelbaren Begrüßung des Rezipienten finden sich auf den russischen Homepages vereinzelt elektronische Gästebücher sowie häufiger Besucherzähler implementiert – Elemente, die auf den deutschen Homepages bzw. Sites kaum begegnen. Begleitet wird das elektronische Pendant des Gästebuchs z. B. von der an den Nutzer gerichteten Aufforderung „Заполните гостевую книгу" („Zapolnite gostevuju knigu" / „Tragen Sie sich in das Gästebuch ein") oder „Просмотрите гостевую книгу" („Prosmotrite gostevuju knigu" / „Sehen Sie das Gästebuch durch").[343] Die Besucherzähler (russ.: счётчик посещений / sčëtčik poseščenij), die die Zugriffe auf die Homepage quantitativ erfassen, sind oft wie folgt kommunikativ eingebettet: „Вы наш … посетитель с 15 января 1998 г" („Vy naš … posetitel' s 15 janvarja 1998 g" / „Sie sind unser … Besucher seit dem 15. Januar 1998").[344]

Elemente wie Gästebücher und Besucherzähler sind selbst ohne kommunikative Einbettung vordergründig dazu angetan, eine Nutzeransprache und damit die Thematisierung des Rezipienten zu suggerieren. Überdies fungiert der Besucherzähler als ein Instrument, welches dem Rezipienten anhand der Nutzungsfrequenz vermeintlich Rückschlüsse z. B. auf die inhaltliche Qualität des Angebots erlaubt.[345] Ein elektronisches Gästebuch übernimmt hingegen letztlich die Aufgabe eines aus Emittentensicht effektiven Rückkopplungsinstrumentes, da sich die Nutzer hier mit Lob, Kritik und Anregungen bezüglich des Informationsangebots unverbindlich zu Wort melden können.

6.4.3 Makrostruktur

In makrostruktureller Hinsicht ergeben sich für die russischen Unternehmenshomepages zunächst keine nennenswerten Abweichungen von der für die deutschen Firmenhomepages eruierten Makrostruktur, stellen sich doch einschließ-

343 Beide auf der Homepage des Unternehmens Московский жировой комбинат (Moskovskij žirovoj kombinat).

344 Homepage der Röhrenfabrik Челябинский трубопрокатный завод (Čeljabinskij truboprokatnyj zavod).

345 In erster Linie sind derartige Messungen der Nutzungsfrequenz, die dem Benutzer oft auch verborgen bleiben, für den Websitebetreiber von großem Wert.

lich der Hyperlinkfunktionalität ebenfalls elf informationelle makrostrukturelle Komponenten als konstitutiv heraus.

Makrostrukturelle Komponenten der russischen Unternehmenshomepages		
Komponente	**Corpusfrequenz (Anzahl der Homepages)**	
	absolut	**%**
1) Firmenname (Schriftzug, Logo)	50	100 %
2) Hyperlinkfunktionalität - interhypertextuelle Links - extrahypertextuelle Links - intrahypertextuelle Links	 48 33 4	 96 % 66 % 8 %
3) Inhaltsübersicht	46	92 %
4) Abbildungen	43	86 %
5) funktionale Komponenten (E-Mail, Sitemap, Suche etc.)	41	82 %
6) Metainformationen	38	76 %
7) unternehmensvorstellende Textvorkommen	22	44 %
8) Adresse (Unternehmenssitz)	12	24 %
9) aktuelle Meldungen	12	24 %
10) Kontaktsequenz (Begrüßung)	11	22 %
11) Slogan	9	18 %

Divergenzen offenbart die Übersicht jedoch auf den zweiten Blick, zunächst in bezug auf drei für die deutschen Homepages als obligatorisch eingestuften makrostrukturellen Bestandteile: Von den Komponenten Hyperlinks, Firmenname und Inhaltsübersicht erreicht allein der Firmenname eine 100 %ige Corpusfrequenz, während 4 % der russischen Homepages nicht über die für die knotenübergreifende Verknüpfung unabdingbaren interhypertextuellen Links verfügen und 8 % keine Inhaltsübersicht aufweisen. Somit ist nur die Identifikation des Emittenten auf allen Homepages gewährleistet. Daß sowohl Hyperlinks als auch Inhaltsübersichten z. T. fehlen, ist vor allem den diskutierten Sonderausprägungen der Websitestruktur geschuldet, wie sie am Beispiel der elektronischen Visitenkarten besonders sinnfällig werden: In einer One-Page-Site sind interhypertextuelle Links[346] ebenso redundant wie eine Inhaltsübersicht. Gleichwohl werden somit vereinzelt Abweichungen in der Makrostruktur evident, die sich in bezug auf die obligatorischen Homepagebestandteile interhypertextuelle Links und Inhaltsübersicht als Merkmallosigkeit einiger Homepages äußern.

Ein zweiter Unterschied spiegelt sich in der abweichenden Bezeichnung für eine makrostrukturelle Komponente: Während sich ein zentraler Bestandteil der deutschen Homepages durchgängig als unternehmensvorstellender Kurztext präsentierte und einheitlich als UNTERNEHMENSKURZPORTRÄT zu klassifizieren war, stellen sich vergleichbare Textvorkommen auf den russischen Homepages heterogener dar. Hieraus ergibt sich die Notwendigkeit einer allgemeineren, diese Heterogenität auffangenden Bezeichnung, so daß vorerst noch undifferenziert von *unternehmensvorstellenden Textvorkommen* zu sprechen ist.

Die makrostrukturellen Einheiten der russischen Homepages lassen gleichfalls die dichotome Differenzierung in primäre, potentiell der thematisch-inhaltlichen Verarbeitung des Textgegenstandes dienende Elemente sowie unter diesem Aspekt sekundäre Bestandteile erkennen. Zu letzteren zählen die funktionalen Komponenten, Metainformationen sowie Sequenzen, die allein der auf den Rezipienten gerichteten Kontaktorientierung dienen. Potentiell informationsvermittelnd wirken hingegen die Module Firmenname, Inhaltsübersicht, Slogan, aktuelle Meldungen, Abbildungen, Adresse und unternehmensvorstellende Textvorkommen. Letztgenannte tragen – wie ein Blick auf die Corpusfrequenz der Komponenten insgesamt offenbart – die Inhaltsvermittlung sogar maßgeblich, geben sich zusammen mit den Abbildungen sowie Firmenname und Inhaltsübersicht gleichsam als die Säulen der Informationspräsentation zu erkennen. Daß sich das Aufgabenspektrum der makrostrukturellen Module hierin nicht erschöpft, läßt sich am Beispiel der Komponenten **Firmenname** und **Abbildung** illustrieren. Sie übernehmen mindestens eine Doppelfunktion, indem sie nicht nur inhaltliche Informationen vermitteln, sondern, ggf. zusammen mit einer Begrüßung, auch zur Ausweisung der Homepage als Initialteil der Website bestimmt sind.

Den Titelseitencharakter der russischen Homepages illustriert exemplarisch (allerdings ohne Begrüßung) die Einstiegsseite des МОСКОВСКИЙ ЖИРОВОЙ КОМБИНАТ (Moskovskij žirovoj kombinat). Die fotografische Abbildung, die ausschnittweise die Ansicht eines Firmengebäudes zeigt, hat hier rein illustrativen Charakter. Unter dem Aspekt der Informationsvermittlung ist sie ebenso als

346 E-Mail-Links oder Links für den Neustart bzw. Abbruch von initialen Animationssequenzen waren auch hier zu konstatieren, doch stehen sie nicht im Kontext der thematischen Verarbeitung des Textgegenstandes; sie präsentieren sich als funktionale Verweise, die eine thematisch-inhaltliche Textverknüpfung zu leisten außerstande sind.

redundant[347] einzustufen wie zahlreiche weitere fotografische Ansichten von Firmengebäuden und Produktionsgeländen, die auf den russischen Homepages begegnen. Informativ sind indessen die auf den ersten Blick als illustratives Beiwerk erscheinenden Abbildungen einer Sonnenblume als einer Pflanze, aus deren Samen Öl gewonnen wird und die somit für ein fettverarbeitendes und Speisefette produzierendes Unternehmen[348] einen wichtigen Rohstofflieferanten darstellt.

Nur selten fungieren die Abbildungen auf den russischen Homepages in diesem Sinne als Bedeutungsträger, besonders deutlich z. B. auf der Homepage des Unternehmens Парнас-М (Parnas-M), wo sich Abbildungen von Wurstwaren, unterstützt durch den Slogan „Лучшая колбаса в Интернет" („Lučšaja kolbasa v Internet" / „Die beste Wurst im Internet") als Blickfänger und vom Rezipienten schnell zu dekodierende Informationsträger präsentieren. Der Wirkungsbereich des Unternehmens wird so auf Anhieb transparent. Bedeutungsspezifizierend wirkt ferner eine Autoreifen zeigende Titelabbildung auf der Homepage der Aktiengesellschaft Каучук (Kaučuk / Kautschuk): Hier kann von einer komplementären Text-Bild-Beziehung zwischen dem Firmennamen und der Visualisierung der aus Kautschuk hergestellten Endprodukte gesprochen werden.[349]

Festzuhalten ist, daß dem russischen Firmennamen, auch unabhängig von etwaigen Bedeutungsbeziehungen zwischen ihm und präsentiertem Bildmaterial, als initial wahrnehmbarem Informationsträger besondere Bedeutung zukommt. Das Bildmaterial ist demgegenüber oft von nur geringem Informationswert und zur Illustration ergänzend beigegeben. Das Informationspotential vieler russischer Firmennamen erklärt sich durch ihre im Vergleich zu vielen deutschen Äquivalenten überdurchschnittliche semantische Transparenz. Sie manifestiert sich darin, daß zahlreiche Namen explizit Aufschluß sowohl über die geografische Situierung des Unternehmens als auch über den jeweiligen Wirtschaftsbereich oder Produkte geben.

Offenkundig wird dies u. a. am Beispiel von Benennungen der Struktur Кузнецкий металлургический комбинат (Kuzneckij metallurgičeskij kombinat / Kusnezker metallurgisches Kombinat). Nach diesem Prinzip einer attributiven Wortverbindung aus zwei Beziehungsadjektiven und einem Substantiv sind zahlreiche Firmenbenennungen gebildet, wobei die Stadt, in der das Unternehmen ansässig ist, das dominante Benennungsmotiv liefert. Das Corpus belegt des weiteren Первоуральский новотрубный завод (Pervoural'skij novotrubnyj zavod / Pervouralsker neues Röhrenwerk), Тюменьская нефтяная компания

347 Zur Redundanz als einer von mehreren Arten der Text-Bild-Beziehung vgl. Nöth 2000, S. 492.

348 жировой / žirovoj = Fett-.

349 Zur Komplementarität zwischen Text und Bild vgl. ebenfalls Nöth 2000, S. 493.

(Tjumen'skaja neftjanaja kompanija / Tjumener Erdölgesellschaft) sowie Заволжский моторный завод (Zavolžskij motornyj zavod / Motorenfabrik der Stadt Zavolž'e).

Selbst bei durch Univerbierung komplexer Mehrwortbenennungen entstandenen Firmennamen wie Тулачермет (Tulačermet) und Нижнекамскнефтехим (Nižnekamskneftechim) bleibt deren Struktur nachvollziehbar, so daß Rückschlüsse auf die geografische Lage wie den Wirtschaftsbereich gleichermaßen möglich sind.[350] Anders hingegen zahlreiche der deutschen Firmennamen, von denen nur wenige so transparent sind wie DPD Deutscher Paketdienst GmbH & Co.; viele gehen statt dessen auf Familiennamen zurück, zu denen die Angabe der Rechtsform tritt, z. B. Bahlsen KG, Benteler AG, Schmolz & Bickenbach KG.

Nicht im Dienst der thematischen Verarbeitung des Textgegenstandes stehen die in die Homepage integrierten oder von ihr erreichbaren **funktionalen Komponenten** und die **Metainformationen**. Von den rein funktionalen Elementen einer Website, die entweder in die Homepage eingebunden oder von ihr unmittelbar zugreifbar sind, zählen auch auf den russischen Homepages die direkten Kontaktmöglichkeiten über aktivierbare Kommunikationslinks wie E-Mail oder Gästebuch sowie Suchfunktionen und Sitemaps zu den häufigsten. Insbesondere Suchfunktion (поиск / poisk / Suche) und Sitemap (карта сайта / karta sajta / Sitemap) stellen sich als navigationsunterstützende Instrumente dar, ebenso wie die vor allem in umfangreichen Webseiten zum Einsatz kommenden intrahypertextuellen Links zurück zum Seitenanfang. Als primär funktional sind ferner das vereinzelt anzutreffende Serviceangebot einer formulargestützten, z. T. nach Zielgruppen differenzierten Warenbestellung sowie die Möglichkeit des Abonnements elektronisch versandter Nachrichten und aktueller Preisinformationen zu klassifizieren.[351] Außerdem sind jene mit *koi-8* oder *win-1251* beschrifteten funktionalen Links, die die korrekte Dekodierung der kyrillischen Schriftzeichen sicherstellen, für russische Homepages spezifisch.

Charakteristisch scheint außerdem zu sein, daß sich unter den funktionalen Komponenten und hier unter den der Kontaktaufnahme dienenden Kommunikationslinks auffallend oft die E-Mail-Adressen der zuständigen Webmaster oder Administratoren als den für die technische und gestalterische Betreuung einer Site Zuständigen befinden. Dies könnte auf evtl. wiederholt auftretende Nutzungsprobleme hindeuten. Dies ist hier freilich nur zu vermuten, obgleich die kommunikative Einbettung dieser Kommunikationslinks eine derartige Schluß-

---

350 Tulačermet: Univerbat aus *Tula* (Städtename) und *černaja metallurgija* (Eisen- und Stahlindustrie); Nižnekamskneftechim: Univerbat aus *Nižnekamsk* (Städtename) und *neftechimija* (Petrolchemie).

351 Z. B. auf den Homepages der Unternehmen Каучук (Kaučuk) und Парнас-М (Parnas-M).

folgerung zu stützen scheint: „По вопросам работы WEB-сайта обращайтесь к нашему администратору“ (Сургутнефтегаз / Surgutneftegaz) („Po voprosam raboty WEB-sajta obraščajtes' k našemu administratoru“ / „Für Fragen zum Betrieb der Website wenden Sie sich an unseren Administrator“). Unbestritten ist, daß das Angebot der Kommunikation mit Systembetreuern auf den russischen Startseiten signifikant häufiger anzutreffen ist als auf den deutschen Pendants.

Die angeführte Einbettung der Kommunikationslinks deutet zugleich auf die thematisch-inhaltlich periphere Kategorie der Metainformationen, sollen doch nicht inhaltliche, sondern technische und Designaspekte Gegenstand der Kommunikation sein. Entsprechend ist auch die einfache Nennung des Webmasters ohne explizit formuliertes Kommunikationsangebot[352] der Ebene der Metainformation zuzurechnen. Ebenso sind in dieser Kategorie Angaben zum Copyright und sonstige rechtliche Hinweise, das Erstellungs- und Änderungsdatum der Seite oder Site sowie die erwähnten Besucherzähler relevant. Hinweise zur Browsernutzung sowie den optimierten Browsereinstellungen finden sich selten: „Оптимально смотрится в IExplorer ver 4.0 и выше, при разрешении 800x 600“ (ОЭМК / OĖMK) („Optimal'no smotritsja v IExplorer ver 4.0 i vyše, pri razrešenii 800x600“ / „Optimale Anzeige mit dem Internet Explorer 4.0 oder höher, bei einer Auflösung von 800x600“).

Soweit an dieser Stelle der Überblick über die Makrostruktur der russischen Unternehmenshomepages. Gleichfalls läßt sich aus der vorgenommenen makrostrukturellen Analyse im Sinne eines Prototypen das durchschnittliche Erscheinungsbild der russischen Homepages ableiten. Wiederum gelten hierfür jene Module als konstitutiv, die sich durch eine mindestens 50 %ige Corpusfrequenz auszeichnen:

PROTOTYPISCHE RUSSISCHE UNTERNEHMENSHOMEPAGE		
KOMPONENTE	CORPUSFREQUENZ (ANZAHL DER HOMEPAGES)	
	absolut	%
1) Firmenname (Schriftzug, Logo)	50	100 %
2) Hyperlinkfunktionalität		
- interhypertextuelle Links	48	96 %
- extrahypertextuelle Links	33	66 %

[352] Z. B. auf der Homepage der Firma Ависма (Avisma): „Концепция сайта, программирование, дизайн: Илья Гнусин (admin@avisma.ru)“ („Koncepcija sajta, programmirovanie, dizajn: Il'ja Gnusin (admin@avisma.ru)“ / „Sitekonzeption, Programmierung, Design: Il'ja Gnusin (admin@ avisma.ru)“).

3) Inhaltsübersicht	46	92 %
4) Abbildungen	43	86 %
5) funktionale Komponenten (E-Mail, Sitemap, Suche etc.)	41	82 %
6) Metainformationen	38	76 %

Diesen Prototyp der russischen Unternehmenshomepage zeigt z. B. der Betrieb Нижнекамскнефтехим (Nižnekamskneftechim). Die Seite ist durch eine zentral plazierte fotografische Abbildung geprägt, unter der sich die horizontale Navigationsleiste mit den Rubriklinks `Über das Unternehmen`, `Produkte`, `Nachrichten`, `Partner`, `Für Investoren` und `Kontakt` befindet. Als funktionale Komponenten sind ein Link zur englischen Siteversion sowie ein E-Mail-Link vertreten. Ein Icon fungiert metainformativ, indem es die verantwortliche Design-Agentur nennt sowie als extrahypertextueller Link auf deren Website verweist.

Die prototypische russische Unternehmenshomepage präsentiert sich somit als die um drei Elemente erweiterte Minimalform einer Startseite: Ergänzt werden die Mindestbestandteile Hyperlinks, Firmenname und Inhaltsübersicht allein um Abbildungen, funktionale Komponenten und Metainformationen. Seine Realisationsform findet dieser Prototyp in der Leitseite des Typs A (Inhaltsübersicht), deren ausschließliche Aufgabe in der Vermittlung von Übersichtswissen über die Inhalte der Site und damit in der Umsetzung der Leitfunktion besteht. Die zusätzliche Präsentation inhaltlich relevanter Informationen findet prototypisch folglich nicht statt.

Die durchschnittliche russische Firmenhomepage stellt eine reduzierte, durch nur wenige makrostrukturelle Komponenten konstituierte Homepageform dar, frei auch von explizit kontaktiven Merkmalen. Insofern ist die prototypische russische Unternehmenshomepage als ein funktionalistisches, auf Merkmale inszenierter Kommunikation verzichtendes und durch Instrumentcharakter geprägtes Textsortenexemplar zu beschreiben. Allerdings erfährt dieser Prototyp z. T. beträchtliche Modifikationen, nachdrücklich durch die unternehmensvorstellenden Textvorkommen, die, obgleich sie mit ihrer 44 %igen Corpusfrequenz die Qualifikation zum prototypischen Merkmal knapp verfehlt haben, ein fakultatives Element hoher Vorkommenshäufigkeit darstellen. Die erhebliche Diskrepanz zwischen der prototypischen Homepage-Ausprägung und ihren Variationen dokumentiert einmal mehr die Heterogenität bei der konkreten Realisierung der Online-Textsorte UNTERNEHMENSHOMEPAGE im Russischen. Ihr ist auf der Ebene der Teiltexte weiter nachzugehen.

6.4.4 Teiltext- und Verweisstrukturen

Zu den zentralen, unter dem Aspekt ihrer Teiltext- wie Verweisstrukturen zu analysierenden makrostrukturellen Komponenten gehören auch im Fall der russischen Unternehmenshomepages die Inhaltsübersicht, die vorläufig als *unternehmensvorstellende Textvorkommen* bezeichneten Textelemente sowie die aktuellen Meldungen. In Abhängigkeit von ihrer Vorkommenshäufigkeit im Corpus werden die Komponenten in ebendieser Abfolge zur Sprache kommen, so daß sich eine vom entsprechenden deutschen Teilkapitel leicht abweichende Reihenfolge ergibt. Am Beginn der Analysen stehen wiederum jeweils die Teiltextstrukturen, gefolgt von den Verweisstrukturen einschließlich der Parameter Linkintegration und Linkexplikation.

6.4.4.1 Inhaltsübersicht

Die als assertiv, indizierend und orientierend zu klassifizierende Inhaltsübersicht fungiert auf den russischen Firmenhomepages gleichfalls als unentbehrliches informationsankündigendes Orientierungs- und Verweisinstrument für den Einstieg in die Website und die Exploration der Inhalte. Mehrheitlich präsentieren sich die Übersichten als Linklisten aus Themawörtern, wie sie von den deutschen Homepages bekannt sind; Einträge wie *Новости* (*Novosti / Nachrichten*), *О компании* (*O kompanii / Über das Unternehmen*), *Продукция* (*Produkcija / Erzeugnisse*), *История* (*Istorija / Geschichte*), *Контакты* (*Kontakty / Kontakt*) begegnen häufig. Ebenso sind die durch die Inhaltsübersichten dokumentierten **thematischen Schwerpunkte**, die Unternehmens- und Produktinformationen fokussieren, im deutschen und russischen Corpus äquivalent. Für die russischen Homepages ist dies ablesbar an hochfrequenten Rubrikbenennungen wie *О компании* (*O kompanii / Über die Gesellschaft*), *О предприятии* (*O predprijatii / Über das Unternehmen*), *О комбинате* (*O kombinate / Über das Kombinat*), *О концерне* (*O koncerne / Über den Konzern*), *О заводе* (*O zavode / Über die Fabrik*) und *Производство* (*Proizvodstvo / Produktion*), *Продукция* (*Produkcija / Erzeugnisse*), *Товары и услуги* (*Tovary i uslugi / Waren und Dienstleistungen*), *Деятельность* (*Dejatel'nost' / Tätigkeit*).

Zusätzlich geben die russischen Inhaltsübersichten zwei thematische Komponenten zu erkennen, die für die deutschen Homepages weniger charakteristisch sind: Ein sichtbarer Akzent liegt auf Informationen zu den Partnerunternehmen russischer Betriebe, angekündigt durch Rubrikbenennungen wie *Наши партнёры* (*Naši partnёry / Unsere Partner*), *Деловые партнёры* (*Delovye partnёry / Geschäftspartner*) oder *Как стать нашим партнёром* (*Kak stat' našim partnёrom / Unser Partner werden*). Noch größere Bedeutung haben offensichtlich Produktpreise, die sich hinter Links wie *Прайс* (*Prajs / Preise*), *Прайс-лист*

(*Prajs-list / Preisliste*) oder *Наши цены* (*Naši ceny / Unsere Preise*) verbergen, von den eruierten deutschen Homepages hingegen kaum zugreifbar sind.

Nahezu vergeblich sucht man auf den russischen Homepages hingegen Rubriken, die auf den deutschen Äquivalenten etwa mit *Job & Karriere*, *Jobbörse* oder *Stellenmarkt* überschrieben sind; Hinweise auf freie Stellen, bevorzugt unter dem Link *Вакансии* (*Vakansii / Freie Stellen*), finden sich nur viermal. Auch wenn potentielle Mitarbeiter somit kaum als Adressatengruppe identifizierbar sind, finden sich andere Zielgruppen gleichwohl angesprochen, vor allem Aktionäre, Kunden und Zulieferer. Dabei erfolgt die Ansprache sowohl explizit durch Rubriktitel wie *Акционерам* (*Akcioneram / Für Aktionäre*), *Для инвесторов* (*Dlja investorov / Für Investoren*), *Потребители* (*Potrebiteli / Verbraucher*) oder *Информация для покупателей* (*Informacija dlja pokupatelej / Information für Kunden*) als auch implizit durch Formulierungen wie *АвтоВАЗ предлагает* (*AvtoVAZ predlagaet / AvtoVAZ offeriert*) oder *Предложение дня* (*Predloženie dnja / Angebot des Tages*).

Besondere Bedeutung kommt auf den russischen Homepages produktbezogenen Inhalten zu, vertreten u. a. durch die erwähnten Preisinformationen. Diese Annahme legen vor allem einzelne Inhaltsübersichten nahe, die sich weniger als Verzeichnis von Themawörtern, sondern signifikant als Zusammenstellung der jeweiligen Produktpalette präsentieren. Beispielhaft illustriert dies die Homepage des Lebensmittelbetriebs Русский продукт (Russkij produkt), deren Inhaltsübersicht sich maßgeblich durch Einträge wie die folgenden konstituiert: *Кофе* (*Kofe / Kaffee*), *Чай* (*Čaj / Tee*), *Торты* (*Torty / Torten*), *Кексы* (*Keksy / Rührkuchen*), *Изюм* (*Izjum / Rosinen*), *Макароны* (*Makarony / Nudeln*), *Супы* (*Supy / Suppen*), *Мороженное* (*Morožennoe / Eis*) u. ä., ergänzt lediglich um die Rubriken *Вакансии* (*Vakansii / Freie Stellen*), *О компании* (*O kompanii / Über das Unternehmen*) und *Цены* (*Ceny / Preise*). Produktlisten als mindestens teilweises Vertextungsprinzip für Inhaltsübersichten geben ferner die Homepages der Unternehmen Сибнефть (Sibneft'), Тулачермет (Tulačermet) sowie Бабаевский (Babaevskij) zu erkennen.

Der Inhaltsübersicht auf der Homepage des Betriebs Русский продукт (Russkij produkt) liegt kein einheitliches Gliederungsprinzip zugrunde, sind doch die übrigen Rubrikbenennungen *Вакансии* (*Vakansii / Freie Stellen*), *О компании* (*O kompanii / Über das Unternehmen*) und *Цены* (*Ceny / Preise*) im Vergleich zu den einzelnen Items der Produktliste auf einer semantisch höheren, gleichsam hyperonymen Abstraktionsebene angesiedelt. Entsprechend wären die Firmenerzeugnisse auf der durch die Homepage markierten höchsten Informationsebene der Website unter einer als Hyperonym fungierenden Rubrikbenennung wie *Продукция* (*Produkcija / Produkte*) zu bündeln und erst auf einer nachgeordneten Informationsebene in angeführter hyponymer Differenzierung zugreifbar zu machen.

Mit anderen Worten: Eine derartig thematisch-inhaltlich aufgegliederte Ankündigung vorhandener Informationen erfolgt gewöhnlich noch nicht auf der Homepage, sondern ist in der Regel tieferen Informationsebenen vorbehalten. Unbestritten vermittelt sie dem Rezipienten aber nicht nur einen detaillierteren Einblick in das Wirkungsfeld des Unternehmens, sondern erzeugt darüber hinaus flachere Websitehierarchien, d. h. letztlich kürzere, „klickreduzierte“ Informationswege.

Indessen begegnen auch Inhaltsübersichten, die auf einer homogenen Gliederungsbasis erstellt sind, exemplarisch auf der prototypischen Homepage des Unternehmens Нижнекамскнефтехим (Nižnekamskneftechim) realisiert. In der Übersicht spiegelt sich eine typische Sitegliederung in die thematischen Abteilungen *О компании* (*O kompanii / Über das Unternehmen*), *Продукция* (*Produkcija / Produkte*), *Новости* (*Novosti / Nachrichten*), *Партнёры* (*Partnëry / Partner*), *Для инвесторов* (*Dlja investorov / Für Investoren*) und *Контакты* (*Kontakty / Kontakt*).

Mit Blick auf die **strukturelle Ausgestaltung der Rubrikbezeichnungen** zeichnen sich keine signifikanten Abweichungen von den deutschen Äquivalenten ab, die Einträge konstituieren sich in beiden Fällen vorrangig durch lexikalische Einheiten. Werden doch Unterschiede evident, sind sie meist sprachsystembedingt und betreffen in erster Linie Spezifika der Wortbildungssysteme beider Sprachen. Unter anderem gehen im Russischen zahlreiche substantivische Lexeme auf attributive Syntagmen der Struktur Adjektivattribut + Substantiv zurück, während sie im Deutschen als Determinativkompositum realisiert werden.[353] An Einträgen aus den Inhaltsübersichten sind etwa anzuführen: *Годовой отчёт* (*Godovoj otčët / Jahresbericht*), *Деловые партнёры* (*Delovye partnëry/ Geschäftspartner*), *Ценные бумаги* (*Cennye bumagi / Wertpapiere*), *Спонсорская деятельность* (*Sponsorskaja dejatel'nost' / Sponsorentätigkeit*). Gleichfalls sprachsystembedingt sind Benennungen der Struktur Substantiv + Genitivattribut: *Структура концерна* (*Struktura koncerna / Konzernstruktur*), *Совет директоров* (*Sovet direktorov / Direktorenrat*), *Собрание акционеров* (*Sobranie akcionerov / Aktionärsversammlung*), *Руководство компании* (*Rukovodstvo kompanii / Unternehmensführung*).

Aber auch die aus den deutschen Inhaltsübersichten bekannten Zwillingsformeln und Präpositionalgruppen kommen zum Einsatz: *Товары и услуги* (*Tovary i uslugi / Waren und Dienstleistungen*), *Награды и призы* (*Nagrady i prizy / Auszeichnungen und Preise*), *Разведка и добыча* (*Razvedka i dobyča / Erschließung und Förderung [hier: von Erdölvorkommen]*), *Переработка и реализа-*

353 Zu substantivgenerierenden Wortbildungsmechanismen im Deutschen und Russischen am Beispiel computerspezifischer Lexeme vgl. Schütte 1997, S. 165 - 174, zu dem hier in Rede stehenden Phänomen vor allem S. 171f.

ция (*Pererabotka i realizacija / Verarbeitung und Verkauf*) und *О предприятии* (*O predprijatii / Über den Betrieb*), *Информация для акционеров* (*Informacija dlja akcionerov / Informationen für Aktionäre*), *Обращение президента к партнёрам* (*Obraščenie prezidenta k partnëram / Grußwort des Präsidenten an [zukünftige] Partner*). Komplexere syntaktische Rubriktitel mit verbalen Elementen finden sich nur vereinzelt: *Пресс-центр информирует* (*Press-centr informiruet / Das Presse-Zentrum informiert*), *Как мы торгуем* (*Kak my torguem / Wie wir Handel treiben*), *Где купить* (*Gde kupit' / Wo erhältlich*), *Мы покупаем* (*My pokupaem / Wir kaufen*).

Festzuhalten ist für die russischen Inhaltsübersichten an dieser Stelle, daß hier eine sachorientierte Textperspektive im Vordergrund steht; eine explizit an die Rezipienten gerichtete kontaktorientierte Gestaltung der Rubrikbezeichnungen ist kaum beobachtbar. Allenfalls eine ich-bezogene, den Rezipienten implizit einbeziehende Perspektive ist Formulierungen wie *Наши награды* (*Naši nagrady / Unsere Auszeichnungen*), *Как нас найти* (*Kak nas najti / Wie wir zu finden sind*), *О нас* (*O nas / Über uns*) oder *Наши партнёры* (*Naši partnëry / Unsere Partner*) zu entnehmen.

Auffällige Geschlossenheit demonstrieren die russischen Unternehmenshomepages mit Blick auf die Strategien der **Linkintegration und -explikation**. Signifikanter noch als auf den deutschen Homepages finden sich die Inhaltsübersichten fast ausnahmslos durch isolierte Hyperlinks realisiert. Nur auf drei Homepages[354] ist insofern eine textuelle Umgebung zu konstatieren, als sich bei den durch zwei Hierarchiestufen ausgezeichneten Inhaltsverzeichnissen jeweils die Hauptrubriken als nicht verlinkt erweisen. Dennoch fungieren diese übergeordneten Rubrikbenennungen gleichsam als kohäsive Klammer um die verlinkten Subrubriken, die auf diese Weise thematisch gebündelt werden.

О КОНЦЕРНЕ	**O koncerne**	**Über den Konzern**
СЛОВО ПРЕЗИДЕНТУ	Slovo prezidentu	Dem Präsidenten das Wort
ДВА ВЕКА КАЧЕСТВА	Dva veka kačestva	Zwei Jahrhunderte Qualität
СТРУКТУРА КОНЦЕРНА	Struktura koncerna	Konzernstruktur
ТОРГОВЫЕ ДОМА	Torgovye doma	Handelshäuser
НАГРАДЫ И ПРИЗЫ	Nagrady i prizy	Auszeichnungen und Preise
ПРЕССА О БАБАЕВСКОМ	Pressa o Babaevskom	Die Presse über Babaevskij
ГОДОВОЙ ОТЧЁТ	Godovoj otčët	Jahresbericht
ПРОДУКЦИЯ	**Produkcija**	**Produkte**
ШОКОЛАД	Šokolad	Schokolade
КОНФЕТЫ	Konfety	Konfekt
КОНФЕТЫ В КОРОБКАХ	Konfety v korobkach	Konfekt in Präsentpackungen

[354] Бабаевский (Babaevskij), Тулачермет (Tulačermet) und teilweise Востсибуголь (Vostsibugol').

КАРАМЕЛЬ	Karamel'	Karamel
ПРАЙС-ЛИСТЫ	Prajs-listy	Preislisten
УСЛОВИЯ ПОСТАВОК	Uslovija postavok	Lieferbedingungen

Inhaltsübersicht auf der Homepage des Betriebs Бабаевский (Babaevskij). Die Hauptrubriken „О концерне" („O koncerne" / „Über den Konzern") und „Продукция" („Produkcija" / „Produkte") sind nicht verlinkt und fungieren somit als textuelle Umgebung für die Subrubriklinks.

Ein differenzierter, hierarchisch strukturierter Zugriff auf die Informationen ist so zwar nicht gegeben, vielmehr verspricht diese Inhaltsübersicht gleichfalls eher flache Hierarchiestrukturen und kurze Informationswege. Anders hingegen die Inhaltsübersicht auf der Leit-Inhalts-Seite des Unternehmens Красный Октябрь (Krasnyj Oktjabr'): Dieses Inhaltsverzeichnis weist ebenfalls zwei Hierarchieebenen auf. Es gliedert sich in vier thematische Hauptabteilungen, denen mit Ausnahme der letzten jeweils einige Subrubriken untergeordnet sind. Hier sind Haupt- wie Subrubriken mit Hyperlinkfunktionalität versehen, wobei die drei Hauptrubriklinks *О компании* (*O kompanii / Über das Unternehmen*), *Для покупателей* (*Dlja pokupatelej / Für Kunden*) und *Для инвесторов* (*Dlja investorov / Für Investoren*) jeweils zu einer Übersichtsseite führen, die die Subrubriken nochmals in Linkgestalt aufführt.

Auch wenn somit auf der Homepage das Prinzip „Links explizieren Links" realisiert wird, hat eine solche nachgeschaltete Übersichtsseite, welche die bereits bekannten Subrubriklinks lediglich wiederholt, für den Rezipienten allenfalls die Qualität einer informationellen Warteschleife. Die nutzerseitige Erwartung eines Informationsgewinns wird durch eine derart redundante Übersichtsseite zumindest vorerst enttäuscht. Ebenso wie die oft verzichtbaren Pre-Pages zählen diese internen Übersichtsseiten zu den Elementen, die die rezipientenseitige Akzeptanz eines WWW-Angebots stören können.

О КОМПАНИИ	**O KOMPANII**	**ÜBER DAS UNTERNEHMEN**
- история и традиции	- istorija i tradicii	- Geschichte und Traditionen
- сегодня	- segodnja	- Heute
- руководство	- rukovodstvo	- [Unternehmens-] Leitung
- производство	- proizvodstvo	- Produktion
- с заботой о людях	- s zabotoj o ljudjach	- Mit Fürsorge für die Mitarbeiter
- в отзывах и СМИ	- v otzyvach i SMI	- Im Spiegel der öffentlichen Meinung und der Massenmedien
- призы и награды	- prizy i nagrady	- Preise und Auszeichnungen
- в интернет	- v internet	- Im Internet
- новости	- novosti	- Nachrichten

ДЛЯ ПОКУПАТЕЛЕЙ	**DLJA POKUPATELEJ**	**FÜR KUNDEN**
- как мы торгуем	- kak my torguem	- Wie wir Handel treiben
- осторожно!	- ostorožno!	- Aufgepaßt!
- горячая линия	- gorjačaja linija	- Der heiße Draht
- прайс-лист	- prajs-list	- Preisliste
- прайс-лист (экспорт)	- prajs-list (ėksport)	- Preisliste (Export)
- каталог	- katalog	- Katalog
- каталог (экспорт)	- katalog (ėksport)	- Katalog (Export)
ДЛЯ ИНВЕСТОРОВ	**DLJA INVESTOROV**	**FÜR INVESTOREN**
- собрание '99	- sobranie '99	- Hauptversammlung '99
- собрание '00	- sobranie '00	- Hauptversammlung '00
- репутация общества	- reputacija obščestva	- Reputation der Gesellschaft
- годовой отчет '96	- godovoj otčët '96	- Jahresbericht '96
- годовой отчет '97	- godovoj otčët '97	- Jahresbericht '97
- годовой отчет '98	- godovoj otčët '98	- Jahresbericht '98
- годовой отчет '99	- godovoj otčët '99	- Jahresbericht '99
- фин. индикаторы	- fin. indikatory	- Kennzahlen
КЛУБ	**KLUB**	**KLUB**

Inhaltsübersicht auf der Homepage des Unternehmens Красный Октябрь (Krasnyj Oktjabr'). Hier sind sowohl die Haupt- als auch die Untereinträge verlinkt.

Insgesamt geben fünf russische Inhaltsübersichten auf der Homepage[355] eine hierarchisch strukturierte, maximal zweistufige Gliederung zu erkennen. Aber auch andere Strukturierungsverfahren werden ersichtlich: Zum einen kann die Übersicht bei gegebener thematisch-inhaltlicher Differenzierung in zwei (oder mehr) räumlich voneinander getrennte Teilübersichten gegliedert werden. Im deutschen Corpus zeigte z. B. die Homepage der CompuNet Computer AG & Co. oHG eine derartig differenzierte Inhaltsübersicht: Eine horizontal plazierte Navigationsleiste verzeichnet die thematischen und funktionalen Site-Abteilungen wie *Aktuelles*, *Profil*, *Suche*, während eine vertikale Linkliste am linken Bildrand die IT-spezifischen Tätigkeitsbereiche benennt, darunter *Netzwerke*, *Storage* und *Windows 2000*.

Im russischen Teilcorpus präsentiert allein die Homepage der Газпром (Gazprom) zwei Inhaltsübersichten – wobei das Differenzierungskriterium nicht ersichtlich wird. Ebenso bleibt verborgen, warum beide, die gleichermaßen thematisch-inhaltliche Rubriken verzeichnen, den Linkanker Предприятия Газпрома (Predprijatija GAZPROMa / Unternehmen der Gazprom) mit identi-

[355] Gleichwohl sind hierarchisch strukturierte Inhaltsübersichten in den russischen Websites präsent, offenbaren sich mehrheitlich aber erst auf den unterhalb der Homepage liegenden Knoten.

schem Linkziel aufweisen. In diesem Fall erscheint der Verzicht auf eine derartige Aufgliederung in zwei Teilübersichten empfehlenswert, da sie nicht im Dienst der Transparenz steht, sondern vielmehr zur Desorientierung des Rezipienten beitragen kann. Gleichfalls redundant ist auf der Homepage des Unternehmens Ависма (Avisma) die Duplizierung der Inhaltsübersicht in Gestalt einer Auswahlliste in einem Pull-down-Menü. Sie birgt keinerlei über die Hauptnavigationsleiste am linken Bildrand hinausgehenden Informationen und verzeichnet die Rubriken überdies in abweichender Reihenfolge sowie in abgewandelter Benennung – beides Verfahren, die für die Erzeugung von Desorientierung prädestiniert sind.

Zum anderen wird anstelle separierter Teilübersichten und vertikal-hierarchisch strukturierter Inhaltsverzeichnisse vereinzelt eine eindimensionale Navigationsliste mit breiter horizontaler Differenzierung angeboten. Neben den durch einen breiten produktbezogenen Informationszugriff hervortretenden Inhaltsübersichten praktiziert dies z. B. die Homepage der Firma Татнефть (Tatneft'), deren Inhaltsübersicht eine Rubrizierung in immerhin 14 Site-Abteilungen zu entnehmen ist. Von diesen 14 von der Homepage ansteuerbaren Knoten gehen nur in wenigen Fällen weiterführende Hyperlinks aus, so daß flache Sitestrukturen hier überwiegen und als Prinzip erkennbar werden: Die 14 der Homepage unmittelbar nachgeordneten Knoten konstituieren die Hauptinformationsebene der Website. Damit sind die eigentlichen bzw. potentiell relevanten Informationen in diesem Fall in der Tat nur einen, maximal zwei Mausklicks entfernt.

1. Informationsebene	*2. Informationsebene*	*3. Informationsebene*
HOMEPAGE / DOMAŠNJAJA STRANICA		
	- Struktura / [Konzern-]Struktur	
	- Istorija / Geschichte	- Rukovoditeli / Leiter - Nagrady / Auszeichnungen
	- Geografija / Geografie	- Adresa predstavitel'stv / Adressen der Vertretungen
	- Geologija i razvedka / Geologie und Erschließung	- Zapasy / [Erdöl-]Reserven - Perspektivy / Perspektiven
	- Dobyča i realizacija / Förderung und Verkauf	- Realizacija / Verkauf
	- Technologii / Technologien	- Novye technologii / Neue Technologien
	- Ėkologija / Ökologie	
	- Finansy / Finanzinformationen	
	- Vnešneėkonomičeskaja dejatel'nost' / Außenhandelstätigkeit	
	- Rynok akcij / Aktienmarkt	- [extrahypertextuelle Links]
	- Godovoj otčët / Jahresbericht	

- Novosti / Nachrichten
- Press-relizy / Pressemitteilungen
- Raznoe / Verschiedenes

- Archiv / Archiv

- ...
- ...

Ausschnitt aus der Websitestruktur der Firma Татнефть (Tatneft') in Schemanotation. Links oben als Kopf des Schemas die Homepage, in der zweiten Spalte alle von dort ansteuerbaren Knoten, die die Hauptinformationsebene konstituieren.

Einmal mehr dokumentieren derartige Inhaltsübersichten die **Dominanz des isolierten Hyperlinks**, der seine Linkexplikation eigenständig, ohne erläuternde textuelle Umgebung leisten muß. Entsprechend transparent und eindeutig müssen die für die Rubriklinks anzusetzenden Benennungen gewählt werden, um dem Rezipienten eine möglichst weitreichende Antizipation der zu erwartenden Inhalte zu erlauben.

Daß auch bei fehlender textueller Linkkommentierung kontextuelle Informationen für die Linkinterpretation gleichwohl von Bedeutung, sogar unabdingbar sind, ist am Beispiel des der obigen Inhaltsübersicht zu entnehmenden Linkankers *Структура* (*Struktura / Struktur*) zu illustrieren: Relevant ist zum einen der weitere thematische Kontext im Sinne des Rahmenthemas „WWW-Angebot bzw. Homepage eines Unternehmens" und zum anderen der engere sprachliche Kotext in Gestalt der Inhaltsübersicht, als deren Bestandteil der Rubriklink *Структура* (*Struktura / Struktur*) fungiert. Nur so kann das hier als Kurzform eingesetzte Lexem *структура* (*struktura / Struktur*) gedanklich zur Vollform *структура кочцерна* (*struktura koncerna*) erweitert und in der Bedeutung 'Konzernstruktur' verstanden werden. Denn denkbar wäre im gegebenen Gesamtzusammenhang z. B. auch die Bedeutung 'Websitestruktur'.

Ähnliches gilt für das auf den russischen Homepages wiederholt als isolierter Hyperlink in der Inhaltsübersicht begegnende Lexem *информация* (*informacija/ Information*). Wichtig ist hier wiederum der enge sprachliche Kotext – die Einbindung dieses verlinkten Lexems in die Inhaltsübersicht – sowie rezipientenseitiges Wissen um diese (Teil-)Textsorte und ihre konkrete Ausprägung auf den Homepages von Firmenwebsites. Erst im Kontext von Rubrikbenennungen wie *История* (*Istorija / Geschichte*), *Продукция* (*Produkcija / Produkte*) und *Новости* (*Novosti / Nachrichten*) kann *Информация* (*Informacija / Information*) gedanklich um eine Präpositionalgruppe wie *о компании* (*o kompanii / über das Unternehmen*) oder *о предприятии* (*o predprijatii / über den Betrieb*) ergänzt und als Ankündigung von Unternehmensinformationen verstanden werden.

Zu einer fast aussichtslosen Angelegenheit wird die Interpretation des isolierten Rubriklinks *Информация* (*Informacija / Information*) hingegen, wenn er, wie auf der Homepage des Unternehmens Северский трубный завод (Severskij trubnyj zavod), in der Inhaltsübersicht mit den Rubriken *О заводе* (*O zavode / Über die Fabrik*), *Продукция* (*Produkcija / Produkte*) und *Контакты* (*Kontakty / Kontakte*) konkurriert. Daß der Link hier zu einer Webseite führt, auf der die Registrierung für einen Zugang zu Aktionärsinformationen vorgenommen werden kann, ist einem so abstrakten Lexem wie *информация* (*informacija / Information*) selbst unter Einbeziehung aller erdenklichen Kontextfaktoren nicht zu entnehmen.

Bleibt letztgenannte, nur als mißglückt beschreibbare Verwendung des Lexems *информация* (*informacija / Information*) außer acht, ist denkbar, daß diese lexikalische Einheit auf dem Weg ist, sich im Kontext russischer Unternehmenshomepages als sprachökonomische Kurzform für Rubriktitel wie *Информация о компании* (*Informacija o kompanii / Information über das Unternehmen*) zu etablieren. Zu empfehlen wäre gleichwohl, die Kürzung derartiger Vollformen ausgehend vom Erstglied vorzunehmen, so daß jeweils die Präpositionalgruppe als der potentere und im übrigen tatsächlich eigenständig begegnende Bedeutungsträger bestehen bleibt: *О компании* (*O kompanii / Über die Gesellschaft*), *О предприятии* (*O predprijatii / Über das Unternehmen*), *О заводе* (*O zavode / Über die Fabrik*) etc. Darüber hinaus zeigen diese Beispiele, daß es – zumindest nach dem derzeitigen Stand der Dinge – beim Rezipienten liegt, derartige, im Zeichen der Sprachökonomie stehende Makro- und Mikrobestandteile von Homepages unter Einbeziehung relevanter Kontextinformationen richtig zu lesen und zu deuten, sprich: eine domänenspezifische homepagebezogene Textsortenkompetenz zu entwickeln.

Die Notwendigkeit einer Textsortenkompetenz gilt freilich nicht nur auf der Rezipienten-, sondern auch und gerade auf der Produzentenseite, wo sie im Vergleich zu den Anfangszeiten des World Wide Web einige Fortschritte gemacht hat. Am offenkundigsten schlägt sich dies in der ständig wachsenden Zahl an Publikationen zum Thema „Web Design" nieder – wobei der engere Bereich des kommunikativen Designs bislang größtenteils ausgespart bleibt. Dies spiegelt sich auch in der gezeigten unreflektierten Verwendung undurchsichtiger und wenig prägnanter Rubriktitel, die als isolierte, selbsterklärende Hyperlinks eingesetzt werden. Hinzu kommt eine z. T. mangelnde semantische Trennschärfe der Rubrikbezeichnungen, welche die Antizipation der zu erwartenden Information und letztlich die Einübung der mit Online-Texten verbundenen Rezeptionsbesonderheiten stört.

Auf der Homepage des Konzerns Норильский Никель (Noril'skij Nikel') sind in der Inhaltsübersicht z. B. die Rubriklinks *Новости* (*Novosti / Nachrichten*) und *Пресс-центр* (*Press-centr / Presse-Zentrum*) anzutreffen, die selbst außerhalb des thematischen Kontextes „Unternehmenswebsite" durch semantische Kontiguität gekennzeichnet sind. Gerade derartige Kontiguitätsbeziehungen zwischen Lexemen, die in monolinearen Offline-Texten im Sinne der Gewährleistung von Kohärenz elementar zur Textkonstitution beitragen, sind für die Online-Teiltextsorte INHALTSÜBERSICHT problematisch. Dies um so mehr, als beide Lexeme in diesem Fall als gleichberechtigte Rubriken nebeneinander existieren und die Kategorie *Новости* (*Novosti / Nachrichten*) nicht etwa als eine der Hauptabteilung *Пресс-центр* (*Press-centr / Presse-Zentrum*) untergeordnete Subrubrik angesetzt ist. Während die Interpretation der häufig begegnenden Rubrik *Новости* (*Novosti / Nachrichten*) mit der Bedeutung 'aktuell(st)e Meldungen' keine Schwierigkeiten macht, wird allein aus dem Titel *Пресс-центр* (*Press-centr / Presse-Zentrum*) nicht ersichtlich, welche Informationen die Rubrik mit Ausnahme von aktuellen Meldungen im einzelnen bereithält.

Um derartig semantisch affinen Rubrikbezeichnungen Trennschärfe bzw. isolierten Hyperlinks mehr Transparenz zu verleihen, kann als eine weitere Strategie der Linkexplikation die Typisierung der Links eingesetzt werden. Allerdings hat sich dieses Verfahren im Bereich der russischen Inhaltsübersichten bislang ebensowenig durchgesetzt wie die Linkexplikation durch textuelle Umgebung. Realisiert wird es nur auf den Homepages der Unternehmen Новосибирскэнерго (Novosibirskėnergo) und ОЭМК (OĖMK), dabei auf ersterer nur rudimentär. Gemeinsam ist aber beiden das Prinzip der Einblendung von Linketiketten mit Zusatzinformationen, sobald der Mauszeiger einen Rubriklink berührt.

Auf der Homepage der Новосибирскэнерго (Novosibirskėnergo) erschöpfen sich diese „Zusatzinformationen" größtenteils in der Wiederholung des Linkankers und sind insofern verzichtbar. Ein informationeller Mehrwert entsteht hingegen bei dem Rubriklink *Новости* (*Novosti / Nachrichten*), dessen Etikett die zugehörigen spezifizierenden Subrubriken zu entnehmen sind: *Новости компании, заявления пресс-службы, публикации в прессе* (*Novosti kompanii, zajavlenija press-služby, publikacii v presse / Unternehmensnachrichten, Presseerklärungen, Pressepublikationen*).

Eine umfangreiche spezifizierende Konkretisierung der zu erwartenden Informationen leisten die ausführlichen Linkexplikationen auf der Homepage des ОЭМК (OĖMK). Jede Rubrik der Inhaltsübersicht ist in Form eines einblendbaren Linketiketts mit diesen Zusatzinformationen ausgestattet. Das Etikett zur Abteilung *О компании* (*O kompanii / Über das Unternehmen*) kündigt folgende Informationen an: *ОАО ОЭМК, географическое положение, вехи истории, адреса представителей, бизнес партнёры* (*OAO OĖMK, geografičeskoe položenie, vechi istorii, adresa predstavitelej, biznes partnëry / Die OEMK AG, geografische Lage, historische Meilensteine, Adressen der Repräsentanzen, Geschäftspartner*).

Besonders ausführlich sind die Hinweise im Etikett der Rubrik *Производство* (*Proizvodstvo / Produktion*), der offenbar große Bedeutung zukommt. Auch wenn diese Hinweise keine 1:1-Entsprechung der auf der Folgeseite verzeichneten Subrubriken darstellen und die knotenübergreifende Kohärenzbildung insofern u. U. behindern, wird der Rezipient auf der Homepage dennoch in die Lage versetzt, sich einen Überblick über die Tätigkeitsbereiche und die Produktpalette zu verschaffen: *Сталеплавильное и прокатное производство, вспомогательные цехи и службы, производство окатышей, стройматериалов и бытовой техники, качество продукции, экология* (*Staleplavil'noe i prokatnoe proizvodstvo, vspomogatel'nye cechi i služby, proizvodstvo okatyšej, strojmaterialov i bytovoj techniki, kačestvo produkcii, ėkologija / Stahlschmelz- und Walzstahlproduktion*; *Supportabteilungen und -dienste*; *Herstellung von Pellets, Baustoffen und Haushaltstechnik*; *Produktqualität*; *Ökologie*).

Hilfreich sind derartige Vorab-Informationen insbesondere, wenn eine Site-Abteilung den schlagwortähnlichen, dabei aber diffusen Titel *Маркетинг* (*Marketing / Marketing*[356]) trägt, durch die spezifizierenden Erläuterungen aber konkretisiert wird: *Выпускаемая продукция, формы расчётов, наши потребности, проект договора, бланк заказа, контактная информация* (*Vypuskaemaja produkcija, formy rasčëtov, naši potrebnosti, proekt dogovora, blank zakaza, kontaktnaja informacija* (*Produktionserzeugnisse*, *Abrechnungsformen*, *unser Bedarf*, *Vertragsentwurf*, *Bestellformular*, *Kontaktinformation*). Die Etikettinformationen erweisen sich meist als die der Hauptrubrik zugehörigen Subrubriken, so daß die Explikation hier abermals auf spezifizierenden, Hyponymierelationen vergleichbaren Subordinationsbeziehungen basiert.

Kennzeichnend für die Linkexplikation durch Typisierung ist, daß sie nicht nur inhaltlich relevante Information über das Unternehmen transportiert, sondern dem Rezipienten vor allem ein transparenzförderndes und navigationsunterstützendes Instrument an die Hand gibt. Kritisch anzumerken ist, daß die angezeigten Hinweise flüchtig sind und nur zu jeder Rubrik einzeln eingeblendet werden können. Außerdem sind aufgrund fehlender Hyperlinkfunktionalität keine differenzierten Hypertextsprünge möglich. Entscheidend ist gleichwohl, daß die Erläuterungen eine Orientierungsfunktion wahrnehmen und somit letztlich zur Entwicklung einer rezipientenseitigen Textsortenkompetenz beitragen können.

---

356 Schreiber 2000 verzeichnet zwei Bedeutungen von *Marketing*: „1) marktorientiertes Denken und Handeln des Unternehmens zur Erreichung der unternehmerischen Ziele. 2) Teilbereich des Unternehmens, der die Aktivitäten am Markt plant und durchführt […]" (S. 304).

6.4.4.2 Unternehmensvorstellende Textvorkommen

Auch wenn sich die prototypische russische Unternehmenshomepage augenscheinlich gerade nicht auf die Vermittlung inhaltlich relevanter, unternehmensbezogener Informationen konzentriert, sind die im russischen Teilcorpus belegten Einstiegsseiten andererseits z. T. so signifikant durch unternehmensvorstellende Textvorkommen gekennzeichnet, daß hierin ein nicht zu unterschlagendes Textsortenmerkmal zu sehen ist. Dafür spricht weiterhin, daß diese makrostrukturelle Komponente von allen nicht-prototypischen Homepagebestandteilen mit Abstand die höchste Corpusfrequenz aufweist. Doch nicht nur mit Blick auf ihre Vorkommenshäufigkeit zeigt diese Komponente ein vom deutschen Teilcorpus verschiedenes Bild, ebenso ist in bezug auf den Umfang sowie strukturelle und thematisch-inhaltliche Parameter z. T. eine divergierende Ausdifferenzierung der Texte zu beobachten.

Ungeachtet dessen hält die bislang provisorisch verwendete Sammelbezeichnung *unternehmensvorstellende Textvorkommen* der mikrostrukturellen Textanalyse nicht nur stand, sondern läßt sich überdies konkretisieren. Die Mehrheit der auf den Homepages anzutreffenden Texte stellt sich in der Tat als unternehmensvorstellend dar, zielen doch 19 der 22 Textvorkommen unstrittig auf die Beantwortung der Fragen „Was ist X für ein Unternehmen?“ und „Was tut X?“. Nur die Homepages der Betriebe Востсибуголь (Vostsibugol'), Сибнефть (Sibneft') und Иркутскэнерго (Irkutskėnergo) sind hier eher peripher, da die beiden erstgenannten signifikant im Zeichen von Adreß- und Kontaktinformationen stehen, während letztgenannte Homepage in tabellarischer Form als Firmenchronik Stationen der historischen Entwicklung des Unternehmens präsentiert. Alle drei beleuchten somit Teilaspekte der thematischen Größe „Unternehmen“, während die verbleibenden 19 Textvorkommen auf eine ganzheitliche Unternehmensvorstellung zielen.

Die Texte bilden zwei **Strukturtypen** aus, die durch die elementare Opposition Fließtext vs. tabellarischer Text charakterisiert sind. Die Fließtextvorkommen überwiegen deutlich, indem sie 16 der 19 in Rede stehenden Homepages durchgehend prägen; eine Startseite ist durch beide Strukturformen gekennzeichnet. Außerdem erfordern die Fließtexte eine weitergehende Differenzierung: Grundsätzlich lassen sie sich zwar ausnahmslos unter die Textsortenbezeichnung *Unternehmensporträt* subsumieren, rechtfertigen mehrheitlich aber eher den Terminus *Unternehmens**kurz**porträt*.

Die Abgrenzung zwischen beiden ist zugegebenermaßen schwierig, zumal die Bestimmungsgröße des Textumfangs ein relatives Differenzierungskriterium darstellt. Dennoch: In bezug auf den Textumfang sind die russischen Unternehmenskurzporträts den deutschen Äquivalenten vergleichbar, wie der exemplarisch vorgestellte Kurztext auf der Homepage des Unternehmens Бабаевский

(Babaevskij) bereits erahnen ließ. Mustergültig ist diese Homepage-Teiltextsorte des weiteren auf den Homepages der Unternehmen Ависма (Avisma), Первоуральский новотрубный завод (Pervoural'skij novotrubnyj zavod) und Северский трубный завод (Severskij trubnyj zavod) realisiert.

Wegweisend für die Einstufung als UNTERNEHMENS**KURZ**PORTRÄT ist des weiteren das medienspezifische Moment der verteilten Information: Die russischen Kurztexte sind meist in eine den Website-Inhalten als Übersichtsseite vorgeschaltete Homepage eingebunden, auf der für den Nutzer Überblicksinformationen – sowohl struktureller als auch inhaltlicher Art – relevant sind. Entsprechend fungiert das Kurzporträt als eine dem einführenden Überblick dienende Kurzvorstellung des Unternehmens, die zugleich und unabhängig von der Ausstattung mit Hyperlinks weiterführende Informationen zum Unternehmen erwarten läßt. Unterstützt bzw. evoziert wird diese implizite Informationsankündigung durch entsprechende explizite Rubriklinks in der Inhaltsübersicht wie *О предприятии* (*O predprijatii / Über den Betrieb*) oder *О концерне* (*O koncerne / Über den Konzern*).

Als implizit indizierende Kurzporträts können des weiteren die Unternehmenskurzvorstellungen auf den als Visitenkarten zu klassifizierenden WWW-Präsenzen der Unternehmen Кузнецкий металлургический комбинат (Kuzneckij metallurgičeskij kombinat), СУАЛ (SUAL) und Татэнерго (Tatėnergo) gelten, und dies, obgleich weiterführende Informationen hier ausdrücklich nicht vorhanden sind. Da bei derartigen Webpräsenzen aber der Ausbau zur Site und damit zu einem umfassenderen Informationsangebot naheliegt und auf der Homepage der Татэнерго (Tatėnergo) sogar explizit angekündigt wird, kann auch diesen Texten die Funktion als Platzhalter und somit letztlich Ankündigungstext für ausführlichere Inhalte nicht grundsätzlich abgesprochen werden.

Im Unterschied hierzu treten die Textvorkommen auf den Homepages der Betriebe Татнефть (Tatneft'), Синарский трубный завод (Sinarskij trubnyj zavod), Камкабель (Kamkabel') und Южный Кузбасс (Južnyj Kuzbass) als für sich stehende, autonome UNTERNEHMENSPORTRÄTS auf, die weder eine Platzhalter- noch eine Ankündigungsfunktion übernehmen. Vielmehr sind diese Texte Bestandteil eines der Inhaltsvermittlung verpflichteten Informationsknotens, der anstelle einer vorgeschalteten Übersichtsseite in Homepagefunktion eingesetzt wird. Indiz hierfür ist weiterhin, daß sich die in der Rolle der Homepage auftretende Webseite mit einem eigenen Titel als Rubriklink in der Inhaltsübersicht verzeichnet findet, am Beispiel des Unternehmens Синарский трубный завод (Sinarskij trubnyj zavod) mit dem Link *Завод* (*Zavod / Fabrik*). Über den so überschriebenen Informationsknoten hinaus findet keine weitere vorstellende Beschreibung des Unternehmens statt. Dies signalisieren außerdem die übrigen Rubriklinks, die Informationen zu spezifischen Einzelaspekten der Themas „Unternehmen“ ankündigen: *Сертификаты* (*Sertifikaty / Zertifikate*),

История (*Istorija / Geschichte*), *Технологии* (*Technologii / Technologien*), *Продукция* (*Produkcija / Erzeugnisse*), *Цены* (*Ceny / Preise*), *Мы покупаем* (*My pokupaem / Wir kaufen*), *Партнёры* (*Partnëry / Partner*), *Контакты* (*Kontakty / Kontakte*), *Запрос* (*Zapros / Anfrage*). Die Homepage findet hier nicht ihre bisherige textsortenspezifische Ausprägung.

Die wenigen verbleibenden Textvorkommen, gleichfalls im Kontext der beschreibenden Unternehmensvorstellung anzusiedeln, aber in tabellarischer Form realisiert, lassen sich mit Ebert 2000 als UNTERNEHMENSSTECKBRIEF identifizieren:

> „Der **Unternehmenssteckbrief** ist eine Antwort auf die Frage »Welches sind die wichtigsten Fakten und Kennzahlen des Unternehmens X?«. […] Ein Unternehmens-Steckbrief [sic!] stimmt in allen Klassifikationsmerkmalen mit dem Porträt überein. Es ist lediglich eine Strukturvariante dieser Darstellungsform.“ (Ebert 2000, S. 8f.; Hervorhebung im Original)

Unternehmenssteckbriefe begegnen auf den Homepages der Unternehmen Метафракс (Metafraks), Ковдорский ГОК (Kovdorskij GOK) und Новосибирскэнерго (Novosibirskėnergo), auf letzterer kombiniert mit einem einführenden Unternehmenskurzporträt. Auf den Homepages der Unternehmen Востсибуголь (Vostsibugol') und Иркутскэнерго (Irkutskėnergo) ist ebenfalls eine Steckbriefstruktur realisiert, bleibt in beiden Fällen aber thematisch beschränkt, im ersten Fall auf Kontaktinformationen, im zweiten auf die Unternehmensgeschichte. Von einem Unternehmenssteckbrief im herkömmlichen Sinn kann hier nicht die Rede sein, allenfalls von einer rudimentären Variante. Stellvertretend für die Textsorte UNTERNEHMENSSTECKBRIEF sei zur Illustration ein Auszug aus dem Steckbrief zum Unternehmen Метафракс (Metafraks) angeführt:

Метафракс (*Metafraks*) **Открытое акционерное общество** (*Otkrytoe akcionernoe obščestvo / Offene Aktiengesellschaft*) **Пермская обл, г. Губаха** (*Permskaja obl, g. Gubacha / Gebiet Perm, Stadt Gubacha*)	
Сокращенное название: Sokraščënnoe nazvanie: *Kurzform des Firmennamens:*	ОАО Метафракс OAO Metafraks *Metafraks AG*
Наименование с момента создания: Naimenovanie s momenta sozdanija: *Benennung zum Gründungszeitpunkt:*	Губахинский химический завод. С 06.05.89 ПО "МЕТАНОЛ" Gubachinskij chimičeskij zavod. S 06.05.89 PO "METANOL" *Chemiefabrik der Stadt Gubacha. Seit dem 06.05.89 Produktionsvereinigung „METANOL“*

Дата регистрации: Data registracii: *Registrierungsdatum:*	09.07.93
Номер регистрации: Nomer registracii: *Registriernummer:*	172
место регистрации: mesto registracii: *Ort der Registrierung:*	г. Губаха Пермской области g. Gubacha Permskoj oblasti *Stadt Gubacha, Gebiet Perm*
номер кода ОКПО Госкомстата РФ: nomer koda OKPO Goskomstata RF: *Kodenummer im gesamtrussischen Firmenregister des staatlichen Komitees für Statistik der Russischen Föderation:*	00203803
Адрес (юридический): Adres (juridičeskij): *Adresse (juristisch):*	618290, Россия, Пермская обл, г. Губаха 618290, Rossija, Permskaja obl, g. Gubacha *618290, Rußland, Gebiet Perm, Stadt Gubacha*
[...]	[...]
Основной вид деятельности: Osnovnoj vid dejatel'nosti: *Haupttätigkeit:*	• Производство химической и на её основе других видов продукции Proizvodstvo chimičeskoj i na eë osnove drugich vidov produkcii *Herstellung chemischer und anderer Erzeugnisse auf chemischer Basis*
Дополнительные виды деятельности: Dopolnitel'nye vidy dejatel'nosti: *Weitere Tätigkeitsgebiete:*	• Внешнеэкономическая • Производство товаров народного потребления • Инвестиционная • Товарозакупочная • Vnešneėkonomičeskaja • Proizvodstvo tovarov narodnogo potreblenija • Investicionnaja • Tovarozakupočnaja • *Außenwirtschaftstätigkeit* • *Herstellung von Gebrauchsgütern* • *Investitionstätigkeit* • *Warenankauf*
Основные направления деятельности за рубежом: Osnovnye napravlenija dejatel'nosti za rubežom: *Hauptrichtungen der Tätigkeit im Ausland:*	Реализация готовой продукции, закупка оборудования Realizacija gotovoj produkcii, zakupka oborudovanija *Absatz von Fertigfabrikaten, Ankauf von Betriebsanlagen*
[...]	[...]

Уставный капитал: Ustavnyj kapital *Grundkapital:*	326137 тыс. руб. 326137 tys. rub. *326 137 000 Rubel*
[...]	[...]
Количество служащих: Količestvo služaščich: *Anzahl der Mitarbeiter:*	2914
[...]	[...]

Auszug aus dem Unternehmenssteckbrief auf der Homepage des Betriebs Метафракс (Metafraks)

Die Unternehmensporträts und -kurzporträts sowie die Unternehmenssteckbriefe sind gleichfalls der Klasse der Informationstexte zuzuordnen, gehören somit den assertiven Textsorten und hier der Untergruppe der darstellend-registrierenden Texte an. Dabei ist für die Fließtexte eine deskriptive thematische Entfaltung zu konstatieren, während das Vertextungsprinzip der Steckbriefe auf „nominalen Setzungen" (Ebert 2000, S. 9) beruht. Von beschreibender thematischer Entfaltung zu sprechen, fällt hier schwer; vielmehr erfolgt die thematische Verarbeitung des Textgegenstandes abermals punktuell anhand gegenstandskonstitutiver Parameter, so daß das darstellend-registrierende Verfahren dieser Textsorten in der Steckbriefform zusätzlich eine strukturelle Umsetzung und anschauliche Ausdrucksform findet.

Gemeinsam ist allen unternehmensvorstellenden Texten unabhängig von Ausprägung und Struktur, daß die beschreibende Vorstellung der Unternehmen auf dem Weg der **Abarbeitung thematischer Einzelkomponenten des Rahmenthemas** geleistet wird. Einen Überblick über die Bandbreite der auf den russischen Homepages zur Sprache kommenden thematischen Komponenten gibt die Übersicht auf der folgenden Seite.

Aus der höheren Corpusfrequenz sowie dem im Vergleich zu den deutschen Pendants z. T. erheblich größeren Umfang einzelner Textvorkommen ergibt sich für die russischen Homepages eine Anzahl von 19 thematischen Komponenten, die ein breites thematisches Spektrum abdecken. Als zentraler thematischer Parameter erweist sich die Nennung des Tätigkeitsbereichs bzw. der Geschäftsfelder, die nur auf vier Homepages nicht eigens erfolgt, dort aber anhand der semantisch transparenten Firmennamen immerhin zu erahnen ist.

Einen signifikanten thematischen Schwerpunkt der Darstellungen bilden Informationen zu den Produkten, ablesbar an der thematischen Komponente „Produkte / Technologien", die in der Rangfolge der Komponenten den zweiten Platz belegt und sich insbesondere für die Unternehmenskurzporträts als ein nahezu obligatorischer Bestandteil herausstellt. Darüber hinaus beschränkt sich die Aus-

	Thematische Komponenten der russischen unternehmensvorstellenden Textvorkommen																			
	Tätigkeitsbereich / Geschäftsfelder	Produkte, Technologien	Marktposition	Ursprung, Entstehung, Entwicklung	Kontakt-informationen / Ansprechpartner	Produktqualität, Zertifikate	Mitarbeiterzahl	geografische Ausrichtung	Absatzmärkte, Marktsegmente	Produktions-kapazität	Kapital-verhältnisse	Leistungs-spektrum	Organisations-struktur	Geschäftspartner	Unternehmens-ziel(e)	Reputation	Bankverbindung	Preisinformationen / -hinweise	Börsennotierung	Σ
Irkutskėnergo				×																1
Vostsibugol'					×												×			2
Sibneft'					×													×		2
Pervoural'skij n. z.	×	×				×														3
Kuzneckij m. k.	×	×	×																	3
OĖMK	×	×	×																	3
Avisma	×		×					×	×											4
Babaevskij		×				×									×	×				4
Severskij t. z.	×	×		×		×														4
Čeljabinskij t. z.	×	×	×	×		×														5
SUAL	×	×		×	×						×									5
Tatneft'	×		×					×						×		×			×	6
Kamkabel'	×	×	×		×	×									×					6
Sinarskij t. z.	×		×	×		×	×		×											6
Metafraks	×	×		×	×		×				×									6
Kovdorskij GOK	×	×		×	×						×						×			6
Južnyj Kuzbass	×		×	×						×		×	×	×						7
Zavolžskij m. z.	×	×	×				×	×		×		×								7
Kuzbassrazrezugol'	×	×	×				×	×	×						×					7
Tatėnergo	×		×		×		×			×		×	×	×						8
Novosibirskėnergo	×	×	×	×			×		×	×	×		×							9
Krasnojarskaja u. k.	×	×	×	×	×			×	×	×	×	×								10
Σ	18	14	13	10	8	6	6	5	5	5	5	4	3	3	3	2	2	1	1	

gestaltung nicht zwingend auf die Skizzierung der Produktpalette, sondern bezieht die Beschreibung von Technologien sowie Produktions- und Verfahrenstechniken ein.[357] Zusätzliches Gewicht erhält das Schwerpunktthema „Produkte“ durch das Teilthema „Produktqualität“, nachdrücklich realisiert z. B. durch Hinweise auf Zertifikate, die die Unternehmen im Zuge der Qualitätssicherung erworben haben und die die hohen Qualitätsstandards der Erzeugnisse belegen sollen.[358] Derartige, letztlich im Kontext der Absatzwerbung zu sehende Informationen treten so augenfällig zutage, daß sie das Ansetzen einer eigenen thematischen Komponente rechtfertigen. Auch die erfolgreiche Teilnahme an internationalen Messen und Wettbewerben ist in diesem Zusammenhang zu nennen:

> Качество нашей продукции неоднократно отмечалось на международных конкурсах и выставках. (Бабаевский) / Kačestvo našej produkcii neodnokratno otmečalos' na meždunarodnych konkursach i vystavkach. / Die Qualität unserer Produkte wurde auf internationalen Wettbewerben und Messen bereits mehrfach gewürdigt. (Babaevskij)

Unabdingbar für die russischen Unternehmensporträts sind ferner offensichtlich Angaben zur Marktposition des Unternehmens, stellt sie mit immerhin 13 Besetzungen doch die dritthäufigste thematische Komponente. Allerdings bleiben die Hinweise überwiegend vage; eher die Ausnahme sind vergleichsweise genaue Daten wie auf den Homepages der Betriebe Татнефть (Tatneft') und Южный Кузбасс (Južnyj Kuzbass):

> "Татнефть" занимает 4-е место по объемам производства среди нефтяных компаний России [...]. / "Tatneft'" zanimaet 4-e mesto po ob"ëmam proizvodstva sredi neftjanych kompanij Rossii [...]. / Tatneft' belegt nach dem Produktionsvolumen den vierten Platz unter den Erdölgesellschaften Rußlands.

> ОАО УК "Южный Кузбасс" [...] занимает по объемам добычи третье место, по выработке товарной продукции на одного работающего - четвертое место в Кузбассе. / OAO UK "Južnyj Kuzbass" [...] zanimaet po ob"ëmam dobyči tret'e mesto, po vyrabotke tovarnoj produkcii na odnogo rabotajuščego - četvërtoe mesto v Kuzbasse. / Die Kohlegesellschaft Južnyj Kuzbass AG [...] belegt nach dem Fördervolumen den dritten Platz, nach dem Güterausstoß pro Kopf den vierten Platz im Kuzbass.

Daß der Kommunikation der Marktstellung herausragende Bedeutung zukommt, ist des weiteren dem Sachverhalt zu entnehmen, daß die Unternehmensporträts

---

357 Vgl. hierzu z. B. das Kurzporträt auf der Homepage des Betriebs Челябинский трубопрокатный завод (Čeljabinskij truboprokatnyj zavod).

358 Die Zertifizierung der Qualitätssicherung wird u. a. auf den Homepages der Unternehmen Северский трубный завод (Severskij trubnyj zavod), Первоуральский новотрубный завод (Pervoural'skij novotrubnyj zavod) und Камкабель (Kamkabel') explizit thematisiert.

in signifikanter Häufigkeit mit dieser thematischen Komponente eröffnet werden: In immerhin zehn Fällen ist jeweils der erste Satz u. a. der Marktposition gewidmet. Augenfällig ist dabei, daß zur Realisierung dieser Komponente in nahezu ebenso markanter Häufigkeit ein Formulierungsstereotyp zum Einsatz kommt, dessen syntaktische Struktur in 14 Porträts begegnet:

> ОАО "АВИСМА" – **одно из крупнейших мировых предприятий** по производству титановой губки и магния. / OAO "Avisma" – **odno iz krupnejšich mirovych predprijatij** po proizvodstvu titanovoj gubki i magnija. / Die Avisma AG ist **einer der weltweit größten Betriebe** auf dem Gebiet der Herstellung von Titanschwamm und Magnesium.

> Наша фирма – **одна из крупнейших в России** по добыче высококачественных углей открытым способом. (Кузбассразрезуголь) / Naša firma – **odna iz krupnejšich v Rossii** po dobyče vysokokačestvennych uglej otkrytym sposobom. / Unsere Firma ist **eine der größten in Rußland** auf dem Gebiet der Förderung von qualitativ hochwertiger Kohle im Tagebau. (Kuzbassrazrezugol')

> [Синарский Трубный Завод] Входит **в семёрку крупнейших специализированных предприятий России** по производству стальных, нержавеющих и чугунных труб. / [Sinarskij Trubnyj Zavod] Vchodit **v semërku krupnejšich specializirovannych predprijatij Rossii** po proizvodstvu stal'nych, neržavejuščich i čugunnych trub. / Die Röhrenfabrik Sinarskij gehört zu den **sieben größten Betrieben Rußlands**, die auf die Herstellung von Stahl-, korrosionsbeständigen und gußeisernen Röhren spezialisiert sind.

Kennzeichnend ist die stereotype Verwendung eines adjektivischen Attributs in seiner höchsten Steigerungsstufe. Es ergibt sich das Merkmalsbündel „vorkommenshäufiges Formulierungsstereotyp zum Ausdruck der Marktposition am Textanfang eines Unternehmensporträts", welches auf einen für die russische Textsorte UNTERNEHMENSPORTRÄT (zumindest im WWW) offenbar charakteristischen und zudem ein Initialsignal transportierenden Textbaustein schließen läßt.

Inwieweit angesichts derartiger Formulierungen noch von einer „Extremwertsemantik […] zur propagandistischen Hervorhebung eigener Leistungen" (Zybatow 1995, S. 202) und damit von einem Relikt aus Sowjetzeiten zu sprechen ist, sei dahingestellt. Nicht leugnen läßt sich zweifellos der Beitrag zur Imagewerbung für das Unternehmen, an der ebenso die in der Übersicht als „Reputation" verzeichnete Komponente ihren Anteil hat. Sie spiegelt sich in unmißverständlichen Äußerungen wie der nachstehenden:

> Нефтяная компания имеет высокую деловую репутацию на мировом рынке капитала. (Татнефть) / Neftjanaja kompanija imeet vysokuju delovuju reputaciju na mirovom rynke kapitala. / Die Erdölgesellschaft verfügt über hohes geschäftliches Ansehen auf dem weltweiten Kapitalmarkt. (Tatneft')

Das durch die russischen Texte gelieferte Mehr an unternehmensbezogenen Informationen spiegelt sich des weiteren in Parametern wie „Absatzmärkte, Marktsegmente". Stärker thematisiert werden auch die Partnerunternehmen, was im Fall des Betriebs Кузбассразрезуголь (Kuzbassrazrezugol') in explizite Werbung um zukünftige Partner mündet. In die Zukunft weist außerdem die Formulierung von Zielvorstellungen der Unternehmen, die an Konkretheit und Explizitheit gewinnen, je mehr sie auf die unmittelbar bevorstehende Zukunft gerichtet sind:

> Нашей целью является обеспечение потребителей качественной и полезной продукцией. (Бабаевский) / Našej cel'ju javljaetsja obespečenie potrebitelej kačestvennoj i poleznoj produkciej. / Unser Ziel ist die Versorgung der Kunden mit hochwertigen und nutzbringenden Produkten. (Babaevskij)

Augenfällig sind weiterhin Informationen, die sich im Rahmen der in eine Homepage eingebundenen und der Überblicksinformation dienenden Unternehmensvorstellung auffallend detailliert ausnehmen. Hierzu sind Angaben zu den Kapitalverhältnissen oder die Mitteilung von Bankverbindungen zu zählen. Umsatzzahlen, wie sie die deutschen Unternehmensporträts z. T. nennen, gibt hingegen keiner der russischen unternehmensvorstellenden Texte preis. Statt dessen werden Geschäftsberichte mit naturgemäß ungleich differenzierteren Finanzinformationen, zu deren Offenlegung die Unternehmen ohnehin gesetzlich verpflichtet sind[359], analog zur deutschen Praxis durchaus im Netz publiziert.

Als unangefochten zentral erwies sich die thematische Komponente „Tätigkeitsbereich / Geschäftsfelder", kann diese Kategorie doch die meisten Besetzungen für sich verbuchen. Darüber hinaus verhandelt der durchschnittliche russische Porträttext unabhängig von der jeweiligen Gesamtzahl der thematischen Items mindestens noch die Teilthemen „Produkte, Technologien", „Marktposition" sowie „Ursprung, Entstehung, Entwicklung" und übermittelt Adreß- und andere Kontaktinformationen. Alle fünf dieser durchschnittlich anzutreffenden thematischen Komponenten weist nur die Homepage des Betriebs Красноярская угольная компания (Krasnojarskaja ugol'naja kompanija) auf, die zugleich mit zehn Items die höchste Anzahl realisierter Teilthemen verzeichnen kann. Da diese Seite aber, wie beschrieben, einen im Corpus einmaligen strukturellen Sonderfall darstellt, kann sie nicht als eine typische (russische) Unternehmenshomepage gelten und ihr thematisches Spektrum mithin nicht maßgeblich sein.

---

359 Zur Veröffentlichungspflicht deutscher Aktiengesellschaften vgl. z. B. Schreiber 2000, S. 375. Zu entsprechenden Verpflichtungen russischer Aktiengesellschaften vgl. Bolten u. a. 1996, S. 401. Über aktuelle Entwicklungen informiert im Netz z. B. die Agentur russiaconsult.com. S. hierzu die WWW-Adressen http://www.russiaconsult.com/Hintergrund/hintergrund.html und http://www.russiaconsult.com/News/Uebersetzungen/Aktien/aktien.html (Stand vom 21.09.2001).

Immerhin sieben unternehmensbeschreibende Texte realisieren jeweils vier der fünf Items, wobei einmal auf Kontaktinformationen, einmal auf historische oder die Marktstellung betreffende Angaben verzichtet wird. Immer vertreten sind die Teilthemen „Tätigkeitsbereich / Geschäftsfelder“ und „Produkte, Technologien“, in denen sich die russischen unternehmensvorstellenden Texte unabhängig von Umfang und Struktur thematisch verdichten. Dies illustrieren sowohl zwei Unternehmenskurzporträts mit einer Gesamtzahl von fünf thematischen Komponenten als auch zwei Unternehmenssteckbriefe sowie die Homepage des Energieunternehmens Новосибирскэнерго (Novosibirskėnergo).

Letztere vermittelt in Porträt- und Steckbriefform die zweithöchste Anzahl thematischer Items überhaupt. Dabei überwiegt der Steckbrief, der unter der Überschrift „Общая информация о компании“ („Obščaja informacija o kompanii“ / „Allgemeine Information über das Unternehmen“) auf ein einführendes Kurzporträt folgt. Wie allein aus der Darstellungsform STECKBRIEF zu erschließen ist, steht hier die Präsentation von für sich sprechenden Daten und Fakten im Vordergrund, expliziert u. a. am Beispiel von unternehmensbestimmenden Parametern wie der Produktionskapazität, dem Grundkapital und der Ausdehnung des Heizungsnetzes sowie des Fernleitungsnetzes zur Elektroenergieübertragung.

Für explizit werbende Aussagen bietet der Steckbrief nicht nur auf dieser Homepage keine Gestaltungsmöglichkeiten, sie sind hier allenfalls dem Kurzporträt vorbehalten, wo u. a. die Marktstellung zur Sprache kommt. Exemplarisch dokumentiert die Homepage der Новосибирскэнерго (Novosibirskėnergo) die Sach- und Faktenorientiertheit der Darstellung, die für die russischen unternehmensvorstellenden Texte insgesamt zu konstatieren ist. Dabei ist rund die Hälfte der Textvorkommen thematisch vergleichsweise vielfältig, indem mindestens fünf, mehrheitlich sechs und sieben thematische Komponenten verarbeitet werden. Die andere Hälfte beschränkt sich auf vier, drei und zwei Items. Nur einer der Texte kommt mit der Unternehmensgeschichte als der einzigen thematischen Komponente aus.

Gleichwohl gilt für die unternehmensvorstellenden Texte, daß sie immer vor dem Hintergrund der Imagewerbung zu sehen sind, mitunter sogar Produktwerbung einbeziehen. Daß sich tatsächlich kaum einer der Texte von der Absicht der Imagewerbung ganz freisprechen kann, macht insbesondere die besprochene, auf die positive Hervorhebung erbrachter Leistungen zielende stereotype Formulierung evident. Dennoch bleibt die Intention der Werbung oft implizit; nur wenige der russischen Texte sind durch einen spürbar werbenden Duktus gekennzeichnet.

Zu letzteren zählen z. B. das Kurzporträt des Konzerns Бабаевский (Babaevskij) sowie der das Röhrenwerk Северский трубный завод (Severskij trubnyj zavod) vorstellende Kurztext, in dem von der Zuverlässigkeit und der Qualität der produzierten Rohre (надежность и качество северских труб / nadëžnost' i kačestvo severskich trub) sowie von reichen Traditionen auf dem Gebiet der metallurgischen Produktion (богатые традиции в области металлургического производства / bogatye tradicii v oblasti metallurgičeskogo proizvodstva) und drei Jahrhunderten Erfahrung in der Metallverarbeitung (трех вековой опыт обработки металлов / trëch vekovoj opyt obrabotki metallov) die Rede ist.

Explizite Produktwerbung erfolgt auf der Homepage des Unternehmens ОЭМК (OĖMK), während sich das Porträt des Betriebs Синарский трубный завод (Sinarskij trubnyj zavod) primär imagewerbend verhält: Hier wird z. B. auf fünfundsechzigjährige reichste Erfahrung (шестьдесят пять лет богатейшего опыта / šest'desjat pjat' let bogatejšego opyta), die sorgfältige Erfüllung aller eingegangenen Verpflichtungen (тщательное исполнение обязательств / tščatel'noe ispolnenie objazatel'stv) und die hohe Qualität der Ausführung von beliebig komplexen Bestellungen (качество исполнения заказов любой сложности / kačestvo ispolnenija zakazov ljuboj složnosti) verwiesen, bevor die Selbstdarstellung in einen die Vorzüge zusammenfassenden Slogan mündet:

> Синарский Трубный Завод – современное, надёжное, динамичное, развивающееся предприятие. / Sinarskij trubnyj zavod – sovremennoe, nadëžnoe, dinamičnoe, razvivajuščeesja predprijatie. / Das Röhrenwerk Sinarskij – ein moderner, zuverlässiger, dynamischer, aufstrebender Betrieb.

Im Anschluß an die Ermittlung der strukturellen und thematischen Eigenheiten der unternehmensvorstellenden Textvorkommen gilt es nun, die Frage nach der **medienspezifischen Aufbereitung der Texte** im Sinne der Umsetzung der Hypertextidee in den Blick zu nehmen. Sie manifestiert sich an der Textoberfläche in der Ausstattung der Kommunikate mit Hyperlinks, die das medienspezifische explizite Verweispotential konstituieren. Diesbezüglich ist zunächst zu konstatieren, daß fünf der insgesamt 22 Textvorkommen mit Hyperlinks versehen sind, was einem prozentualen Anteil von knapp 23 % entspricht. Charakteristisch ist hier somit offensichtlich eher das Fehlen von Hyperlinks. Von den Unternehmensporträts zeichnet sich nur das des Betriebs Камкабель (Kamkabel') durch Hyperlinks aus. Ebenso ist von den zwölf Kurzporträts nur jenes durch die Ausstattung mit Links gekennzeichnet, welches das Röhrenwerk Северский трубный завод (Severskij trubnyj zavod) vorstellt. Folglich konzentriert sich die Verlinkung auf die drei Unternehmenssteckbriefe.

Dem Porträt auf der Homepage des Unternehmens Камкабель (Kamkabel') kommt die höchste Linkdichte zu, sind doch insgesamt neun Linkanker integriert, von denen sich zwei als Dubletten erweisen. Die geringste Linkanzahl weist das Kurzporträt zum Betrieb Северский трубный завод (Severskij trubnyj zavod) auf, welches über zwei Hyperlinks verfügt. Das Mittelfeld konstituieren die drei Steckbriefvorkommen mit sechs Links auf der Homepage der

Новосибирскэнерго (Novosibirskėnergo), fünf bei Метафракс (Metafraks) und drei im Steckbrief zu dem Betrieb Ковдорский ГОК (Kovdorskij GOK).

Bevor **Struktur, Einbindung und Explikation der Linkanker** näher in den Blick genommen werden, ist vorab festzuhalten, daß sich der im Zuge der thematischen Analyse ermittelte Themenschwerpunkt „Produkte" in der Verlinkung der in Rede stehenden Textvorkommen gleichsam spiegelt. Eindrucksvoll dokumentiert dies die Homepage des Betriebs Камкабель (Kamkabel'), wo sich die textintegrierten Linkanker zum einen als Auszug aus der Produktpalette lesen und zum anderen die Aspekte Qualitätssicherung und Zertifizierung akzentuieren, u. a. in Form eines extrahypertextuellen Links, der auf die Website der internationalen Organisation für Normung ISO verweist.

Im Zeichen des Teilthemas „Produktqualität" stehen des weiteren die drei dem Linkanker nach identischen, dennoch zu unterschiedlichen Zielen führenden Hyperlinks auf der Homepage des Betriebs Ковдорский ГОК (Kovdorskij GOK) und lassen sich damit ebenso dem Schwerpunktthema „Produkte" zuordnen wie die beiden Links im Kurzporträt des Unternehmens Северский трубный завод (Severskij trubnyj zavod). Sie sind gleichfalls ausschließlich den Erzeugnissen des Betriebs gewidmet und führen zu Inhalten, die explizit als der thematischen Site-Abteilung *Продукция* (*Produkcija* / *Produkte*) zugehörig rubriziert werden.

Abweichungen von diesem eindeutigen thematischen Schwerpunkt konstituieren die Hyperlinks auf den Homepages der Unternehmen Новосибирскэнерго (Novosibirskėnergo) und Метафракс (Metafraks). Während die Links im ersten Fall die Teilthemen „Tätigkeitsbereich" und „Organisationsstruktur" akzentuieren, setzen sie im zweiten Fall auf ein vergleichsweise breites thematisches Spektrum[360]: Sie führen sowohl zu allgemeinen Unternehmens- als auch ausführlichen produktbezogenen Informationen, binden die Vorstellung des Generaldirektors ein und verweisen auf Kontaktinformationen.

Zur **Struktur und Art der Einbindung der Linkanker** ist zu sagen, daß sie sich überwiegend als nominale Wortschatzeinheiten präsentieren, die mehrheitlich als textintegriert zu beschreiben sind und als Bestandteil einer übergeordneten komplexen sprachlichen Einheit in Erscheinung treten. Geradezu prototypisch gilt dies für die in die Fließtextvorkommen eingebundenen Links auf den Homepages der Unternehmen Камкабель (Kamkabel'), Северский трубный завод (Severskij trubnyj zavod) und Новосибирскэнерго (Novosibirskėnergo). Ihrer Funktion als Textkonstituenten entsprechend haben die als Linkanker ausgezeichneten Elemente den Status syntaktisch abhängiger Einheiten,

360 Die thematische Vielfalt der durch die Hyperlinks angekündigten Informationen ist z. T. dem Umstand geschuldet, daß sich die Homepage des Unternehmens Метафракс (Metafraks) als reine Inhaltsseite darstellt und keine eigene Inhaltsübersicht aufweist.

die Satzgliedfunktion übernehmen bzw. bei komplexen Satzgliedern deren Kern oder Gliedteile bilden, z. B. als Genitivattribut in einem Gleichsetzungsnominativ oder als Apposition:

> "Камкабель" – один из крупнейших в отрасли производителей силовых кабелей на напряжение 1 - 35 кВ. / "Kamkabel'" – odin iz krupnejšich v otrasli proizvoditelej silovych kabelej na naprjaženie 1 - 35 kV. / Kamkabel' ist einer der branchengrößten Hersteller von Starkstromkabel für eine Spannung von 1 - 35 Kilovolt.

> В настоящее время продукция предприятия "Камкабель" сертифицирована по международному стандарту ИСО 9001. / V nastojaščee vremja produkcija predprijatija "Kamkabel'" sertificirovana po meždunarodnomu standartu ISO 9001. / Gegenwärtig sind die Produkte des Betriebs Kamkabel' nach dem internationalen Standard ISO 9001 zertifiziert.

Ebenfalls Gliedteile, hier aber ohne den zugehörigen obligatorischen Satzgliedkern, werden auf der Homepage des Unternehmens Северский трубный завод (Severskij trubnyj zavod) als Linkanker gestaltet:

> ОАО СТЗ производит электросварные прямошовные (в том числе холоднодеформированные) трубы, горячекатанные (горяче-деформированные) бесшовные стальные трубы. / OAO STZ proizvodit ėlektrosvarnye prjamošovnye (v tom čisle cholodnodeformirovannye) truby, gorjačekatannye (gorjače-deformirovannye) bessšovnye stal'nye truby. / Die STZ AG stellt elektrogeschweißte geradvernahtete (darunter kaltumgeformte) Rohre, warmgewalzte (warmumgeformte) nahtlose Stahlrohre her.

In beiden Fällen bleibt das Substantiv *трубы (truby / Rohre)* als das jeweilige Bezugswort der spezifizierenden Adjektivattribute und Kern der Akkusativobjekte aus dem Linkanker ausgeschlossen. Im ersten Fall ist dies durch die Distanzstellung von Gliedteilen und Kern begründet und kann im zweiten allenfalls als konsequente Fortführung einer einheitlichen Linkankergestaltung gewertet werden. Entscheidend ist, daß die textuelle Umgebung der Linkanker mindestens in Gestalt des Bezugsausdrucks *трубы (truby / Rohre)* für eine adäquate Linkrezeption und -interpretation unabdingbar ist.

Anders hingegen die angeführten Links aus dem Porträt des Unternehmens Камкабель (Kamkabel'): Die als Linkanker ausgezeichneten Substantive befreien sich durch ihre Funktion als Links gleichsam aus ihrer syntaktischen Abhängigkeit, so daß vielmehr isolierte Wortschatzeinheiten mit der auf ihr Denotat gerichteten Bezeichnungsfunktion in den Vordergrund treten. Unabhängig von ihrer textuellen Umgebung verweisen diese Links auf mit ihren Denotaten verbundene Informationen und damit auf inhaltlich spezifische Einzelaspekte, die über den thematischen Rahmen des Ausgangstextes hinausgehen. Während die als Linkanker ausgewiesenen Elemente im Ausgangstext rhematisch sind, werden sie am Linkziel thematisch, so daß der Hypertextsprung hier einen Rhema-Thema-Wechsel markiert.

Dergleichen Linkvorkommen beschränken sich nicht auf die Fließtextstrukturen; auch in den Unternehmenssteckbriefen begegnen Linkanker in Gestalt grammatisch abhängiger Elemente, die einmal mehr die Leistungsfähigkeit derartig bifunktionalisierter sprachlicher Einheiten dokumentieren:

> Директор коммерческого департамента: Майер Виктор Викторович (Метафракс)
> Direktor kommerčeskogo departamenta: Majer Viktor Viktorovič (Metafraks)
> Direktor der Handelsabteilung: Majer Viktor Viktorovič (Metafraks)

Neben die in der Beteiligung an der Textbildung zu sehenden Primärfunktion der sprachlichen Einheit tritt die Linkfunktion, für deren Realisierung der Charakter als grammatisch abhängiges Genitivattribut unerheblich ist und entsprechend in den Hintergrund tritt. Relevant für die Verlinkung ist wiederum allein die Benennungsfunktion der Lexikoneinheit *коммерческий департамент* (*kommerčeskij departament / Handelsabteilung*), unabhängig von ihrer Verwendung im Textzusammenhang. Die textuelle Umgebung des Linkankers leistet hier desgleichen keine Linkexplikation – im Gegenteil: um den Link adäquat interpretieren zu können, ist der Rezipient vielmehr gezwungen, von der textuellen Linkumgebung zu abstrahieren, da sie geeignet ist, ihn zu einer Fehlinterpretation zu verleiten. Denn dieser Link führt zu einer Webseite, die sich inhaltlich nicht allein mit dem Abteilungsleiter der Handelsabteilung, sondern mit der Gesamtheit ihrer Mitarbeiter befaßt.

Textintegriert präsentiert sich ferner der einzige durch eine verbale Einheit konstituierte Linkanker, anzutreffen im Steckbrief zum Unternehmen Ковдорский ГОК (Kovdorskij GOK):

Основная номенклатура выпускаемой продукции:	Osnovnaja nomenklatura vypuskaemoj produkcii:	Hauptverzeichnis der hergestellten Erzeugnisse:
1. Железорудный концентрат (сертификат качества прилагается)	1. Železorudnyj konzentrat (sertifikat kačestva prilagaetsja)	1. Eisenerzkonzentrat (Das Qualitätszertifikat ist beigefügt)
2. Апатитовый концентрат (сертификат качества прилагается)	2. Apatitovyj konzentrat (sertifikat kačestva prilagaetsja)	2. Apatitkonzentrat (Das Qualitätszertifikat ist beigefügt)
3. […]	3. […]	3. […]

Dieser Link ist nicht nur aus primär syntaktischen Gründen auf eine textuelle Umgebung zwingend angewiesen. Auch unter dem Aspekt der Informativität ist die Explikation durch den Umtext für die Linkrezeption unabdingbar, da hier nicht der informative Kern der Sequenz – *сертификат качества* (*sertifikat kačestva / Qualitätszertifikat*) –, sondern ein metakommunikatives Element ohne Informationswert mit Hyperlinkfunktionalität versehen ist. Einfach zu vermeiden wäre der metakommunikative Effekt durch die Verlagerung der Hyperlinkfunktionalität auf ebenjenes Kernelement bzw. Satzsubjekt und Tilgung des Prädikates.

Neben den textintegrierten und durch syntaktisch abhängige Elemente konstituierten Hyperlinks begegnet in den russischen Textvorkommen ein weiterer Linktyp, der insbesondere die Steckbriefvorkommen prägt. Motiv für die Entstehung dieses Linktyps ist das die Steckbriefe kennzeichnende Vertextungsprinzip der nominalen Setzung, welches sich in formal bzw. syntaktisch unverbundenen Einheiten und einem entsprechend niedrigen Kohäsionsgrad[361] äußert. Die Steckbriefe enthalten keine ausgebauten Sätze, sondern bringen Strukturen hervor, denen zwar das syntaktische Prinzip des Gleichsetzungsnominativs zugrunde liegt, die Gleichsetzungsrelation aber nicht verbalisiert wird und somit ohne syntaktischen Ausdruck bleibt. Auf diese Weise kommen Links zustande, die zwar ebenfalls als textintegriert, dabei aber syntaktisch unabhängig zu beschreiben sind:

Сокращенное название: Sokraščënnoe nazvanie: Kurzbezeichnung:	ОАО Метафракс OAO Metafraks Metafraks AG
Основной вид деятельности:	• Производство химической и на ее основе других видов продукции (Метафракс)
Osnovnoj vid dejatel'nosti:	• Proizvodstvo chimičeskoj i na eë osnove drugich vidov produkcii (Metafraks)
Haupttätigkeitsbereich:	• Herstellung chemischer und anderer Erzeugnisse auf chemischer Basis (Metafraks)

Abgesehen davon, daß derartige Steckbriefstrukturen – überdies am Bildschirm – leichter rezipierbar sind als (umfangreiche) Fließtextvorkommen, macht sich die Linkankergestaltung in den angeführten Beispielen den Vorteil der Unflek-

361 Auch wenn mit der russischen bzw. sowjetischen Textlinguistik befaßte Autoren wie Jelitte 1978, Jelitte 1986 und Гальперин (Gal'perin) 1981 keine grundlegende Unterscheidung zwischen Kohäsion und Kohärenz treffen, wird Kohäsion hier in Anlehnung etwa an de Beaugrande / Dressler 1981 (vgl. S. 4) und Vater 1994 (vgl. S. 32) weiterhin ausdrücklich im Sinne von sich an der Textoberfläche sprachlich (grammatisch, syntaktisch) manifestierenden Abhängigkeiten zwischen Textelementen verstanden, die der Schaffung bzw. Signalisierung von Kohärenz dienen.

tiertheit der Glieder zunutze. Anders als in den Fließtexten kommen die Einheiten hier – bedingt durch das Prinzip der nominalen Setzung – in ihrer Nennform zum Einsatz. Dies ist nicht nur der Textrezeption insgesamt, sondern vor allem der Linkrezeption dienlich – um so mehr bei einer stark flektierenden Sprache wie der russischen, die sich eigens in ihrem Nominalsystem durch intensive Kasusflexion auszeichnet.[362] Auf diese Weise treten die verlinkten Einheiten zwar als textbildende, nicht aber als syntaktisch abhängige Elemente in Erscheinung. Fokussiert wird abermals vielmehr der Lexemcharakter und die hiermit verbundene Bezeichnungsfunktion.

Die Frage der **Linkexplikation** ist angesichts dieser Links wiederum einzelfallbezogen zu entscheiden und nicht generell beantwortbar. In dem ersten der beiden der Metafraks-Homepage entnommenen Beispiele steht der dem Link vorangestellte Kotext „сокращенное название" („sokraščënnoe nazvanie" / „Kurzbezeichnung") in keinem unmittelbaren Zusammenhang mit der am Linkziel bereitgestellten Information, die als Unternehmensporträt zu identifizieren ist. In bezug auf die Linkexplikation funktioniert der kotextgebundene Linkanzeiger hier wie ein isolierter Link: Er leistet seine Explikation selbst, ohne Unterstützung durch den vorhandenen Kotext.

Anders die dem komplexen Linkanker als Kotext zugeordnete Sequenz im zweiten Beispiel, die eine thematisch-inhaltliche Kategorisierung des Linkankers vornimmt und die Linkexplikation insofern unterstützt. Den größeren bzw. stärker konkretisierenden Anteil an der Explikation hat aber auch hier der Linkanker selbst, der zu ausführlichen Produktinformationen führt. Insofern ist ihm ebenfalls eine Affinität zum isolierten Hyperlink zu attestieren. Entsprechend können diese Links, die zwar kotextgebunden auftreten, in ihrer Funktion als Sprungmarken aber weder in einer syntaktischen noch einer hochgradigen inhaltlichen Abhängigkeit von diesem Kotext stehen, als textinterne und dennoch quasi isolierte Verweise klassifiziert werden.

Zusammenfassend ist für die russischen unternehmensvorstellenden Textvorkommen an dieser Stelle festzuhalten, daß sie sich nicht nur in thematisch-inhaltlicher, sondern auch in struktureller Hinsicht durch relative Heterogenität auszeichnen – eine Heterogenität jedoch, die sich, wie gesehen, dem Versuch einer weitgehenden Typologisierung nicht entzog. Der größere Teil der Textvorkommen ließ sich in Analogie zu den deutschen Texten ebenfalls als Unternehmenskurzporträt und damit als eine primär darstellend-registrierende assertive Teiltextsorte bestimmen, die zusätzlich mit indizierend-orientierendem Potential ausgestattet ist. Denn diese Kurztexte stellen sich ebenfalls als der Einführung und Orientierung dienende sowie implizit auf weitere Informationen verweisende Ankündigungstexte dar. Dabei verzichten sie weitgehend auf die Einbin-

[362] Vgl. hierzu z. B. auch Panzer 1999, S. 13.

dung von Hyperlinks und bleiben ebenso ohne explizites Verweispotential wie die meisten Unternehmensporträts. Jene sind nicht als Ankündigungstexte beschreibbar, sondern fungieren als informativ-deskriptive Unternehmensvorstellungen, die innerhalb des Funktionsrahmens der darstellend-registrierenden assertiven Textsorten verbleiben. Hierin stimmen sie mit den Unternehmenssteckbriefen überein, die hingegen durch die Integration von Hyperlinks gekennzeichnet sind. Insofern setzt das russische Corpus den Ankündigungstexten als Gegengewicht die Unternehmensporträts und die Steckbriefe entgegen und dokumentiert so letztlich Differenzierungen in der Ausgestaltung der Textsorte UNTERNEHMENSHOMEPAGE.

Des weiteren illustriert die Gesamtheit der russischen unternehmensvorstellenden Texte einmal mehr und aufgrund ihrer strukturellen wie inhaltlichen Vielfalt um so eindringlicher, daß das medienspezifische Element des Hyperlinks nicht imstande ist, darstellend-registrierende Texte grundlegend mit indizierend-orientierender Qualität auszustatten. Dies zeigen zum einen die Unternehmenskurzporträts, deren impliziter Verweis- und Ankündigungscharakter nicht auf Hyperlinks zurückzuführen ist, und zum anderen die Unternehmensporträts und Steckbriefe, die ihren Hyperlinks einen Widerstand entgegenzusetzen scheinen, indem sie durch sie jedenfalls nicht zu Ankündigungs- bzw. Verweistexten werden.

Gleichwohl ist die Bedeutung der Hyperlinks in ihrer Rolle als medienspezifisches Textverknüpfungsmittel nicht zu unterschätzen. Deutlich ist zumindest geworden, daß die Links in die Texte, in die sie integriert sind, eine zweite Rezeptionsebene einziehen. Die erste betrifft die Textrezeption im engeren Sinn, bei der die Links noch nicht als solche, sondern zunächst in ihrer Funktion als textkonstitutive, syntaktisch gebundene Textbestandteile zu erfassen sind. Die zweite Ebene ist die der Linkrezeption, geprägt vor allem durch die Lösung der als Links ausgezeichneten Elemente aus ihrer textuellen Umgebung.

Für eine solche, den Rezeptionsvorgang bestimmende Isolierung der Links spricht überdies die mit Online-Texten verbundene Rezeptionsbesonderheit des Scannens, jenem auf Schlüsselwörter konzentrierten und insbesondere auf optisch hervorgehobene Elemente reagierenden Überfliegen eines Textes. Allerdings muß unter dieser Prämisse wohl die Linkrezeption als die primäre betrachtet werden, an die sich eine Rezeption des Gesamttextes ggf. anschließt. Unbestritten kommt den Hyperlinks bei der Rezeption von WWW-Kommunikaten eine Schlüsselrolle zu, die selbst von der strukturellen Ausgestaltung der textuellen Umgebung als Fließ- oder tabellarischer Text unberührt bleibt: Die mit Hyperlinkfunktionalität ausgestatteten Einheiten verselbständigen sich zu Ankündigungslexemen und -syntagmen.

Dennoch kann die Textstruktur die Linkrezeption durchaus unterstützen. Texte aus syntaktisch resp. kohäsiv unverbundenen und daher signifikant unflektiert bleibenden Einheiten stellen insofern – vor allem angesichts einer Flexionssprache wie dem Russischen – eine für die Verlinkung geeignete Basisstruktur dar, als in hohem Maß lexikalische Einheiten in der Nennform als potentielle Linkanker zur Verfügung stehen. Bei der Rezeption derartiger Links muß nicht mehr von flexionsmorphologischen Merkmalen abstrahiert werden, was sich auf den Rezeptionsprozeß positiv auswirken dürfte. Überdies erscheint die Gefahr einer mit der Linkaktivierung verbundenen Rezeptionsunterbrechung hier weniger gravierend. Zumindest dürfte sich der Wiedereinstieg nach einer Unterbrechung bei derart strukturierten Texten, die für eine schnelle Informationsentnahme konzipiert sind (vgl. Ebert 2000, S. 9), problemloser gestalten.

6.4.4.3 Aktuelle Meldungen

Die russischen Homepages sind deutlich weniger als ihre deutschen Pendants durch aktuelle Nachrichten aus dem Unternehmen geprägt, weisen doch nur zwölf der Startseiten aktuelle Meldungen auf. Diese zeigen ebenfalls zwei elementare formale Erscheinungsformen, indem sie sich als Kurznachrichtentext präsentieren oder in Gestalt eines Meldungstitels auftreten. Der Meldungstitel ist die häufigere Präsentationsform, findet sich auf sieben Homepages realisiert, während vier Startseiten Kurznachrichtentexte enthalten. Einzig die Leit-Inhalts-Seite des Konzerns Красный Октябрь (Krasnyj Oktjabr') weicht hiervon ab, da sie chronologisch sortiert eine Reihe von z. T. sehr ausführlichen und deutlich auf Produktwerbung ausgerichteten Unternehmensnachrichten präsentiert.

Nicht zuletzt eine derartige „Abweichung" verdeutlicht zudem, daß die unter dem Postulat der Aktualität stehenden Homepage-Inhalte, auch wenn sie formal als Kurzmeldung in Erscheinung treten, nicht zwangsläufig als ausschließlich und eng journalistisch ausgerichtete Nachrichtentexte, etwa mit dem typischen pyramidalen Aufbau[363], zu sehen sind. Zu diesen nicht-journalistischen Texten gehören z. B. Hinweise auf aktuell verfügbare Site-Inhalte, etwa auf der Homepage des Energieunternehmens Татэнерго (Tatėnergo) die Erläuterungen zu dem an potentielle Zulieferer gerichteten Online-Auskunftssystem Закупки-Инфо (Zakupki-Info / Ankauf-Info).

Mehrheitlich greift gleichwohl die vorgestellte, an Pressetexten orientierte Typologisierung dieser Homepageteiltexte, an deren Seite die Ausstattung mit Hyperlinkfunktionalität tritt. Nur wenige Homepages weichen bei ihren aktuellen Meldungen vom Prinzip der Verlinkung ab, darunter die Einstiegsseite des Unternehmens Парнас-М (Parnas-M), deren Kurznachricht ohne weiterführenden elektronischen Verweis bleibt. Des weiteren sind die beiden Meldungstitel auf der Homepage der Erdölgesellschaft Роснефть (Rosneft') von der Analyse

[363] Zu dem für Nachrichtentexte typischen Bauprinzip der umgekehrten Pyramide vgl. z. B. Lüger 1995, S. 95.

ausgenommen, da die Homepage zum Erhebungszeitpunkt den Status einer unvollendeten Demo-Version hatte, die nur einen einzigen, zu Aktionärsinformationen führenden Hyperlink aufweist und die Meldungstitel unverlinkt läßt.

Die beiden Präsentationsformen MELDUNGSTITEL und KURZMELDUNG sind insbesondere mit Blick auf die **Verlinkung** weitergehend zu präzisieren: Entscheidend ist dabei die Relation zwischen dem textuellen Ausgangspunkt des Hypertextsprungs auf der Homepage und dem Textvorkommen am Linkziel. Der Terminus *Meldungstitel* gibt über diese Relation bereits insofern Auskunft, als mehrheitlich allein Textüberschriften – oft als Linklisten – auf den Homepages verzeichnet sind. Das Linkziel hält – in der Regel unter Wiederholung der Überschrift – den zugehörigen Volltext vor. In diesem Sinne können die russischen verlinkten Meldungstitel gleichermaßen mit dem von Bucher 1998 angesetzten und bei Brodde-Lange / Verhein-Jarren 2001[364] aufgenommenen Terminus *Überschriften-Ankündigung* belegt werden.

In struktureller Hinsicht präsentieren sich die Überschriften-Ankündigungen mehrheitlich als vollständige, aber auch elliptische, dann vorrangig prädikatlose Sätze. Mit Blick auf die Linkintegration und -explikation sind sie vor allem die Domäne des isolierten Hyperlinks, wie nachfolgender Auszug aus der Homepage des Unternehmens Норильский Никель (Noril'skij Nikel') illustriert:

• "Норильский Никель" демонстрирует в Нью-Йорке новые марки никелевых порошков	• "Noril'skij Nikel'" demonstriruet v N'ju-Jorke novye marki nikelevych poroškov	• Noril'skij Nikel' stellt in New York neue Sorten von Nickelpulver vor
• РАО "Норильский никель" [sic!] вошло в состав акционеров ОАО "Новолипецкий металлургический комбинат"	• RAO "Noril'skij Nikel'" vošlo v sostav akcionerov „OAO „Novolipeckij metallurgičeskij kombinat“	• Die Russische Aktiengesellschaft Noril'skij Nikel' trat den Aktionären der AG Novolipecker metallverarbeitendes Kombinat bei
• [...]	• [...]	• [...]

Des weiteren kommen quasi isolierte Links sowie nachgestellte metakommunikative Verweise zum Einsatz. Als quasi isoliert präsentiert sich z. B. die Liste verlinkter Meldungstitel auf der Homepage des Energieunternehmens Ново-

---

364 Brodde-Lange / Verhein-Jarren 2001 übernehmen die grundlegende Klassifikation von Bucher 1998 und differenzieren sie für ihre Corpusanalyse journalistischer Nachrichtentexte aus unterschiedlichen Formaten (Tageszeitung, Zeitschrift, Provider-Nachrichten, Online-Zeitung) im WWW.

сибирскэнерго (Novosibirskėnergo), die unter der nicht verlinkten Überschrift „Последние новости“ („Poslednie novosti“ / „Neueste Nachrichten“) steht. Daß abermals eine derart minimale textuelle Umgebung durchaus zur Linkexplikation beiträgt, läßt sich an der Bezeichnung *новости* (*novosti* / *Nachrichten*) festmachen: Sie leistet eine textsortenbezogene Einordnung der durch die nachfolgenden Links angekündigten Inhalte und transportiert so ein an die rezipientenseitige Textsortenkompetenz appellierendes und letztlich eine entsprechende Textsortenerwartung evozierendes Signal.

Auf der Homepage des Unternehmens Ижмаш (Ižmaš) wird hingegen das Prinzip des der Meldungsüberschrift nachgestellten metakommunikativen Verweises praktiziert:

28.01.2000 Подведены итоги работы ОАО "Ижмаш" за 1999 год. Здесь...	28.01.2000 Podvedeny itogi raboty OAO "Ižmaš" za 1999 god. Zdes'...	28.01.2000 Bilanzierung der Geschäftstätigkeit der Ižmaš AG für das Jahr 1999. Hier...

Im Gegensatz zu den signifikant repräsentierten Überschriften-Ankündigungen begegnen typische verlinkte Kurzmeldungen nur auf zwei Homepages. Die Relation zwischen Ausgangs- und Zieltext besteht darin, daß der auf der Homepage als Kurzmeldung eingesetzte Text Bestandteil – meist Initialteil – des am Linkziel vorfindlichen Volltextes ist. Entsprechend fungieren diese Ausgangstexte wie auf den deutschen Homepages als Meldungsanreißer. Als Linkanker tritt ebenfalls der nachgestellte metakommunikative Link in Erscheinung, der vor allem im Dienst der Verhinderung eines vorzeitigen Rezeptionsabbruchs stehen dürfte:

15.03.2000 **Всероссийский конкурс: "Куйбышевазот" - в пятерке сильнейших** Наше АО в числе других родственных ему предприятий, производящих минеральные удобрения, второй год участвует во Всероссийском конкурсе, выявляющем лучших производителей продукции для нужд сельского хозяйства. Подробнее	15.03.2000 **Vserossijskij konkurs: "Kujbyševazot" - v pjatërke sil'nejšich** Naše AO v čisle drugich rodstvennych emu predprijatij, proizvodjaščich mineral'nye udobrenija, vtoroj god učastvuet vo Vserossijskom konkurse, vyjavljajuščem lučšich proizvoditelej produkcii dlja nužd sel'skogo chozjajstva. Podrobnee	15.03.2000 **Gesamtrussischer Wettbewerb: Kujbyševazot ist unter den fünf Besten** Unsere AG nimmt von den übrigen mit ihr verwandten Betrieben, die Mineraldünger herstellen, im zweiten Jahr an dem gesamtrussischen Wettbewerb teil, durch den der beste Produzent von Erzeugnissen für den landwirtschaftlichen Bedarf ermittelt wird. Ausführlicher

Weiterhin kann die Kurzmeldung selbst als ein einziger undifferenzierter Hyperlink auftreten, so auf der Homepage des Unternehmens Новолипецкий металлургический комбинат (Novolipeckij metallurgičeskij kombinat). Die nicht verlinkte textuelle Umgebung besteht hier allein in dem Datum „6 июля 2000 г.“ („6 ijulja 2000 g.“/ „6. Juli 2000“); der nachfolgende Textabsatz bildet einen komplexen, undifferenzierten Linkanker. Textuelle Umgebung und Link stehen ausdrücklich nicht in einer Explikans-Explikandum-Relation, da das Datum die zeitliche Situierung des nachstehenden Textes und der durch ihn vermittelten Informationen leistet.

Nicht ohne weiteres als nachrichtentextliche Kurzmeldungen sind hingegen die Textvorkommen auf den Homepages der Unternehmen Татэнерго (Tatėnergo) und Красный Октябрь (Krasnyj Oktjabr') zu klassifizieren, wenngleich hier ebenfalls aktuelle Informationen im Zentrum stehen. Dies machen entsprechende Rubrizierungen der Kurztexte transparent: Auf der erstgenannten Homepage wird der Kurztext mit der Sequenz „Уже сегодня“ („Uže segodnja“ / „Schon heute“) gekennzeichnet, während auf letzterer die Überschrift „Новости“ („Novosti“ / „Nachrichten“) Aktualität signalisiert.

Auf der Homepage von Татэнерго (Tatėnergo) fungiert der Kurztext als Erläuterung der am Linkziel zu erwartenden Inhalte. Dabei ist der Linkanker nicht textintegriert, sondern textextern separat positioniert, aber insofern kohäsiv an den Erläuterungstext gebunden, als dieser das Lexem *закупки-инфо* (*zakupki-info* / *Ankauf-Info*) rekurrent wiederaufnimmt.

Закупки-Инфо ВНИМАНИЮ ПОСТАВЩИКОВ	Zakupki-Info VNIMANIJU POSTAVŠČIKOV	Ankauf-Info ZULIEFERER AUFGEPASST
Справочная система "Закупки-Инфо" - это информация о потребностях ПЭО "Татэнерго" в материально-технических ресурсах. Потенциальные поставщики имеют возможность ознакомиться с перечнем необходимых для ПЭО "Татэнерго" материалов, оборудования, запчастей, а также сделать свои предложения по поставке в режиме on-line.	Spravočnaja sistema „Zakupki-Info“ - ėto informacija o potrebnostjach PĖO „Tatėnergo“ v material'no-techničeskich resursach. Potencial'nye postavščiki imejut vozmožnost' oznakomit'sja s perečnem neobchodimych dlja PĖO „Tatėnergo“ materialov, oborudovanija, zapčastej, a takže sdelat' svoi predloženija po postavke v režime on-line.	Das Auskunftssystem „Ankauf-Info“ enthält Informationen über den Bedarf des Energieunternehmens Tatėnergo an technischen und Materialressourcen. Potentielle Zulieferer haben die Möglichkeit, in ein Verzeichnis der von der Tatėnergo benötigten Werkstoffe, Ausrüstung und Ersatzteile Einsicht zu nehmen und außerdem ihre Lieferangebote online abzugeben.

Einzig die durch ausführliche aktuelle Informationen geprägte Leit-Inhalts-Seite des Unternehmens Красный Октябрь (Krasnyj Oktjabr') weicht in bezug auf die Linkintegration von den bisher vorgestellten Nachrichtentexten ab. Zum einen bleiben weite Textteile unverlinkt, zum anderen begegnen vereinzelt separat positionierte Text- und Bildlinks. Das eigentliche Verlinkungsprinzip der Seite markiert aber der textintegrierte Hyperlink:

Сентябрь 1999 Мы рады представить Вам новую коллекцию новогодних подарков от «Красного Октября»: яркое красочное оформление, […]	Sentjabr' 1999 My rady predstavit' Vam novuju kollekciju novogodnich podarkov ot „Krasnogo Oktjabrja“: jarkoe krasočnoe oformlenie, […]	September 1999 Wir freuen uns, Ihnen die neue Auswahl von Neujahrspräsenten der Firma Krasnyj Oktjabr' vorstellen zu können: farbenprächtig leuchtende Aufmachung, […]
Май 1999 В майском выпуске журнала «Эксперт» был опубликован очередной рейтинг репутации крупнейших российских компаний. По итогам последних трех лет мы вышли на второе место после «Газпрома».	Maj 1999 V majskom vypuske žurnala „Ėkspert“ byl opublikovan očerednoj rejting reputacii krupnejšich rossijskich kompanij. Po itogam poslednich trёch let my vyšli na vtoroe mesto posle „Gazproma“.	Mai 1999 In der Maiausgabe der Zeitschrift Ėkspert wurde die aktuelle Rangliste der Reputation der größten russischen Unternehmen veröffentlicht. Den Ergebnissen der letzten drei Jahre zufolge erreichten wir den zweiten Platz nach Gazprom.

Anders als bei den textintegrierten Links in den unternehmensvorstellenden Texten trägt die textuelle Umgebung hier explizit zur Linkexplikation bei, indem sie bereits erste Informationen vermittelt, die mit den durch den Linkanker angekündigten Inhalten in unmittelbarem thematischen Zusammenhang stehen. In Thema-Rhema-Strukturen übertragen, hält das Linkziel die ausführlichere thematische Fortführung des durch Linkanker und textuelle Umgebung Angekündigten vor. Hierin stimmen diese Textvorkommen mit den Überschriften-Ankündigungen und Meldungsanreißern überein.

Mit Blick auf die Relation Linkausgangspunkt – Linkziel liegt ein Expansionsprinzip zugrunde: Am Ausgangspunkt führen Linkanker und textuelle Umgebung in die Thematik ein, die am Linkziel in größerer Ausführlichkeit und Detailliertheit fortgeführt wird. Der Hypertextsprung vom Ausgangs- zum Zieltext bedeutet somit keinen globalen Thema-Rhema-Wechsel, wenngleich der Zieltext im Sinne des Expansionsprinzips zusätzliche, neue (= rhematische) Fakten vermittelt. Insgesamt aber verbleibt der Zieltext innerhalb des durch den Ausgangstext vorgegebenen thematischen Rahmens, was sich wie nachstehend illustrieren läßt:

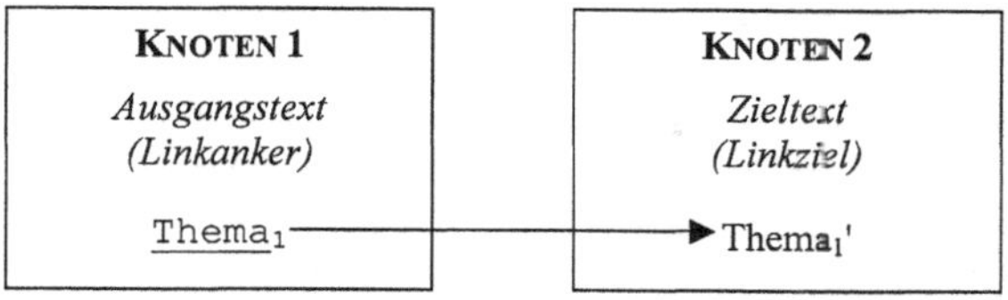

Thema-Thema-„Wechsel" bzw. Thema-Expansion durch Hypertextsprung

Mit Blick auf die **Textsortenzugehörigkeit** ist auch für die russischen aktuellen Meldungen in ihrer Funktion als Homepageteiltexte ihre Einordbarkeit in die Klasse der informationsvermittelnden assertiven Texte festzuhalten. Differenzierungen sind indessen hinsichtlich der Untergruppen der transmittierenden, darstellenden und indizierenden assertiven Texte vonnöten.

Unproblematisch ist die Erscheinungsform MELDUNGSTITEL, da sie aufgrund ihres Überschriftcharakters zusammen mit den Inhaltsübersichten medienunabhängig der indizierend-orientierenden Untergruppe zuzuordnen ist (vgl. Rolf 1993, S. 214). Inhärent ist ihr damit die Funktion der Informationsankündigung, bildet sie doch gleichsam das Kondensat des mit ihr überschriebenen Volltextes und signalisiert das Vorliegen von (ausführlichen) Informationen, auf die sie zugleich verweist. Damit ist sie (auch ohne Hyperlinkfunktionalität) als eine (Teil-)Textsorte[365]-in-Relation zu sehen, auf die der von Lüger 1995 angesetzte Terminus *Ankündigungstext* anwendbar ist (vgl. Lüger 1995, S. 90).

Geradezu prototypische Ankündigungstexte sind nach Lüger 1995 Kurzmeldungen in Zeitungen, die Inhalte nur anreißen und durch einen expliziten Zusatz am Textende auf weitere Informationen in einem anderen Zeitungsteil verweisen. Auf den Homepages finden sie sich in einer 1:1-Übertragung als Meldungsanreißer mit nachgestellten metakommunikativen Links realisiert. Sie verfügen somit, obgleich ursprünglich als transmittierend-emittierend zu beschreiben, gleichfalls über indizierendes Potential. Dieses gründet sich in erster Linie auf die explizite Verbalisierung des Verweises, die durch Unterlegung mit Hyperlinkfunktionalität ihre mediengerechte Aufbereitung findet.

Zu fragen ist hingegen nach dem Verweispotential einer Kurzmeldung wie jener auf der Homepage des Betriebs Новолипецкий металлургический комбинат (Novolipeckij metallurgičeskij kombinat), die ohne einen metakommunikativ verbalisierten Verweis als ein einziger komplexer Linkanker fungiert. Der Text

365 Obgleich der Textsortenstatus von Titeln, Überschriften etc. umstritten ist, schließe ich mich Rolf 1993 bei seiner Einordnung derartiger Texte als Textsorten an. Ich folge hingegen nicht der bei Rolf 1993 zitierten Ansicht von Nord 1989, Titel bzw. Überschriften seien nicht Teil eines übergeordneten Textganzen, sondern lediglich Metatexte (vgl. Rolf 1993, S. 214). M. E. bilden Überschriften eine Teiltextsorte.

ist zunächst als eine eigenständige, isolierte Kurznachricht und somit als Vertreter der transmittierend-emittierenden assertiven Texte zu werten. Indizierendes, ankündigend-verweisendes Potential ist nicht ersichtlich und tritt erst und einzig mit der Identifizierung des Kurztextes als Linkanker und Ausgangspunkt für einen Hypertextsprung zutage. Somit zeichnet hier allein die elektronische Hyperlinkfunktionalität für die indizierende Qualität des Textes verantwortlich und weist diesen Kurztext als einen Platzhaltertext für den am Linkziel bereitgehaltenen Volltext aus. Dieser Text erweist sich demnach ebenfalls als ein „Text-in-Relation", wenngleich diese Qualität hier weder kontextuell noch explizit textuell, sondern technisch erzeugt ist.

6.4.5 Sprachliche Charakteristika

Schon die deutschen Unternehmenshomepages waren zwar nicht als Fachtexte, aber dennoch fachsprachlich geprägte Gebrauchstexte des WWW charakterisiert worden. Angesichts der russischen Homepages verstärkt sich der Eindruck der **Fachsprachlichkeit** und gewinnt überdies an Kontur. Dies ist in erster Linie den umfangreichen unternehmens- und produktvorstellenden Textvorkommen geschuldet, die ein signifikantes Kontingent insbesondere an unternehmensbezogenem Fachwortschatz mit sich bringen. Doch auch die Inhaltsübersichten und selbst Überschriften-Ankündigungen und Meldungsanreißer tragen ihren Anteil zur fachsprachlichen Prägung der Unternehmenshomepages bei.

Das fachzugewandte Wortgut der russischen Unternehmenshomepages entstammt ebenfalls den drei horizontal differenzierten Wortschatzbereichen, die schon auf den deutschen Homepages evident wurden und als wirtschaftssprachlich, unternehmensbezogen und mediumsspezifisch zu charakterisieren waren. Konstitutiv für die Textsorte UNTERNEHMENSHOMEPAGE und damit gleichermaßen für die russischsprachigen Textexemplare ist naturgemäß die wirtschaftssprachliche Lexik, durch die die russischen Startseiten dementsprechend durchgängig gekennzeichnet sind. Ebenso ist medienspezifisches Wortgut frequent, während die unternehmensbezogene Fachlexik zwar nicht durchgehend, aber z. T. in auffallend hoher Konzentration begegnet.

Die hohe Frequenz wirtschaftssprachlicher Lexik weist die Inhaltsübersicht als den Hauptträger dieser Wortschatzelemente aus, ist diese makrostrukturelle Komponente doch fast ausnahmslos Bestandteil der russischen Startseiten. Die übrigen Textvorkommen unternehmensvorstellender und aktueller Art kommen zwar gleichfalls als potentielle Vermittler wirtschaftssprachlichen Wortschatzes in Frage, weisen aber eine geringere Vorkommenshäufigkeit auf.

An wirtschaftssprachlichem Wortgut sind zunächst jene hochfrequenten Lexeme zu nennen, die in den Inhaltsübersichten als Rubriktitel begegnen, z. B. *ком-*

пания (*kompanija / Handelsgesellschaft*), *предприятие* (*predprijatie / Betrieb*), *производство* (*proizvodstvo / Produktion*), *продукция* (*produkcija / Erzeugnisse*), *цены* (*ceny / Preise*) und *прайс-лист* (*prajs-list / Preisliste*). Zusammen mit weniger frequenten und nicht auf die Inhaltsübersichten beschränkten Einheiten wie *рынок* (*rynok / Markt*), *товары* (*tovary / Waren*), *услуги* (*uslugi / Dienstleistungen*), *предложение* (*predloženie / Angebot*) und *капитал* (*kapital/ Kapital*) sind sie jenem Bereich der Wirtschaftssprache zuzurechnen, der nach Китайгородская (Kitajgorodskaja) 1996 den Grundbestand der ökonomischen Terminologie (постоянный фонд экономической терминологии / postojannyj fond ėkonomičeskoj terminologii) markiert und der Bezeichnung allgemeinwirtschaftlicher Grundbegriffe und Kategorien (базовые общеэкономические понятия и категории / bazovye obščeėkonomičeskie ponjatija i kategorii) dient.[366]

Ferner akzentuiert die wirtschaftssprachliche Lexik Momente wie die Rechtsform oder die Struktur der Unternehmen, was sich etwa in folgenden Lexemen spiegelt: *акционерное общество* (*akcionernoe obščestvo / Aktiengesellschaft*) und ihre hochfrequente Kurzform *OAO* (*OAO / AG*), *совет директоров* (*sovet direktorov / Direktorenrat*), *правление* (*pravlenie / Vorstand*), *руководство* (*rukovodstvo / [Unternehmens-]Führung*), *дочерние АО* (*dočernie AO / Tochtergesellschaften*), *филиал* (*filial / Zweigniederlassung*) und *департамент продаж* (*departament prodaž / Vertriebsabteilung*). In signifikanter Häufigkeit sind ferner Lexeme zu verzeichnen, die sich formal als Personenbezeichnungen darstellen, semantisch aber oft eher juristische als natürliche Personen repräsentieren: *покупатель* (*pokupatel' / Kunde*), *оптовик* (*optovik / Großhändler*), *поставщик* (*postavščik / Zulieferer*), *партнёр* (*partnër / Partner*), *акционер* (*akcioner / Aktionär*), *инвестор* (*investor / Investor*), *вкладчик* (*vkladčik / Deponent*).

Neben dem Kommunikationsbereich Wirtschaft reflektiert der Lexikonbestand der Textsorte UNTERNEHMENSHOMEPAGE mediale Gegebenheiten. Die entsprechenden Lexeme dokumentieren aber nur einen kleinen Ausschnitt aus dem medienspezifischen Wortschatz, indem sie sich auf einige vorrangig als gemeinsprachennah zu beschreibende fachzugewandte lexikalische Einheiten konzentrieren. Den Kern dieses Ausschnittes bildet als vorkommenshäufigstes Lexem das ausschließlich in lateinischer Verschriftlichung anzutreffende Substantiv *E-Mail*, dessen hohe Frequenz der ausgeprägten Möglichkeit der elektronischen

---

366 Vgl. Китайгородская (Kitajgorodskaja) 1996, S. 172. Zu berücksichtigen ist in diesem Zusammenhang der erst in der Folge des Zusammenbruchs der Sowjetunion zu Beginn der 1990er Jahre eingeleitete Übergang von der kommunistischen Planwirtschaft zur Marktwirtschaft. Vor dem Hintergrund dieser gesellschaftlichen und wirtschaftlichen Umbrüche steht auch der Beitrag von Китайгородская (Kitajgorodskaja) 1996 zur russischen Wirtschaftsterminologie der Gegenwart.

Kontaktaufnahme zum Unternehmen Rechnung trägt. Alternativ begegnet vereinzelt die Lehnübersetzung *электронная почта* (*ėlektronnaja počta / elektronische Post*).

Als weitere Pfeiler des medienbezogenen Wortschatzausschnittes präsentieren sich Einheiten wie *главная [страница]* (*glavnaja [stranica] / Hauptseite*), *сайт* (*sajt / Site*), *карта сайта* (*karta sajta / Sitemap*) bzw. *карта сервера* (*karta servera / Sitemap*), *сервер* (*server / Server*) und *webmaster*[367], die bis auf ersteres ihre englische Provenienz auch bei kyrillischer Verschriftlichung nicht verleugnen können. Ein erkennbares Einsatzfeld finden die mediumsspezifischen Lexikoneinheiten nicht nur bei den funktionalen Komponenten, sondern auch im Bereich der Metainformationen, insbesondere in Gestalt der auf die Mediennutzung gerichteten Hinweise. In diesem Kontext begegnen Lexeme wie *браузер* (*brauzer / Browser*), *технология Macromedia Flash* (*technologija Macromedia Flash*) und *plug-in*.

In dem Maß, in dem der wirtschaftssprachliche und der medienspezifische Wortschatz als gemeinsprachennah zu charakterisieren sind, befindet sich der eruierte unternehmensbezogene Wortbestand in einer deutlichen Distanzstellung zur Gemeinsprache, präsentiert er sich doch zum großen Teil als hochgradig fachsprachlich. Zudem ist er insofern durch eine interne horizontale Differenzierung gekennzeichnet, als er der unterschiedlichen Branchenzugehörigkeit der Unternehmen Rechnung trägt. In bezug auf ihren Fachwortanteil dominieren die Branchen Metallurgie und Bergbau, doch ist ebenso aus den Bereichen Erdöl / Erdgas, Energiewirtschaft und Maschinenbau fachsprachliches Wortgut identifizierbar. Innerhalb der Homepage ist der unternehmensbezogene Fachwortschatz komponentenübergreifend anzutreffen, wobei die unternehmensvorstellenden und aktuellen Textvorkommen seine eigentliche Domäne sind.

Für die Fachlexik der Metallurgie gilt, daß sie sich primär auf den Bereich der Produkt- und Stoffbezeichnungen konzentriert, aber auch auf Herstellungsverfahren rekurriert. An Herstellungsverfahren aus dem Bereich einer Rohrwalzfabrik sind u. a. zu nennen *горячая прокатка* (*gorjačaja prokatka / Warmwalzen*), *холодная прокатка* (*cholodnaja prokatka / Kaltwalzen*) und *дуговая сварка* (*dugovaja svarka / Lichtbogenschweißen*). Sein umfangreiches Produktspektrum stellt der in der Buntmetallurgie tätige Betrieb СУАЛ (SUAL) in einem Unternehmenskurzporträt vor:

367 Hier überwiegt die lateinische Verschriftlichung gegenüber vereinzelten graphischen Varianten wie Web-Мастер und Веб-мастер (Veb-master).

боксит	boksit	*Bauxit*
кварцит	kvarcit	*Quarzgestein*
первичный алюминий (чушки, катанка, слитки)	pervičnyj aljuminij (čuški, katanka, slitki)	*Hüttenaluminium (Barren, Walzdraht, Gußblöcke)*
алюминиевые порошки и пудры	aljuminevye poroški i pudry	*Aluminiumpulver und -puder*
алюмо-кремниевые сплавы	aljumo-kremnievye splavy	*Aluminium-Silizium-Legierungen*
кристаллический кремний	kristalličeskij kremnij	*kristallines Silizium*
глинозём и гидрат	glinozëm i gidrat	*Tonerde und Hydrat*
анодная масса	anodnaja massa	*Anodenmasse*
галлий	gallij	*Gallium*

Einen weiteren Eindruck von der Fachsprachlichkeit der Startseiten russischer Unternehmenswebsites vermittelt die nachstehende exemplarische Übersicht:

Maschinenbau		
подшипник скольжения	podšipnik skol'ženija	*Gleitlager*
силовой кабель	silovoj kabel'	*Starkstromkabel*
эмальпровод	ėmal'provod	*Emailleleitung*
цветное литьё	cvetnoe lit'ë	*Buntmetallguß*

Bergbau		
уголь коксующийся	ugol' koksujuščijsja	*kokende Kohle*
зольность	zol'nost'	*Aschegehalt*
угольный бассейн	ugol'nyj bassejn	*Kohlebecken, -revier*
антрацит	antracit	*Anthrazit*
угольный разрез	ugol'nyj razrez	*Kohletagebau*

Erdöl, Erdgas		
мазут	mazut	*Schweröl*
углеводород	uglevodorod	*Kohlenwasserstoff*
серная кислота	sernaja kislota	*Schwefelsäure*
кокс нефтяной	koks neftjanoj	*Erdölkoks*
дизельное топливо	dizel'noe toplivo	*Dieselkraftstoff*
нефтяной битум	neftjanoj bitum	*Erdölbitumen*

Energiewirtschaft		
ГЭС (гидроэлектростанция)	GĖS (gidroelektrostancija)	*Wasserkraftwerk*
ТЭЦ (теплоэлектроцентраль)	TĖC (teploėlektrocentral')	*Fernheizkraftwerk*
теплотрасса	teplotrassa	*Heizleitungsstrang*
трансформаторная подстанция	transformatornaja podstancija	*Umspannwerk*

Der augenfällige Anteil derart fachbezogener Wortschatzeinheiten korrespondiert mit der ausgeprägt sachorientierten Textperspektive, die die russischen Homepages dominiert: Die Vermittlung faktischer Information steht im Vordergrund, Merkmale inszenierter, explizit werbender Kommunikation treten oft hierhinter zurück bzw. weniger offenkundig zutage. Gänzlich hiervon frei bleiben die russischen Startseiten dennoch nicht, dient die WWW-Präsenz als Werbe- und Marketinginstrument doch letztlich dem Ziel der Umsatzsteigerung. Am nachdrücklichsten manifestiert sich der **Einsatz werbesprachlicher Elemente** in den wenigen image- oder produktwerbenden Slogans des Typs „Магнезит – Ваш стойкий выбор в мире огнеупоров“ („Magnezit – Vaš stojkij vybor v mire ogneuporov“ / „Magnezit – Ihre beständige Auswahl in der Welt der Feuerfeststoffe“).

Weiterhin sind zahlreiche positiv konnotierte Adjektivattribute zu benennen, die wie auf den deutschen Homepages die Rolle von Hochwertwörtern einnehmen, z. B. *высококачественный* (*vysokokačestvennyj / qualitativ hochwertig*), *перспективный* (*perspektivnyj / perspektivreich*), *высококвалифицированный* (*vysokokvalificirovannyj / hochqualifiziert*), *неповторимый* (*nepovtorimyj / einzigartig*), *современный* (*sovremennyj / modern*), *мощный* (*moščnyj / leistungsstark*), *надёжный* (*nadëznyj / zuverlässig*), *динамичный* (*dinamičnyj / dynamisch*), *развивающийся* (*razvivajuščijsja / aufstrebend*). Im wahrsten Sinn des Wortes gesteigert wird die Aufwertung des Bezeichneten mit adjektivischen Attributen, die in der grammatischen Form des Superlativs in Erscheinung treten. Zu den frequentesten zählt das Adjektiv *крупнейший* (*krupnejšij / größter*), besprochen im Kontext der unternehmensvorstellenden Texte am Beispiel der einleitenden stereotypen Formulierung. Außerdem begegnen etwa *лучший* (*lučšij / bester*), *богатейший* (*bogatejšij / reichster*), *сильнейший* (*sil'nejšij / stärkster*), *самый развитый* (*samyj razvityj / am höchsten entwickelter*).

Neben der Werbung für das Unternehmen und seine Produkte findet auch die Werbung um den Netznutzer weniger explizit statt. Ablesbar ist dies vor allem an der geringer ausgeprägten kontaktiven Markierung der Startseiten. An den Rezipienten gerichtete Begrüßungssequenzen sind eher selten, desgleichen ihn direkt ansprechende Rubriktitel. Entsprechend wenig vertreten sind überdies

Sequenzen wie die folgende: „Господа ВАЗовцы[368]! К Вашим услугам информационно-справочная система" („Gospoda VAZovcy! K Vašim uslugam informacionno-spravočnaja sistema" / „Meine Damen und Herren Kunden der Wolga-Automobilwerke! Ein Informations- und Auskunftssystem steht zu Ihren Diensten").

6.4.6 Textfunktion

Auch für die russischen Textexemplare ergibt sich als textuelle Grundfunktion die **Informations(vermittlungs)funktion**, die in den assertiven Teiltextsorten Inhaltsübersicht, Unternehmensporträt und -kurzporträt, Unternehmenssteckbrief und aktuelle Meldung ihre explizite Umsetzung findet. Dabei besteht die Hauptaufgabe der russischen Homepages gleichermaßen in der aus ihrer Initialstellung ableitbaren Vermittlung von Übersichtsinformation. Zentrales Instrument ist die Inhaltsübersicht, die nicht nur einen Überblick über die Inhalte der Website liefert, sondern diese Inhalte auch indizierend-orientierend ankündigt. Bei den wenigen als Visitenkarten zu klassifizierenden WWW-Präsenzen unterbleibt dieser explizit ankündigende Inhaltsüberblick hingegen, so daß die Textsorte hier eine abweichende Ausprägung zeigt.

An die Seite der Übersichtsfunktion tritt als zweite Aufgabe die Vermittlung thematisch-inhaltlicher Informationen – die Domäne der unternehmensvorstellenden Texte und aktuellen Meldungen. Dabei verfügen letztere in Gestalt der Überschriften-Ankündigungen und Meldungsanreißer ebenfalls über indizierende Qualität. Für die unternehmensvorstellenden Texte gilt dies hingegen mit Einschränkungen, sind sie doch zunächst den darstellend-registrierenden assertiven Textsorten zuzurechnen. Mehrheitlich kann ihnen in Gestalt der Unternehmenskurzporträts jedoch ebenfalls indizierendes Informationsankündigungs- und -verweispotential zugesprochen werden. Sie waren als Teiltexte-in-Relation zu klassifizieren, die unabhängig von einer etwaigen Ausstattung mit Hyperlinkfunktionalität weitere unternehmensbezogene Informationen implizit ankündigen.

Die Unternehmensporträts und -steckbriefe hingegen verfahren darstellend-registrierend, ohne über Indizierungspotential zu verfügen, so daß hier die auf inhaltliche Fakten gerichtete Informationsfunktion gegenüber der auf die Site-Inhalte verweisenden Informationsankündigung dominiert. Insofern tritt bei den russischen Homepages das **Indizierungspotential** nicht durchgehend als eine

368 ВАЗ = Волжский автомобильный завод (Volžskij avtomobil'nyj zavod / Wolga-Automobilfabrik). Die Sequenz entstammt der Homepage des Automobilherstellers АвтоВАЗ (AvtoVAZ).

mit der darstellend-registrierenden Informationsfunktion gleichrangige Textsortenqualität in Erscheinung.

Darüber hinaus deuten sich weitere Divergenzen an, z. B. im Hinblick auf die **kontaktive Qualität** der Startseiten: Die inhärente Funktion der Kontaktherstellung tritt auf den russischen Homepages mehrheitlich implizit zutage, findet oft keinen eigens verbalisierten Ausdruck. Der für die deutschen Homepages ermittelte, in zweifacher Hinsicht bestehende **appellative Gehalt** gilt zwar auch für die russischen Startseiten, denn weder Hyperlinks noch eine werbende Intention sind ihnen abzusprechen. Dennoch zeigen sich hier insofern differierende Ausprägungen, als die textsortenkonstitutiven interhypertextuellen Links nicht durchgehend vorhanden sind und die mit der Intention der Werbung kommunikativ inszenierte Appellation zugunsten der faktischen Informationsvermittlung z. T. deutlich in den Hintergrund tritt. Überdies deutet die bei der Subklassifizierung der assertiven Teiltextsorten zutage tretende strukturelle und funktionale Inhomogenität auf noch bestehende Unschärfen des russischen Textsortenprofils.

6.5 Die Unternehmenshomepage im interlingualen Vergleich

Auch wenn im Verlauf der intralingual für das russische Corpusmaterial vorgenommenen text(sorten)bezogenen Analysen deutsch-russische Unterschiede und Gemeinsamkeiten mitunter schon perspektiviert wurden: nachfolgend stellt sich die Aufgabe einer umfassenderen interlingualen Gegenüberstellung der eruierten Befunde. Dies soll sowohl auf dem Weg einer systematisierenden Zusammenschau der bisherigen Ergebnisse als auch punktuell unter Einbindung einzelphänomenbezogener vergleichender Analysen erfolgen.

Daß die deutschen und russischen Unternehmenshomepages durch zahlreiche Gemeinsamkeiten geprägt sind, ist im Verlauf der Ausführungen mehrfach und bereits in einem frühen Analysestadium evident geworden. Gleichwohl sind wiederholt Unterschiede, Abweichungen der russischen Gegebenheiten von der deutschen Folie zu bemerken, die bereits im Zuge der heuristischen Typologisierung der Homepages in Erscheinung treten: Während der Kernbereich beider Teilcorpora den als Haupttypen erkennbar werdenden Leitseiten, Leit-Inhalts-Seiten und Pre-Homepages zuzuordnen ist, ergibt sich an der Peripherie des russischen Corpus die Notwendigkeit, als einen zusätzlichen Typ die Inhaltsseite anzusetzen.

Zunächst aber ist für die deutschen und russischen Unternehmenshomepages von grundlegenden Gemeinsamkeiten auszugehen, die sich notwendigerweise aus der gemeinsamen Textsortenzugehörigkeit ergeben und sich in elementar übereinstimmenden textexternen bzw. von der globalen gemeinsamen Kommunikationsaufgabe abhängenden Merkmalen manifestieren. An extratextuellen Kommunikationsvoraussetzungen sind zuvorderst der identische Textgegenstand sowie vergleichbare situative Bedingungen der Textrezeption (online am Computerbildschirm) zu nennen. Aufschlußreicher als die textexternen Faktoren sind für den interlingualen Textvergleich und insbesondere mit Blick auf etwaige einzelsprachspezifische sowie übereinzelsprachliche Charakteristika strukturelle Textmomente, wie sie sich auf der Ebene der Makro- und Teiltextstruktur sowie in sprachlichen Besonderheiten manifestieren.

6.5.1 Makrostruktur: Clusterbildung zwischen Prototypik und Variation

Mit Blick auf die makrostrukturelle Ausformung der deutschen und russischen Unternehmenshomepages ist festzuhalten, daß die Realisierung der Kommunikationsaufgabe maßgeblich durch hochgradig äquivalente makrostrukturelle Komponenten erfolgt. Konstitutiv sind einschließlich der Hyperlinkfunktionalität jeweils elf informationelle Module. Nachstehende Abbildung zeigt die Bestandteile samt quantitativer Corpusverteilung (Anzahl der Homepages in %) in direkter Nebeneinanderstellung:

Makrostrukturelle Komponenten der Unternehmenshomepages

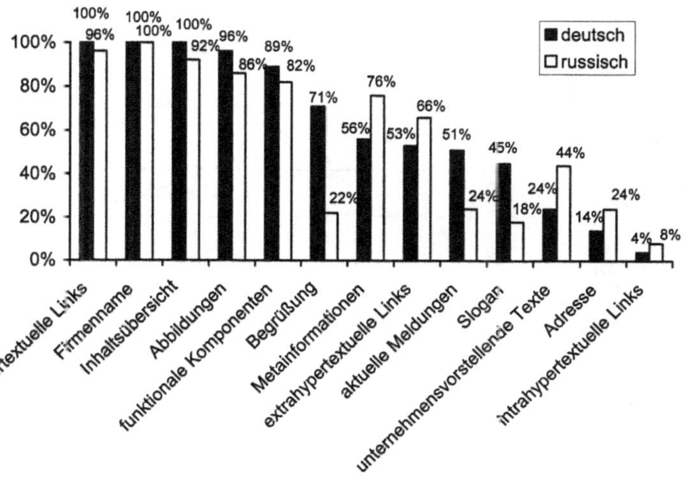

Von einer Makrostruktur im engeren Sinn einer sequenzierten Abfolge der einzelnen Komponenten ist nicht zu sprechen. Vielmehr zeichnen sich die Homepages durch **Clusterbildung** aus optisch voneinander isolierten Komponenten aus, deren Anordnung auf dem Bildschirm bestimmten, für die deutschen und russischen Homepages offenkundig gleichermaßen geltenden Konventionen folgt. Auch zeichnet die Clusterbildung letztlich für die als punktuell verteilt zu charakterisierende thematische Verarbeitung des zentralen Textgegenstandes verantwortlich. Daß die für Homepages charakteristische Art der thematischen „Entfaltung" nicht anders als als punktuell zu bezeichnen ist, machen nicht zuletzt die jeweils als prototypisch ermittelten Ausgestaltungen der Unternehmenshomepage transparent, welche einander anhand der je konstitutiven makrostrukturellen Bestandteile gleichfalls direkt gegenübergestellt seien:

PROTOTYPISCHE UNTERNEHMENSHOMEPAGE			
DEUTSCH		**RUSSISCH**	
Hyperlinks - interhypertextuell - extrahypertextuell	 100 % 53 %	Hyperlinks - interhypertextuell - extrahypertextuell	 96 % 66 %
Firmenname (Schriftzug, Logo)	100 %	Firmenname (Schriftzug, Logo)	100 %
Inhaltsübersicht	100 %	Inhaltsübersicht	92 %
Abbildungen	96 %	Abbildungen	86 %
funktionale Komponenten	89 %	funktionale Komponenten	82 %
Kontaktsequenz (Begrüßung)	71 %	–	–
Metainformationen	56 %	Metainformationen	76 %
aktuelle Meldungen	51 %	–	–
Leitseite Typ B		**Leitseite Typ A**	

Die prototypische russische Unternehmenshomepage als Realisierung der Leitseite Typ A (Inhaltsübersicht) stellt sich als eine zurückgenommene, allein auf Funktionalität setzende Homepageform dar, die auf alle unter diesem Aspekt redundanten Komponenten verzichtet. Inhaltspräsentation ist ebensowenig ihre Aufgabe wie eine der Kontaktherstellung dienende Inszenierung von Kommunikation in Form der Begrüßung des Rezipienten. Entsprechend reduziert ist das Leistungsspektrum der Homepage, dessen Schwerpunkte in der Identifikation des Textemittenten und der Vermittlung eines informationsankündigenden Überblicks über die Inhalte der Website liegen. Diesen Kernaufgaben untergeordnet ist sowohl die potentiell informationsvermittelnde, meist aber rein illustrative Abbildung als auch die Zugreifbarkeit funktionaler Komponenten, vor allem in Gestalt einer direkt oder vermittelt erreichbaren E-Mail-Funktion. Konstitutiv sind zuletzt Metainformationen, die im russischen Corpus eine deutlich höhere Frequenz erreichen und ihre häufigste Realisationsform in Hinweisen zum Copyright finden. Daneben sind auf den russischen Homepages Besucherzähler für die merkliche Präsenz von Metainformationen verantwortlich, wohingegen die eruierten deutschen Homepages auf die Implementierung dieser Komponente verzichten.

Somit wird die Gebrauchstextsorte UNTERNEHMENSHOMEPAGE in ihrer prototypischen russischen Ausprägung auf ihren **Instrumentcharakter** reduziert, während das prototypische deutsche Pendant zwei zusätzliche Teilaufgaben erfüllt: Durch die als Eröffnungssignal fungierende Begrüßung wird der initiale Titelseitencharakter explizit verbalisiert, während die aktuellen Meldungen Information von (emittentenseitig antizipierter) inhaltlicher Relevanz präsentieren und zugreifbar machen. Auch wenn diese Information oft nur eine minimale Ausgestaltung erfährt, indem sie als Meldungstitel resp. Überschriften-Ankündigung realisiert wird, markieren die aktuellen Meldungen im Vergleich zum russischen Prototypen ein Mehr an inhaltlicher Information und damit letztlich, vor allem bei gebotener regelmäßiger Aktualisierung dieser Komponente, einen höheren Grad an Informativität. Daß beide prototypischen Unternehmenshomepages dennoch übereinstimmend den **Grundtypus der Leitseite** verwirklichen, akzentuiert einmal mehr die Dominanz der konstitutiven Leit- und Übersichtsfunktion und deutet überdies auf eine übereinzelsprachliche Gültigkeit dieses Homepagetyps in einem weltweit vernetzten elektronischen Medium.

Des weiteren scheint im Zuge der Gegenüberstellung der beiden prototypischen Homepage-Ausprägungen eine Frage auf, die angesichts der eruierten Gesamtheit der makrostrukturellen Komponenten und der durch die Homepages hervorgebrachten Typenvielfalt um so greifbarer wird: die Frage nach den jeweiligen **Säulen der Informationspräsentation**. Für das deutsche Teilcorpus gibt bereits der ermittelte Prototyp insofern Auskunft, als mit den aktuellen Meldungen eine Komponente in ihn eingeht, die im Dienst der Präsentation thematisch relevanter, rhematischer Information steht. Hieraus ist abzuleiten – und der vergleichende Blick auf die Frequenz der übrigen für die deutschen Homepages konstitutiven Bestandteile bestätigt dies –, daß die aktuellen Meldungen mit ihrer 51 %igen Corpusfrequenz neben der zentralen Inhaltsübersicht die wichtigste Säule der Informationspräsentation darstellen. Ihnen sind die Unternehmenskurzporträts als die dritte thematisch-inhaltlich zentrale Teiltextkomponente mit nur 24 %iger Präsenz deutlich nachgeordnet.

Nahezu komplementär verhalten sich aktuelle Meldungen und unternehmensvorstellende Textvorkommen im russischen Teilcorpus, überwiegen letztere mit 44 %iger Frequenz doch deutlich vor ersteren mit 24 %iger Vorkommenshäufigkeit. Auch wenn hier keine der beiden Komponenten Eingang in den Prototypen findet, wird deutlich, daß die deutschen und russischen Unternehmenshomepages zur Inhaltspräsentation unterschiedliche Textsorten bevorzugen: Die deutschen Startseiten werden von Nachrichtentexten dominiert, während die russischen auf strukturell differierende unternehmensvorstellende Texte setzen. Hinzu kommt, daß innerhalb des russischen Teilcorpus die informationsvermittelnden Komponenten gegenüber Elementen, die sich auf die Inszenierung von Kommunikation beschränken – kontaktive Sequenzen und Slogans – deutlich überwiegen. Im deutschen Teilcorpus präsentieren sich die quantitativen Verhältnisse abermals spiegelverkehrt: Im Vergleich zu kontaktiven Sequenzen und Slogans treten die aktuellen Meldungen und Unternehmenskurzporträts deutlich in den Hintergrund.

Somit sind für die deutschen und russischen Homepages Merkmale divergierender, dabei aber nicht unvereinbarer und durchaus kombiniert auftretender kommunikativer Strategien nachweisbar: Die deutschen Homepages zeigen eine offenkundigere Tendenz zur **Inszenierung von Kommunikation**, während auf den russischen Startseiten die **sachliche Informationsvermittlung** und -ankündigung dominiert. Im Zeichen der Inhaltsvermittlung stehen hier selbst die als semantisch transparent beschriebenen Unternehmensnamen – wenngleich hiermit kein textuelles Merkmal, sondern eine wortbildungsbedingte Eigenheit der russischen Benennungsbildung zum Tragen kommt. Ebenso bestätigt der Sachverhalt, daß die Slogans des deutschen mit den unternehmensvorstellenden Textvorkommen des russischen Corpus quantitativ nahezu übereinstimmen, die genannten Tendenzen; um so mehr, als beide Elemente zwar als fakultative, aber vorkommenshäufige, typische Komponenten zu sehen sind.

Das skizzierte Erscheinungsbild gewinnt weiterhin an Kontur, wenn man berücksichtigt, daß die auf den deutschen Unternehmenshomepages bevorzugte Informationspräsentation durch die domänenunabhängig universell einsetzbare Textsorte **NACHRICHT** ebenfalls als Teil der Inszenierung von Kommunikation gesehen werden kann. Insbesondere die Implementierung von Newstickern, die auf den russischen Homepages unterbleibt, macht dies anschaulich, wenngleich hier – ähnlich wie bei Animationen – vornehmlich mediale und weniger sprachliche Möglichkeiten eine derartige Inszenierung erlauben.

Überdies können Nachrichtentexte im Hinblick auf das World Wide Web als eine Textsorte betrachtet werden, in der der für das Medium charakteristische und als einer seiner signifikantesten Vorzüge gepriesene **Aktualitätsgedanke** gleichsam kulminiert. Außerdem ist nicht zu unterschätzen, daß Nachrichtentexte – in Gestalt nur der Überschriften oder in Form von Kurzmeldungen –

Textsortensignale transportieren, die Sprachteilhabern zumindest aus rezeptiver Praxis hinlänglich vertraut sind. Hiermit hält das „neue“ Medium eine Anbindung an gemeinhin bekannte und lange eingeübte Kommunikations- und Textmuster bereit. Dies kommt einer Anpassung des Mediums an die kommunikativen Gewohnheiten und Bedürfnisse der Nutzer gleich, ohne daß andererseits die mediale Besonderheit der Textvernetzung ungenutzt bleibt. Denn Nachrichtentexte und insbesondere die Meldungstitel sind aufgrund ihrer sprachökonomischen, aber hochgradig informativen Gestaltung für die Verlinkung gut geeignet, ist ihnen doch aufgegeben, die Kerninformation einer Meldung kondensiert wiederzugeben. Dem Rezipienten erlaubt dies meist eine hinreichende Antizipation der am Linkziel zu erwartenden Inhalte. Zumindest aus den untersuchten verlinkten Nachrichtentiteln sind in der Regel konkretere Informationen über das Linkziel ableitbar als etwa aus den oft großen Interpretationsspielraum lassenden Themawörtern der Inhaltsübersichten.

Als einen hervorzuhebenden Charakterzug offenbart das russische Teilcorpus im Unterschied zum deutschen Material außerdem eine ausgeprägte **Polarität in der Homepagegestaltung**. Sie äußert sich auf der einen Seite in der prototypischen als einer nachgerade reduzierten Unternehmenshomepage, die auf jegliche über Firmennamen, Inhaltsübersicht und Abbildung hinausgehende Inhaltspräsentation verzichtet. Ihr stehen auf der anderen Seite den Prototypen erheblich abwandelnde Variationsformen gegenüber, wie sie sich in der Erweiterung um unternehmensvorstellende Textvorkommen nachdrücklich manifestieren. Insbesondere dort, wo die Homepages von längeren Fließtexten mit traditioneller deskriptiver thematischer Entfaltung dominiert werden, wird das auf den deutschen Homepages durchgängig verfolgte Prinzip der Bildung von Informationsclustern sichtbar unterlaufen.

Doch erschöpfen sich die Modifikationen der Makrostruktur hierin nicht, betreffen im Gegenteil sogar jene Komponenten, die für die deutschen Unternehmenshomepages als obligatorisch ermittelt wurden. Entsprechend konnte in bezug auf die Inhaltsübersicht und die Implementierung von interhypertextuellen Links für einige Startseiten nur Merkmallosigkeit konstatiert werden, so daß im russischen Corpus zu 100 % allein die Identifikation des Emittenten über Firmennamen und Logo gewährleistet ist. Von derartigen Variationen bleibt auch die zu erfüllende Kommunikationsaufgabe nicht mehr unberührt, kann eine Homepage ohne Inhaltsübersicht und knotenübergreifende Hyperlinks doch weder einen Überblick über die Site-Inhalte vermitteln, noch faktisch als ein Einstiegsinstrument fungieren.

6.5.2 Die Inhaltsübersicht: Hochleistungswegweiser im Informationsdschungel

Da die zentrale Aufgabe der indizierend-orientierenden Inhaltsübersichten darin besteht, Informationen zugänglich zu machen, zeichnen sie sich notwendigerweise durch eine inhaltliche – und sich sprachlich manifestierende – Komplexitätsreduktion sowie enge intertextuelle Bezüge zu den angekündigten Inhalten aus. Explizite Indikatoren für letztere sind in Printinhaltsverzeichnissen die den Einträgen zugeordneten Seitenzahlen, unter denen die indizierten Inhalte auffindbar sind.

Mit Ausnahme der Seitenzahlen gelten die genannten Charakteristika gleichermaßen für die Inhaltsübersichten im hypertextbasierten WWW, wo sie, ausgerüstet mit Hyperlinkfunktionalität, geeignet sind, als unentbehrliche leistungsstarke Wegweiser durch die virtuellen Informationsräume zu fungieren. Um so größere Bedeutung kommt ihrer Orientierungs- und Verweisungsfunktion auf den Startseiten von WWW-Angeboten zu, da die Inhaltsübersichten hier den Erstzugriff auf oft umfangreiche und in ihrer Gesamtheit nicht zu überschauende Website-Inhalte steuern.

Wie gezeigt werden konnte, bestehen insbesondere in textstruktureller Hinsicht weitgehende Gemeinsamkeiten zwischen den untersuchten deutschen und russischen Inhaltsübersichten. Sie präsentieren sich übereinstimmend als Linklisten aus semantisch wie strukturell hochgradig äquivalenten, überwiegend nominalen Lexemen, seltener komplexeren syntaktischen Strukturen, welche die Rolle von Themawörtern bzw. Themaüberschriften[369] übernehmen. Kennzeichnend ist die **Deckungsgleichheit von Teiltext- und Linkankerstrukturen**, da die Inhaltsübersichten von isolierten Hyperlinks dominiert werden. Die Rubriktitel bzw. Themaüberschriften als Ganze erhalten Linkqualität, ohne in eine textuelle Umgebung eingebettet zu werden.

Mit anderen Worten: Dort, wo die Einträge der Inhaltsübersicht im Sinne lexikalischer Einheiten zu Thema*wörtern* kondensiert sind, fallen die Strukturen Ankündigungs*text* und Ankündigungs*lexem* zusammen. Damit erhält die Inhaltsübersicht eine so (sprach-)ökonomische, reduzierte Ausprägungsform, daß

[369] Den Terminus „Themaüberschrift" prägt Sandig 1971 bezogen auf Zeitungsschlagzeilen und begrenzt auf „Überschriften ohne Satzwert" (S. 39). Diese Einschränkung soll hier nicht gelten, denn auch satzwertige Rubriktitel wie *Was erwarten wir?* (Homepage der RWE-DEA AG, Subrubrik zur thematischen Abteilung *Beruf & Karriere*) oder *Как стать нашим партнёром* (*Kak stat' našim partnërom* / *Wie Sie unser Partner werden*; Homepage des Unternehmens Черкизовский мясоперерабатывающий завод / Čerkizovskij mjasopererabatyvajuščij zavod) leisten eine Thema-Ankündigung, ohne konkrete Vorinformationen zu liefern. Außerdem gilt laut Sandig 1971: „Diese Art von Überschriften kommt nicht nur in Zeitungen vor, sondern auch allgemein als Titel" (S. 39).

ihr kaum noch der Charakter einer textuellen Einheit zugesprochen werden kann. Vielmehr scheint sich der Text hier in Auflösung zu befinden, präsentiert sich als kohäsionsarme Liste aus einzelnen lexikalischen Bestandteilen, welche, indem sie Teilthemen des übergeordneten Rahmenthemas „Unternehmen“ markieren, gleichwohl kohärent gebunden sind.

Welche Teilthemen im einzelnen das Rahmenthema realisieren, wurde im Zuge der intralingualen Einzelanalysen der Inhaltsübersichten bereits erkennbar, doch sollen die Befunde nachfolgend nochmals systematisierend und vergleichend zusammengeführt werden. Hierzu wird zunächst ein als *tertium comparationis* einsetzbares **Bezugsschema** aufgestellt, nach dem sich die Inhalte von WWW-Angeboten insbesondere von Unternehmen gliedern lassen.[370] Dabei können in unserem Kontext allein jene Inhalte maßgeblich sein, die auf der Homepage als der höchsten Informationsebene einer Site angekündigt werden. Das Bezugsschema repräsentiert die semantische Makrostruktur der Inhaltsübersicht, die notwendigerweise zugleich die thematische Makrostruktur der Website bildet:

INHALTSÜBERSICHT / HOMEPAGE

- Aktuelles
- Unternehmen
- Produkte / Leistungen, Geschäftsbereiche
- Finanzinformationen
- Job
- Geschäftspartner
- Presse
- Service
- Unterhaltung
- Sonstiges

Die Kategorien setzen auf einer hohen Abstraktionsebene an und geben die typischen thematischen Abteilungen einer Website wieder, wie sie von der Homepage aus zugreifbar gemacht werden (können). Die Reihenfolge der Rubriken ist grundsätzlich frei, da die Sektionen thematisch-inhaltlich nicht voneinander abhängen. Dennoch spiegelt das Bezugsschema mit Blick sowohl auf die deutschen als auch die russischen Inhaltsübersichten eine durchaus typische Abfolge der Einträge. Funktionale Rubriken, konstituiert durch Kontaktinformationen,

[370] Die Grundlage hierfür liefert Scharl 1997, der in bezug auf Auswahl und Strukturierung der zu präsentierenden Inhalte ein Referenzmodell für WWW-Präsenzen von Unternehmen aus der IT-Branche entwickelt (vgl. für unseren Zusammenhang insbesondere S. 86 - 88). Für unsere Zwecke wurde es den notwendigen Modifikationen und Erweiterungen unterzogen.

Sitemaps und Suchfunktionen, bleiben hier außer acht, da sie in bezug auf die thematische Verarbeitung des Textgegenstandes als sekundär zu betrachten sind.[371]

Die in den deutschen und russischen Inhaltsübersichten verzeichneten Siterubriken können nun den Kategorien des Bezugsschemas zugeordnet werden. Es ergibt sich folgende thematische Verteilung:

Themenspektrum der deutschen und russischen Inhaltsübersichten

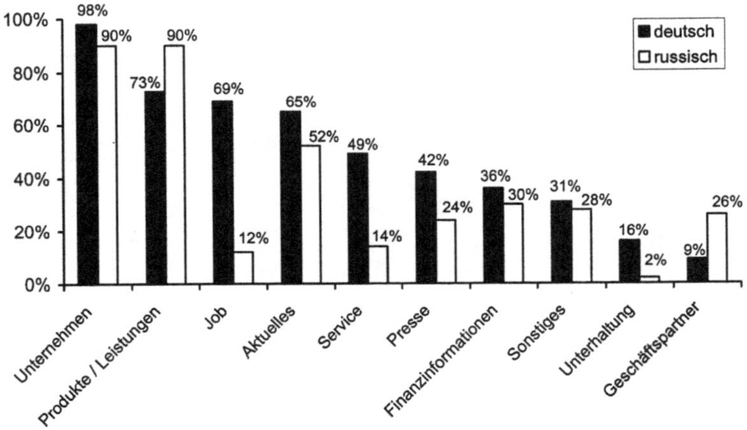

Der systematische Vergleich bestätigt zunächst eine elementare Gemeinsamkeit: Die thematischen Strukturen stimmen grundlegend überein, bleibt doch keine der Kategorien des Bezugsschemas unbesetzt. Ebenso lassen sich nun die bereits als thematische Schwerpunkte identifizierten Komponenten „Unternehmen" und „Produkte / Leistungen, Geschäftsbereiche" quantitativ belegen. Dabei sind beide Komponenten im russischen Corpus mit je 90 %iger Corpusfrequenz ausgewogen vertreten, während im deutschen Corpus die Unternehmens- gegenüber den Produktinformationen sichtlich dominieren. Letztgenannter Umstand kann ein Indiz dafür sein, daß auf den deutschen Unternehmenswebsites als *corporate*

371 Nicht eindeutig faßbar ist in dieser Hinsicht außerdem die im Bezugsschema verzeichnete Rubrik *Service*, die z. T. ebenfalls eher funktionale als thematisch-inhaltliche Relevanz hat, indem hier z. B. Online-Bestellmöglichkeiten oder Nutzungsmöglichkeiten für spezifische Datenbanken zur Verfügung stehen. Genauso finden sich aber Zusammenstellungen von thematisch relevanten weiterführenden Links und andere Service-Themen, die für die Aufnahme in das Bezugsschema sprechen.

sites unternehmensbezogener Information und letztlich Imagewerbung ein höherer Stellenwert zukommt[372], zumal für produktbezogene Informationen und Werbung oft eigene *brand sites* vorhanden sind.

Eine signifikante Diskrepanz zwischen deutschem und russischem Corpus besteht hinsichtlich des Teilthemas „Job“, welches nur 12 % der russischen gegenüber 69 % der deutschen Homepages über ihre Inhaltsübersichten ausweisen. Somit zeigen die russischen Unternehmenshomepages mindestens insofern eine abweichende Zielgruppenstruktur, als die Adressatengruppe potentieller Mitarbeiter kaum Berücksichtigung findet. Die Nutzungsmöglichkeiten des Mediums für den Personalsektor scheinen hier noch kaum erschlossen.

Ein deutlicherer Akzent liegt hingegen auf dem Teilthema „Geschäftspartner“, das 26 % der russischen und 9 % der deutschen Inhaltsübersichten als Rubriken ansetzen. Offenbar machen sich die russischen Websites diese thematische Sektion, sofern nicht explizite Werbung um zukünftige Partner im Vordergrund steht, zur impliziten Imagewerbung zunutze. Diese Vermutung drängt sich zumindest dort auf, wo auf hochkarätige ausländische Kooperationspartner verwiesen werden kann. Bleibt zu erwähnen, daß sowohl der Service-Gedanke als auch unterhaltende Komponenten im russischen Corpus nur geringe Resonanz finden. Vor allem die nahezu vollständige Ausblendung des Unterhaltungsaspekts bestätigt einmal mehr den Anfangsverdacht, daß das Hauptziel der russischen Homepages resp. Sites in der sachbetonten Informationspräsentation liegt.

Die **thematisch-inhaltliche Homogenität** der deutschen und russischen Inhaltsübersichten findet ebenso auf sprachlicher Ebene in den Rubriktiteln ihren Niederschlag. Besonders eindrücklich tritt sie dort zutage, wo Wortschatzeinheiten als Rubriktitel fungieren, erstreckt sich aber auch auf die Präpositionalgruppen und Zwillingsformeln, unter denen ebenfalls Äquivalenzpaare auszumachen sind. Nachstehende exemplarische Übersicht vermittelt einen Eindruck:

372 Gesicherten Aufschluß kann hier nur die umfassende Analyse der entsprechenden Website-Inhalte geben, die im Rahmen des hier aufgegebenen Themas aber nicht zu leisten ist.

RUBRIKBENENNUNGEN: ÄQUIVALENZPAARE (Auswahl)[373]	
deutsch	**russisch**
Aktuell (10) / *Aktuelles* (11)	*Новости* (*Novosti / Nachrichten*) (23)
(Das) Unternehmen (14)	*О компании* (*O kompanii / Über das Unternehmen*) (17) *О предприятии* (*O predprijatii / Über den Betrieb*) (3) *Предприятие* (*Predprijatie / Der Betrieb*) (1)
Konzern (3)	*О концерне* (*O koncerne / Über den Konzern*) (1)
(Wir) über uns (9)	*О нас / O nas* (1)
(Kenn-)Zahlen (12)	*Показатели / Pokazateli* (2)
Historie (4), *Geschichte* (4)	*История / Istorija* (10)
Produkte (12)	*Продукция* (*Produkcija / Erzeugnisse*) (20)
Produkte & Leistungen (2) *(Dienst-)Leistungen* (4)	*Товары и услуги / Tovary i uslugi* (1), *Продукты и услуги / Produkty i uslugi* (1)
Informationen für Aktionäre (1), *Aktionärsinformationen* (1) *Investor Relations* (9)	*Акционерам* (*Akcioneram / Für Aktionäre*) (2), *Информация для акционеров* (*Informacija dlja akcionerov / Informationen für Aktionäre*) (2), *Для инвесторов* (*Dlja investorov / Für Investoren*) (3)
Geschäftsbericht (8)	*(Годовой) отчёт / (Godovoj) otčët* (6)
Aktie(n) (5)	*Акции / Akcii* (2), *Ценные бумаги* (*Cennye bumagi / Wertpapiere*) (1)
Presse (10), *Presseinformationen* (6), *Pressemitteilungen* (4), *Presseservice* (4)	*Пресса* (*Pressa / Presse*) (2), *Пресс-центр* (*Press-centr / Pressezentrum*) (4), *Пресс-релизы* (*Press-relizy / Pressemitteilungen*) (3)

In bezug auf die durch die Inhaltsübersichten geleistete **Informationsankündigung** lassen sich in Relation zum Bezugsschema unterschiedliche Differenzierungsgrade erkennen, die im Zuge der intralingualen Einzelanalysen z. T. schon zur Sprache kamen. Zunächst sind hier jene Übersichten zu nennen, die gleichsam das Bezugsschema selbst realisieren, indem die als Rubriktitel gewählten Bezeichnungen auf einer dem Bezugsschema adäquaten, hohen semantischen Abstraktionsebene ansetzen. Auf diese Weise kommen Übersichten aus oft nur wenigen Themawörtern zustande:

Inhaltsübersicht Binding Brauerei AG

Binding-Gruppe
Marken
Service

Inhaltsübersicht GEA AG

Aktuell
Portrait
Informationen für Aktionäre
Karriere

[373] Die in Klammern nachgestellten Zahlen geben die Vorkommenshäufigkeit an. Dort, wo deutsche und russische Äquivalente nicht in einer Übersetzungsrelation zueinander stehen, wird dem russischen Beispiel die deutsche Entsprechung wie gewohnt nachgestellt.

Inhaltsübersicht Магнезит (Magnezit)

Новости (Novosti / Nachrichten)
О компании (O kompanii / Über das Unternehmen)
Продукция (Produkcija / Erzeugnisse)

Inhaltsübersicht Нижнекамскнефтехим (Nižnekamskneftechim)

Новости (Novosti / Nachrichten)
О компании (O kompanii / Über das Unternehmen)
Продукция (Produkcija / Erzeugnisse)
Для инвесторов (Dlja investorov / Für Investoren)
Партнеры (Partnëry / Partner)

Die Informationsgliederung resp. der Zugriff auf die Website-Inhalte erfolgt hier auf der Ebene von Themawörtern, die zusammen den Themaplan[374] der Website bilden. Kennzeichnend ist, daß die Themawörter in keiner hierarchischen Abhängigkeitsbeziehung stehen, sondern als untereinander gleichwertige Einträge fungieren. Insofern stellt sich der Themaplan hier als einfach strukturiert dar und läßt sich als Themareihe (vgl. Felber / Budin 1989, S. 103) bzw. genauer als eine das Rahmenthema „Unternehmen" umsetzende Teilthemenreihe beschreiben. Eine derart homogene Gliederungsbasis lassen 29 % der deutschen und 26 % der russischen Inhaltsübersichten erkennen.

Doch ist neben diesen einfachen Themaplänen eine differenziertere Zugreifbarkeit auf die Website-Inhalte realisiert, wie sie am Beispiel der hierarchisch strukturierten Inhaltsübersichten zu illustrieren war. Diese setzen auf der obersten Gliederungsebene gleichfalls Themawörter der beschriebenen abstrakten Qualität als Oberthemen an, ordnen ihnen aber zusätzlich jeweils spezifischere Unterthemen zu.

Inhaltsübersicht auf der Homepage der VAW AG (Auszug)

AKTUELLES	UNTERNEHMEN	AKTIVITÄTEN	PRODUKTE & LEISTUNGEN	FORSCHUNG & ENTWICKLUNG
Presse	Kurzporträt	Primary Materials		Entwicklungszentren
Termine	Konzernstrategie	Rolled Products		Dienstleistungen
Kontakt	Konzernübersicht	Flexible Packaging		Forum
	Kennzahlen	Automotive Products		
	Management	Others		
	Geschichte			

374 Zu Themaplänen und -systemen, zu denen auch Inhaltsübersichten zählen, vgl. Felber / Budin 1989, S. 107 - 118.

Inhaltsübersicht auf der Homepage des Unternehmens Парнас-М (Parnas-M) (Auszug)

Профиль (Profil' / Profil)
Наш бизнес (Naš biznes / Unser Geschäft)
Рынки (Rynki / Märkte)
Система качества (Sistema kačestva / Qualitätssicherungssystem)
История компании (Istorija kompanii / Geschichte des Unternehmens)
Экология (Ėkologija / Ökologie)
Вакансии (Vakansii / Freie Stellen)
Пресс-центр (Press-centr / Pressezentrum)

Покупателям (Pokupateljam / Für Kunden)
Горячая линия (Gorjačaja linija / Der heiße Draht)
Познакомится с продуктами [sic!] (Poznakomitsja [sic!] s produktami / Die Produkte kennenlernen)
Где купить (Gde kupit' / Wo erhältlich)

Оптовикам (Optovikam / Für Grosshändler)
Как стать партнером Парнас-М (Kak stat' partnërom Parnas-M / Wie man Partner von Parnas-M wird)
Каталог продукции и On-line заказ (Katalog produkcii i On-line zakaz / Produktkatalog und On-line-Bestellung)
Поставщикам (Postavščikam / Für Zulieferer)
Сырье (Syr'ë / Rohware)
Оборудование (Oborudovanie / Ausrüstung)

Eine derartige thematische Differenzierung erlaubt nicht nur vorab einen konkreteren Überblick über die Inhalte der Website, sondern hat im Vergleich zu den nicht-hierarchischen Übersichten, deren Differenzierung nicht selten auf nachgeschalteten Übersichtsseiten „nachgeholt" wird, oft kürzere Wege zur Information zur Folge. Hierarchisch organisierte Übersichten stellen aber nur 10 % der russischen gegenüber knapp 33 % der deutschen Homepages zur Verfügung. Das legt zunächst den Schluß nahe, einem möglichst weitreichenden Inhalts- und Strukturüberblick komme zumindest auf der Homepage-Ebene der russischen Websites geringere Bedeutung zu.

Hieraus aber auf einen allgemein geringeren Differenzierungsgrad der durch die russischen Inhaltsübersichten geleisteten Informationsankündigung zu schließen, ist mindestens verfrüht, da eine differenzierte Inhaltsankündigung nicht allein über eine auch optisch umgesetzte hierarchische Organisation der Ober- und Unterthemeneinträge zu erreichen ist. Allerdings ist feststellbar, daß sich die verbleibenden Inhaltsübersichten – deren Anteil zumindest im russischen Corpus bei über 50 % liegt – bei nicht-hierarchischer Organisation als heterogen strukturiert darstellen. Auf das Bezugsschema abgebildet, präsentieren sie sich als Mischstrukturen aus Ober- und Unterthemen, welche als untereinander gleichberechtigte Einträge bzw. thematische Links auftreten.

Inhaltsübersicht Hochtief AG

Unternehmen	← *Oberthema „Unternehmen"*
Mitarbeiter	← *Unterthema zum Oberthema „Unternehmen" oder „Job"*
Zahlen	← *Unterthema zum Oberthema „Unternehmen"*
Aktuelles	← *Oberthema „Aktuelles"*
Jobbörse	← *Unterthema zum Oberthema „Job"*
125 Jahre Hochtief	← *Unterthema zum Oberthema „Unternehmen"*

Inhaltsübersicht Иркутскэнерго (Irkutskėnergo)

Новости (Novosti / Nachrichten)	← *Oberthema „Aktuelles"*
О компании (O kompanii / Über das Unternehmen)	← *Oberthema „Unternehmen"*
Совет директоров (Sovet direktorov / Direktorenrat)	← *Unterthema zum Oberthema „Unternehmen"*
Производство (Proizvodstvo / Erzeugung)	← *Oberthema „Produkte"*
Тарифы (Tarify / Tarife)	← *Unterthema zum Oberthema „Produkte"*
Инвестиции (Investicii / Investitionen)	← *Unterthema zum Oberthema „Finanzinformationen"*
Финансовая отчётность (Finansovaja otčëtnost' / Rechnungslegung)	← *Unterthema zum Oberthema „Finanzinformationen"*
Акции (Akcii / Aktien)	← *Unterthema zum Oberthema „Finanzinformationen"*
Дивиденды (Dividendy / Dividenden)	← *Unterthema zum Oberthema „Finanzinformationen"*

Wenngleich in derartigen Inhaltsübersichten oft die Oberthemen überwiegen, kann der Informationszugriff wie in den Beispielen auch dominant über spezifische Unterthemen erfolgen, die unterhalb der vorgestellten semantischen Makrostruktur angesetzt sind. Dabei können die Unterthemen selbst thematische Schwerpunkte konstituieren, nach denen sich der Zugriff auf die Website-Inhalte gleichsam leitmotivisch richtet. So besteht der thematische Akzent im Fall der Hochtief AG in unternehmensbezogenen Inhalten, während in der Inhaltsübersicht der Иркутскэнерго (Irkutskėnergo) Finanzinformationen im Mittelpunkt stehen.

Außerdem ist hier die für einige russische Inhaltsübersichten ermittelte Vertextungsstrategie „Produktspektrum" anzuführen, welche die Inhaltsübersichten der Unternehmen Бабаевский (Babaevskij), Русский продукт (Russkij produkt), Сибнефть (Sibneft') und Тулачермет (Tulačermet) strukturiert. Zwar findet sich auf den deutschen Homepages innerhalb der Makrokategorie „Produkte / Leistungen, Geschäftsbereiche" ein äquivalentes Muster, doch gehen hier weniger die Produkte als vielmehr die Geschäftsfelder in die Inhaltsübersichten ein. Sie stellen auf elf Homepages[375] die zentrale Komponente des Informationszugriffs.

Zusammenfassend sind die deutschen und russischen Inhaltsübersichten als gleichermaßen heterogen zu charakterisieren, werden doch verschiedene, dabei aber **interlingual äquivalente Strukturierungsprinzipien** erkennbar. Die Inhaltsübersichten als die zentralen Orientierungsinstrumente und Spiegelbilder der Website-Inhalte bilden im wesentlichen thematische Parameter des Textgegenstandes ab, wobei je unterschiedliche Aspekte dominant gesetzt werden (können), die den Zugriff auf die Website-Inhalte steuern. Daß hier grundlegende deutsch-russische Kongruenzen bestehen, dokumentieren nicht zuletzt die unter den Rubrikbenennungen zahlreich ermittelbaren deutsch-russischen Äquivalenzpaare: Soweit an den Inhaltsübersichten ablesbar, erfolgt die Gliederung der Website-Inhalte übereinstimmend eng am Gegenstand und seinen für die (Netz-) Öffentlichkeit als relevant erachteten Faktoren.

Gerade in der beschriebenen Heterogenität des Strukturierungsansatzes scheint aber einzelsprachübergreifend eine charakteristische Eigenschaft der Inhaltsübersichten zu liegen, die die Leistungsfähigkeit dieses Navigationsinstrumentes offensichtlich nicht einschränkt. Interessant erscheint in diesem Zusammenhang die **Frage nach der Textsorte**: Handelt es sich bei den Inhaltsübersichten um Vertreter der Textsorte INHALTSVERZEICHNIS oder liegen eher REGISTER vor? Für die Qualität INHALTSVERZEICHNIS spricht z. B. die exponierte Plazierung der Übersicht auf die Homepage. Zwar werden die Übersichten in der Regel als Navigationsleisten auf die nachgeordneten Webseiten übernommen, doch wirken sie dort gleichfalls als *advance organizer*. Insbesondere auf der Homepage fungieren sie der Bestimmung von Inhaltsverzeichnissen gemäß als „einleitende Gesamtübersicht" (Kunze / Rückl 1974/75, S. 705). Vor allem die hierarchisch organisierten Übersichten erinnern an traditionelle Inhaltsverzeichnisse, in denen „sich Inhalt und Aufbau eines Textes spiegeln" (von Tschilschke 2000, S. 184).

Für eine Affinität zur Textsorte REGISTER sprechen hingegen vornehmlich formale Merkmale, zuvorderst der überwiegende Lexemcharakter der Rubriktitel und ihre listenförmige, auf Dezimalklassifikation verzichtende Anordnung. In dieser Hinsicht stellen sich die Inhaltsübersichten als Verzeichnisse von Themaschlagwörtern dar, welche über unterschiedliche Grade an Spezifität verfügen können. Dabei stehen die Themaschlagwörter nicht in einem kausalen Abhängigkeitsverhältnis; Ober- und Unterthemen bauen thematisch-inhaltlich nicht

---

375 Neben der Plettac AG sind zu nennen: Bahlsen KG, Benteler AG, CompuNet Computer AG & Co. oHG, Fresenius AG, KM Europa Metal AG, Mannesmann AG, Merck KGaA, Schering AG, Stinnes AG und Total Deutschland GmbH.

aufeinander auf und können unabhängig voneinander rezipiert werden. Besonders deutlich tritt der Registercharakter in jenen Inhaltsübersichten zutage, die durch das Vertextungsmuster „Produktspektrum“ gekennzeichnet sind. Insofern lassen sich die Inhaltsübersichten als Mischstrukturen aus Inhaltsverzeichnis und Register beschreiben.

6.5.3 Unternehmensnachrichten und Unternehmensvorstellungen: Öffentlichkeitsarbeit zwischen aktueller Berichterstattung und Selbstdarstellung

Es ist trivial, daran zu erinnern, daß Unternehmen das World Wide Web als Plattform für die unternehmensbezogene Öffentlichkeitsarbeit sowie als Marketing- und Werbeinstrument nutzen und daran globale Ziele wie Imagekonsolidierung und -gewinn, Steigerung des Bekanntheitsgrades und letztlich des Umsatzes knüpfen (vgl. Klaus / Röttger 1998, S. 220). Diesen Zwecken dient die Website als Ganzes, doch bleibt selbst die Homepage mit ihrer gebrauchsorientierten Hauptfunktion als zentrales Einstiegs- und Orientierungsinstrument von diesen Globalzielen nicht unberührt. Dieser Umstand spiegelt sich in einer entsprechenden Funktionsverteilung auf die Teilkomponenten der Startseite: Während die Inhaltsübersicht die Rolle des wegweisenden **Navigationsinstrumentes** übernimmt, leisten aktuelle Meldungen und unternehmensvorstellende Texte **Öffentlichkeitsarbeit und Imagewerbung im Kleinen**, indem sie vordergründig aus Emittentensicht relevante Informationen transportieren.

Mit Ausnahme der Implementierung von Newstickern finden die **Nachrichtenkurztexte** auf den deutschen und russischen Homepages eine äquivalente Aufbereitung. Übereinstimmend zeigen sie zwei Erscheinungsformen, wobei in beiden Teilcorpora die ökonomischen Überschriften-Ankündigungen gegenüber den ausführlicheren Meldungsanreißern überwiegen. Anders als bei den unternehmensvorstellenden Texten ist für diese Teiltexte die Ausstattung mit Hyperlinks charakteristisch, wobei mit Blick auf die Art der Linkeinbindung das gesamte hier besprochene **Spektrum an Hyperlinks** zum Einsatz kommt. Dabei bilden textintegrierte, als syntaktisch abhängige Einheiten auftretende Linkanker die Minderheit, sind doch insbesondere die Meldungstitel für eine Aufbereitung als isolierte und quasi isolierte Links prädestiniert. Selbst Meldungsanreißer begegnen auf den deutschen wie den russischen Startseiten vereinzelt als isolierte Links, indem sie eine einzige undifferenzierte Absprungmarke konstituieren. Einhellig zeigen die deutschen und russischen Homepages ebenso die spezifische Linkausprägung des metakommunikativen Links, der dem Nachrichtentext als Fortsetzungslink nachgestellt ist:

AKTUELL

VEAG stellt Projekte für Expo 2000

Details ...

Заявление Совета директоров и Правления ОАО "ЛУКОЙЛ" от 31.03.2000 о целях и задачах Компании на 2001-2010 годы. подробнее...	Zajavlenie Soveta direktorov i Pravlenija OAO "Lukojl" ot 31.03.2000 o celjach i zadačach Kompanii na 2001-2010 gody. podrobnee...	Erklärung des Direktorenrates und Vorstandes der offenen AG Lukoil vom 31.03.2000 über die Ziele und Aufgaben des Unternehmens für die Jahre 2001-2010. Ausführlicher...

Einheitlichkeit demonstrieren die deutschen und russischen aktuellen Meldungen außerdem mit Blick auf inhaltliche Aspekte, wobei die Faktoren Image- und / oder Produktwerbung ebenfalls eine Rolle spielen. Entsprechend werden neben wertneutralen Hinweisen auf zeitnah stattfindende Veranstaltungen Inhalte kommuniziert, die als positiv zu bewerten sind. Insbesondere wird die Textsorte NACHRICHT für die Übermittlung von Erfolgsmeldungen genutzt:

Fresenius im 1. Quartal 2000 mit deutlichem Ergebnissprung
[nicht verlinkte Newsticker-Meldung]

• В 2000 году РАО „Норильский никель" планирует инвестировать в развитие производства $330 млн.	• V 2000 godu RAO „Noril'skij nikel'" planiruet investirovat' v razvitie proizvodstva $330 mln.	• Im Jahr 2000 beabsichtigt die Russische Aktiengesellschaft Noril'skij nikel', 330 Mio. Dollar in die Produktionsentwicklung zu investieren.

Neben derartigen Meldungen, die die Unternehmensentwicklung betreffen, ist als ein zweiter inhaltlicher Schwerpunkt die Thematisierung des Aspektes „Produkte / Leistungen" zu beobachten:

Aktuelles

[03.07.2000] Metallfreies Deckelmaterial PET PEEL
mehr...[376]

ТНК начнет поставки высококачественного дизельного топлива с низким содержанием серы[377]	TNK načnёt postavki vysokokačestvennogo dizel'nogo topliva s nizkim soderžaniem sery	TNK startet Lieferungen hochwertigen Dieselkraftstoffs mit niedrigem Schwefelgehalt

376 Homepage der VAW AG.

377 Homepage der Erdölgesellschaft THK, Тюменская нефтяная компания (TNK, Tjumenskaja neftjanaja kompanija).

Somit stellen sich die aktuellen Meldungen auf den deutschen und russischen Homepages sowohl mit Blick auf die mediale Aufbereitung resp. Verlinkung als auch inhaltlich als überaus homogen dar. Überdies erweisen sich die Überschriften-Ankündigungen und Meldungsanreißer als für die Startseiten von WWW-Angeboten hochgradig zweckmäßige (Teil-)Textsorten: Aufgrund ihrer inhärenten sprachlichen wie inhaltlichen Kondensation sind sie in besonderem Maß geeignet, die indizierende Informationsankündigungs- und -verweisungsfunktion der Homepage zu unterstützen. Um so deutlicher zeigt dies ihr einzelsprachübergreifender Einsatz auf Startseiten von WWW-Angeboten, gepaart mit strukturell wie medial äquivalenter Aufbereitung.

Weniger kongruent präsentieren sich die **unternehmensvorstellenden Texte** im deutsch-russischen Vergleich, in dem 13 deutschen Texten 22 russische Pendants gegenüberstehen. Die deutschen Texte sind einheitlich als Kurzporträts zu klassifizieren, die einer überblicksartigen Vorabcharakterisierung des Unternehmens dienen. Anders hingegen die russischen Textvorkommen, von denen bei analoger Zugehörigkeit zur Gruppe der darstellend-registrierenden Informationstexte nur gut die Hälfte als Unternehmenskurzporträt bestimmt werden kann. In ihnen finden die deutschen Texte ihre unmittelbarsten Äquivalente, während die übrigen russischen Texte strukturell wie inhaltlich differierende Ausprägungen zeigen.

Insgesamt ist angesichts der unternehmensvorstellenden Texte für die russischen Unternehmenshomepages eine deutliche Textlastigkeit zu konstatieren, die selbst die Kurzporträts betrifft. Sie sind z. T. umfangreicher als die deutschen, so daß Minimalstrukturen wie auf den Homepages der Rheinmetall AG[378] und der Merck KGaA[379] keine Entsprechung finden. In Anbetracht zentraler übereinstimmender Charakteristika ist dies jedoch marginal: Die weitreichende Äquivalenz der deutschen und russischen **Unternehmenskurzporträts** äußert sich darin, daß sie als darstellend-registrierende Kurztexte, bedingt durch die Einbindung in die Startseite und durch die Nähe zur dominanten Inhaltsübersicht, gleichermaßen indizierend-orientierendes Potential erhalten. Indem sie erste Unternehmensinformationen vermitteln, signalisieren sie zugleich, meist im Verein mit entsprechenden Rubriklinks der Inhaltsübersicht, daß die Website weitere unternehmensbezogene Inhalte bereithält. Selbst die Kurzporträts auf den als Visitenkarten realisierten russischen Websites fungieren implizit als Vorankündigung und Platzhalter für eine ausgebaute Website mit umfangreicheren Inhalten.

Auch ohne Hyperlinks zu enthalten, wirken die Kurzporträts somit letztlich wie diese, nämlich – wenngleich implizit – **vorausweisend**. Sie übernehmen gleich-

378 „Ein Technologiekonzern für Automotive[,] Electronics[,] Defence“ (Rheinmetall AG).

379 „Wir sind eine weltweit tätige Unternehmensgruppe im Bereich Pharma, Labor und Spezialchemie“ (Merck KGaA).

sam die Funktion eines *Appetizers* und unterstützen damit das Gesamtziel der Homepage, den Rezipienten zur Exploration der Website-Inhalte zu animieren. Die Appetizer-Funktion haben diese ankündigenden Kurztexte mit den Nachrichtentexten, insbesondere in Gestalt der Überschriften-Ankündigungen, gemeinsam – mit dem Unterschied, daß die Schaffung von Leseanreizen medienunabhängig die originäre Aufgabe der Nachrichtenüberschriften ist (vgl. z. B. di Meola 1998a, S. 219, 1998b, S. 217).

Neben dieser homepagekonformen funktionsunterstützenden Textrealisierung, die als Anpassung an das Trägermedium beschreibbar ist, setzen die verbleibenden russischen Textvorkommen dem Medium gleichsam Widerstände entgegen. Sie stehen allein formal in Opposition, indem umfangreichen Fließtexten tabellarische Texte gegenüberstehen. Auf diese Dichotomie gründet sich die Differenzierung in Unternehmensporträts und einige wenige Unternehmenssteckbriefe. Hiermit ist die heterogene Textualität der russischen Homepages aber noch nicht hinreichend erfaßt: Vereinzelt begegnen Texte, die zwar formal, nicht aber inhaltlich als Steckbriefe zu identifizieren sind, da sie anstelle eines allgemeinen Überblicks spezifische Items wie z. B. eine Firmenchronik präsentieren.

Gemeinsam ist den Porträts und Steckbriefen jedoch – und in diesen Gemeinsamkeiten unterscheiden sie sich signifikant von den Unternehmenskurzporträts –, daß sie allein hinsichtlich ihres Umfangs über das einer Homepage als einleitender Übersichtsseite entsprechende Maß hinausgehen. Außerdem bleiben sie ohne indizierend-orientierende Qualität und damit ohne erkennbare Ankündigungs- und Platzhalterfunktion. Vielmehr fungieren sie allein darstellend-registrierend und sind insofern weniger geeignet, die Homepage in ihrer Einleitungs-, Orientierungs- und Überblicksfunktion zu unterstützen. Darüber hinaus sind sie z. T. nicht in eine vorangestellte Übersichtsseite eingebunden, sondern Bestandteil einer Informationsseite, die in Homepagefunktion verwendet wird. In ihrer Gesamtheit führen die genannten Merkmale zu einer **Einschränkung der Homepagefunktionalität**.

Freilich sind nicht nur formale und textstrukturelle, sondern auch **thematisch-inhaltliche Merkmale** der unternehmensvorstellenden Texte relevant. Diesbezüglich sind die deutschen und russischen Texte, wie die Texsortenbezeichnungen *Unternehmens(kurz)porträt* und *Unternehmenssteckbrief* signalisieren, durch weitreichende Gemeinsamkeiten gekennzeichnet. Denn mit Ausnahme allein dreier russischer Homepages[380] stehen die Texte durchweg unter der Leitfrage „Was für ein Unternehmen ist X, und was ist sein Betätigungsfeld?“ (Ebert

380 Es handelt sich um die Homepages der Unternehmen Иркутскэнерго (Irkutskėnergo), Востсибуголь (Vostsibugol') und Сибнефть (Sibneft'), deren Texte zwar steckbriefähnlich realisiert sind, aber nicht der Unternehmensvorstellung dienen.

1997, S. 198). Dementsprechend erbringt die thematische Analyse der deutschen und russischen Texte eine breite Basis gemeinsamer thematischer Komponenten:

- Tätigkeitsbereich / Geschäftsfelder,
- Marktposition,
- geografische Ausrichtung,
- Historisches,
- Leistungsspektrum,
- Organisationsstruktur,
- Produktionskapazität,
- Mitarbeiterzahl,
- Börsennotierung.

Über diesen gemeinsamen Themenbestand gehen die deutschen Unternehmenskurzporträts kaum hinaus, lediglich der Unternehmenssitz sowie Umsatzzahlen – letztere als Indikatoren für den Erfolg der Unternehmen gerne genannt – finden zusätzlich Erwähnung. Als thematischer Hauptschwerpunkt der deutschen und russischen Texte erweist sich vor allen übrigen Items die Komponente „Tätigkeitsbereich / Geschäftsfelder". Dieser Parameter, durch den ein Unternehmen wesenhaft definiert ist, trifft zugleich den Kern der Antwort auf die oben genannte Leitfrage eines Unternehmensporträts. Entsprechend früh wird er mit Blick auf die Abfolge der thematischen Komponenten im Text in der Regel genannt und bildet mehrheitlich die einzige thematische Komponente der deutschen Minimalporträts. Von vergleichbarer Bedeutung ist nur noch die Marktposition, die ebenfalls häufig und zu Beginn der Texte zur Sprache kommt. In den deutschen Texten findet sie spätestens als zweite, in den russischen spätestens als dritte Komponente Behandlung. Insbesondere in den russischen Texten gehört sie, wie auch das beschriebene Formulierungsstereotyp belegt, offenbar zur „Standardausstattung" der Unternehmensvorstellung – und letztlich Imagewerbung.

Ähnliches scheint für historische Angaben zu gelten, die in den russischen Texten nicht nur häufiger begegnen, sondern zudem oft stärker expliziert werden. Sie bleiben nicht zwingend auf die Nennung des Gründungsjahres begrenzt, sondern beziehen exemplarisch Meilensteine der Entwicklungsgeschichte der Unternehmen ein. Daß schon auf den Homepages historische Aspekte vergleichsweise intensiv kommuniziert werden, kann als Ausdruck eines für die russische Bevölkerung charakteristischen, ausgeprägten Traditionsbewußtseins[381] gedeutet

[381] Dieses nennt auch Pezoldt 1999 im Kontext einer aus betriebswirtschaftlicher Sicht vorgenommenen Charakterisierung des russischen Unternehmertums, bezogen allerdings auf kleine und mittlere Unternehmen in der Russischen Föderation (vgl. S. 34). In eine ähnliche Richtung deutet außerdem ein Hinweis von Baumgart / Jänecke 1997, demzufolge sich Russen durch eine sehr enge Bindung an ihre Kultur auszeichnen (vgl. S. 64).

werden. In die deutschen Kurztexte findet Historisches indessen eher beiläufig Eingang und beschränkt sich auf Angaben zum Alter des Unternehmens, die z. T. sehr vage bleiben.

Eine Ursache für die umfangreicheren russischen Texte[382] liegt in der teilweise ausführlicheren Explizierung einzelner thematischer Komponenten. Zum anderen wird fast die doppelte Anzahl der in den deutschen Texten zur Sprache gebrachten thematischen Items vermittelt, womit ein entsprechend höherer Informativitätsgrad verbunden ist. Mit folgenden thematischen Komponenten gehen die russischen Texte über die mit den deutschen Pendants gemeinsame thematische Basisstruktur hinaus:

- Produkte, Technologien,
- Produktqualität, Zertifikate,
- Kontaktinformationen / Ansprechpartner,
- Absatzmärkte, Marktsegmente,
- Kapitalverhältnisse,
- Geschäftspartner,
- Unternehmensziel(e),
- Reputation,
- Bankverbindung,
- Preisinformationen / -hinweise.

Besonders hervorzuheben ist der thematische Aspekt „Produkte, Technologien“, der die zweithäufigste Komponente der russischen Textvorkommen stellt. Daß ihm große Bedeutung zukommt, spiegeln zusätzlich nicht nur die durch die Vertextungsstrategie „Produktpalette“ gekennzeichneten Inhaltsübersichten, sondern auch die in den Texten als eigenes Teilthema wahrnehmbare Komponente „Produktqualität, Zertifikate“. Überdies weist der Themenschwerpunkt „Produkte“ einen augenfälligen Detaillierungsgrad auf, erreicht z. B. durch die erschöpfende Aufführung und Charakterisierung des Produktspektrums oder die Beschreibung von Fertigungsprozessen:

[...] Основные виды продукции - угли битуминозные прочие, коксующиеся и антрациты в рядовом, рассортированном и обогащенном виде. Предлагаются угли для коксо-	[...] Osnovnye vidy produkcii - ugli bituminoznye pročie, koksujuščiesja i antracity v rjadovom, rassortirovannom i obogaščënnom vide. Predlagajutsja ugli dlja koksovanija marki	[...] Die Kernprodukte sind bitumenhaltige Kohle, kokende Kohle und sortiertes, veredeltes Rohanthrazit. Im Angebot ist auch Kohle für die Verkokung der Marke K2.

382 Zur Orientierung: Der längste deutsche Text umfaßt sieben Sätze, während der umfangreichste russische aus 17 Sätzen besteht. Als Satz wurde jede zwischen Satzschlußzeichen stehende Sequenz gezählt; Überschriften blieben unberücksichtigt. Freilich gibt die Satzzahl nur sehr bedingt Auskunft über die Informationsdichte der Texte.

вания марки К2. Наша продукция низкозольная, высококалорийная, с небольшим содержанием серы. […]	K2. Naša produkcija nizkozol'naja, vysokokalorijnaja, s nebol'šim soderžaniem sery. […]	Unsere Produkte zeichnen sich durch niedrigen Aschegehalt, hohen Heizwert und geringen Schwefelgehalt aus. […]

Produktbeschreibung auf der Homepage des Unternehmens Кузбассразрезуголь (Kuzbassrazrezugol')

Damit tritt neben die durch die Unternehmensvorstellungen immer auch geleistete Imagewerbung in den russischen Texten zusätzlich die Produktwerbung, die implizit durch dominant sachorientierte, umfassende und detaillierte Produktinformation erfolgt. Die russischen Texte praktizieren somit **Produktwerbung durch Information**[383] und weniger durch die für Werbung charakteristische Inszenierung von Kommunikation.

Mit Blick auf das unternehmensbezogene Image werden hingegen Momente expliziter Werbung sichtbar: Sie manifestieren sich u. a. in der eigens ansetzbaren thematischen Komponente „Reputation". Diese tritt zwar nur in zwei Texten zutage, doch wird hier in einer im Vergleich zu den deutschen Pendants bemerkenswerten Explizitheit auf das gesellschaftliche bzw. geschäftliche Ansehen der Unternehmen rekurriert.[384] Ebenso deutet die in der Inhaltsübersicht des Süßwarenbetriebs Красный Октябрь (Krasnyj Oktjabr') verzeichnete Rubrik *Репутация общества* (*Reputacija obščestva / Reputation der Gesellschaft*) auf eine mitunter offensivere Herausstellung positiver Aspekte.

Inwieweit hier wiederum Spuren sowjetischer Hervorhebungsrhetorik zu vermuten sind (vgl. Zybatow 1995, S. 201f.), muß abermals dahingestellt bleiben, zumal es sich hier entschieden um Einzelerscheinungen handelt, die keinerlei Rückschlüsse auf etwaige allgemeine Tendenzen zulassen. Denkbar ist ferner, solche Äußerungen – ohne daß sie Unbescheidenheit oder Überheblichkeit signalisieren – als Ausdruck von Stolz auf Erreichtes zu lesen. Dies wird vor dem Hintergrund möglich, daß Emotionen in Rußland „offener und direkter gezeigt [werden] als in den meisten westeuropäischen Kulturen"[385].

---

383 Eine vergleichbare Strategie beobachtet schon Ohnheiser 1993 für Werbeanzeigen in russischen Printmedien (vgl. S. 47).

384 In Rede stehen die Homepages der Unternehmen Бабаевский (Babaevskij) und Татнефть (Tatneft').

385 Baumgart / Jänecke 1997, S. 64. Die Autorinnen hierzu weiter: „Das Zeigen von Gefühlen in der Öffentlichkeit gilt nicht automatisch als Verstoß gegen die gesellschaftliche Etikette […] (was selbstverständlich nicht bedeuten soll, daß beispielsweise offene Unmuts- oder Zornesausbrüche auf Russen nicht ebenso befremdlich wirken wie auf Westeuropäer […])" (S. 64).

Betrachtet man die Gesamtheit der durch die russischen Textvorkommen zusätzlich realisierten thematischen Komponenten, wird deutlich, daß die Texte signifikant im Zeichen umfassender **Unternehmensinformationen** stehen und stärker als die deutschen Pendants darauf zielen, schon auf der Homepage ein möglichst konkretes Gesamtbild des Unternehmens erstehen zu lassen. Hierfür sprechen vor allem die Faktoren „Absatzmärkte, Marktsegmente", „Geschäftspartner" und „Unternehmensziele". Ferner sind transparente Kontaktstrukturen offensichtlich von einiger Bedeutung, zählt die Angabe von Kontaktinformationen bzw. die Nennung von Ansprechpartnern doch zu den fünf häufigsten thematischen Komponenten der unternehmensvorstellenden Texte.

Für überaus spezifische **Detailinformationen** stehen schließlich die beiden Parameter „Kapitalverhältnisse" und „Bankverbindung", die über einleitende Überblicksinformationen zu einem Unternehmen deutlich hinausgehen. Die mitunter erfolgende Nennung der Registriernummer, mit der ein Unternehmen im regionalen Handels- und / oder gesamtrussischen Firmenregister verzeichnet ist, ist ebenfalls in diesem Kontext zu sehen.[386] Der somit erkennbar höhere Detaillierungsgrad der russischen Unternehmensvorstellungen gilt desgleichen für die wenigen Steckbriefstrukturen, die sich mit Blick auf die Funktionalität der übergeordneten Textsorte HOMEPAGE als durch konkurrierende Kommunikationsprinzipien geprägt erweisen: Der auf der einen Seite übersichtlichen und den Gesetzmäßigkeiten der Online-Rezeption Rechnung tragenden Textform steht auf der anderen Seite eine für Homepages unverhältnismäßig umfangreiche und detaillierte Informationsfülle gegenüber.[387] Dies macht eine eindeutige Charakterisierung sowie Typologisierung dieser Homepageteiltexte problematisch.

Ebensowenig wie die Steckbriefe fügen sich die als Unternehmensporträts klassifizierten Textvorkommen in ein einheitliches Bild von der Textualität der russischen Unternehmenshomepages, sind sie doch gleichfalls durch eine eher für Informations- als für Übersichtsseiten charakteristische Text- und Inhaltslastigkeit geprägt. Hinzu kommen mitunter verschwommene Aufbaustrukturen, die der durch den Textsortenbegriff UNTERNEHMENSPORTRÄT signalisierten Homogenität nicht uneingeschränkt gerecht werden. Die Unternehmensvorstellung auf der Homepage des Unternehmens Камкабель (Kamkabel') etwa beginnt mit ausführlichen Informationen zur Qualitätssicherung und Zertifizierung, bevor über Tätigkeitsbereich und Produkte des Unternehmens Aufschluß gegeben wird. Die Firma Татнефть (Tatneft') wartet hingegen mit Inhalten auf, die über

[386] Registrierungsdaten finden sich auf den Homepages der Unternehmen Ковдорский ГОК (Kovdorskij GOK), Метафракс (Metafraks), Новосибирскэнерго (Novosibirskėnergo) und Востсибуголь (Vostsibugol').

[387] Auf diesen gleichsam textsortenimmanenten Konflikt der Homepage verweist auch Bucher 1999, S. 20.

eine Unternehmensvorstellung im engeren Sinn hinausgehen, indem sie die wirtschaftliche Situation in der Region Tatarstan skizzieren, in der das Unternehmen beheimatet ist.

Als relativ einheitlich stellen sich nur die als Unternehmenskurzporträts klassifizierten russischen Texte dar und treffen sich hier mit den deutschen Kurzporträts, ihren direkten Äquivalenten. Sowohl in bezug auf die Anzahl der Sätze als auch im Hinblick auf die Menge der zur Sprache kommenden thematischen Komponenten sind weitgehende Entsprechungen zu konstatieren. Als thematisch-inhaltlich umfangreicher bzw. vielfältiger sind die russischen Kurztexte nur insofern beschreibbar, als sie durchschnittlich ein thematisches Item mehr behandeln als die deutschen Kurzporträts. Besonders augenfällig wird dies bei den jeweils minimalen Ausprägungen der Texte, deren russische Vertreter durch drei thematische Items gekennzeichnet sind, während sich die deutschen Minimalformen auf eine Komponente beschränken.

Die deutschen Unternehmenskurzporträts sind dadurch charakterisiert, daß sie eine Zahl von sieben thematischen Items nicht überschreiten. Die Mehrheit der russischen Kurzporträts bzw. der unternehmensvorstellenden Texte insgesamt scheint sich ebenfalls an dieser gleichsam magischen Zahl zu orientieren. Somit trägt die Textgestaltung auf den deutschen und den russischen Homepages übereinstimmend offenbar dem Umstand Rechnung, daß das menschliche Gedächtnis bis zu sieben Items auf einmal verarbeiten und kurzzeitig speichern kann.[388] In den deutschen Kurztexten geht diese auf die Situation der Online-Rezeption abgestimmte inhaltliche Begrenzung mit einer entsprechenden Ökonomie auf der Ausdrucksseite konform, die in erster Linie in klaren, durch einfache Hauptsätze dominierten, bisweilen elliptischen Satzstrukturen zum Ausdruck kommt. Zusammengesetzte Sätze bilden entschieden die Minderheit.

Die russischen Kurztexte und sogar die längeren Unternehmensporträts zeigen immerhin ebenfalls eine Tendenz zu einfachen Sätzen, die jedoch nicht als durchgehendes Prinzip erkennbar ist. Zudem erreichen selbst diese einfachen Sätze durch attributiv erweiterte Satzglieder, Einschübe oder umfangreiche Aufzählungsstrukturen häufig eine über die deutschen Hauptsätze hinausgehende Komplexität. Ebenso sind komplex strukturierte zusammengesetzte Sätze in den russischen Texten stärker präsent, realisiert sowohl durch Satzreihen und -gefüge als auch durch die für die russische Schriftsprache charakteristischen Partizipial- und Gerundialkonstruktionen.[389]

---

388 Vgl. hierzu das im Kontext der Hypertexttheorie besprochene Konzept der informationellen Einheit in Abschnitt 3.2.3 dieser Arbeit, besonders S. 46.

389 Zu letzteren vgl. Panzer 1999, S. 33. Der in den Termini *Satzreihe* und *Satzgefüge* anklingende Gegensatz zwischen Parataxe und Hypotaxe resp. Haupt- und abhängigem Nebensatz wird in bezug auf seine Adäquatheit für die russische bzw. die slavischen Sprachen

Damit ist für die deutschen Kurztexte eine hochgradige und als Prinzip verwirklichte **Anpassung an das Online-Medium** und die Funktionalität der Homepage als Einstiegs-, Orientierungs- und Übersichtsseite zu konstatieren. Diese Anpassung erfolgt mit Blick sowohl auf syntaktische als auch thematisch-inhaltliche Textmerkmale und manifestiert sich vor allem in der Ausstattung der primär darstellend-registrierenden Textsorte mit indizierend-orientierender Qualität.

Weniger konsequent verhalten sich die russischen Homepages: Wenngleich Anpassungstendenzen zu erkennen sind, ist mit Blick auf syntaktische wie inhaltliche Kennzeichen die **Verhaftung in Printtextkonventionen** bzw. eine geringere Ausnutzung der medialen Möglichkeiten unübersehbar. Insbesondere die durch Ausführlichkeit und Detaillierung gekennzeichnete Unternehmensvorstellung ist hier als ein dem Medium (noch) entgegengesetzter Widerstand zu interpretieren, werden hier doch auf der höchsten Informationsebene der Site Inhalte präsentiert, die in den deutschen Webpräsenzen tieferen Hierarchieebenen vorbehalten sind.

Eingeräumt werden muß hingegen, daß auf den russischen Homepages die mit implizitem Ankündigungs- und Verweispotential versehenen Kurzporträts gleichfalls die für die Unternehmensvorstellung präferierte Textform bzw. Teiltextsorte darstellen. Mithin wird die Unternehmensvorstellung auf den deutschen und russischen Homepages bei aller konstatierten Heterogenität mehrheitlich durch hochgradig äquivalente Textmuster realisiert, welche selbst in dem weitgehenden Verzicht auf Hyperlinks korrespondieren. Daß gerade diese Kurztexte auf verschiedensprachigen Textsortenexemplaren übereinstimmend begegnen, gibt zu der Vermutung Anlaß, daß sich hier – zumindest für den Bereich der Unternehmenskommunikation im WWW – eine homepagespezifische Teiltextsorte ausbildet. Sie ist aufgrund ihrer ökonomischen Gestaltung nicht nur als medien-, sondern auch und vor allem homepage-adäquat zu bewerten, da sie geeignet ist, die Startseite in ihren zentralen Funktionen bestmöglich zu unterstützen. Inwieweit sie tatsächlich von übereinzelsprachlicher Relevanz ist, haben künftige Untersuchungen auf breiterer empirischer Basis sowie unter Einbeziehung weiterer Vergleichssprachen zu erbringen.

---

insgesamt kontrovers diskutiert (vgl. Panzer 1999, S. 34 und ausführlicher S. 239 - 249). Auf diese Diskussion kann jedoch nicht näher eingegangen werden, da hier die der interlingualen Komparation dienende Erfassung vergleichbarer und unterschiedlicher sprachlicher Phänomene im Vordergrund steht.

6.5.4 Die Unternehmenshomepage: Eine Textsorte im Spannungsfeld von Informationsankündigung und Informationsvermittlung

Das World Wide Web ist nicht allein als eine weltumspannende Datenbank charakterisierbar, die (sprach-)grenzüberschreitend alle erdenklichen und unerdenklichen Inhalte und Textsorten nur reproduziert und zugreifbar hält. Vielmehr evoziert das Medium selbst kommunikative Bedarfsfälle, denen mit der Ausbildung eigener Kommunikationsformen und Textsorten begegnet wird. Charakteristisch für derartige Entstehungs- und Entwicklungsphasen ist das Experimentieren mit alten Formen und neuen Möglichkeiten:

> „Die elektronische Textualität befindet sich in einer experimentellen Phase, in der sich neue Konventionalisierungen konstituieren, denn die veränderten Rahmenbedingungen der Kommunikation [...] verändern den Text." (Eckkrammer / Eder 2000, S. 23).

Daß dabei keineswegs ausschließlich das von Skeptikern vielbeschworene kommunikative Chaos vorherrscht, dürfte im Verlauf der Ausführungen und insbesondere durch den vergleichenden Blick auf äquivalente Kommunikate in verschiedensprachiger Realisierung deutlich geworden sein. Denn bei allem Experimentieren gilt:

> „Eine stetig wachsende Gruppe von Menschen bedient sich internationaler Computernetzwerke, um zu kommunizieren und bringt auf diese Weise jenes Textwissen, das auch vor Entstehung des WWW im Weltwissen des Individuums verankert war, in die neuen Medien ein. Vertextungskonventionen verschwinden also nicht, sondern fließen in zukünftige Textwelten ein." (Eckkrammer / Eder 2000, S. 23)

Eines der Resultate der Erprobung der neuen medialen Möglichkeiten ist die Homepage, die fraglos als eine genuin WWW-spezifische (Teil-)Textsorte zu bestimmen ist. Ihr kann zumindest insofern bereits ein vergleichsweise hoher Konventionalisierungs- und Konsolidierungsgrad zugesprochen werden, als sie als obligatorischer und positionsfester Bestandteil der übergeordneten, mediumsspezifischen Kommunikations- und Publikationsform WEBSITE gilt.

Entsprechend präsentiert sie sich in der Regel als eine den eigentlichen Site-Inhalten vorgeschaltete Übersichtsseite. Dies ist der globalen **Kommunikationsaufgabe** der Homepage geschuldet: der Einstiegs- und Orientierungsfunktion. Hierbei handelt es sich um einen umfassenden Komplex aus mehreren Teilaufgaben, die mit Blick auf die Realisationsform UNTERNEHMENSHOMEPAGE wie folgt anzusetzen sind:

	Kommunikationsaufgabe EINSTIEG UND ORIENTIERUNG, mit den Teilaufgaben:
obligatorisch	• Titelfunktion: Identifikation des Emittenten und des zentralen Kommunikationsgegenstandes
	• ankündigende und verweisende Übersicht über die Site-Inhalte
	• Kontaktfunktion
fakultativ	• Vermittlung erster orientierender Informationen zum Kommunikationsgegenstand (verbunden mit Imagewerbung für das Unternehmen)
	• Kommunikation von Elementen der corporate identity

Durch die Erfüllung aller Einzelaufgaben wird der Einstieg in eine Unternehmenswebsite gleichsam optimiert. De facto aber werden, da die Notwendigkeit nicht besteht, nicht immer alle Teilaufgaben gleichzeitig bzw. explizit realisiert. Obligatorisch für die Erfüllung der globalen Kommunikationsaufgabe sind die Titelfunktion und die Übersichtsvermittlung, untrennbar verbunden mit der expliziten hyperlinkgestützten Verweisung auf die angekündigten Inhalte. Die Kontaktherstellung zum Rezipienten ist eine textsorteninhärente Teilaufgabe, die implizit immer mit realisiert wird, ohne notwendig eine eigene Ausdrucksform finden zu müssen.

Eigens in bezug auf die obligatorischen Teilaufgaben dokumentieren die russischen Homepages partiell Abweichungen, die auf spezifische makrostrukturelle Ausgestaltungen einzelner Textsortenexemplare zurückgehen. Diese sind eigentümlichen Sitestrukturen geschuldet, derart, daß bei einigen russischen Webpräsenzen Homepage und Site strukturidentisch sind und eine verlinkte Übersicht über die (nicht vorhandenen) Site-Inhalte somit obsolet ist.

Im Zusammenhang mit den beiden als fakultativ angesetzten Teilaufgaben spielt überdies eine Rolle, daß die Homepage als Ganzes der Selbstdarstellung des Unternehmens dient. Diese Selbstpräsentation verfolgt das Ziel, ein positives Bild des Unternehmens zu transportieren, und bedient sich hierzu verschiedener persuasiver Mittel.

Dazu zählt z. B. die Hervorhebung positiver Qualitäten des Unternehmens, etwa die hervorragende Marktposition und die internationale Ausrichtung, die ein Unternehmen nicht zuletzt auch für die Zielgruppe potentieller Mitarbeiter interessant machen. Als ein subtiles Mittel, die Internationalität eines Unternehmens zu kommunizieren, kann z. B. die Sprachwahloption interpretiert werden. Ein sprechendes Beispiel hierfür ist die Homepage des russischen Konzerns Газпром (Gazprom), die nicht nur einen unternehmensvorstellenden Kurztext in englischer Sprache präsentiert, sondern auch – visualisiert durch die jeweiligen Staatsflaggen – Siteversionen in französischer, deutscher, spanischer und englischer Sprache ankündigt. Ebenso entsteht ein positives Unternehmensbild durch die bereits angesprochenen Erfolgsmeldungen auf der Homepage, etwa die Nachricht von einer Unternehmensfusion (z. B. VIAG) oder die Meldung einer Umsatzsteigerung.

Darüber hinaus ist in diesem Zusammenhang die Wirkung von Bildelementen nicht zu unterschätzen. Gearbeitet wird z. B. mit fotografischen Abbildungen von begeisterten Kunden (Spar) und zufriedenen Mitarbeitern (RWE-DEA). Im Lebensmittelbereich dominieren appetitliche Produktabbildungen, die Frische und höchste Qualität suggerieren sollen (z. B. Spar, Парнас-М / Parnas-M, Бабаевский / Babaevskij, Красный Октябрь / Krasnyj Oktjabr'). Gesteigert wird dies noch durch den Hinweis auf Preise, die die Produkte errungen haben. Diese Aufgabe übernehmen z. B. Icons, so auf der Homepage des russischen Kühlgeräteherstellers Стинол (Stinol): Hier werden gleich drei erworbene Auszeichnungen genannt, darunter der von einem internationalen Komitee verliehene *Europe Award*.

Eine zusätzliche Facette erhält das Aufgabenspektrum der Homepage mit dem Aspekt der **Dialogizität**. Wenngleich es sich hierbei primär um eine situative Qualität handelt, ist sie doch dazu angetan, der Teilaufgabe der Kontaktherstellung eine eigene Dimension zu verleihen und u. U. als eine feste Größe in den skizzierten Aufgabenkanon einzugehen. Die Kontaktfunktion wird mit der Integration dialogischen Potentials in die Homepage gleichsam konsolidiert, indem neben der kontaktiven Rezipientenansprache durch Einbindung von E-Mail-Funktionen reale kommunikative Interaktionen zwischen Rezipient und Emittent unmittelbar, wenngleich zeitversetzt, möglich werden.

Für die Gegebenheiten im Corpus ist charakteristisch, daß die russischen Homepages den deutschen in bezug auf die Frequenz dialogischen Potentials in nichts nachstehen, liegt die Vorkommenshäufigkeit doch in beiden Teilcorpora bei knapp über 65 %. Auffallend ist im russischen Teilcorpus, daß selbst die nur minimal ausgestatteten Visitenkartenpräsenzen über eine E-Mail-Funktion verfügen. Auf die Bereitstellung direkter Kommunikationskanäle für schriftbasierte Verständigung wird offenbar einiger Wert gelegt. Dies ist für Rußland vor dem spezifischen faktischen Hintergrund einer mangelhaften Infrastruktur, hier insbesondere unzureichender Post- und anderer Transportwege zu sehen und gewinnt angesichts der Größe des Landes zusätzlich an Brisanz. Die Anbindung von Unternehmen an das Internet ist geeignet, derartige Defizite zu einem erheblichen Teil zu kompensieren und in letzter Konsequenz u. U. über wirtschaftlichen Erfolg oder Mißerfolg einer Unternehmung zu entscheiden:

> „Eine Digitalisierung der Wirtschaft könnte eines der großen Hindernisse der russischen wirtschaftlichen Entwicklung, nämlich die außerordentlich schlechte Organisation der Informationsgenerierung und -diffusion, überwinden.“ (Harter 1999, S. 29)

Somit ist die permanente, raum- und zeitunabhängige Erreichbarkeit per E-Mail für russische Unternehmen womöglich ein sehr viel entscheidenderes Motiv, sich im Netz zu präsentieren, als für deutsche Unternehmen anzunehmen ist.

Bei der beschriebenen Dialogizität handelt es sich fraglos um eine für originär monologische Texte neue, medial bedingte Qualität. Daß sich die Unternehmenshomepage, insbesondere auf der Teiltextebene, hingegen erkennbar an traditionelle Textmuster anlehnt und hier neben Unterschieden nachgerade grundlegende deutsch-russische Gemeinsamkeiten bestehen, dürfte ebenso deutlich geworden sein. Immerhin waren für die deutschen und russischen Unternehmenshomepages in Art und Anzahl äquivalente makrostrukturelle Komponenten zu eruieren. Hieraus erhellt, daß die verschiedensprachigen Textsortenexemplare ihre Kommunikationsaufgabe(n) durch elementar konvergente Textbestandteile realisieren.

Bei aller im einzelnen feststellbaren Variation in der Ausgestaltung wird hier eine gewisse **Formalisiertheit** der Startseiten von Unternehmenswebsites erkennbar. Vor allem bei den deutschen Homepages tritt sie deutlich, weil weitgehend durchgängig zutage. Die Frage nach ihren Ursachen kann hier nur vorläufig beantwortet werden: Die Annahme von Internationalisierungstendenzen, die insbesondere ein weltweites Medium unbestritten mit sich bringt, verbietet sich zunächst aufgrund der Materialbasis, da nicht nur die Anzahl der pro Sprache ausgewerteten Exemplare beträchtlich zu erhöhen, sondern die Untersuchung zwingend auf weitere Vergleichssprachen auszudehnen wäre. Vorrangig und unerläßlich wäre in jedem Fall die Berücksichtigung von Sites bzw. Homepages US-amerikanischer Unternehmen.

Gleichwohl können gewisse, von den USA als dem Mutterland des Internet ausgehende **Internationalisierungstendenzen** auch für das hier in Rede stehende Corpusmaterial nicht generell ausgeschlossen werden. Zu bedenken ist z. B., daß im deutschen wie im russischen Buchhandel zum Thema „Web Design“ zahlreiche Publikationen erhältlich sind, die sich als Übersetzungen amerikanischer Originaltexte zu erkennen geben.[390] Daß auf diesem Weg originär für amerika-

---

[390] Prominentes und aktuelles Beispiel ist die im Original unter dem Titel „Designing Web Usability: The Practice of Simplicity“ erschienene Monographie von Nielsen 2000, die in deutscher und russischer sowie vielen weiteren Übersetzungen vorliegt (vgl. hierzu die Website von Jakob Nielsen unter http://www.useit.com, Stand vom 13.12.2001). Die deutsche Ausgabe trägt den Titel „Erfolg des Einfachen. Jakob Nielsen's Web Design“, die russische heißt schlicht „веб-дизайн. книга якоба нильсена“ („veb-dizajn. kniga jakoba nil'sena“ / „Web Design. Das Buch von Jakob Nielsen“).

nische Websites entwickelte Gestaltungsempfehlungen ebenso in deutsche und russische WWW-Angebote eingehen, ist zumindest in Betracht zu ziehen. Überdies bietet vor allem das WWW selbst dem Web Designer im doppelten Wortsinn grenzenlose Möglichkeiten, sich an vorhandenen Angeboten zu orientieren und wiederkehrende Muster zu übernehmen.

Bleibt außerdem der Kommunikationsbereich der in Rede stehenden Homepages zu berücksichtigen, kann sich doch die Wirtschaftskommunikation, „bedingt durch die zunehmende Globalisierung der Wirtschaft“[391], einer internationalen Annäherung und Angleichung ohnehin nicht entziehen. Zumindest der der Internationalisierung geschuldeten Anglisierung der Wirtschaftskommunikation setzen allerdings sowohl die deutschen als auch die russischen Homepages Widerstände entgegen: Jeweils sind nur wenige Websites feststellbar – vier im deutschen, drei im russischen Corpus –, die dem Rezipienten zuerst mit einer englischsprachigen Homepage begegnen, bevor sie das landessprachliche Äquivalent zugreifbar machen. Entsprechend anschaulich spiegelt sich hierin die eindeutige Präferenz der je eigensprachigen Zielgruppe, so daß zumindest in dieser Hinsicht von einer zusätzlich medial forcierten Nivellierung sprachlicher Identitäten einstweilen nicht zu sprechen ist.

Naheliegende Gründe für das z. T. ausgeprägt formalisierte Erscheinungsbild der Homepages sind nicht zuletzt in der spezifischen Kommunikations- bzw. Perzeptions- und Rezeptionssituation zu suchen: Daß die Homepage für die Online-Rezeption bestimmt ist, verlangt neben einer übersichtlichen Darstellung vor allem eine ausdrucksseitig ökonomische Gestaltung der textuellen Elemente und schlägt sich in der beschriebenen Dominanz von **Listentextstrukturen** nieder. Immerhin 58 % der deutschen und 56 % der russischen Homepages sind als reine Listentexte bzw. frei von Fließtextelementen beschreibbar, indem sie neben der durchweg als Linkliste gestalteten Inhaltsübersicht allenfalls Nachrichtentexte in Gestalt von Überschriften-Ankündigungen aufweisen. Listentextstrukturen sind damit als ein offenbar übereinzelsprachlich homepagetypisches Vertextungsprinzip erkennbar. Zudem unterstreichen sie die besondere Ge-

---

391 Hundt 2000, S. 644. Konkreter formuliert aus russischer Sicht Китайгородская (Kitajgorodskaja) 1996 mit Blick auf das lexikalische Teilsystem der Wirtschaftssprache (S. 174): „Они [иноязычные заимствования, Anm. D.S.] отражают прежде всего тенденцию к интернационализации экономической терминологии, что существенно стимулируется наличием прямых и непосредственных контактов с иностранными партнерами.“ („Oni [inojazyčnye zaimstvovanija, Anm. D.S.] otražajut prežde vsego tendenciju k internacionalizacii ėkonomičeskoj terminologii, čto suščestvenno stimuliruetsja naličiem prjamych i neposredstvennych kontaktov s inostrannymi partnërami.“ / „Sie [die fremdsprachlichen Entlehnungen, Anm. D.S.] reflektieren zuallererst die Tendenz zur Internationalisierung der Wirtschaftsterminologie, was durch direkte und unmittelbare Kontakte mit ausländischen Geschäftspartnern wesentlich befördert wird.“)

brauchsorientierung und Handlungsrelevanz dieser für WWW-Angebote unentbehrlichen und entsprechend hochgradig instrumentalisierten Online-Textsorte.

Als Merkmal der Formalisiertheit kann überdies gewertet werden, daß neben den medienunabhängig ohnehin vergleichsweise konventionalisierten Textsorten INHALTSÜBERSICHT und NACHRICHT die Unternehmensvorstellung in den Kurzporträts eine interlingual einheitliche Ausdrucksform findet. Dies kann als Indiz für einen einzelsprachunabhängigen, globalen Einfluß des Mediums auf Vertextungskonventionen gedeutet werden. Hierfür spricht außerdem das interlingual übereinstimmend feststellbare Indizierungs-, sprich: Verweis- und Ankündigungspotential, durch das die Kurzporträts im Homepagekontext eine neue Qualität erhalten. Hier ist ebenfalls eine mediale, wenngleich gerade nicht hyperlinkbedingte Einwirkung auf traditionelle Textmuster anzunehmen. Nicht zuletzt wird hierdurch außerdem die von Bucher 1998 am Beispiel von Nachrichtentexten festgestellte Herausbildung neuer „Verweis- oder Orientierungstextsorten“ (S. 78) gestützt und auf eine breitere empirische Basis gestellt.

Insgesamt dokumentieren die Unternehmenshomepages mit ihren Teiltexten Inhaltsübersicht, aktuelle Meldung und Unternehmensvorstellung eindrücklich die Übernahme traditioneller Textsorten und Vertextungskonventionen in das neue Medium. Diese Übernahme geht mit einer medialen Adaption einher, die in der – mehr oder weniger ausgeprägten – Ausstattung der Teiltexte mit **Hyperlinkfunktionalität** explizit zutage tritt. Auch diesbezüglich lassen die deutschen und russischen Homepages interlingual übereinstimmende Gestaltungs- und Verteilungsprinzipien der Hyperlinkqualität erkennen. Bei den unternehmensvorstellenden Texten weist die Anpassung an das Online-Medium primär implizite Züge auf. Hier ist der Verzicht auf Hyperlinkeinbindung Programm, verfügen mit einem Anteil von jeweils gut 23 % doch nur kaum ein Viertel der deutschen und russischen Unternehmensvorstellungen über Links. Inhaltsübersichten und aktuelle Meldungen werden durch Linkintegration hingegen explizit medial aufbereitet. Damit finden Hyperlinks auf den Unternehmenshomepages vor allem dort ihr Einsatzgebiet, wo außerhalb des Trägermediums World Wide Web bereits Ankündigungstexte vorliegen.

Bedingt durch den Status ÜBERSICHTSSEITE und in Abhängigkeit von den Strukturen der Teiltexte gibt die Homepage ein spezifisches **Spektrum textueller Hyperlinks** zu erkennen, welches sich für die erhobenen deutschen und russischen Startseiten als gleichermaßen prägend erweist. Eine Typologie der zum Einsatz kommenden Links nach der Art ihrer Einbindung in die Webseite zeigt die nebenstehende Übersicht.

Als differenzierendes Basiskriterium fungiert die textuelle Linkumgebung, so daß sich in Abhängigkeit vom Fehlen bzw. Vorliegen einer solchen Umgebung die dichotome Unterscheidung von isolierten Links auf der einen und textintegrierten Links auf der anderen Seite als grundlegend ergibt. Der **isolierte Link** ist obligatorisch frei von umgebendem Kotext; nur in der Variante des typisierten Links werden dem Linkanker – meist in einem einblendbaren Etikett – textuelle Erläuterungen beigegeben. Als **textintegriert** sind dagegen jene Hyperlinks zu klassifizieren, die – in Gestalt von Einzelwörtern, Syntagmen, Sätzen, Absätzen – als abhängige Bestandteile einer übergeordneten, nicht verlinkten sprachlichen resp. textuellen Einheit fungieren.

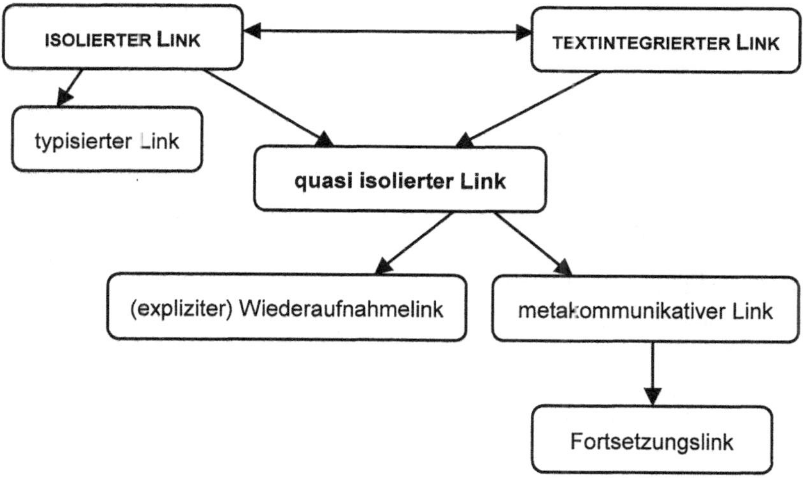

Typologie homepagespezifischer Textlinks

Als dritter Verweistyp tritt der **quasi isolierte Link** in Erscheinung, der Affinitäten sowohl zum isolierten als auch zum textintegrierten Link zeigt und sich insofern als eine Mischform präsentiert. Er begegnet z. B. als expliziter Wiederaufnahmelink, der eine in einem vorangegangenen Text genannte lexikalische Einheit rekurrent und in separater Positionierung wiederaufnimmt. Desgleichen sind metakommunikative Fortsetzungslinks wie `mehr`, `weiter`, `Details` ihren zugehörigen textuellen Einheiten häufig gesondert resp. nicht-textintegriert nachgestellt. Derartige Wiederaufnahme- und metakommunikative Links setzen zwar eine textuelle Umgebung voraus, auf die sie sich beziehen, sind selbst aber – hierin z. B. Fortsetzungshinweisen in Zeitungen des Typs „Fortsetzung S. X" vergleichbar – nicht Textbestandteil und insofern als quasi isoliert zu charakterisieren. Ebenso verfügen – wie am Beispiel der russischen Steckbrieftexte zu illustrieren war – die textintegrierten Links über eine quasi isolierte Ausprägung, indem sie etwa als syntaktisch unverbundenes und entsprechend flexionsmorphologisch unmarkiertes Element einer nicht verbalisierten Gleichsetzungsrelation auftreten. Somit sind sie zwar textintegriert, fungieren aber, auch mit Blick auf die Linkexplikation, eher wie ein isolierter Link.

Nicht nur hinsichtlich des realisierten Linkspektrums stimmen die deutschen und russischen Homepages überein, auch die Verteilung der Linktypen auf die verschiedenen Homepageteiltexte erfolgt kongruent: Während der isolierte Hyperlink vor allem die Inhaltsübersichten dominiert, finden die textintegrierten und quasi isolierten Links im Bereich der aktuellen Meldungen und der unternehmensvorstellenden Texte ihr bevorzugtes Einsatzfeld. Dabei fungieren vorrangig lexikalische Einheiten als Trägerstruktur für die Hyperlinkfunktionalität, so daß neben den Ankündigungstexten Ankündigungslexeme und -syntagmen als eine zusätzliche, durch das Medium forcierte Qualität in Erscheinung treten.

Signifikantes und konstitutives Merkmal der (Unternehmens-)Homepage ist somit ihr außerordentliches **Verweispotential**, wie es die Inhaltsübersicht gleichsam in Reinform verkörpert. Zusätzlich verfügen die aktuellen Meldungen und die unternehmensvorstellenden Texte über Indizierungsqualität, so daß die Homepage ganz im Zeichen der Informationsankündigung als ihrer eigentlichen oder Kernaufgabe steht. Damit initiiert sie zugleich das für die Textualität im World Wide Web gleichsam prägende kommunikative Prinzip der Segmentierung und portionsweisen Verteilung von Information.[392]

Die Informationsankündigung ist so sehr originäre Homepage-Aufgabe, daß sie zugleich als die zentrale Textstrategie zu bestimmen ist, die auf den deutschen Homepages eine entsprechend konsequente und durchgängige Umsetzung findet. Anders hingegen die russischen Startseiten, die der Informations**ankündigung** mit der erkennbaren Tendenz zur ausgeprägteren Informations**vermittlung** eine zusätzliche, gegenläufige Strategie entgegensetzen. Dies ist in erster Linie der Textlastigkeit im Bereich der unternehmensvorstellenden Texte geschuldet, z. T. unterstützt durch die Realisierung der Homepage als Informationsseite. Auch geht hiermit die nicht durchgehende Verwirklichung des Prinzips der Clusterbildung einher.

Die russischen Startseiten werden deutlicher durch das Prinzip der Ver**text**ung von Information dominiert: Indem Text das Leitmedium stellt, bleiben die Seiten häufiger monomedial. Die deutschen Startseiten setzen hingegen sichtlich auf eine in ein multimediales Gesamt**bild** eingepaßte, entsprechend zurückgenommene Textualität. Einmal mehr bestätigt sich hier die für das deutsche

---

392 Diese Merkmale bleiben nicht auf das WWW beschränkt und waren schon vor dem Aufkommen dieses neuen Mediums beobachtbar. Zu äquivalenten Entwicklungen in der Zeitungsgestaltung vgl. die Beiträge von Bucher 1996, Bucher 1998 und Blum / Bucher 1998.

Teilcorpus konstatierte Tendenz zur Inszenierung von Kommunikation, die sich gleichsam zu einem komplexen, mehrdimensionalen Kommunikations**design** ausgeweitet findet, während die russischen Homepages oftmals noch in der traditionellen, eindimensionalen Kommunikations**verschriftlichung** verhaftet sind.

Bestätigt werden diese aus den Befunden der Makro- und Teiltextstrukturanalyse ableitbaren Trends und Gegentrends zuletzt durch **sprachliche Charakteristika**, war doch für die russischen Startseiten eine augenfällige Fachsprachlichkeit zu konstatieren, welche zusätzlich auf die Informationsvermittlung als das vorrangig angestrebte Kommunikationsziel schließen läßt. Ein vergleichender Blick auf die Corpusverteilung der für die Unternehmenshomepages spezifischen horizontalen Wortschatzbereiche kann dies nochmals verdeutlichen:

LEXIKONBEREICH	ANZAHL DER HOMEPAGES IN %	
	deutsch	russisch
wirtschaftssprachliche Lexik	93 %	100 %
mediumsspezifische Lexik	89 %	82 %
unternehmensspezifische Lexik	56 %	76 %

Die Übersicht zeigt für die russischen Homepages einen erkennbar höheren Wert an unternehmensbezogener Lexik, jenem Wortschatzbereich, in dem sich zugleich der markante Fachbezug und die entsprechende Fachsprachlichkeit der russischen Startseiten manifestiert. Ebenso erreicht der wirtschaftssprachliche Wortschatz als der für Unternehmenshomepages zentrale und konstitutive Lexikonbereich im russischen Teilcorpus eine höhere, sogar 100 %ige Frequenz, was gleichfalls für eine dominante Sach- und Faktenorientierung der russischen Startseiten spricht.

Überdies machen diese Zahlen einen spezifischeren Zielgruppenbezug der russischen Homepages evident: Zumindest angesichts des hohen Wertes fachsprachlicher unternehmensbezogener Lexik tritt die Adressatengruppe der Fachexperten profiliert in Erscheinung, während auf der höchsten Informationsebene der deutschen Sites unabhängig von einer etwaigen Fachzugehörigkeit zunächst unspezifisch um den Netznutzer und den potentiellen Kunden geworben wird. Dies dokumentieren im übrigen auch jene 7 % der deutschen Unternehmenshomepages, die ohne wirtschaftssprachlichen Wortschatz auskommen und für die zu fragen ist, welche kommunikativen Strategien hier realisiert werden: Die einen operieren mit gemeinsprachlicher Lexik, die anderen aber – besonders sinnfällig die Homepage der Langnese-Iglo GmbH – dokumentieren die Inszenierung von Kommunikation in Reinform.

Als ein weiteres Indiz für die oben skizzierte, verkürzt als **deutsch-russische Bild-Text-Opposition** faßbare Erscheinung ist neben der auf den deutschen Homepages höheren Abbildungsfrequenz möglicherweise folgendes zu werten: Im Zusammenhang mit dem Angebot der Sprachwahl war darauf hinzuweisen, daß zur Realisierung der entsprechenden Hyperlinks neben Text oft Icons in Gestalt der jeweiligen Staatsflaggen implementiert werden. Zwar bilden selbst im deutschen Corpus die Icons bzw. die Icon-Text-Kombinationen mit zusammen 15 Items gegenüber 25maliger rein textueller Linkankerrealisierung die Minderheit. Die russischen Homepages vermitteln jedoch insofern ein aussagekräftigeres Bild, als hier von 27 Sprachwahl-Links nur zwei als Text-Icon-Verbindungen implementiert sind. Auf rein ikonische Links wird ganz verzichtet, so daß sich die verbleibenden 25 ausnahmslos als Textlinks präsentieren.

Auch hierin scheint sich eine Bevorzugung von Text bzw. Schrift als Kommunikationsmedium auszudrücken. Die russischen Homepages neigen offenbar noch zu einer geringeren Ausnutzung der multimedialen Möglichkeiten des WWW. Hierfür spricht desgleichen der festgestellte Verzicht auf Newsticker, kann doch eine derartige Textaufbereitung analog zur Kategorie „Bewegtbild" im Sinne einer Qualität „Bewegttext" als ein den multimedialen Kanon erweiternder Parameter gefaßt werden.

Wohlgemerkt sind die beschriebenen kommunikativen Verfahren, insbesondere die russischen „Abweichungen" von den im deutschen Corpus zu konsequent umgesetzten Prinzipien verdichteten Strategien, ausdrücklich als Tendenzen zu verstehen. Denn die russischen Homepages lassen die am deutschen Beispiel evident gewordenen, homepagetypischen Kommunikationsmuster ebenfalls nachgerade erkennen – kaum wäre sonst von interlingual äquivalenten, formalisierten und letztlich mutmaßlich übereinzelsprachlich relevanten Merkmalen der Homepage zu sprechen. Zugleich aber geben die russischen Homepages – vorläufig – immer auch Tendenzen zu erkennen, die die eruierten Prinzipien unterlaufen bzw. in ihr Gegenteil verkehren.

Somit dokumentieren die deutschen und russischen Vertreter der Textsorte UNTERNEHMENSHOMEPAGE sowohl sehr weitreichende als auch andererseits nur partielle Äquivalenzen. Es ergibt sich folgendes Gesamtbild, welches nachstehendes Textogramm anhand der zentralen Analyse- resp. Beschreibungskategorien und deren Ausprägungen zusammenfaßt:

Textogramm Unternehmenshomepage		
	DEUTSCH	**RUSSISCH**
Webseitentyp	• Übersichtsseite (ausnahmslos)	• Übersichtsseite (mehrheitlich), Informationsseite
Homepagetypen	• Leitseite (A, B, C, D) • Leit-Inhalts-Seite • Pre-Homepage	• Leitseite (A, B, C, D) • Leit-Inhalts-Seite • Inhaltsseite • Pre-Homepage
Kommunikations-aufgabe(n)	• Einstieg und Orientierung • Titelfunktion • Übersicht über die Site-Inhalte (hyperlink-gestützt) • Kontaktfunktion • Vermittlung erster Überblicksinformationen zum Kommunikationsgegenstand; Image-werbung	• Einstieg und Orientierung (Einstieg nicht durchgehend) • Titelfunktion • Übersicht über die Site-Inhalte (hyperlink-gestützt) (nicht durchgehend) • Kontaktfunktion • Vermittlung erster Überblicksinformationen zum Kommunikationsgegenstand; Produkt-werbung, Imagewerbung
Kommunikations-situation	• Online-Rezeption • monologisch (bzw. polylogisch) • potentiell dialogisch (dominant direkt dialogisch)	• Online-Rezeption • monologisch (bzw. polylogisch) • potentiell dialogisch (dominant direkt dialogisch) • Dekodierung kyrillischer Schriftzeichen
Kommunikations-gegenstand / Thema	• Unternehmen = Emittent = (Rahmen-)Thema • Verarbeitung des Textgegenstandes: punktuell • Thematisierung des Rezipienten	• Unternehmen = Emittent = (Rahmen-)Thema • Verarbeitung des Textgegenstandes: punktuell • Thematisierung des Rezipienten

Fortsetzung	**DEUTSCH**	**RUSSISCH**
Makrostruktur	• Links: inter-, extra-, intrahypertextuell • 10 textuelle makrostrukturelle Komponenten • obligatorisch: interhypertextuelle Links, Firmenname, Inhaltsübersicht • Prototyp: Leitseite Typ B • Varianten des Prototyps: geringfügige Modifikationen • Clusterbildung als Prinzip	• Links: inter-, extra-, intrahypertextuell • 10 textuelle makrostrukturelle Komponenten • obligatorisch: Firmenname • Prototyp: Leitseite Typ A • Varianten des Prototyps: z. T. erhebliche Abweichungen • Clusterbildung nicht durchgehend
Teiltextstrukturen	• Listentextstrukturen: Inhaltsübersicht, Überschriften-Ankündigungen • Fließtextelemente: Unternehmenskurzporträts, Meldungsanreißer	• Listentextstrukturen: Inhaltsübersicht, Überschriften-Ankündigungen, Unternehmenssteckbriefe; Firmenchronik, Kontaktinformationen • Fließtextelemente: Unternehmensporträts und -kurzporträts, Meldungsanreißer
Verweisstrukturen	• isolierte Hyperlinks, z. T. typisiert • textintegrierte Links • quasi isolierte Links • metakommunikative Links	• isolierte Hyperlinks, vereinzelt typisiert • textintegrierte Links • quasi isolierte Links • metakommunikative Links
Sprachliche Charakteristika	• wirtschaftssprachliche Lexik: 93 % • mediumsspezifische Lexik: 89 % • unternehmensspezifische Lexik: 56 % • Werbesprache, inszenierte Kommunikation: ausgeprägt • positiv konnotierte Adjektive (Hochwertwörter)	• wirtschaftssprachliche Lexik: 100 % • mediumsspezifische Lexik: 82 % • unternehmensspezifische Lexik: 76 % • Werbesprache, inszenierte Kommunikation: eher gering • positiv konnotierte Adjektive • Formulierungsstereotyp im Unternehmens(kurz)porträt

Fortsetzung	**DEUTSCH**	**RUSSISCH**
zentrale Kommunikationsprinzipien und Textstrategien	• Clusterbildung • Informations**ankündigung** • Text im und als Gesamt**bild**; Design • kommunikative Inszenierung • Imagewerbung	• Clusterbildung nicht als durchgehendes Prinzip • Informations**ankündigung** • Informations**vermittlung** • Leitmedium Text: Verschriftlichung, Ver**text**ung • Faktenvermittlung • Produktwerbung durch Information, Imagewerbung
Textfunktion	• kontaktorientierter, hochgradig indizierend-orientierender Online-Informationstext mit zweifachem (hyperlinkbedingtem und werbebedingtem) appellativen Gehalt	• Online-Informationstext, hyperlinkbedingt appellativ, geringe explizit-kontaktive Markierung, indizierend-orientierendes Potential und werbebedingter appellativer Gehalt nicht durchgehend
Textsortenprofil	• **homogen**	• **heterogen**

6.5.5 Status quo und Blick nach vorn: Eine interlinguale Angleichung?

Die beiden **Textsortenprofile** dokumentieren in interlingualer Konfrontation einmal mehr die oben skizzierten Tendenzen und damit ein Gefälle innerhalb des russischen sowie zwischen russischem und deutschem Teilcorpus. Mit der intralingual durchkonstruierten Homogenität der deutschen Homepages einerseits und dem heterogenen, schwächer konturierten russischen Textsortenprofil andererseits setzt sich im WWW offenbar ein Befund fort, den Zybatow 1995 für russische publizistische Texte diagnostiziert und als Indikator für Sprach- bzw. Textsortenwandelerscheinungen seit der Perestrojka interpretiert:

> „Ich vermute jedoch [...], daß der publizistische Stil des Deutschen oder Französischen doch ein höheres Maß an Normiertheit und Strukturiertheit der Textsorten aufweist als das Russisch der Massenmedien in seinem momentanen Zustand." (Zybatow 1995, S. 234)

Exakt erfaßt diese Aussage das durch die erhobenen deutschen und russischen Homepages vermittelte Bild – wobei die alleinige Rückbindung der durch die russischen Homepages dokumentierten sprachlichen bzw. textuellen Erscheinungen an die gesellschaftlichen Umbrüche, die in der Folge des Zusammenbruchs der Sowjetunion stehen, unzulässig ist. Freilich wirken sich diese – mehr oder weniger ausgeprägt – auf das gesamte russische Kommunikationsaufkommen aus, so daß auch die WWW-Kommunikation nicht unberührt bleiben kann. Die Ermittlung der hiermit verbundenen sprachlichen Spezifika in der Online-Umgebung des WWW konnte hier jedoch nicht Thema sein. Dies stellt ohnehin ein eigenes Untersuchungsziel dar, welches abgesehen vom Instrumentarium vor allem eine andere Materialgrundlage erfordert.

Festzuhalten ist gleichwohl, daß die Nutzung des neuen, zu erprobenden Mediums für russische Unternehmen vor dem Hintergrund des wirtschaftlichen Transformationsprozesses[393] eine zusätzlich komplizierte Aufgabe darstellt und entsprechend komplexe Auswirkungen auf die WWW-Kommunikate in Betracht zu ziehen sind. Entscheidend für unseren Zusammenhang ist aber, wie das oben angeführte Zitat von Eckkrammer / Eder 2000 nochmals verdeutlichte, daß mit Blick auf das WWW mit eigenen Gesetzmäßigkeiten des Mediums zu rechnen ist, die auf die Kommunikate einwirken. Sie standen und stehen hier am Beispiel einer mediumsspezifischen Textsorte im Vordergrund, so daß die durch das russische Teilcorpus dokumentierte textuelle Heterogenität und die geringere Konsolidierung des Textsortenprofils vorerst als Ausdruck des Experimentierens mit den medialen Möglichkeiten zu werten sind.

---

[393] Beim Übergang von der zentralen Plan- zur sozialen Marktwirtschaft befindet sich die Russische Föderation „in der s. g. zweiten Phase des Transformationsprozesses und wird der Gruppe der Länder in weniger fortgeschrittenen Entwicklungsstadien zugeordnet" (Pezoldt 1999, S. 10).

Am offenkundigsten manifestiert sich die schwächere Profilierung der Textsorte im Russischen bei der Realisierung des für die Homepage zentralen Verweis- und Ankündigungspotentials, werden hier doch gegenläufige Form-Funktion-Realisierungen sichtbar: Zum einen sind dem russischen Corpus Startseiten zu entnehmen, die, obwohl adäquat als vorgeschaltete Übersichtsseite in die Site integriert und über einen *Home*-Link zusätzlich explizit als Homepage ausgezeichnet, Textvorkommen ohne Indizierungsqualität aufweisen. Die Verweisfunktion tritt hier – Homepagebeispiele Татнефть (Tatneft') und Новосибирскэнерго (Novosibirskėnergo) – erkennbar hinter die Informationsvermittlung zurück. Umgekehrt begegnen in Gestalt der Visitenkartenpräsenzen Homepages, die aufgrund fehlenden Inhaltsverzeichnisses ohne das obligatorische explizite Verweispotential bleiben und somit vermeintlich allein der Inhaltsvermittlung verpflichtet sind. Dennoch sind ihre Textvorkommen insofern als implizit indizierend zu beschreiben, als diese Seiten Platzhalterfunktion für eine auszubauende Website übernehmen und so indirekt weitere Informationen ankündigen.

Klare Muster, wie sie das deutsche Teilcorpus dokumentiert, haben sich somit – zumindest zum Erhebungszeitpunkt – offenkundig nicht herausgebildet. Vielmehr scheint die Experimentierphase hier in vollem Gang, während sie in Anbetracht der deutschen Homepages einen vorläufigen Haltepunkt erreicht zu haben scheint. Dieser Befund evoziert auf Anhieb mindestens zwei Fragen: zum einen nach den Gründen für die im Vergleich zu den deutschen Gegebenheiten offenbar zeitverzögerte Herausbildung der Textsorte, zum anderen nach der Perspektive der weiteren Textsortenentwicklung im russischsprachigen Kommunikationsbereich

Dafür, daß hier von einer Zeitverzögerung auszugehen ist, spricht nicht nur die in Abschnitt 2.2 zitierte, unmißverständliche Aussage des stellvertretenden Generaldirektors einer bekannten russischen Internetfirma. Dieser Sachverhalt spiegelt sich z. B. auch in den – zwar wenigen – zum Erhebungszeitpunkt als Visitenkartenpräsenzen oder One-Page-Sites realisierten Angeboten, die die Vorform einer Website bilden und im deutschen Corpus ohne Entsprechung bleiben. Desgleichen ist die bislang kaum erfolgte lexikographische Erfassung von mit WWW-Kommunikaten verbundenen Bezeichnungen ein Indiz. Als wichtigste Ursachen sind die beschriebene technologische Rückständigkeit Rußlands und vor allem die unzureichende Computerisierung des Landes zu sehen, welche durch ein bestehendes Stadt-Land-Gefälle noch verschärft werden. Angesichts dessen ist zudem mit einer geringeren nutzerseitigen Nachfrage zu rechnen, die ihren Anteil dazu beiträgt, daß sich Angebotstypen langsamer entwickeln.[394]

[394] Vgl. hierzu auch Fick 1996.

Der Ausblick auf die russische Textsortenentwicklung in der Folgezeit der Corpuserhebung kann hier nur sporadisch mit Blick auf ausgewählte Textsortenexemplare erfolgen, deren Profile sich als besonders unscharf bzw. abweichend erwiesen. Da dies vor allem die im russischen Corpus vertretenen primären und sekundären Leit-Inhalts-Seiten und Inhaltsseiten betrifft, wurden diese im Januar 2002 – knapp eineinhalb Jahre nach Beendigung der Corpuserstellung – nochmals erhoben.[395]

Es entsteht ein gemischtes Bild, gekennzeichnet einerseits durch runderneuerte, andererseits nur leicht modifizierte Angebote – sowie immerhin fünf[396] Startseiten, die keinerlei Änderung unterzogen wurden und mit dem Corpusexemplar identisch sind. Die leicht modifizierten Exemplare zeichnen sich durch eine gemäßigte Modernisierung des Designs und / oder die Aktualisierung der Texte im Seiteninhaltsbereich, zuweilen auch der Inhaltsübersicht aus. Im übrigen verbleiben sie aber, insbesondere in bezug auf den Homepagetyp, in ihren alten Strukturen, wobei in zwei Fällen auf die vorgeschaltete Pre-Page verzichtet wird. Insbesondere die umfangreichen textlastigen Leit-Inhalts-Seiten der Unternehmen Татнефть (Tatneft'), Красный Октябрь (Krasnyj Oktjabr'), Ижмаш (Ižmaš) und Новосибирскэнерго (Novosibirskėnergo) bleiben erhalten, so daß eine Entwicklung in Richtung der durch die deutschen Startseiten vertretenen, dominant bildhaft und ausdrucksökonomisch realisierten Unternehmenshomepage hier nicht zu erkennen ist.

Eine deutlichere Sprache sprechen hingegen die runderneuerten Angebote, zu denen u. a. die beiden vormaligen Visitenkartenpräsenzen der Unternehmen СУАЛ (SUAL) und Татэнерго (Tatėnergo) zählen. Sie finden sich nun zu Sites ausgebaut, mit einer als Homepage vorangestellten Übersichtsseite. Allein dies kann als Zeichen einer Annäherung an die homepagetypische Erscheinungsform gedeutet werden.

Die Einstiegsseiten der erneuerten Angebote sind zu gleichen Teilen als Leitseiten und Leit-Inhalts-Seiten realisiert, erstere uneingeschränkt konform mit den bekannten Mustern, da sie sich als typische Vertreter der Leitseiten A (Inhaltsübersicht) und B (Inhaltsübersicht + Neues / Aktuelles) zu erkennen geben.

---

[395] Die nacherhobenen russischen Homepages finden sich ebenfalls auf der beigelegten CD dokumentiert, vgl. dort die Datei Corpus.pdf, Abbildungen 178 - 195. Von insgesamt 20 in Rede stehenden Homepages waren zwei – Метафракс (Metafraks) und Кузнецкий металлургический комбинат (Kuzneckij metallurgičeskij kombinat) – am Erhebungsstichtag nicht anwählbar.

[396] Камкабель (Kamkabel'), Красноярская угольная компания (Krasnojarskaja ugol'naja kompanija), Синарский трубный завод (Sinarskij trubnyj zavod), Южный Кузбасс (Južnyj Kuzbass), Челябинский трубопрокатный завод (Čeljabinskij truboprokatnyj zavod).

Doch auch die Leit-Inhalts-Seiten der Unternehmen СУАЛ (SUAL), Востсибуголь (Vostsibugol') und Ковдорский ГОК (Kovdorskij GOK) zeigen trotz eingebundener ausführlicher Textvorkommen eine deutliche Anpassung an die homepagetypischen Teiltextmuster: Sie präsentieren nicht nur Nachrichtentexte in Gestalt von Überschriften-Ankündigungen und Meldungsanreißern, sondern auch deskriptive Unternehmenskurzvorstellungen sowie Kurzerläuterungen der thematischen Rubriklinks. Diese Befunde stützen zum einen wiederum die hier aufgestellte Homepagetypologie und bestätigen zum anderen die Beobachtung, daß die Textsorte UNTERNEHMENSHOMEPAGE übereinzelsprachlich eine durch einen gewissen Normierungs- und Konsolidierungsgrad geprägte Entwicklungsstufe erreicht hat.

Somit geben die vollständig erneuerten Homepages durchaus zur Erwartung weiterer Vereinheitlichungstendenzen Anlaß, die in Richtung eines ähnlich homogenen und klar konturierten Erscheinungsbildes resp. Textsortenprofils weisen, wie es die deutschen Unternehmenshomepages bereits dokumentieren. Ein weiteres Indiz für Tendenzen textueller Angleichung liefert außerdem eine mit der Homepage-Erneuerung einhergehende, offenkundigere Inszenierung von Kommunikation: Nicht nur finden sich imagewerbende Slogans[397] in die Homepages integriert, auch werden Nachrichtentexte inszeniert, z. B. als Erfolgsmeldungen oder medial als Newsticker[398].

Die Inszenierung von Kommunikation, sowohl in sprachlicher[399] als auch insbesondere in medialer Ausprägung, kann als ein übergreifender Charakterzug des Mediums betrachtet werden, der zum einen die Startseiten von WWW-Angeboten in besonderer Weise prägt und zum anderen übereinzelsprachliche Vereinheitlichungseffekte evoziert. Zu denken ist hier vor allem an die Inszenierung der dem Medium inhärenten Multimedialität durch Einbindung der erwähnten Newsticker sowie Icons und Animationen. Bei der Verwendung von Icons zeichnet sich bereits die Herausbildung von einzelsprachunabhängigen Konventionen ab, zu denen auch die Kennzeichnung der Sprachwahloption durch abgebildete Staatsflaggen zählt. Des weiteren sind die Verwendung von Briefabbil-

---

397 Z. B.: „Основан на опыте. Создан для успеха." („Osnovan na opyte. Sozdan dlja uspecha." / „Gegründet auf Erfahrung. Geschaffen zum Erfolg.") (СУАЛ / SUAL) oder „Свет и тепло Вашему дому!" („Svet i teplo Vašemu domu!" / „Licht und Wärme für Ihr Zuhause!") (Homepage des Energieunternehmens Татэнерго (Tatėnergo).

398 Vgl. hierzu die leicht modifizierte Homepage des Unternehmens Ижмаш (Ižmaš).

399 Im Kommunikationsbereich Wirtschaft ist die sprachliche Inszenierung wesentlich vor dem spezifischen Hintergrund der letztlich auf Umsatzsteigerung zielenden Werbung zu sehen. Doch auch auf privaten, nicht-kommerziellen Homepages ist inszenierte Kommunikation, als Selbstinszenierung des Emittenten und / oder im Dienst der Nutzeransprache, zu beobachten.

dungen als Hinweis auf eine E-Mail-Funktion, die Abbildung einer Lupe als Link zur Suchfunktion sowie ein Icon in Form eines Hauses als Link zur Homepage zu nennen. In beiden Teilcorpora kommen diese aber nur vereinzelt und meist als Text-Bild-Kombination vor.

Einen Kulminationspunkt erreicht die mediale Inszenierung in Animationen, auch insofern, als im Unterschied zu den beschriebenen E-Mail-, Such- und Home-Icons mit ihnen keine operationale Funktion verbunden ist. Animierte Elemente finden sich auf den deutschen wie den russischen Homepages und reichen von bewegten Icons, bewegtem Text und animierten Bildsequenzen bis hin zu aufwendigen, mitunter Ton integrierenden Animationen, die der Einblendung der Homepage als sogenannte Flash Intros vorangehen.

Vor allem letztgenannte Animationssequenzen, durch die sich einige wenige deutsche und russische Sites auszeichnen, können ähnlich den marmornen Säulen in Banken[400] als Statussymbole interpretiert werden, die in besonderem Maß Aufmerksamkeit und Wohlwollen[401] des Rezipienten auf sich ziehen und ihn für das WWW-Angebot einnehmen sollen. Außerdem können sie als Qualitätsindikatoren gelten, in ähnlicher Weise wie bei Printpublikationen etwa Papierqualität und aufwendige Gestaltung. Gerade hierin liegt die vereinheitlichende Funktion derartiger virtueller Komponenten, sind sie doch geeignet, etwaige interkulturell bestehende Unterschiede in der Ausstattung von Printpublikationen[402] zu nivellieren bzw. gar nicht erst relevant werden zu lassen. Zudem verleihen sie dem sich präsentierenden Unternehmen, unabhängig von der tatsächlichen Unternehmensgröße, der Ausstattung oder dem Standort, den Anschein von Weltläufigkeit sowie Zugehörigkeit zur virtuellen Netzgemeinschaft.

Festzuhalten bleibt indes, daß die beschriebene, auf universale Angleichung zielende mediale Inszenierung keine der für die Vermittlung inhaltlicher Information als zentral ermittelten sprachlichen bzw. textuellen Einheiten tangiert oder ersetzt. Insofern kann die im Bereich der funktionalen Komponenten gelegentlich erfolgende Textersetzung oder -ergänzung durch Icons als sekundär gewertet werden – wenngleich sich hier zweifellos eine Tendenz zur Verbildlichung von Kommunikation abzeichnet. Die mit sprachlichen Mitteln erfolgende kommunikative Inszenierung ist zwar gleichfalls als eine für das WWW kennzeichnende, potentiell universale Erscheinung beschreibbar, doch läßt sie, wie die

---

[400] Diesen sprechenden Vergleich zieht Nielsen 2000, S. 143.

[401] Oft dürfte das nutzerseitige Wohlwollen jedoch gering ausfallen, da die Animationen Übertragungszeit beanspruchen, unter informationellem Aspekt aber – hierin den Pre-Pages vergleichbar – lediglich Warteschleifen produzieren.

[402] Vergleicht man deutsche und russische Bücher, zeigen sich im Hinblick auf Papierqualität und Druckbild nicht selten qualitative Unterschiede.

Untersuchungen gezeigt haben, ausdrücklich Raum für jeweils eigensprachlich fundierte Ausprägungen inhaltlicher, textueller und sprachlicher Strukturen. Daß in bezug nicht nur auf die textuelle Aneignung des Mediums in deutsch-russischer Blickrichtung ein interlinguales Gefälle sichtbar wird, macht dies nur um so evidenter.

Deutlich geworden ist überdies, daß die (Unternehmens-)Homepage ein komplexes Kommunikat darstellt, das an eine rezipienten- wie produzentenseitige Textsortenkompetenz einige Anforderungen stellt. Davon, wie die Entwicklung einer solchen Kompetenz auf Rezipientenseite aus linguistischer Sicht unterstützt werden kann, handelt der nachfolgende Abschnitt.

7 Zur Evaluation von Unternehmenshomepages aus linguistischer Perspektive

Im Zuge der interlingual erfolgten Beschreibung der Textsorte UNTERNEHMENSHOMEPAGE sind Aspekte der Evaluierung dieses komplexen WWW-Kommunikates aus (text)linguistischer Sicht bereits angeklungen, etwa im Zusammenhang mit dem zentralen Zugriffsinstrument der Inhaltsübersicht oder in bezug auf die Einbindung und Explikation von Hyperlinks. Eine derart funktionale Sichtweise trägt dem aufgabenbezogenen Textsortenbegriff Rechnung, der als Ausgangspunkt der Analysen fungierte und die Homepage resp. ihre Bestandteile im Hinblick auf ihren Beitrag zur Realisierung der zentralen Kommunikationsaufgabe EINSTIEG UND ORIENTIERUNG betrachtet. Aus diesem Vorgehen ergibt sich in konsequenter Fortführung der aufgabenbezogenen Perspektive unter Umkehrung der bisherigen Blickrichtung nun folgerichtig die Frage, nach welchen Kriterien Unternehmenshomepages aus linguistischer Sicht evaluiert werden können.

Der Gedanke der Evaluation von Homepages bzw. WWW-Angeboten ist nicht neu, wobei bislang aber die Perspektive des Web Design weitgehend dominiert und auf sprachliche bzw. textuelle Gegebenheiten meist nur am Rande oder sehr allgemein eingegangen wird. Empfehlungen finden sich gleichwohl, aktuell und vergleichsweise ausführlich z. B. in der Monographie von Nielsen 2000.[403] Bereits in früheren Arbeiten[404] hat sich Nielsen mit dem Thema „Schreiben für das World Wide Web“ beschäftigt, sein Augenmerk aber vornehmlich auf generelle Empfehlungen gerichtet. Sie bleiben dementsprechend unspezifisch und lassen Gegebenheiten, die mit dem Angebotstyp und / oder der sich präsentierenden Organisation zusammenhängen, unberücksichtigt.

Da die vorliegende Arbeit zum einen an den Gegenstand Unternehmen und den Angebotstyp Unternehmenswebsite gebunden und zum anderen vorrangig zur Verringerung eines Empiriedefizites angetreten ist, ist hier weder ein global geltendes, noch ein umfassendes, geschweige denn vollständiges Evaluationskonzept für Homepages im allgemeinen vorzustellen. Vielmehr kann die Evaluation von WWW-Kommunikaten, soll sie über die bekannten allgemeinen Hinweise und Empfehlungen hinausgehen, nur domänenbezogen erfolgen, so daß hier mit Blick auf die Unternehmenshomepage Anhaltspunkte genannt und Perspektiven aufgezeigt werden sollen.

Einige für unseren Zusammenhang wertvolle Hinweise sowie theoretisch-begriffliche Fundierungen sind dem Aufsatz von Bucher 2001 zu entnehmen, der von Merkmalen des Web Design weitgehend abstrahiert und die Kommuni-

[403] Vgl. hier z. B. Kapitel 3, besonders S. 100 - 126, zur Homepage S. 166 - 179.

[404] Vgl. z. B. Morkes / Nielsen 1997 und Morkes / Nielsen 1998

kationsqualität von Hypertextkommunikaten fokussiert. Er unterscheidet zwischen der textlichen und der operationalen Dimension von Hypertexten und ordnet ersterer das Kriterium der Verständlichkeit und letzterer das der Usability, der Benutzungsfreundlichkeit zu (vgl. S. 47). Zu Analysezwecken ist eine derartige Unterscheidung – wie bei der vergleichenden Textsortenanalyse anhand der Differenzierung in Teiltext- und Verweisstrukturen gesehen – nicht nur zweckmäßig, sondern unvermeidlich. Dennoch erfordern Online-Kommunikate notwendig eine integrative Sichtweise, die insbesondere bei der Evaluation und vor allem dort, wo, wie bei den Inhaltsübersichten, die Teiltext- und Verweisstrukturen deckungsgleich sind, ohnehin nicht zu umgehen ist.

Somit ist für die Evaluation nicht nur die auf die Realisierung der Kommunikationsaufgabe gerichtete, sondern zusätzlich die domänenbezogene Sichtweise als leitend zu bestimmen. Gleichwohl bilden die bisherigen Usability-Befunde und allgemeinen Empfehlungen des Web Design eine wichtige Ausgangsbasis, die es zu berücksichtigen sowie domänenbezogen zu konkretisieren und ergänzen gilt. Diese Voraussetzungen sind zunächst zu klären.

7.1 Prämissen

Vorab ist festzuhalten, daß es – in Ergänzung einer Aussage von Negroponte 1995[405] – die perfekte Homepage ebensowenig geben kann wie eine perfekte Benutzeroberfläche. Bestimmend ist vielmehr die (kommunikations)aufgabengerechte Gestaltung der Einstiegsseiten und ihrer Komponenten. Dabei kann und darf der Netznutzer als Rezipient des Kommunikationsangebots nicht außer acht bleiben, denn:

> „Der Grad der Usability eines Kommunikationsangebotes bemisst sich […] daran, inwiefern es die Aneignungshandlungen eines Rezipienten erleichtert oder erschwert.“ (Bucher 2001, S. 47)

Entsprechend fordert Bucher 2001, da die Gliederung und Präsentation der Site-Inhalte häufig dominant der Emittentensicht gehorche, eine stärkere Berücksichtigung der Nutzerperspektive (vgl. S. 64). Nielsen 2000 widmet dieser Forderung gleichsam eine ganze Monographie und geht bei seinen Designempfehlungen von zwei zentralen nutzerzentrierten Prämissen aus (vgl. S. 160):

1. Der Inhalt steht im Mittelpunkt der Aufmerksamkeit von Benutzern.
2. Internetnutzer sind zielorientiert und ungeduldig.

405 „Es gibt keine perfekte Benutzeroberfläche“ (Negroponte 1995, S. 121).

Wenngleich aus der umfassenderen Sicht des Web Design formuliert, gelten diese Voraussetzungen gleichermaßen für die verbalsprachlich bzw. textuell vermittelten Inhalte von Webseiten und sind bei der Textgestaltung zu berücksichtigen. Und dies um so mehr, als die beiden Prämissen kein noch unbestätigtes theoretisches Konstrukt darstellen, sondern sich durch Befragungen von Internetnutzern eindrucksvoll bestätigt finden.[406]

Weiterhin hat eine empirische Rezeptionsstudie im Hinblick auf die Startseiten von WWW-Angeboten einen wichtigen, die erste der beiden genannten Prämissen bestätigenden Befund erbracht, aus dem ein maßgebliches Evaluationskriterium abzuleiten ist:

> „Fasst man die Befunde zur Nutzbarkeit der Einstiegsseiten zusammen, so ergibt sich unter dem Aspekt der Usability ein klares Votum für eine Kombination aus Struktur- und Inhaltsinformation." (Bucher 2001, S. 59)

Damit ist das komplexe Kommunikat Unternehmenshomepage daraufhin zu evaluieren, ob und wenn ja, auf welche Weise die Startseiten dieser Forderung nachkommen und Struktur- und Inhaltsinformationen gleichermaßen integrieren. Einmal mehr erhellt hieraus zudem, daß eine auf die Evaluation von Online-Kommunikationsqualität gerichtete Perspektive nicht nur durch Nutzerzentriertheit, sondern auch durch Interaktionsbezogenheit gekennzeichnet sein muß (vgl. Bucher 2001, S. 53). Zur Verdeutlichung ist indessen nochmals nach den Termini *Strukturinformation* und *Inhaltsinformation* zu fragen. Dies mag trivial erscheinen, doch werden die Begriffe nicht selten auffallend undifferenziert und unbestimmt verwendet. In der Tat ist eine letztgültige eindeutige Unterscheidung schwierig zu treffen.

Auch Bucher 2001 verzichtet auf eine Erläuterung und verweist statt dessen darauf, daß die nutzerseitig gewünschte Kombination von strukturellen und inhaltlichen Informationen die beiden elementaren Informationsinteressen des gezielt Suchenden auf der einen und des Flanierenden auf der anderen Seite reflektiere (vgl. S. 59). Hier entsteht der Eindruck, für den Nutzer, der gezielt nach spezifischen Informationen sucht, seien allein Strukturinformationen relevant und für eine effektive Navigation ausreichend, wohingegen dem Flanierer ausschließlich mit möglichst ansprechend aufbereiteten inhaltlichen Informationsangeboten gedient sei. Eine derartige Ausschließlichkeitszuordnung von Nutzertypen und Informationsarten wird der Realität der Nutzungssituationen im WWW hingegen nicht gerecht, da beide Informationsstrategien häufig kombiniert auftreten und innerhalb eines Nutzungsvorgangs oft nicht trennscharf zu unterscheiden sind.

---

[406] Vgl. hierzu im Anhang die Grafiken zur Internetnutzung in Deutschland und Rußland, Abbildungen I - IV, S. 424 - 427.

Hier soll unter *Strukturinformation* und *Inhaltsinformation* folgendes verstanden werden: **Strukturinformationen** können insofern in zwei Ausprägungsformen auftreten, als sie zum einen und vordergründig Informationen über die Struktur der Website vermitteln. Sie sind für den Nutzer unter dem Aspekt einer effektiven Navigation zentral und unabdingbar, da sie Anhaltspunkte bezüglich der **Strukturierung der Site-Inhalte** liefern. Träger dieser Strukturinformationen ist die Inhaltsübersicht. Zum zweiten – und hier besteht ein fließender Übergang zu inhaltlichen Informationen – können Strukturinformationen die sich präsentierende Organisation betreffen, indem sie **Strukturmomente des Kommunikationsgegenstandes** abbilden. Besonders deutlich wird dies z. B. bei den WWW-Präsenzen von Universitäten, in deren Gliederung sich die der Institution inhärenten Aufbaustrukturen spiegeln: Als Gliederungspunkte der Inhaltsübersicht begegnen z. B. die Struktureinheiten *Universitätsverwaltung* und *Wissenschaftliche und zentrale Einrichtungen*, letztere über die Fakultäts- bis hin zur Institutsebene weiter untergliedert.

Inhaltsinformationen setzen den Nutzer inhaltlich über die sich präsentierende Organisation bzw. ein Unternehmen in Kenntnis. Relevant sind hier alle Angaben, die darüber Aufschluß geben, um was für ein Unternehmen es sich handelt und womit es sich beschäftigt. Wie zu zeigen sein wird, beschränken sich die inhaltlichen Informationen ausdrücklich nicht auf die von Bucher 2001 angeführten, den flanierenden Sucher ansprechenden interessanten und attraktiven Angebote.

Das Verhältnis zwischen Struktur- und Inhaltsinformationen ist im Hinblick auf die Homepage in ihrer Gesamtheit zu untersuchen und zu evaluieren, wobei als Kriterien zum einen die strukturelle wie inhaltliche Unterinformierung des Rezipienten sowie auf der anderen Seite die Möglichkeit der informationellen Überforderung zu berücksichtigen sind (vgl. Bucher 2001, S. 57).

Was eine mögliche Unterinformation betrifft, ist zu erwägen, als Maßgabe für die Evaluation einen voraussetzungslosen Nutzer anzusetzen, der mit einer Site bzw. Homepage in Erstkontakt gerät und ohne inhaltliche Kenntnisse über die sich präsentierende Organisation ist. Dies skizziert eine für das WWW typische Nutzungssituation – wenngleich ein derart voraussetzungsloser Nutzer u. U. nicht der primären Zielgruppenvorstellung des Emittenten entspricht. Zudem reflektiert diese Festlegung die erwähnte Forderung, die Gestaltung von WWW-Angeboten von einer nutzerzentrierten Perspektive leiten zu lassen und soll daher hier den Ausgangspunkt bilden.

Für unseren Zusammenhang erscheint ein beispielgeleitetes Vorgehen naheliegend, wobei das dem interlingualen Textsortenvergleich zugrundeliegende deutsche Teilcorpus als Materialbasis fungieren soll. Russische Gegebenheiten können nur vereinzelt einbezogen werden. Zunächst werden die Teilkomponenten der Homepage, allen voran die Inhaltsübersicht als das funktionale Kernelement, in den evaluierenden Blick genommen, bevor der letzte Abschnitt unter dem Aspekt der Vermittlung von Struktur- und Inhaltsinformationen die Perspektive auf die Gesamteinheit Unternehmenshomepage erweitert.

7.2 Brennpunkt Inhaltsübersicht

Die Inhaltsübersicht als das zentrale Navigationsinstrument ist Hauptträger der für die Exploration einer Website unabdingbaren Strukturinformationen. Dabei sind aus Emittenten- bzw. Produzentensicht mit der Inhaltsübersicht letztlich Fragen der Rubrizierung und Gliederung der Inhalte verbunden, die in die Site Eingang finden sollen. Diese können hier nicht eingehend erörtert werden – wenngleich hiermit rezipientenseitige Probleme der Zuordnung gesuchter thematischer Items zu den gegebenen Rubriken in Zusammenhang zu bringen sind. Für homepagebezogene Evaluationsfragen kann nur jene Perspektive auf die Website relevant sein, die sich dem Nutzer anhand der Startseite eröffnet. Somit steht die in der Inhaltsübersicht kondensierte Oberflächenrepräsentation der Sitestruktur im Zentrum, mit der dem Nutzer ein möglichst effizientes Zugriffsinstrument an die Hand zu geben ist.

7.2.1 Differenzierung, Visualisierung, Strukturierung

Wie die textlinguistischen Analysen deutlich gemacht haben, zeigen die Inhaltsübersichten der untersuchten Unternehmenshomepages vielfältige Erscheinungsformen, die von Listen aus nur wenigen Themawörtern bis zu sehr differenzierten Zugriffsinstrumenten reichen. Die Inhaltsübersicht auf der Homepage der Binding Brauerei AG verzeichnet allein die drei thematischen Abteilungen *Binding-Gruppe*, *Service* und *Marken* und bildet so eine minimale und auf einer hohen semantischen Abstraktionsebene ansetzende Ausprägung einer Inhaltsübersicht. Immerhin wird aber eine trennscharfe thematische Zweiteilung in Unternehmensinformationen auf der einen und Produktinformationen auf der anderen Seite ersichtlich.

In welcher der drei Rubriken hingegen mögliche Stellenangebote des Unternehmens zu vermuten sind, wird der Rezipient wohl nur mit Hilfe des Trial-and-Error-Verfahrens ermitteln können – um so mehr, als eine so weitgefaßte wie unspezifische Rubrik *Service* Raum für nahezu beliebige Inhalte bietet. Tatsächlich finden Stellenangebote in dieser Firmenpräsenz keine Veröffentlichung. Wohl aber wird die Angabe einer Kontaktadresse neben Telefonnummer und E-Mail-Adresse unternehmensseitig offenbar als Serviceleistung aufgefaßt und allein über den Rubriklink *Service* zugänglich gemacht – und nicht über die allgemeinen Unternehmensinformationen unter *Binding-Gruppe*.

Derartige Zuordnungsprobleme können ebenso bei einer differenzierteren Inhaltsübersicht auftreten, wie sie die Homepage der Hochtief AG mit immerhin fünf thematischen Abteilungen präsentiert. Die Rubriken *Unternehmen*, *Mitarbeiter*, *Zahlen*, *Aktuelles* und *Jobbörse* stellen mindestens insofern einen differenzierteren Informationszugriff sicher, als sie auf dieser höchsten Gliederungsebene mit den beiden Rubriken *Mitarbeiter* und *Jobbörse* Informationen für die spezifische Zielgruppe potentieller Mitarbeiter explizit ankündigen. Fragt man angesichts dieser Inhaltsübersicht nach der Zuordnung etwa des aktuellen Geschäftsberichtes, kommen hierfür die Rubriken *Unternehmen*, *Zahlen* und *Aktuelles* in Frage, wobei die Rubrizierung in einer der beiden ersten Sektionen am wahrscheinlichsten ist. De facto ist der Geschäftsbericht unter *Zahlen* abgelegt. Ohne daß auf Zuordnungsprobleme dieser Art näher eingegangen werden kann, zeigen die Beispiele die Komplexität derartiger Strukturierungs- und Rubrizierungsfragen.

Gleichwohl kann Zuordnungsproblemen durch eine möglichst **differenzierte Inhaltsübersicht** entgegengesteuert werden. Eine zusätzliche und besonders hervorzuhebende Optimierung ist außerdem durch die **Visualisierung von Strukturmomenten** der Websitegliederung erreichbar. Die deutlichste Abbildung von Momenten der Websitestruktur gelingt mit hierarchisch organisierten, mindestens zweistufig angelegten Inhaltsübersichten, wie sie z. B. die Bestfoods Deutschland GmbH auf ihrer Homepage präsentiert. Mit der Differenzierung in Unternehmens- und Produkt- bzw. Markeninformationen zeigen sich hier Parallelen zur Inhaltsübersicht der Binding-Homepage, erweitert jedoch um die beiden Hauptabteilungen *Jobbörse* und *Links*. Mit Ausnahme der Abteilung *Links* werden beim Aktivieren der Rubriklinks *Unternehmen*, *Marken* und *Jobbörse* die jeweils zugehörigen Subrubriken eingeblendet.

Auf diese Weise gelingt nicht nur die Spezifizierung der Hauptabteilungen durch Unterabteilungen, sondern zusätzlich eine ansatzweise Strukturvisualisierung. Somit werden dem Nutzer Anhaltspunkte bezüglich der thematisch-inhaltlichen Binnengliederung des WWW-Angebots vermittelt. Überdies werden unterschiedliche Nutzungsbedürfnisse berücksichtigt, indem der Informationszugriff sowohl über den übergeordneten Hauptabteilungslink als auch über die Subrubriken erfolgen kann. Die Verfolgung des Hauptabteilungslinks führt den Nutzer zunächst zu allgemeinen Überblicksinformationen zum Unternehmen, während die Subrubriken spezifischeren und detaillierteren Suchinteressen unmittelbar Rechnung tragen. Redundant ist der Informationszugriff über die Hauptabteilungen hingegen dann, wenn der Rezipient über diesen Link auf eine Übersichtsseite gelangt, die lediglich die zugehörigen Subrubriklinks wiederholt.

Das Moment der **Strukturvisualisierung** ist in Anbetracht von in ihrer Ganzheit nicht zu überblickenden Hypertextdokumenten als besonders wichtig zu beurteilen, und die hierarchisch organisierte Inhaltsübersicht ist in diesem Zusammenhang als ein effizientes, ebenso ökonomisches wie leistungsstarkes Instrument zu sehen. Ähnlich fungiert bei eindimensionalen Inhaltsübersichten die Explikation der Rubriklinks durch bloße Nennung der Subrubriken. Wenngleich die Unterabteilungen bei diesem Gestaltungsprinzip nicht direkt zugreifbar sind – wie auf den Homepages der VIAG AG und der Fresenius AG[407] –, werden dem Rezipienten Strukturinformationen an die Hand gegeben, wie sie eine eindimensionale Inhaltsübersicht allein nicht vermitteln kann.

Dennoch können die eindimensionalen Inhaltsübersichten, auch ohne daß ihnen Anhaltspunkte über die Binnengliederung der Site zu entnehmen sind, einen differenzierten und strukturierten Informationszugriff leisten. Zu verweisen ist z. B. auf die Homepage der Walter Bau-AG, auf der 16 inhaltliche Rubriklinks ein breit gefächertes thematisches Spektrum der Site dokumentieren. Zum anderen bieten sie – gemessen an der vorgestellten semantischen Makrostruktur der Inhaltsübersicht – einen auf einer niedrigen Abstraktionsebene ansetzenden Einstieg in die Website. D. h., die Einträge sind z. T. sehr konkret, rekurrieren, wie die Rubriklinks *Aufsichtsrat* und *Vorstand*, sogar auf Momente der Unternehmensstruktur und signalisieren kurze Informationswege.

Bei einer derart in zahlreiche Rubriken differenzierten Inhaltsübersicht dient es zusätzlich der Transparenz, wenn zwischen **thematisch-inhaltlichen und funktional orientierten Sitebereichen** unterschieden und dies in der Inhaltsübersicht, etwa durch optische Isolierung oder farbige Markierung, kenntlich gemacht wird. Optische Isolierung illustriert z. B. die Homepage der Heraeus Holding GmbH, wo die thematischen Hauptrubriken im oberen Bildschirmbereich horizontal verzeichnet sind, während die funktionalen Links *Sitemap*, *Impressum* und *Kontakt* an den unteren Bildrand verlagert werden. Unterschiedliche Farbmarkierungen kennzeichnen auf der Homepage der Babcock Borsig AG thematisch-inhaltliche und funktionale Links.

Ähnlich transparenzfördernd kann bei differenzierten eindimensionalen Inhaltsübersichten eine optisch umgesetzte Unterscheidung zwischen **allgemeinen und spezifischen unternehmensbezogenen Rubriken** wirken, wie sie auf den Startseiten der CompuNet Computer AG & Co. oHG und der Stinnes AG praktiziert wird. Auf ersterer bietet die horizontal plazierte Hauptnavigationsleiste über die Rubriken *Aktuelles*, *Profil*, *Jobs*, *Kontakt*, *Suche* und *GE* einen strukturgeleiteten Zugriff auf typische inhaltliche wie funktionale Abteilungen, während die verti-

[407] Auf der Fresenius-Homepage werden die zugehörigen Unterabteilungen nur so lange eingeblendet, wie der Mauszeiger auf einem Hauptrubriklink verweilt.

kale Navigationsleiste am linken Bildrand zu Informationen führt, die den unternehmensspezifischen Tätigkeitsbereich betreffen. Analog verfährt die Homepage der Stinnes AG, deren Inhaltsübersicht durch optische Trennung zwischen den Geschäftsbereichen der AG und den allgemeinen thematischen Rubriken *News*, *Überblick*, *Aktie*, *Jobs & More* und *Service* differenziert.

Wenngleich die Homepage-Inhaltsübersicht keine sequentielle, geschweige denn eine durch Kausalzusammenhänge gekennzeichnete Abfolge der thematischen Abteilungen einer Website signalisiert, sei dennoch, da die analysierten Homepages hier Optimierungsspielräume erkennen lassen, die **Reihenfolge der Rubriktitel** in der Inhaltsübersicht thematisiert. Denn mindestens die vertikal und horizontal angeordneten und sich dementsprechend als Linklisten darstellenden Übersichten lassen eine hinlänglich sinnvolle Ordnung der Einträge erwarten. Als Bezugsgröße kann hier wiederum die semantische Makrostruktur der Inhaltsübersicht herangezogen werden, die von allgemein unternehmensbestimmenden Inhalten zu spezifischeren bzw. für bestimmte Adressatengruppen relevanten Informationen bis zu service- und / oder unterhaltungsbezogenen Komponenten fortschreitet.

Diese Makrostruktur spiegelt eine typische Abfolge der Rubriken in der Inhaltsübersicht, wie sie sich z. B. auf den Homepages der Babcock Borsig AG, der Bestfoods Deutschland GmbH und der Fresenius AG näherungsweise umgesetzt findet. Während das Bezugsschema also, vereinfacht ausgedrückt, ein Fortschreiten von allgemeinen zu speziellen Inhalten vorgibt, lassen einige Inhaltsübersichten ein derartiges oder anderes Ordnungsprinzip vermissen. So kündigt z. B. die erste – und laut Nielsen 2000 prominenteste (vgl. S. 171) – Kategorie der Inhaltsübersicht auf der Homepage der Heraeus Holding GmbH Informationen zu den einzelnen Konzernbereichen an, bevor das Unternehmen umfassend erst in einer der nachfolgend angesetzten Rubriken (*Konzern*) vorgestellt wird. Ebensowenig zeichnen sich Inhaltsübersichten wie auf den Homepages der DSK Deutsche Steinkohle AG und der Schmolz & Bickenbach KG in erster Linie durch eine stringente Ordnung der Rubriktitel aus. Immerhin kann ihnen aber ein hoher Differenzierungsgrad bzw. eine durch Linkexplikation unterstützte Benutzerführung attestiert werden, so daß im Hinblick auf eine effektive Navigationsunterstützung Ordnungskriterien hier in den Hintergrund treten.

Dennoch erscheint es aus Gründen der Rezeptionsunterstützung von Vorteil, wenn sich die Inhaltsübersicht als eine hinreichend geordnete Liste darstellt, in der sich inhaltliche und funktionale Rubriken nicht unsystematisch abwechseln (wie etwa auf der Homepage der Agiv AG) oder sich die Auflistung von Subrubriken wie folgt liest:

Ist-Zustand[408]	*Optimierung*
Peacock Panorama	**Peacock Panorama**
- Bezugsquellen	- News
- Firmenprofil	- Firmenprofil
- Zahlen und Fakten	- Zahlen und Fakten
- News	- Stellenangebote
- Katalogversand	- Presse
- Bildarchiv	- Bildarchiv
- Anreise	- Awards/Testberichte
- Hotline	- Veranstaltungen
- IT-Lexikon	- IT-Lexikon
- Stellenangebote	- Katalogversand
- Presse	- Bezugsquellen
- Awards/Testberichte	- Hotline
- Veranstaltungen	- Anreise
- Impressum	- Impressum

Allein die Rubrikbezeichnung *Peacock Panorama* verdeutlicht, daß es sich hier um eine Sammelkategorie handelt, unter die heterogene, sowohl funktionale als auch inhaltliche Informationen ohne erkennbares Ordnungsprinzip subsumiert werden. Daß sich häufig allein eine Umstellung einzelner Rubrikeinträge transparenzfördernd auswirken kann, zeigt die versuchte Optimierung und läßt sich ebenso am Beispiel der Stihl-Homepage illustrieren. Dort deutet die Anordnung der Rubriken um eine zentral positionierte Abbildung die Zweiteilung in unternehmensbezogene Informationen auf der einen und Zusatzangebote auf der anderen Seite nur an. Die konsequente Umsetzung dieses dichotomen Ordnungsprinzips, wie es sich mit der expliziten Unterteilung in *Informationswelt* und *Erlebniswelt* exemplarisch auf der Karstadt-Homepage realisiert findet, ist durch nur geringe Modifikation zu erreichen und kann folgendermaßen aussehen:

Unternehmensinfo		Service
Produkte	[Abbildung]	Tipps + Tricks
Personal		Baumlexikon
Stihl weltweit		Unterhaltung

Optimierte Inhaltsübersicht der Stihl Holding AG & Co. mit konsequent umgesetzter Unterscheidung von unternehmensbezogenen Informationen (links) und Zusatzangeboten (rechts)

Zweckmäßig erscheint des weiteren die Plazierung der Rubrik *Aktuelles* in Randstellung, durch die sie unabhängig von Front- oder Postposition von den übrigen, durch statischere Inhalte gekennzeichneten Rubriken abgehoben wird. Dieser Effekt kann außerdem durch eine besondere farbige Markierung erzielt

[408] Auszug aus der als Pull-Down-Menü gestalteten Inhaltsübersicht auf der Homepage der Peacock AG.

werden und ist desgleichen für die Einbindung des Items *Geschäftsbericht* in die Inhaltsübersicht zu erwägen, da hier in der Regel ebenfalls ein gewisser Aktualitätsbezug vorliegt und der Jahresbericht somit zu den eher dynamischen Inhalten einer Website zählt. Insbesondere aus Anlaß der unmittelbaren Veröffentlichung des aktuellen Geschäftsberichts erscheint zudem – wie auf der Homepage der Rheinmetall AG – die Aussonderung dieses Items aus der Inhaltsübersicht und die Hervorhebung als neuer Website-Inhalt angebracht. Nicht selten wird eine derartige Kennzeichnung aktueller Inhalte hingegen vernachlässigt, so daß die dynamische Rubrik *Aktuell* inmitten der Inhaltsübersicht vorzufinden ist, eingerahmt von den übrigen mit statischen Inhalten verbundenen Rubriklinks.[409]

7.2.2 Disambiguierung

Im Hinblick auf die linguistische Evaluation von Homepages unter Verständlichkeits- und Usability-Aspekten ist des weiteren die Mikroebene der Inhaltsübersichten in Gestalt der einzelnen Rubrikeinträge in Betracht zu ziehen. Dies um so mehr, als aufgrund der Deckungsgleichheit von Text- und Linkstrukturen die Rubriktitel als isolierte Hyperlinks fungieren, die ihre Explikation ohne textuelle Unterstützung eigenständig leisten müssen. Entsprechend muß eigens die Gestaltung der Rubrikeinträge aus einem nutzerzentrierten Blickwinkel erfolgen und zu ebenso prägnanten wie eindeutigen Benennungen führen.

Angesichts der dominant durch substantivische Lexikoneinheiten konstituierten Rubriktitel scheint für die analysierten Inhaltsübersichten vorrangig das Postulat maximaler Ausdrucksökonomie zu gelten, stellen doch ausführliche überschriftenartige Rubrikbenennungen wie *Der MAN Konzern im Überblick* und *Die Unternehmen des MAN Konzerns* eher die Ausnahme. Die Berücksichtigung der Rezipientenperspektive bleibt indes bisweilen auf der Strecke. Mehr noch: Mitunter stellen die Homepages hohe Anforderungen an eine domänen- wie medienbezogene Textsortenkompetenz auf seiten des Nutzers – die de facto oft noch in der Entwicklung begriffen und durch die Gestaltung der Kommunikate selbst zu unterstützen ist.

Eine Optimierung kann oft schon mit minimalen Mitteln erzielt werden, wobei in Anbetracht der durch lexikalische Einheiten repräsentierten Rubriktitel am häufigsten die Forderung nach **Disambiguierung bzw. Monosemierung** zu stellen sein dürfte. Legt man einen monosemen Zeichenbegriff und entsprechend Signifikantgleichheit bei Bedeutungsverschiedenheit zugrunde[410], bezieht sich die genannte Forderung auf eine ausreichende Verfügbarkeit von Selektions-

409 Z. B. auf den Homepages der MAN AG, der Plettac AG und der Mannesmannröhren-Werke AG.

410 Vgl. hierzu die Monographie von Wichter 1988.

mitteln, die dem Rezipienten transparent machen, „welches der Zeichen aus der Menge der signifikantgleichen Zeichen gilt" (Wichter 1988, S. 168). Lieferant derartiger Selektionsmittel ist vor allem die Zeichenumgebung, so daß durch Kooperation von Signifikant und Umgebung **Eindeutigkeit des Zeichens** entsteht (vgl. Wichter 1988, S. 173, 176).

Kennzeichnend für die isolierten Hyperlinks ist hingegen das Fehlen einer unmittelbaren textuellen Umgebung, so daß dem Rezipienten durch den kommunikativen Gesamtkontext Unternehmenshomepage zwar Selektionsmittel an die Hand gegeben werden, diese für eine eindeutige Interpretation der Zeichen aber nicht immer hinreichen. Notwendig und hilfreich ist vielmehr eine **Spezifizierung** der Rubrikbezeichnungen, erreichbar u. a. mit Hilfe von Mitteln und Verfahren der Wortbildung. So können z. B. Rubrikbenennungen wie *Profil*[411], *Partner* (Laubag), *Berichte*[412] und *Lexikon* (Laubag) im Sinne der homepagebezogenen Rezeptionsunterstützung zu eindeutigen Determinativkomposita erweitert werden, die den Domänenbezug explizit machen: *Unternehmensprofil*, *Geschäftspartner*, *Geschäfts- / Lage- / Finanzberichte*, *Bergbaulexikon*.

Des weiteren kann der Forderung nach Transparenz und Explizitheit durch den Einsatz von Rubrikbenennungen nachgekommen werden, die einen eindeutigen **Adressatenbezug** zum Ausdruck bringen. Besonders konsequent findet sich dies in der Inhaltsübersicht der Spar Handels-AG als Prinzip realisiert. Beispielhaft wird so die geforderte Berücksichtigung der Rezipientenperspektive umgesetzt. Jedoch tritt der Adressatenbezug nicht immer in letzter Eindeutigkeit zutage, wie sich am Beispiel der Rubrik *Personal* auf der Stihl-Homepage zeigen läßt. Verfolgt man diesen isolierten Link, gelangt man zu aktuellen Stellenangeboten des Unternehmens, die sich entsprechend an die Zielgruppe der potentiellen Mitarbeiter richten. Informationen über den bereits vorhandenen Personalbestand, wie sie das Lexem *Personal* ebenfalls erwarten läßt, finden sich hingegen nicht, so daß der Eindeutigkeit hier durch eine Rubrikbezeichnung wie *Jobs* oder *Stellenangebote* besser gedient wäre. Auch wäre hier die Subrubrik *Einkauf*, die deutlich die Emittentenperspektive spiegelt, mit *Für Zulieferer* oder *Wie Sie unser Zulieferer werden* eindeutiger, weil explizit zielgruppenspezifisch bezeichnet. Nicht minder nachdrücklich könnte so zugleich dem privaten Endkunden, der angesichts eines Links *Einkauf* u. U. mit Online-Einkaufsmöglichkeiten rechnet, der Weg zu diesbezüglich enttäuschenden Informationen erspart werden.

Ähnlich ambig präsentiert sich auf der Homepage der Metallgesellschaft AG der Rubriktitel *Medien*. Er kündigt nicht etwa Bestellmöglichkeiten für Broschüren und andere Informationsmedien an, sondern richtet sich an die Adressaten-

---

[411] Z. B. Agiv AG, CompuNet Computer AG & Co. oHG, Walter Bau-AG.

[412] Hoechst AG, Schering AG.

gruppe der Medienvertreter und führt u. a. zu Pressemitteilungen und Fotomaterial. Eindeutigkeit ist hier gleichfalls leicht zu erzielen, z. B. durch Rubrikbezeichnungen wie *News für Investoren und Journalisten* (Merck KGaA) oder eine Hauptabteilung *Journalisten* mit zugehörigen Subrubriken wie *Pressemitteilungen*, *Presse-Kontakt* und *Bildarchiv* (alle Veba Öl AG).

Insgesamt zeigt sich häufig, daß die am Linkziel vorfindlichen Inhalte auf der Homepage zu unpräzise bezeichnet werden. Daß hier hingegen nicht immer explizit zielgruppenspezifische Rubriktitel Abhilfe schaffen können, sei am Beispiel der Homepage der Co op Schleswig-Holstein eG aufgezeigt: Die Rubrikbenennung *Einkaufs**service*** läßt durchaus konkrete Dienstleistungen des Unternehmens erwarten, z. B. Online-Bestellmöglichkeiten mit verbundenem Warenbringdienst. Statt dessen werden vielmehr *Einkaufs**tips*** präsentiert, die sich u. a. auf aktuelle Sonderangebote, Rezepttips und Weinempfehlungen erstrecken.

Neben den gezeigten, die Benennungsbildung betreffenden Konkretisierungs- und Spezifizierungsmaßnahmen ist des weiteren die **Linkexplikation** durch textuelle Umgebung zu den effizienten Optimierungsverfahren zu rechnen, wie sie am Beispiel der Homepages der Schmolz & Bickenbach KG und der VIAG AG bereits exemplifiziert wurde. Insbesondere für die Inhaltsübersichten ist hier das Verfahren der Explikation von Links durch Links zu nennen, wie es durch die hierarchische Organisation der thematischen Site-Abteilungen in Haupt- und Subrubriken zu erzielen ist. Auf diese Weise könnten auf der Homepage der Laubag Lausitzer Braunkohle AG die beiden Rubriklinks *LAUBAG Akzente* und *LAUBAG report*, evtl. zuzüglich der Links *Geschäftsbericht 98/99* und *Sozialbericht 98/99*, unter die hyperonyme Rubrikbezeichnung *Publikationen* subsumiert, gebündelt und direkt erkennbar als unternehmensseitige Veröffentlichungen ausgewiesen werden.

Eine derartige Integration von bündelnden hyperonymen oder alternativ spezifizierenden hyponymen Ausdrücken dient nicht nur der Explikation einzelner Links, sondern – wie gezeigt – der differenzierten Strukturierung der Gesamteinheit Inhaltsübersicht. Insbesondere, wenn auf der Homepage an der Verwendung von so abstrakten, wiederum deutlich die Emittentensicht spiegelnden Wortschatzeinheiten wie *Information*, *Highlights*, *Service* und *Fakten* als Rubriktiteln festgehalten wird, erweist sich deren Bestimmung durch spezifizierende Hyponyme aus Rezipientensicht als wünschenswert. Dies illustriert z. B. die Homepage der RWE-DEA AG, zu deren Hauptrubrik *Service* alle zugehörigen – und sehr heterogenen – Unterabteilungen, darunter *Ansprechpartner*, *Presseinformationen*, *Impressum* und *FAQs*, unmittelbar ansichtig und zugreifbar gemacht werden. Andernfalls ist ein nicht näher bestimmter Rubriktitel wie *Highlights*, der Homepage der Esso AG zu entnehmen, als nahezu redundant einzustufen bzw. durch eine angemessenere Bezeichnung – in diesem Fall *Unterhaltung* – zu ersetzen.

Ähnlich verhält es sich mit dem Lexem *Info*, welches auf den untersuchten Homepages als Rubrikbenennung zahlreiche Verwendung findet[413] und nur gelegentlich zu *Firmeninfo* oder *Kundeninfo* spezifiziert ist. In der Inhaltsübersicht der Benteler AG hingegen findet sich *Info* bzw. *Infos* gleich zweimal verzeichnet, davon einmal zumindest durch die übergeordnete Hauptrubrik *Handel* näher bestimmt. Dennoch wäre hier mindestens die Erweiterung zu *Infobroschüre* sinnvoll, führt der Link doch zu einer als Printdokument im pdf-Format abgelegten Informationsbroschüre über die Benteler Handelsgruppe. Auch im zweiten Fall wird *Info* zwar durch die beiden Subrubriklinks *Browsereinstellungen* und *EDI* (= Electronic Data Interchange) expliziert, doch werden diese erst nach einem Klick auf *Info* eingeblendet.

Festzuhalten bleibt, daß derartig abstrakte und als Sammelkategorie des Typs *Sonstige Info* (Walter Bau) und *Service* für beliebige Inhalte einsetzbare Rubriktitel den Rezipienten ratlos zurücklassen, da ihnen bezüglich der am Linkziel erwartbaren Informationen keine Anhaltspunkte zu entnehmen sind. Mehr noch als eine Spezifizierung ist zumindest im Fall *Info* und *Highlights* der gänzliche Verzicht auf derartige Rubrikbezeichnungen in Betracht zu ziehen. Im Fall *Fakten* verhält es sich insofern anders, als die alleinige Verwendung dieses Substantivs als Rubriktitel zwar von gleicher – zweifelhafter – Qualität ist wie bei *Information* und *Highlights*, sich dieses Substantiv jedoch ungleich häufiger zur Zwillingsformel *Zahlen und Fakten*[414] oder zu *Zahlen, Daten, Fakten* (DSK) erweitert findet. Hierbei handelt es sich offensichtlich um konventionalisierte Rubrikbezeichnungen für Inhalte, die das Unternehmen anhand wichtiger Eckdaten und (Kenn-)Zahlen, z. B. Mitarbeiter-, Umsatz- und Absatzzahlen, vorstellen.

Unterinformiert bleibt der Nutzer ebenso angesichts kryptisch anmutender Rubriken wie *DELIStrack*, *MRZ* und *GE*, für die mindestens die Auflösung des vermeintlichen Initialkurzworts ratsam erscheint. Implizit geschieht diese nur im letztgenannten Fall, indem auf der Homepage der CompuNet Computer AG & Co. oHG die Muttergesellschaft General Electric, kurz: GE, in einer aktuellen (und somit nur temporär vorhandenen) Meldung Erwähnung findet. Die Bezeichnung *DELIStrack* auf der Homepage der DPD Deutscher Paketdienst GmbH & Co. wird hingegen selbst am Linkziel nicht erklärt. Deutlich wird nur, daß hiermit ein Online-Service des DPD bezeichnet ist, der dem Kunden ermöglicht, den Weg einer Postsendung zu verfolgen. Ebensowenig wird die Initialkürzung *MRZ* auf der Homepage der Kaufring AG transparent gemacht, und

[413] Auf den erhobenen russischen Unternehmenshomepages tritt das Äquivalent *информация* (*informacija / Information*) als gleichermaßen unspezifische Rubrikbezeichnung in Erscheinung.

[414] Z. B. Bahlsen KG, Bestfoods Deutschland GmbH, Peacock AG.

selbst am Linkziel erschließt sich nicht auf Anhieb, daß es sich hier um den Eigennamen des Kaufring-eigenen Softwarehauses handelt.

Hinzuweisen ist des weiteren auf das ebenfalls bereits angeklungene Problem der **semantischen Kontiguität** von Rubrikeinträgen in den Online-Inhaltsübersichten. Während diese Qualität lexikalischer Einheiten für die Konstitution dominant monolinearer Printtexte unabdingbar ist, erweist sie sich in den Inhaltsübersichten als rezeptionsstörend: Benachbart auftretende Rubriktitel wie *Rückblick* und *Geschichte* (Fresenius AG) oder *Geschichte* und *Hintergrund* (Bahlsen KG) erlauben kaum eine trennscharfe Antizipation der jeweils erwartbaren Inhalte.

Abschließend eine Anmerkung zu den eher funktional ausgerichteten Komponenten und Abteilungen einer Website, die auf den Homepages per Hyperlink angekündigt werden: Zumindest mit Blick auf die Vorkommenshäufigkeit der Hyperlinks *Kontakt* und *Sitemap* vermitteln die untersuchten Homepages den Eindruck, daß sich hier bereits konventionalisierte Bezeichnungen herausgebildet haben. Nur vereinzelt werden andere Benennungen gewählt, z. B. *Inhalt* oder *Direkteinstieg* anstelle von *Sitemap* oder *Dialog* und *Anfrage* zur Bezeichnung der Kontaktrubrik. Ohne diesbezüglich eindeutige Empfehlungen geben oder Ausdrucksvariation unterbinden zu wollen, sei zu bedenken gegeben, daß der Einsatz konventionalisierter Benennungen zur Bezeichnung von Standardkomponenten einer Homepage bzw. Site die Entwicklung einer nutzerseitigen Medien- und Textsortenkompetenz unterstützen kann.

7.3 Unternehmensvorstellende Texte und aktuelle Meldungen

7.3.1 Unternehmensvorstellende Texte

Aus den eingangs vorgestellten Prämissen der Inhalts- und Zielorientiertheit sowie Ungeduldigkeit von Netznutzern lassen sich für die Gestaltung von unternehmensvorstellenden Texten vor allem die Forderungen nach **Sach- und Faktenorientierung**, gepaart mit **Knappheit und Kürze** auf der Ausdrucksseite ableiten. Angesichts so minimaler Porträts wie auf den Homepages der Laubag Lausitzer Braunkohle AG (Pre-Page), der Merck KGaA und der Rheinmetall AG wird diesen Forderungen auf den untersuchten deutschen Homepages einerseits zwar Rechnung getragen, doch sind mit den Startseiten der Kaufring AG und der Walter Bau-AG ebenso Gegenbeispiele anzuführen.

Im Zuge der Textsortenbestimmung wurden die Porträttexte bereits als der Einführung und Orientierung dienende, überblicksartige Kurzbeschreibungen eines Unternehmens anhand wichtiger Bestimmungsgrößen beschrieben. Entsprechend besteht ihre Hauptaufgabe zunächst in der **sachlichen Informations-**

vermittlung. Doch erschöpft sich ihre Funktion hierin nicht, denn eine zusätzliche und vor allem aus Emittentensicht wichtige Aufgabe besteht in der Imagewerbung für das Unternehmen.

Rezeptionsstudien haben ergeben, daß marketingorientierte Texte mit imagewerbenden Aussagen wie „Haniel operiert seit über 240 Jahren erfolgreich am Markt" oder „Heute verfügt die Walter Bau-AG über einen Bautechnologiebereich, der seinesgleichen sucht" beim Netznutzer wenig Wohlwollen finden (vgl. Morkes / Nielsen 1997, S. 1). Unabdingbar sind auf der Homepage und vor allem für den Erstnutzer vielmehr faktische inhaltliche Informationen über die sich präsentierende Institution und hier vor allem die Antwort auf die von Ebert 2000 formulierten Fragen „Was ist X für ein Unternehmen?" oder „Was tut X?".

Der adäquaten Beantwortung dieser Fragen dienen die Angabe des Tätigkeitsbereichs bzw. der Geschäftsfelder und / oder die Nennung wichtiger Produkte und Leistungen. Entsprechend sinnvoll erscheint es im Hinblick auf Transparenz und Informativität, daß die Texte die als zentral ermittelten thematischen Komponenten **„Tätigkeitsbereich / Geschäftsfelder"** und / oder **„Produkte, Leistungen"** obligatorisch kommunizieren. Daß diese inhärenten Bestimmungsgrößen eines Unternehmens dem vorstellenden Text auf der Homepage dennoch nicht immer zu entnehmen sind, belegt das Kurzporträt der Franz Haniel & Cie. GmbH, das zwar Eckdaten wie die Marktposition sowie Umsatz- und Mitarbeiterzahlen vermittelt, den zentralen Parameter „Tätigkeitsbereich" jedoch ausspart.

Ausdrucksseitig kommt es bei den unternehmensvorstellenden Homepagetexten, da sie online am Bildschirm zu lesen sind, auf Kürze, klare Strukturierung sowie eine einfache Syntax an.[415] Die analysierten Kurztexte tragen dem in hohem Maß Rechnung, dominieren doch kurze Texte aus einfachen Hauptsätzen. Besonders hervorzuheben sind unter dem Aspekt der Rezeptionsfreundlichkeit **Listen- und tabellarische Texte**, die das Ziel einer schnellen Informationsentnahme besonders unterstützen. Auch elliptische Konstruktionen wie auf der Homepage der Rheinmetall AG sind in diesem Kontext zu nennen.

Allerdings fällt auf, daß von den untersuchten deutschen Unternehmenshomepages nur die Leitseite der Lurgi AG die Unternehmensvorstellung über einen Listentext leistet, welcher die Geschäftsfelder des Unternehmens nennt. Die Leistungsfähigkeit derart **kohäsionsarmer Textstrukturen** für die Online-Rezeption scheint auf Produzentenseite nur eingeschränkt bewußt zu sein. Ebenso dominieren auf den russischen Homepages im Bereich der Unternehmensvorstellung zwar Fließtextvorkommen, doch treten in Gestalt der Unternehmenssteck-

---

415 Zu derartigen allgemeinen Empfehlungen für die Textgestaltung im World Wide Web vgl. Nielsen 2000, S. 100 - 112.

briefe zugleich kohäsionsreduzierte Texte augenfälliger zutage. Wenngleich sie dem Merkmal der gebotenen Kürze nicht gerecht werden, wird mit diesen Strukturmustern eine auf Übersichtlichkeit zielende, sachorientierte Informationspräsentation kultiviert – zumal die Steckbriefe für imagewerbende Aussagen keinen Raum lassen und den Bedürfnissen der Nutzer somit mindestens zweifach entgegenkommen.

Überdies besitzen listenartige Texte oder tabellarische Steckbriefstrukturen im Hinblick auf die **Integration von Hyperlinks** eine besondere Qualität: Gepaart mit einem dominant auf nominale Einheiten reduzierten Textgerüst führt das weitgehende Fehlen von explizit textverknüpfenden Kohäsionsmitteln dazu, daß sich die textkonstituierenden Einheiten vorwiegend in ihrer unflektierten lexikalischen Nennform präsentieren. Dies stellt für die Linkrezeption insofern eine Komplexitätsreduzierung dar, als zumindest die Abstraktion von flexivischen Merkmalen der als Link fungierenden Einheit nicht erforderlich wird. Relevanter noch als für deutsche Texte erscheint dieses Flexionsmoment in Anbetracht des Russischen mit seiner ausgeprägten Kasusflexion im Nominalsystem, mit der, wenn man so will, das Sprachsystem dem für das Medium charakteristischen Verlinkungsprinzip einen Widerstand entgegensetzt. Aufgrund dessen erweisen sich tabellen- und listenartige Texte hier in besonderem Maß als eine adäquate Alternative zu Fließtexten.

In Fließtextvorkommen ist hingegen stärker mit textintegrierten Hyperlinks in Gestalt flektierter lexikalischer Einheiten zu rechnen, so daß sich die Linkrezeption hier u. U. komplexer gestaltet – es sei denn, man weicht auf einen dem Text nachgestellten quasi isolierten Linkanzeiger aus. Sollen innerhalb eines Fließtextes einzelne Konstituenten als Absprungstellen fungieren, sind autosemantische nominale Satzglieder prädestiniert. Stellen sich diese z. B. in Gestalt eines Syntagmas aus Adjektivattribut und Substantiv als komplex strukturiert dar, ist es der Linkrezeption dienlich, wenn – bei Nahstellung beider Glieder – vorzugsweise das vollständige Satzglied / Syntagma, mindestens aber der Satzgliedkern/ das Substantiv mit Hyperlinkfunktionalität versehen ist. Die Distanzstellung von Attribut und substantivischem Bezugswort, wie sie die russische Syntax mit ihrer flexibleren, umfangreiche Einschübe zulassenden Wortstellung ausgeprägt ermöglicht, setzt der Verlinkung bzw. Linkrezeption eher Hindernisse entgegen.

7.3.2 Aktuelle Meldungen

Im Hinblick auf die Einbindung aktueller Meldungen in eine Homepage ist zunächst eine entsprechende Kenntlichmachung dieser Inhalte von Bedeutung, unterstützt sie doch die Identifikation der einzelnen Homepagekomponenten und insofern die Orientierung auf der Startseite insgesamt. In der Regel ist für aktuelle Inhalte ein bestimmter Seitenbereich reserviert, dessen Überschreibung mit

„Aktuell", „Aktuelles" oder „Neu" eine explizite und unmißverständliche Markierung darstellt. Unabhängig von einer solch expliziten Kennzeichnung können ebenso die Texte selbst eindeutige Hinweise geben: Eine Nachrichtenüberschrift und das zugehörige Datum lassen zweifellos auf die Textsorte NACHRICHT bzw. PRESSEMITTEILUNG schließen. Ebenso sind die ausführlicheren Kurzmeldungen, wenngleich sie meist ohne Datum präsentiert werden, anhand von Überschriften wie „Aus VEBA und VIAG wird E.ON"[416] oder „General Electric als E-Business-Unternehmen des Jahres ausgezeichnet"[417] unschwer als aktuelle Unternehmensnachrichten zu identifizieren.

Die Aufgabe der aktuellen Meldungen auf der Homepage besteht neben der Informationsankündigung in einer möglichst differenzierten Vorabinformation des Rezipienten. Die Kurzmeldungen bewältigen dies meist problemlos, da sie vergleichsweise ausführlich sind. Sie bilden oft die Anfangssequenz des zugrundeliegenden Meldungsvolltextes, auf den per Link verwiesen wird, und befolgen das für Nachrichtentexte charakteristische Aufbauprinzip der umgekehrten Pyramide: Indem sie die wesentlichsten Informationen bereits nennen, fungieren sie als eine geschlossene Informationseinheit.

Komplexere Anforderungen stellen hingegen die vom zugehörigen Meldungstext isolierten schlagzeilenartigen Nachrichtenüberschriften, ist ein Nachrichtentitel wie „12.05. Personalie"[418] doch kaum dazu geeignet, dem Rezipienten entscheidende Vorabinformationen zu liefern. Hieraus erhellt abermals, wie wichtig für den Rezipienten **thematisch-inhaltliche Vorinformationen** sind. Kohärenzfördernd wirkt dabei, wenn der Nachrichtentitel am Linkziel identisch wiederaufgenommen wird und dort auf den ersten Blick lokalisierbar ist. Dieser Hinweis läßt erahnen, daß mitunter Gegenbeispiele begegnen, etwa auf der Website der DPD Deutscher Paketdienst GmbH & Co. Deren Homepage präsentiert unter der Überschrift „Jetzt auch per Nachnahme" eine aktuelle Meldung, wobei die Überschrift als Hyperlink gestaltet ist. Dieser führt den Nutzer aber nicht zu einem ausführlicheren Text mit ebendieser Überschrift, sondern zu einer Übersichtsseite mit einer Liste von Pressemeldungstiteln zu den unterschiedlichsten Themen. Keiner der Titel ist mit der Überschrift von der Homepage identisch. Erst die letzte, nur über einen Rollbalken erreichbare und somit nicht auf den ersten Blick sichtbare Überschrift „Der DPD mit Nachnahmepaketen" signalisiert thematische Verwandtschaft mit dem Ausgangstext. Hier liegt ein inakzeptabler Kohärenzbruch vor, der den Nutzer vermutlich desorientiert – und / oder verärgert – zurückläßt.

---

416 Homepage der VIAG AG.

417 Homepage der CompuNet Computer AG & Co. oHG.

418 Homepage der Kaufring AG.

Die identische Wiederaufnahme der ankündigenden Überschrift am Linkziel ist für die **Kohärenzsicherung** zwar nicht obligatorisch, ersichtlich muß aber auf den ersten Blick der thematisch-inhaltliche Bezug zwischen Linkausgangs- und -endpunkt sein. Dies ist auch ohne identische Wiedergabe der Überschrift am Ziel über die Wiederaufnahme zentraler Themawörter zu erreichen. Unter der Markierung „NEU" präsentiert die Homepage der MAN AG die überschriftenartige Sequenz „MAN auf der Expo 2000 Hannover, Mitglied im Themenpark – Thema Mobilität". Am Linkziel springt zuerst die farbig hervorgehobene Oberüberschrift „EXPO 2000" ins Auge, an die sich die Unterüberschriften „Der MAN-Beitrag zum Thema Mobilität" und „„Engineering the Future"" anschließen. Die Kohärenzsicherung erfolgt hier über die Wiederaufnahme der zentralen Themawörter *MAN*, *Expo 2000* und *Mobilität.* Entsprechend präsentiert sich die Ankündigung auf der Homepage weniger als eine typische Nachrichtenüberschrift, sondern eher als thematisch-inhaltliche Erschließung des Textinhalts über Schlüsselwörter.

Im Hinblick auf die **Linkintegration** waren anhand der Corpusbelege verschiedene Strategien zu beobachten, wobei als Gestaltungsprinzip der dem Meldungstext nachgestellte Linkanzeiger erkennbar wurde. Auffallend häufig präsentiert sich dieser sowohl bei den Nachrichtenüberschriften als auch bei den Kurzmeldungen als metakommunikative Sequenz. Diese Sequenzen zeigen unterschiedliche Ausführlichkeitsgrade, die von Einzelwörtern des Typs `mehr`, `weiter`, `Details` bis hin zu syntaktisch vollständigen Aufforderungen an den Rezipienten reichen: „`Lesen Sie mehr zu der Auszeichnung`"[419]. Wie angemerkt, versäumt kaum eine Anleitung zum Web Design den Hinweis, auf derartige metakommunikativ verfahrende Hyperlinks zu verzichten. Daß metakommunikative Links entgegen dieser Empfehlung nach wie vor auf Webseiten begegnen, deutet jedoch auf ihre offenkundige Zweckmäßigkeit. Entsprechend ist Storrer 2001 nur zuzustimmen, wenn sie schreibt: „Insgesamt sollte m. E. die pauschale Ächtung des [metakommunikativen, D. S.] Verfahrens aus text- und kommunikationstheoretischer Sicht nicht unkritisch übernommen werden" (S. 108).

Die Leistung der metakommunikativen Links besteht in einer expliziten Benutzerführung, welche insbesondere in Anbetracht noch ungeübter Netznutzer von einiger Bedeutung ist. Und selbst beim geübteren Nutzer kann sich die Rezeption beim nachgestellten metakommunikativen Link zunächst ganz auf die eigentlich informative Einheit in Gestalt der Überschrift oder Kurzmeldung konzentrieren und wird nicht durch textintegrierte Links vorzeitig abgelenkt resp. unterbrochen. Somit drückt sich in derartigen Links durchaus die Berücksich-

---

[419] Homepage der CompuNet Computer AG & Co. oHG.

tigung der Rezipientenperspektive aus – wenngleich im Kontext Unternehmenshomepage angesichts einer den Rezipienten unmittelbar ansprechenden, ihn gleichsam umwerbenden Sequenz ebenso mit bewußter Inszenierung von Kommunikation zu rechnen ist.

7.4 Struktur- und Inhaltsinformationen

Im Hinblick auf die Integration und Vermittlung von Struktur- und Inhaltsinformationen können die Unternehmenshomepages unterschiedliche Strategien verfolgen – einschließlich des weitgehenden Verzichts auf die Erfüllung dieser Aufgabe. Ohnehin sind, da hierfür in erster Linie die Inhaltsübersichten resp. Navigationsleisten zur Verfügung stehen, die Möglichkeiten der Vermittlung von sitebezogenen Strukturinformationen begrenzt. Entsprechend sind einer Homepage wie jener der Hochtief AG strukturbezogene wie inhaltliche Informationen nur eingeschränkt zu entnehmen. Zwar erfolgt der Informationszugriff auf die Site-Inhalte über eine strukturell orientierte Rubrizierung in fünf Abteilungen, doch sind bezüglich der Binnengliederung der Website hieraus keine Hinweise ableitbar. Ebensowenig werden inhaltliche Informationen über das Unternehmen explizit gemacht, denn derartige Anhaltspunkte vermitteln allein die in die Homepage integrierten Abbildungen. Mindestens dem voraussetzungslosen Rezipienten ermöglichen sie aber nur vage Rückschlüsse auf den Tätigkeitsbereich. Zumindest auf der durch die Homepage konstituierten höchsten Informationsebene bleibt der Rezipient so strukturell wie inhaltlich weitgehend uninformiert.

Dominant auf die Vermittlung von Strukturinformationen setzt hingegen die Homepage der Babcock Borsig AG mit ihrer bis zu vier Hierarchieebenen widerspiegelnden Inhaltsübersicht. Inhaltliche Informationen über das Unternehmen treten indessen in den Hintergrund; lediglich einige der Geschäftsbereiche finden auf einer der tieferen Hierarchiestufen der Inhaltsübersicht Erwähnung. Inhaltlich unterinformiert bleibt der Rezipient desgleichen auf der Homepage der VIAG AG, wo die thematischen Hauptabteilungen durch die wichtigsten Subrubriken spezifiziert werden, hierdurch aber allein strukturelle Information transportiert wird. Unternehmenshomepages, die derart weitgehend auf die Vermittlung inhaltlicher Information verzichten, können beim Rezipienten den Eindruck des Ausgeschlossen- oder gar Unerwünschtseins entstehen lassen, scheint das WWW-Angebot doch dem Kreis der „Eingeweihten" vorbehalten, die bereits (Vor-)Kenntnisse über das Unternehmen besitzen.

Daß die Inhaltsübersicht gleichwohl auch zur Vermittlung von inhaltlichen Unternehmensinformationen herangezogen werden kann – und dies bei Verzicht auf andere explizit inhaltsvermittelnde Komponenten auch sollte –, zeigt die

Homepage der Benteler AG. Hier wird auf der höchsten Gliederungsebene über die Angabe der Geschäftsbereiche ein inhaltsgeleiteter Informationszugriff angeboten. Erst die jeweiligen Subrubriken zeigen sich durchgängig struktur- oder funktional orientiert. Noch deutlicher tritt die Inhaltsorientierung der Inhaltsübersicht auf der Homepage der Total Deutschland GmbH zutage, die durch Rubriken dominiert ist, welche die Geschäftsfelder sowie Produkte des Unternehmens nennen. Beispielhaft verkörpert ferner die Homepage des russischen Lebensmittelherstellers Русский продукт (Russkij produkt) diese Strategie des inhaltsgeleiteten Informationszugriffs, ist an den Einträgen in der Inhaltsübersicht doch das Produktspektrum des Unternehmens abzulesen. Hier bleibt der Rezipient zwar strukturell, nicht aber inhaltlich unterinformiert, wobei das Defizit an Strukturinformation durch eine ausgeprägte horizontale Differenzierung z. T. kompensiert wird.

Insgesamt stehen den Homepages zur **Integration inhaltlicher unternehmensbezogener Informationen** vielfältige Möglichkeiten zur Verfügung. Dabei ist z. T. schon mit minimalen Mitteln hohe Effektivität zu erreichen – und dies, ohne der Startseite den typischen Charakter einer Übersichtsseite zu nehmen. Genutzt werden können sowohl sprachliche als auch bildliche Mittel. Ein effizientes und eindeutiges Visualisierungsverfahren ist z. B. in der Einbindung von **Markenlogos** zu sehen, wie sie die Homepages der Bestfoods Deutschland GmbH, der Nestlé Deutschland AG und der Procter & Gamble GmbH zeigen. In diesen Fällen sind mit den Marken Konsumgüter für Endverbraucher verbunden, für die von einem hohen Wiedererkennungswert auszugehen ist. Doch können, wie die Homepages der Unternehmen Spar Handels-AG und Langnese-Iglo GmbH illustrieren, selbst weniger spezifische fotografische **Abbildungen** den Wirkungsbereich eines Unternehmens transparent machen.

Was die Integration inhaltlicher Information auf sprachlichem Wege betrifft, sind als besonders leistungsstarke Instrumente die **unternehmensvorstellenden Kurztexte** anzuführen. Ihnen sollten der Tätigkeitsbereich, die Geschäftsfelder oder Hinweise zu den Produkten zu entnehmen sein. Weiterhin ist der für das Unternehmen werbende **Slogan** zu nennen. Er ist ohnehin Bestandteil der medienübergreifend werbewirksam kommunizierten *corporate identity* und kann wie die Markenlogos über einigen Wiedererkennungswert verfügen. Zu erwägen ist ferner, für die Internetpräsenz einen eigenen Slogan zu konzipieren, der explizit in den Dienst der Inhaltsvermittlung gestellt wird.[420]

---

[420] Der fleischverarbeitende Petersburger Betrieb Парнас-М (Parnas-M) wirbt auf seiner Homepage mit dem auf die mediale Umgebung abgestimmten Slogan „Лучшая колбаса в Интернет“ („Lučšaja kolbasa v Internet“ / „Die beste Wurst im Internet“) und macht seinen Wirkungsbereich so auf Anhieb erschließbar.

Verwiesen sei z. B. auf die Homepage der Binding Brauerei AG, auf der der Slogan „Bierbrauer seit 1870“ den zentralen Hinweis auf das Tätigkeitsfeld des Unternehmens liefert; um so mehr, als die Identifikation des Emittenten hier nicht über die vollständige Unternehmensbezeichnung, sondern nur anhand des Eigennamens Binding zu leisten ist. Ebensowenig liefert die strukturorientierte Rubrizierung mit den drei Abteilungen *Binding-Gruppe*, *Service* und *Marken* inhaltliche Anhaltspunkte. Hinzuweisen ist in diesem Kontext auf die **Titelleiste des WWW-Browsers**, die zwar nur begrenzten Raum bietet, z. B. aber die Nennung des Firmennamens sowie der wichtigsten Geschäftsfelder übernehmen kann. Im Fall Binding gibt sie immerhin den vollständigen und transparenten Namen sowie wichtige Marken des Unternehmens an. Auf der Homepage der Agiv AG ist die Titelleiste, die die Geschäftsfelder verzeichnet, sogar der Hauptträger inhaltlicher Unternehmensinformationen. Zu bedenken ist indessen, daß die Inhalte der Titelzeile stets Gefahr laufen, der Aufmerksamkeit des Rezipienten zu entgehen.

Mit Einschränkungen eignen sich hingegen **aktuelle Nachrichten** zur Vermittlung von allgemeinen Unternehmensinformationen, ist ihre Aufgabe doch weniger die einführende inhaltliche Orientierung des Nutzers als vielmehr die Kommunikation aktueller Entwicklungen. So ist die Erfolgsmeldung über eine erzielte Umsatzsteigerung kaum geeignet, den Erstnutzer über die inhaltliche Ausrichtung in Kenntnis zu setzen, stellt aber für Zielgruppen wie Journalisten, Zulieferer oder Investoren u. U. eine wichtige Information dar. Überdies unterliegen derartige Inhalte dem Gebot der Aktualität und damit der ständigen Ersetzung durch neueste Meldungen, so daß sie zur Vermittlung eines konstanten Unternehmensbildes ohnehin nicht qualifiziert sind. Noch weniger ist über die häufig eingebundenen **Begrüßungen** der Transport inhaltlich relevanter Informationen zu erzielen.

Somit erscheint insgesamt und insbesondere unter Berücksichtigung des voraussetzungslosen Nutzers die Kombination der zur Inhaltsvermittlung nicht oder nur wenig prädestinierten Module mit den genannten leistungsfähigen Inhaltskomponenten sinnvoll. Entsprechend dokumentieren einige Homepages, daß die Vermittlung von Inhaltsinformationen erfolgreich in einem Ensemble von aufeinander abgestimmten Komponenten erfolgen kann. Auf der Leitseite der Dywidag – Dyckerhoff & Widmann AG ergänzen sich z. B. Abbildung und Slogan gegenseitig.

Selbst die Inhaltsübersicht kann in ein solches Ensemble eintreten, wie die Homepage der VAW AG mit dem Zusammenspiel von Slogan, animierter Abbildungssequenz, Inhaltsübersicht und sogar aktuellen Meldungen demonstriert: Neben dem vollständigen Firmennamen verweist der Slogan auf das Tätigkeitsfeld, während der Inhaltsübersicht anhand der zur Hauptrubrik *Aktivitäten* einblendbaren Subrubriken die Kerngeschäftsfelder *Primary Materials*, *Rolled*

Products, *Flexible Packaging* und *Automotive Products* zu entnehmen sind. Diese werden zusätzlich durch wechselnd eingeblendete Abbildungen visualisiert sowie durch die beiden Meldungstitel „Neues Deckelmaterial PET PEEL“ und „VAW erwirbt Aluminiumhütte in Australien“ konkretisiert. So entsteht eine kohärente Startseite, die den Rezipienten sowohl inhaltlich als auch durch die ansatzweise Visualisierung der Sitegliederung strukturell umfassend informiert.

Ebenso ist in diesem Zusammenhang auf die Homepage der Bestfoods Deutschland GmbH zu verweisen: Hier gelingt die inhaltliche Informierung durch Markenlogos sowie durch die Integration der Geschäftsbereiche in die hierarchisch organisierte Inhaltsübersicht, die die Abbildung von Strukturmomenten übernimmt. Daß auch ohne eine derartige Strukturvisualisierung ein hinreichend ausgewogenes Verhältnis von Struktur- und Inhaltsinformationen erzielt werden kann, dokumentieren die Startseiten der Plettac AG und CompuNet Computer AG & Co. oHG: Neben einer zwar nicht strukturabbildenden, aber sehr differenzierten Inhaltsübersicht, die überdies inhaltliche Information integriert, wird ein unternehmensvorstellendes Kurzporträt präsentiert, dem Tätigkeitsbereich bzw. Geschäftsfelder zu entnehmen sind.

Neben der strukturellen und / oder inhaltlichen Unterinformation ist ferner das Problem der informationellen Überforderung des Rezipienten zu bedenken, das zur Desorientierung führen kann. Die untersuchten Unternehmenshomepages geben diesbezüglich aber kaum Ansatzpunkte zu erkennen. Allein am Beispiel der Veba Öl AG war auf die Überfrachtung der Startseite mit informationellen Modulen insgesamt sowie insbesondere im Bereich der navigationsunterstützenden Instrumente hinzuweisen.

8 Zusammenfassung und Ausblick

Im Zentrum der vorliegenden Arbeit stand die Frage nach der Art der Bewältigung einer gemeinsamen Kommunikationsaufgabe in zwei verschiedenen Einzelsprachen, situiert in der Online-Umgebung des globalen hypertextbasierten World Wide Web. Mit dem Ziel, Gemeinsamkeiten und Unterschiede in der Vertextung eines Kommunikationsanliegens aufzudecken, welches das Medium selbst evoziert, war am Beispiel deutscher und russischer Unternehmenshomepages eine vergleichende Textsortenbeschreibung aufgegeben.

Ein faßbares Resultat der vergleichenden Textanalyse sind zwei Textsortenprofile, die die wesentlichen Charakteristika der deutschen und russischen Unternehmenshomepages zusammentragen. Evident werden neben – z. T. durchaus signifikanten – Unterschieden vor allem weitreichende Gemeinsamkeiten in der Textsortenrealisierung. Wie grundlegend diese Übereinstimmungen sind, zeigte etwa die makrostrukturelle Analyse insofern, als sie in Art und Anzahl interlingual hochgradig äquivalente makrostrukturelle Komponenten ergab, die für die Umsetzung der komplexen Kommunikationsaufgabe EINSTIEG UND ORIENTIERUNG verantwortlich zeichnen.

Ebenso ließen bereits die beiden heuristischen Teiltypologien der Homepages auf weitgehende Analogien schließen, offenbarten sie in ihrem durch die drei zentralen Typen Leitseite, Leit-Inhalts-Seite und Pre-Homepage konstituierten Kern doch Deckungsgleichheit. Diese wird überdies durch die makrostrukturelle Analyse insofern bestätigt, als die beiden prototypischen Homepage-Ausprägungen übereinstimmend den Grundtypus der Leitseite ausbilden. Daß das russische Teilcorpus mit den Inhaltsseiten an der Peripherie zusätzlich Abweichungen zu erkennen gibt, läßt die Einheitlichkeit im Zentrum der Typologie nur um so nachhaltiger zutage treten. Dieser Eindruck setzt sich auf der Ebene der Homepageteiltexte fort, wo vor allem die russischen Startseiten im Bereich der Unternehmensvorstellung einerseits ausgeprägte Heterogenität zeigen, von der sich andererseits die Unternehmenskurzporträts in um so augenfälligerer und zudem einzelsprachübergreifender Homogenität abheben.

Zugleich manifestieren sich auf der Teiltextebene Unterschiede, diese wiederum im Bereich der unternehmensvorstellenden Texte. Die russischen Homepages scheinen dem Medium mitunter gleichsam Widerstände entgegenzusetzen, die eine offenkundigere Orientierung noch an Printtextkonventionen resp. eine geringere Anpassung an die medialen Gegebenheiten signalisieren. Entgegen dem homepage-inhärenten Prinzip der Informationsankündigung praktizieren die russischen Startseiten z. T. eine weitreichende, detaillierte Informationspräsentation, derart, daß auf der höchsten Informationsebene der Site bereits Inhalte vermittelt werden, die in den deutschen WWW-Präsenzen tieferen Hierarchieebenen vorbehalten sind.

Neben Unterschieden in der Teiltextgestaltung ist interlingual insgesamt aber eine Vereinheitlichung unübersehbar, die bereits die Oberfläche der Kommunikate oft allein optisch anzeigt. Darüber hinaus geben die Homepages übereinzelsprachlich Merkmale zu erkennen, die sich – schlagwortartig – etwa wie folgt benennen lassen: Segmentierung, Ankündigung, Verweisung, Isolierung, Reduzierung, Formalisierung, Instrumentalisierung, Inszenierung, Verbildlichung.

Diese Faktoren bedingen sich z. T. wechselseitig; eng miteinander verbunden sind z. B. die Prinzipien der Ankündigung und Verweisung mit der Segmentierung: Im Zusammenhang mit dem World Wide Web gehen diese Charakteristika zum einen explizit auf strukturelle Gegebenheiten des Trägermediums zurück, sind doch **Segmentierung** und **Verweisung** zwei Grundprinzipien der Hypertextidee, die in den Hypertextknoten und den Hyperlinks ihre gegenständliche Entsprechung finden. Überdies bringt die Portionierung von Information – zumal im virtuellen Raum – die kommunikative Notwendigkeit einer entsprechenden **Ankündigung** der zu erwartenden Inhalte mit sich.

Die **Isolierung** von Einheiten ist zunächst vor allem eine optische Qualität, in der die beschriebene Bildung von Informationsclustern ihren Ausdruck findet. Sprachlich geht hiermit auf Teiltextebene z. T. ein weitreichender Kohäsionsverlust einher, in dessen Folge sich Texthaftigkeit gleichsam auflöst und auf ein Gerüst aus nominalen autosemantischen Bedeutungsträgern reduziert. Vor allem im Fall der Inhaltsübersichten kommt dies bisweilen mehr noch einer Atomisierung gleich: An die Stelle einer textuellen Ganzheit Inhaltsübersicht treten zu autonomen Ankündigungslexemen verselbständigte Einzelwörter. Zugleich wird hier die ausgeprägte **Instrumentalisierung** sprachlicher bzw. textueller Einheiten offenkundig, die den Instrumentcharakter der Gebrauchstextsorte (UNTERNEHMENS-)HOMEPAGE insgesamt unterstreicht.

Zu einem Großteil erklärt sich hierdurch ferner die **Formalisiertheit** dieser Online-Textsorte, die durch die auf reine Übersichtsfunktion angelegten Leitseiten des Typs A gleichsam prototypisch dokumentiert wird. Zusätzlich offenbaren sich hier Züge einer universalen, domänenunabhängigen Einsetzbarkeit einzelner Ausprägungsformen. Prädestiniert erscheinen vor allem die Leitseiten A und B, doch ist für die übrigen Homepagetypen eine Anpassung an andere Gegenstandsbereiche gleichermaßen denkbar. Inwieweit diese Varianten tatsächlich domänenübergreifend eingesetzt werden und ob bestimmte Domänen – zu denken ist z. B. an die Homepages von Universitäten – spezifische Homepagetypen bevorzugen, müssen weitere Untersuchungen auf breiter empirischer Basis erbringen.

Als ein ebenfalls potentiell universaler Charakterzug der Homepages gab sich das Moment der **kommunikativen Inszenierung** zu erkennen, realisiert sowohl durch sprachliche wie mediale Mittel und zum einen als ein Merkmal der WWW-Kommunikation insgesamt sowie zum anderen hier vor dem spezifischen Hintergrund des Kommunikationsbereichs Wirtschaft zu sehen. Als Teil dieser Inszenierung ist desgleichen sicher die beobachtete Tendenz zur **Verbildlichung von Kommunikation** zu werten, dahingehend, daß Text bzw. Sprache auf **minimale Ausdrucksformen** reduziert wird, Textualität oft erkennbar zurückgenommen gestaltet ist und nicht selten in einem Gesamtbild aufgeht. Dies ist zum einen eine Entwicklung, die wiederum das Medium selbst mit sich bringt und forciert, zum anderen muß berücksichtigt werden, daß hier die *corporate identity* und damit ein bestimmtes Erscheinungsbild von Unternehmen gesteuert nach außen kommuniziert wird.

Insofern scheinen auch Fragen des Text-Bild-Verhältnisses sowie einer etwaigen Medienkonkurrenz zunächst bestenfalls domänenabhängig, wenn nicht verläßlich sogar nur einzelfallbezogen beantwortbar, bevor allgemeinere Aussagen getroffen werden können. Zu fragen ist außerdem, inwieweit von einer wirklichen Medienkonkurrenz zu sprechen ist. In Anbetracht des untersuchten Corpus wird zumindest soviel evident: Zwar ist zu beobachten, daß Text und Bild um Bildschirmplatz konkurrieren und Sprachzeichen in bezug allein auf diesen räumlichen Faktor dem Bild unterliegen. Gleichwohl sind Sprachzeichen auf den Unternehmenshomepages obligatorische Informationsträger, ohne die die Homepage der Erfüllung ihrer komplexen Kommunikationsaufgabe nicht nachkommen kann. Dementsprechend sind etwa die unverzichtbaren Inhaltsübersichten ohne Ausnahme durch Sprachzeichen konstituiert, wenn auch gelegentlich durch (unter informationellem Aspekt redundante) Bildelemente ergänzt.

Angesichts der Komprimierung und teilweisen Minimalisierung der unabdingbaren sprachlichen Informationsträger erscheint vor allem die linguistische Evaluation von WWW-Kommunikaten wichtig, um die Funktionalität der Sprachzeichen im Hinblick auf die erfolgreiche Umsetzung der Kommunikationsaufgabe zu gewährleisten. Abgeleitet aus der Textsortenbeschreibung, konnten hier domänenbezogen Ansätze aufgezeigt werden, die zu vertiefen und weiterzuentwickeln sind. Dabei kann die Evaluation von WWW-Kommunikaten sinnvoll nur innerhalb eines einheitlichen Gegenstandsbereiches erfolgen, da die Hinweise andernfalls auf allgemeine Gestaltungsempfehlungen beschränkt bleiben müssen, wie sie das Web Design bereits formuliert hat.

Erforderlich sind ferner über den rein linguistischen Einzugsbereich hinausgehende Studien, die die semiotische Komplexität der Kommunikate gezielt fokussieren und u. a. kulturabhängige Faktoren der Bildgestaltung in den Blick nehmen. Überdies bietet das WWW jenseits etwaiger Auswahl- und Archivierungsprobleme insbesondere für sprach- und kulturvergleichende Untersuchungen einen unerschöpflichen Materialbestand, der gleichsam eine auf die Textebene verlegte Internationalismusforschung nahelegt. Unabdingbar müßten hier englischsprachige bzw. genauer: US-amerikanische WWW-Angebote einbezogen werden, um auf einer breiten Vergleichsbasis einerseits globale, andererseits kulturgebundene Vertextungsstrategien und -muster zu eruieren. Relevant wäre in diesem Zusammenhang ebenso die kontrastive Analyse von Handbüchern zum Thema „Web Design", da sich die Frage stellt, inwieweit sich jeweils kulturabhängige Gestaltungsempfehlungen herausgebildet haben. Aufschlußreich könnte in dieser Hinsicht zudem der Übersetzungsvergleich derartiger Handbücher sein, wäre doch zu verfolgen, ob im Zuge der Übersetzung amerikanischer Originale Gestaltungsempfehlungen unbesehen übernommen oder an die jeweilige Zielkultur angepaßt werden.

Ausgehend von den Startseiten der Webangebote ist des weiteren die tatsächliche thematisch-inhaltliche Ausgestaltung der durch die Inhaltsübersicht angekündigten Informationen interlingual vergleichend zu untersuchen. Zu fragen ist dabei u. a. nach Aspekten der Binnengliederung der Websites, z. B. im Hinblick auf die Auswahl und die Hierarchisierung der Inhalte, sowie nach der Länge der Informationswege und möglichen kulturabhängigen Spezifika.

Ein eigenes komplexes Bearbeitungsfeld eröffnet zusätzlich der medienspezifische Aspekt der Verlinkung, der für das World Wide Web bislang kaum erfaßt ist. Ein Desiderat ist z. B. eine umfassende Linktypologie. Auch das Moment der semantischen Relation zwischen Linkanker und -ziel und damit die medialen Ausprägungen von Kohäsion und Kohärenz sind umfassend zu untersuchen, wobei neben der vorrangig notwendigen deskriptiv angelegten Bestandsaufnahme die Nutzbarmachung der Befunde für eine an rezipientenseitige Kommunikationsbedürfnisse angepaßte Webseitengestaltung aufgegeben ist.

Vor besondere Herausforderungen sehen sich schließlich diachron ausgerichtete Forschungsanliegen gestellt, die mediale Aneignungsprozesse durch die Zeit nachzeichnen wollen, etwa im Sinne einer Entwicklungsgeschichte von Online-Kommunikaten. Ebenso aussichtsreich wie schwierig in der Umsetzung ist z. B. die Verfolgung der WWW-Kommunikation von den Anfängen bis zur Gegenwart; schwierig vor allem deshalb, weil frühe Originalinhalte des Netzes gegenwärtig kaum mehr verfügbar sein dürften. Um so mehr wäre abermals die Linguistik gefordert, die WWW-Kommunikation in zeitlichen Schnitten zu archivieren, analysieren und vor einem kommunikativen Gedächtnisverlust zu bewahren. Unterstützung leistet hier möglicherweise ein für den privaten Nutzer erst seit kurzem zugängliches amerikanisches Internetarchiv[421], in dem WWW-Dokumente immerhin seit 1996 erfaßt werden.

---

[421] http://www.archive.org (Stand vom 13.05.2002).

Soweit ein exemplarischer Ausblick auf noch offene Fragen, die bei weitem zahlreicher sind als bereits gefundene Antworten. Disziplinen wie die Linguistik sind weiterhin gefordert, Fragen zu stellen und ihrer Beantwortung nachzugehen, um so mehr, als die im Internet und World Wide Web stattfindende Verständigung einen – in doppelter Hinsicht – unübersehbaren Bestandteil gesellschaftlicher Kommunikation bildet.

9 Literatur

Adamzik 1995 =
Adamzik, Kirsten (1995):
Textsorten – Texttypologie. Eine kommentierte Bibliographie. Münster: Nodus. (= Studium Sprachwissenschaft. 12.)

Ansel Suter 1995 =
Ansel Suter, Bettina (1995):
Hyperlinguistics. Hypertext-Lernumgebungen im akademischen Kontext: Eine Fallstudie. Zürich: Zentralstelle der Studentenschaft. Univ. Diss.

Apitz / Guther / Hoffmann 1996 =
Apitz, Rico, Andreas Guther und Gero Hoffmann (1996):
Wissenschaftliches Arbeiten im World Wide Web. HTML, Style-Guide, Sicherheit. Bonn u. a.: Addison-Wesley.

Baasner 1999 =
Baasner, Rainer (1999):
Digitalisierung – Geisteswissenschaften – Medienwechsel? Hypertext als fachgerechte Publikationsform. In: Volker Deubel, Karl Eibl und Fotis Jannidis (Hrsg.) (1999): Jahrbuch für Computerphilologie. Paderborn: mentis. S. 11 - 20.

Baumgart / Jänecke 1997 =
Baumgart, Annette, und Bianca Jänecke (1997):
Rußlandknigge. München: Oldenbourg. (= Lehr- und Handbücher zu Sprachen und Kulturen)

Bekavac 1999 =
Bekavac, Bernard (1999):
Suche und Orientierung im WWW. Verbesserung bisheriger Verfahren durch Einbindung hypertextspezifischer Informationen. Konstanz: UVK. (= Schriften zur Informationswissenschaft. 37.)

Bickel 1998 =
Bickel, Hans (1998):
World-Wide-Web – eine neue Kommunikationsform auf dem Internet. In: Werner Holly und Bernd Ulrich Biere (Hrsg.) (1998): Medien im Wandel. Opladen, Wiesbaden: Westdeutscher Verlag. S. 211 - 220.

Blum / Bucher 1998 =
Blum, Joachim, und Hans-Jürgen Bucher (1998):
Die Zeitung: Ein Multimedium. Textdesign – ein Gestaltungskonzept für Text, Bild und Grafik. Konstanz: UVK Medien. (= Edition sage & schreibe. 1.)

Bolten u. a. 1996 =
Bolten, Jürgen u. a. (1996):
Interkulturalität, Interlingualität und Standardisierung bei der Öffentlichkeitsarbeit von Unternehmen. Gezeigt an amerikanischen, britischen, deutschen, französischen und russischen Geschäftsberichten. In: Hartwig Kalverkämper und Klaus-Dieter Baumann (Hrsg.) (1996): Fachliche Textsorten. Komponenten – Relationen – Strategien. Tübingen: Narr. (= Forum für Fachsprachen-Forschung. 25.) S. 389 - 425.

Brinker 1997 =
Brinker, Klaus (1997):
Linguistische Textanalyse. Eine Einführung in Grundbegriffe und Methoden. 4., durchges. und erg. Aufl. Berlin: Schmidt. (= Grundlagen der Germanistik. 29.)

Brodde-Lange / Verhein-Jarren 2001 =
Brodde-Lange, Kirsten, und Annette Verhein-Jarren (2001):
News im Netz. Sprache in Online-Medien am Beispiel von Nachrichtentexten. In: Dieter Möhn, Dieter Roß und Marita Tjarks-Sobhani (Hrsg.) (2001): Mediensprache und Medienlinguistik. Festschrift für Jörg Hennig. Frankfurt a. M. u. a.: Lang. (= Sprache in der Gesellschaft. 26.) S. 339 - 352.

Broich / Pfister 1985 =
Broich, Ulrich, und Manfred Pfister (Hrsg.) (1985):
Intertextualität. Formen, Funktionen, anglistische Fallstudien. Unter Mitarbeit von Bernd Schulte-Middelich. Tübingen: Niemeyer. (= Konzepte der Sprach- und Literaturwissenschaft. 35.)

Bruns / Marcinkowski / Schierl 1997 =
Bruns, Thomas, Frank Marcinkowski und Thomas Schierl (1997):
Marktkommunikation deutscher Unternehmen im Internet. Eine quantitative Inhaltsanalyse ausgewählter Web-Sites. 2 Hefte. Duisburg: pro online. (= pro online papiere. 1/1997.)

Bruns 2001 =
Bruns, Thomas (2001):
Russische Internet-Terminologie. Unter vergleichender Berücksichtigung des Französischen und des Deutschen. Mit einem lexikographischen Teil D-R / R-D und D-F / F-D. Frankfurt a. M. u. a.: Lang. (= Trierer Abhandlungen zur Slavistik. 2.)

Bucher 1996 =
Bucher, Hans-Jürgen (1996):
Textdesign – Zaubermittel der Verständlichkeit? In: Ernest W. B. Hess-Lüttich, Werner Holly und Ulrich Püschel (Hrsg.) (1996): Textstrukturen im Medienwandel. Frankfurt a. M., Berlin, Bern, New York, Paris, Wien: Lang. (= Forum Angewandte Linguistik. 29.) S. 31 - 59.

Bucher 1998 =
Bucher, Hans-Jürgen (1998):
Vom Textdesign zum Hypertext. Gedruckte und elektronische Zeitungen als nicht-lineare Medien. In: Werner Holly und Bernd Ulrich Biere (Hrsg.) (1998): Medien im Wandel. Opladen, Wiesbaden: Westdeutscher Verlag. S. 63 - 102.

Bucher 1999 =
Bucher, Hans-Jürgen (1999):
Die Zeitung als Hypertext. Verstehensprobleme und Gestaltungsprinzipien für Online-Zeitungen. In: Henning Lobin (Hrsg.) (1999): Text im digitalen Medium. Linguistische Aspekte von Textdesign, Texttechnologie und Hypertext Engineering. Opladen: Westdeutscher Verlag. S. 9 - 32.

Bucher 2001 =
Bucher, Hans-Jürgen (2001):
Von der Verständlichkeit zur Usability. Rezeptionsbefunde zur Nutzung von Online-Medien. In: Hermann Cölfen, Wolf-Andreas Liebert und Angelika Storrer (Hrsg.) (2001): Hypermedien und Wissenskonstruktion. o. O.: o. V. (= Osnabrücker Beiträge zur Sprachtheorie. 63.) S. 45 - 66.

Busch-Lauer 1991 =
Busch-Lauer, Ines-Andrea (1991):
Englische Fachtexte in der Pädagogischen Psychologie. Eine linguistische Analyse. Frankfurt a. M. u. a.: Lang. (= Leipziger Fachsprachen-Studien. 2.)

Černomorskij (Черноморский) 2000a =
Черноморский, Павел (2000):
Портализация всей страны. В: Internet.ru 18.09.2000 [Internet-Zeitung]. Elektronisches Dokument, verfügbar unter http://www.internet.ru/article/preview_articles/2000/09/18/4071.html (Stand vom 21.01.2002)

Černomorskij, Pavel (2000):
Portalizacija vsej strany (Portalisierung des ganzen Landes). V: Internet.ru 18.09.2000 [Internet-Zeitung]. Elektronisches Dokument, verfügbar unter http://www.internet.ru/article/preview_articles/2000/09/18/4071.html (Stand vom 21.01.2002)

Černomorskij (Черноморский) 2000b =
Черноморский, Павел (2000):
Итоги и перспективы. В: Internet.ru 20.09.2000 [Internet-Zeitung]. Elektronisches Dokument, verfügbar unter http://www.internet.ru/article/preview_articles/2000/09/20/4099html (Stand vom 21.01.2002)

Černomorskij, Pavel (2000):
Itogi i perspektivy (Ergebnisse und Perspektiven). V: Internet.ru 20.09.2000 [Internet-Zeitung]. Elektronisches Dokument, verfügbar unter http://www.internet.ru/article/preview_articles/2000/09/20/4099html (Stand vom 21.01.2002)

Computerwoche 12/98, I =
Firmen sind mit ihren Homepages zufrieden. In: Computerwoche 25. 1998. Heft 12. S. 38.

Courage / Butrimenko 1996 =
Courage, Maria-Anna, und Alexander Vasilevic Butrimenko (Hrsg.) (1996):
Elektronische Informationsdienste in Osteuropa 1994-95. 3 Bde. Bd. 3: Strukturwandel und Perspektiven. In Zusammenarbeit mit Krassimir A. Petkov. Sankt Augustin: GMD-Forschungszentrum Informationstechnik GmbH.

de Beaugrande / Dressler 1981 =
de Beaugrande, Robert-Alain, und Wolfgang Ulrich Dressler (1981):
Einführung in die Textlinguistik. Tübingen: Niemeyer. (= Konzepte der Sprach- und Literaturwissenschaft. 28.)

Degenhardt 1997 =
Degenhardt, Werner (1997):
Screendesign im World Wide Web. In: Peter Ludes und Andreas Werner (Hrsg.) (1997): Multimedia-Kommunikation. Theorien, Trends und Praxis. Opladen: Westdeutscher Verlag. S. 203 - 217.

Di Meola 1998a =
Di Meola, Claudio (1998):
Schlagzeilen in Presse und Werbung. In: Deutsche Sprache 26. 1998. S. 218 - 239.

Di Meola 1998b =
Di Meola, Claudio (1998):
Zur Syntax und Semantik von Schlagzeilen in der deutschen Tagespresse. In: Muttersprache 108. 1998. Heft 3. S. 217 - 231.

Divišek 1996 =
Divišek, Werner (1996):
Programmieren mit HTML. Publizieren im Internet. München: Beck. (= Beck EDV-Berater im dtv. Basiswissen. 50182.)

Duden 1999 =
Duden. Das große Wörterbuch der deutschen Sprache. In zehn Bänden. Hrsg. vom Wissenschaftlichen Rat der Dudenredaktion. Mannheim u. a.: Dudenverlag.

Dürscheid 2000 =
Dürscheid, Christa (2000):
Sprachliche Merkmale von Webseiten. In: Deutsche Sprache 28. 2000. Heft 1. S. 60 - 73.

DUW 2001 =
Duden Deutsches Universalwörterbuch. Herausgegeben von der Dudenredaktion. 4., neu bearb. und erw. Aufl. Mannheim u. a.: Dudenverlag.

Ebert 1997 =
Ebert, Helmut (1997):
Textfunktionen und Textstrukturen von Führungs- und Unternehmensgrundsätzen der Gegenwart. Mit einem historischen Exkurs zur Texttradition von Führungsgrundsätzen der Fried. Krupp AG. Frankfurt a. M. u. a.: Lang. (= Linguistische Studien zu unternehmenspolitischen Texten. 1.)

Ebert 2000 =
Ebert, Helmut (2000):
Formen und Funktionen unternehmenspolitischer und unternehmensphilosophischer Texte. In: Bernd-Jürgen Martini (Hrsg.) (1994): Handbuch PR. Öffentlichkeitsarbeit & Kommunikationsmanagement in Wirtschaft, Ver-

bänden, Behörden. Bd. 1. 2. Aufl. Neuwied, Kriftel, Berlin: Luchterhand. [Losebl.-Ausg.] Kap. 1.131, S. 1 - 32.

Eckkrammer / Eder 2000 =
Eckkrammer, Eva Martha, und Hildegund Maria Eder (2000):
(Cyber)Diskurs zwischen Konvention und Revolution. Eine multilinguale textlinguistische Analyse von Gebrauchstextsorten im realen und virtuellen Raum. Frankfurt a. M. u. a.: Lang. (= Studien zur romanischen Sprachwissenschaft und interkulturellen Kommunikation. 2.)

Eckkrammer 1996 =
Eckkrammer, Eva Martha (1996):
Die Todesanzeige als Spiegel kultureller Konventionen: eine kontrastive Analyse deutscher, englischer, französischer, spanischer, italienischer und portugiesischer Todesanzeigen. Unter Mitarbeit von Sabine Divis-Kastberger. Bonn: Romanistischer Verlag. (= Abhandlungen zur Sprache und Literatur. 91.)

Engel 1996 =
Engel, Ulrich (1996):
Deutsche Grammatik. 3., korrigierte Aufl. Heidelberg: Groos.

Fedorčuk (Федорчук) 2000 =
Федорчук, Алексей (2000):
Как создаются Web-сайты: Краткий курс. Санкт Петербург: Питер.

Fedorčuk, Aleksej (2000):
Kak sozdajutsja Web-sajty: Kratkij kurs (Wie man Websites erstellt: Ein Schnellkurs). Sankt-Peterburg: Piter.

Felber / Budin 1989 =
Felber, Helmut, und Gerhard Budin (1989):
Terminologie in Theorie und Praxis. Tübingen: Narr. (= Forum für Fachsprachen-Forschung. 9.)

Fick 1996 =
Fick, Bill (1996):
The Internet lurches forward in Russia. In: Media Update 21. 1996. Vol. 2. Elektronisches Dokument, verfügbar unter http://www.samovar.ru/lurch.htm (Stand vom 09.01.1998)

Fittkau & Maaß 2000 =
Fittkau, Susanne, und Holger Maaß (Hrsg.) (2000):
WWW-Benutzer-Analyse W3B. Uni-Ergebnisband der zehnten WWW-Benutzer-Analyse vom April / Mai 2000. Hamburg: Fittkau & Maaß.

Fix 1999 =
Fix, Ulla (1999):
Textsorte – Textmuster – Textmustermischung. Konzept und Analysebeispiele. In: Marie-Hélène Pérennec (Hrsg.) (1999): Textlinguistik: An- und Aussichten. (= Cahiers d'Études Germaniques 37. 1999. H. 2.) S. 11 - 26.

Fleischer / Barz 1995 =
Fleischer, Wolfgang, und Irmhild Barz (1995):
Wortbildung der deutschen Gegenwartssprache. Unter Mitarbeit von Marianne Schröder. 2., durchges. und erg. Aufl. Tübingen: Niemeyer. (= Studienbuch)

Freisler 1994 =
Freisler, Stefan (1994):
Hypertext – eine Begriffsbestimmung. In: Deutsche Sprache 22. 1994. Heft 1. S. 19 - 50.

Gabriel 1997 =
Gabriel, Norbert (1997):
Kulturwissenschaften und Neue Medien. Wissensvermittlung im digitalen Zeitalter. Darmstadt: Wissenschaftliche Buchgesellschaft.

Gal'perin (Гальперин) 1981 =
Гальперин, И. Р. (1981):
Текст как объект лингвистичекого исследования. Москва: Издательство «Наука».

Gal'perin, I. R. (1981):
Tekst kak ob"ekt lingvističeskogo issledovanija (Der Text als Objekt linguistischer Untersuchung). Moskva: Izdatel'stvo „Nauka".

Genette 1993 =
Genette, Gérard (1993):
Palimpseste. Die Literatur auf zweiter Stufe. Aus dem Französischen von Wolfram Bayer und Dieter Hornig. Frankfurt a. M.: Suhrkamp. (= edition suhrkamp. 1683; N. F. 683.)

Gerdes 1997 =
Gerdes, Heike (1997):
Lernen mit Text und Hypertext. Lengerich u. a.: Pabst. (= Aktuelle Psychologische Forschungen. 18.)

Gläser 1992 =
Gläser, Rosemarie (1992):
Methodische Konzepte für das Tertium comparationis in der Fachsprachenforschung – dargestellt an anglistischen und nordistischen Arbeiten. In: Klaus-Dieter Baumann und Hartwig Kalverkämper (Hrsg.) (1992): Kontrastive Fachsprachenforschung. Tübingen: Narr. (= Forum für Fachsprachen-Forschung. 20.) S. 78 - 92.

Gloor 1990 =
Gloor, Peter A. (1990):
Hypermedia-Anwendungsentwicklung. Eine Einführung mit HyperCard-Beispielen. Stuttgart: Teubner. (= Leitfäden der angewandten Informatik.)

Görner 1986 =
Görner, Horst (1986):
Kleines polytechnisches Wörterbuch. Russisch-Deutsch. Mit etwa 25 000 Wortstellen. 3., stark bearb. Aufl. Berlin: VEB Verlag Technik. (= Technik-Wörterbuch)

Grigorjeva 1997 =
Grigorjeva, Ljubov N. (1997):
Zur Typologie der deutschen und russischen Textsorten. In: Franz Simmler (Hrsg.) (1997): Textsorten und Textsortentraditionen. Bern u. a.: Lang. (= Berliner Studien zur Germanistik. 5.) S. 1 - 22.

Gulajew 1997 =
Gulajew, Andrej (1997):
Im Internet mit Cyrill und Method. In: Wostok 5. 1997. S. 64 - 66.

Gutkin (Гуткин) 1999 =
Гуткин, М. Л. (1999):
Англо-русский словарь по вычислительной технике. Компьютеры, мультимедиа, сети, Интернет, телекоммуникации, Windows. Ок. 28 000 терминов. Москва: ЭТС.

Gutkin, M. L. (1999):
Anglo-russkij slovar' po vyčislitel'noj technike. Komp'jutery, mul'timedia, seti, Internet, telekommunikacii, Windows. Ok. 28 000 terminov (Englisch-russisches Wörter-

buch der Rechentechnik. Computer, Multimedia, Netzwerke, Internet, Telekommunikation, Windows. Mit ca. 28 000 Termini). Moskva: ETS.

Haake / Hannemann / Thüring 1991 =
Haake, Jörg M., Jörg Hannemann und Manfred Thüring (1991):
Ein Ansatz zur Organisation von Hyperdokumenten. In: Hermann Maurer (Hrsg.) (1991): Hypertext / Hypermedia '91. Tagung der GI, SI und OCG Graz, 27./28. Mai 1991. Proceedings. Berlin u. a.: Springer. (= Informatik-Fachberichte. 276.) S. 119 - 134.

Hammwöhner 1990 =
Hammwöhner, Rainer (1990):
Kohärenzrelationen in Hypertexten. In: Josef Herget und Rainer Kuhlen (Hrsg.) (1990): Pragmatische Aspekte beim Entwurf und Betrieb von Informationssystemen. Proceedings des 1. Internationalen Symposiums für Informationswissenschaft. Universität Konstanz, 17.-19. Oktober 1990. Konstanz: Universitätsverlag. (= Konstanzer Schriften zur Informationswissenschaft. 1.) S. 44 - 57.

Hammwöhner 1993 =
Hammwöhner, Rainer (1993):
Kognitive Plausibilität: Vom Netz im (Hyper-)Text zum Netz im Kopf. In: Nachrichten für Dokumentation 44. 1993. S. 23 - 28.

Hammwöhner 1997 =
Hammwöhner, Rainer (1997):
Offene Hypertextsysteme. Das Konstanzer Hypertextsystem (KHS) im wissenschaftlichen und technischen Kontext. Konstanz: UVK. (= Schriften zur Informationswissenschaft. 32.)

Handler 1995 =
Handler, Peter (1995):
Stilistik auf dem Daten-Highway. Überlegungen zum stilwissenschaftlichen Umgang mit den neuen Medien. In: Eva-Maria Jakobs, Dagmar Knorr und Sylvie Molitor-Lübbert (Hrsg.) (1995): Wissenschaftliche Textproduktion. Mit und ohne Computer. Frankfurt a. M. u. a.: Lang. S. 129 - 147.

Handler 1998 =
Handler, Peter (1998):
(T)Raumschiff Enterprise im Cyberspace: Web-Sprache und Unternehmenskommunikation im Internet. In: Franz Rainer und Martin Stegu (Hrsg.) (1998): Wirtschaftssprache. Anglistische, germanistische, roma-

nistische und slavistische Beiträge. Gewidmet Peter Schifko zum 60. Geburtstag. Unter Mitarbeit von Heinz Kiko. Frankfurt a. M. u. a.: Lang. (= Sprache im Kontext. 6.) S. 129 - 153.

Harter 1999 =
Harter, Stefanie (1999):
Rußland und das Internet. Ökonomische Aspekte der virtuellen Integration. Köln: Bundesinstitut für ostwissenschaftliche und internationale Studien / BIOST. (= Berichte des Bundesinstituts für ostwissenschaftliche und internationale Studien. 21-1999.)

Hartung / Brejdo (Хартунг / Брейдо) 1996 =
Хартунг, Ю., и Е. Брейдо (1996):
Гипертекст как объект лингвистического анализа. В: Вестник Московского Университета. Сер. 9: Филология. № 3. 1996. С. 61 - 77.

Hartung, Ju., und E. Brejdo (1996):
Gipertekst kak ob"ekt lingvističeskogo analiza (Hypertext als Gegenstand linguistischer Analyse). In: Vestnik Moskovskogo Universiteta. Ser. 9: Filologija. № 3. 1996. S. 61 - 77.

Hautzinger 1999 =
Hautzinger, Nina (1999):
Vom Buch zum Internet? Eine Analyse der Auswirkungen hypertextueller Strukturen auf Text und Literatur. St. Ingbert: Röhrig Universitätsverlag. (= Mannheimer Studien zur Literatur- und Kulturwissenschaft. 18.)

Heinemann / Viehweger 1991 =
Heinemann, Wolfgang, und Dieter Viehweger (1991):
Textlinguistik. Eine Einführung. Tübingen: Niemeyer. (= Reihe Germanistische Linguistik. 115. Kollegbuch)

Hess-Lüttich 1997 =
Hess-Lüttich, Ernest W. B. (1997):
Text, Intertext, Hypertext – Zur Theorie der Hypertextualität. In: Josef Klein und Ulla Fix (Hrsg.) (1997): Textbeziehungen. Linguistische und literaturwissenschaftliche Beiträge zur Intertextualität. Tübingen: Stauffenburg. (= Stauffenburg-Linguistik) S. 125 - 148.

Heyer / Wolff 1999 =
Heyer, Gerhard, und Christian Wolff (1999):
Strukturierungsmethoden für Hypermediadokumente und ihre Umsetzung. In: Henning Lobin (Hrsg.) (1999): Text im digitalen Medium. Linguisti-

sche Aspekte von Textdesign, Texttechnologie und Hypertext Engineering. Opladen: Westdeutscher Verlag. S. 89 - 119.

Hofmann / Simon 1995 =
Hofmann, Martin, und Lothar Simon (1995):
Problemlösung Hypertext. Grundlagen, Entwicklung, Anwendung. München, Wien: Hanser.

Hofmann 1991 =
Hofmann, Martin (1991):
Hypertextsysteme – Begrifflichkeit, Modelle, Problemstellungen. In: Wirtschaftsinformatik 33. 1991. Heft 3. S. 177 - 185.

Huber 1998 =
Huber, Oliver Karl Josef (1998):
Hypertext. Eine textlinguistische Untersuchung. Magisterarbeit am Institut für Deutsche Philologie der Ludwig-Maximilians-Universität München. Elektronisches Dokument, verfügbar unter http://sun1.cip.fak14 uni-muenchen.de/~ohuber/MAG.html (Stand vom 16.08.1999, Datum der letzten Änderung: 03.09.1998)

Hufeisen 2000 =
Hufeisen, Britta (2000):
Zur Semiotik von Texten und zu Veränderungen von Textspezifika durch Internationalisierungstendenzen. In: Ingo Warnke (Hrsg.) (2000): Schnittstelle Text : Diskurs. Frankfurt a. M. u. a.: Lang. (= Sprache. System und Tätigkeit. 32.) S. 133 - 147.

Hundt 1998 =
Hundt, Markus (1998):
Typologien der Wirtschaftssprache: Spekulation oder Notwendigkeit. In: Fachsprache 20. 1998. Heft 2. S. 98 - 115.

Hundt 2000 =
Hundt, Markus (2000):
Textsorten des Bereichs Wirtschaft und Handel. In: Klaus Brinker u. a. (Hrsg.) (2000): Text- und Gesprächslinguistik / Linguistics of text and conversation. Ein internationales Handbuch zeitgenössischer Forschung / An international handbook of contemporary research. Halbbd. 1. Berlin, New York: de Gruyter. (= Handbücher zur Sprach- und Kommunikationswissenschaft. 16.) S. 642 - 658.

Hüter / Görner 1989 =
Hüter, Paul, und Horst Görner (Hrsg.) (1989):
Polytechnisches Wörterbuch Russisch-Deutsch. Mit etwa 124 000 Wortstellen. 2 Bde. 5., unveränd. Aufl. Berlin: VEB Verlag Technik. (= Technik-Wörterbuch)

Internet-Wörterbuch 2000 =
Langenscheidts Internet-Wörterbuch. Englisch – Deutsch. Hrsg. von der Langenscheidt-Redaktion in Zusammenarbeit mit Süddeutsche Zeitung online. Völlige Neubearbeitung. Langenscheidt: Berlin u. a. 2000.

Irlbeck 1998 =
Irlbeck, Thomas (1998):
Computer-Lexikon. Das Nachschlagewerk zum Thema EDV. 3., neubearb. Aufl. München. (= Beck EDV-Berater. 50302.)

Jakobs / Püschel 1997 =
Jakobs, Eva-Maria, und Ulrich Püschel (1997):
Von der Druckstraße auf den Datenhighway. In: Heidrun Kämper und Hartmut Schmidt (Hrsg.) (1998): Das 20. Jahrhundert. Sprachgeschichte – Zeitgeschichte. Berlin, New York: de Gruyter. (= Institut für deutsche Sprache; Jahrbuch. 1997.) S. 163 - 187.

Jakobs 1998 =
Jakobs, Eva-Maria (1998):
Online-Zeitungen. Potentiale und Prozesse. In: Hans Strohner, Lorenz Sichelschmidt und Martina Hielscher (Hrsg.) (1998): Medium Sprache. Frankfurt a. M. u. a.: Lang. (= Forum Angewandte Linguistik. 34.) S. 91 - 108.

Janich 1999 =
Janich, Nina (1999):
Werbesprache. Ein Arbeitsbuch. Tübingen: Narr. (= Narr-Studienbücher)

Jelitte 1978 =
Jelitte, Herbert (1978):
Formen der Textkohärenz im Russischen. Eine Einführung in die Textstruktur. Großen-Linden: Hoffmann. (= Gießener Beiträge zur Sprachwissenschaft. 10.)

Jelitte 1986 =
Jelitte, Herbert (1986):
Die Textkohärenz als Forschungsgegenstand der Sowjetischen Textlinguistik. In: Michel Charolles, János S. Petöfi und Emel Sözer (Hrsg.) (1986): Research in text connexity and text coherence. A survey. Hamburg: Buske. (= Papiere zur Textlinguistik / Papers in textlinguistics. 53,1.) S. 257 - 323.

Jucker 2000 =
Jucker, Andreas H. (2000):
Multimedia und Hypertext. Neue Formen der Kommunikation oder alter Wein in neuen Schläuchen? In: Gerd Fritz und Andreas H. Jucker (Hrsg.) (2000): Kommunikationsformen im Wandel der Zeit. Vom mittelalterlichen Heldenepos zum elektronischen Hypertext. Tübingen: Niemeyer. (= Beiträge zur Dialogforschung. 21.) S. 7 - 28.

Kammer 1995 =
Kammer, Manfred (1995):
Text und Hypertext. In: Juni 22. 1995. S. 117 - 127.

Kitajgorodskaja (Китайгородская) 1996 =
Китайгородская, М. В. (1996):
Современная экономическая терминология. В: Е. А. Земская (отв. ред.) (1996) Русский язык конца XX столетия 1985 - 1995. Москва: «Языки русской культуры». С. 162 - 236.

Kitajgorodskaja, M. V. (1996):
Sovremennaja ėkonomičeskaja terminologija (Die Wirtschaftsterminologie der Gegenwart). In: E. A. Zemskaja (Hrsg.) (1996): Russkij jazyk konca XX stoletija (1985 - 1995) (Die russische Sprache am Ende des 20. Jahrhunderts; 1985 - 1995) Moskva: „Jazyki russkoj kul'tury“. S. 162 - 236.

Klaus / Röttger 1998 =
Klaus, Elisabeth, und Ulrike Röttger (1998):
Medium, Organisation, Nutzung: Bedingungen erfolgreicher Öffentlichkeitsarbeit im Internet. In: Irene Neverla (Hrsg.) (1998): Das Netz-Medium. Kommunikationswissenschaftliche Aspekte eines Mediums in Entwicklung. Unter Mitarbeit von Anja Schäfers und Dorothea Siegle. Opladen, Wiesbaden: Westdeutscher Verlag. S. 219 - 243.

Klausnitzer 1997 =
Klausnitzer, Ralf (1997):
Hypertext in der Germanistik? Chancen für die Mehrdimensionalität wissenschaftlicher Texte. In: Zeitschrift für Germanistik 7. 1997. Heft 2. S. 352 - 356.

Kluge 1995 =
Kluge, Friedrich (1995):
Etymologisches Wörterbuch der deutschen Sprache. Bearbeitet von Elmar Seebold. 23., erw. Aufl. Berlin, New York: de Gruyter.

Krause 1985 =
Krause, Wolf-Dieter (1985):
Strukturaspekt und Kulturkomponente beim zwischensprachlichen Vergleich von Textsorten. In: Linguistische Arbeitsberichte 19. 1985. S. 24 - 30.

Krause 1986 =
Krause, Wolf-Dieter (1986):
Textsorten als strukturelle Prototypen. In: Wissenschaftliche Zeitschrift der Pädagogischen Hochschule „Karl Liebknecht" Potsdam 30. 1986. Heft 5. S. 749 - 759.

Krause 2000a =
Krause, Wolf-Dieter (2000):
Zum Begriff der Textsorte. In: Wolf-Dieter Krause (Hrsg.) (2000): Textsorten. Kommunikationslinguistische und konfrontative Aspekte. Frankfurt a. M. u. a.: Lang. (= Sprache – System und Tätigkeit. 33.) S. 11 - 33.

Krause 2000b =
Krause, Wolf-Dieter (2000):
Kommunikationslinguistische Aspekte der Textsortenbestimmung. In: Wolf-Dieter Krause (Hrsg.) (2000): Textsorten. Kommunikationslinguistische und konfrontative Aspekte. Frankfurt a. M. u. a.: Lang. (= Sprache – System und Tätigkeit. 33.) S. 34 - 67.

Krause 2000c =
Krause, Wolf-Dieter (2000):
Der interlinguale Textvergleich. In: Wolf-Dieter Krause (Hrsg.) (2000): Textsorten. Kommunikationslinguistische und konfrontative Aspekte. Frankfurt a. M. u. a.: Lang. (= Sprache – System und Tätigkeit. 33.) S. 119 - 143.

Kuhlen 1991a =
Kuhlen, Rainer (1991):
Hypertext. Ein nicht-lineares Medium zwischen Buch und Wissensbank. Mit 100 Abbildungen. Berlin u. a.: Springer. (= Edition SEL-Stiftung.)

Kuhlen 1991b =
Kuhlen, Rainer (1991):
Nicht-lineare Strukturen in Hypertext. Schömberg: Haessler.

Kuhlen 1995 =
Kuhlen, Rainer (1995):
Informationsmarkt. Chancen und Risiken der Kommerzialisierung von Wissen. Konstanz: UVK. (= Schriften zur Informationswissenschaft. 15.)

Kunze / Rückl 1974/75 =
Kunze, Horst, und Gotthard Rückl (Hrsg.) (1974/75):
Lexikon des Bibliothekswesens. Unter Mitarbeit von Hans Riedel und Margit Wille. 2., neubearb. Aufl. 2 Bde. Leipzig: VEB Bibliographisches Institut.

Kuznecov (Кузнецов) 1998 =
Кузнецов, С. А. (1998):
Большой толковый словарь русского языка. Санкт-Петербург: Норинт.

Kuznecov, S. A. (1998):
Bol'šoj tolkovyj slovar' russkogo jazyka (Großes erklärendes Wörterbuch der russischen Sprache). Sankt-Peterburg: Norint.

Lamprecht 2000a =
Lamprecht, Rolf-Rainer (2000):
Textsortenstrukturen: Analyse nach gegenständlich-thematischen Linien. In: Wolf-Dieter Krause (Hrsg.) (2000): Textsorten. Kommunikationslinguistische und konfrontative Aspekte. Frankfurt a. M. u. a.: Lang. (= Sprache – System und Tätigkeit. 33.) S. 106 - 118.

Lamprecht 2000b =
Lamprecht, Rolf-Rainer (2000):
Kommunikationspraxen im Internet und ihre textuellen Realisierungen. In: Wolf-Dieter Krause (Hrsg.) (2000): Textsorten. Kommunikationslinguistische und konfrontative Aspekte. Frankfurt a. M. u. a.: Lang. (= Sprache – System und Tätigkeit. 33.) S. 144 - 171.

Lang 1973 =
Lang, Ewald (1973):
Über einige Schwierigkeiten beim Postulieren einer 'Textgrammatik'. In: Ferenc Kiefer und Nicolas Ruwet (Hrsg.) (1973): Generative Grammar in Europe. Dordrecht: Reidel. (= Foundations of Language. 13.) S. 284 - 314.

Lejn (Лейн) 1991 =
Лейн, К. и др. (1991):
Русско-немецкий словарь (основной). Около 53 000 слов. Издание 11-е, стереотипное. Москва: Русский язык.

Lejn, K. u. a. (1991):
Russko-nemeckij slovar' (osnovnoj). Okolo 53 000 slov. Izdanie 11-e, stereotipnoe (Russisch-deutsches Wörterbuch. Mit ca. 53 000 Stichwörtern. 11., unveränd. Aufl.). Moskva: Russkij jazyk.

Lilienthal 1998 =
Lilienthal, Björn (1998):
Hypertextartige Strukturen in der Regionalpresse und neue Möglichkeiten in der Gestaltung von Online-Zeitungen. In: Hans Strohner, Lorenz Sichelschmidt und Martina Hielscher (Hrsg.) (1998): Medium Sprache. Frankfurt a. M. u.a.: Lang. (= Forum Angewandte Linguistik. 34.) S. 109 - 121.

Linke / Nussbaumer / Portmann 1994 =
Linke, Angelika, Markus Nussbaumer und Paul R. Portmann (1994):
Studienbuch Linguistik. Ergänzt um ein Kapitel „Phonetik und Phonologie" von Urs Willi. 2. Aufl. Tübingen: Niemeyer. (= Reihe Germanistische Linguistik. 121. Kollegbuch)

Lobin 1999a =
Lobin, Henning (1999):
Textdesign, Texttechnologie und Hypertext Engineering. Einleitung in den vorliegenden Band. In: Henning Lobin (Hrsg.) (1999): Text im digitalen Medium. Linguistische Aspekte von Textdesign, Texttechnologie und Hypertext Engineering. Opladen: Westdeutscher Verlag. S. 1 - 7.

Lobin 1999b =
Lobin, Henning (1999):
Intelligente Dokumente. Linguistische Repräsentation komplexer Inhalte für die hypermediale Wissensvermittlung. In: Henning Lobin (Hrsg.) (1999): Text im digitalen Medium. Linguistische Aspekte von Textdesign,

Texttechnologie und Hypertext Engineering. Opladen: Westdeutscher Verlag. S. 155 - 177.

Lopatin / Lopatina (Лопатин / Лопатина) 1998 =
Лопатин, В. В., и Л. Е. Лопатина (1998):
Русский толковый словарь. Около 35 000 слов. 70 000 словосочетаний. Москва: Русский язык. (= Библиотека словарей русского языка)

Lopatin, V.V., und L. E. Lopatina (1998):
Russkij tolkovy slovar'. Okolo 35 000 slov. 70 000 slovcсočetanij (Russisches erklärendes Wörterbuch. Ca. 35 000 Wörter. 70 000 Wortverbindungen). Moskva: Russkij jazyk. (= Biblioteka slovarej russkogo jazyka)

Lüger 1995 =
Lüger, Heinz-Helmut (1995):
Pressesprache. 2., neu bearb. Aufl. Tübingen: Niemeyer. (= Germanistische Arbeitshefte. 28.)

Lutz 1995 =
Lutz, Benedikt (1995):
Hypertextlinguistik: Erfahrungen aus der Praxis – Anregungen für die linguistische Forschung. In: Ulrich Schmitz (Hrsg.) (1995): Neue Medien. Hannover: SOAK. (= OBST/ Osnabrücker Beiträge zur Sprachtheorie. 50.) S. 155 - 163.

Lutz 1996 =
Lutz, Benedikt (1996):
Hypertext: Das Medium und der Autor. Ein Erfahrungsbericht. In: Bernhard Kettemann, Martin Stegu und Hartmut Stöckl (Hrsg.) (1998): Mediendiskurse. Verbal-Workshop Graz 1996. Frankfurt a. M. u. a.: Lang. (= Sprache im Kontext. 5.) S. 151 - 162.

Lynch / Horton 1999 =
Lynch, Patrick J., und Sarah Horton (1999):
Web style guide. Basic design principles for creating web sites. New Haven, London: Yale University Press.

Meyer / Rauterberg / Strässler 1991 =
Meyer, Ch., M. Rauterberg und M. Strässler (1991):
Ein Bewertungsschema für HyperText-Systeme und ein vergleichender Überblick über HyperTies, HyperPad, HyperCard und Guide. In: José L. Encarnação (Hrsg.) (1991): Telekommunikation und multimediale An-

wendungen der Informatik. GI-21. Jahrestagung Darmstadt, 14.-18. Oktober 1991. Proceedings. Berlin u. a.: Springer. (= Informatik-Fachberichte. 293.) S. 554 - 565.

Minogue / Weber 1992 =
Minogue, Angela, und Siegfried Weber (1992):
Der Textvergleich als Untersuchungsmethode in der Fachsprachenforschung. In: Klaus-Dieter Baumann und Hartwig Kalverkämper (Hrsg.) (1992): Kontrastive Fachsprachenforschung. Tübingen: Narr. (= Forum für Fachsprachen-Forschung. 20.) S. 49 - 60.

Morkes / Nielsen 1997 =
Morkes, John, und Jakob Nielsen (1997):
Concise, scannable, and objective: How to write for the Web. Elektronisches Dokument, verfügbar unter http://www.useit.com/papers/webwriting/writing.html (Stand vom 17.01.2001)

Morkes / Nielsen 1998 =
Morkes, John, und Jakob Nielsen (1998):
Applying writing guidelines to Web pages. Elektronisches Dokument, verfügbar unter http://www.useit.com/papers/webwriting/rewriting.html (Stand vom 17.01.2001)

Moschovitis u. a. 1999 =
Moschovitis, Christos J. P. u. a. (1999):
History of the Internet. A chronology, 1843 to the present. Santa Barbara, Denver, Oxford: ABC-CLIO.

Musch 2000 =
Musch, Jochen (2000):
Die Geschichte des Netzes: ein historischer Abriß. In: Bernard Batinic (Hrsg.) (2000): Internet für Psychologen. 2., überarb. und erw. Aufl. Göttingen u. a.: Hogrefe. S. 15 - 37.

Negroponte 1995 =
Negroponte, Nicholas (1995):
Total digital. Die Welt zwischen 0 und 1 oder Die Zukunft der Kommunikation. Aus dem Amerikanischen von Franca Fritz und Heinrich Koop. München: Goldmann.

Neuberger 1999 =
Neuberger, Christoph (1999):
Nachrichten-Recycling oder Online-Journalismus. Print- und Onlineversion von Tageszeitungen im Vergleich. In: Christoph Neuberger und Jan Tonnemacher (Hrsg.) (1999): Online – Die Zukunft der Zeitung? Das Engagement deutscher Tageszeitungen im Internet. Opladen, Wiesbaden: Westdeutscher Verlag. S. 242 - 264.

Nickl 1996 =
Nickl, Markus (1996):
Web Sites – Die Entstehung neuer Textstrukturen. In: Stefan Bollmann und Christiane Heibach (Hrsg.) (1996): Kursbuch Internet. Anschlüsse an Wirtschaft und Politik, Wissenschaft und Kultur. Mannheim: Bollmann. S. 388 - 399.

Nielsen 1996 =
Nielsen, Jakob (1996):
Multimedia, Hypertext und Internet. Grundlagen und Praxis des elektronischen Publizierens. Übersetzt und bearbeitet von Karin Lagrange und Marc Linster. Braunschweig, Wiesbaden: Vieweg.

Nielsen 2000 =
Nielsen, Jakob (2000):
Erfolg des Einfachen. Jakob Nielsen's Web Design. Autorisierte Übersetzung der amerikanischen Originalausgabe. München: Markt + Technik.

Nöth 2000 =
Nöth, Winfried (2000):
Der Zusammenhang von Text und Bild. In: Klaus Brinker u. a. (Hrsg.) (2000): Text- und Gesprächslinguistik / Linguistics of text and conversation. Ein internationales Handbuch zeitgenössischer Forschung / An international handbook of contemporary research. Halbbd. 1. Berlin, New York: de Gruyter. (= Handbücher zur Sprach- und Kommunikationswissenschaft. 16.) S. 489 - 496.

Novičkov (Новичков) 1995 =
Новичков, Н. Н. (1995):
Словарь современных русских сокращений и аббревиатур. 12 000 сокращений и аббревиатур. Париж, Москва: ИНФОГЛОБ - Тривола.

Novičkov, N. N. (1995):
Slovar' sovremennych russkich sokraščenij i abbreviatur. 12 000 sokraščenij i abbreviatur (Wörterbuch moderner russischer Abkürzungen und Abbreviaturen. 12 000 Abkürzungen und Abbreviaturen). Pariž, Moskva: INFOGLOB - Trivola.

NUA ComputerScope Ltd. u. a. (2001) =
NUA ComputerScope Ltd. u. a. (2001):
NUA Internet Surveys. Online verfügbar unter http://www.nua.ie/surveys/how_many_online/index.html (Stand vom 12.03.2002)

Ohnheiser 1993 =
Ohnheiser, Ingeborg (1993):
Jüngere Entwicklungstendenzen im Russischen und in anderen Slawinen aus stilistischer Sicht. In: Stylistyka II. 1993. S. 33 - 50.

Oslon (Ослон) 2001 =
Ослон, А. А (2001):
Интернет в России / Россия в Интернете. Ergebnisse einer WWW-Benutzerumfrage vom Dezember 2000. Москва: Общероссийский Фонд „Общественное мнение". Download unter http://www.fom.ru. (Stand vom 01.08.2001)

Oslon, A. A. (2001):
Internet v Rossii / Rossija v Internete (Das Internet in Rußland / Rußland im Internet). Ergebnisse einer WWW-Benutzerumfrage vom Dezember 2000. Moskva: Obščerossijskij Fond „Obščestvennoe mnenie" (Gesamtrussischer Fond „Öffentliche Meinung"). Download unter http://www.fom.ru. (Stand vom 01.08.2001)

Ožegov / Švedova (Ожегов / Шведова) 1992 =
Ожегов, С. И., и Н. Ю. Шведова (1992):
Толковый словарь русского языка. 72 500 слов и 7500 фразеологических выражений. Москва: Азъ Ltd.

Ožegov, S. I., und N. Ju. Švedova (1992):
Tolkovyj slovar' russkogo jazyka. 72 500 slov i 7500 frazeologičeskich vyraženij (Erklärendes Wörterbuch der russischen Sprache. 72 500 Wörter und 7500 phraseologische Wendungen). Moskva: Az".

Panzer 1999 =
Panzer, Baldur (1999):
Die slavischen Sprachen in Gegenwart und Geschichte. Sprachstrukturen und Verwandtschaft. 3., durchges. Aufl. Frankfurt a. M. u. a.: Lang. (= Heidelberger Publikationen zur Slavistik; A: Linguistische Reihe. 3.)

Petuhova 1999 =
Petuhova, Svetlana (1999):
The role of foreign investment in the Russian Internet. In: Paul J. J. Welfens u. a. (Hrsg.) Towards competition in network industries. Telecommunications, energy and transportation in Europe and Russia. Berlin, Heidelberg: Springer. S. 275 - 292.

Pezoldt 1999 =
Pezoldt, Kerstin (1999):
Marketing kleiner und mittlerer Unternehmen in der Russischen Föderation. Aachen: Shaker. (= Berichte aus der Betriebswirtschaft)

Popov (Попов) 1997 =
Попов, Дмитрий (1997):
Материалы к словарю терминов Интернет. Aarhus: Slavisk Institut Aarhus Universitet. (= Arbejdspapir. 1.)

Popov, Dmitrij (1997):
Materialy k slovarju terminov Internet (Materialien für ein Wörterbuch der Internet-Terminologie). Aarhus: Slavisk Institut Aarhus Universitet. (= Arbejdspapir. 1.)

Raymond 2001 =
Raymond, Eric S. (2001):
The New Hacker's Dictionary. Jargon File v4.3.1., 29.06.2001. Elektronisches Dokument, verfügbar unter http://www.tuxedo.org/jargon/jargon.html (Stand vom 07.03.2002)

Rechtschreibduden 2000 =
Duden. Die deutsche Rechtschreibung. Hrsg. von der Dudenredaktion. Auf der Grundlage der neuen amtlichen Rechtschreibregeln. 22., völlig neu bearb. und erw. Aufl. Mannheim u. a.: Dudenverlag. (= Der Duden in zwölf Bänden. 1.)

Rehm 2002 =
Rehm, Georg (2002):
Towards automatic Web genre identification. A corpus-based approach in the domain of academia by example of the academic's personal homepage. In: Proceedings of the 35th annual Hawaii International Conference on System Sciences (HICSS'02). IEEE 2002. Elektronisches Dokument, verfügbar unter http://www.uni-giessen.de/~g91063/papers.shtml (Stand vom 04.06.2002)

Rengelshausen / Rohani 1999 =
Rengelshausen, Oliver, und Parand Rohani (1999):
Der Internet-Auftritt deutscher Unternehmen – Ergebnisse einer Inhaltsanalyse. Göttingen: Institut für Marketing und Handel. (= Beiträge zur Marketingwissenschaft. 22.)

Rickheit / Schade 2000 =
Rickheit, Gert, und Ulrich Schade (2000):
Kohärenz und Kohäsion. In: Klaus Brinker u. a. (Hrsg.) (2000): Text- und Gesprächslinguistik / Linguistics of text and conversation. Ein internationales Handbuch zeitgenössischer Forschung / An international handbook of contemporary research. Halbbd. 1. Berlin, New York: de Gruyter. (= Handbücher zur Sprach- und Kommunikationswissenschaft. 16.) S. 275 - 283.

ROCIT (РОЦИТ) 1999 =
РОЦИТ (1999):
Аналитический отчёт «Услуги Интернет в России - 99» (Москва и Санкт-Петербург). Книга 1: «Потребители и поставщики Интернет-услуг в России». Москва: РОЦИТ. Elektronisches Dokument, verfügbar unter http://www.rocit.ru/inform/index.php3?path=report99 (Stand vom 13.03.2002)

ROCIT (Izd.) (1999):
Analitičeskij otčët „Uslugi Internet v Rossii – 99“ (Moskva i Sankt-Peterburg). Kniga 1: „Potrebiteli i postavščiki Internet-uslug v Rossii“ (Analytischer Bericht „Internet-Dienstleistungen in Rußland – 99“. Moskau und St. Petersburg. Bd. 1: „Abnehmer und Anbieter von Internet-Dienstleistungen in Rußland“). Moskva: ROCIT. Elektronisches Dokument, verfügbar unter http:// www.rocit.ru/inform/index.php3?path=report99 (Stand vom 13.03.2002)

Roelcke 1999 =
Roelcke, Thorsten (1999):
Fachsprachen. Berlin: Erich Schmidt. (= Grundlagen der Germanistik. 37.)

Rolf 1993 =
Rolf, Eckhard (1993):
Die Funktionen der Gebrauchstextsorten. Berlin, New York: de Gruyter. (= Grundlagen der Kommunikation und Kognition)

Rösner / Stede 1993 =
Rösner, Dietmar, und Manfred Stede (1993):
Zur Struktur von Texten - eine Einführung in die Rhetorical Structure Theory. Ulm: Forschungsinstitut für anwendungsorientierte Wissensverarbeitung (FAW). (= FAW-TR-93005)

Rössler 1997 =
Rössler, Patrick (1997):
Standardisierte Inhaltsanalysen im World Wide Web. Überlegungen zur Anwendung der Methode am Beispiel einer Studie zu Online-Shopping-Angeboten. In: Klaus Beck und Gerhard Vowe (Hrsg.) (1997): Computernetze – ein Medium öffentlicher Kommunikation? Berlin: Spiess. S. 245 - 267.

Rothkegel 1997 =
Rothkegel, Annely (1997):
Textproduktion mit Hypertext. In: Dagmar Knorr und Eva-Maria Jakobs (Hrsg.) (1997): Textproduktion in elektronischen Umgebungen. Frankfurt a. M. u. a.: Lang. (= Textproduktion und Medium. 2.) S. 191 - 204.

Rothkegel 1998 =
Rothkegel, Annely (1998):
Präsentation und Repräsentation in Hypermedia. In: Hans Strohner, Lorenz Sichelschmidt und Martina Hielscher (Hrsg.) (1998): Medium Sprache. Frankfurt a. M. u. a.: Lang. (= Forum Angewandte Linguistik. 34.) S. 79 - 89.

Runkehl / Schlobinski / Siever 1998 =
Runkehl, Jens, Peter Schlobinski und Torsten Siever (1998):
Sprache und Kommunikation im Internet. Überblick und Analysen. Opladen, Wiesbaden: Westdeutscher Verlag.

Sager 1995 =
Sager, Sven Frederik (1995):
Hypertext und Kontext. In: Eva-Maria Jakobs, Dagmar Knorr und Sylvie Molitor-Lübbert (Hrsg.) (1995): Wissenschaftliche Textproduktion. Mit und ohne Computer. Frankfurt a. M. u. a.: Lang. S. 209 - 226.

Sager 1997 =
Sager, Sven F[rederik] (1997):
Intertextualität und die Interaktivität von Hypertexten. In: Josef Klein und Ulla Fix (Hrsg.) (1997): Textbeziehungen. Linguistische und literatur-

wissenschaftliche Beiträge zur Intertextualität. Tübingen: Stauffenburg. (= Stauffenburg-Linguistik) S. 109 - 123.

Sandig 1971 =
Sandig, Barbara (1971):
Syntaktische Typologie der Schlagzeile. Möglichkeiten und Grenzen der Sprachökonomie im Zeitungsdeutsch. München: Hueber. (= Linguistische Reihe. 6.)

Sano 1996 =
Sano, Darrell (1996):
Designing large-scale web sites. A visual design methodology. New York u. a.: Wiley.

Sarre 1991 =
Sarre, Frank (1991):
Zur Generierung von Hypertextstrukturen aus linearen Texten durch Partitionierung und Strukturanreicherung. München. Univ. Diss.

Scharl 1997 =
Scharl, Arno (1997):
Referenzmodellierung kommerzieller Masseninformationssysteme. Idealtypische Gestaltung von Informationsangeboten im World Wide Web am Beispiel der Branche Informationstechnik. Frankfurt a. M., Berlin, Bern, New York, Paris, Wien: Lang. (= Europäische Hochschulschriften; Reihe V: Volks- und Betriebswirtschaft. 2222.)

Schmitz 1995 =
Schmitz, Ulrich (1995):
Neue Medien und Gegenwartssprache. Lagebericht und Problemskizze. In: Ulrich Schmitz (Hrsg.) (1995): Neue Medien. Hannover: SOAK. (= OBST / Osnabrücker Beiträge zur Sprachtheorie. 50.) S. 7 - 51.

Schmitz 1996 =
Schmitz, Ulrich (1996):
Zur Sprache im Internet. Skizze einiger Eigenschaften und Probleme. Elektronisches Dokument, verfügbar unter http://www.linse.uni-essen.de/papers/sprache_internet.htm (Stand vom 09.03.1998)

Schmitz 1997 =
Schmitz, Ulrich (1997):
Schriftliche Texte in multimedialen Kontexten. In: Rüdiger Weingarten (Hrsg.) (1997): Sprachwandel durch Computer. Opladen: Westdeutscher Verlag. S. 131 - 158.

Schmitz 1998 =
Schmitz, Ulrich (1998):
Technisierte Restriktion und multimedialer Überfluß als gegenläufig produktive Tendenzen der Sprachentwicklung durch Computer. In: Werner Holly und Bernd Ulrich Biere (Hrsg.) (1998): Medien im Wandel. Opladen, Wiesbaden: Westdeutscher Verlag. S. 221 - 236.

Schnupp 1992 =
Schnupp, Peter (1992):
Hypertext. München, Wien: Oldenbourg. (= Handbuch der Informatik 10.1)

Schreiber 2000 =
Schreiber, Uwe (2000):
Das Wirtschaftslexikon. Aktuelles Wissen für Studium und Beruf. Überarb. u. erw. Neuausgabe. München: Heyne. (= Heyne Business. 22/1054.)

Schröder 1993 =
Schröder, Hartmut (1993):
Semiotische Aspekte multimedialer Texte. In: Hartmut Schröder (Hrsg.) (1993): Fachtextpragmatik. Tübingen: Narr. (= Forum für Fachsprachen-Forschung. 19.) S. 189 - 213.

Schütte 1997 =
Schütte, Daniela (1997):
Computerbildschirm und *kompjuter'nyj displej*. Der deutsche und russische Computerwortschatz unter besonderer Berücksichtigung der Entlehnung. Frankfurt a. M. u. a.: Lang. (= Germanistische Arbeiten zu Sprache und Kulturgeschichte. 31.)

Shneiderman 1989 =
Shneiderman, Ben (1989):
Reflections on authoring, editing, and managing hypertext. In: Edward Barrett (Hrsg.) (1989): The society of text. Hypertext, hypermedia, and the social construction of information. Cambridge, London: MIT Press. S. 115 - 131.

Skljarevskaja (Скляревская) 1998 =
Скляревская, Г. Н., и др. (1998):
Толковый словарь русского языка конца XX века. Языковые изменения. Российская академия наук, Инстнтут лингвистических исследований. Санкт-Петербург Фолио-Пресс.

Skljarevskaja, G. N., u. a. (1998):
Tolkovyj slovar' russkogo jazyka konca XX veka. Jazykovye izmenenija (Erklärendes Wörterbuch der russischen Sprache am Ende des 20. Jhs. Sprachliche Veränderungen). Rossijskaja akademija nauk, Institut lingvističeskich issledovanij. Sankt-Peterburg: Folio-Press.

Stary 1994 =
Stary, Christian (1994):
Interaktive Systeme. Software-Entwicklung und Software-Ergonomie. Braunschweig, Wiesbaden: Vieweg.

Storrer 1997 =
Storrer, Angelika (1997):
Vom Text zum Hypertext. Die Produktion von Hypertexten auf der Basis traditioneller wissenschaftlicher Texte. In: Dagmar Knorr und Eva-Maria Jakobs (Hrsg.) (1997): Textproduktion in elektronischen Umgebungen. Frankfurt a. M. u. a.: Lang. (= Textproduktion und Medium. 2.) S. 121 - 139.

Storrer 1999a =
Storrer, Angelika (1999):
Kohärenz in Text und Hypertext. In: Henning Lobin (Hrsg.) (1999): Text im digitalen Medium. Linguistische Aspekte von Textdesign, Texttechnologie und Hypertext Engineering. Opladen: Westdeutscher Verlag. S. 33 - 65.

Storrer 1999b =
Storrer, Angelika (1999):
Was ist eigentlich eine Homepage? Neue Formen der Wissensorganisation im World Wide Web. In: Sprachreport 1. 1999. S. 2 - 8.

Storrer 2001 =
Storrer, Angelika (2001):
Neue Medien – neue Stilfragen. Das World Wide Web unter stilistischer Perspektive. In: Eva-Maria Jakobs und Annely Rothkegel (Hrsg.) (2001): Perspektiven auf Stil. Tübingen: Niemeyer. (= Reihe Germanistische Linguistik. 226.) S. 89 - 111.

Streitz 1990 =
Streitz, Norbert A. (1990):
Hypertext: Ein innovatives Medium zur Kommunikation von Wissen. In: Peter A. Gloor und Norbert A. Streitz (Hrsg.) (1990): Hypertext und Hypermedia. Von theoretischen Konzepten zur praktischen Anwendung. Berlin u. a.: Springer. (= Informatik-Fachberichte. 249.) S. 10 - 27.

Streitz 1991 =
Streitz, Norbert A. (1991):
Hypertext: Bestandsaufnahme, Trends und Perspektiven. In: José L. Encarnação (Hrsg.) (1991): Telekommunikation und multimediale Anwendungen der Informatik. GI-21. Jahrestagung Darmstadt, 14.-18. Oktober 1991. Proceedings. Berlin u. a.: Springer. (= Informatik-Fachberichte. 293.) S. 543 - 553.

Strzebkowski 1997 =
Strzebkowski, Robert (1997):
Realisierung von Interaktivität und multimedialen Präsentationstechniken. In: Ludwig J. Issing und Paul Klimsa (Hrsg.) (1997): Information und Lernen mit Multimedia. 2., überarb. Aufl. Weinheim: Beltz Psychologie-VerlagsUnion. S. 268 - 303.

Tergan 1993 =
Tergan, Sigmar-Olaf (1993):
Zum Aufbau von Wissensstrukturen mit Texten und Hypertexten. In: Nachrichten für Dokumentation 44. 1993. S. 15 - 22.

Tergan 1997 =
Tergan, Sigmar-Olaf (1997):
Hypertext und Hypermedia: Konzeption, Lernmöglichkeiten, Lernprobleme. In: Ludwig J. Issing und Paul Klimsa (Hrsg.) (1997): Information und Lernen mit Multimedia. 2., überarb. Aufl. Weinheim: Beltz PsychologieVerlagsUnion. S. 122 - 137.

Tichonov (Тихонов) 2001 =
Тихонов, А. Н. (2001):
Комплексный словарь русского языка. Москва: Русский язык.

Tichonov, A. N. (2001):
Kompleksnyj slovar' russkogo jazyka (Komplexes Wörterbuch der russischen Sprache). Moskva: Russkij jazyk.

Timm 1992 =
Timm, Christian (1992):
Gibt es eine Fachsprache der Literaturwissenschaft? Fachtextlinguistische Untersuchungen an englischen Texten der Literaturgeschichtsschreibung. Frankfurt a. M. u. a.: Lang. (= Leipziger Fachsprachen-Studien. 2.)

Todesco 1995 =
Todesco, Rolf (1995):
Schränkt Hypertext die Sprache ein? Ein Erfahrungsbericht über den Versuch, ein Hyper-Lexikon zu schreiben. In: Ulrich Schmitz (Hrsg.) (1995): Neue Medien. Hannover: SOAK. (= OBST / Osnabrücker Beiträge zur Sprachtheorie. 50.) S. 165 - 176.

van Berkel / de Jong 1999 =
van Berkel, Arrie, und Mariët de Jong (1999):
Coherence phenomena in hypertextual environments. In: Eva-Maria Jakobs, Dagmar Knorr und Karl-Heinz Pogner (Hrsg.) (1999): Textproduktion. HyperText, Text, KonText. Frankfurt a. M. u. a.: Lang. (= Textproduktion und Medium. 5.) S. 29 - 40.

van Dijk 1980 =
van Dijk, Teun A. (1980):
Textwissenschaft. Eine interdisziplinäre Einführung. Deutsche Übersetzung von Christoph Sauer. Tübingen: Niemeyer.

Vater 1994 =
Vater, Heinz (1994):
Einführung in die Textlinguistik. Struktur, Thema und Referenz in Texten. 2., überarb. Aufl. München: Fink. (= UTB für Wissenschaft / Uni-Taschenbücher. 1660.)

von Loeper 1998 =
von Loeper, Dankwart (1998):
Das Internet optimal nutzen durch erfolgreiche Präsentationen. In: Maschinenmarkt 104. 1998, Heft 3/4. S. 36 - 39.

von Tschilschke 2000 =
von Tschilschke, Christian (2000):
Das Register und seine Beziehung zum Text. Vladimir Nabokovs *Pale Fire*, Georges Perecs *La vie mode d`emploi* und Camille Laurens` *Index*. In: Jochen Mecke und Susanne Heiler (Hrsg.) (2000): Titel – Text – Kontext: Randbezirke des Textes. Festschrift für Arnold Rothe zum 65.

Geburtstag. Glienicke / Berlin, Cambridge / Massachusetts: Galda + Wilch. S. 181 - 202.

Wahrig 2000 =
Wahrig, Gerhard (2000):
Deutsches Wörterbuch. Mit einem „Lexikon der Deutschen Sprachlehre“. Neu hrsg. von Dr. Renate Wahrig-Burfeind. Gütersloh, München: Bertelsmann Lexikon Verlag.

Wallmannsberger 1995 =
Wallmannsberger, Josef (1995):
Ariadnefäden im Docuversum. Texte in globalen Netzwerken. In: Eva-Maria Jakobs, Dagmar Knorr und Sylvie Molitor-Lübbert (Hrsg.) (1995): Wissenschaftliche Textproduktion. Mit und ohne Computer. Frankfurt a. M. u. a.: Lang. S. 227 - 243.

Weingarten 1995 =
Weingarten, Rüdiger (1995):
Mediale Kommunikation. Konsequenzen für den Sprachwandel und den Sprachunterricht. In: Jahrbuch Deutsch als Fremdsprache 21. S. 117 - 135.

Weingarten 1997 =
Weingarten, Rüdiger (1997):
Textstrukturen in neuen Medien: Clusterung und Aggregation. In: Rüdiger Weingarten (Hrsg.) (1997): Sprachwandel durch Computer. Opladen: Westdeutscher Verlag. S. 215 - 237.

Werner / Stephan 1998 =
Werner, Andreas, und Ronald Stephan (1998):
Marketing-Instrument Internet. 2., aktualis. Auflage. Heidelberg: dpunkt.

Werner 1997 =
Werner, Andreas (1997):
Medien- und Kommunikationsforschung in digitalen Online-Umwelten. In: Klaus Beck und Gerhard Vowe (Hrsg.) (1997): Computernetze – ein Medium öffentlicher Kommunikation? Berlin: Spiess. S. 227 - 243.

Westermann 2000 =
Westermann, Arne (2000):
www."programmzeitschrift".de. Internet-Auftritte deutscher Fernsehzeitschriften Hagen: ISL-Verlag. (= Bochumer Studien zur Publizistik- und Kommunikationswissenschaft. 93.)

Wichter 1988 =
Wichter, Sigurd (1988):
Signifikantgleiche Zeichen. Untersuchungen zu den Problembereichen Polysemie, Homonymie und Vagheit auf der Basis eines kommunikativen Zeichenbegriffs am Beispiel deutscher Substantive, Adjektive und Verben. Tübingen: Narr. (= Tübinger Beiträge zur Linguistik. 160.)

Wichter 1994 =
Wichter, Sigurd (1994):
Experten- und Laienwortschätze. Umriß einer Lexikologie der Vertikalität. Tübingen. (= Reihe Germanistische Linguistik. 144. Kollegbuch)

Windisch 1998 =
Windisch, Elke (1998):
Rußland will alle Nutzer des Internets kontrollieren. In: Der Tagesspiegel, 05.08.1998. Elektronisches Dokument, verfügbar unter http://www2.tages spiegel.de/archiv/1998/08/04/in-po-5734.html (Stand vom 14.03.2002)

Wingert 1996 =
Wingert, Bernd (1996):
Kann man Hypertexte lesen? In: Dirk Matejovski und Friedrich Kittler (Hrsg.) (1996): Literatur im Informationszeitalter. Frankfurt a. M., New York: Campus. (= Schriftenreihe des Wissenschaftszentrums Nordrhein-Westfalen. 2.) S. 185 - 218.

Zakon 1993 - 2002 =
Zakon, Robert H. (1993-2002):
Hobbes' Internet Timeline v5.5. Elektronisches Dokument, verfügbar unter http://www.zakon.org/robert/internet/timeline/zakon_timeline.html (Stand vom 03.03.2002, Datum der letzten Änderung: 03.01.2002)

Zasurskij (Засурский) 2000 =
Засурский, Иван (2000):
Российский интернет в 2001 году. Elektronisches Dokument, verfügbar unter http://www.rif.ru/2002/rif.php3?lang=russian&chapter=news&topic =news2.zasursky (Stand vom 15.03.2002)

Zasurskij, Ivan (2000):
Rossijskij internet v 2001 gody (Das russische Internet im Jahr 2001). Elektronisches Dokument, verfügbar unter http://www.rif.ru/2002/rif.php3?lang=russian&chapter= news&topic=news2.zasursky (Stand vom 15.03.2002)

Zybatow 1995 =
Zybatow, Lew N. (1995):
Russisch im Wandel. Die russische Sprache seit der Perestrojka. Wiesbaden: Harrassowitz. (= Veröffentlichungen der Abteilung für Slavische Sprachen und Literaturen des Osteuropa-Instituts der Freien Universität Berlin. 80.)

10 Glossar

Bildlink

→ Linkanker in Bildform; als Icon z. B. in Form einer Briefabbildung zur Kennzeichnung eines → E-Mail-Links; auch fotografische und andere Abbildungen können als Linkanker fungieren; meist sind diese Links nur anhand der Veränderung des Mauszeigers als Sprungmarke für einen Hypertextsprung zu erkennen.

Downloadlink

Hyperlink, mit dem das Herunterladen einer Datei (z. B. im pdf-Format) auf den anfordernden Rechner gestartet wird.

Einheit, informationelle

Auch: *Informationseinheit*; Hypertextknoten / → Webseite.

E-Mail-Link

Auch: → *Kommunikationslink*; Hyperlink, mit dem ein E-Mail-Formular aufgerufen wird.

Flanierer

Nutzertyp, der ungerichtet, ohne spezifisches Suchinteresse durch das WWW oder eine → Website streift; bei diesem Informationsverhalten spielen oft auch Unterhaltungsaspekte eine Rolle.

Fortsetzungslink

Metakommunikative → Linkanker wie `mehr`, `weiter`, `Näheres`, `Details` etc.

Frame, framebasiertes Design

Technik, bei der der Anzeigebereich des WWW-Browsers in mehrere Sektionen unterteilt wird, die unabhängig voneinander sind, so daß ein Teilbereich z. B. statisch bleibende Informationen präsentiert, während sich die Inhalte anderer Bereiche ändern.

Informationsseiten, -knoten

→ Webseiten, die im Unterschied zu → Übersichtsseiten vordringlich der Präsentation und Vermittlung von → Inhaltsinformation dienen.

Inhaltsinformation, inhaltliche Information

Den Kommunikationsgegenstand der → Website betreffende thematisch-inhaltliche Information.

Inhaltsseite

Hier Homepage ohne eine Inhaltsübersicht, die nur → Inhaltsinformation vermittelt; vorzugsweise (aber nicht zwingend) als → One-Page-Site oder → Visitenkartenpräsenz, die vorab als Platzhalter für eine in der Entstehung befindliche → Website eingesetzt werden.

Knoten

→ Webseite

Kohärenz, globale

Kohärenz, die sich auf einen gesamten Hypertext / eine → Website als Ganze bezieht.

Kohärenz, knoteninterne

Kohärenz innerhalb eines Knotens / einer → Webseite.

Kohärenz, lokale

Kohärenz zwischen zwei Knoten / → Webseiten.

Kommunikationslink

Auch: → *E-Mail-Link*; Hyperlink, mit dem ein E-Mail-Formular aufgerufen wird.

Leit-Inhalts-Seite

Hier Homepagetyp, bei dem neben die Primärfunktion der Übersichtsvermittlung als eigene, mindestens gleichberechtigte oder dominante Funktion die gegenstandsbezogene inhaltliche Informierung tritt.

Leitseite

Hier Homepagetyp, bei dem die Vermittlung von struktureller und ggf. inhaltlicher Übersichtsinformation im Vordergrund steht; die Leitseite bildet verschiedene Subtypen aus.

Link, extrahypertextueller

Link, der von einer → Website zu einer anderen führt.

Link, funktionaler

Link, der im Unterschied zu einem → thematisch-inhaltlichen Link zu funktionalen Komponenten einer → Website führt und vor allem der Orientierung und der Kontaktaufnahme dient; funktionale Links führen z. B. zur Sitemap, zu einer Suchfunktion, zurück zur Homepage oder zum Seitenanfang sowie zu E-Mail-Formularen und anderen Kommunikationsangeboten wie Chatforen oder elektronischen Gästebüchern.

Link, interhypertextueller

Link, der zwei → Webseiten / Knoten miteinander verbindet.

Link, intrahypertextueller

Link, der zwei Punkte innerhalb einer → Webseite / eines Knotens miteinander verbindet.

Link, isolierter

→ Linkanker, der nicht in textuelle Umgebung eingebettet ist; besonders häufig in Inhaltsübersichten und anderen Linklisten.

Link, quasi isolierter

→ Linkanker mit Merkmalen sowohl des → isolierten wie des → textintegrierten Links; meist Link mit Kontextbezug zu einer textuellen Umgebung, in die er aber nicht als syntaktisch abhängiges Element unmittelbar eingebunden, sondern ihr z. B. in separater Positionierung als selbständige Einheit nachgestellt ist; eine Form des quasi isolierten Links ist der → Wiederaufnahmelink.

Link, textintegrierter oder textinterner

→ Linkanker, der als bedeutungstragendes Element in eine übergeordnete textuelle Einheit integriert ist; diese ist nicht verlinkt und fungiert als unmittelbare textuelle Umgebung des Linkankers.

Link, thematisch-inhaltlicher

Link, der im Unterschied zu einem → funktionalen Link zu → Informationsseiten bzw. → Inhaltsinformationen führt, z. B. zu einem Geschäftsbericht oder einer Produktbeschreibung.

Link, typisierter

Hier → Linkanker, der mit einem einblendbaren Etikett versehen ist, welches Zusatzinformationen über das Linkziel enthält.

Linkanker

Auch: *Linkanzeiger*; Ausgangspunkt / Sprungmarke für einen Hypertextsprung; Linkanzeiger in Textform (Hotwords) sind traditionell durch Blaufärbung und Unterstreichung markiert.

Modul, informationelles

Inhaltlich und funktional eigenständige Informationseinheit innerhalb einer → Webseite / eines Knotens; vorrangig bezogen auf textuelle Elemente, daher auch: *Teiltext* oder *makrostrukturelle Komponente*; z. B. die Inhaltsübersicht auf der Homepage oder ein unternehmensvorstellender Kurztext; auch Abbildungen sind potentiell informationelle Module.

One-Page-Site

Auch: → *Visitenkartenpräsenz*; → Website, die aus nur einer → Webseite besteht und meist als Vorankündigung und Platzhalter für eine ausgebaute Website fungiert.

Pre-Homepage

Aus zwei fest verdrahteten → Webseiten bestehende komplexe Homepage, deren erstes Element hier als → *Pre-Page* bezeichnet wird; das Zweitelement stellt sich in der Regel als → Leitseite oder → Leit-Inhalts-Seite, selten als → Inhaltsseite dar.

Pre-Page

Hier die erste Seite einer → Pre-Homepage, die als reine Titel- oder Begrüßungsseite fungiert; sie enthält in der Regel nur den Firmennamen, ggf. eine Begrüßungssequenz sowie eine Sprachwahloption.

Sitemap

→ Übersichtsseite, die der Vermittlung von → Strukturinformation dient, indem sie die Gesamtstruktur einer → Website visualisiert und einen direkten Zugriff auf die Inhalte anbietet.

Strukturinformation, strukturelle Information

Information über die Struktur einer → Website.

Sucher

Nutzertyp, der gezielt nach Informationen sucht und für den effiziente Such- und Zugriffsinstrumente besonders wichtig sind.

Textlink

Auch: *Hotwords*; Linkanzeiger in Textform, meist an Blaufärbung und Unterstreichung zu erkennen; kommt auf der Homepage als → isolierter, → textintegrierter und → quasi isolierter Link vor.

Übersichtsseiten, -knoten

Auch: *Navigationsseiten*; Übersichtsseiten fungieren als Wegweiser zu → Informationsseiten bzw. → Inhaltsinformationen; wichtiges Instrument sind Linklisten; die Homepage ist ihrer Primärfunktion nach eine Übersichtsseite.

Visitenkartenpräsenz

→ Website, die aus bis zu drei → Webseiten besteht und wie die → One-Page-Site meist als Vorankündigung und Platzhalter für eine ausgebaute Website ins Netz gestellt wird; wie die nicht-elektronische Visitenkarte vermittelt sie in der Regel mindestens die wichtigsten Kontaktinformationen eines Anbieters.

Webseite

Auch: *(Hypertext-)Knoten*, *Webdokument*; einzelnes Dokument innerhalb einer → Website; kleinste formale Gliederungseinheit des WWW; Webseiten sind durch Hyperlinks miteinander verbunden.

Website

Auch: *WWW-Präsenz, Webangebot*; im Sinne einer Domäne (z. B. www uni-muenster.de) abgrenzbares Informationsangebot eines Anbieters im WWW, bestehend aus über Hyperlinks verbundenen → Webseiten / Hypertextknoten.

Wiederaufnahmelink

Meist separat positionierter Linkanzeiger, der einen in einem vorangestellten Text genannten Ausdruck explizit, meist rekurrent, wiederaufnimmt.

11 Anhang

11.1 Verzeichnis der erhobenen Unternehmenswebsites

11.1.1 Deutsche Unternehmen

	Unternehmen	Branche	WWW-Adresse	Erhebungsdatum
1.	Agiv AG	Maschinenbau	http://www.agiv.de	11.07.2000
2.	Aldi	Handel	http://www.aldi.de http://www.aldi-essen.de http://www.aldi-sued.de	26.05.2000
3.	Babcock Borsig AG	Maschinenbau	http://www.babcockborsig.de	04.07.2000
4.	Bahlsen KG	Lebensmittel	http://www.bahlsen.de	18.07.2000
5.	Bayer AG	Chemie	http://www.bayer.com	19.05.2000
6.	Benteler AG	Metallverarbeitung	http://www.benteler.de	11.07.2000
7.	Bestfoods Deutschland GmbH	Lebensmittel	http://www.bestfoods.de	23.06.2000
8.	Binding Brauerei AG	Lebensmittel	http://www.binding.de	19.09.2000
9.	Co op Schleswig-Holstein eG	Handel	http://www.coop.de	20.07.2000
10.	CompuNet Computer AG & Co. oHG	EDV	http://www.compunet.de	09.08.2000
11.	DPD Deutscher Paketdienst GmbH & Co.	Logistik	http://www.dpd.de	17.08.2000
12.	DSK Deutsche Steinkohle AG	Bergbau	http://www.deutsche-steinkohle.de	19.06.2000

13.	Dynamit Nobel AG	Chemie	http://www.dynamitnobel.de	19.07.2000
14.	Dywidag – Dyckerhoff & Widmann AG	Bau	http://www.dywidag.de	20.09.2000
15.	EnBW Energie Baden-Württemberg AG	Energie	http://www.enbw.com	26.07.2000
16.	Esso AG	Mineralöl, Petrolchemie	http://www.esso.de	15.06.2000
17.	Franz Haniel & Cie. GmbH	Handel	http://www.haniel.de	02.06.2000
18.	Fresenius AG	Chemie	http://www.fresenius.de	19.07.2000
19.	GEA AG	Maschinenbau	http://www.gea-ag.com	10.07.2000
20.	Heraeus Holding GmbH	Metallverarbeitung	http://195.88.90.99	04.07.2000
21.	Hochtief AG	Bau	http://www.hochtief.de	19.06.2000
22.	Hoechst AG	Chemie	http://www.hoechst.de	26.05.2000
23.	Karstadt AG	Handel	http://www.karstadt.de	15.06.2000
24.	Kaufring AG	Handel	http://www.kaufring.de	18.07.2000
25.	KM Europa Metal AG	Metallverarbeitung	http://www.kme.de	26.06.2000
26.	Langnese-Iglo GmbH	Lebensmittel	http://www.langnese.de	19.09.2000
27.	Laubag Lausitzer Braunkohle AG	Bergbau	http://www.laubag.de	18.07.2000
28.	Lidl	Handel	http://www.lidl.de	07.06.2000
29.	Lurgi AG	Maschinenbau	http://www.lurgi.com	12.07.2000
30.	MAN AG	Maschinenbau	http://www.man.de	07.06.2000
31.	Mannesmann AG	Maschinenbau	http://www.mannesmann.de	26.05.2000

32.	Mannesmannröhren-Werke AG	Metallverarbeitung	http://www.mrw.de	26.06.2000
33.	Merck KGaA	Chemie	http://www.merck.de	23.06.2000
34.	Metallgesellschaft AG	Maschinenbau	http://www.mg-ag.de	14.06.2000
35.	Mobil Oil AG	Mineralöl, Petrolchemie	http://www.mobil-oil.de	20.07.2000
36.	Nestlé Deutschland AG	Lebensmittel	http://www.nestle.de	07.07.2000
37.	Peacock AG	EDV	http://www.peacock.de	26.07.2000
38.	Plettac AG	Bau	http://www.plettac.de	20.09.2000
39.	Procter & Gamble GmbH	Chemie	http://www.procterundgamble.de	08.11.2000[422]
40.	RAG AG	Energie	http://www.rag.de	19.06.2000
41.	Rheinmetall AG	Maschinenbau	http://www.rheinmetall.com	21.06.2000
42.	RWE-DEA AG	Mineralöl, Petrolchemie	http://www.rwe-dea.de	09.06.2000
43.	Salzgitter AG	Metallverarbeitung	http://www.salzgitter-ag.de	26.06.2000
44.	Schering AG	Chemie	http://www.schering.de	05.07.2000
45.	Schmolz & Bickenbach KG	Metallverarbeitung	http://www.schmolz-bickenbach.de	20.07.2000
46.	Spar Handels-AG	Handel	http://www.spar.de	14.06.2000
47.	Stihl Holding AG & Co.	Maschinenbau	http://www.stihl.de	27.06.2000

[422] Das späte Erhebungsdatum kommt dadurch zustande, daß während der Haupterhebungsphase nur das WWW-Angebot der Verbraucherberatung der Procter & Gamble GmbH archiviert wurde. Dieses entspricht nicht der *corporate site* des Unternehmens, die nacherhoben werden mußte.

48.	Stinnes AG	Logistik	http://www.stinnes.de	07.06.2000
49.	Südzucker AG	Lebensmittel	http://www.suedzucker.de	23.06.2000
50.	Total Deutschland GmbH	Mineralöl, Petrolchemie	http://www.total.de	23.06.2000
51.	VAW AG	Metallverarbeitung	http://www.vaw.de	05.07.2000
52.	VEAG Vereinigte Energiewerke AG	Energie	http://www.veag.de	10.08.2000
53.	Veba Öl AG	Mineralöl, Petrolchemie	http://www.vebaoel.de	15.06.2000
54.	VIAG AG	Energie	http://www.viag.de	24.05.2000
55.	Walter Bau-AG	Bau	http://www.walter-bau.de	19.09.2000

11.1.2 Russische Unternehmen

	UNTERNEHMEN	BRANCHE	WWW-ADRESSE	ERHEBUNGSDATUM
1.	**Avisma** = Avisma (Berezinkovskij titano-magnievyj kombinat)	Buntmetallurgie	http://avisma.vsmpo.ru	05.07.2000
2.	**AvtoVAZ** = AvtoVAZ	Maschinenbau	http://www.vaz.ru	23.06.2000
3.	**Babaevskij** = OAO Konditerskij koncern Babaevskij	Lebensmittelindustrie	http://babaev.ru	04.07.2000
4.	**Čeljabinskij truboprokatnyj zavod** = AOOT Čeljabinskij truboprokatnyj zavod	Eisen- und Stahlindustrie	http://www.rusmet.ru/chtpz_moscow/	10.07.2000

5.	**Čerkizovskij mjasopererabatyvajuščij zavod** = Čerkizovskij mjasopererabatyvajuščij zavod	Lebensmittelindustrie	http://www.chmpz.msk.ru	23.06.2000
6.	**Gazprom** = OAO Gazprom	Erdöl- und Erdgasindustrie	http://www.gazprom.ru	15.05.2000
7.	**Irkutskėnergo** = AO ĖiĖ Irkutskėnergo	Energiewirtschaft	http://www.irkutskenergo.ru	02.06.2000
8.	**Ižmaš** = OAO Ižmaš	Maschinenbau	http://www.izhmash.ru	08.09.2000
9.	**Južnyj Kuzbass** = OAO Ugol'naja kompanija Južnyj Kuzbass	Bergbau	http://www.rikt.ru/~kuz/	12.07.2000
10.	**KamAZ** = OAO KamAZ	Maschinenbau	http://tat.aha.ru/kism/	06.07.2000
11.	**Kamkabel'** = AO Kamkabel'	Maschinenbau	http://www.kamkabel.ru	06.07.2000
12.	**Kaučuk** = AO Kaučuk	Chemie, Petrolchemie	http://www.kauchuk. bashnet.ru	05.07.2000
13.	**Kovdorskij GOK** = AO Kovdorskij GOK	Eisen- und Stahlindustrie	http://www.kovgok.ru	10.07.2000
14.	**Krasnojarskaja ugol'naja kompanija** = OAO Krasnojarskaja ugol'naja kompanija	Bergbau	http://tlcom.krs.ru/krcoal/	19.07.2000
15.	**Krasnyj Oktjabr'** = OAO Moskovskaja konditerskaja fabrika Krasnyj Oktjabr'	Lebensmittelindustrie	http://www.redoct.msk.ru	07.09.2000

16.	**Kujbyševazot** = ZAO Kujbyševazot	Chemie, Petrolchemie	http://www.kuazot.ru	05.07.2000
17.	**Kuzbassrazrezugol'** = OAO Choldingovaja kompanija Kuzbassrazrezugol'	Bergbau	http://www.kru.ru	19.07.2000
18.	**Kuzneckij metallurgičeskij kombinat** = OAO Kuzneckij metallurgičeskij kombinat (KMK)	Eisen- und Stahlindustrie	http://kmk.kemerovo.su	26.07.2000
19.	**Lebedinskij GOK** = OAO Lebedinskij GOK	Eisen- und Stahlindustrie	http://www.lgok.ru	06.07.2000
20.	**Lukoil** = Neftjanaja kompanija Lukoil	Erdöl- und Erdgasindustrie	http://www.lukoil.ru	17.05.2000
21.	**Magnezit** = AO Kombinat Magnezit	Eisen- und Stahlindustrie	http://www.magnezit.ru	10.07.2000
22.	**Metafraks** = OAO Metafraks	Chemie, Petrolchemie	http://194.84.109.106	06.07.2000
23.	**Moskovskij žirovoj kombinat** = Moskovskij žirovoj kombinat	Lebensmittelindustrie	http://www.dol.ru/mosfat/post/	19.07.2000
24.	**Nižnekamskneftechim** = OAO Nižnekamskneftechim (NKNK)	Chemie, Petrolchemie	http://www.nknk.ru	30.06.2000
25.	**Nižnetagil'skij metallurgičeskij kombinat** = OAO Nižnetagil'skij metallurgičeskij kombinat	Eisen- und Stahlindustrie	http://www.ntmk.tagil.ru	06.07.2000
26.	**Noril'skij Nikel'** = RAO Noril'skij Nikel'	Buntmetallurgie	http://www.nornik.ru	02.06.2000

27.	**Nosta** = OAO Nosta (Orsko-chalilovskij metallurgičeskij kombinat)	Eisen- und Stahlindustrie	http://www.nosta.ru	09.06.2000
28.	**Novolipeckij metallurgičeskij kombinat** = OAO Novolipeckij metallurgičeskij kombinat	Eisen- und Stahlindustrie	http://www.stinol.ru	06.07.2000
29.	**Novosibirskėnergo** = OAO Novosibirskėnergo	Energiewirtschaft	http://www.nske.ru	04.07.2000
30.	**OEMK** = OEMK (Oskol'skij ėlektrometallurgičeskij kombinat)	Eisen- und Stahlindustrie	http://www.oemk.oskol.ru	09.06.2000
31.	**Omskšina** = Omskšina	Chemie, Petrolchemie	http://www.omsktyre.com	12.07.2000
32.	**Parnas-M** = Parnas-M	Lebensmittelindustrie	http://www.parnas.spb.ru	30.06.2000
33.	**Pervoural'skij novotrubnyj zavod** = OAO Pervoural'skij novotrubnyj zavod	Eisen- und Stahlindustrie	http://www.pntz.ru	07.07.2000
34.	**Rosneft'** = Neftjanaja kompanija Rosneft'	Erdöl- und Erdgasindustrie	http://www.rosneft.ru	24.05.2000
35.	**Russkij produkt** = OAO Russkij produkt	Lebensmittelindustrie	http://www.rusprod.ru	30.06.2000
36.	**Sajanskij aljuminevyj zavod** = Sajanskij aljuminevyj zavod	Buntmetallurgie	http://www.sayanskal.ru	04.07.2000
37.	**Severskij trubnyj zavod** = OAO Severskij trubnyj zavod	Eisen- und Stahlindustrie	http://www.stw.ru	10.07.2000

38.	**Sibneft'** = Neftjanaja kompanija Sibneft'	Erdöl- und Erdgasindustrie	http://www.onpz.omsk.su	12.07.2000
39.	**Sil'vinit** = OAO Sil'vinit	Chemie, Petrolchemie	http://www.silvinit.ru	04.07.2000
40.	**Sinarskij trubnyj zavod** = OAO Sinarskij trubnyj zavod	Eisen- und Stahlindustrie	http://www.sinarsky.ru	10.07.2000
41.	**Stinol** = ZAO Stinol	Maschinenbau	http://www.stinol.lipetsk.ru	06.07.2000
42.	**SUAL** = OAO SUAL (Sibirsko-ural'skaja aljuminevaja kompanija)	Buntmetallurgie	http://www.sual.ru	09.06.2000
43.	**Surgutneftegaz** = OAO Neftjanaja kompanija Surgutneftegaz	Erdöl- und Erdgasindustrie	http://www.surgutneftegas.ru	02.06.2000
44.	**Tatėnergo** = PĖO Tatėnergo	Energiewirtschaft	http://www.tatenergo.ru	30.05.2000
45.	**Tatneft'** = AO Tatneft'	Erdöl- und Erdgasindustrie	http://www.tatneft.ru	24.05.2000
46.	**Tjumenskaja neftjanaja kompanija** = Tjumenskaja neftjanaja kompanija (TNK)	Erdöl- und Erdgasindustrie	http://www.tnk.ru	12.07.2000
47.	**Tulačermet** = OAO Tulačermet	Eisen- und Stahlindustrie	http://www.chermet.tula.net	07.07.2000
48.	**Usol'echimprom** = OAO Usol'echimprom	Chemie, Petrolchemie	http://www.ximprom.ru	27.06.2000

49.	**Vostsibugol' =** OAO Vostsibugol'	Bergbau	http://www.aovsu.ru	26.06.2000
50.	**Zavolžskij motornyj zavod =** Zavolžskij motornyj zavod	Maschinenbau	http://www.innov.ru/zmz/	05.07.2000

11.2 Abkürzungen in den russischen Firmennamen

ABKÜRZUNG	VOLLFORM	DEUTSCHE ÜBERSETZUNG
AO	Akcionernoe Obščestvo	Aktiengesellschaft
AOOT	Akcionernoe Obščestvo Otkrytogo Tipa	Offene Aktiengesellschaft
GOK	Gorno-Obogatitel'nyj Kombinat	Erzaufbereitungskombinat
OAO	Otkrytoe Akcionernoe Obščestvo	Offene Aktiengesellschaft
PĖO	Proizvodstvennoe Ėnergetičeskoe Ob"edinenie	Energiebetrieb, -unternehmen
RAO	Rossijskoe Akcionernoe Obščestvo	Russische Aktiengesellschaft
ZAO	Zakrytoe Akcionernoe Obščestvo	Geschlossene Aktiengesellschaft

11.3 Typen der Leitseite

Typ A: Inhaltsübersicht
Typ B: Inhaltsübersicht + Neues / Aktuelles
Typ C: Inhaltsübersicht + Unternehmenskurzvorstellung
Typ D: Inhaltsübersicht + Aktuelles + Unternehmenskurzvorstellung

11.4 Internetnutzung in Deutschland und Rußland

Abb. I

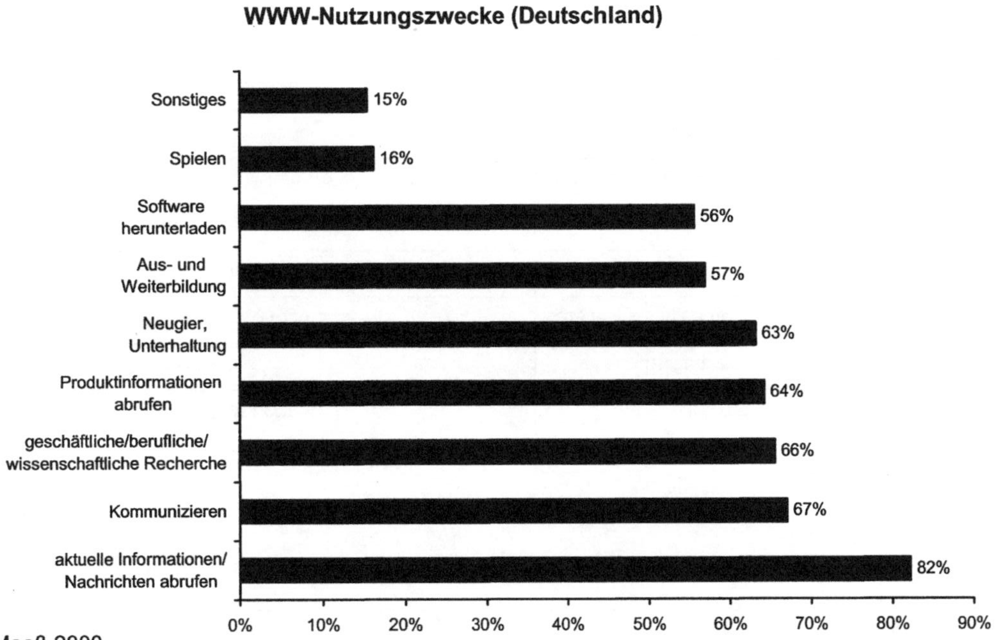

Quelle: Fittkau & Maaß 2000

Abb. II

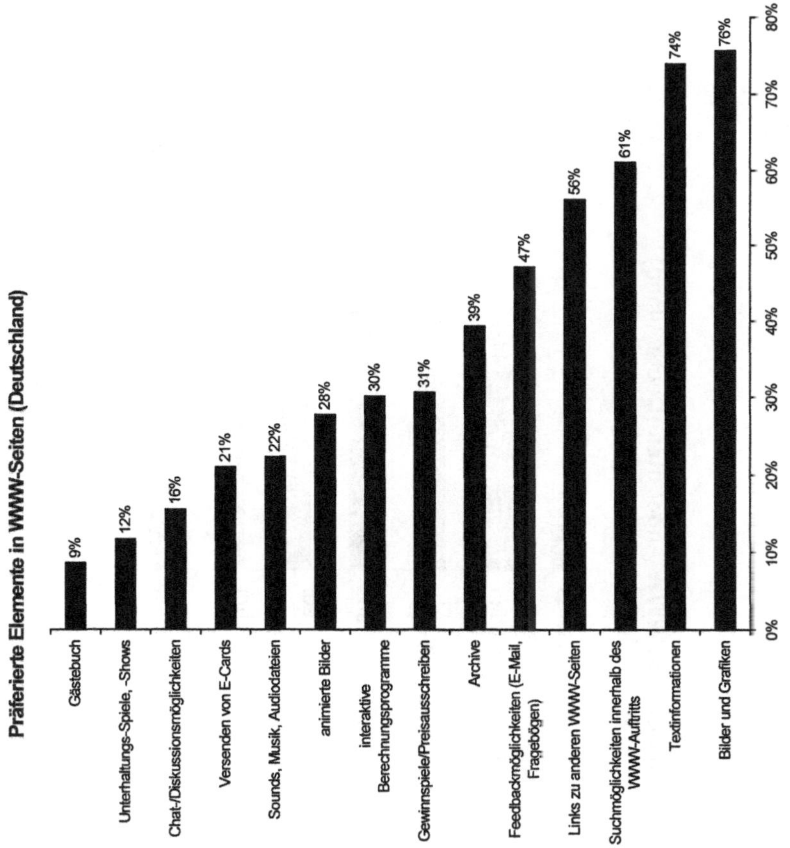

Quelle: Fittkau & Maaß 2000

Abb. III

Quelle: Fittkau & Maaß 2000

Abb. IV

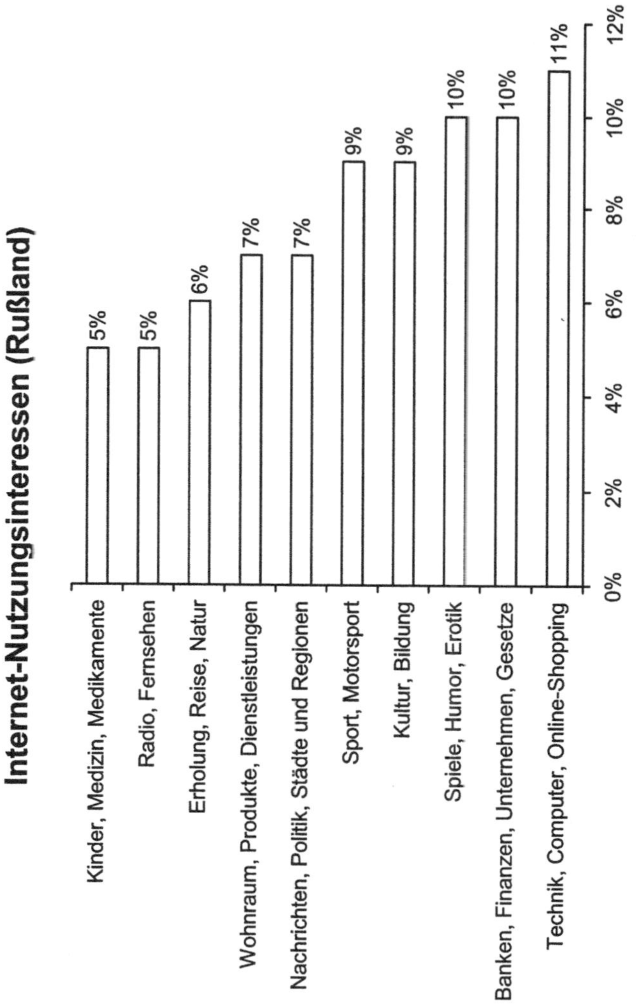

Quelle: Ослон (Oslon) 2001

GERMANISTISCHE ARBEITEN ZU SPRACHE UND KULTURGESCHICHTE

Herausgegeben von Priv.-Doz. Dr. Albert Busch, Prof. Dr. Dr. h.c. Ruth Schmidt-Wiegand und Prof. Dr. Sigurd Wichter

Band	1	Ruth Schmidt-Wiegand, Dagmar Hüpper (Hrsg.): Der Sachsenspiegel als Buch. Vorträge und Aufsätze. 1991.
Band	2	Gabriele von Olberg: Freie, Nachbarn und Gefolgsleute. Volkssprachige Bezeichnungen aus dem sozialen Bereich in den frühmittelalterlichen Leges. 1983.
Band	3	Dagmar Hüpper-Dröge: Schild und Speer. Waffen und ihre Bezeichnungen im frühen Mittelalter. 1983.
Band	4	Karin Obst: Der Wandel in den Bezeichnungen für gewerbliche Zusammenschlüsse des Mittelalters. Eine rechtssprachgeographische Analyse. 1983.
Band	5	Wolfgang Huber: Kulturpatriotismus und Sprachbewußtsein. Studien zur deutschen Philologie des 17. Jahrhunderts. 1984.
Band	6	Wilfried Schwanholz: Volksliedhafte Züge im Werk Oswalds von Wolkenstein. Die Trinklieder. 1985.
Band	7	Christine Boving: Deutsche Personennamen in Costa Rica. Eine namenkundliche Untersuchung als Dokument sprachlicher und sozio-kultureller Assimilation und Integration deutscher Einwanderer in Mittelamerika. 1986.
Band	8	Karen Günther: Wort- und Sachgeschichte der Schiffahrt in Mittel- und Nordeuropa von den Anfängen bis zum späten Mittelalter. Ein Beitrag zu 'Wörter und Sachen' anhand ausgewählter Beispiele. 1987.
Band	9	Oddný Gudrún Sverrisdóttir: Land in Sicht. Eine kontrastive Untersuchung deutscher und isländischer Redensarten aus der Seemannssprache. 1987.
Band	10	Mariella Rummel: Die rechtliche Stellung der Frau im Sachsenspiegel-Landrecht. 1987.
Band	11	Bettina Schmidt: 'Pflugwende' und Anwenderecht im Westfälischen. 1989.
Band	12	Ulrich Drescher: Geistliche Denkformen in den Bilderhandschriften des Sachsenspiegels. 1989.
Band	13	Brigitte Janz: Rechtssprichwörter im Sachsenspiegel. Eine Untersuchung zur Text - Bild-Relation in den Codices picturati. 1989.
Band	14	Ulrich Kriegesmann: Die Entstehung der neuhochdeutschen Schriftsprache im Widerstreit der Theorien. 1990.
Band	15	Sigrid Wachter: Fach- und laiensprachliche Semantik des substantivischen Wortschatzes im Bereich 'Buchhandel und Verlagswesen'. 1991.
Band	16	Sigrid Engeler: Altnordische Geldwörter. Eine philologische Untersuchung altnordischer Geld- und Münzbezeichnungen und deren Verwendung in der Dichtung. 1991.
Band	17	Sigurd Wichter: Zur Computerwortschatz-Ausbreitung in die Gemeinsprache. Elemente der vertikalen Sprachgeschichte einer Sache. 1991.
Band	18	Christiane Schreiber: "Was sind dies für Zeiten!". Heinrich von Kleist und die preußischen Reformen. 1991.
Band	19	Bärbel Müller: Die Berliner Sammelhandschrift Mgf 10 und ihre Bedeutung für die überlieferungskritische Ausgabe des Sachsenspiegels. 1991.
Band	20	Werner Peters: Bezeichnungen und Funktionen des Fronboten in den mittelniederdeutschen Rechtsquellen. 1991.

Band 21 Alfons Schräder: Fach- und Gemeinsprache in der Kraftfahrzeugtechnik. Studien zum Wortschatz. 1991.

Band 22 Petra Canisius-Loppnow: Recht und Religion im Rolandslied des Pfaffen Konrad. 1992.

Band 23 Iris Nölle-Hornkamp: Mittelalterliches Handwerk im Spiegel oberdeutscher Personennamen. Eine namenkundliche Untersuchung zu den Handwerkerbezeichnungen als Beinamen im Corpus der altdeutschen Originalurkunden. 1992.

Band 24 Petra Menke: Recht und Ordo-Gedanke im Helmbrecht. 1993.

Band 25 Annette Gerlach: Das Übersetzungswerk Dietrichs von Pleningen. Zur Rezeption der Antike im deutschen Humanismus. 1993.

Band 26 Albert Busch: Laienkommunikation. Vertikalitätsuntersuchungen zu medizinischen Experten – Laien – Kommunikationen. 1994.

Band 27 Ulrike Schowe: Mit Haut und Haar. Idiomatisierungsprozesse bei sprichwörtlichen Redensarten aus dem mittelalterlichen Strafrecht. 1994.

Band 28 Gerda Grober-Glück: Die Anrede des Bauern und seiner Frau durch das Gesinde in Deutschland um 1930 unter volkskundlichen und soziolinguistischen Aspekten nach Materialien des Atlas der deutschen Volkskunde. 1994.

Band 29 Petra Lehrnbecher: Engelwurz und Teufelsdreck. Zur Lexikographie der Heilpflanzen in Wörterbüchern des 16.-18. Jahrhunderts. 1995.

Band 30 Anne Terglane-Fuhrer: Die Sprache der Speisezubereitung. Empirische Untersuchungen zur vertikalen Variation. 1996.

Band 31 Daniela Schütte: Computerbildschirm und komp'juternyj displej. Der deutsche und russische Computerwortschatz unter besonderer Berücksichtigung der Entlehnung. 1997.

Band 32 Anne Kißenbeck: Fachsprache und Regionalisierung. Empirische Untersuchungen zum Wortschatz des Bergbaus. 1997.

Band 33 Silke Schimpf: Wissens- und Wortschatzvariationen im Bereich der Sexualität. Untersuchungen anhand ausgewählter Zeitschriftentexte. 1997.

Band 34 Birgit H. Beile: Gesangsbeschreibung in deutschen und englischen Musikkritiken. Fachsprachenlinguistische Untersuchungen zum Wortschatz. 1997.

Band 35 Ingrid Faber: *ausgleichen* oder *kerning*. Typografie im Desktop Publishing: Experten- und Laienwortschatz. 1998.

Band 36 Verena Goldt: Zentralbegriffe der Elektrizitätsforscher im 17. und 18. Jahrhundert. 1999.

Band 37 Birgit Kochskämper: 'Frau' und 'Mann' im Althochdeutschen. 1999.

Band 38 Jürg Niederhauser / Kirsten Adamzik (Hrsg.): Wissenschaftssprache und Umgangssprache im Kontakt. 1999.

Band 39 Beate Weifenbach: *Die Haimonskinder* in der Fassung der Aarauer Handschrift von 1531 und des Simmerner Drucks von 1535. Ein Beitrag zur Überlieferung französischer Erzählstoffe in der deutschen Literatur des Mittelalters und der frühen Neuzeit. 1999.

Band 40 Albert Busch / Sigurd Wichter (Hrsg.): Computerdiskurs und Wortschatz. Corpusanalysen und Auswahlbibliographie. 2000.

Band 41 Helmut Protze: Das älteste Stadtbuch der Königlich freien Bergstadt Göllnitz/Gelnica in der Unterzips und seine Sprache. 2002.

Band 42 Andrea Grote: Entlehnung - Übersetzung - Vernetzung. Entlehnung als übersetzungsbezogenes Phänomen am Beispiel der internetspezifischen Computerfachsprache. 2002.

Band 43 Gerda Grober-Glück: Beiträge zur sprachlichen Volkskultur. Nach Materialien des Atlas der deutschen Volkskunde. 2003.

Band 44 Daniela Schütte: Homepages im World Wide Web. Eine interlinguale Untersuchung zur Textualität in einem globalen Medium. 2004.

www.peterlang.de

Reinhard Rapp (Hrsg.)

Sprachwissenschaft auf dem Weg in das dritte Jahrtausend Linguistics on the Way into the Third Millennium

Akten des 34. Linguistischen Kolloquiums in Germersheim 1999
Teil II: Sprache, Computer, Gesellschaft
Proceedings of the 34th Linguistics Colloquium, Germersheim 1999
Part II: Language, Computer, and Society

Frankfurt am Main, Berlin, Bern, Bruxelles, New York, Oxford, Wien, 2002.
860 S., zahlr. Abb. und Tab.
Linguistik International. Bd. 8
ISBN 3-631-39543-4 / US-ISBN 0-8204-5983-6 · br. € 79.50*

Der zweite Band der Akten des 34. Linguistischen Kolloquiums, das vom 7. bis 10. September 1999 am Fachbereich Angewandte Sprach- und Kulturwissenschaft der Johannes Gutenberg-Universität Mainz stattgefunden hat, enthält die Beiträge zu den Sektionen Psycholinguistik, Soziolinguistik, Angewandte Sprachwissenschaft, Übersetzungswissenschaft, Kontrastive Linguistik, Pragmatik, Lexikographie und Computerlinguistik. Zusammen mit dem ersten Band, der sich schwerpunktmäßig mit syntaktischen, semantischen und phonetischen Aspekten der Linguistik beschäftigt, gibt das Buch einen breit gefächerten Überblick über den Stand der sprachwissenschaftlichen Forschung am Ende des 20. Jahrhunderts.

This second volume of the Proceedings of the 34th Linguistics Colloquium, which took place September 7–10, 1999 at the Faculty of Applied Linguistics and Cultural Studies of the Johannes Gutenberg-University, Mainz, contains contributions in psycholinguistics, sociolinguistics, applied linguistics, translation theory, comparative linguistics, pragmatics, lexicography, and computational linguistics. Together with the first volume, which mainly focuses on issues related to syntax, semantics, and phonetics, the book gives a broad overview of the state of the art in linguistics at the end of the 20th century.

FSC
www.fsc.org
MIX
Papier | Fördert gute Waldnutzung
FSC® C083411

Kolibri 360 GmbH
Ferdinand-Jühlke-Straße 7
99095 Erfurt, Deutschland
produktsicherheit@kolibri360.de

Druck:
CPI Druckdienstleistungen GmbH
im Auftrag der
Kolibri 360 GmbH
Ferdinand-Jühlke-Str. 7
99095 Erfurt